DER GROSSE REPORT

Claudia Immler • Christian Immler

Die besten INTERNET Adressen 2000

DATA BECKER

Wichtiger Hinweis

Die in diesem Buch wiedergegebenen Verfahren und Programme werden ohne Rücksicht auf die Patentlage mitgeteilt. Sie sind für Amateur- und Lehrzwecke bestimmt.

Alle technischen Angaben und Programme in diesem Buch wurden vom Autor mit größter Sorgfalt erarbeitet bzw. zusammengestellt und unter Einschaltung wirksamer Kontrollmaßnahmen reproduziert. Trotzdem sind Fehler nicht ganz auszuschließen. DATA BECKER sieht sich deshalb gezwungen, darauf hinzuweisen, daß weder eine Garantie noch die juristische Verantwortung oder irgendeine Haftung für Folgen, die auf fehlerhafte Angaben zurückgehen, übernommen werden kann. Für die Mitteilung eventueller Fehler ist der Autor jederzeit dankbar.

Wir weisen darauf hin, daß die im Buch verwendeten Soft- und Hardwarebezeichnungen und Markennamen der jeweiligen Firmen im allgemeinen warenzeichen-, marken- oder patentrechtlichem Schutz unterliegen.

Die wiedergegebenen Produktbezeichnungen sind für die jeweiligen Rechteinhaber markenrechtlich geschützt.

1. Auflage 1999 el

Lektorat Ulrich Dorn

Schlußredaktion Sibylle Feldmann

Umschlaggestaltung Inhouse-Agentur DATA BECKER

ISBN 3-8158-1340-9

Liebe Leserin, lieber Leser,

alle hier abgedruckten Internetadressen sind mit der Zielsetzung einer möglichst hohen Aktualität und größtmöglicher Sorgfalt zusammengestellt worden. Wir bitten dabei um Ihr Verständnis, daß DATA BECKER keinerlei Verantwortung für die Inhalte der jeweiligen Web-Seiten sowie ihre Vernetzung zu anderen Webseiten übernehmen kann; die Inhalte und Ausrichtung der Internetadressen werden allein von den jeweiligen Webseitenanbietern verantwortet. Aufgrund der großen Dynamik des Internet kann es bei einigen der hier vorgestellten Internetangeboten der Fall sein, daß sich kurzfristig sowohl Inhalts- als auch Adreßänderungen ergeben können. Diese für die Lebendigkeit des Internet charakteristischen Änderungen können selbstverständlich weder von DATA BECKER antizipiert noch verantwortet werden. Für Richtigkeit und Vollständigkeit des abgedruckten Adressendatenbestandes sowie der jeweiligen Webseiten wird keine Gewähr übernommen.

In den Webseiten im Bereich „Erotik" können einzelne Inhalte von manchen Menschen als anstößig empfunden werden. Kindern sollten Sie daher die betreffenden Adressen sicherheitshalber nicht überlassen.

Wir haben uns bei der Zusammenstellung um allerhöchste Aktualität bemüht und wünschen Ihnen viel Spaß bei der Lektüre und beim Ausprobieren der vorgestellten Webangebote.

Übersicht

Reisen & Verkehr ab Seite 693

Damit Sie vor Reiseantritt schon alle notwendigen Informationen zum Reisen parat haben, bietet das Internet zu allen Themen des Reisens und der Fortbewegung Informatives und Wissenswertes. Gegliedert haben wir die Informationen unter anderem in die Bereiche Abenteuerreisen, Alternativreisen, Studienreisen, Ferien auf dem Lande, Kreuzfahrten, Weltreisen und Reiseveranstalter.

Shopping im Internet ab Seite 786

Der größte Markt der Erde ist inzwischen das Internet geworden, auf dem alles dargeboten wird, von dem der Mensch so meint, daß Frau, Mann und Kind so etwas gebrauchen können. Zusammengefaßt in so unterschiedliche Themenbereiche wie Alkohol, Blumen, Bücher, CDs, Flohmarkt und Juwelen bietet sich dem Suchenden die gesamte Palette der Ge- und Verbrauchsgüter dar. Und auf die, denen der Mammon denn allzu schnöde ist, wartet der Bereich Kostenlos.

Wirtschaft, Finanzen & Politik ab Seite 842

So wie Waren im Internet gehandelt werden, sind inzwischen auch Waren- und Finanzdienstleistungen im weltweiten Angebot. Sie finden hier Agenturen, Banken, Börsen, Behörden, Immobilien und Finanzdienstleitungen, Edelmetallbroker und Versicherungen sowie Energieversorger, Messen, Politik, staatliche Förderungen und Steuern. Außerdem finden Sie wichtige Links zu Magazinen und Zeitschriften zum Thema Software und Versteigerungen.

Wissenschaft & Technik ab Seite 931

Hier geht es auch um Menschen, berühmte Wissenschaftler im Internet. Aufgegliedert in die Themengebiete Biologie, Chemie, Mathematik, Medizin, Physik, Technik & Ingenieurwesen sowie Weltraumforschung kommen Sie der Wissenschaft näher. Außerdem gibt es Bereiche zu den Themen Erfindungen, Forschungseinrichtungen, Geistes-, Geo- und Grenzwissenschaften sowie Hochschulen. Abgeschlossen wird dieser Themenkomplex von den Links der Wissenschaftsnachrichten.

Vorwort

Das Internet gewinnt als Kommunikations- und Präsentationsmedium immer mehr an Bedeutung. Jeden Tag kommen Tausende neuer Webseiten dazu, so daß es immer schwieriger wird, sich hier zurechtzufinden. Dieses Buch soll helfen, zu verschiedenen Themen die wichtigsten Adressen zu finden. Alle Adressen wurden sorgfältig ausgewählt. Da das Internet aber ständig in Bewegung ist, können wir nicht dafür garantieren, daß in dem Moment, in dem Sie dieses Buch lesen, alle Adressen noch aktuell sind. Außerdem sind wir in keiner Weise für den Inhalt der Webseiten verantwortlich, deren Adressen hier abgedruckt sind. Wenn Ihnen „tote Links" auffallen oder Sie im Internet wichtige Seiten entdecken, die in eine Neuauflage dieses Buches aufgenommen werden sollten, erreichen Sie mich per E-Mail:

Christian.Immler@web.de

Zum Schluß möchte ich mich noch bei all denen bedanken, die durch ihr Fachwissen auf speziellen Gebieten dazu beigetragen haben, daß dieses Buch einen qualifizierten und möglichst vollständigen Überblick über das weltweite Informationsangebot des Internet bietet: Walter Immler, Hilko Adden, Arne Kadach, Henrich Stöhr, Kai Thaldorf, Gerrit Eichhorn, Peter Hartmann, Lars Franke, Eike Hensch, Ulrich Dorn, Maja Lindemann, Christoph Lindemann und meine Frau Claudia, dank deren Fürsorge ich bei der alltäglichen und nächtlichen Arbeit an diesem Buch nicht verhungert bin.

Christian Immler, August 1999

Bewertungskriterien

TOP

Das sind die jeweils besten Webseiten zu einem Themenkomplex, die Sie einfach kennen müssen. Mit Bookmark-Garantie!

LINK

Link-Seiten sind der ideale Ausgangspunkt für eine ausgedehnte Recherche über ein bestimmtes Fachgebiet mit Informationen unterschiedlicher Anbieter.

INFO

Info-Seiten stellen Ihnen wichtige Informationen zu einem entsprechenden Themenbereich zur Verfügung – unabhängig von speziellen Herstellern und ohne überflüssigen Ballast.

FUN

Entdecken Sie das Internet als Fun-Factory und als faszinierendes Multimedia-Erlebnis. Von Seiten zum Schmunzeln über Online-Spiele bis hin zu Seiten, bei denen kein Auge mehr trocken bleibt.

SKURRIL

Webseiten mit absonderlichen, kuriosen und zum Teil makaberen Inhalten. Aber sie gehören zumindest am Rande auch zum jeweiligen Themenkomplex.

Inhaltsverzeichnis

Auskunft & Infosysteme

Das Internet als die Informationsbörse im Kommunikationszeitalter schlechthin bietet natürlich eine Vielzahl von Sites, die Auskunft geben über alle Dinge des Lebens. Im Kapitel Auskunft und Infosysteme haben wir für Sie die Themenbereiche des täglichen Bedarfs zusammengestellt. Hier finden Sie Adressen zu Anwälten und Ärzten. Unter der Rubrik Lexika und Datenbanken gelangen Sie über die Erlanger Liste zu einer Riesenauswahl der besten Online-Lexika und Datenbanken weltweit. Und ob Ihnen das Glück hold war, erfahren Sie bei den Lotterieergebnissen. Daran anschließend folgen die Themenbereiche Post, Reisen und Sport. Die Papiertiger der Presse sind inzwischen auch in digitaler Form der Tageszeitungen im WWW nicht mehr wegzudenken, ebensowenig wie die elektronische weltweite Telefonauskunft. Für den Autofahrer sind die Verkehrsnachrichten ebenso interessant wie der Wetterbericht vom Reiseziel. Daran schließt sich noch der Bereich Wirtschaft und Finanzen an, bevor das Kapitel der Auskunftssysteme mit den Wörterbüchern abgerundet und beendet wird.

Anwälte und Ärzte

Anwalt-Suchservice (D)

www.anwaltssuche.de/

Datenbank für Anwälte in Deutschland, Kanzlei-Homepages, Forum Recht, Presse, News sowie ein umfangreicher Service für Anwälte.

Inklusive Telefon-Tarifrechner.

Arzt-Atlas, Suchmaschine (D)

www.arzt-atlas.de/

Die weißen Seiten für Arztadressen in ganz Deutschland. Hier finden Sie mit einem Klick den Arzt in Ihrer Umgebung.

Zusätzlich steht Ihnen eine Urteilsdatenbank Medizinrecht zur Verfügung.

Lexika und Datenbanken

AltaVista-Übersetzungsservice (D)

babelfish.altavista.digital.com/cgi-bin/translate?

Einfach nur gut – Übersetzungen per Mausklick. Deutsch, Englisch, Französisch, Italienisch, Portugiesisch und Spanisch.

Britannica online (USA)

www.britannica.com

Hervorragendes Nachschlagewerk für alle Wissensdurstige. Britannica online führt Sie zu den besten Seiten aus 15 Themenbereichen. Die Inhalte der angebotenen Links werden jeweils mit einer Kurzbeschreibung vorgstellt.

buch+medien online (D)

www.buchhandel.de

Umfangreiche Datenbank mit den Verzeichnissen lieferbarer Bücher, lieferbarer elektronischer Medien, lieferbarer Musikalien und lieferbarer Zeitschriften.

Datenbanken, gebührenfrei (D)

www.online-datenbanken.de

Die Hamburger öffentlichen Bücherhallen stellen Ihnen über 110 gebührenfreie Online-Datenbanken zur Verfügung. Von Bücher & CD-ROMs, Autorinnen & Autoren, Telefonnummern & Gelbe Seiten, Länderinfos, Job-, Ausbildungs- & Praktikumsplätze, Datenbanken für Frauen, für Kinder und mehr.

DUDEN online (D)

www.duden.bifab.de

Probleme mit der neuen deutschen Rechtschreibung? Dann hilft nur noch DUDEN online, das Standardwerk der deutschen Sprache.

Encyclopedia Britannica (USA)

www.eb.com

Die ultimative Online-Enzyklopädie. Für die volle Nutzung muß jedoch für $5 monatlich eine Zugangsberechtigung angefordert werden. Aber nichts desto trotz bietet die Enzyklopädie drei freie Spotlight Features, die Sie sich unbedingt anschauen müssen. Ein Highlight ist die Invasion der Alliierten während des 2. Weltkriegs in der Normandie.

Encyclopedia Mythica (USA)

www.pantheon.org/mythica

Das Onlilne-Lexikon der Mythen, Sagen und Legenden. Mit mehr als 5000 Berichten und 300 erstklassigen Illustrationen.

Langenscheidts Fremdwörterbuch (D)

www.langenscheidt.aol.de

Mit diesem Wörterbuch meistern Sie alle auftretenden Schwierigkeiten bei Fremdwörtern. Rund 30.000 Begriffe werden zur Verfügung gestellt, die aus anderen Sprachen Eingang ins Deutsche gefunden haben.

LEO Englisch/Deutsches Wörterbuch (USA)

dict.leo.org/dict

Eines der besten Englisch/Deutschen Wörterbücher im Web. Mit mehr als 180.000 Einträgen. Weiterhin besteht die Option, das Wörterbuch um neue Einträge zu erweitern!

Lexika und Datenbanken der Erlanger Liste (D)

www.phil.uni-erlangen.de/~p2gerlw/ressourc/lex.html

Absolute Spitze! Eine der besten Linkseiten zu Lexika und Datenbanken in deutscher Sprache. Hier finden Sie nahezu alles. Enzyklopädien, Fremdwörterbücher, Wörterbücher, Bibliothekarisches, Kunst und Literatur, Linguistik und Rhetorik, Film-Datenbank, bis hin zur direkten Recherche in Zeitungsarchiven.

Nachschlagewerke im Internet (USA)

www.swbv.uni-konstanz.de/links/lexika.html

Jede Menge Links zu Lexika, allgemeinen Enzyklopädien, Wörterbüchern, Fachenzyklopädien und anderen Nachschlagewerken.

Wharfe (USA)

www.wharfe.demon.co.uk

Wieder eine britische Seite der Extraklasse. Wharfe ist ein Füllhorn mit tollen Informationen zur Geschichte, Flora und Fauna, rund um den PC, die besten Internet-Suchmaschinen, Bücher, Reisen, Landkarten, Medizin, Wissenschaft und Technik und und und!

World Factbook, the (USA)

www.odci.gov/cia/publications/factbook

Sie planen eine Reise nach Burundi und benötigen eine Kompaktinfo über Ihr Reiseziel? Dann ist das CIA World Factbook die allererste Wahl. Sie erfahren alles über die Geografie, Bevölkerung, Politik und Wirtschaft und erhalten zudem erstklassiges Kartenmaterial des jeweiligen Landes.

Wörterbücher online (USA)

www.facstaff.bucknell.edu/rbeard/diction.html

Links zu mehr als 800 Wörterbüchern in 160 verschiedenen Sprachen. Von Afrikaans, Catalan, Englisch, Rumänisch über Walisisch bis hin zu Schwedisch.

Wörterbücher und Lexika – science.komm (USA)

www.sciencekomm.at/beratung/woerter.html

Links zu deutschsprachigen und englischsprachigen Wörterbüchern und Lexika. Primär aus den Bereichen Medizin, Chemie und Mathematik.

Lotterieergebnisse

Deutscher Lotto- und Totoblock (D)

www.lotto-toto.de/

Offizielle Seiten des deutschen Lotto- und Totoblocks mit den Gewinnquoten für die nächste Ziehung.

Fortune Systems (D)

www.fortune.de/ergebnisse/

Lottoergebnisse der letzten zwei Monate in Deutschland, Österreich und der Schweiz.

LottoTeam (D)

www.LottoTeam.to/deutsch/aa/corsepius/ziehungen.htm

Zahlen und Gewinnquoten aller Ziehungen dieses Jahres.

Nordwestdeutsche Klassenlotterie (D)

www.nkl-lotterie.de/

Online-Losauskunft der Nordwestdeutschen Klassenlotterie.

Postauskunft

Deutsche Post (D)

www.postag.de/

Auskünfte über alle aktuellen Portotarife und Postleitzahlen.

Postleitzahlenbuch, NADS (D)

www.nads.de:82/www/plz.html/

Ermittelt alle Postleitzahlen in Deutschland und enthält einen Link in die USA auf den amtlichen United States Postal Service.

Postleitzahlenbuch, SER Quantum (D)

www.quantum.de/cgi-bin/welcome/cgi-bin/plz

Ermittelt alle Postleitzahlen in Deutschland.

Reisen und Verkehr

All Hotels (USA)

www.all-hotels.com

Erstklassige Suchmaschine zu Hotels und Bed and Breakfast weltweit. Weiterhin können Sie hier Ihren günstigen Flug buchen und nach Mietwagen-Anbietern am Reiseziel recherchieren.

Airport-Codes

www.quantum.de/cgi-bin/welcome/zahlen/airport-int.html

Internationale Airport-Codes weltweit.

Busreisen, Touring (D)

www.deutsche-touring.com/

Fahrpläne der Europäischen Überlandbuslinien der Deutschen Touring.

Deutsche Bahn (D)

www.bahn.de/

Fahrplanauskunft, Tarife und touristische Informationen der deutschen Bahn.

European Railway Server (USA)

mercurio.iet.unipi.it/home.html

Bilder und Reiseberichte von Europäischen Bahnen und sehr viele weitere Links zu Bahnen, Bahnreisen und Fahrplänen.

Green Travel Network (USA)

www.greentravel.com

Die Seite mit den 1001 Ideen für alle Abenteuer-Reisenden. Testen Sie unbedingt die Adventure Guides von Costa Rica, Thailand, Belize, Ecuador, Alaska und Australien.

Hotels online (D)

www.hotels-online.de

Diese Seite ist mit die erste Wahl, wenn Sie eine Reise planen. Vom Hotel der Woche, Last-Minute, Reisewetter, Reise-Rat und Routenplaner finden Sie hier einfach alles. Wählen Sie doch einfach Ihr Traumziel, oder schauen Sie sich Ihr Reiseziel per Webcam an.

Schicken Sie Ihre Urlaubsgrüße per digitaler Postkarte und nehmen Sie am Gewinnspiel teil.

Lufthansa InfoFlyway (D)

www.lufthansa.com/on-line-schedule/?profile=0&startFrame=pm_welcome

Die aktuellen Ankunfts- und Abfluginformationen aller Lufthansa-Flüge sowie der von Lufthansa abgefertigten Flüge zu über 200 Zielflughäfen weltweit.

Travelsites (USA)

www.travelsites.com

Einfach nur gut! Wählen Sie Ihr Reiseziel, anschließend die optimale Verkehrsverbindung und last, but not least ein entsprechendes Hotel. Sie wollen noch detaillierte Infos über eventuelle Zeitverschiebungen? Dann starten Sie einfach den Time Converter!

TRAXXX Reisecenter, FOCUS online (D)

focus.de/d/dr/dr.htm

Nachdem Sie mit Unterstützung der vielen Reise-Tips Ihr Traumziel lokalisiert haben, buchen Sie online Ihren Flug und Ihr Hotel. Natürlich steht Ihnen auch ein aktueller Reisewetterbericht mit Vier-Tages-Vorschau zur Verfügung. Zudem erhalten Sie viele wissenswerte Infos rund um den Urlaub.

Tourismus Info (USA)

www.tii.de

Alles was Sie zur Planung und Durchführung Ihrer Reise benötigen. Von Airlines, Reisebüros, Verkehrsverbindungen, Wetter, Städte, reisemedizinische Infos, Restaurant und mehr.

Tourismus Büro weltweit (USA)

www.towd.com

Ihr Guide für offizielle Tourismus-Informationen weltweit. Neben detaillierten Infos zu den USA erhalten Sie wichtige Details über fast alle Länder dieser Erde.

Verkehrsnachrichten, DINO (D)

dino-online.de/seiten/go17vn.htm

Hier finden Sie die wichtigsten Links zu den Verkehrsservice-Anbietern im Internet.

Verreisen.de (D)

www.verreisen.de

Diese Seite ist mit die erste Wahl, wenn Sie eine Reise planen. Vom Hotel der Woche, Last-Minute, Reisewetter, Reise-Rat und Routenplaner finden Sie hier einfach alles. Wählen Sie doch einfach Ihr Traumziel, oder schauen Sie sich Ihr Reiseziel per Webcam an.

Schicken Sie Ihre Urlaubsgrüße per digitaler Postkarte und nehmen Sie am Gewinnspiel teil.

Sportnachrichten

CBS SportsLine (USA)

www.sportsline.com

News, Ergebnisse und Statistiken für alle Fans amerikanischer Profi-Ligen. Von der NFL, NBA, MLB, NHL, Tennis, NCAA Football über Golf bis hin zum Autorennen.

kicker online (D)

www.kicker.de

Das ultimative Online-Magazin für den engagierten Fußball-Fan. Alles Wissenswerte zu den Bundesligen, den Regionalligen, dem DFB-Pokal, Nationalelf, internationaler Fußball, Champions League, UEFA-Cup, Weltmeisterschaft und mehr. Im Chat können Sie sich mit anderen Fußballbegeisterten austauschen.

ran – online (D)

www.ran.de

Die SAT1-Seite für den Sport-Fan. Schwerpunkt der Seite sind die Themen Fußball, Formel 1, Tennis und natürlich alle aktuellen Sportereignisse.

Sport-Informations-Dienst (D)

www.sid.de/

Hier findet der Sportbegeisterte aktuelle Sportnachrichten rund um die Uhr!

Sport 1 (D)

www.sport1.de/

Der Internetchannel Sport1 bringt ständig aktuelle Sportnachrichten und Ergebnisse der wichtigsten Sportarten weltweit.

Jede Menge Online-Spiele. Wollen Sie alle zwei Stunden einen Heiermann gewinnen? Dann spielen Sie Bertis Büro. Oder wie wärs mit einem Elfmeterschießen am Bildschirm? Also ab dafür, es lohnt sich!

Sport.de (D)

www.sport.de

Sport total! Aktuelle Nachrichten zu mehr als 120 Sportarten. Von Fußball, Segeln, Eishockey, Formel 1, Leichtathletik bis hin zu Schach.

Umfangreiche Vereinsdatenbank, TV-Programm und 5000 Skihotels im direkten Zugriff.

Sporting News (USA)

www.sportingnews.com

Die spezielle Seite für US-amerikanische Mannschaftssportarten wie Baseball, Football, Basketball oder Eishockey. Sie erwartet eine wahre Flut an News, Bildern und Reports. Zudem lädt Sie ein Online-Shop zu einer vergnüglichen Einkaufstour ein. Wie wär`s mit einem American League Authentic All-Star Batting Jersey oder einer original Bears Sideliner Cap.

Sportnachrichten direkt aufs Handy (USA)

www.connect-online.de/mob/smsinfoservice/

Connect schickt verschiedene Sportnachrichten in regelmäßigen Abständen auf das Display Ihres Handys.

Jede Menge erstklassiger Tips und Tricks rund um das Thema Mobilfunk.

Sport Presse (D)

www.sportpresse.de

Tägliche Berichte über aktuelle Sportereignisse sowie viele ausgesuchte Links zu interessanten Online-Magazinen und Medien-Diensten.

Sportschau (D)

www.sportschau.de

Die Sportschau des WDR online. Mit News rund um aktuelle Sportereignisse sowie vielen Videos, einer Bundesliga-Börse und dem Tor des Monats.

Tageszeitungen

Tageszeitungen weltweit (USA)

www.webwombat.com.au/intercom/newsprs/index.htm

Links zu über 3.550 Tageszeitungen weltweit. Von A wie Afghanistan bis Z wie Zimbabwe! Weiterhin finden Sie im Webwonbat die besten internationalen Magazine.

Umfangreiche Links zu internationalen Telefonverzeichnissen

Telefonauskunft

Auslandsvorwahlen (D)

www.cheabit.com/freecall/

Liste aller 0130/0800-Freecall-Nummern zum kostenlosen Telefonieren.

Bonus (D)

www.bonus.de/

Branchenverzeichnis für das Gebiet zwischen Münster, Osnabrück, Hannover, Hildesheim und das Land Berlin.

freecall (D)

www.cheabit.com/freecall/

Liste aller 0130/0800-Freecall-Nummern zum kostenlosen Telefonieren.

Gelbe Seiten (USA) (D) (F)

www.gelbeseiten.de/

Die Gelben Seiten der Post online für viele deutsche Großstädte; Telefonnummern und Adressen sind nach Branchen, Namen, Postleitzahlen oder Markenbezeichnungen suchbar.

Manche Anbieter geben auch Weblinks an.

Infobel (USA)

www.infobel.be/

Weltweites Telefonbuch. In einigen Ländern mehr, in anderen weniger Einträge.

Telefonkosten sparen (USA) (D)

www.wiwo.de/wwtelefon/

Erstklassiges Telefon-Extra der Wirtschaftswoche. Infos über Ferngespräche, Gespräche in die Mobilfunknetze, Auslandsgespräche nach Ländern geordnet, Call-By-Call ohne und mit Voranmeldung, Preselection und vieles andere mehr.

www.heise.de/ct/ttarif/

ttarif – Hier erhalten Sie die aktuellen Tarife aus dem bundesdeutschen Kommunikations-Dschungel. Mit Auslandstarifen und Vorwahldatenbank.

www.pege.org/utelco/rates.htm

Diese Seite stellt Ihnen die aktuellen internationalen Telefongebühren zur Verfügung. Beachten Sie, daß für den Tarifrechner JavaScript erforderlich ist.

Telekom-Auskunft (D)

www.teleauskunft.de/

Die offizielle Auskunft der Deutschen Telekom, mit bundesweiter oder regionaler Suche in Deutschland.

Telefontarif-Infos (D)

www.telefontarif.de/

Alle aktuellen Tarife auf einen Blick und News aus dem Tarifdschungel sowie ein Glossar der Fachbegriffe von City Call bis Telefonrechnung bei Call by Call.

WhoWhere (USA)

www.whowhere.lycos.com/wwphone/world.html

Links auf Online-Telefonauskunftssysteme weltweit.

Wetterbericht

Donnerwetter (D)

www.donnerwetter.de

Auf dieser erstklassigen Wetter-Seite werden sogar die Abgeordneten des deutschen Bundestages über den Klimawechsel Bonn/Berlin in einem Special informiert. Neben allen nationalen und internationalen Wetterdaten bietet Donnerwetter auch altbewährte Bauernregeln an. Oder nutzen Sie den Fax-Service und lassen Sie sich jeden Tag die aktuellen Wetterdaten per Fax zustellen.

Weather Channel

www.weather.com/

Mehr Wetter geht nicht! In Aracatuba Brasilien regnet es mal wieder, und in Braila Rumänien scheint seit 30 Tagen unentwegt die Sonne. Oder wie steht's mit dem Pollenflug in Australien? Kein Problem – im Weather Channel werden all Ihre fragen beantwortet.

Wetternetz (D)

www.wetternetz.de

Ausführliche Wetterberichte aus Deutschland, Frankreich, Österreich und der Schweiz nach Region und Städten sortiert. Zudem bietet das Wetternetz kompakte Klimadaten weltweit.

Wetter online (USA)

www.wetteronline.de/

Nationale und weltweite Wetterberichte und Vorhersagen.

Der Wetterbericht für die eigene Homepage.

Wetterzentrale, Georgs (D)

www.wetterzentrale.de/

Die ultimative Site rund ums Wetter weltweit! Für alle Wetter-Freaks die ideale Ergänzung zum Weather Channel.

Wirtschaft & Finanzen

Aktienkurse (USA)

www.finanztrend.de/

Die Adresse für Aktienkurse, Charts und Börsennews.

Aktienwelt (USA) (D)

www.aktienwelt.de

Diese Seite ist ein Muß für alle, die sich mit dem Thema Aktien beschäftigen. Topaktuelle Infos zu anstehenden Neuemissionen sowie ein Musterdepot mit lukrativen Investmentideen und Analysen.

Zudem findet der potentielle Anleger mehr als 1000 Finanzlinks und erstklassige Erläuterungen von Fachbegriffen aus der Finanzwelt. Weiterhin jede Menge Testberichte aktueller Wirtschafts-Software, Buchtips sowie eine TV-Übersicht aller kommenden Sendungen mit dem Thema Wirtschaft & Finanzen.

Banken.de (D)

www.banken.de

Erstklassige Suchmaschine für nationale und internationale Banken. Weiterhin stellt die Seite jede Menge Links zu Börsen, Medien, Geldanlage, Immobilien und Kurse zur Verfügung.

Börse Online (D)

www.boerse-online.de

Das Online-Börsenmagazin für fortgeschrittene Anleger. Detaillierte Informationen rund um die Finanzmärkte weltweit. Unentschlossene Anleger sollten auf jeden Fall den BÖRSE ONLINE-Psychotrainer nutzen, mit dessen Hilfe Sie Ihr Anlageverhalten verbessern können.

Bundesstelle für Außenhandelsinformation (D)

www.bfai.com

Bundesstelle für Außenhandelsinformation: Marktanalysen, Wirtschaftsdaten, Recht, Zoll für Handel mit dem Ausland.

Finanztest (USA) (D)

www.finanztest.de

Das Online-Magazin der Stiftung Warentest ist besonders für Einsteiger zu empfehlen, die verläßliche Informationen zum Thema Privatfinanzen suchen. Unter anderem finden Sie hier Banken im Dauertest, alles über Hypothekendarlehen, Kreditvergleiche, Fonds im Dauertest, Autokauf in der EU und vieles andere mehr.

Fonds-World (D)

www.fonds-world.de

Eine Auswahl von Investmentfonds aus verschiedenen Marktsegmenten, die nicht nur im Eingangsjahr, sondern vor allem über eine längere Laufzeit überdurchschnittlich erfolgreich gemanagt wurden. Alle Fonds erhalten eine Bewertung hinsichtlich ihres Risikofaktors.

Handelsblatt (D)

www.handelsblatt.de

Investoren erfahren alles aus den internationalen Finanzmärkten - von Kursen und Carts, Devisen und Indizes bis hin zur Geldanlage. Weiterhin bietet Handelsblatt interaktiv detaillierte News aus Wirtschaft und Politik, Unternehmen, Computer und Technik, Karriere und Stellenmarkt, Steuern sowie diverse Veranstaltungshinweise.

Kress online (USA)

www.kress.de/news/wirtschaft.html/

Aktuelle Meldungen aus Wirtschaft und Finanzen sowie Aktienkurse.

Computer Hard- & Software

Was ist das Internet ohne seine Schnittstellen zum Besucher? Diese Schnittstellen kommen heute in fast jedem Haushalt in Form eines PCs daher. In diesem Kapitel finden Sie die wichtigsten Adressen zu aktuellen Hard- und Softwarefragestellungen, wie das Jahr-2000-Problem, Hacker, Internet, Netzwerke, Viren, Hard- und Software. Außerdem finden Sie alles zu speziellen Hardwaretypen, auch den exotischsten, Hinweise zu allen Betriebssystemen, Dienstleistungen rund ums Thema, Computerliteratur und Spiele. Viel Spaß vor allem beim Kapitel Fun Stuff, hier können Sie einmal erleben, mit welch skurrilen Randthemen der Computer noch behaftet ist.

2000-Problem

Thema	Seite	Weiterführende Linkseiten
Computer Information Centre	44	www.compinfo.co.uk/y2k.htm
Linux im Jahr 2000	45	www.linux.org/help/beginner/year2000.html

2k-Times (USA)

www.2k-times.com/y2k.htm

Zahlreiche Artikel und Abhandlungen über das Jahr-2000-Problem sowie viele weitere internationale Links. Ständig neue Nachrichten über aktuell entdeckte 2000-Fehler in verschiedenen Programmen.

Apple (USA)

www.apple.com/about/year2000/

Apples Meinung zum Jahr-2000-Problem. Danach gibt es dieses Problem hier nicht.

Infos dazu, woher das Problem kommt und wie es auftreten kann.

Computer Information Centre (USA)

www.compinfo.co.uk/y2k.htm

Links zu zahlreichen Informationsseiten über das Jahr-2000-Problem. Listen mit Software und technischen Artikeln zum 2000-Thema.

Countdown 2000 (D)

countdown2000.de/crash/

Aktuelle Schlagzeilen zum Jahr-2000-Problem in großen internationalen Organisationen, Firmen und Regierungen.

Dazu Witziges, Skurriles und Veranstaltungshinweise zu Silvester.

Deutsche Flugsicherung (USA) (D)

www.dfs.de/jahr2000/

Deutsche Flugsicherung. Vorbereitungen auf die Probleme zum Jahr 2000 in der Flugsicherung.

Infos über Null-Problem, Schaltjahre und kritische Kalenderdaten.

Greenwich 2000 (USA)

greenwich2000.com/millennium/year2000/

Informationen zum Jahr-2000-Problem von den Organisatoren des Millennium Domes in London. „It could be a BLACK DAY for your company." Links auf Software und Dienstleistungsunternehmen.

Links auf zahlreiche Veranstaltungen zur Jahrtausendwende und auf den Millennium Dome.

Initiative 2000 (D)

www.initiative2000.de/

Gemeinsame Initiative verschiedener großer Computerfirmen (Telekom, Banyan, IBM, Siemens, SAP ...). Hier finden Sie eine Checkliste, weitere Links und einen Bildschirmschoner mit Countdown zum Jahr 2000.

Bildschirmschoner zum Download, der die Sekunden bis zum Jahrtausenwechsel zählt.

Jahr 2000 Forum (D)

www.heise.de/ix/y2k/

Deutschsprachiges Jahr-2000-Forum der Zeitschrift iX. Dieses Forum dient dem Erfahrungsaustausch für Fragen im Zusammenhang mit dem Wechsel in das Jahr 2000. Das Forum ist moderiert.

KBSt Infos (D)

www.kbst.bund.de/j2k/

Die offiziellen Informationen der Koordinierungs- und Beratungsstelle der Bundesregierung für Informationstechnik in der Bundesverwaltung im typischen Amtsdeutsch derartiger Behörden.

Linux im Jahr 2000 (USA)

www.linux.org/help/beginner/year2000.html

Informationen zum Jahr-2000-Problem bei Linux. Linux wird mit seiner 32-Bit-Datumsdarstellung erst im Jahr 2038 richtige Probleme bekommen. Warum und welche, lesen Sie hier.

Mbug, the (USA)

www.cartoon2000.com/

Cartoons über den Millennium-Bug. Unterschiedlich gut – britischer Humor!

Microsoft (USA) (D)

www.microsoft.com/year2000/
www.microsoft.com/germany/jahr2000/

Informationen von Microsoft, Kompatibilitätsliste, FAQs und Support-Newsgroup zum Jahr-2000-Problem. Hier ist noch viel zu tun, die Liste ändert sich auch ständig von einem Servicepack zum nächsten.

OverSee 2000 (USA)

www.oversee2000.com

Das Strategie-/Planungsspiel zum Jahr-2000-Problem.

Die Spezialseite zum Jahr-2000-Problem (D)

www.jahr-2000.de/

Aktuelle News, technische Informationen, Buchtips und Software zum Jahr-2000-Problem. Branchenverzeichnis mit Firmen, die aus dem Jahr-2000-Wechsel Geld machen wollen.

y2k News (USA)

www.y2knews.com/

Das Online-Magazin zum Jahr-2000-Problem mit ständig neuen Artikeln und Links. Tägliche Nachrichten aus dem amerikanischen Senat, von verschiedenen Banken und Großkonzernen.

Y2K Newsgroup (D)

news://de.alt.jahr2000

Newsgroup über das Jahr-2000-Problem. Die meisten Beiträge hier sind allerdings derart unqualifiziert, daß man diese Newsgroup eher unter de.alt.dummschwatz einordnen sollte.

y2k.com (USA)

www.y2k.com/

Technische Informationen und zahlreiche Links zum Jahr-2000-Problem von cnet, mit viel Software zum Download sowie Infotexten verschiedener Hersteller.

Year 2000 Information Center (USA)

www.year2000.com/

Technische Dokumentation, E-Mail-Newsletter, FAQs, täglich aktualisierte Presseinformationen und zahlreiche Links. Stellenangebote und User-Groups sowie Jahr-2000 Versprechen aller großen Firmen als Vorlagetexte für eigene Versprechungen an die Kunden.

Apple-Computer

Apple (USA) (D)

www.apple.com/
www.apple.de/

Schlagzeilen und Produktbeschreibungen der neuen Apple-Computer. Imac-Werbung als QuickTime zum Downloaden. Viele bunte Bilder, aber kaum technischer Hintergrund.

Cult of Macintosh (USA)

cult-of-mac.utu.fi/

Softwarearchive, FAQs und Newsgroups zu Macintosh. „Exzellente Texte über Apples andauernden Kampf gegen die Marktkraft und die Industriestandards" Das sagt alles!

EveryMac (USA)

www.everymac.com/

Hardware-Upgrades für Macintosh. Kompatibilitätslisten, Links und Hersteller von Mac-Clones.

inmac (USA)

www.macwarehouse.de

Nicht nur Macs sind im Angebot, auch PC-User werden hier fündig. Das Angebot überzeugt, der Shopping-Komfort auch, die Preise weniger.

Mac Help Desk (USA)

www.machelpdesk.com

Sharewaretools, FAQs, Online-Magazin und weitere Links zu Macintosh.

Liste der „Famous Mac User" von Buzz Aldrin über Bryan Adams bis Boris Jelzin.

Mac Times (USA)

www.mactimes.com/

Schlagzeilen, FAQs und weitere Links zum Macintosh. Täglich aktualisierte Artikel, größtenteils Softwareankündigungen.

Macintouch (USA)

www.macintouch.com/

Aktuelle News und Dokumentationen zum Macintosh. Zahlreiche Testberichte, nicht grafisch überfrachtet, sondern wirklich informativ.

Powerwatch (USA)

www.powerwatch.com

Aktuelle News, Message Boards und Supportdateien zum Downloaden für Macintosh-kompatible Computer. Verschiedene Testberichte von Geräten, die Herstellung und Lieferung eigener Geräte wurde eingestellt.

TransMac (USA)

www.asy.com/

Software zur Datenkonvertierung zwischen Macintosh und PC. Schreibt, liest und formatiert Macintosh-Disketten auf dem PC, liest auch Bernoulli, ZIP und CD-ROMs und konvertiert Textfonts.

iMac

iMac today (USA)

www.iMac2Day.com/

Tolle Seite mit Nachrichten, Tips und Tricks rund um den iMac. Aktuelle iMac-Preise werden auch genannt. Der einzige Computer, bei dem die Farbe wichtiger als die Funktion zu sein scheint. Nach Farben sortiert können verschiedene iMacs gewonnen werden, Werbeanimationen und Hintergrundbilder zum Download.

Apple-Hilfe für T-Online (D)

home.t-online.de/home/applehilfe/

Ein Muß für T-Online-User. Von wegen „Plug and Play" – so einfach ist das mit dem Internetzugang nicht.

Apple Insider (USA)

www.appleinsider.com/

Die beste Gerüchteküche für Apple-Freunde. Wohl nur für echte Fans, aber auch ein paar nette Comics.

Apple.de iMac Seite (USA)

www.apple.de/_produkte/imac/

iMac-Seite von Apple Deutschland mit weiterführenden Links und netten Filmchen! Diese Seite ist zwischenzeitig immer mal wieder inaktiv und auf die deutsche Apple-Startseite umgelenkt.

Die iMac-Filme (USA)

www.apple.com/imac/theater/index.html

Hier gibts die geschmeidigen Filmchen zum Thema iMac. Think different! Je nach Überzeugung lösen diese Filme Begeisterungsstürme oder herzliches Lachen aus. QuickTime-Plug-In erforderlich.

iMac Floppy.com (USA)

www.iMacFloppy.com/

Cool! Die Seite zum Zwischenspeicher größerer Dateien. Nie wieder Probleme mit E-Mail-Anhängen, die „zu groß" sind. Die Seite läßt sich je nach iMac Lieblingsfarbe mit einem Mausklick unterschiedlich darstellen.

iMac MAGAZIN (D)

www.imac-magazin.de/

Willkommen beim iMac MAGAZIN. Das Mac MAGAZIN für den iMac. Hier finden Sie die offiziellen Bezeichnungen der iMac-Farben: Bondi blue, Blueberry, Tangerine, Grape, Lime, Strawberry.

iMac Ring, the (USA)

lowendmac.com/imac/ring.shtml

Eine Sammlung von iMac-spezifischen Seiten, die zusammenarbeiten oder den iMac unterstützen.

iMac Software updates (USA) (D)

ftp://ftp3.info.apple.com/apple_support_area/apple.software.updates/german/macintosh/imac/

Hier sind die neusten Updates vom großen bis zum kleinen Apfel ...

imacsupport (USA)

macsupport.miningco.com/blcenter.htm

Probleme? Diese Jungs lösen Sie. (Was die iMac angeht ... nachdem man sich durch die zahlreichen Cookies gewühlt hat.) Online-Umfrage nach iMac-Lieblingsfarben. Bei unserem Besuch lag Grape (lila) deutlich vorn.

Grußpostkarten mit iMac-Bildern und Gewinnspiele

imacworld (USA)

www.imacworld.com/

Nachrichten und Tratsch aus der Szene. Nett! Aktuelle Spieletips, Softwaredownloads und ein Design-Wettbewerb.

Mac Gadget.de (USA) (D)

www.macgadget.de/

Der deutsche Mac-Nachrichtendienst. Täglich mehrfach aktualisierte Kurznachrichten, nicht nur über den iMac, auch über allgemeine Hard- und Softwarethemen.

Mac Marines (USA)

www.macmarines.com/

Die Mac Marines schlagen zurück! Herrlich schräge Seite der Kämpfer für das bessere Betriebssystem.

MACnews (D)

www.macnews.de/

Der beste MAC-Nachrichtenticker. Lesen! Interessante Tips und Produktankündigungen ohne grafische Überfrachtung.

MACup (D)

www.macup.com/

Das zweite wichtige deutsche MAC-Magazin. Kurzfassungen von Artikeln aus der gedruckten Ausgabe und Online-Kleinanzeigen.

MACwelt (D)

195.138.34.46/

Die Homepage des wichtigsten deutschsprachigen MAC-Magazins. Aktuelle Nachrichten nach verschiedenen Kategorien, aber sehr langsam.

the iMac channel (USA)

lowendmac.com/imac/index.shtml

Die beste Seite für Links zum iMac und Nachrichten. Inhalt und Aufmachung ähneln einem großen amerikanischen Mac-Online-Magazin auffällig.

Versiontracker (USA)

www.versiontracker.com/

Die jeweils neusten Updates für alle wichtigen Programme den MAC betreffend – frisch auf den Tisch. Nach Tagen sortiert und mit eigener Suchmaschine – Sahne!

Betriebssysteme

Thema	Seite	Weiterführende Linkseiten
BeBox	51	www.bebox.org/
BeZap	53	www.bezap.com/
Games on the BeOS	53	nav.webring.com/cgi-bin/navcgi?ring=beosgames;list
FreeDOS-Webring	55	www.webring.org/cgi-bin/webring?ring=freedos;list
FDISK.com	56	www.fdisk.com/doslynx/
DOS Link Page	57	www.salokin.demon.co.uk/dos_links.htm
Shareware.com	57	search.shareware.com/code/engine/find?cfrom=quick&orfile=true&search=dos&category=dos
Linux Game Programming	58	nav.webring.com/cgi-bin/navcgi?ring=linuxgp;list
Linux Online	58	www.linux.org
OS/2 Supersite	61	www.os2ss.com/
Windows-98.de	62	www.windows-98.de/
Route 98	64	www.scott.net/~gtaylor/route98/
NT Professional-Webring	66	www.webring.org/cgi-bin/webring?ring=ntprof;list

Virtual Dr (USA)

www.virtualdr.com/

Diskussionsgruppen zu verschiedenen Betriebssystemen. Dazu Hardwaretips, Treiber und ein Softwarearchiv.

BeOS

Be (USA) (D)

www.be.com
www.beeurope.com

Der Hersteller dieses Betriebssystems bietet zahlreiche technische Informationen und Links auf Softwarehersteller. Dazu Hardwarekompatibilitätsinformationen. Hier können Sie auch einen aktuellen Newsletter abonnieren.

BeBox (USA)

www.bebox.org/

Links zu weiteren Webseiten über BeOS. Softwarehersteller, private Seiten und ein WebRing.

BeCQ (USA)

www.beoscentral.com/home/becq/

Ein ICQ-Client für BeOS ist noch in Entwicklung. Hier erfahren Sie aktuelle Informationen und können Beta-Versionen downloaden.

BeDepot (USA)

www.bedepot.com/

Großes, aber größtenteils kommerzielles Softwarearchiv für BeOS-Anwendungen. Nach Kategorien sortiert mit Suchmaschine und Buchtips.

BeForever USA

www.beforever.com/

Aktuelle News, Software und weitere Links zu BeOS. Täglich aktualisierte Nachrichten mit Nachrichtenarchiv älterer Meldungen.

BeGames USA

www.begames.com/

Kein Betriebssystem ohne Spiele, auch wenn es niemand so richtig zugeben will. Links, Tests und Downloads für Spiele unter BeOS im Seitenlayout der Original Be-Webseiten.

BeNews USA

www.benews.com/

Aktuelle Nachrichten, Softwaretests und weitere Links. BeNews bietet auch einen Nachrichtenchannel für Netscape an, der in die persönliche Netscape-Startseite My Netscape integriert werden kann.

BeOS Central USA

www.beoscentral.com/

Aktuelle News, technische Artikel, Tutorials, FAQs und Links auf zahlreiche Software. Täglich aktualisierte Kurznachrichten von und für echte Fans.

BeOS FAQ USA

www-us.beeurope.com/support/qandas/index.html

Die offizielle FAQ-Liste des Herstellers bietet diverse FAQs übersichtlich nach Themen geordnet.

BeOS Newsgroup USA

news://comp.sys.be.misc

Newsgroup zu Fragen rund um BeOS.

BeOS Tip Server USA

www.betips.net/

Ausführliche Tips & Tricks-Datenbank zu BeOS. Hier können Sie auch selbst Tips eintragen. Von und für Anwender, ohne kommerziellen Hintergrund

BeOS-Webring USA

www.webring.org/cgi-bin/webring?ring=be;index

Über den Webring finden Sie zur Zeit mehr als 100 Webseiten zu BeOS, von Herstellern, Online-Magazinen und privaten Anbietern. Und es werden ständig mehr.

BeShop (USA)

www.beshop.com

Dieser Anbieter von zu BeOS kompatibler Hardware hat auch eine ausführliche Softwareliste mit viel Freeware zum Downloaden.

BeWare (USA)

www.be.com/beware/

Ausführliche Softwareliste mit direkter Download-Möglichkeit für zahlreiche kommerzielle BeOS-Software und -Shareware. Hier finden Sie nur Software, die vom Betriebssystemhersteller empfohlen wird.

BeZap (USA)

www.bezap.com/

Online-Magazin zu BeOS. Aktuelle News, Softwaretests, weitere Links und Softwaredownload.

DeBUG (D)

www.BeUserGroup.de/

Die deutsche BeOS User Group bietet verschiedene Software zum Download an, dazu FAQs und technische Artikel.

Games on the BeOS (USA)

nav.webring.com/cgi-bin/navcgi?ring=beosgames;list

Webring mit Links auf Webseiten zu BeOS-Spielen. Auch Spieletips, Cheats und Patches.

Let it...Be (USA)

www.boomweb.com/letitbe/index.html

Unabhängiges BeOS-Forum mit diversen Testberichten, Softwarelinks und Live-Chat. Von Fans für Fans mit Hard- und Softwaretests. Wenig Kommerz, Informationen nicht immer ganz objektiv.

Tucows (USA)

be.tucows.com/beos

Eines der ganz großen Sharewarearchive bietet auch zahlreiche BeOS-Software. Ständig aktualisiert mit Kurzkommentaren, Wertung und Links auf die Webseiten der Programmhersteller.

WWWBoard (USA)

wwwboard.net/bbs1/po/wwwboard.sht

Webboard-Diskussionsgruppe rund um BeOS. Die Alternative zur Newsgroup, aber nicht ganz so interessant.

DOS

DOS Command Index (USA)

www.csulb.edu/~murdock/dosindex.html

Sehr ausführliche Beschreibung aller DOS-Befehle mit Parametern und Tips zum sinnvollen Einsatz. Ähnelt auf den ersten Blick der DOS-Hilfe, die Zusatzinformationen sind aber wesentlich ausführlicher.

DOS Newsgroup (USA)

news://comp.os.msdos.misc

Newsgroup zu allgemeinen Problemen um MS-DOS.

DOS-Tricks (USA)

www.calweb.com/~webspace/batch/tricks/index.htm

Hier finden Sie einige nützliche unbekannte DOS-Tricks und undokumentierte Funktionen. Besonders für Batch-Programmierer hochinteressant.

Features neuer MS-DOS-Versionen (D)

www.chemie.fu-berlin.de/chemnet/general/topics/dos_neu.html

Diese Seite beschreibt die Neuigkeiten im Funktionsumfang der DOS-Versionen 4.0 bis 6.21. Hätten Sie noch gewußt, seit wann Festplatten größer als 32 MByte unterstützt werden – lange ist es her.

Lcars98 (USA)

www.public.usit.net/tyconner/lcars98/lcars.html

Lcars98 ist eine grafische Benutzeroberfläche für DOS, um Programme menügesteuert zu starten, kein eigenes Betriebssystem. Auf der Webseite finden Sie FAQs, einige Screenshots und die aktuelle Version zum Download.

PC-Config (USA) (D)

www.holin.com/
www.holin.com/indexe.html

Systeminformationstool für DOS, das das System sehr genau identifiziert, besser als alle Windows-Systemtools, da das Betriebssystem direkte Hardwarezugriffe manchmal abfängt. FAQs und Sharewareversion zum Download.

SimTel (USA)

oak.oakland.edu/simtel.net/msdos/index-msdos.html

Riesiges Softwarearchiv mit DOS-Programmen, Programmiersprachen, Spielen und Utilities. Einer der ersten Sharewareserver im Internet überhaupt. Die Benutzeroberfläche ist sehr einfach gehalten, ohne grafischen Schnickschnack, die Inhalte dafür umso besser.

Andere

Caldera DR DOS (USA)

www.calderathin.com/

Das schlankeste der aktuellen Betriebssysteme, das Nachfolgeprodukt des DR DOS von Digital Research, später Novell. Alternatives DOS mit Jahr-2000-Kompatibilität. FAQs und Tryout-Version zum Download.

DR DOS FAQ (USA)

support.novell.de/home/desktop/dr6/faq.htm

Diese FAQ zu DR DOS (ehemals Novell DOS) ist auf dem Novell Support Server immer noch verfügbar, obwohl Novell das DR DOS längst aufgegeben hat.

FreeDOS (USA)

www.isd.net/jhall1/freedos/

Aktuelle News zu FreeDOS, Installationshinweise und Kompatibilitätsinformationen sowie eine To-Do-Liste für Entwickler, die sich am FreeDOS-Projekt beteiligen wollen. Ob aus dem Projekt etwas wird, bleibt abzuwarten, jedenfalls tut sich auf der Webseite ständig etwas.

FreeDOS-Webring (USA)

www.webring.org/cgi-bin/webring?ring=freedos;list

Über den FreeDOS-Webring können Sie die Seiten verschiedener FreeDOS-Entwickler erreichen.

FreeDOS.org (USA)

www.freedos.org/

FreeDOS ist eine nicht kommerzielle Initiative zur Entwicklung eines Freeware-DOS-Betriebssystems. Auf der Webseite finden Sie FAQ,s Installationsanweisungen und die aktuelle Beta-Version zum Download.

New-DOS (USA)

www.prignitz-online.de/newdos/home.htm

New-DOS ist eine deutlich erweiterte DOS-Alternative mit einem integrierten Datei- und Programm-Manager, über den sich auch Windows-Programme direkt starten lassen. Des weiteren verfügt New-DOS über eine integrierte Programmiersprache und einen Komprimierer sowie diverse Systemtools. Die Sharewareversion kann von der Webseite heruntergeladen werden. Hier finden Sie auch diverse Tips und Tricks.

PTS DOS (USA) (D)

www.pts.mipt.ru/
www2.PhysTechSoft.com/de/

PTS DOS ist ein DOS-Betriebssystem, das deutlich weniger Speicher braucht als MS-DOS, Jahr-2000-kompatibel ist und mit Festplatten größer als 2 GByte umgehen kann. Außerdem enthält es standardmäßig einen Boot-Manager und einen Virenschutz. Auf der Webseite finden Sie eine Testversion in Deutsch, Englisch oder Russisch zum Download, FAQs und Kompatibilitätsinformationen.

RxDOS (USA)

rxdos.com/

RxDOS ist ein schneller, wenig speicherfressender Ersatz für MS-DOS. Dazu ist es Jahr-2000-kompatibel. Auf der Webseite finden Sie FAQs und Kompatibilitätsinformationen zu bekannten DOS-Programmen. Der Source-Code ist in einem Buch dokumentiert, das hier auch bestellt werden kann. Evaluationsversion zum Download.

SuperDOS (USA)

www.bluebird.com/superdos.htm

SuperDOS ist ein schnelles Multi-User-Serverbetriebssystem. Auf der Webseite finden Anwender Patches und Updates.

Tools

Batch Programming Stuff (USA)

www.nc5.infi.net/~wtnewton/batch/

Zahlreiche Tips und Quelltexte zur Batch-Programmierung unter DOS. Hier finden Sie auch die Simulation Convay's Game of Life als Batch-Dateien realisiert.

BATPOWER FAQ (USA)

gatsby.tafe.tas.edu.au/batch/html/faq.html

FAQ zur Batch-Programmierung unter DOS. Hier finden Sie auch eine ausführliche Beschreibung des Ansi.sys-Treibers für die erweiterte Zeichendarstellung.

FDISK.com, DOS Internet Pages (USA)

www.fdisk.com/doslynx/

Links auf verschiedene Webbrowser für DOS. Damit können Sie auch auf sehr alten Rechnern ins Internet kommen. Die Browser sind vergleichsweise sehr schnell.

Garbo PC collection (USA)

garbo.uwasa.fi/pc/

Großes Softwarearchiv mit DOS-Software. Programme, die man sonst auf den großen Sharewareservern kaum findet. Pure Information und Download ohne grafischen Schnickschnack.

Mark's Candy Store (USA)

www.geocities.com/siliconvalley/2034/candy.html

Bietet Freeware und Shareware DOS-Tools. Alle Programme sind schön klein, die Seite enthält auch einige Programmiertools und leider auch viele Werbebanner.

Nick's DOS Link Page (USA)

www.salokin.demon.co.uk/dos_links.htm

Links auf Webseiten mit DOS-Utilities, Freeware und Batch-Programmierung.

Shareware.com (USA)

search.shareware.com/code/engine/find?cfrom=quick&orfile=true&search=dos&category=dos

Mit diesem Suchstring finden Sie bei Shareware.com noch jede Menge DOS-Tools.

Tom Lavedas' Batch File Applications (USA)

www.pressroom.com/~tglbatch/

Kleine Tools, mit denen sich die Funktionalität von Batch-Dateien wesentlich erweitern läßt.

Linux

Applix (USA)

www.applix.com

Office-Paket nicht nur für Linux sondern auch für viele andere UNIX-Plattformen. Hier finden Sie Produktspezifikationen und Screenshots sowie eine kostenlose Linux-Evaluationsversion zum Download.

Corel WordPerfect (USA)

www.corel.com/

Corel WordPerfect für Linux kann in einer Personal Edition hier kostenlos heruntergeladen werden, dazu FAQs und diverse Supportdokumente.

Freeware.de (D)

Freeware.de/linux/index.shtml

Freewarebibliothek für Linux, dazu einige informative Texte. Wer genug Zeit und einen billigen Internetzugang hat, kann sich hier komplette Linux-Distributionen, die mehrere CD-ROMs füllen, herunterladen.

Gimp (USA)

www.gimp.org

Kostenloses Bildbearbeitungsprogramm für Linux mit Dokumentation und Bildergalerie. Auf der Webseite finden Sie auch die vollständige Dokumentation, Tutorials und Plug-Ins.

Linux Game Programming-Webring (USA)

nav.webring.com/cgi-bin/navcgi?ring=linuxgp;list

Webring mit Links auf Webseiten zur Spieleprogrammierung unter Linux.

Linux NetMag (D)

www.linuxsupportline.com/~netmag/

Deutschsprachiges Online-Magazin über Linux. Alles, was aktuell ist, sehr informativ, erscheint nur nicht besonders oft.

Hier gibt es auch Xamp, die Linux-Variante des bekannten MP3-Players WinAmp.

Linux Now (USA)

www.LinuxNow.com/

Online-Magazin zu Linux, Enthält Texte und Infos und eine ausgedehnte Softwarebibliothek. Mit Suchmaschine und Mailingliste.

Linux online (USA)

www.linux.org

Informative Texte über Linux und zahlreiche Links auf Hard- und Softwarehersteller, User-Gruppen, Projekte und Linux in den Medien. Die wichtigste Distributoren-unabhängige Linux-Seite

Linux-Page (USA)

linuxuser.8m.com/

Technische Informationen zu verschiedenen Linux-Distributionen und anderen kostenlosen Betriebssystemen.

Linux Revolution (USA)

tux.virtualave.net/

Herstellerunabhängige Texte zu Linux als alternatives Betriebssystem. Hier findet man alles FÜR Linux und GEGEN Microsoft, auch die berüchtigten Halloween-Dokumente.

Linux-Webring (USA)

www.webring.org/cgi-bin/webring?list;ring=linux

Über den Linux-Webring erreichen Sie zur Zeit über 200 Webseiten zum Thema Linux.

Linux World (USA)

www.LinuxWorld.com/

Linux-Online-Magazin mit zahlreichen technischen Artikeln und weiteren Links. Mit Diskussionsgruppen und E-Mail-Newsletter.

Linuxberg (USA)

www.linuxberg.com

Großes Linux-Softwarearchiv von Tucows. In bekannter Tucows-Qualität finden Sie hunderte von Shareware und Freewareprogrammen kommentiert und bewertet zum Download.

LinuxMall (USA)

www.LinuxMall.com/

Hard- und Software zu Linux, zahlreiche News und Softwaredownloads. Außerdem gibt es hier, ganz nach dem Open-Source Konzept, auch diverse Quellcodes.

Linuxworld Expo (USA)

www.linuxworldexpo.com/

Informationen, Ausstellerkatalog und weitere Links zur Linuxworld Messe.

RedHat (USA)

www.redhat.com
www.redhat.de

Ein großer Linuxdistributor liefert hier technische Dokumentation, Hardwarekompatibilitätslisten und eigene Support-Newsgroups zu Linux. Die deutsche Seite ist leider auch in englischer Sprache.

RedHat FAQ (USA)

www.best.com/~aturner/redhat-faq/

FAQ zu RedHat Linux, aber auch für andere Linux-Distributionen brauchbar.

Shareware.com (USA)

www.shareware.com

Einer der größten Sharewareserver hat auch eine eigene Linux-Rubrik. Hier gibt es nicht nur Shareware, sondern auch echte Freeware.

Star Office (USA) (D)

www.stardivison.com
www.stardivision.de

Star Office für Linux ist ein kostenloses Office-Paket, das hier heruntergeladen werden kann. Die Dateiformate sind kompatibel zu den Star Office-Versionen auf anderen Betriebssystemplattformen. Dazu gibt es FAQs und einen E-Mail-Newsletter.

SuSE (USA) (D)

www.suse.com
www.suse.de

Einer der größten Linux-Distributoren bietet hier Pressetexte, Softwaredownload und eine Supportdatenbank mit zahlreichen Tips zu Linux.

OS/2

CompuServe OS/2-Forum (D)

forumsb.csi.com/gvforums/deu/default.asp?srv=deutschesos2

Deutschsprachiges CompuServe-OS/2-Forum. Hier finden Sie Nachrichten, Software und ein Diskussionforum von Anwendern und unabhängigen Entwicklern.

IBM (USA)

www.software.ibm.com/os/warp/

IBM, der Hersteller von OS/2, bietet hier Tips, aktuelle Informationen, Treiber und verschiedene Software, z. B. den Netscape Communicator, an.

Lotus Smartsuite (USA)

www.lotus.com/smartsuiteos2

Produktbeschreibung des Office-Pakets Lotus Smartsuite für OS/2. Die ausführliche Dokumentation kann als PDF-Datei heruntergeladen werden.

OS/2 Device Driver Pak (USA)

service.software.ibm.com/os2ddpak

Bibliothek mit OS/2-Treibern für verschiedene Hardwarekomponenten. Es gibt auch Jahr-2000 Infos und weitere Links auf IBM-Seiten zu OS/2.

OS/2 e-Zine (USA)

www.os2ezine.com/

Online-Zeitung über OS/2 mit aktuellen Softwaretests und Suchmaschine nach alten Artikeln. Das Ganze gibt es auch als E-Mail-Newsletter.

OS/2 Newsgroup (USA)

news://comp.os.os2

Die Newsgroup für OS/2-Anwender.

OS/2 Supersite (USA)

www.os2ss.com/

Aktuelle News, OS/2-Forum und ein Softwarearchiv. Die Softwaresammlung ist auch als CD-ROM erhältlich.

OS/2-Webring (USA)

www.webring.org/cgi-bin/webring?ring=os2;list

Über den OS/2-Webring erreichen Sie einige Homepages von OS/2-Anwendern.

OS2.org (USA) (D)

en.os2.org
de.os2.org/

Organisation von OS/2-Anwendern, die dieses Betriebssystem am Leben erhalten möchten. Hier finden Sie aktuelle Informationen, ein Diskussionsforum, Updates und Treiber zu OS/2.

os2online (USA)

www.os2online.de/

Private Fanseite einer Usergroup mit E-Mail-Newsletter. Diverse Tips und Tricks zu OS/2, Tests kompatibler Hardware und weitere Links. Landkarte mit deutschen OS/2-Usergroups.

Warpstock (USA)

www.warpstock.org/

Warpstock organisiert jährliche OS/2-Anwenderkonferenzen. Auf den Webseiten finden Sie Bilder, Presseberichte und Ankündigungen.

Sonstige

Freedows (USA) (D)

www.freedows.org/
www.freedows.net/german/index.html

Freedows ist ein kostenloses Betriebssystem, das unter der GNU General Public License entwickelt wird. Freedows kann Programme aus verschiedenen Betriebssystemen (Windows 95/NT, Linux, MacOS und später evtl. auch TRS-80 und C64) gleichzeitig ausführen. Auf der Webseite finden Sie Aktuelles und ein Formular, um sich an der Freedows-Entwicklergemeinde zu beteiligen. Für Entwickler und interessierte gibt es Mailingliste, IRC-Channel und WWW-basiertes Diskussionsforum.

PC-NewOS (D)

home.fhtw-berlin.de/~s0169337/main.html

PC-NewOS ist der Versuch, ein neues Betriebssystem zu entwickeln. Auf der Webseite finden Sie ausführliche technische Informationen. Erste Versionen und der Quellcode werden bereits zum Download angeboten.

Tunes (USA)

tunes.org

Tunes steht noch in den ersten Anfängen und soll ein neues Betriebssystem für PCs werden. Es gibt eine FAQ, einen IRC-Channel und eine Mailingliste, aber noch keine Download-Möglichkeit.

Windows

FiSi Computerlexikon (USA)

www.fisi.de

Ein ausführliches Computerlexikon und interessante Tips und Tricks zu Windows 95/98/NT.

Alle Parameter des BIOS werden hier ebenfalls verständlich erläutert.

Interface Guidelines (USA)

www.microsoft.com/win32dev/uiguide/default.htm

Microsoft gibt zur Benutzeroberfläche von Windows Richtlinien für Softwareentwickler heraus, an die diese sich zu halten haben, um einem Programm den für Windows typischen Look-and-feel zu geben.

PCWin Ressource Center (USA)

pcwin.com/

Shareware, Freeware, Diskussionsforen, Tips und Tricks zu Windows 95/95, NT und CE. Dazu eine nette Seite mit „Easter Eggs".

Tips & Tricks-Newsletter (USA)

www.cctglobal.com/index.html?fr-index

Dieser Hersteller von Lehrmaterialien zu Windows bietet auch einen kostenlosen Tips & Tricks-Newsletter an, der per E-Mail bezogen werden kann. Einige Tips & Tricks finden Sie auch direkt auf der Webseite.

Windows-98.de (D)

www.windows-98.de/

Aktuelle News, Tips, Software und Treiber für Windows 95/98/NT. Tips zu Viren und Spielen sowie gesammelte Pressemeldungen aus verschiedenen Online-Magazinen.

WinFAQ (D)

www.winfaq.de

Sehr ausführliche Tips zu Windows 95/98/NT im Windows HLP- oder CHM-Format zum Download. Dazu aktuelle News, Softwaretests und ein Softwarearchiv zum Download.

World O'Windows (USA)

www.worldowindows.com/

Jede Menge Tips und Tricks zu Windows 95/98/NT und auch Windows CE, Jahr-2000-Updates und Gerüchte um eine neue Windows 98-Version. Dazu eine Sammlung von Treibern für diverse Komponenten.

www.Windows.com (USA)

www.Windows.com

Hinter dieser Adresse verbirgt sich nichts anderes als *http://www.microsoft.com*.

3.1

Microsoft Windows 3.1 Update (USA)

www.microsoft.com/windows/downloads/win31.asp

Microsoft bietet den Internet Explorer, Media Player und ein Euro-Update auch noch für Windows 3.1 an. Die Seite ist sehr langsam und wohl auch schon länger nicht mehr aktualisiert.

ZDWindows3.1 (USA)

www.zdnet.com/windows/31

Aktuelle News, Testberichte, Tips und Softwaredownloads zu Windows 3.1 von der amerikanischen ZD Net-Webseite.

95/98

98lite (USA)

www.98lite.net/

98lite ermöglicht, Windows 98 ohne den Internet Explorer zu installieren oder diesen auch nachträglich wieder zu entfernen. Damit läßt sich Windows 98 auch mit der deutlich schnelleren Benutzeroberfläche von Windows 95 ohne den Active Desktop verwenden. Dieses Tool ist von Microsoft nicht lizenziert und auch nicht erwünscht!

Active Windows (USA)

www.activewin.com/

FAQs und technische Informationen zu Windows 95/98, DirectX und Internet Explorer. Treiber, Tools und Desktop-Themen zum Download.

CMPnet (USA)

www.cmpnet.com/win98

Technische Informationen, Tips und aktuelle Nachrichten zu Windows 98. Bug-Fixes, Downloads, Buchtips und Links auf technische Informationen.

Microsoft (USA) (D)

www.microsoft.com/windows98/default.asp
www.eu.microsoft.com/germany/windows98/

Hier bietet der Hersteller von Windows 98-Software-Updates und Tips. Leider sind die Seiten sehr unübersichtlich, da sie ständig in ihrem Layout verändert werden.

Microsoft Windows 98-Updates (USA)

windowsupdate.microsoft.com

Hier finden Sie verschiedene kleine Updates zu Windows 98. Diese Seite ist aber nur mit dem Internet Explorer erreichbar, mit keinem anderen Browser.

Pureperformance (USA)

www.pureperformance.com/

Zahlreiche Tuning-Tips nach Kategorien und Geräten geordnet. Informationen über neue Service-Packs, die Windows 98 Second Edition und Gerüchte um Windows 2000.

Route 98 (USA)

www.scott.net/~gtaylor/route98/

Aktuelle News, Tips und Links auf Tools und andere Windows 98-Seiten. Ausführliche Tips zur Anpassung und Tastatursteuerung von Windows 98 – diese ersparen alle Tuning-Programme.

Windows 95/DOS 7 Batch Programming (USA)

www.calweb.com/~webspace/batch

Im DOS-Fenster von Windows 95 läßt sich mit Batch-Dateien einiges erreichen, was unter der grafischen Windows-Oberfläche nur mühsam zu programmieren wäre. Viele Tips zur Batch-Programmierung.

Windows 95 Newsgroup (USA)

news://comp.os.ms-windows.win95.misc

Newsgroup zu allgemeinen Problemen um Windows 95.

Windows98.org (USA)

www.windows98.org

Aktuelle News, Tips, Testberichte und Diskussionsforen über Windows 98. Die ganze Seite ist im Blaßgrün des Original-Windows-Desktops gehalten – nicht schön, aber informativ.

Winfiles.com (USA)

www.winfiles.com/tips/

Zahlreiche Tips zu Windows 95/98. Software zum Download und ein E-Mail Newsletter.

ZDWindows95 (USA)

www.zdnet.com/windows/95

Aktuelle News, Testberichte, Tips und Softwaredownloads zu Windows 95. Eine der wichtigsten unabhängigen Informationsquellen zu Windows 95.

ZDWindows98 (USA)

www.zdnet.com/windows/98

Aktuelle Windows 98 News, Testberichte, Tips und Softwaredownloads.

NT

Hardwarekompatibilitätsliste (USA)

www.microsoft.com/isapi/hwtest/hcl.idc

Microsofts Hardwarekompatibilitätsliste für Windows NT 4.0 und Links auf die Kompatibilitätslisten zu Windows CE und Windows 2000 Beta.

Microsoft (USA) (D)

www.microsoft.com/ntworkstation/default.asp
www.eu.microsoft.com/germany/ntworkstation/

Hier bietet der Hersteller von Windows NT Software-Updates und Tips. Leider sind die Seiten sehr unübersichtlich, da sie ständig in ihrem Layout verändert werden.

Microsoft NT-Updates (USA)

www.microsoft.com/windows/downloads/winntw.asp

Hier finden Sie die großen Service Packs und auch zahlreiche kleine Updates und Tools zu Windows NT, z. B. Tweak UI oder das Euro-Update.

NT BugTraq (USA)

www.ntbugtraq.com/

Ausführliche Sammlung von NT-Sicherheitslücken und Fehlern. Dazu eine Mailingliste, Links und Software zum Download.

NT FAQ (D)

www.windows-nt.uni-karlsruhe.de/usc/faqs.asp

Deutschsprachige FAQ-Datenbank zu Windows NT.

NT Professional-Webring (USA)

www.webring.org/cgi-bin/webring?ring=ntprof;list

Über diesen Webring finden Sie Webseiten für professionelle Windows NT-Anwender.

NT Secrets (USA)

www.ntsecrets.com/

Tips und Tricks zu Windows NT, dazu ein Glossar und diverse Sharewaresystemtools. Nette Easter Eggs und aktuelle Gerüchte und Infos zu Windows 2000, ob es kommt oder nicht.

NT Toolbox (USA)

www.nttoolbox.com/

„The Only NT Bookmark You'll Ever Need". Verschiedene Programme zum Download, die Sicherheitslücken von NT zeigen. Links auf Service-Packs, Patches und sonstige Tools.

NTSecurity.net (USA)

www.ntsecurity.net/

Informationen zu Sicherheitslücken bei Windows NT und dem Internet Explorer. Ständig aktualisierte Liste mit Hotfixes, E-Mail Newsleter mit aktuellen Meldungen.

Pureperformance (USA)

www.pureperformance.com/

Informationen über neue Service-Packs, die Windows 98 Second Edition und Gerüchte um Windows 2000. Zahlreiche Tuning-Tips nach Kategorien und Geräten geordnet.

red steve (D)

www.redsteve.de

Private Homepage mit zahlreichen Tips und Tricks, aktuellen News und Softwaredownloads zu Windows NT. Dazu gibt es hier eine Liste aller Newsgroups zum Thema NT.

Service Pack 5 (USA)

www.microsoft.com/ntserver/nts/downloads/recommended/sp5/allsp5.asp

Die Fertigstellung von Windows 2000 dauert wohl noch etwas. Deshalb liefert Microsoft, vorher noch ein NT Service Pack 5 aus, das ein paar Sicherheitslücken schließen, weitere Jahr-2000-Probleme lösen und ein Euro-Symbol enthalten soll.

Windows NT FAQ (USA)

www.cis.ohio-state.edu/hypertext/faq/usenet/windows-nt/internet-faq/top.html

Diese FAQ wurde aus Newsgroupbeiträgen zusammengestellt. Der Text kann auch als Textdatei zum Offline-Lesen heruntergeladen werden. Sehr informativ, wenn auch nicht besonders übersichtlich gemacht.

Windows NT Interactive Archive (USA)

www.WinNTIA.Com/

FAQs und diverse Software (Treiber, Tools, Microsoft-Patches und Spiele) zum Download. Außerdem Texte zur Installation problematischer Geräte und Programme.

Windows NT Magazine online (USA)

www.winntmag.com/

Datenbank mit Artikeln des Windows NT-Magazins, Tips und einem ausführlichen Glossar. Sehr aktuell und informativ, aktuelle Virenmeldungen und Hinweise auf Sicherheitsprobleme auch als E-Mail-Newsletter.

Windows NT Newsgroup (USA)

news://comp.os.ms-windows.nt.misc

Newsgroup zu allgemeinen Problemen um Windows NT.

Windows NT Registry Options (USA)

www.indirect.com/www/ceridgac/regbasic.html

Tips zur Optimierung der Registry unter Windows NT. Erspart den Einsatz von Tuning-Programmen, die mehr schaden als nutzen.

Windows-NT.com (USA)

www.Windows-NT.com/

Aktuelle News und zahlreiche technische Tips zu Windows NT. Sicherheitslücken im Internet Explorer, Tips zum Booten mehrerer Betriebssysteme, Bugfixes, Patches und Tools zum Download.

Computerliteratur

Buchverlage

Addison Wesley (D)

www.addison-wesley.de/

Beschreibungen aller Bücher, Vorschau auf Neuerscheinungen, Leseproben als PDF oder HTML, Links auf persönliche Homepages der Autoren.

Amazon (USA) (D)

www.amazon.com/exec/obidos/subst/books/computers/computers.html/002-8554241-2886265
www.amazon.de/exec/obidos/cache/bl-ttern/computer-und-internet/index/028-3545341-7772044

Hier finden Sie Beschreibungen und Kritiken fast aller deutschen und US-Computerbücher. Sie können sie alle auch direkt bestellen, amerikanische Bücher sogar zum Originalpreis ohne Aufschlag, also deutlich günstiger als im Buchhandel.

Bhv (D)

www.bhv.net/

Beschreibung aller Bücher und Softwareprodukte, Patches zu einigen Programmen. Der komplette Katalog liegt zum Herunterladen und Offline-Lesen bereit.

Coriolis (USA)

www.coriolis.com/

Ausführliche Beschreibung aller Bücher, Leserfeedback, Kurzvorstellung der Autoren und direkte Bestellmöglichkeit. Aktuelle Neuvorstellungen, Suchmaschine und Bestsellerliste.

DATA BECKER (USA) (D)

www.databecker.de
www.databecker.com

Das komplette Produktangebot von DATA BECKER. Online-Einkauf von Büchern und Software sowie Vorankündigungen von Büchern und Software. Tips und Downloads zu einigen Programmen und natürlich – Stellenangebote.

Econ Taschenbücher (D)

www.rabbitsoft.de/econtb/index.htm

Beschreibungen aller Econ-Computertaschenbücher. Leseproben einzelner Kapitel als PDF-Datei. Zu vielen Büchern gibt es Beispieldateien oder Tools zum Download.

Franzis (D)

www.franzis.de/

Kurzvorstellung aller Bücher und Softwaretitel mit Online-Bestellmöglichkeit, Links auf private Seiten der Autoren, Download verschiedener Demoversionen. Gewinnspiele und Tips zu einigen der Programme.

Hanser Computer-Bücher (D)

www.hanser.de/computer/index.htm

Kurzvorstellung aller Bücher und direkte Bestellmöglichkeit. Links auf private Homepages der Autoren. Gewinnspiele, aktuelle Neuvorstellungen und Leserrezensionen.

Markt und Technik (D)

www.mut.de/

Kurzbeschreibungen aller Bücher. Einige Bücher liegen sogar komplett zum Probelesen online vor. Kurzvorstellung aller Autoren.

Diverse Tools und Shareware zum Download.

Mitp (D)

www.itp.de/

Vorschau auf Neuerscheinungen, Kurzbeschreibungen zu allen Büchern. Presseinformationen, Stellenangebote und E-Mail-Newsletter.

New Riders Publishing (USA)

www.mcp.com/publishers/new_riders/

Beschreibung aller Bücher, Leseproben einzelner Kapitel, Vorstellung der Autoren, Supportdateien zum Download, direkte Bestellmöglichkeit der Bücher.

Smartbooks (D)

www.smartbooks.ch

SmartBooks Publishing AG Kilchberg/Schweiz verlegt. Internet- und Computerbücher. Kurzbeschreibungen aller Bücher.

Auch Bücher zu den Themengebieten Marketing und Gesundheit.

Sybex (USA) (D)

www.sybex.de/
www.sybex.com/

Aktuelle Neuheiten, ausführliche Beschreibung und Bestellmöglichkeit für jedes Buch. Die amerikanische Seite bietet ein deutlich größeres Angebot.

Zeitschriften

Chip online (D)

www.chip.de

Viele aktuelle Kurznachrichten, Tips und Tests. Außerdem kostenlose Kleinanzeigen und Diskussionsforen zu verschiedenen Computerthemen.

Computer & Co (USA) (D)

www.computer-co.de

Online-Angebot der Zeitschrift Computer & Co mit Lexikon, CD-ROM-Test und Spielen. Gewinnspiele, Rätsel, Leserservice und ein Internetwörterbuch.

Computerbild (D)

www.computerbild.de/

Bietet den Inhalt des neusten Heftes, Downloads zum Heft, das Jahresinhaltsverzeichnis und zusätzliche Angebote in AOL. Öfters neue Gewinnspiele und Sonderaktionen im Stil der Zeitschrift.

Computerwoche (D)

www.cowo.de/

Enthält Kurznachrichten, Artikel, eine Vorschau auf das nächste Heft, ein Textarchiv älterer Hefte und ein Lexikon mit Computerfachbegriffen und Stellenangebote.

c't (D)

www.heise.de/ct/

Aktuelle News, technische Infos, Telefontarifrechner. Shareware, Treiber, BIOS-Updates und Software zu den aktuellen Heften zum Download. Groß angelegte Kampagnen gegen Kinderporno und Spam-Mails.

Suche nach Internetprovidern nach Telefonvorwahlbereich.

Elektroniknet (D)

www.elektroniknet.de

Aktuelle Informationen für die Elektronik- und Telekommunikationsbranche von führenden Elektronikzeitschriften, „Design & Elektronik", „Markt & Technik".

Gut sortiertes Sharewarearchiv.

iX (USA) (D)

www.heise.de/ix/

Inhalt des aktuellen Heftes, Vorschau, ausführliche technische Informationen zur Internettechnik (WWW, Perl, Java, XML ...) Online-Erfahrungsaustausch zum Jahr-2000-Problem, Tips zur Programmierung in Tcl/TK und Perl.

Metagrid (USA) (D)

www.metagrid.de/

Suchmaschine und Internetkatalog mit Zeitungen und Magazinen nicht nur zu Computer-Themen, sondern auch allem anderen, was man so lesen kann. Ständig aktuelle Empfehlungen.

PC Computing (USA)

www.zdnet.com/pccomp/

Die Zeitschrift PC Computing bietet online aktuelle Artikel und Testberichte, ein großes Download-Archiv und eine kostenlose E-Mail-Adresse *@zdnetmail.com*. Eine der wichtigsten internationalen Informationsquellen auf diesem Gebiet.

PC Praxis (D)

www.pcpraxis.de

Hier finden Sie aktuelle News, den Inhalt des aktuellen Heftes, Shareware und Treiber, sowie Software zum aktuellen Heft, Leserforen zu verschiedenen Themen und Stellenangebote.

PC-Magazin (DOS International) (D)

www.pc-magazin.de/

Täglich aktuelle News, Virenmeldungen, Produktvorstellungen, Microsoft-Sicherheitslücken, Sharewaredownload, Software zum aktuellen Heft sowie der Inhalt der aktuellen Ausgabe. Seit neustem auch ein E-Mail-Newsletter zu Linux.

PC-Welt (D)

www.pcwelt.de/

Viele aktuelle Kurznachrichten, Tips und Tests, Inhaltsverzeichnis der aktuellen Ausgabe. Dazu zusätzliche Artikel, die in der gedruckten Zeitschrift nicht vorhanden sind. Treiber und Shareware zum Download und natürlich, wie überall: Stellenanzeigen.

Systeme (D)

www.systeme-online.de

Es handelt sich um ein Elektronik-Magazin für Chip-, Board- & System-Design, ein NT-Magazin und UNIX-Magazin für Administratoren.

ZDNet (D)

www.zdnet.de/

Das Internetangebot der Zeitschriften PC Professionell, PC-Direkt und Internet Pro. Hier finden Sie zahlreiche sehr ausführliche technische Artikel, ein großes Download-Archiv, E-Mail-Newsletter und Stellenangebote.

Computerspiele

DirectX

DevGames.com (USA)

www.devgames.com/

News, FAQs, aktuelle Meldungen, Webring und Download-Dateien für Spieleentwickler. Leider viele Werbe-Cookies.

Microsoft DirectX Troubleshooter (USA) (D)

support.microsoft.com/support/default.asp?PR=drx
support.microsoft.com/support/tshoot/dew98directx.asp

Hier bekommen Sie Hilfe bei Problemen mit DirectX, direkt von Microsoft. Der Online-Troubleshooter löst nur die banalen Probleme, zusätzlich gibt es aber ein Doiskussionsforum, aus dem man sich eventuelle Hilfe erwarten kann.

Troubleshooting DirectX and Windows 95 (USA)

www.ea.com/techsupp/directx_ts/directx_ts.htm

Hilfestellung bei Problemen mit DirectX. Schritt-für-Schritt-Anleitungen und Dokumentationen zu den häufigsten Fehlern.

Emulatoren

Bleem – Der Playstation Emulator (USA)

www.bleem.com/

Playstation-Emulator für den PC. Dokumentation aktueller Beta-Versionen, Messageboard und Download des Programms. Die Spiele müssen Sie sich woanders besorgen.

Classic Gaming (USA)

www.classicgaming.com/

Hier finden Sie Texte und Downloads zu alten Computerspielen auf alten Maschinen (Atari, C64 ...) und Emulatoren. Jede Woche ein neues Spiel der Woche.

Daves Video Game Classics (USA)

www.davesclassics.com/

Verschiedenste Emulatoren zum Downloaden und aktuelle News.

Emuclassics (USA)

www.emuclassics.com/

Wer hat schon noch die alten Computer? Spiele gibt es überall noch, holen Sie sich also einen Emulator und spielen Sie die Klassiker auf heutigen PCs. Zahlreiche Links und Downloads für die verschiedensten Emulatoren.

Emulation Rom Ring (USA)

nav.webring.com/cgi-bin/navcgi?ring=romring1;list

Webring mit Links auf Webseiten mit Emulatoren und ROM-Dateien für verschiedene Systeme. Diese ROMs stellen das Betriebssystem der alten Rechner dar, ohne sie läuft kein Emulator.

Emulators Online (USA)

www.emulators.com/

Verschiedene Emulatoren für Macintosh und Atari. Download, Dokumentation und Screenshots von GEMulator und Xformer.

Top 25 emulation Sites (USA)

www.top-25.com/emu/

Links auf die besten Seiten mit Emulatoren, nach Zugriffszahlen aktualisiert. Leider viele lästige Werbe-Cookies.

Amiga

WinUAE (USA)

www.codepoet.com/uae

Amiga Emulator für Windows. Enthält zudem die Dokumentation, verschiedene Screenshots, technische Informationen und Download. Eine Version für BeOS ist in Vorbereitung.

Atari

Atari ST-Emulator (D)

www.stemulator.de

Atari ST-Emulator. Support-Texte und Testversion. Dazu gibt es Links auf aktuelle Atari-Nachbauten und Fan-Veranstaltungen.

Commodore

CCS64 (USA)

www.fatal-design.com/ccs64/index.html

C64-Emulator für PCs. Unterstützt PC-Joysticks und Soundkarten. Message-Board, Support-Texte und Screenshots verschiedener Spiele, außerdem natürlich das Programm zum Download.

VICE (USA)

www.cs.cmu.edu/~dsladic/vice/vice.html

Emulator für verschiedene Commodore 8-bit-Rechner auf DOS, Windows und Linux. Hier gibt es das Programm und die komplette Dokumentation zum Download.

Sinclair

QLAY – SINCLAIR QL EMULATOR (USA)

web.inter.nl.net/hcc/a.jaw.venema/

Emulator für den Sinclair QL auf Windows 95, DOS und Linux. Hier gibt es nicht nur den Emulator, sondern auch ROMs, Spiele und Dokumentation sowie den Quellcode des Emulators.

X128 Spectrum Emulator (USA)

www.void.demon.nl/x128/

Emulator für Sinclair Spectrum. Aktuelle Informationen, Bugfixes und auch ROMs zum Download.

TRS-80

TRS-80 Emulator (USA)

www.arrowweb.com/mkr/

Kaum jemand erinnert sich heute noch an diesen Hersteller, für viele (auch für mich) waren diese silbernen Plastikkisten doch der Einstieg in die Computerei. Hier gibt es TRS-80 Emulatoren für die verschiedenen Modelle.

Spiele

Alles zu und über C&C 3 Tiberian Sun (D)

www.tiberiansun.de/allgemein/news/

Hier finden Sie News zu Command & Conquer 3, Infos über die Einheiten, die Gebäude, die Story etc. sowie ein Bildarchiv und Links zu internationalen Seiten.

Allgame (USA)

www.allgame.com/

Suchmaschine mit Computerspielen und Spielkritiken. Aktuelle Tests und Previews neuer Spiele.

Links und Kritiken zu aktuellen Kinofilmen.

Blue Byte Software (USA) (D)

www.bluebyte.de
www.bluebyte.de/de/index.htm

Hersteller von verschiedenen PC-Spielen, wie z. B. Siedler III, Updates zu Spielen, Online-Shop, News-Bereich und Links.

Cheats – Walkthroughs – Tips und Links (USA) (D)

www.spielewiese.com

Cheats – Walkthroughs – Tips und Links zu PC-Spielen, Diskussionsforum, Spieleshop, Spiele-Links.

cheatzone.de (D)

www.cheatzone.de

PC-Cheats und Demos zu sehr vielen aktuellen Spielen, Links zu anderen Seiten im Web. Digitale Postkarten und ein Gästebuch zur Kommunikation unter Spielern.

Computerspiele Com (D)

www.computerspiele.com

Versandservice für PC-, Amiga-, Mac-, Play-Station- und Nintendo-Spiele. Das große Angebot an Adventuregames, Wirtschaftssimulationen, Rollen- und Sportspielen umfaßt alle derzeit aktuellen Titel.

Eidos Interactive (USA)

www.eidosinteractive.com

Anbieter von z. B. Tomb Raider oder Commandos, Support, Demo, News und Store-Bereich.

FunMedia (D)

www.funmedia.de

Weltraumabenteuer, Fantasy oder Rollenspiel – bei FunMedia finden sich über 1.000 Softwaretitel.

Fun-Zone (D)

www.prosieben.de/funzone/

Aktuelle Nachrichten und Tests über Computerspiele von Pro 7. Auch für Spielkonsolen und Tele-Spiele mit Diskussionforum und Gewinnspielen sowie Links auf Pro7-Fernsehsendungen.

Game Index (USA)

www.activision.de

Hersteller von verschiedenen PC, PSX und N64 Spielen, Support-Bereich. Hier finden Sie auch das neue, viel gelobte Startrek-Voyager-Spiel.

Games4You (D)

www.comlight.de/g4u

Cheats für folgende Konsolen: PC, Playstation, GameBoy und Nintendo 64, Demos für den PC zum Download.

Lara's Haus – Die deutsche Tomb Raider 2+3 Page (D)

www.fun-city.net/lara/

Hier finden Sie alle Infos zu Tomb Raider 2 und 3, eine ICQ-Liste, ein Forum und die Gallery, FAQ, digitale Postkarten, Newsletter und viele Bilder

LasVegas (USA) (D) (F)

www.virtualvegas.com

Das virtuelle Las Vegas lädt Sie ein. Hier finden Sie bekannte Casino-Spiele wie BlackJack, Poker und einarmige Banditen.

rp-Online (D)

games.rp-online.de/

Bietet Spieletests, Newsticker, Hardwaretests und Chat im Gamers Pub. Auf der Seite finden Sie auch ständig aktuelle Gewinnspiele mit interessanten Preisen.

StarCraft Universum (USA)

starcraft.gamesmania.com

Alles zu dem Strategiespiel Starcraft, Karten, Strategietips, Cheats, Lösungshilfen. Dazu aktuelle News und Hintergrundgeschichten um die Personen und Völker aus dem Starcraft-Universum.

Tomb Raider (D)

www.tomb-raider.de

Informationen zu dem Spiel Tomb Raider, Tips und Tricks, Infos zum Film und Galerie. Download-Bereich mit Demo-Version, Saved Games und diversen Tools und Patches.

Top 25 Gaming Sites (USA)

www.top-25.com/gaming/

Links auf die besten Seiten mit Computerspieltips, Cheats und Codes nach Zugriffszahlen aktualisiert. Die Seite wird täglich anhand der gemessenen Zugriffe verändert, so daß aktuelle Tendenzen sofort zu sehen sind.

Top 50 Gaming Sites (USA)

www.top-www.com/gaming/

Hier werden jeden Tag die 50 Spieleseiten mit den meisten Zugriffen angezeigt.

Webmaster müssen ihre Seiten hier zuerst eintragen, bevor sie in der Wertung erfaßt werden können.

Welcome to Gamesmania (USA) (D)

www.gamesmania.com
www.gamesmania.com/cgi-bin/default.exe?german/

Diese Seite im Stil eines Online-Magazins enthält Foren zu verschiedenen Spielen, Gewinnspiele, Spieledemos, Tips, Tricks und Lösungen. Interessant ist auch die Rubrik über Zensur bei Spielen, auch wenn hier nichts wirklich Verbotenes zu sehen ist.

Welcome to Westwood Studios (USA)

www.westwood.com

Hierbei handelt es sich um den Anbieter von z. B. Lands of Lore oder Command & Conquer, ein Support und News-Bereich werden geboten, dazu viele Bilder aus den Spielen und Demos zum Download.

Willkommen bei Highscore (D)

www.highscore.de

Spieletests, Tips und Tricks, Online-Games, Chatbereich, Spieleforum und aktuelle News. Das Layout ist etwas gewöhnungsbedürftig, die Inhalte manchmal unsachlich, aber spannend für echte Fans.

Wingames (USA)

www.wingames.com/

Viele verschiedene Brettspiele werden hier als Shareware für den PC umgesetzt. Die meisten davon gibt es nicht auf den bekannten Sharewareservern. Spieler können in der Player's Lobby miteinander ihre Erfahrungen austauschen.

Spielkonsolen

Atari

Atari Gaming Headquarters (USA)

www.atarihq.com/

Technische Artikel, Screenshots und Fanlinks zu alten Atari-Spielen. Dabei geht es im wesentlichen um die Spielkonsolen und ganz alten Atari-Computer noch vor der ST-Ära, die hier auch in einem Museum zu sehen sind.

Hasbro Interactive (USA)

www.atari.com/

Hasbro Interactive hat die Rechte am Atari-Logo und der ehemaligen Software übernommen und vertreibt hier diverse Spiele. Hier finden Sie auch Online-Spiele und Hintergrundinformationen zu den Hasbro-Spielen.

Video Game Source, the (D)

www.atarihq.de/

Verkauf von Atari-Spielkonsolen und Spielen dafür. Die Seite besteht aus zahlreichen Kleinanzeigen und Einzelangeboten, teilweise auch von Neugeräten.

Gameboy

EuroAsia Gameboy Page (USA)

gameboy.s-one.net.sg/

Aktuelle News, Spieletests, FAQs zum Gameboy und zu Spielen. Screenshots, Merchandise-Artikel und ein Chat-Bereich für Gameboy-Spieler.

Gameboy Headquarters (USA)

members.tripod.com/~toadclan/index.html

Spieletests, FAQs, ein Diskussionsforum und Cheats für Gameboy-Spiele. Ein E-Mail-Newsletter hält Sie auf dem laufenden, aktuelle Codes für verschiedene Spiele können hier abgerufen und auch eingereicht werden.

GameBoy Tech Page (USA)

home.hiwaay.net/~jfrohwei/gameboy/

Links auf zahlreiche technische Informationen für Gameboy-Bastler und Programmierer. Wer gerne lötet und schraubt, findet hier Tips zu Speichererweiterungen, externen Tastaturen, EPROMS bis hin zu digitalen I/O-Ports für externe Pereipherie.

Gaming Headquarters (USA)

members.tripod.com/~blackvenom/

Cheats für zahlreiche Nintendo-64-Spiele. Damit kommen Sie weiter, wenn ein Spiel ausweglos erscheint, bekommen zusätzliche Leben, neue Levels oder andere Vorteile.

N64 Pulse (USA)

n64pulse.cjb.net/

Texte, Informationen und Codes zu Nintendo-64-Spielen. Bunt, verspielt, mit vielen Links, elektronischen Grußkarten und Previews auf neue Spiele.

Nintendo (USA)

www.nintendo.com

Nintendo stellt hier seine aktuellen Spiele vor. In der Code Bank kann man sich Cheats holen, um zum Beispiel Level zu überspringen. Das aktuelle Thema Star Wars Episode I darf natürlich nicht fehlen.

The unofficial world of Nintendo (USA)

www.world-of-nintendo.com/

Hier finden Sie alles das, was die offiziellen Seiten von Nintendo nicht hergeben: Tips, Codes, Paßwörter, Manuals, Bilder und vieles mehr aus Nintendo-Spielen. Außerdem Gewinnspiele, verschiedene Links und natürlich Werbung.

Playstation

Absolute Playstation (USA)

absolute-playstation.com/

Anbieter von Playstation-Spielen. In Form eines wöchentlichen Magazins finden Sie hier Tests, FAQs und aktuelle News, Previews neuer Spiele, Cheats, Codes, Game Charts und die Startdaten von Neuerscheinungen.

Playstation-Magazin (USA)

www.psmonline.com/

Die Webseiten des amerikanischen Playstation-Magazins bieten aktuelle News, FAQs, Tests sowie verschiedene Codes und Cheats zu bekannten Spielen. Außerdem finden Sie hier aktuele Gewinnspiele und gekürzte Artikel aus der Zeitschrift.

PSX Nation (USA)

www.psxnation.com/

Hier werden aktuelle News, Spieletests, Previews und viele Cheats zu aktuellen Spielen geboten. Außerdem will man natürlich verkaufen, bei der Seite handelt es sich um einen Händler.

Dienstleistungen

Computerkunst (D)

www.computerkunst.de/

Agentur für Computervisualisierung, Webdesign, CAD und die Erstellung von Programmdokumentationen und Fachtexten.

DTP

Bunte Branchen (D)

www.buntebranchen.de/

Was da draußen so malt, setzt und druckt: Hier steht es drinnen. Online-Branchenbuch der deutschen Druck-, Layout- und Kunstindustrie.

Grafik

Concrete Animation (D)

www.concrete-animation.de/

Concrete Animation Weimar. Visualisierung. 3-D-Modelling, Video-Animation, Präsentation.

Programmierung

HTV (D)

www.HTV-GmbH.de

HTV Halbleiter-Test & Vertriebs GmbH Bensheim: Programmieren, WE-Prüfung, Wafer-Test, Packaging von Halbleiterbauteilen. Hier können Sie Spezialchips für elektronische Maschinen in Klein- und Großserien fertigen lassen.

Schulung

Akademie.de (D)

www.akademie.de/

Kostenlose Online-Workshops, Kurse und preiswerte Webserver für förderungswürdige Existenzgründer. Teilbereiche sind nur für registrierte Mitglieder zugänglich, aber auch die öffentlichen Informationen lohnen einen Besuch.

Allesklar (D)

www.allesklar.de/l?532-687-1159

Die Suche nach Schulungsunternehmen ist hier über die Postleitzahl, den Namen oder den Ort möglich. Hier kann sich jeder selbst kostenlos eintragen, so daß die Seite im Vergleich zu kostenpflichtigen Anbietern sehr umfangreich ist.

Hilf! (USA) (D)

www.hilf.de

Hilf! GmbH Microcomputer-Consulting Oberhaching. Schulungen für Software, Meß- und Regeltechnik. Hier finden Sie auch aktuelle Informationen zu Windows CE und Programmentwicklung dazu.

MicroConsult (USA) (D)

www.microconsult.de
www.microconsult.com/

Microelectronics Consulting & Training GmbH, die Schule für Elektronik und Informations-Technologien. Entscheiderseminare, Windows, ISDN u. v. a. m.

PC-Einführungskurs (D)

members.tripod.de/willow/

Hier können Sie einen Online-PC-Einführungskurs für Anfänger „belegen". Der ganze Kurs kann auch komplett zum Offline-Lesen heruntergeladen werden.

Schulungs-Unternehmen (D)

web.de/computer/schulung/

Übersicht über zahlreiche Computer-Schulungsunternehmen nach Postleitzahlengebieten. Hier kann sich jeder selbst kostenlos eintragen, so daß die Seite im Vergleich zu kostenpflichtigen Anbietern sehr umfangreich ist.

Sprungbrett (D)

www.vienna.at/webmagazin/sprungbrett/

Online-Kurse und Software für Computereinsteiger. Auch Profis finden hier Spezialkurse zu Access, Web-Design und anderen Themen mit interessanten Quellcodes – kostenlos!

Vermietung

bios (D)

www.bios.de

Dies ist die Seite der bios Beratungsgesellschaft für Informatik und Organisationssysteme GmbH Hamburg. Außer Vermietung und Beratung werden auch Schulungen zu NT, Backoffice, Oracle, UNIX und anderen Themen angeboten.

Comp-U-Rent (USA)

www.comp-u-rent.com/

Das ist eine große amerikanische Computervermietung. Hier könen Sie sich online direkt ein Angebot erstellen lassen. Interessant, was es so gibt, aber meistens ist ein Aldi-PC günstiger.

Compu-Rent (USA) (D)

www.compu-rent.de/

Computer und Einzelteilevermietung für Messen, Seminare und andere Veranstaltungen. Leider gibt es keine Preislisten, so daß man doch wieder zum Telefon greifen muß.

Computer auf Zeit (D)

www.caz.de/

Computervermietung für längere Zeit oder nur ein paar Tage. Hier gibt es auch Spezialteile wie vorkonfigurierte Videokonferenzsysteme. Preisbeispiele und ein Mietkalkulator ermöglichen eine einfache Wirtschaftlichkeitsberechnung.

PC Corp. (USA)

www.pccorp.com/

Computervermietung in Kanada mit ausführlicher Online-Preisliste. Allerdings wird nicht nach Europa geliefert – vielleicht für Reisende eine interessante Alternative zu schwierigen Zollformalitäten.

Zeitarbeit

Zeitarbeit (D)

www.medial.de

Medial Personalmanagement München. Lizenzierte private Personalvermittlung. Arbeitnehmerüberlassung (Zeitarbeit) und Personalvermittlung.

Exoten

Thema	Seite	Weiterführende Linkseiten
Top 500	84	www.top500.org/
Sinclair ZX81 Support Page	87	easyweb.easynet.co.uk/~stevemcd/zx81.htm
Amiga Web Directory	88	cucug.ukonline.co.uk/amiga.html
Amiga-Webring	89	www.geocities.com/researchtriangle/lab/4099/
Online-Welt für Atarianer	95	www.atari-computer.de/
SPARC Product Directory	101	www.SPARCproductDIRectory.com/

Embedded Internet (D)

www.jumptec.de

Der kleinste Webserver der Welt, in der Größe einer Streichholzschachtel, läuft unter Linux. Der Web Server im Miniformat basiert auf einem JUMPtec DIMM-PC/486-I mit 16 MByte DRAM, 16 MByte Flash-DISK, und 486-SX-66-Prozessor. Mittels einer DIMM-PC/Etn1-Ethernet Karte kann der Webserver direkt an ein TCP/IP-Netzwerk angeschlossen werden. Die Leistungsaufnahme des Systems liegt bei typisch 1 Watt.

PCB (D)

www.pcb-pool.com

PCB-Pool, Kleinstcomputer und Spezialplatinen.

Kostenlose Software zum Platinenlayout (Protel EasyTrax) und zahlreiche Shareware für Elektronikbastler und Entwickler.

Top 500 (USA)

www.top500.org/

Eine Rangliste der 500 größten Computer der Welt. Man erfährt hier mehr über den Standort und die Leistung der elektronischen Superhirne und kann sich teilweise Bilder von ihnen ansehen.

World's smallest Web Server (USA)

wearables.stanford.edu/

Technische Daten über den kleinsten Webserver der Welt. Vor fünfzig Jahren füllte ein Computer mit einer Rechenkapazität, die geringer war als die eines billigen Taschenrechners, einen mittelren Raum, heute ... lesen Sie hier.

8-Bit

8-Bit-Nirwana (D)

www.zock.com

So mancher wird mit verträumtem Blick zurücksehen auf die Zeit, als Männer noch richtige Männer, Frauen noch richtige Frauen und Computer noch richtige Abenteuerkisten waren. Wer einen C 64 hatte, war cool, wer einen Atari ST oder Amiga hatte, schon fast ein Halbgott. Informationen über diese Periode des frühen Homo digitalis wurden auf dieser gut gemachten Site gesammelt. Zum Surfen und In-Erinnerungen-Schwelgen.

Computermuseum der FH-Kiel (D)

www.computermuseum.fh-Kiel.de/

Technische Beschreibungen und Fotos alter Homecomputer. Zahlreiche Links verweisen auf Fan-Seiten dieser alten Kisten an die sich die heutige User-Generation nur noch kaum erinnert.

KC Club (USA)

www.iee.et.tu-dresden.de/~kc-club/

Der KC Club stellt hier online Handbücher und technische Informationen über den Homecomputer KC aus der DDR zur Verfügung.

Museum of Dead, Gone and Obsolete Computers, the (USA)

www.computingmuseum.com/

Historische Bilder und Dokumente zu (ur)alten Computern, zum Schwelgen in alten Erinnerungen. Hier finden Sie zum Beispiel den TRS-80, Amstrad CPC, Sinclair, Sharp MZ oder den Commodore PET.

Secontrol (D)

www.secontrol.de

Hard- und Softwareentwicklung. Z80-Kontroller im Scheckkartenformat für Meßdatenerfassung und Prüfgeräte. So kommt der ehemalige Home-Computerprozessor nach 15 Jahren nochmal zu einer neuen Verwendung.

C64

C64.com (USA)

www.c64.com/

Softwarearchiv mit vielen alten C64-Spielen. Interessant für Leute, deren C64 immer noch läuft, oder zum Spielen auf Emulatoren, die Sie hier ebenfalls finden können. Außerdem weitere Links auf C64-Seiten.

c64.org (USA)

www.c64.org/

Treffpunkt alter C64-Anwender. Hier haben Sie die Möglichkeit, eine eigene E-Mail-Adresse *@c64.org* zu bekommen. Interviews mit Anwendern der ersten Stunde, Programmierern und Hackern.

Commodore FAQ (USA)

www.funet.fi/pub/cbm/faq/index-t.html

Verschiedene FAQs und Texte zu Commodore-Computern. Hier finden Sie auch Infos über einen damals geplanten C64-Nachfolger C65, der aber nie erschien.

Commodore Newsgroup (USA)

news://comp.sys.cbm

Newsgroup zu C64, VC20 und älteren Commodore-Computern.

Dave's Commodore 64 Page (USA)

www.csun.edu/~hbbuse08/c64.html

Private Seite mit C64-Spiele und Emulatoren zum Downloaden. Leider sehr viele lästige Cookies.

GO64 (D)

www.cunet.de/go64/go64.html

Die Zeitschrift GO64 präsentiert hier online einige Artikel und Spieletests.

Trumba's C64 Page (USA)

www.fesb.hr/~btrumbic/c64pageTR21.htm

Informationen zur Verbindung und Dateikonvertierung von PC und C64. Wer noch eines dieser alten Geräte besitzt, kann sie über Spezialkabel verbinden. Verschiedene Tools ermöglichen die Konvertierung alter Disketten, so daß die Spiele auf Emulatoren verwendet werden können.

Virtual Internet Commodore User's Group, the (USA)

jbrain.com/vicug/

Commodore User Group mit technischen Support-Tips, Bildern und alten Presseberichten.

Sinclair

Matthias' ZX81-Homepage (USA) (D)

www.hh.schule.de/hhs/mjaap/zx81_d.htm

Softwarearchiv mit Spielen und Anwendungen für den Sinclair ZX-81. Tastaturbelegungen für einige Spiele, Links zu Emulatoren.

Planet Sinclair (USA)

www.nvg.ntnu.no/sinclair/planet/index.html

FAQs und technische Dokumentationen für verschiedene Sinclair-Computer. Außerdem Emulatoren und Software zum Download sowie die interessante Lebensgeschichte von Clive Sinclair, seiner Firma und seinen Erfindungen.

Sinclair Newsgroup (USA)

news://comp.sys.sinclair

Newsgroup um die Sinclair-Computer ZX80, ZX81 und Spectrum.

Sinclair Spectrum-Webring (USA)

www.webring.org/cgi-bin/webring?ring=spectrum;list

Über den Sinclair Spectrum-Webring erreichen Sie sehr einfach Webseiten zum Thema Sinclair Spectrum.

Sinclair ZX81 Support Page (USA)

easyweb.easynet.co.uk/~stevemcd/zx81.htm

Technische Informationen zum ZX81, anderen Sinclair-Computern und Emulatoren. Ausführlich und interessant, leider von einer nervtötenden Musik untermalt.

ZX-Team (USA) (D)

home.t-online.de/home/p.liebert/zx_deu.htm
home.t-online.de/home/p.liebert/zx-team.htm

Ein deutscher Sinclair User Club liefert hier technische Informationen, Hardwarebastelanleitungen und Software zum Download. Außerdem gibt es noch Infos zu den Exoten Timex TS1000, Lambda und Jupiter Ace, die heute fast niemand mehr kennt.

TRS-80

Ira Goldklang's TRS-80 Revived Pages (USA)

www.trs-80.com/

Technische Spezifikationen und Fotos. Zahlreiche alte Software und Spiele zum Download. FAQs zum TRS-80, Emulatoren und Datenübertragung von heutigen Computern auf den TRS-80.

Tandy Newsgroup (USA)

news://comp.sys.tandy

Newsgroup um alte und neue Tandy-Computer.

Tim Mann's TRS-80 Page (USA)

www.research.digital.com/src/personal/tim_mann/trs80.html

Hier finden Sie FAQs, Software und ein Emulator für den TRS-80 zum Download. Sehr ausführliche Dokumentationen eines ehemaligen TRS-80-Softwareentwicklers beschreiben die alten Betriebssysteme und Dateiformate.

TRS-80 Again (USA)

www.simology.com/trs80again/

Verkauf von TRS-80 Hard- und Software. Alle, die heute ihrem alten Gerät nachtrauern, das sie verschenkt oder weggeworfen haben, können hier vielleicht in einer der Kleinanzeigen wieder eines erstehen.

TRS-80 Home Page (USA)

www.kjsl.com/trs80/

Ausführliche technische Informationen über die Tandy TRS-80 Produktreihe. Hier finden Sie sogar noch Steckerbelegungen, Fehlermeldungen und Hex-Adressen. Links auf Seiten, auf denen heute noch TRS-80-Software zu finden ist.

TRS-80 SUPPORT SITE (USA)

www.trade80.com/trs80/

Bietet Supportinformationen, Reparaturhilfen, Diskussionsforum, Flohmarkt und Software (Dokumentation, Basic- und Assembler-Spiele) zum Download.

Amiga

Amiga Fever (D)

www.amigafever.com/

Die Zeitschrift Amiga Fever bringt hier aktuelle Nachrichten und ein Leserforum. Dieses Forum soll in absehbarer Zeit von der AmigaOS übernommen werden.

Amiga Inc. (USA)

www.amiga.com

Die Entwicklungsabteilung der Amiga Inc. wendet sich hier an Entwickler und an die Presse. Hier finden Sie auch Ankündigungen neuer Hard- und Software.

Amiga Info Site (USA)

www.xs4all.be/~pheerema/

Zahlreiche Dokumente zur Programmierung und Hardware des Amiga. Kaum jemand der heutigen PC-Generation ahnt, wie viele Programmiersprachen es für den Amiga gibt.

Amiga International Inc. (USA) (D)

www.amiga.de

Amiga International hat die Rechte der alten Amiga-Computer von Com zurückbekommen und entwickelt und vertreibt diese jetzt weiter. Hier finden Sie die aktuelle Produktpalette und auch Ersatzteile. Technische Beschreibungen zu Komponenten und Zubehörteilen finden Sie hier ebenso wie eine Liste bekannter Amiga-Händler.

Amiga Newsgroup (USA)

news://comp.sys.amiga.misc

Newsgroup rund um den Amiga.

Amiga Web Directory (USA)

cucug.ukonline.co.uk/amiga.html

Zahlreiche Links auf Hard- und Softwarehersteller für den Amiga, Benutzergruppen, FTP-Server und private Homepages.

Amiga-Webring (USA)

www.geocities.com/researchtriangle/lab/4099/

Homepage des Amiga-Webrings. Hier können Sie sich alle Seiten anzeigen lassen, eigene Seiten eintragen und finden außerdem HTML-Codes und Bilder zum Einbau in die eigene Amiga-Webseite.

amigaOS (D)

www.amigaos.de

Die Zeitschrift über den Amiga. Im Webangebot finden Sie nur die Themen der aktuellen Ausgabe und die Möglichkeit, Kleinanzeigen aufzugeben. Die Zeitschrift erscheint auch heute noch ständig. Der Amiga ist entgegen vieler Gerüchte keineswegs tot!

AmigaScene (D)

www.amigascene.com/

Deutschsprachiges Online-Magazin zum Amiga mit Kleinanzeigen, Usergruppen und Software zum Download. Einige Bereiche sind zweisprachig für die internationale Leserschaft angelegt. Alte Ausgaben können komplett heruntergeladen werden.

DoubleClick (USA)

members.xoom.com/dc_home/

Amiga Online-Magazin mit Tests, Tips und vielen Links. Das Magazin kann auch per E-Mail bezogen werden. Hier finden Programmierer zahlreiche Tutorials zu Programmiersprachen, Chaostheorie, Internetzugang und anderen interessanten Themen.

Palmiga (USA)

palmiga.home.pages.de/

Software zur Synchronisation von PalmPilot und Amiga. Das Projekt ist noch in der Entwicklung. Außerdem finden Sie zahlreiche weitere Links auf Konvertierungs- und Übertragungssoftware zwischen PalmPilot und Amiga.

We are the Amiga (USA) (D)

privat.schlund.de/j/jensneubauer/amiga/amiga.html

Initiative für eine offene Informationspolitik der Amiga Inc zum Vorteil der Anwender und Programmentwickler. „Wir, die wir PD-Programme entwickelt haben, die manch kommerzielle Software auf anderen Plattformen überbieten. Wir, die wir an den Amiga glauben. Wir sind es, die den Amiga am Leben erhalten haben."

Amiga-Hardware

Access Innovation Ltd. (USA)

www.cix.co.uk/~index/

Hersteller von Amiga-Clones, der heute technisch weiterentwickelte Nachfolger produziert. Die Motherboards werden hier entwickelt und in Lizenz an andere Computerhersteller verkauft, die daraus Komplettgeräte montieren. Die Seite zeigt aktuelle Trends in der Entwicklung einer neuen Rechnerplattform.

CyberGraphX (USA)

www.vgr.com/cybergfx/

CyberGraphX soll ein neuer von der Hardware unabhängiger Grafikstandard für den Amiga werden. Auf dieser Seite finden Sie ausführliche Beschreibungen, FAQs und eine Liste der unterstützten Grafikkarten sowie diverse Supportdateien zum Download.

GVP-m (USA)

www.gvp-m.com/

Hersteller von Hardwarebeschleunigern, Genlock-Karten, SCSI und Speichererweiterungen für die alten Amiga Computer und aktuelle Neuentwicklungen.

PAWS (USA)

pw2.netcom.com/~slntpaw/products.html

PAWS 1200 macht aus einem Amiga 1200 einen Laptop. Das Umbaukit besteht aus einem LCD-Bildschirm und einem Spezialgehäuse mit Stromversorgung.

Amiga-Software

Amiga Emulators Central (USA)

www.classicgaming.com/aec/

Hier gibt es Softwareemulatoren, die fast alle bekannten Computer und Spielkonsolen auf dem Amiga emulieren. Zur Zeit finden Sie dort zum Download: NES, SuperNES, Gameboy, SMS/Game Gear, Colecovision, Atari, MultiArcade, Sinclair, C64/C16/VC20, MSX, Armstrad, Macintosh und PC.

Amigacentral (USA)

surf.to/amigacentral

Vergleich und Tips zu verschiedenen Webbrowsern für den Amiga. Außerdem gibt es hier den Mac in a Box Macintosh Emulator für den Amiga einschließlich der notwendigen Mac OS-Dateien zum Download.

Amigaworld (USA) (D)

www.amigaworld.com

Shareware für den Amiga zum Downloaden. Teilweise auch mit Dokumentation. Amiga-Programmierer bekommen hier kostenlosen Webspace zur Veröffentlichung ihrer Software.

Amitrix (USA)

www.amitrix.com

Hersteller des Aweb Webbrowsers für den Amiga. Hier gibt es die aktuelle Version und diverse Plug-Ins. Der Browser belegt etwa 4 MByte Festplattenplatz und ebensoviel RAM – kein Vergleich zu den aufgeblasenen Webbrowsern auf PCs.

Auch auch Netzwerkkarten und SCSI-Adapter für Amiga.

Built with Amiga-Software (USA)

www.BuiltWithAmiga.org/

Organisation, die den Amiga als ernsthaft nutzbaren Internetcomputer bekannt machen und ihn von seinem Image als bessere Spielkonsole befreien möchte. Hier finden Sie Informationen über verschiedene Internetsoftware und Browser.

Clickboom (USA)

www.clickboom.com

Spiele für Amiga, z. B. Myst und Quake. In einem Chatraum kann man sich online über Probleme und Lösungsmöglichkeiten bei diesen Spielen unterhalten. The Portal ist ein Online-Versteigerungssystem für gebrauchte Amiga-Hard- und Software.

Druckprogramme und Druckertreiber (USA) (D)

www.irseesoft.com

Die Hardwarehersteller vernachlässigen bei der Treiberentwicklung den Amiga stiefmütterlich. Hier finden Sie Grafikprogramme und Druckertreiber für den Amiga von einem Dritthersteller.

GAGATTaCK (D)

pages.vossnet.de/latusek/

Gag-Programme für den Amiga, den PC und JavaScripts. Diese Programme sind nur zum Spaß und zum Ärgern von Mitmenschen gedacht, richten aber keine wirklichen Schäden am System an.

Ibrowse (USA)

www.omnipresence.com/ibrowse/

Dies ist der Webbrowser Ibrowse für den Amiga. Hier finden Sie eine Dokumentation mit Screenshots, Updates, Utilities und Plug-Ins zum Download sowie eine FAQ.

ICQ für Amiga (USA)

surf.to/amigaicq

Verschiedene Versionen von ICQ für den Amiga. Screenshots, Dokumentation und Download.

Impulse (USA)

www.coolfun.com/

3-D-Modellier und Rendertools Imagine und Organica. Featureliste, Galerie und Demoversion zum Download. Einige der Programme gibt es auch als PC-Version. Man kann eigene Bilder zu einem Wettbewerb einreichen und nette Preise gewinnen.

KidHTML (USA)

users.allnet.com.br/iceman/

HTML-Editor KidHTML für den Amiga mit Beispielen, Screenshots, FAQs, Download und Sharewareregistrierung.

Newtek (USA)

www.newtek.com/

3-D- und Grafiktools Lightwave 3D und Video Toaster. Feature-Listen, Tutorials, Galerie und Updates zum Download.

Nova Design (USA)

www.novadesign.com/

Amiga-3-D-Grafikprogramme ImageFX, Aladdin 4D und WildFire. Bildergalerie und Updates zum Download. Online-Newsletter und FTP-Server mit Objekten, Texturen und Scripts.

Optimized Amiga Programming (USA)

privat.schlund.de/a/amiga/

Tips und ausführliche Tutorials zur Programmierung des Amiga. Verschiedene Quelltexte zum Download und ein Programmierwettbewerb.

Schatztruhe (USA) (D)

www.schatztruhe.de/
www.schatztruhe.de/indexe.html

Der ehemals bekannteste Public-Domain-Händler für Amiga präsentiert hier zahlreiche Amiga-Programme zum Bestellen. Updates und Demoversionen zum kostenlosen Download. Der Amiga lebt immer noch, es wird sogar ein neues Betriebssystem entwickelt. Nähere Infos dazu finden Sie ebenfalls hier.

Titancomputer (USA) (D)

www.titancomputer.de

CD-Brenner-Software Burnit für den Amiga, Motionstudios Grafik- und Videobearbeitungssoftware und diverse Spiele. Updates und Patches können direkt heruntergeladen werden.

Vaporware (USA)

www.vapor.com

Vaporware ist der Hersteller des Amiga Webbrowsers Voyager. Hier können Sie die aktuellste Version und weitere Software herunterladen. Außerdem finden Sie hier Telnet-, FTP und IRC-Clients sowie E-Mail Programme für den Amiga.

Verkosoft (USA) (D)

www.verkosoft.de/

Produktbeschreibungen und Bestellmöglichkeit verschiedener Amiga-Spiele. Hier finden Sie auch Spielehardware wie Joysticks, Gamepads und Lautsprecher.

Vulcan Software (USA)

www.vulcan.co.uk

Zahlreiche Spiele für den Amiga. Auf der Webseite finden Sie Beschreibungen und Screenshots der Spiele.

WebMaker (USA) (D) (F)

www.ping.de/sites/titan/webmaker/
www.ping.de/sites/titan/webmaker/english.html

HTML-Editor für den Amiga. Die aktuelle Version kann hier heruntergeladen werden. Das Programm unterstützt inzwischen HTML 3.0 und Drag & Drop.

Zapaticons (USA)

members.tripod.com/~zoam/icons.html

Verschiedene Sammlungen von Desktop-Icons zur direkten Verwendung oder als GIF-Dateien. Einige Icon-Sammlungen sind auch für Windows erhältlich, wenige sogar für Macintosh.

Atari

Atari 2000 (USA)

members.tripod.com/~morloc/

Die ersten Informationen über Phoenix, einen Internetbrowser für Atari-8-Bit-Systeme, der sich noch in der Entwicklung befindet.

Atari Exhibition (USA)

www.best.com/~hmk/atari.htm

Enthält Bilder, technische und historische Informationen über Atari-Computer. Ein echter Fan schwelgt in Erinnerungen: „Welcome to Atari Country" oder „This is the story of ..."

Atari historical Society (USA)

www.atari-history.com/

Bietet Bilder und historische Informationen zu Atari-Computern.

Atari-Softwarearchiv (USA)

www.umich.edu/~archive/atari/

Großes Atari-Softwarearchiv, leider ohne übersichtliche Benutzeroberfläche. Man sollte die Dateinamen kennen. Dann findet man dafür fast alles.

Atari ST Newsgroup (USA) (D)

news://comp.sys.atari.st

Newsgroup rund um den Atari ST.

news://de.comp.sys.st

Deutschsprachige Atari ST-Newsgroup.

Atari Time machine (USA)

homepage.tinet.ie/~morrikar/atm_main_page.htm

Historische Informationen und Bilder zu Atari-Computern und der Firma Atari. Hier finden Sie auch noch etwas zu den Exoten Atari TT, Falcon und Atari PC und die traurige Geschichte „the crash" über das Ende von Atari.

Atari-World (USA)

www.atari-world.com/

Homepage des Falke-Verlags, der das Atari-Magazin Revolution auf CD-ROM herausgibt. Hier gibt es ein großes Softwarearchiv zum Downloaden, aktuelle News, ein Diskussionsforum und kostenlose Kleinanzeigen.

Back in Time (USA)

www.emuclassics.com/backintime/

Technische Beschreibungen und Fotos aller Atari Computer einschließlich PCs und Spielkonsolen. Aktuelle Nachrichten und Links zu Atari-Emulatoren für verschiedene aktuelle Betriebssysteme.

Databyte (D)

www.dbyte.de

Hierbei handelt es sich um einen Atari-Händler, der den kompletten Inhalt der ehemaligen Databyte Atari-Mailbox hier zum Download anbietet. Wer keinen Atari mehr hat, kann sich hier auch einen Emulator herunterladen. Der Vollständigkeit halber wird auch PC-Shareware angeboten.

M.u.C.S. (D)

www.atari-soft.de/

Atari-Soft- und -Hardwarehändler. Hier können Sie Einzelteile, komplette Rechner und Software aus Altbeständen bestellen. Einige Demos und Public Domain kann auch direkt heruntergeladen werden.

Mario's hardware for Atari machines (USA)

www.ak.planet.gen.nz/user/mario/hardware/

Hardwareergänzungen für Atari-ST-Computer. Damit kann man zum Beispiel eine normale PC-Maus, Tastatur und einen Monitor an den Atari anschließen, wenn die Originalgeräte mit der Zeit den Dienst aufgeben. Außerdem gibt es ein IDE-Interface zum Anschluß von Festplatten und CD-ROMs.

Medusa (USA)

www.kingx.com/kingx/medusa/

Hersteller der Atari-TOS-kompatiblen Computer Medusa und Hades. Hier finden Sie technische Informationen und Kompatibilitätslisten. Im Download-Bereich gibt es Handbücher und Systemtools. Außerdem zahlreiche Links auf Atari-Händler und Usergruppen.

Milan (USA) (D)

www.milan-computer.de/

Milan ist ein neuer Klon des Atari ST auf der Basis des Motorola-68060-Prozessors. Hier finden Sie ausführliche technische Informationen, Entwicklerunterlagen und eine Softwarekompatibilitätsliste. Softwareupdates können direkt heruntergeladen werden.

Online-Welt für Atarianer (D)

www.atari-computer.de/

Seit es die Firma Atari nicht mehr gibt, ist auf dieser Domain jetzt eine Fanseite für Anwender alter Atari-Rechner mit vielen Links, technischen und nostalgischen Informationen entstanden. Hier können sich Atari-Fans eine eigene Homepage und E-Mail-Adresse einrichten.

Planet IRATA (USA)

www.geocities.com/siliconvalley/vista/3015/atari.html

Bietet technische Datenblätter zu allen Atari-Computern mit Fotos, geschichtlichen Informationen und Links auf Fan-Seiten. Auch heute gibt es noch eine sehr aktive Atari-Szene.

Workstation

Hewlett Packard (USA) (D)

www.hp.com/unixwork/
www.hewlett-packard.de/enterprise/

Technische Informationen, Handbücher und Softwareatches für HP-UNIX-Workstations. Die deutschsprachige Seite enthält wenig Informationen.

IBM RS6000 (USA) (D)

www.rs6000.ibm.com/
www.rs6000.ibm.com/germany/

Technische Informationen und Software-Updates zu IBM-RS6000-UNIX-Workstations.

Alpha

Alpha Konfigurationssoftware (USA)

www.digital.com/info/alphaserver/configure.html

Compaq, die Digital und damit die Alpha-Entwicklung übernommen haben, bieten hier Links auf verschiedene Konfigurationstools für Alpha-Prozessoren.

Alpha Processor Inc. (USA)

www.alpha-processor.com/

Hersteller von Alpha-Clones. Hier finden Sie technische Informationen über die Prozessoren und Motherboards. Diese Firma arbeitet völlig unabhängig vom Alpha-Hersteller Digital (heute Compaq).

AlphaCentral (USA)

users.otenet.gr/~snatcher/alphacentral.html

Bei dem zunehmenden Preisverfall haben Alpha-Prozessoren auch an Verbreitung unter Privatanwendern gewonnen. Diese Private Seite glänzt mit zahlreichen Informationen über den Alpha. Hier finden Sie auch eine Liste Alpha-kompatibler Spiele.

AlphaNT Source, the (USA)

dutlbcz.lr.tudelft.nl/alphant/

Die Autoren dieser Seite bezeichnen sich als DIE unabhängige Ressource für alles rund um den wichtigsten 64-Bit-Mikroprozessor. Hier gibt es Zahlreiche Links und FAQs zu Windows NT auf Alpha-Prozessoren. Dazu ein großes Sharewarearchiv mit Alpha-Software.

AlphaPowered (USA)

www.alphapowered.com/archive/alphapowered.htm

Geschwindigkeitsvergleiche zwischen Pentium II und Alpha als Real-Video. Außerdem gibt es hier eine Liste mit Links auf Hersteller von Alpha-Systemen und kompatibler Zusatzhardware.

AlphaPowered Software (USA)

www.partner.digital.com/www-catalog/alphapowered/

Datenbank mit Software mit eigenem Alpha-Code, die ohne Emulator den vollen Funktionsumfang des Alpha-Prozessors nutzt. Die Software ist übersichtlich nach Kategorien und Betriebssystemen (UNIX oder NT) geordnet.

Aspen Systems (USA)

www.aspsys.com/

Hersteller von professionellen Workstations auf Basis des Alpha-Prozessors mit Linux oder Windows NT. Hier können Sie sich Ihren Wunschrechner aus Komponenten zusammenstellen und dann den Preis berechnen lassen.

Compusys (USA)

www.compusys.co.uk/alpha/

Hersteller von Workstations auf Alpha-Basis. Hier finden Sie auch einige technische Artikel und News über die Alpha-Technik. Benchmark-Ergebnisse zeigen die Geschwindigkeit eines Alpha im Vergleich zum Intel Pentium II.

Delta Computer (D)

www.deltacomputer.de/

Deutscher Hersteller von Computern mit Alpha-Prozessoren. Alle Modelle werden ausführlich vorgestellt, mit Preisen und Performancevergleich.

Deskstation (USA)

www.deskstation.com/

Technische Beschreibungen der Deskstation Motherboards für Alpha-Prozessoren. Hier finden Sie auch Firmware-Upgrades und Treiber für diverse Grafikkarten und Netzwerkkarten anderer Hersteller.

Digital Alpha (USA)

www.digital.com/products.html

Technische Beschreibungen der Alpha-Prozessoren und Workstations. Seit Digital, der Hersteller des Alpha-Prozessors von Compaq übernommen wurde, finden Sie auch Informationen über Intel-basierte PCs auf den Seiten von Digital.

Linux/Alpha (USA)

temp.redhat.com/linux-info/alpha/faq/index.html

FAQs zu Linux auf Alpha-Systemen. Linux 64 ist eine eigene Version von RedHat Linux für Alpha-Prozessoren. Außerdem finden Sie einige allgemeine technische Fakten über Alpha-basierte Rechner.

Maxvision (USA)

www.maxvision.com/

Hersteller von Computern mit Alpha-Prozessoren. Hier finden Sie auch Jahr-2000-Informationen und eine Knowledge Base über Installationsprobleme.

Siamese Systems (USA)

www.siamese.co.uk

Hersteller von Computern auf Alpha-Basis. Hier erhalten Sie technische Spezifikationen der Motherboards, FAQs, eine Softwarekompatibilitätsliste für Spiele und zahlreiche weitere Links. Hier finden Sie auch Steckkarten, um Alpha-Computer Macintosh- oder Amiga-kompatibel zu machen. Auf der Karte befindet sich dann ein eigener Rechner, der die Festplatte und Peripherie des Alpha verwendet.

SGI

Blaue Seiten (USA)

www.sgi.de/cgi-bin/search

Produktkatalog mit Software für Silicon Graphics-Workstations. Ausführlich gegliedert nach Kategorien oder Herstellern finden Sie hier längst nicht nur die SGI-eigene Software.

Indy ISDN FAQ (USA)

www.reputable.com/indyisdn.txt

FAQs zur Installation von ISDN auf Indy-Workstations. Indy ist die kleinste UNIX-Workstation aus der Produktpalette von Silicon Graphics.

Indy Tech (USA)

www.reputable.com/indytech.html

Ausführliche Hardwaredokumentation der Silicon Graphics-Indy-Workstation. Zahlreiche Fotos und Grafiken beschreiben die Geräte bis auf die letzte Schraube.

Jodeman's SGI & Stuff (USA)

www.geocities.com/siliconvalley/hills/3730/

Zahlreiche Links auf Webseiten zu Silicon Graphics-Workstations und -software.

Mips (USA)

www.mips.com/

Technische Dokumentationen zu Mips-Prozessoren, die für Silicon Graphics-Workstations verwendet werden. Die Texte sind nur für Fachspezialisten geeignet. Hier erfahren Sie aber auch, wo diese Prozessoren sonst noch eingesetzt werden.

Public Domain Software for the SGI Platform (USA)

reality.sgi.com/billh/anonftp/

Sogar für sehr teure Rechner gibt es kostengünstige Software. Hier finden Sie Links auf verschiedene FTP-Server mit Freeware für Silicon Graphics-Computer.

SGI (Silicon Graphics) Picture Archive (USA)

www.black-cube.net/sgi/

Alle, die sich diese Rechner niemals leisten können werden, können hier schon einmal davon träumen. Hier finden Sie viele Bilder aller Silicon Graphics-Computer (auch älterer Modelle), teilweise mit technischen Daten.

SGI Freeware (USA)

toolbox.sgi.com/tasteofdt/public/freeware/

FTP-Server mit Freeware für Silicon Graphics. Hier werden auch CD-ROMs mit Freeware angeboten. Die Siete wird von Silicon Graphics betreut, jeder Freewareprogrammierer ist aber willkommen, seine Programme hier zu veröffentlichen.

SGI System FAQ, the Buying a (USA)

www.amazing.com/internet/old-sgi-faq.html

Tips für den Kauf einer gebrauchten älteren Silicon Graphics. Hier erfahren Sie, was zu beachten ist, und finden das nötige technische Grundwissen über die verschiedenen Modelle.

SGI, this old (USA)

www.geocities.com/siliconvalley/pines/2258/4dfaq.html

Ausführliche Informationen zur Installation und Technik der Silicon Graphics-4D-Serie. Die Schalter- und Pin-Belegungen sowie Basteltips sind wesentlich besser als das Original-Handbuch. Aber wer lötet an solchen Rechnern herum?

Silicon Graphics (USA) (D)

www.sgi.com
www.sgi.de

Produktbeschreibungen aller aktuellen Silicon Graphics UNIX- und NT-Workstations. Hier gibt es diverse Grafiken und Java-Applets zum Download.

Silicon Graphics Bugs Newsgroup (USA)

news://comp.sys.sgi.bugs

In dieser Newsgroup geht es um Fehler auf Silicon Graphics-Hardware und im Betriebssystem.

Silicon Graphics Hardware Newsgroup (USA)

news://comp.sys.sgi.hardware

Newsgroup um Silicon Graphics-Hardware.

Technische Daten (USA)

sgi.webguide.nl/sgi.html

Ausführliche technische Informationen zur Hardware und Systemadministration von Silicon Graphics-Computern. Zahlreiche weitere Links zum Thema.

Sun

Alliance Systems (USA)

www.alliancesystems.com/

Hersteller von Computern mit Sparc-Prozessoren. Die Systeme sind vornehmlich für Industrieanwendungen zum Einbau in Computerschränke vorgesehen.

Just The Facts

Sunsite.informatik.rwth-aachen.de/sun/just_facts/

Datenblätter zu verschiedenen Sun Ultra Computern von einer unabhängige User-Gruppe, nicht vom Hersteller selbst.

Rave Computer Association (USA)

www.rave.net/

Hersteller von Workstations auf Sparc-Basis und Zubehör für Sun-kompatible Computer. Hier bekommen Sie auch spezielle Custom-designed Geräte außerhalb der Großserienfertigung.

SPARC-CPUs (USA)

www.sparcproductdirectory.com/sparccpu.html

Übersicht über die verschiedenen Sparc CPUs, Ihre genauen Bezeichnungen und die technischen Daten. Die Seite versucht, der Verwirrung in der SPARC-Namensgebung ein Ende zu machen, und zieht Vergleiche zu Intel-Prozessoren.

SPARC International (USA)

www.sparc.org

Organisation, die zur Aufgabe hat, SPARC als offene Architektur zu standardisieren und für Kompatibilität zwischen den Herstellern zu sorgen.

SPARC Product Directory (USA)

www.sparcproductdirectory.com/

Zahlreiche Links auf Hersteller von Computern mit SPARC-Prozessoren. Nachrichten und Presseartikel über SPARC und kompatible Hardware.

Sun (USA) (D)

www.sun.com
www.sun.de

Produktinformationen, Datenblätter, Softwareupdates und Jahr-2000-Informationen zu Sun Workstations. Sun ist der Marktführer bei Workstations mit SPARC-Prozessoren.

Sun Newsgroup (USA)

news://comp.sys.sun.hardware

Newsgroup zu Sun- und SPARC-Hardware.

Sun Sparc Picture Archive (USA)

www.black-cube.net/sun/

Bilder und technische Daten aller Sun-Computer (auch älterer Modelle). Von einem Fan für alle, die sich diese Rechner nie leisten können werden.

Sun User Forum (USA)

www.SunUserForum.org/

Das Sun User Forum führt verschiedene Kongresse und Veranstaltungen vorwiegend in England durch und gibt die Zeitschrift Browser für Sun-Anwender heraus. Das Inhaltsverzeichnis der jeweils aktuellen Ausgabe ist auf der Webseite zu sehen.

Sun User Group Deutschland (D)

Sugwww.uni-paderborn.de/

Die Sun User Group Deutschland bietet CD-ROMs mit Shareware und Freeware für Sun und kompatible Computer an. Außerdem zahlreiche Links auf Webseiten zum Thema Sun und SPARC.

Sunfreeware (USA)

sunfreeware.com/

Kostenlose Software und FAQs für Computer mit Sun Solaris. Sortiert nach verschiedenen Betriebssystemversionen und Prozessortypen. Hier finden Sie auch Infos und Software zu Linux auf Sun-Computern.

Fun Stuff

Thema	Seite	Weiterführende Linkseiten
Hidden Easter Eggs	103	idt.net/~jusric19/easter.html

Monimals (D)

www.monimals.de

Für Kitschliebhaber, Tierfreunde und andere exotische Zeitgenossen: Plüschbezüge für Monitore in Form von Tierköpfen. Allein die Bilder auf dieser Webseite sind sehenswert.

Y2K Bug Spray (USA)

www.isgnet.com/y2k/

Das Year 200 Bug Spray, mit dem sich das Jahr-2000-Problem durch Ansprühen der Geräte lösen lassen soll. Dazu gibt es noch den passenden Bildschirmschoner, T-Shirts, Baseballkappen und anderes wichtiges Y2K-Zubehör.

Easter Eggs

CNET (USA)

www.cnet.com/content/features/howto/eggs/ss02.html

Zahlreiche Easter Eggs zu Windows, Netscape, verschiedenen Anwendungen und Macintosh. Ausführlich dokumentiert, wie in einem professionellen Softwaretutorial.

Easter Egg Archive, the (USA)

www.eeggs.com/

Jede Menge Easter Eggs zu verschiedenen Betriebssystemen und Anwendungen, dazu FAQs und weitere Links. Der Leser kann hier auch selbst weiter Easter Eggs anmelden und die aufgelisteten bewerten.

Easter Egg Page, the (USA)

www.htsoft.com/easter/

Zahlreiche Easter Eggs zu Windows, den Anwendungen, Lotus und Macintosh. Dazu aktuelle News.

Egg Heaven (USA)

www.c-active.freeserve.co.uk/eggheaven/

Sammlung von Easter Eggs zu Microsoft-Produkten.

Hidden Easter Eggs (USA)

idt.net/~jusric19/easter.html

Links auf weitere Seiten mit Easter Eggs, nach Themen und Programmen geordnet.

PC Win Resurce Center (USA)

pcwin.com/easter.egg.html

Hier finden Sie einige Easter Eggs aus Windows 95, Excel, Visual C++ und dem Internet Explorer. Dazu Shareware, Freeware und Mailinglisten zu allgemeinen Windows-Problemen und News.

Fun-Software

BlueScreen (USA)

www.sysinternals.com/bluescrn.htm

Bildschirmschoner für Windows NT, der den gefürchteten BSOD (Blue Screen of death) eines NT-Absturzes simuliert. Mit einem einfachen Tastendruck ist danach NT aber wieder voll betriebsbereit. Sehr nett, um irgendwelche Leute (auch Systemadministratoren) zu erschrecken.

Dialog Box Website, the (USA)

www.dialogboxes.com/

Diverse sinnlose und lustige Fehlermeldungen. Software zum Erstellen von überflüssigen Dialogfeldern und Bildschirmschonern, die planlos Fehlermeldungen produzieren.

Figlet (USA)

www.inf.utfsm.cl/cgi-bin/figlet

Konvertiert beliebigen Text in verschiedene ASCII-Banner. Ideal als E-Mail-Signatur oder für Readme-Dateien. Der Text kann per Zwischenablage in eine Textdatei kopiert werden.

Fun Tips (USA)

www.winfiles.com/tips/fun.html

Tips und Tricks, mit denen Sie unbedarfte Anwender verblüffen oder erschrecken können. Hier finden Sie auch ein paar „Ostereier", in denen sich die Programmierer im Programm verewigt haben.

GAGATTaCK (D)

pages.vossnet.de/latusek/

Gag-Programme für den Amiga, den PC und für JavaScripts. Diese Programme sind nur zum Spaß und zum Ärgern von Mitmenschen gedacht, richten aber keine wirklichen Schäden am System an.

Lachen.de (D)

www.lachen.de/funny/funny.html

Verschiedene sinnlose Programme zum Download. Außerdem diverse Comics, Witze und sonstiges, was Leute zum Lachen bringen kann.

Microshaft Windblows (USA)

www.windblows.com/

Desktop-Themen und Fun-Software über Windows und Bill Gates. Geschichten, Skurriles und der berüchtigte Internet Exploder. Ein Muß für alle, die Microsoft ganz besonders lieben.

Microshit (D)

www.microshit.de/

Verschiedene Fun-Softwaretools für Windows zum Download: WinFehler – ein Programm, daß Win79-artige Fehlermeldungen erzeugt, die man auch selbst schreiben kann; Windoof '79-Bugfixes. Über 200 Bugfixes stehen zum Download bereit je ca. 2 KByte, benötigen alle Windoof '79, z. T. auch das Stuss!-Paket.

Signature Maker (USA)

www.antionline.com/cgi-bin/signature/antionline_signature_maker.cgi

Konvertiert beliebigen Text in ein großes ASCII-Banner für E-Mail-Signaturen oder für Readme-Dateien. Der Text kann per Zwischenablage in eine Textdatei kopiert werden. Dabei lassen sich verschiedene Fonts auswählen. Das Ganze läuft hier sehr schnell.

VirusJoke (USA)

www.angelfire.com/wa/virusjoke/

JavaScript-Buttons, die verschiedene Meldungen in Netscape bewirken. „Your computer is succesfully infected d:} by Virus #12406 (Smiley Virus). REMEMBER! This is the shareware version. If your system doesn't crashes in 30 days, you'll have to register."

Witze

America Outtaline (USA)

bobsfridge.com/aologon.htm

Das ist eine AOL-Parodie. Für alle, die von AOL auch nach der neusten Softwareversion immer noch nicht genug haben.

April Fool's the Mac (USA)

www.streamweb.net/skov/fools.html

Witze über Macintosh und weitere Links enthält diese Seite. Dazu nette kleine Softwaretools, um die lieben Mac-User an der Benutzerfreundlichkeit und Systemstabilität ihrer Rechner zweifeln zu lassen.

Billgotchi (D)

home.rhein-zeitung.de/~rrondot/billgotchi.html

Die offizielle Gebrauchsanweisung – Satire über Tamagotchis und Windows. „Nach der Installation von Windows (Version egal) dauert es nur ein paar Minuten, und der kleine digitale Quälgeist pellt sich aus seiner Shell. Keiner weiß genau, wie er aussieht. Aber er ist frech, hinterlistig und schwer erziehbar."

Computerlehrgang für zu Hause (D)

homepages.munich.netsurf.de/roland.kupfer/comp_1.html

Computerkurs ohne fremdsprachliche Wörter: Mutterbrett und Riesenbiss, Winzigweich und Kraftpunkt.

EGA Kampagne, die (D)

ourworld.compuserve.com/homepages/nettest/index.htm

Willkommen an der EGA-Front – Kampagne zur Rettung der EGA-Karten und der 16 Farben. „Unsere Seite steht jedem offen, der endlich Schluß machen will mit 16.700.000 Farben und sich wieder ganz in unserem Sinne den 16 wahren Farben hingeben will."

Error of the week (USA)

fp1.centuryinter.net/eotw/

Fast jede Woche eine neue witzige Fehlermeldung aus irgendeinem Programm. Hier können Sie auch selbst Meldungen vorschlagen.

JokeWallpaper (USA)

www.jokewallpaper.com

Geschichten und Witze, dazu Hintergrundbilder und Startlogos zum Download. Dazu auch Storys über Ferienjobs, Schule und Computermessen.

Microstoff (D)

www.geocities.com/siliconvalley/way/7750/

Witze über Microsoft im Design einer Microsoft-Webseite. „What do computers and air-conditioned rooms have in common? Do never open Windows!"

Pat's Computer Jokes (USA)

www.patsjokes.com/computer/

Witze, Texte und Gedichte über Computer, Programme und Programmierer. "Alice in UNIX Land", „In the beginning, God created the bit" und die immer wieder netten Geschichten über den Mac und seine User. Skurrilerweise enthält die Seite auch noch (scheinbar offizielle) Werbebanner von Microsofts Online-Dienst MSN.

SkyBird Witze (D)

privat.schlund.de/r/rose/witze/index.htm

Große Witzsammlung um Microsoft, Computer und deren Anwender. Nette Dialogboxen aus wirklichen Programmen: „Dieser Vorgang kann nicht durchgeführt werden, weil unbekannt beschäftigt ist"

Hacker

AntiOnline (USA)

www.antionline.com/

In Form und Layout der großen Online-Magazine finden Sie hier aktuelle News zu Hacks, Viren und Sicherheitsproblemen, dazu etwas Fun-Software. Hier verbirgt sich keine dunkle Organisation, sondern Leute, die offen auf Sicherheitsrisiken aufmerksam machen.

Antisearch (USA)

www.antisearch.com/

Suchmaschine für Webseiten zum Thema Sicherheit und Hacker.

CD-Cover (USA)

www.cdcovercentral.com/

Hier gibt es Tausende von Covern mit Vorder- und Rückseiten zum Download. Beachten Sie die Urheberrechtsbestimmungen.

Chaos Computer Club (D)

www.ccc.de

Aktuelle Infos, Aktionen und FAQs über den Chaos Computer Club. „Der Chaos Computer Club versteht sich als ein Forum der Hackerszene, eine Instanz zwischen Hackern, Systembetreibern und der Oeffentlichkeit. Zunehmend ist diese Aufgabe in Teilbereichen (Netz-Zensur, Krypto-Regulierung) die einer Interessensvertretung, die versucht, durch Wissen Einfluss zu nehmen."

Happy Hacker (USA)

www.happyhacker.org/

Einfache, meist harmlose Hacks und ein paar Spielchen.

Infowar (USA)

www.infowar.com/

Dieser Hersteller von Firewalls und Sicherheitssoftware informiert ausführlich über Viren, Hackerangriffe, Denial of Service, das Jahr-2000- und sonstige sicherheitsrelevante Probleme.

MegaCD Online (USA)

194.38.136.197/megacd/covers.html

CD-Cover zahlreicher Original-CD-ROMs zum Ausdrucken und Software zur Gestaltung eigener Cover. Beachten Sie die Urheberrechtsbestimmungen.

New Hacker's Dictionary, the (USA)

www.tuxedo.org/~esr/jargon/

Ausführliches Lexikon mit Hacker-Fachbegriffen. In verschiedenen Versionen, auch zum Download und Offline-Lesen.

Neworder (USA)

neworder.box.sk

Hacker-Tips, Tools, Texte und Links über Cracking, Programmierung und Viren. Aber auch interessante Tips zu Verschlüsselung, anonymen Remailern, ICQ- und IRC-Sicherheitslücken und zum gefährlichsten Programm überhaupt, dem Internet Explorer.

Rootshell (USA)

www.rootshell.com

Aktuelle News, Fehlermeldungen und Tips zu Sicherheitsproblemen in verschiedenen Programmen. Meldungen über Hackerangriffe auf Webserver und ein Archiv gehackter Seiten.

RSI DoS Database (USA)

www.repsec.com/denial/content.html

Sicherheitslücken und Möglichkeiten einen Denial of Service (DoS) in verschiedenen Betriebssystemen zu erzeugen.

Handhelds

Thema	Seite	Weiterführende Linkseiten
Apple Newton-Webring	109	www.webring.org/cgi-bin/webring?ring=newtonring;list
PalmPilot-Webring	112	www.webring.org/cgi-bin/webring?ring=geoff;list
pilot Tips'N'Tricks	112	www.novadesign.com/kermit/
Psion-Webring	117	www.webring.org/cgi-bin/webring?ring=psion5ring;list;page=0
CE city	118	www.wincecity.com/
Windows CE-Webring	119	www.webring.org/cgi-bin/webring?ring=windowsce;list
HPC Net	120	www.windowsce.com/
Windows CE online	120	www.winceonline.com/

Chip PDAs Forum (D)

www.chip.de/cgi-bin/crazywwwboard.cgi?db=organizer

Diskussionsforum für Nutzer eines PalmPilot, Psion, Newton, Cassiopeia und anderen Palmtops. Bis jetzt noch wenige Beiträge.

Palmshop (D)

www.palmshop.de

Versandhandel für Palmtops und Zubehör. Hier können Sie auch direkt online bestellen, nicht nur die bekannten Typen, sondern auch Exoten sind hier zu haben.

PDAcentral (USA)

www.pdacentral.com/

Großes Sharewarearchiv von Tucows für verschiedene Palmtops und PDAs. In bekannter Tucows-Manier ist alle erwähnte Software kurz beschrieben und bewertet.

Newton

Apple Newton Web Ring (USA)

www.webring.org/cgi-bin/webring?ring=newtonring;list

Über den Newton Web Ring erreichen Sie zur Zeit über 200 Webseiten zum Thema Apple Newton.

Freewarespiele (USA)

www.geocities.com/siliconvalley/pines/1662/

Freewarespiele (Lines, Mines und Freecell) aus Rußland für den Newton. Ein russischer Textfont hilft weiter, alles Wichtige ist aber auch in Englisch zu lesen.

Newton Evangelist (USA)

www.rit.edu/~nwh5408/newton/newton.html

Aktuelle News, Softwarearchiv, Diskussionsforen und Texte für den Newton. Hier weinen die echten Fans den nicht mehr produzierten Geräten nach „It's been one year since that fateful day when Newton was cancelled at Apple."

Newton Newsgroup (USA)

news://comp.sys.newton.misc

Newsgroup rund um den Newton.

Newton Source (USA)

www.oldschool.net/newton/index.html

Technische Spezifikationen über den Newton (hier wurden die Original-seiten des ehemaligen Herstellers Apple wiederbelebt) und Jahr-2000-Informationen. Dazu ein Freewarearchiv und eine Bauanleitung für ein Datensynchronisationskabel mit dem PC.

Newtonville (USA)

newtonville.com

Großes Sharewarearchiv für den Newton. Gut sortiert mit Kurzbeschreibungen und Bewertungen, eine Seite von Tucows.

NewtonWare (USA)

newtonware.newtonware.com/

Softwarearchiv und aktuelle Meldungen für Newton. Dazu Links auf andere Softwarearchive für: Windows NT, Windows 95/98, Palm Pilot, Windows CE, Linux, Psion, Screen Savers, Desktop Themen, OS/2 und NTGames.

Newtware PDQ (USA)

www.concentric.net/~cmonica/newton/pdqframe.html

Software und Hardwarebastelanleitungen für den Newton. Da die Garantie dieser Geräte sowieso abgelaufen ist, können Sie auch daran herumlöten.

Totally Newton Archive (USA)

cdrom.amug.org/http/newt/newton.html

Sharewarearchiv für den Newton. Das ganze Archiv kann auch auf CD-ROM bestellt werden. Außerdem gibt es hier Hardware zu bestellen, wie zum Beispiel externe Tastaturen, T-Shirts oder „Music Madness".

PalmPilot

3Com Palm Computing (USA) (D)

www.palm.com
www.palm.com/europe/de/

Der Hersteller des PalmPilot und Palm III. Hier finden Sie aktuelle News und Entwicklersupport. Bestellmöglichkeit für Zubehör und Ersatzteile sowie Berichte über den neuen Palm VII.

Calvin's PalmPilot FAQ (USA)

www.pilotfaq.com/

Verschiedene FAQs und Links auf andere Webseiten. Sehr ausführlich, auch für den Profi interessant. Wer's mag, kann die Seiten auch in Japanisch und Spanisch lesen.

i2i UK (USA)

www.i2iuk.com

Tageszeitung mit verschiedenen Themenkategorien als PalmPilot-Dokument. Kann automatisch zu einer bestimmten Tageszeit per E-Mail zugestellt werden. Außerdem gibt es PalmPilot-Software zum Download und einen Katalog mit PalmPilot-Zubehör zum direkten Bestellen.

Ladegerät (USA)

www.ibr.cs.tu-bs.de/~harbaum/pilot/cradle.html

Ein neues Feature des Palm V nun auch für den Palm III. Schaltplan, Platinenlayout und Bauanleitung für ein PalmPilot-Ladegerät in der Docking-Station. Dazu müssen der Pilot und die Docking-Station modifiziert werden.

NewsNow (USA)

www.newsnow.co.uk/cgi/newsnow/newsfeed.htm?topic=*.tech&section=asearchw&search=palmpilot&asearch=p

Ständig (jede Minute) werden aktualisierte Nachrichten über den PalmPilot aus verschiedenen Nachrichtenquellen zusammengetragen. Außerdem finden Sie hier Links zu ähnlichen Nachrichtendiensten zu anderen Themengebieten.

Palm III mit Netscape 4.5 (USA)

www.concentric.net/~mdbyers/palm3.htm

Ausführliche Beschreibung und notwendige Software, um den PalmPilot mit dem Netscape-Adressbuch und E-Mail-Programm zu synchronisieren.

Palmconsult (USA)

www.palmconsult.de

Eine der wichtigsten deutschsprachigen Seiten zum PalmPilot. Hier finden Sie eines der größten Sharewarearchive, eine Bibliothek mit Texten, FAQs, Kleinanzeigen und eine Mailingliste.

Palmiga (USA)

palmiga.home.pages.de/

Software zur Synchronisation von PalmPilot und Amiga. Das Projekt ist noch in Entwicklung. Hier erfahren Sie den aktuellen Stand und finden auch Links auf weitere Software zur Kommunikation zwischen PalmPilot und Amiga.

PalmLife (USA)

www.palmlife.com/

Aktuelle News und „Easter Eggs“ auf dem PalmPilot. Außerdem Chatgruppen, Spiele und andere Software zum Download.

PalmPilot Newsgroup (USA) (D)

news://de.comp.sys.handhelds.palm-pilot

Deutsche Newsgroup über den PalmPilot und Palm III.

news://comp.sys.palmtops.pilot

Newsgroup über den PalmPilot und Palm III.

PalmPilot-Webring (USA)

www.webring.org/cgi-bin/webring?ring=geoff;list

Über den PalmPilot-Webring erreichen Sie über 500 Webseiten zum Thema PalmPilot.

PalmPower (USA)

www.palmpower.com/

Aktuelle News, Tips, Diskussionsgruppen und technische Texte in einem Online-Magazin für den Pilot. Unter den Back Issues findet man immer noch viele brauchbare Tips.

Palmstation (USA)

www.palmstation.com/

Aktuelle News, Testberichte und weitere Links. Spannende Neuigkeiten über den Palm VII, ClearCases (glasklare Palms) und Java auf dem PalmPilot.

Pilot Island (USA)

www.pilotisland.com/

Hersteller von Pilot-Zusatzhardware, verfügt aber auch über ein Sharewarearchiv mit Software verschiedener Kategorien zum Download.

Pilot Tips und Tricks (USA)

www.novadesign.com/kermit/

News, Tips und Tricks zum PalmPilot. Hier finden Sie auch PilotCE, ein Programm, das einen Windows CE-Desktop auf dem Pilot darstellt (kein wirklicher Emulator – eher ein Gag).

Undocumented Pilot Page, the (USA)

skyscraper.fortunecity.com/sql/916/

Undokumentierte Funktionen, Tips und Easter Eggs für den PalmPilot. Alternative Graffiti-Zeichen und anderes, was man in den offiziellen Dokumentationen nicht findet.

Software

Aportis (USA)

www.aportis.com

Software zum Erstellen von DOC-Dokumenten für den Pilot. Ein Betrachter dafür kann kostenlos heruntergeladen werden.

CASL (USA)

www.caslsoft.com

Programmiersprache und Entwicklungsumgebung für den PalmPilot. Eine Demoversion mit ausführlicher Dokumentation und Beispielprogrammen können Sie sich hier herunterladen.

cbasPad (USA)

www.nicholson.com/rhn/palmpilot.html

Basic Interpreter für den PalmPilot. Das Programm, die Dokumentation und verschiedene Beispiele stehen zum Download bereit, außerdem gibt es Links auf weitere Seiten zu Basic auf dem PalmPilot.

CNET Download.com (USA)

www.download.com/pc/cdoor/0,323,0-335,00.html?st.dl.fd.cats.cat335

Großes Sharewarearchiv für den PalmPilot. Im Cnet-Angebot allerdings ohne diesen direkten Link schwer zu finden.

Codewarrior (USA)

www.metrowerks.com/products.qry?p=CWPP&x=info

Die wichtigste professionelle Programmierumgebung für den PalmPilot, Produktbeschreibung und FAQs. Leider nicht gerade billig, es gibt aber Testversionen zum Download.

Eurocool (USA)

www.eurocool.com/palm/

Großes Softwarearchiv für den PalmPilot. Mit Suchmaschine, nach Kategorien ausführlich geordnet.

HanDBase (USA)

www.ddhsoftware.com/handbase.html

Frei programmierbares Datenbankprogramm für den PalmPilot mit Konvertierungsmöglichkeit der Daten auf dem PC.

HDSketch (USA)

www.hhd.com/

Hitchhiker Design, ein Zeichenprogramm für PC und PalmPilot. Die Zeichnungen können auf dem PC konvertiert werden. 30-Tage-Version und Dokumentation zum Download.

Imageviewer (USA)

palm.dahm.com/

Imageviewer ist ein Betrachter und Konverter für Bilder auf dem PalmPilot, der einen Standard für ein Bilddatenformat gesetzt hat. Betrachter für dieses Format gibt es inzwischen auch auf dem PC.

Jfile (USA)

www.land-j.com/jfile.html

Das bekannteste Datenbankprogramm für den PalmPilot. Zahlreiche Sharewaretools und Konverter ermöglichen den Datenaustausch zwischen verschiedenen PalmPilot- und PC-Applikationen.

Jumbo (USA)

www.jumbo.com/pages/pda/pilot/

Sharewarearchiv mit Software für den PalmPilot, auch Textdokumente, Grafiken und Spiele. Dazu verschiedene Newsletter und Links auf Shareware für andere Systeme.

Palm OS Emulator (USA)

www.palm.com/devzone/pose/pose.html

Palm OS Emulator zum Testen von PalmPilot-Programmen auf dem PC.

Palm Zone (USA)

www.palmzone.com/

Online-Magazin für den PalmPilot mit zahlreichen News und Software zum Download. Suchmaschine, E-Mail-Newsletter, Softwaretests und Spiele.

Palmcentral (USA) (D)

www.palmconsult.de/forum/apps/
www.palmconsult.de/forum/apps/

Das größte Softwarearchiv für den PalmPilot, mit Programmen, Texten, Datenbanken und Links auf weitere Webseiten.

PalmPilot Entertainment Zone (USA)

www.fidalgo.net/~ram/

Viele verschiedene Spiele, Bilder, Kreuzworträtsel und Musiksynthesizer für den PalmPilot.

Palmpilotware (USA)

palmpilotware.palmpilotware.com/

Softwarearchiv und aktuelle Meldungen über den PalmPilot. Dazu Software für andere Handhelds, Windows, Linux und OS/2.

Palmsoft (USA)

members.xoom.com/palmsoft

Softwarearchiv für den PalmPilot. Verschiedene Programme nach Kategorien geordnet, alle mit Screenshot zum schnellen Wiedererkennen.

Palmtastik (USA)

www.palmtastik.com

Softwarearchiv mit Programmen und zahlreichen Stadt- und Reiseführern für den PalmPilot.

Pilotgear (USA)

www.pilotgear.com/

Hardwareversand, Softwarearchiv zum Download, Tips & Tricks und aktuelle News zum PalmPilot.

Pilotzone (USA)

pilotzone.com/

Das Tucows-Softwarearchiv für den PalmPilot. Alle Programme mit Kurzbeschreibung, Bewertung und Link auf den Hersteller, wie bei Tucows üblich.

Pocketdata Archive (USA)

cdrom.amug.org/http/pilot/pilot.html

Sharewarearchiv für den Pilot. Alle Programme mit relativ ausführlicher Beschreibung. Das ganze Archiv kann auch auf CD-ROM bestellt werden.

QED (USA)

www.visionary2000.com/qed/

Textverarbeitung für DOC-Dateien auf dem PalmPilot. Hier können Sie diese Texte nicht nur lesen, sondern auch verändern oder neu erstellen. Testversion zum Download.

Quartus Forth (USA)

www.interlog.com/~nbridges/quartus.html

Forth Compiler für den PalmPilot. Diese Programmiersprache wirkt auf den ersten Blick sehr kompliziert, entpuppt sich dann aber als äußerst interessant. Testversion, Besipielprogramme und ausführliche Dokumentation zum Download.

RPN–Rechner für den Palm Pilot (USA)

mems.ee.cornell.edu/pilot/rpnMain.html

Wissenschaftlicher, programmierbarer Taschenrechner mit umgekehrt polnischer Notation (HP). Hierfür gibt es inzwischen eine große Menge Plug-Ins für verschiedenste mathematische Aufgaben.

tap (USA)

www.tapmagazine.com/

Online-Magazin einer amerikanischen PalmPilot Zeitschrift mit informativen Texten, aktuellen News und Software zum Download.

Tealpoint Software (USA)

www.tealpoint.com/

Hersteller verschiedener Office-Programme für den PalmPilot, z. B. das Datenpräsentationsprogramm Tealinfo oder den Dokumentenbetrachter Tealdoc. Alle Programme gibt es in einer Testversion zum Download.

ToGo (USA)

www.geocities.com/siliconvalley/platform/9082/

Dokumentenbetrachter mit einem deutlich kleineren Format als das Standard-DOC-Format. Konverter sind verfügbar für Windows, DOS, OS/2 und Linux. Das Programm und verschiedene Texte gibt es hier zum Download.

Wovvbagger's Pilot World (D)

members.aol.com/palmpilot

Softwaretips, Downloads und technische Informationen sowie weitere Links. Außerdem verschiedene Science-fiction-Texte zum Download, teilweise auch als PalmPilot-DOC-Dateien.

X-Pilot (D)

www.wu-wien.ac.at/usr/h88/h8825403/pilot/

Archiv mit Software und Texten für den PalmPilot.

Yahoo Calendar (USA)

calendar.yahoo.com/

Ein Kalender mit Adreßbuch im Internet, der sich mit dem PalmPilot synchronisieren läßt. Jeder Benutzer bekommt unter seinem Benutzernamen einen eigenen Terminkalender. Das Synchronisationstool kann hier heruntergeladen werden. Termine können per E-Mail mit anderen Benutzern abgeglichen werden.

ZDNet (USA)

www.zdnet.com/swlib/pilotsoftware/

Softwarearchiv von ZDNet für den PalmPilot nach Kategorien geordnet mit Suchmaschine. Dazu ständig aktuelle News und Tips zum PalmPilot.

Psion

5 Alive (USA)

5alive.psionking.com/

Aktuelle News, Testberichte, Software, Datenbanken und weitere Links zum Psion. Täglich aktualisiertes Online-Magazin mit Links und Kurzbeiträgen.

D-Store (USA)

www.d-store.com/d-store/psion/pindex.htm

Versand für Zubehörteile rund um den Psion. Reichlich bebilderter Katalog. Hier können Sie auch direkt online bestellen.

Psion (USA) (D)

www.psion.com
www.psion-gmbh.com

Der Hersteller des Psion bietet hier aktuelle News, Softwareupdates, Jahr-2000-Informationen und ein großes Softwarearchiv.

Psion Newsgroup (USA)

news://comp.sys.psion.misc

Newsgroup um Fragen rund um die Computer der Psion-Serie.

Psion Serie 5 – Workshop (D)

www.geocities.com/siliconvalley/haven/6920/psionws.htm

Workshops zum Umgang mit dem Psion, Nachrichten, Tests und Freeware zum Download.

Psion-Webring (USA)

www.webring.org/cgi-bin/webring?ring=psion5ring;list;page=0

Über den Psion-Webring erreichen Sie weit über 100 Webseiten zum Thema Psion.

Psion Welt (D)

www.psionwelt.net/

Sharewarearchiv, Datenbanken, aktuelle Tests und News, Kleinanzeigen und weitere Links zu Webseiten über den Psion. Berichte aus der deutschen Psion-Club Szene.

Psioneer Magazine (USA)

www.pmn.co.uk/public/subscriptions/psion/

Die Zeitschrift Psioneer stellt sich hier mit den Überschriften der aktuellen Ausgabe vor. Natürlich können Sie sie hier auch abonnieren.

Psionking (USA)

www.psionking.com/

Tucows bietet unter diesem Namen ein großes Sharewarearchiv für die Psion-Computer Serie 5, Serie 3 und Siena. Alle Programme mit Kurzbeschreibung, Bewertung und Link auf den Hersteller, wie bei Tucows üblich.

Symbian Epoc (USA)

www.software.psion.com/

Symbian, der Hersteller des Psion-Betriebssystems EPOC liefert hier ein Software Development Kit für Programmierer und einen Psion Emulator.

Windows CE

Casio (USA)

allthingsce.casio.com/

Aktuelle News, Software, Diskussionsforum und Channels über Windows CE und Casio Computer. Technische Beschreibungen der verschiedenen Casio-Handhelds auf Windows CE-Basis.

CE city (USA)

www.wincecity.com/

Aktuelle Nachrichten, Testberichte, Diskussionsforum und Softwaredatenbank zu Windows CE.

Compaq (USA) (D)

www.compaq.com/products/handhelds/
www.compaq.de/produkte/handheld/

Produktbeschreibungen und FAQs zu Compaq Windows CE-Computern.

Craig Peacock's Windows CE Pages (USA)

www.craigtech.co.uk/

FAQs, Software, Spiele und weitere Links zu Windows CE. Die Seite ist aufgebaut wie ein Windows CE-Bildschirm, mit vielen Screenshots aus den Programmen.

Gesytec (USA) (D)

www.gesytec.de/

Embedded PC Entwicklung für Windows CE. Windows CE- und LON-Seminare. Software für den professionellen Einsatz von Windows CE, zum Beispiel zur Straßenlaternen-Fernüberwachung.

Hewlett Packard (USA) (D)

www.hp.com/jornada/index.html
www.hewlett-packard.de/pc/organizer.html

Technische Kurzbeschreibung der HP-Taschencomputer für Windows CE.

Microsoft (USA)

www.microsoft.com/windowsce/default.asp

Startseite von Microsoft zu Windows CE. Hier finden Sie aktuelle News, Softwarepatches und Mobile Channels zum Betrachten auf dem Windows CE Internet Explorer.

Microsoft Windows CE-Updates (USA)

www.microsoft.com/windowsce/downloads/pccompanions/default.asp

Hier können Sie verschiedene Konverter, Updates und Service Packs für Windows CE direkt bei Microsoft herunterladen.

Sharp (USA)

www.sharp-usa.com/frame.asp?pageid=/mobilon/
www.sharp.de/germany/nav/prodinx.htm

Produktbeschreibungen und Softwarepatches für Sharp Windows CE-Computer.

Win CELair (USA)

www.celair.com/

Aktuelle Meldungen und technischer E-Mail-Support für Windows CE. Außerdem finden Sie hier ein großes Sharewarearchiv für Windows CE.

Windows CE PC Companions (USA)

members.xoom.com/elizrs/wince/devices.html

Technische Daten und Fotos verschiedener Windows CE-Computer.

Windows CE-Webring (USA)

www.webring.org/cgi-bin/webring?ring=windowsce;list

Über den Windows CE-Webring erreichen Sie zur Zeit über 200 Webseiten zum Thema Windows CE.

World O'Windows (USA)

www.worldowindows.com/ce.html

Aktuelle und auch wirklich interessante Tips und Tricks zu Windows CE. Dies ist nur eine der World O'Windows-Seiten. Weitere gibt es zu Windows 95/98, Windows NT und auch zur Windows 2000 Beta.

Shareware

CE monster (USA)

cemonster.com/

Das Tucows-Sharewarearchiv für Windows CE. Alle Programme mit Kurzbeschreibung, Bewertung und Link auf den Hersteller, wie bei Tucows üblich.

CE ware (USA)

www.ceware.com/

Softwarearchiv und aktuelle Meldungen für Windows CE. Mit Newsletter und weiteren Bereichen zu Windows 95/98/NT, PalmPilot, Linux & OS/2.

CNET Download.com (USA)

www.download.com/pc/cdoor/0,323,0-343,00.html?st.dl.fd.cats.cat343

Großes Sharewarearchiv zu Windows CE. Im Cnet-ANGEBOT allerdings ohne diesen direkten Link schwer zu finden.

Direct CE (USA)

www.directce.com

FAQs, Screenshots, Software und Links zu Herstellern von Computern für Windows CE. Technische Spezifikationen verschiedener CE-Rechner. Interessanter Inhalt, aber sehr unübersichtlich gestaltet.

HPC Net (USA)

www.windowsce.com/

Großes Sharewarearchiv und aktuelle News zu Windows CE. Diskussionsforum und Kleinanzeigen. Alle paar Tage aktualisiert, aber viele lästige Cookies und Werbebanner.

Jimmy.com (USA)

www.jimmy.com

Shareware und Freeware für Windows CE zum Download. Größtenteils Spiele und Emulatoren für Spielkonsolen. Auf einer sehr bunten und verspielten Oberfläche finden Spielefreunde alles, aber kaum ernsthaft nutzbare Software.

Jumbo (USA)

www.jumbo.com/pages/wince/

Sharewarearchiv mit Software für Windows CE. Außerdem verschiedene Newsletter und Software für Windows 95/98/NT und Macintosh.

MSN Windows CE-Forum (USA)

computingcentral.msn.com/topics/windowsce/welcome.asp

Windows CE Forum im Microsoft Network mit Mobile Channels, Softwaredownloads, FAQs, Chat und Glossar zu Windows CE.

Windows CE online (USA)

www.winceonline.com/

Aktuelle News und ein großes Softwarearchiv zu Windows CE. Emulatoren, Spiele und Buchtips für Handheld Computer.

Internet

Thema	Seite	Weiterführende Linkseiten
Chat Room Index	123	www.geocities.com/siliconvalley/heights/3193/
Internet Relay Chat	123	irc.pages.de/
Webchat	124	www.webchat.de/
Top 25 E-Mail	128	www.top-25.com/email.shtml
EuroCyberCafes	136	eyesite.simplenet.com/eurocybercafes/
gastroGuide	136	www.gastro.de/gastroguide/internetcafes/
Internetcafes Deutschland	136	www.phone-soft.de/cyber-world/0258d.htm
Internetcafes Österreich	137	www.phone-soft.com/local/austria/cyber-world/0258.htm
Top 25 HTML	148	www.top-25.com/html.shtml
Netscape Plug-Ins	149	www.netscape.com/plugins/
37.com	150	37.com/
Auge der Welt	153	home.t-online.de/home/supervdw/austral.htm
Live Cameras	154	www.sowas.com/webcams/
Webcam Navigator	155	privat.schlund.de/h/hgabler/wcn/index.htm
WebcamPool	155	www.webcampool.de/
World Wide Webcams	155	members.tripod.de/wwwcams/
Freespace	156	www.muehlen.di.to/
Home4U	156	www.home4u.net

Help.de (D)

www.help.de/

Tips zum Internetzugang, zur Konfiguration und ein Glossar für absolute Einsteiger ohne technische Vorkenntnisse.

Suchanfragen auf verschiedenen großen Suchmaschinen.

Internet-Wetterbericht (USA)

www3.mids.org/weather/

In einer Art Wetterbericht können Sie sich auf Landkarten die momentane Auslastung des Internet in verschiedenen Regionen anzeigen lassen. Die Landkarten decken die ganze Welt ab und sind teilweise aus den letzten Monaten für Vergleichszwecke noch archiviert.

Internetworld (D)

www.internetworld.de/messe/

Die Internetworld Messe in Berlin mit Ausstellerliste und Hallenplänen. Sehr grafisch überfrachtet, daher lange Ladezeiten.

Netz gegen Kinderpornographie (D)

www.heise.de/ct/netz_gegen_kinderporno/erklaerung.shtml

Eine unterstützenwerte „Zensur-Aktion" im Internet. Webmaster und HTML-Programmierer werden aufgefordert, ein Logo auf ihre Seiten zu übernehmen. Diese Initiative wird von den großen Online-Providern und zahlreichen Institutionen, Firmen und Privatpersonen unterstützt.

World Wide Web Consortium (USA)

www.w3.org/

Organisation, die Standards im Internet festlegt. Hier finden Sie Spezifikationen für alle Internetdateiformate und -protokolle in den amtlich gültigen Texten sowie zahlreiche Pressemeldungen (ohne Werbung) über neue Internettechnologien..

Chat

Chat Room Index (USA)

webarrow.net/chatindex/

Liste von Chatrooms zu verschiedenen Themen. Über eine Mailingliste können Sie sich automatisch über Neuerungen informieren. Hier finden Sie nach Themen geordnet die verschiedenen WWW- und Java Chats, keine IRC-Kanäle.

Chatsysteme Newsgroup (D)

news://de.comm.chatsystems

Deutschsprachige Newsgroup zu Chatsystemen.

Chatter Jargon Dictionary (USA)

www.stevegrossman.com/jargpge.htm

Wer als Unbedarfter in einem Chat mitliest, wird vieles nicht verstehen. Hier finden Sie die wichtigsten Chat-Abkürzungen, Smileys und Chattiquette.

Excite People & Chat (USA) (D)

www.excite.com/communities/
www.excite.de/chat_and_community/

Chaträume zu verschiedenen Themen, aktuelle Chats, Pager, People Finder. Bedienung über ein Java-Applet. Hier können Sie sich auch eine eigene Homepage mit persönlichem Chatraum erstellen.

Internet Relay Chat (USA) (D)

irc.pages.de/

Links und Informationen zu IRC. Diverse IRC-Software und technische Dokumente. Die Informationen stammen teilweise direkt von Betreibern eines IRC-Servers und können zumindest im deutschen Bereich als die „Standardlektüre" für IRCler angesehen werden.

IRC-Kurzanleitung (D)

linux0.urz.uni-heidelberg.de/~mseuffer/irc.html

IRC-Kurzanleitung, FAQs, Befehlsliste und weitere Links. Außer der Kurzanleitung für Anfänger finden Sie auch wichtige Einstellungen und technische Hintergründe, die auch Profis interessieren dürften.

Offizielle Webseiten der IRCnet-Server (D)

irc.fu-berlin.de/

Benutzungsregeln für IRC, Liste deutscher IRC-Server, Statistiken und Informationen. Hier gibt es auch eine Übersicht der IRC-Operatoren in Deutschland und Links auf zahlreiche weitere Informationen, und das alles ohne lästige Werbung.

Webchat (D)

www.webchat.de/

Übersicht über zahlreiche deutschsprachige Chats, aktuelle Top-Kanäle, Lexikon und Software. Die Top-Kanäle werden dauernd anhand der Besucherzahlen aktualisiert. Außerdem finden Sie ein Smiley-Lexikon, Chatiquette und Links auf Softwaretools zum Chatten.

Yahoo Chat (USA)

chat.yahoo.com/

Chaträume zu verschiedenen Themen. Bedienung über ein Java-Applet, kein IRC notwendig. Man kann auch eigene Chaträume eröffnen.

Domainnamen

1&1 – PURETEC (D)

www.puretec.de

Domainregistrierung und Abfragemöglichkeit für DE-Domains. Kostenlose Homepage für alle. Digitale Visitenkarte und Internetshopsystem.

De-Nic (D)

www.denic.de/servlet/whois

Abfragemöglichkeit, ob ein DE-Domainname noch frei ist, und wenn nicht, auf wen er registriert ist. Hier finden Sie auch FAQ und Richtlinien zur Namensvergabe und Vergabe von IP-Adressen.

Domain Lookup (USA)

www.top-25.com/whois.shtml

Suche nach com-, net-, org-Domainnamen.

Domain-Markt (D)

www.domain-markt.de/

Versteigerung von deutschen Domains mit aussagekräftigen Namen. Hier können Sie online Gebote abgeben und Gesuche einsehen, wenn Sie einen bestimmten Domain-Namen registrieren möchten.

Domain- und Namensrecht (D)

www.anwalt.de/publicat/seyb9611.htm

Artikel zu Domain- und Namensrecht in Deutschland. Hier können Sie bekannte Präzedenzfälle von Namensstreitigkeiten wie zum Beispiel CeBIT.de oder Heidelberg.de finden. Außerdem weitere Links auf Informationen zum Thema.

IANA (USA)

www.iana.org

Internationale Organisation zur Vergabe von IP-Adressen. Hier finden Sie Listen der Top-level Domains (hinter welcher Domain verbirgt sich welches Land?) und international relevante RFC-Dokumentationen zum Thema. Außerdem können Sie sich über die Verfahrensweise informieren, wie eine IP-Adresse oder eine Domain zu beantragen ist.

Internic (USA)

www.internic.net/

Hier können Sie internationale Domainnamen registrieren und freie Namen abfragen. Das Registrierungsverfahren wird zur Zeit umgestellt, hier können Sie sich über den aktuellen Stand der Dinge informieren.

Strato AG (D)

www.strato.de

Ein großer Internetprovider bietet hier Pauschalangebote für Internetpräsenz und eine Domainregistrierung und Abfragemöglichkeit für DE-Domains.

E-Mail

E-Mail FAQ (USA)

www.cis.ohio-state.edu/hypertext/faq/bngusenet/comp/mail/misc/top.html

FAQs zu E-Mail im allgemeinen und auch Spezialtips. Die Fragen stammen größtenteils aus der Newsgroup *comp.mail.misc,* wurden dann aber redaktionell aufbereitet. Außerdem gibt es zahlreiche weitere Links zum Thema.

Escribe (USA)

www.escribe.com/

Archiv mit zahlreichen Mailinglisten zu unterschiedlichen Themen. Ältere Nachrichten dieser Listen sind auch im WWW zu lesen.

Geburtstag.at (D)

www.geburtstag.at/l

Kostenloser E-Mail-Dienst, der nach einer persönlichen Datenbank automatisch zu bestimmten Terminen Erinnerungsmails schickt.

Mailinglisten (USA) (D)

www.lisde.de/home.html

Spezial-Katalog mit über 1.100 Mailinganbietern nach Kategorien geordnet oder auch nach Stichworten zu durchsuchen.

Remailer list (USA)

www.cs.berkeley.edu/~raph/remailer-list.html

Wer, aus welchen Gründen auch immer, im Internet bei seinen Mails unerkannt bleiben möchte, findet hier eine Liste verschiedener Remailer und deren Konfigurationsoptionen, um anonyme E-Mails zu senden.

Smileys Unlimited (USA)

www.czweb.com/index/smilies/intro.htm

Sehr ausführliche Liste mit Smileys oder Emoticons für E-Mail und Chat. Hier finden Sie etwa 1.000 teilweise sehr exotische Smileys nach verschiedenen Kategorien sortiert.

Anbieter

AltaVista (USA)

altavista.iname.com

Kostenloser E-Mail-Dienst. E-Mails können automatisch an jede beliebige Adresse weitergeleitet oder über eine WWW-Oberfläche abgefragt werden. Kostenlose Adressen *@altavista.net*, andere Domains mit kostenpflichtigen Adressen.

Anonymizer (USA)

www.anonymizer.com

Hier können Sie anonym im Internet surfen und auch anonyme E-Mails verschicken. Ein Analyseprogramm zeigt alle Informationen, die jemand anderes über Sie und Ihren Rechner herausfinden kann. Diese Information können auch für Sie selbst sehr nützlich sein, um zum Beispiel die eigene IP-Adresse und die aktuelle Plug-In-Konfiguration des eigenen Browsers übersichtlich dargestellt zu erfahren.

Excite (USA) (D)

www.mailexcite.com
mail.excite.de/

Kostenloser E-Mail-Dienst mit direktem Zugriff auf die Angebote von Excite, Yellow Pages und digitalen Grußkarten. Junk Mail Blocker und Abfrage von bis zu fünf POP3-Mail-Accounts. Bis zu 3 MByte Speicherplatz. Adressen: *@excite.com*, *@excite.de*.

GMX – Global Message Exchange (USA) (D)

www.gmx.de

Ein kostenloser deutscher E-Mail-Dienst, der einige Vorzüge gegenüber seinen amerikanischen Vorbildern hat. Hier können Sie während der Urlaubszeiten automatische Antwortmails verschicken, E-Mails auf beliebige andere Adressen weiterleiten und auch POP3-Server anderer E-Mail-Dienste automatisch in festgelegten Zeiträumen abfragen und so die E-Mails in einem einzigen Postfach sammeln. Adressen: *@gmx.de* oder *@gmx.net*. Speicher bis zu 4 MByte.

Hotmail (USA)

www.hotmail.com

Von Microsoft MSN übernommener kostenloser E-Mail-Dienst. Verschiedene E-Mail-Filter, Junk Mail Blocker und Abfrage von bis zu vier POP3-Mail-Accounts. Adressen: *@hotmail.com*

Iname (USA)

www.iname.com

Kostenloser E-Mail-Dienst. E-Mails können automatisch an jede beliebige Adresse weitergeleitet oder über eine WWW-Oberfläche abgefragt werden. Kostenlose Adressen: *@iname.com*, andere Domains mit kostenpflichtigen Adressen.

Liquid Information (USA)

www.liquidinformation.net/

Kostenloser E-Mail-Anbieter, mit dem man auch Newsgroups über eine WWW-Oberfläche nutzen kann. Dazu wird ein spezielles Browserfenster geöffnet. Es stehen zahlreiche Einstellmöglichkeiten für automatische Weiterleitung und Beantworten von Mails zur Verfügung.

Mailcity (USA)

mailcity.lycos.com

Kostenloser E-Mail-Dienst in Zusammenarbeit mit Lycos. Abfragen von mehreren POP3-Servern. Automatische Abwesenheitsmails und Junk Mail Filter. Direkter Zugriff auf das E-Mail-Suchprogramm WhoWhere? und das People Finder-Verzeichnis. Adressen: *@mailcity.com*

Netscape Webmail (USA)

webmail.netscape.com/tpl/door/login?

Kostenloser E-Mail-Dienst mit WWW-Oberfläche. Zusätzliche Features: automatisches Antworten, Abwesenheitsnachrichten, Junk Mail Blocker, zeitversetztes Senden, Abfrage anderer E-Mail-Accounts. Adressen: *@netscape.net*. In Deutschland leider längere Ladezeiten.

Panda Mail (USA)

bstar.net/panda/

Hier können Sie von einer WWW-Oberfläche aus beliebige POP3-Server abfragen, Mails lesen und auch senden ohne ein E-Mail-Programm konfigurieren zu müssen. Besonders interessant für öffentlich zugängliche Computer.

Rocketmail (USA)

www.rocketmail.com

Kostenloser E-Mail-Dienst. Verschiedene E-Mail-Filter und Abfrage von bis zu drei POP3-Mail-Accounts. Adressen: *@rocketmail.com*.

Top 25 E-mail (USA)

www.top-25.com/email.shtml

Liste kostenloser E-Mail-Anbieter sortiert nach POP3, automatischen Weiterleitungen und WWW-basierten Anbietern.

USA NET (USA)

www.usa.net

Kostenloser E-Mail-Dienst. 5 MByte Speicherplatz. Abfragen von POP3-Servern, zeitversetzte Mails. Adressen: *@usa.net* und *@netadress.com*.

WEB MAIL (USA)

shuster.com/webmail/

Von hier aus kann jeder mit einem Browser E-Mails verschicken, ohne über eine eigene E-Mail-Adresse verfügen zu müssen. Dabei wird zusätzlich noch ein Standardtext und die eigene IP-Adresse übertragen.

Web.de (D)

freemail.web.de

Kostenloser deutscher E-Mail-Dienst. Verschiedene Filter und Junk Mail Blocker, 5 MByte Speicherplatz. Automatische Benachrichtigung über Quix, Scall oder Telmi. Nachrichten können verschlüsselt und digital signiert werden. Adressen: *@web.de*.

Hier können Sie in deutschsprachigen Newsgroups über eine WWW-Oberfläche Beiträge lesen und schreiben.

WebIn Box (USA)

www.webinbox.com

WWW-Oberfläche, von der aus sich beliebige POP3-Server abfragen, Mails lesen, beantworten und neue E-Mails schreiben lassen. Dazu auch kostenlose E-Mail-Adressen: *@webinbox.com*.

Yahoo! (USA) (D)

mail.yahoo.com
mail.yahoo.de

Kostenloser E-Mail-Dienst von Yahoo!. Mit dem Yahoo!-Pager können Sie sich automatisch über hier ankommende E-Mails informieren lassen. Der persönlicher Kalende und das Adreßbuch werden auf dem Yahoo!-Server gespeichert und können mit PalmPilot oder Outlook synchronisiert werden. Automatische Abwesenheitsmails, Filter und Abfrage von bis zu drei POP3-Servern. Adressen: *@yahoo.com* und *@yahoo.de*.

Youpy (USA) (D) (F)

www.youpy.com
deutschland.youpy.com/

Neuer kostenloser E-Mail-Dienst in verschiedenen Ländern und Sprachen (Deutsch, Englisch, Französisch, Italienisch, Spanisch, Portugiesisch). Eigener Terminkalender erinnert an Termine zu einem bestimmten Datum.

ZDNet Mail (USA)

www.zdnetmail.com/

Kostenloser E-Mail-Dienst von ZDNet. E-Mails werden über eine WWW-Oberfläche bearbeitet. Man kann sich seine eigene Signatur und Mailordner definieren und bei längerer Abwesenheit automatisch Antwortmails verschicken. Man kann sich auch ein eigenes Adreßbuch definieren oder den People Finder von Lycos direkt aus der WWW-Oberfläche aufrufen. Bestehende Accounts auf einem POP3-Server können automatisch abgefragt werden und die Mails im Zdnetmail-Eingangs-Postfach oder einem beliebigen Ordner gesammelt werden. Adressen: *@zdnetmail.com*.

Digitale Postkarten

Blue Mountain Arts (USA) (F)

www2.bluemountain.com/
www.montbleu.com/

„Personalize and send our electronic greetings for free!" – Schicke kostenlos Deine elektronischen Grüße. Es steht eine große Auswahl von zum Teil animierten „Karten" zur Verfügung. Der Empfänger erhält eine E-Mail mit einer Kennung, mit der er die Grüße bei Bluemountain abrufen kann. Die Seiten sind zwar englisch formuliert, es kann aber deutscher Text verschickt werden (englisch, französisch, spanisch).

Aktuelle Feiertagstermine auf der ganzen Welt.

Car Hop (D)

www.carhop.com/webcard/

Digitale Postkarten für Freunde alter Ami-Schlitten. Außerdem Bildergalerien, Links auf Autoclubs und Kleinanzeigen.

Digitales Postamt (D)

www.web-wizard.de/postkarte/

Digitale Postkarten mit Fotomotiven und Cartoons zu verschiedenen Themen. Die Seite ist Mitglied des deutschen Comic-Rings, wo Sie zahlreiche weitere Comic-Webseiten finden.

Edgar (D)

www.edgar.de/

Die bekannten Edgar-Werbepostkarten können hier auch online verschickt werden. Dazu eine Galerie und Tauschbörse und verschiedene Möglichkeiten, das Verschicken von Edgar-Postkarten auf der eigenen Homepage einzubauen.

Egreetings (USA)

www.egreetings.com

Zahlreiche verschiedene digitale Postkarten zur Auswahl. (Kostenlose) Anmeldung erforderlich. Die Themen reichen von „Living Single" über Vatertag bis StarTrek.

Elite Models (USA) (F)

elitemodel.grolier.fr/

Elite Model Management, die größte weltweit arbeitende Modelagentur, bietet digitale Postkarten mit Fotos internationaler Topmodels.

E-Mail-Postkarten (USA) (D)

www.emailpostkarten.de/shop

Online-Feature für schöne E-Mail-Grüße mit ständig erweitertem Fotoarchiv zu vielen interssanten und auch exotischen Themen (alte Dampflokomotiven, Blech- und Emaileschilder, Schafe, Schiffe ...).

FunCard (USA) (D)

www.funpost.de/

Hier können Sie (allerdings gebührenpflichtig) aus dem Internet „echte" Postkarten verschicken, die dann vom Briefträger zugestellt werden. Wegen der Bezahlung ist ein Zugang nur über T-Online oder CompuServe möglich.

Grußkartenservice (D)

www.grusskartenservice.de/

Große Auswahl digitaler Grußkarten. Hier haben Sie auch die Möglichkeit, ein Grußkartenprogramm auf Ihrer eigenen Homepage zu installieren.

Imation (USA)

www2.imation.com/main/superpostcard/send_njs.html

Digitale Postkarten mit Imation Superdisk Motiven. Keine Umlaute und maximal 300 Zeichen.

Lomostock (USA)

www.lomo.com/

Riesiges Fotoarchiv zu verschiedenen Themen mit Kurztexten. Alle Bilder können als digitale Postkarten verschickt werden.

Hier können Sie auch selbst Fotos einsenden.

Loriot-Postkarten (D)

www.loriot.de/produkte/index_ecard.html

Digitale Postkarten mit Loriot-Motiven können auch als normale Postkarten bestellt werden.

Marconigramm von der Titanic (USA)

www.titanicmovie.com/past/comm_index.html

Senden Sie hier „Marconigramme", Telegramme im alten Stil von der Titanic.

NES Online (D)

www.nes-online.de/postkarten/

Digitale Postkarten mit Fotomotiven zu verschiedenen Themen. Der Absender bekommt automatisch eine E-Mail, wenn der Empfänger die Karte gelesen hat.

ShaftCards (USA)

www.windblows.com/shaft/shaftcards/shaftcards.html

Postkarten mit Cartoons über Bill Gates und Windows.

Singing Telegramm (D)

www.arcor.net/event/telegram/singing.html

Der Telefonanbieter Arcor versendet Kurznachrichten mit Musik unterlegt. Die zur Auswahl stehenden Musikstücke wechseln ständig.

Virtual Flowers (USA)

www.virtualflowers.ru/eng.html

Eine der besten Seiten mit virtuellen Postkarten, viele Gestaltungsmöglichkeiten der Karten, zahlreiche Fotos von Blumen, Sonnenuntergängen und aus Moskau, Cartoons und andere Themen.

Musikuntermalung der Postkarten möglich.

Virtueller Kuß (D)

www.task.de/kiss/index.html

Digitale Liebespostkarten mit Musik zum Auswählen. Teilweise so kitschig, daß es schon wieder richtig gut ist.

Win98-Greeting Cards (USA)

www.ohmygoodness.com/cards/win98.htm

Digitale Postkarten mit lustigen Windows-Cartoons. „Die drei größten Katastrophen der Weltgeschichte: das Aussterben der Dinosaurier, die große Flut, Windows"

Fax

Faxaway (USA)

www.faxaway.com/

Kommerzieller Provider, der Faxen aus dem Internet mit jedem beliebigen E-Mail-Programm anbietet. Man kann sich online registrieren und mit jeder E-Mail-Adresse 15 kostenlose Faxe versenden.

Faxmate (USA)

www.faxmate.com/

Verschiedene Faxdienste: E-Mail zu Fax und Fax zu E-Mail. Bei letzterem erscheinen die Faxe als grafische Dateianhänge der E-Mails. Spezielles Tool zum Einrichten eines Faxabrufservice auf der eigenen Webseite. Nach einer Registrierung kann man die verschiedenen Dienste fünfmal testen.

Faxsav (USA)

www.faxsav.com/

Kommerzieller Faxprovider, der entweder über ein E-Mail-Programm, oder eine eigene Faxlauncher-Software Faxe aus dem Internet verschicken kann. Nach einer kostenlosem Registrierung kann man selbst fünf Faxe verschicken.

Internet Fax FAQ (USA)

www.savetz.com/fax-faq.html

FAQs zum Faxen aus dem Internet und zu Faxsoftware für Netzwerke. Hier finden Sie auch eine ausführliche Liste kommerzieller und kostenloser Faxdienste im Internet.

Jfax (USA)

www.jfax.com/

Dieser (gebührenpflichtige) Dienst bietet Faxnummern in verschiedenen europäischen und amerikanischen Städten sowie gebührenfreie amerikanische Nummern an. Die dort eingehenden Faxe werden automatisch auf eine E-Mail-Adresse wieitergeleitet.

Ovalis Faxservice (D)

www.ovalis.com/

Kostenloser weltweiter Faxservice. Die Faxnachricht kann entweder über eine WWW-Oberfläche oder per E-Mail verschickt werden. Der Versand erfolgt über einen amerikanischen Server zu dort günstigen Tarifzeiten.

Skynetgate (D)

faxgateway.notrix.de/

Kostenloser Faxservice innerhalb Deutschlands. Die Faxe werden zeitversetzt erst nach 18:00 verschickt.

TelDaFax (USA) (D)

tdfweb.telda.net/

Kostenloser Faxservice innerhalb Deutschlands über ein WWW-Formular. Hier können Sie auch SMS-Nachrichten an Handys verschicken.

Zipfax (USA)

www.zipfax.com/

Kostenloser Faxdienst im Internet. Hier können Sie online eine Textnachricht schreiben und in viele Länder der Welt kostenlos faxen. Leider so viele Cookies, daß man kaum zum Faxen kommt.

PGP

c't Krypto-Kampagne (D)

www.heise.de/ct/pgpCA/

Die Zeitschrift c't bietet einen kostenlosen Zertifizierungs-Service für PGP-Schlüssel an. Hier finden Sie auch sonst interessante Informationen zur E-Mail-Verschlüsselung mit PGP.

PGP (D)

www.datenschutz.inside.tm/pgp

Das europäische Verbraucherzentrum und der Landesbeauftragte für Datenschutz Schleswig-Holstein informieren über PGP und bieten Handbücher und das Programm zum Download an.

Pretty Good Privacy (USA)

www.nai.com/default_pgp.asp

PGP ist wohl das bekannteste E-Mail-Verschlüsselungssystem. Hier finden Sie technische Informationen und Testversionen. Nach dem amerikanischen Waffengesetz darf dieses Programm mit der vollen Verschlüsselungsstärke nicht exportiert werden. Auf dieser Webseite finden Sie aber Wege, trotzdem legal an das Programm zu kommen.

SMS

Mobile Telephone Network South Africa (USA)

www.mtn.co.za/sms/secure/normal.html

Kostenloser SMS-Service an verschiedene Mobilfunknetze. Leider sind die deutschen Mobilfunknetze zur Zeit von hier aus nicht erreichbar, aber fast alle anderen Länder der Welt.

Ovalis (D)

www.ovalis.com/

Kostenloser SMS-Service an D1-, D2- oder E-Plus-Handys. Die Nachricht kann direkt über ein WWW-Formular eingegeben werden.

TelDaFax (USA) (D)

tdfweb.telda.net/

Kostenloser SMS-Service innerhalb Deutschlands nach D1, D2, E-Plus oder E2 über ein WWW-Formular.

Software

Adress Book Swapper (USA)

www.ofori-boateng.clara.net/ethereal/

Mit diesem Programm können Sie verschiedene Adreßbücher in Outlook Express verwenden, ohne neu zu booten und sich unter einem anderen Namen einloggen zu müssen. Kostenlose Testversion zum Download.

Eudora (USA)

www.eudora.com/

Verschiedene E-Mail-Programme, von der Freewareversion bis zum kompletten Kommunikationspaket für Netzwerke. Dazu eine kostenlose eigene WWW-basierte E-Mail-Adresse *@eudoramail.com*.

MailTalkX (USA)

www.softbytelabs.com/mailtalkx/

Programm, das automatisch POP3-Server auf neue Nachrichten überprüft. Beim Eingang von Nachrichten können je nach Absender oder Subject verschiedene WAV-Dateien abgespielt werden. Spam-Mails können nach einstellbaren Filtern automatisch gelöscht werden.

Microsoft Outlook Express (USA)

www.microsoft.com/ie/ie40/oe/

Technische Informationen und Sicherheitspatch für Outlook Express, das E-Mail-Programm im Microsoft Internet Explorer. Dazu Werbetexte von Microsoft, die die angeblichen Vorteile von Outlook gegenüber anderen Programmen (vor allem Netscape) herausstreichen sollen.

Ristra Mail Monitor (USA)

welcome.to/ristra

Programm, das automatisch WWW-basierte E-Mail-Systeme, wie Hotmail, Net@ddress (usa.net, AmExMail), Yahoo! Mail, ZDNetMail, Excite Mail, RocketMail, MailCity, AngelfireMail und EudoraMail abfragt, ohne daß man sich bei jedem einzeln einloggen muß. Sharewareversion zum Download.

Spameater (USA)

www.hms.com/spameater.htm

Programm, das unerwünschte Werbe-Mails direkt auf dem jeweiligen POP3-Server löscht, ohne sie vorher herunterzuladen. Das spart kostbare Online-Zeit, die beim Laden von sinnloser Werbung bezahlt werden müßte.

Tucows E-Mail-Clients (USA)

www.tucows.de/mail95.html

Ausführliches Verzeichnis verschiedenster Shareware-E-Mail-Programme. Alle Programme mit Kurzbeschreibung und Bewertung sowie Link auf die Webseite des Herstellers.

Verzeichnis

Bigfoot (USA) (D)

www.bigfoot.com
www.bigfoot.de/

Internationales E-Mail- und Webseitenverzeichnis, mit Yellow Pages. Benutzeroberfläche in verschiedenen Sprachen. Hier können Sie auch eine eigene E-Mail-Adresse bekommen.

E-Mail-Info Deutschland (D)

www.email-info.de/

Deutsches E-Mail-Verzeichnis mit Adreß- und Brancheninformationen. Ständig aktuelle Gewinnspiele für eingetragene Kunden.

Lycos (USA) (D)

www.whowhere.lycos.com/
www.lycos.de/search/email.html

Internationales E-Mail-, Telefon- und Webseitenverzeichnis. Das internationale Verzeichnis verwendet die Daten von Whowhere, das deutsche die von Suchen.de.

Meta-Suchmaschine (D)

mesa.rrzn.uni-hannover.de/

Meta-Suche auf mehreren E-Mail-Suchmaschinen. Im wesentlichen gibt es hier deutsche Adressen, auch einige internationale.

Netscape People Finder (USA)

www.netscape.com/netcenter/whitepages.html

Internationales E-Mail- und Telefonverzeichnis eingebunden in Netscapes Netcenter mit dem Datenbestand von Infospace.com.

Suchen.de (D)

www.suchen.de

Deutsches E-Mail-Verzeichnis. Hier können Sie auch eine eigene kostenlose E-Mail-Adresse *@topmail.de* bekommen, außerdem verschiedene E-Mail-Newsletter.

Teleauskunft E-Mail-Service (D)

www02.teleauskunft.de/cgi-bin/email.cgi

Auskunftssystem der Telekom. Hier finden Sie auch die Gelben Seiten und Telefonbücher mit allen darin befindlichen Telefonnummern. Die E-Mail Adressen werden nur gefunden, wenn die jeweilige Person sie dort angemeldet hat.

Yahoo People Search (USA)

people.yahoo.com/

Internationales E-Mail- und Telefonverzeichnis mit dem Datenbestand des bekannten four11.

HTML

HexMac Online-Shop (USA)

sales.hexmac.com

Software für professionelle Webpublisher. Das Angebot von HexMac Software Systems richtet sich vor allem an Verlage, die im Internet publizieren wollen.

Internetcafes

EuroCyberCafes (USA)

eyesite.simplenet.com/eurocybercafes/

Ausführliche Liste europäischer Internetcafes, dazu Reisetips, Buchtips und die Möglichkeit, direkt von der Webseite beliebige POP3-Server abzufragen.

gastroGuide (D)

www.gastro.de/gastroguide/internetcafes/

Übersicht ansprechender Internetcafes im deutschsprachigen Raum mit direkten Links. Die Seite basiert auf dem Gastronomieführer Gastro-Guide, hier finden Sie auch Hotels, Kneipen und Restaurants.

Internetcafes in Deutschland (D)

www.phone-soft.de/cyber-world/0258d.htm

Sehr ausführliche Liste deutscher Internetcafes. Außerdem gibt es hier Chat-Rooms und Kontaktanzeigen „Sie sucht ihn", „Er sucht sie" usw.

Internetcafes in Österreich (D)

www.phone-soft.com/local/austria/cyber-world/0258.htm

Liste österreichischer Internetcafes. Es sind noch nicht viele, werden aber langsam mehr.

Website (D)

www.vrcafe.de/

Das größte deutsche Internetcafe in Berlin zeigt hier seine Ausstattung, die Preise und Live-Webcams.

News

Deja News (USA)

www.dejanews.com/

Der bekannteste WWW-Newsreader für internationale Newsgroups mit verschiedenen Usenet-Suchfunktionen. Nur wenige nationale Newsgroups vorhanden.

Newsgroups per Web (USA)

www.remarq.com

Alle bekannten Newsgroups sind mit einem Browser zu erreichen. Die Newsgroups sind in der Art eines Internetkatalogs geordnet aber auch nach Stichworten oder den Namen der offiziellen Newsgroup-Hierarchie zu finden.

Web.de (D)

netnews.web.de/

WWW-Browser zum Zugriff auf deutschsprachige Newsgroups. Diese sind nach Kategorien oder der Usenet-Hierarchie sortierbar.

Nachrichten können in die Newsgroup oder als E-Mail an den Absender geschickt werden.

Portalseiten

Debitel (D)

www.debitel.net

Die Debitel-Portalseite ist von MSN übernommen und an den Telefonanbieter Debitel angepaßt. Viele Infos über Handys, Börsenkurse, Sportnachrichten und ein direkter Zugang zu Hotmail. Leider verwirrt der Hintergrund so sehr, daß manche Texte schwer zu lesen sind.

Excite (USA)

www.excite.com/

Personalisierbare Portalseite mit Nachrichten, individuell einstellbarem Wetterbericht, Börsennews, Horoskop, Download-Tips und persönlichem Notizbuch.

Go Network (USA)

www.go.com/

Personalisierbare Portalseite mit aktuellen News, Wetter und Aktienkursen. Verschiedene Kategorien, Infoseek-Suchmaschine, kostenlose eigene Homepage und E-Mail-Adresse.

Lycos (USA) (D)

personal.lycos.com
personal.lycos.de

Personalisierbare Startseite mit Lycos-Suchmaschine, historischem Kalender, einstellbarem Wetterbericht, persönliche Linkfavoriten, Top-Tips zu frei wählbaren Themen.

MSN (USA) (D)

www.msn.com
www.msn.de/

Microsofts personalisierbare Portalseite mit verschiedenen Kategorien, aktuellen Nachrichten, Sport, Börsenkursen, Wissenschaft, Horoskopen und direktem Zugriff auf den Hotmail E-Mail-Dienst.

Netscape Netcenter (USA) (D)

my.netscape.com/
home.de.netscape.com/de/

Personalisierbare Startseite von Netscape. Verschiedene Informationschannels, Suche über mehrere Suchmaschinen. Aktuelle News, Wetterbericht, Taschenrechner, eigene Bookmarks, Kalender und E-Mail-Adresse. Die deutsche Seite enthält noch nicht so viele Möglichkeiten wie das Original.

Nordwest.net (D)

www.nwn.de/

Portalseite des Internetproviders Nordwest.net mit aktuellen Schlagzeilen aus Politik, Wirtschaft, Sport, Boulevard und Computer. Markt, Termine, Reisetips.

Fahrplan der Region Nordwestdeutschland.

T-Online (D)

www.t-online.de/

T-Online, der Online-Dienst der Telekom, bietet auf seiner Startseite täglich aktuelle Infos zum Weltgeschehen und verschiedene Kategorien.

Web.de (D)

www.web.de

Startseite mit Suchmaschine, verschiedenen Kategorien und eigener E-Mail-Adresse. Von hier aus können Sie über eine WWW-Oberfläche direkt auf ausgewählte Newsgroups zugreifen. Dabei können Sie sich sich eigene Favoriten direkt auf die Startseite legen.

Yahoo! (USA) (D)

my.yahoo.com
de.my.yahoo.com

Personalisierbare Startseite mit Yahoo!-Suchmaschine, verschiedenen Nachrichtenschlagzeilen, Wetter, Börsenkursen, persönlichem Kalender und E-Mail-Adresse.

Provider

AOL (USA) (D)

www.aol.de/
www.aol.com

AOL bietet in Deutschland ebenfalls bundesweiten Ortstarif. CDs mit Freistunden liegen vielen Zeitschriften bei. Sie können die neue Zugangssoftware 4.0 auch hier direkt bestellen. Außerdem gibt es auf der Startseite Links zu wichtigen Auskunftssystemen: Fahrplan, Telefonnummern, Telefontarife, Flugpläne ...

Arcor Internet-by-Call (D)

www.call.arcor.net/

Internet ohne Grundgebühr und Vertragsbindung. Abrechnung über Minutenpreis, bundesweite Einwahl. Jeder, der sich registriert, bekommt auch eine POP3-E-Mail Adresse, die aber nur über den Arcor-Zugang abzurufen ist.

Blue Windows (D)

www.bluewin.de/

Internetprovider von Tesion, bundesweiter Internetzugang, besondere Billigtarife für Baden-Württemberg.

Aktuelle Billigangebote für Hard- und Software.

Bürgernetz (D)

www.buergernetz.de

Gratis-Internetzugang. Staatlich gefördert, nur in Bayern, auch hier noch lange nicht flächendeckend, nur in größeren Städten und den zugehörigen Landkreisen.

CompuServe (USA) (D)

www.compuserve.de
www.compuserve.com/

CompuServe, einer der ältesten Online-Dienste überhaupt, bietet seit neustem in Deutschland einen bundesweiten Ortstarif über die MCI Worldcom Nummer an. CompuServe verfügt, getrennt vom Internet, auch über ein großes eigenes Angebot für professionelle Anwender.

Computer & Co (USA) (D)

www.computer-co.de

Preisvergleich aller Provider. Mit Internetwörterbuch, Rätseln, Spieletests und viel Werbung. Das ganze wird von der Zeitschrift „Computer & Co." betrieben.

c't Internet Providersuche (D)

www.heise.de/ct/provider/

Hier können Sie anhand der Vorwahl verschiedene Provider mit Zugang zum Ortstarif finden. Sehr übersichtlich und ohne viel Werbung ganz im Stil der „c't".

Freenet (D)

www.01019freenet.de/

Internetanbieter von Mobilcom zum sehr günstigen Mobilcom-Tarif ohne Vertragsbindung, Grundgebühr und Mindestumsatz. Jeder, der sich registriert, bekommt auch eine POP3-E-Mail-Adresse, die aber nur über den Freenet-Zugang abzurufen ist. Die Einwahl erfolgt über das DFÜ-Netzwerk ohne spezielle Zugangssoftware.

germany.net (D)

www.germany.net

Kostenloser Internetprovider, allerdings nur Einwahlknoten in Großstädten. Es fällt der normale Ortstarif an. Inzwischen gibt es auch eine Zugangsmöglichkeit aus dem D2-Netz.

GetNet (D)

www.getnet.de

Internetzugang und Bereitstellung der Homepages usw.

Inetservice (D)

www.inetservice.de

Inetservice bietet bundesweit einen Internetzugang ab 21 Uhr für 3 Pf pro Minute, tagsüber teurer. Dazu kommt eine relativ geringe monatliche Grundgebühr.

Internet Service Provider-Datenbank (D)

www.zdnet.de/internet/isp/isp-wf.html

Datenbank, in der Sie nach Telefonvorwahlbereichen Postleitzahlen oder Tarifstruktur einen Provider mit günstigem Tarif finden können. Die Liste wird ständig aktualisiert und enthält zur Zeit etwa 250 Internetprovider.

KomTel (D)

www.komtel.de

Bundesweiter Internetzugang, besondere Billigtarife für Hamburg und Schleswig-Holstein. Dieser Provider sponsort 1999 die Sommer Funsport Tour. Hier gibt es außer einem mobilen Internetcafe auch viel Sportliches zu erleben.

Nacamar (D)

www.nacamar.de

Internetprovider mit bundesweiter Einwahlmöglichkeit und zahlreichen Zusatzdiensten, besonders für professionelle Anwender.

Netsurf (D)

www.netsurf.de/

Internetanbieter in vielen deutschen Orten, aber noch nicht bundesweit. Hier haben sich viele kleine unabhängige Provider zu einem großen Netzverbund zusammengeschlossen. Die Seite bietet auch einen direkten Zugang zu einem deutschen Spiegelserver des Tucows-Sharewarearchivs.

Nordwest.net (D)

www.nordwest.net/abo_neu/abo.html

Internetprovider der nordwestdeutschen Tageszeitungen mit besonders günstigen Tarifen in Nordwestdeutschland.

O.Tel.O (D)

www.otelo-online.de/

O.Tel.O, bundesweiter Internetzugang für 5,9 Pf.

Portalseite mit den aktuellen News, Online-Umfragen und Suchmaschine.

Okay.Net (D)

www.okay.net/

Internet zum Festpreis, Einwahlknoten nur in größeren Städten, aber auch in England und Spanien. Okay-Net verfügt auch über ein großes Sharewarearchiv, einen Spiegelserver von Download.com.

Online.de (D)

www.online.de/

Internetanbieter von 1&1 mit bundesweitem ortstarifähnlichen Tarifmodell über eine eigene Zugangsnummer. In Zusammenhang mit einem Bank-24-Konto keine Grundgebühr.Für professionelle Nutzung gibt es Sondertarife.

Preiswert ins Internet (D)

www.firstsurf.com/online.htm

Hier können Sie anhand Ihrer Internetgewohnheiten (Tageszeit, Stunden pro Monat) den günstigsten Provider ausrechnen. Hier finden Sie auch aktuelle Infos über neue Provider, Gebührensenkungen und die ADSL-Einführung in Deutschland.

Primus Online (D)

www.primus-online.de

Internetanbieter von debis und Metro mit Einwahlknoten in vielen deutschen Großstädten.

Startseite mit Sonderangeboten aus den Bereichen: Software, Unterhaltungselektronik, Bücher.

psi-Net (USA)

www.psi.com

PSINet Germany GmbH Ismaning. Komplettanbieter für Website-Hosting, Security-Anwendungen und E-Commerce.

Spacenet (D)

www.space.net

Space Net, Internetprovider für die professionelle Nutzung mit Standleitungen und Netzwerkdiensten.

Talknet (D)

www.talknet.de/

Internet vom Telefonanbieter Talkline. Unterschiedliche Tarifmodelle je nach Nutzung. Bundesweite Einwahl. Außerdem Talknet by Call Service ohne Grundgebühr und Vertragsbindung.

TelDaFax (USA) (D)

www.teldafax.de

TelDaFax, bundesweiter Internetzugang für 6 Pf. pro Minute. Gegen Grundgebühr auch Voice-In und Fax-In. Kostenloser Versand von SMS-Nachrichten an Handys aus dem Internet möglich.

Telepassport (D)

www.telepassport.de

Bundesweiter Internetzugang mit 5-MByte-Homepage und E-Mail-Adresse.

T-Online (D)

www.t-online.de

T-Online, der Online-Dienst der Telekom, Marktführer in Deutschland. Bundesweiter Einheitstarif, zwei Freistunden im Monat.

Startseite mit Nachrichten aus Politik, Gesellschaft und Sport sowie mit technischen Infos zum Internetzugang, eigener Homepage, E-Mail und News.

Topnet (D)

www.topnet.de

Internetprovider für die professionelle Nutzung mit IP-Netzanschlüssen und Angeboten für kleine lokale Provider.

UUNET (D)

www.de.uu.net/

Professioneller Internetprovider bietet in Deutschland einen bundesweiten Ortstarif über die MCI Worldcom Nummer an. Für Freizeitsurfer gibt es den neuen Internetanbieter knUUt, der nachts kostenlos ist, tagsüber dafür vergleichsweise teuer.

Viag Interkom (D)

www.planet-interkom.de

Bundesweiter Internetzugang für 6 Pf. pro Minute. Webportal mit tagesaktuellen News, wöchentlichen Hintergrundberichten und immer neuen Webtips.

Vossnet (D)

www.vossnet.de

Internetprovider für die professionelle Nutzung mit Standleitungen und Domain-Registrierungsservice.

Software

Compaq Carbon Copy (USA)

www.compaq.com/products/networking/software/carboncopy/index.html

Programm zum Fernsteuern eines anderen Rechners über das Internet. Man kann auch direkt Dateien kopieren oder entfernte Drucker benutzen. Testversion zum Download. Es gibt auch Versionen für DOS und Windows CE.

FTP-Voyager (USA)

www.ftpvoyager.com

Einfaches Tool für Downloads. Per Drag & Drop lassen sich sehr leicht Dateien kopieren. Das Programm kann auch zum Upload eigener Webseiten auf Webserver verwendet werden. Es ist keine Kenntnis spezieller FTP-Steuerbefehle erforderlich.

T-Online-Konfiguration für PPP (D)

www.siux.de/tonline.htm

Konfigurationstips für einen DFÜ-Netzwerk-Zugang bei T-Online. Hier finden Sie die Informationen zusammengefaßt, die Sie auf den T-Online-Originalseiten mühsam zusammensuchen müssen.

Wingate (D)

www.wingate.at/

Wingate ist ein Tool, mit dem Sie über eine einzige DFÜ-Netzwerkverbindung einen Internetzugang für mehrere vernetzte Computer zur Verfügung stellen können. 30-Tage-Version und ausführliche Hilfetexte zum Download verfügbar.

Browser

Arachne (USA) (D) (F)

arachne.cz/
arachne.cz/german/

Vollwertiger grafischer Internetbrowser für DOS. Einfach zu konfigurieren, frißt wenig Speicher und läuft auf dem ältesten Rechner immer noch annehmbar schnell. Fast jeder PC ist heute schneller als ein Modem, so daß die Bremse nicht am Rechner, sondern an der Telefonleitung sitzt.

Browse2000 (USA)

www.ftppro.com/

Neuer Browser mit interessanten Features. Kleiner Exot gegenüber den beiden Giganten. Damit lassen sich Informationen von FTP-Servern auf ähnliche Weise wie Webseiten lesen und downloaden sowie eigene Seiten uploaden.

CNET Internet Browsers (USA)

www.browsers.com

Download-Seite für verschiedene Browser, nicht nur Netscape und Internet Explorer, sondern auch einige andere. Dazu Links auf technische Artikel und Plug-In-Download-Seiten.

Internet Explorer (USA) (D)

www.microsoft.com/windows/ie/
www.eu.microsoft.com/germany/internet/ie/

Microsoft Internet Explorer für Windows, UNIX und Macintosh zum kostenlosen Download. Hier finden Sie die neuen Features der aktuellen Version. Die früher dort zu findenden Sicherheitsinformationen wurden leider wieder aus dem Internetangebot herausgenommen.

Netscape (USA)

www.netscape.com/

Bekanntester Internetbrowser zum kostenlosen Download für Windows, Linux und Macintosh. Zahlreiche Plug-Ins verfügbar. Links dafür finden Sie direkt auf der Seite.

Portalseite mit aktuellen Informationen aus Politik, Wirtschaft, Technik und Unterhaltung – frei personalisierbar.

Opera (USA) (D)

www.operasoftware.com/
www.operasoftware.com/de/

Opera, der schlanke schnelle Browser, kann hier in einer Testversion heruntergeladen werden. Die Vollversion ist kostenpflichtig. Das Programm ist in Englisch, Deutsch und Norwegisch verfügbar, nicht nur für Windows, sondern auch für BeOS. Benutzer können hier eine eigene E-Mail Adrese *@operamail* bekommen.

HTML

10 goldene Regeln (D)

www.pctip.ch/webspezial/10r_eigh.htm

Zehn goldene Regeln, um Surfer effektiv von Ihrer Homepage fernzuhalten (von Norbert Salomon, einem Co-Autor). „Vergessen Sie niemals, mindestens 25 hübsche kleine Grafiken auf Ihrer Homepage anzulegen. Nichts erfreut den Surfer mehr, als etliche Minuten lang weiße Kästchen mit seinem Browser betrachten zu dürfen."

Composing Good HTML (USA)

www.cs.cmu.edu/~tilt/cgh/

HTML-Tutorial mit Tips und Beispielen. Nicht das Übliche, was jeder kennt, sondern wirklich interessante Tips von und für Profis ohne grafische Überfrachtung – reine Information.

Dr.Web (D)

www.ideenreich.com/drweb.shtml

Know-how für Webworker. HTML-Tips & Tricks zur Seitengestaltung, DHTML-Tutorial. Auch als E-Mail-Newsletter.

Eigene Homepage (D)

www.cyberdome.de/news/home.html

Kompetente Bauhilfe für die eigene Homepage.

FakeCounter (USA)

www.geocities.com/siliconvalley/heights/5910/counter.html

Schluß mit den wichtig aussehenden Countern auf den Webseiten, die nichts aussagen. Hier gibt es Counter zum Download, die nicht wirklich zählen, sondern planlos irgendwelche Zahlen anzeigen.

Freeware.de (D)

Freeware.de/software/internet/html.shtml

Sharewarearchiv mit kostenlosen HTML-Editoren. Diese sind hier wirklich kostenlos, keine Registrierungsgebühren, keine 30-Tage-Versionen.

Goldene Regeln für schlechtes HTML (D)

www.karzauninkat.com/goldhtml/goldhtml.htm

Tips zu HTML – nett zu lesen! „Diese Abhandlung soll allen als Leitfaden zur Seite stehen, die sich um schlechte HTML–Gestaltung verdient machen wollen. Er sei zur Mahnung gedacht all denen, die den wahren Weg noch nicht gefunden haben.

HTML 3.2 and Netscape 4.0 (USA)

webreference.com/html3andns/

Beschreibung der Sprachelemente von HTML 3.2 und der zusätzlichen Funktionen für Netscape.

HTML for Dummies (USA)

www.pcworld.com/workstyles/online/articles/feb98/1602webm.html

HTML-Tutorial für Anfänger. Hier finden Sie alles von den ersten Grundbegriffen bis zur Gestaltung einer professionell aussehenden Webseite. Die Ideen und Inhalte müssen Sie natürlich selbst liefern.

HTML-Goodies (USA)

www.htmlgoodies.com/

HTML-Tutorials und ein Sharewarearchiv mit HTML-Tools. Tutorials zu verschiedenen HTML-Themen sowie JavaScript, Java, DHTML und CSS.

HTML Validator (USA)

www.htmlvalidator.com/

Programm zum Überprüfen von HTML-Seiten auf Richtigkeit und Darstellbarkeit. Dazu gibt es noch einen kostenlosen Counter.

HyperText Markup Language (USA)

www.w3.org/markup/

Die offizielle HTML-Spezifikation des W3 Consortiums. Hier finden Sie alles über HMTL4, XHTML und CSS sowie viele weitere interessante Links.

Macromedia (USA)

www.macromedia.com

Featurelisten, FAQs und Testversionen von Dreamweaver, Flash, Director und anderen Macromedia-Produkten.

Microsoft FrontPage (USA) (D)

www.microsoft.com/frontpage/
www.eu.microsoft.com/germany/office/frontpage/

Technische Informationen, FAQs und Patches zu Microsoft FrontPage direkt vom Hersteller. Der Seitenaufbau geht mit der typischen Geschwindigkeit eines Microsoft-Programms: Einschalten, Kaffee trinken ... nochmal Kaffee trinken.

Museum of Counter Art (USA)

www.counterart.com

Sehr große Auswahl von Ziffern für einen Webcounter. In der kostenlosen Version hängt am Counter noch eine Werbung, die in der kostenpflichtigen Version fehlt.

Pagecount (USA)

www.pagecount.com/

Kostenloser Counter in Form eines Werbebanners mit Werbung, Gästebuch und ausführlicher Statistik der Besucher nach Domains, Tagen, Browser und weiteren Daten.

Selfhtml (D)

www.netzwelt.com/selfhtml/

Ausführliches HTML-Tutorial, auch mit JavaScript, DHTML und CGI. Die gesamte Dokumentation kann auch zum Offline-Lesen als ZIP-Datei heruntergeladen werden.

SIPB Counter (USA)

www.mit.edu/doc/counter-howto.html

Kostenloser kleiner einfacher Counter ohne Statistik, der entweder die Gesamtzahl der Zugriffe oder die durchschnittliche Anzahl der Zugriffe pro Tag anzeigt.

The Counter (USA)

www.thecounter.com

Kleiner kostenloser Counter für Webseiten in Form eines Buttons. Hier wird eine Statistik der Besucher nach Domains, Tagen, Browser und weiteren Daten erstellt. Diese können Sie per WWW abrufen oder sich regelmäßig per E-Mail zustellen lassen.

Top 25 HTML (USA)

www.top-25.com/html.shtml

Links auf gute HTML-Tutorials, Referenzen, Tips und Validatoren.

Tucows HTML Advanced Editors (USA)

www.tucows.de/htmledit95.html

Großes Sharewarearchiv mit den verschiedensten HTML-Editoren. Alle Programme mit Kurzbeschreibung, Bewertung und Link auf den Hersteller.

Webcompiler (USA)

www.webcompiler.com

Webcompiler ermöglicht es, aus einer kompletten Website eine einzige EXE-Datei zu erstellen, die auf einem beliebigen Rechner ohne Internetzugang und ohne Browser läuft. Dabei bleibt die volle Funktionalität der Webseite erhalten. Die Benutzeroberfläche eines Browsers wird simuliert, kann aber auch ausgeblendet werden.

Webmonkey (USA)

www.hotwired.com/webmonkey/

Tutorials zu HTML, DHTML, Stylesheets und Webgrafik. Links auf weitere Seiten und Webgestaltungssoftware. Tutorials zu Datenbanken und Spezialthemen sowie ein eigener HTML-Kurs für Kinder.

WWW-Style-Guide (D)

www.hdm-stuttgart.de/asta/internet/

HTML-Tutorial mit FAQs und Glossar, Beispiele für JavaScripts, Buttons und Hintergründe.

Plug-Ins

Acrobat Reader (USA) (D)

www.adobe.com/prodindex/acrobat/readstep.html
www.adobe.de/products/acrobat/download/readstep.html

Acrobat Reader Plug-In zum Darstellen von PDF-Dokumenten in Webseiten.

Browser-Plug-Ins, Testseiten (D)

www.plugins.de/

Testseiten und Informationen zu verschiedenen Browser-Plug-Ins. Hier können Sie die korrekte Installation der Plug-Ins mit Testdateien überprüfen. Außerdem finden Sie Tips zur MIME-Konfiguration und zum entfernen von Plug-Ins.

Corel CMX (USA)

www.corel.com/corelcmx/

Plug-In zum Betrachten von Corel-Vektorgrafiken. Dieses Format ist relativ groß und wird nur von Corel-Programmen unterstützt. Es handelt sich also um keinen Standard. Das Plug-In ist für Netscape ab Version 2.0 verfügbar.

Netscape Plug-Ins (USA)

www.netscape.com/plugins/

Übersichtsseite zu zahlreichen Netscape Plug-Ins mit Kurzbeschreibung und direkter Download-Möglichkeit.

Shockwave (USA)

www.macromedia.com/shockwave/download/

Shockwave- und Flash-Player zur Darstellung von Multimedia-Webseiten, Animationen, Sounds und Spielen. Links auf Beispielseiten und interaktive Spiele.

Splot (USA)

www.czechia.com/anovy/splug.htm

Betrachter für HPGL und HPGL/2 Plotdateien mit Konvertierungsfunktionen in HPGL-Formate anderer Plotter oder in DXF oder DXB. Das Programm lohnt sich auch offline als Betrachter und Konverter bei der Arbeit mit CAD.

Suchmaschinen

1Blink (USA)

www.1blink.com/

Internationale Meta-Suchmaschine mit gleichzeitiger Suche auf elf großen internationalen Suchmaschinen. Auch regional begrenzte Suche und Suche in Newsgroups möglich. Beispielquellcode zum Einbau eines Suchformulars in die eigene Webseite.

37.com (USA)

37.com

Gleichzeitige Suche auf 37 internationalen Suchmaschinen, dazu Kataloge zu verschiedenen Kategorien. Die Suche läßt sich auch auf einzelne Suchmaschinen einschränken.

All In One (USA)

www.allonesearch.com

Seite mit Zugriff auf verschiedenste Suchmaschinen gleichzeitig. Die verschiedenen Suchmaschinen sind nach Kategorien (WWW, E-Mail, Newsgroups, Wetter, Adressen, Stellenangebote ...) sortiert. Ohne Werbung finden Sie hier die reinen Suchformulare dieser Maschinen.

Alles Klar (D)

www.allesklar.de/

Deutsche Suchmaschine mit verschiedenen Kategorien und Regionalsuche. Dazu Wetterbericht, aktuelle Links, Webcams, Jahr-2000-Tips ...

Interessante Infos zur Sonnenfinsternis am 11.8.1999

AltaVista (USA)

www.altavista.com/

Internationale Suchmaschine mit Kategorien oder Klartextsuche in verschiedenen Sprachen. Suchergebnisse nach Datum filterbar. Außerdem aktuelle News und E-Mail-Dienst.

Crawler.de (D)

www.crawler.de/

Deutsche Suchmaschine mit Links auf weitere Suchmaschinen.

Deutsche Meta-Suchmaschine (D)

meta.rrzn.uni-hannover.de

Die deutsche Meta-Suchmaschine sucht gleichzeitig auf mehreren deutschen Suchmaschinen. Schränken Sie die Suchanfrage genau ein, sonst bekommen Sie hier sehr viele Treffer.

Dino (D)

www.dino-online.de/

Deutsche Suchmaschine mit Webkatalog nach Themen und Regionen. Die Seiten sind nicht besonders hübsch, das Angebot dafür umso überzeugender.

Fireball (D)

www.fireball.de/

Deutsche Suchmaschine mit Surftips und eigener, ständig aktualisierter Tageszeitung. Hier finden Sie vor allem Themen wie Lifestyle, Shopping, Astrologie ...

Hitbox (USA)

www.hitbox.com/

Internetkatalog, in dem Webseiten unterschiedlicher Themen nach ihrer Zugriffshäufigkeit geordnet angegeben werden. So können Sie leichter interessante von uninteressanten Seiten trennen.

Hotbot (USA)

www.hotbot.com

Sehr schnelle US-Suchmaschine mit hervorragender Bedienerführung. Die Suche läßt sich sehr genau spezifizieren, um so wirklich das gewünschte Ergebnis zu bekommen.

Isearch (USA)

www.sonic.net/stephen/freeware/isearch/

Einheitliche Oberfläche zum Suchen auf verschiedenen großen internationalen Suchmaschinen.

KidsClick (USA)

sunsite.berkeley.edu/kidsclick!/

Suchmaschine und Webkatalog für Kinder. Die Seite ist wie eine große internationale Suchmaschine aufgebaut. Die Inhalte beschränken sich aber auf Seiten, die für Kinder gemacht oder zumindestens geeignet sind.

Lycos (USA) (D)

www.lycos.com/
www.lycos.de/

Suchmaschine mit eigenen Kategorien, personalisierbarer Startseite, eigenem E-Mail-Dienst. Extra-Suchdienst für vermißte Kinder.

Nomade (F)

www.nomade.fr/

Der wichtigste französische Internetkatalog mit Suchmaschine und über 75.000 frankophonen Webseiten.

Open Directory Project (USA)

dmoz.org/

Das Open Directory Project soll ein neuer Internetkatalog werden, dessen Inhalt frei nach den Grundgedanken des Internet, nicht von einigen Redakteuren gezielt ausgewählt wird. Hier kann sich jeder, je nach eigenen Interessen, für eine oder mehrerer Kategorien bewerben und hier Adressen einfügen und diese kurz beschreiben.

Suchfibel (D)

www.suchfibel.de

Überblick über die Suchmaschinen und Tips für den richtigen Umgang mit den nützlichen Tools. Sehr ausführliche Beschreibung der Technik und Abfragemethoden der wichtigsten Suchmaschinen, spezielle Suchdienste, Kataloge und besondere Suchtechniken. Webmaster erfahren hier auch, was sie beachten müssen, um leichter gefunden zu werden.

Suchmaschinen (D)

www.hurra.de

Bekannte Suchmaschinen unter einer Oberfläche: Yahoo!, Web.de, Excite, Lycos und zehn weitere auch zu Spezialthemen. Suche nach themenspezifischen Suchmaschinen, aktuelle Meldungen, Kino-News, Wetterbericht und kostenlose E-Mail-Adressen.

Voila.fr (F)

www.voila.fr/

Und noch eine große französische Suchmaschine. Mit Internetkatalog, Wetterbericht für europäische Großstädte und französischem Fernsehprogramm.

Web.de (D)

www.web.de

Deutsche Suchmaschine und Internetkatalog mit aktuellen Schlagzeilen und eigenem E-Mail-Dienst. Hier können Sie auch in Newsgroups suchen, über eine spezielle WWW-Oberfläche in Newsgroups lesen und schreiben sowie in verschiedenen IRC-Channeln chatten, ohne einen Newsreader oder ein IRC-Programm zu benötigen.

Wer-weiss-was (D)

www.wer-weiss-was.de

Deutsche Suchmaschine mit über 100.000 Themen inklusive öffentlichem Forum. „wer-weiss-was basiert auf gegenseitiger Hilfe: Du kannst bei uns Experten zu allen Themen suchen und befragen. Im Gegenzug stellst Du Dein eigenes Wissen zur Verfügung. Dazu mußt Du Dich vorher registrieren lassen."

Yahoo (USA) (D)

www.yahoo.com/
www.yahoo.de/

Suchmaschine mit großem eigenen Index mit verschiedenen Kategorien. Startseite personalisierbar mit aktuellen News und eigenem E-Mail-Dienst. Personalisierbarer Kalender und Adreßbuch.

Webcams

Antarktis Mawson Station (USA)

www.antdiv.gov.au/stations/mawson/video.html

Bild und Wetterdaten von der Mawson Station in der Antarktis. Außerdem ständig aktuelle Berichte aus dem Leben der Forschungsmannschaft am „Ende der Welt".

Auge der Welt, das (D)

home.t-online.de/home/supervdw/austral.htm

Viele gute Webcams in Australien, Neuseeland und der Antarktis.

connecTV (USA) (D)

connectv.2nd.net/home.html
connectv.2nd.net/home.de.html

Bilder von verschiedenen Webcams aus aller Welt. Das Ganze ist in Form eines internationalen Fernsehprogramms aufgemacht, aber leider nicht besonders schnell.

Donnerwetter (D)

donnerwetter.de/ecke/kameras/

Verschiedene Außenkameras in Deutschland mit Wetterdaten. Hier finden Sie berühmte Webcams, wie Spreebogen in Berlin oder Nordsee auf Norderney und auch unbekannte kleine Dörfer mit teilweise recht unterhaltsamen Ausblicken.

EXPO 2000 WebCam (D)

www.expo2000.de/deutsch/aktuell/index_ak_webcam.html

Expo 2000 Webcam auf dem Messegelände Hannover. Die Kamera kann interaktiv gesteuert werden. Dazu gibt es hier noch ein paar weitere Webcams auf der Messe und im Expo-Cafe.

JenniCAM (USA)

www.jennicam.org/

Dies ist das Original. Die erste private Webcam, die den Alltag eines Mädchens filmt. Andere Webseiten mit ähnlichen Namen verweisen alle auf Pornoanbieter.

Kaffeemaschine (USA)

www.cl.cam.ac.uk/coffee/coffee.html

Die erste Webcam der Welt zeigt seit 1992 eine Kaffeemaschine in der Universität von Cambridge. Sie ist bis heute hier zu sehen.

Live-Cameras (D)

www.sowas.com/webcams/

Verzeichnis mit sehr vielen deutschen Webcams und einigen internationalen, übersichtlich nach Regionen geordnet mit kleinen Vorschaubildern.

Loch Ness Live-Cam (USA)

www.lochness.co.uk/livecam/index.html

Vier Kameras stehen rund um das Loch Ness und senden abwechselnd Bilder, um das Auftauchen von Nessie nicht zu verpassen.

Netscape Fishcam (USA)

home.netscape.com/fishcam/fishcam.html

Drücken Sie in Netscape die Tastenkombination Strg+Alt+F, kommen Sie automatisch auf dieses Seite mit Aquarien in verschiedenen Größen.

Niagara Falls Cam (USA)

www.fallsview.com/falls.html

Eine der berühmtesten Webcams der Welt steht auf dem Sheraton Hotel an den Niagarafällen.

Panoramakameras in Berlin (D)

www.cityscope.de/cityscope_de/kameras/

Panoramakameras von den Berliner Großbaustellen.

Realtime Camera Paradise (USA) (D)

www.wildweb.de/cameras/

Sehr ausführliche Liste weltweiter Webcams nach Themen geordnet. Die Seite bezeichnet sich selbst als weltweit größte Liste von Webcams.

surf inn Internet Cafe (D)

www.surfinn.com/welcome_webcam.html

Bilder aus dem surf inn Internet Cafe Düsseldorf.

Susi Privat Cam (D)

www.susicam.de/

Aus Pro-Sieben bekannte Privatkamera eines deutschen Mädchens namens Susi.

WebCam Navigator (USA) (D)

privat.schlund.de/h/hgabler/wcn/index.htm

Zahlreiche Links auf internationale Webcams nach Ländern oder Themen geordnet.

WebcamPool (D)

www.webcampool.de/

Fast 1.000 Webcams weltweit nach Themen geordnet. Mit Suchmaschine, Chatbereich und Gästebuch, außerdem technische Informationen über Hard- und Software für Webcams.

World Wide Webcams (USA) (D)

members.tripod.de/wwwcams/

Zahlreiche Links auf internationale Webcams nach Ländern geordnet. Eine Tag-Nacht-Darstellung zeigt die aktuelle Helligkeitsverteilung auf der Erde.

Wuppertaler Schwebebahn (D)

www.wuppertal-forum.de/wupper/live.htm

Diese Kamera fotografiert regelmäßig die Wuppertaler Schwebebahn.

Webspace

Crosswinds (USA)

www.crosswinds.net/

Unbegrenzter Speicherplatz und E-Mail-Adresse auf einem POP3-Server kostenlos. Dazu verschiedene Newsletter und kostenlose Software.

Freespace (D)

www.muehlen.di.to/

Datenbank mit kostenlosen Webspace-Providern. Dazu zahlreiche Links und Software zum Download.

Home4U (USA) (D)

www.home4u.net

Liste mit kostenlosen Webspace-Anbietern mit Kurzbeschreibung und Bedingungen.

Homepageregister (D)

home.pages.de/

Hier bekommen Sie zwar keinen Webspace, dafür aber ein einfach zu merkender URL für Ihre Homepage bei einem anderen Provider. Jede beliebige private Homepage kann hier eine Adresse *http://name.home.pages.de* bekommen, die dann auf die wirkliche Adresse weitergeleitet wird. Dazu eine Liste der hier registrierten Seiten.

Infoseek (USA)

pages.infoseek.com/webchat3.so?chatmode=noframes&&&back_default &homepage_center.x=1

Unbegrenzter Speicherplatz und eigene HTML-Editoren. Dazu auch kostenlose E-Mail-Adressen: *@go.com*.

OneBM (USA)

www.onebm.com/

Bis zu 100 MByte Speicherplatz und E-Mail-Adresse auf einem POP3-Server kostenlos.

Puk (D)

www.puk.de

Unbegrenzter Speicherplatz auf einem deutschsprachigen Webserver, nur für Seiten mit politisch-kulturellem Inhalt.

Sportspass (D)

www.sportspass.de/

Unbegrenzter Speicherplatz und E-Mail-Adresse auf einem deutschsprachigen Webserver für Homepages von Sportvereinen.

Tony-Net (USA)

www.tony-net.net/

Unbegrenzter Speicherplatz und E-Mail-Adresse kostenlos.

Netzwerke

HomePNA (USA)

www.homepna.org/

Zusammenschluß verschiedener Hersteller zur Schaffung eines einheitliche Standards zur Vernetzung von Computern über die Kabel vorhandener Telefonanlagen.

PC Webopaedia (USA)

webopedia.internet.com/term/n/network.html

Herstellerunabhängige technische Informationen zu Netzwerken. Dahinter verbirgt sich ein ausführliches Computerlexikon. Zu jedem Thema zahlreiche weitere Links auf informative Webseiten, nicht auf Herstellerwerbung.

Hardware

3Com (USA) (D)

www.3com.com
www.3com.de/

3Com zeigt seine Produktpalette verschiedenster Netzwerkhardware. Fotos, technische Spezifikationen und Treiber zum Download. Außerdem finden Sie hier natürlich alles über den PlamPilot direkt aus erster Hand.

Bocaresearch (USA)

www.bocaresearch.com

Hersteller von Kommunikationshardware. Produktbeschreibungen und FAQs sowie Handbücher und Treiber zum Download. Hier gibt es verschiedene Modems und als Highlight eine Netzwerkkarte, die das vorhandene hausinterne Telefonnetz als Übertragungsmedium verwendet.

D-Link (USA) (D)

www.dlink.com/
www.dlink.de

Hersteller von Netzwerkkarten, auch im PCMCIA-Format für Notebooks. Installationstips, Produktbeschreibungen, FAQs. Handbücher als PDF und Treiber zum Download. Spezialseiten über Linux in Verbindung mit D-Link-Produkten.

Xircom (USA)

www.xircom.com

Hersteller von Netzwerkkarten, Modems und ISDN-Lösungen für Notebooks. Produktbeschreibungen, Treiber und Jahr-2000-Informationen für Xircom PCMCIA Netzwerkkarten. Hier finden Sie auch Netzwerkkarten für Handhelds unter Windows CE.

Software

Banyan (USA) (D)

www.banyan.com
www.banyan.de/

Hersteller von Netzwerksoftware. Technische Informationen, Treiber und Patches für Banyan-Netzwerksoftware.

Direct Connect (USA)

kime.net/directcc/index.html

Schritt-für-Schritt-Anleitungen und Tips zur Vernetzung verschiedener Windows-Versionen. Hier geht es nicht nur um echte Netzwerke, sondern auch RAS, Interlink, DFÜ-Netzwerk und serielle Verkabelung. Alles unabhängig von irgendwelchen Herstellern.

Novell (USA) (D)

www.novell.com/
www.novell.de/

Novell bietet eine ausführliche Knowledge Base mit Supportdokumenten zu seinen Netzwerkprodukten. Dazu aktuelle Patches. Hier finden Sie sogar noch Hilfe zu Produkten, die seit Jahren nicht mehr im Handel sind – sehr selten für einen Softwarehersteller.

Clientsoftware und Treiber zum Download.

Novell Netware Newsgroup (USA)

news://comp.os.netware.misc

Newsgroup zu Novell Netware.

PC-Hardware

Thema	Seite	Weiterführende Linkseiten
PC Helponline	160	www.pchelponline.com/
Windows-98.de	160	windows-98.de/hardware/hard_frame.htm
Computer Information Centre	163	www.compinfo.co.uk/supportx.htm

Thema	Seite	Weiterführende Linkseiten
Drivers HeadQuarters	164	www.drivershq.com
Hardcore Hardware	164	www.sig.net/~slogan/hardware.htm
Hardware Guide	164	www.hardware-guide.de/
PC Technology Guide	165	www.pctechguide.com
Supportsource	165	www.supportsource.com
Tomi Engdahl's PC hardware Page	165	www.hut.fi/misc/electronics/pc/index.html
Treiber.de	165	www.treiber.de
WinDrivers	166	www.windrivers.com
BIOS Setup Information Guide	166	www.sysopt.com/bios.html
3D Files	176	3dfiles.com/utility
Chris's ISDN Page	180	www.snafu.de/~chris/isdn.htm
ISDN FAQ	180	isdn.ocn.com/
Motherboard Home World	189	www.motherboards.org
Motherboard Manuals	189	www.sysopt.com/mboard.html
CPU Central	191	www.cpu-central.com
CPU Info Center	191	infopad.eecs.berkeley.edu/cic/
Parallel Port Central	197	www.lvr.com/parport.htm
Serial Port Central	197	www.lvr.com/serport.htm
Fringe Ryder's Coral	201	www.fringeweb.com/laptops.html
Notebook Jungle	202	www.lyngemark.com/jungle/
WinFiles	206	www.winfiles.com

PC Helponline (USA)

www.pchelponline.com/

Hier finden Sie Links auf die Supportseiten fast aller PC-Komponentenhersteller, dazu FAQs und Lexika zu verschiedenen Themen.

Windows-98.de (USA) (D)

windows-98.de/hardware/hard_frame.htm

Hier finden Sie zahlreiche Tips, News, Preise und weitere Links zu jeder Hardware rund um den PC und Windows 95/98/NT. Der Preisspiegel zeigt objektiv die günstigsten Preise zu bestimmten Geräten.

Hersteller

Acer (USA) (D)

www.acer.com
www.acer.de

Hersteller von Komplettsystemen, Motherboards und Notebooks. Informationen über die Produktpalette von Acer, Utilities, Treiber und Updates. Für Supportanfragen können Sie hier online direkt Ihr Motherboard identifizieren.

Atelco (D)

www.atelco.de

Online-Shop für Computer und Einzelteile, teilweise sehr günstige Preise.

Compaq (USA) (D)

www.compaq.com/
www.compaq.de/

Einer der größten Computerhersteller der Welt, seit der Übernahme von Digital wahrscheinlich sogar der größte. Produktübersicht, aktuelle Meldungen und Informationen zum Jahr-2000-Problem. Hier finden Sie auch Handhelds, Alpha-Rechner und die Suchmaschine Altavista.

Comtech (D)

www.comtech.de

Aktuelle Preisangebote mit Online-Bestellmöglichkeit für Computer und Einzelteile. Hier können Sie auch PCs mit vorkonfiguriertem Linux bestellen. Seit Comtech Escom übernommen hat, landen Sie bei *http://www.escom.de* auf der gleichen Seite.

Dell (USA) (D)

www.dell.com
www.dell.de

Deutscher Computerhersteller mit Direktversand an Endkunden. Beschreibung und Einkaufsmöglichkeit aller Dell-Produkte. Diagnoseanleitungen und Troubleshooter helfen online bei Problemen. Treiber- und BIOS-Updates.

Gateway2000 (USA)

www.gateway2000.de

Hier können Sie sich Ihren Wunsch-PC selbst zusammenstellen. Dabei wird auch der Preis ausgerechnet, so daß Sie direkt online bestellen können. Außerdem finden Sie hier technische Dokumente, FAQs, Treiber, Startdisketten und diverse Softwarepatches und Service Packs.

IBM (USA) (D)

www.ibm.com/
www.de.ibm.com/

Informationen über IBM-Produkte, das Jahr-2000-Problem und den Euro. Im Download-Bereich finden Sie zahlreiche Treiber und Testversionen von Software von Lotus, die voriges Jahr von IBM übernommen wurde.

MediaSell (D)

www.mediasell.de/

Online-Auktionen für verschiedene PC-Hardware. Außerdem finden Sie hier günstig Restposten, Verbrauchsmaterial, Software und Bücher.

Peacock (D)

www.peacock.de

Produktinformationen und ein deutschsprachiges Lexikon mit allgemeinen Fachbegriffen aus der Computerbranche.

Pyramid (D)

www.pyramid.de

Hier können Sie sich Ihren persönlichen Wunsch-PC aus Komponenten zusammenstellen, den Preis berechnen und auch gleich online bestellen.

Siemens Nixdorf (USA) (D)

www.sni.de

Produktinformationen über Siemens Nixdorf Computer, Kassensysteme und Drucker. Hier finden Sie auch verschiedene professionelle Spezialhardware, wie Geldautomaten, Belegdrucker oder Besucherinformationssysteme.

Snogard (D)

www.snogard.de/

Versandhandel für Komplett-PCs und Einzelkomponenten. Preislisten und direkte Bestellmöglichkeit.

Syncron (D)

www.syncron.de/

Der PC online Shop der Firma Syncron. Versandhandel für Komplett-PCs und Einzelkomponenten. Preislisten und direkte Bestellmöglichkeit.

Online kann man sein individuelles System zusammenstellen und zum Tagespreis berechnen lassen.

Toshiba (USA) (D)

www.toshiba.com
www.toshiba.de

Produktinformationen, technischer Online-Support, Treiber und Informationen zum Jahr-2000-Problem und zu Windows 98.

Vobis (D)

www.vobis.de

Vobis stellt hier alle aktuellen Produkte vor. Diese können auch online bestellt werden. Dazu kommt ein großes Archiv mit Tips und Handbüchern sowie Treibern für verschiedene Komponenten und einige Utility-Programme.

Vobis Internet Shopping (D)

bach.vobis.de

Hardware und Software – bei Vobis gibts günstige Komplettpakete. Man kann sich aber auch via Vobis Konfigurator flott einen eigenen „Traumrechner“ zusammenstellen: Komponenten aussuchen, klick, bestellen, klick, warten.

Waibel (D)

www.waibel.de/

Produktbeschreibungen und Preise der Waibel-PCs mit direkter Bestellmöglichkeit.

Komponenten

Aktuelle PC-Marktpreise (D)

www.hartware.de/preislist.html

Aktueller Preisvergleich für CPUs, Grafikkarten und Speicher bei großen Hardwareversendern. Hier finden Sie sehr einfach das billigste Angebot, außerdem zahlreiche Treiber und Patches zum Download.

Alternate (D)

www.alternate.de

Versandhandel für PC-Komponenten. Preislisten mit günstigen Restposten zum Download. Außerdem technische Informationen und Treiber.

Anand Tech (USA)

www.anandtech.com/

Zahlreiche Testberichte über aktuelle Hardware, ständig aktualisiert. News über Sicherheitslücken und aktuelle Produktneuheiten.

Computer Information Centre (USA)

www.compinfo.co.uk/supportx.htm

Links zu den Supportseiten zahlreicher Hardwarehersteller.

Cybertech Online (USA)

www.cybertech-online.com/

Testberichte über aktuelle Hardware, technische Informationen und noch weitere Links auf unabhängige Hardwareseiten.

DriverGuide (USA)

www.driverguide.com/

Riesige Treiberdatenbank mit zahlreichen Herstellern weltweit.

Drivers HeadQuarters (USA)

www.drivershq.com

Links zu fast allen (auch exotischen) Hardwareherstellern, direkt auf die Download-Seiten der Treiber. Das jeweilige Aktualisierungsdatum wird auch angezeigt, so daß man sich das Herunterladen alter Treiber sparen kann.

FCC-ID-Code (USA)

www.sbsdirect.com/fccenter.html

Fast jedes elektronische Gerät hat auf der Rückseite oder auf der Verpackung einen FCC-ID-Code. Mit dieser Datenbank lassen sich alle Geräte nach ihrem FCC-ID-Code identifizieren. Dabei werden der Gerätetyp, der Hersteller und das Jahr der Herstellung angezeigt.

Hardcore Hardware (USA)

www.sig.net/~slogan/hardware.htm

Zahlreiche Links und Tips zu verschiedenen Hardwarekomponenten. Hier finden Sie alle Informationen, die Sie brauchen, um einen PC selbst zu bauen.

Hardware Docs (USA)

www.dc.ee/files/docs

Zahlreiche Hardwaredokumente für unterschiedliche Komponenten verschiedener Hersteller hier zum Download.

Hardware Guide (D)

www.hardware-guide.de/

Suchmaschine für preiswerte Computerkomponenten verschiedener Händler. Ständig aktualisiert.

HardwareHelpline (D)

www.hardwarehelpline.de

Anfängerwissen zum Einbau und Umbau von Hardwarekomponenten. Die Seiten enthalten auch einige (nicht nur für Anfänger) interessante Tabellen, zum Beispiel über CPU-Geschwindigkeiten und Bus-Takte.

Maximum Hardware (USA)

www.maximumhardware.com/

Herstellerunabhängige Informationsseiten zu verschiedenen Hardwarekomponenten mit News zu aktueller Hardware. Herstellerunabhängige Benchmarks und Tuning-Tips.

PC Hardware Newsgroup (D)

news://de.comp.sys.ibm-pc

Deutsche Newsgroup um PC-Hardwarefragen.

PC Technology Guide (USA)

www.pctechguide.com

Technische Informationen zu verschiedenen Komponenten eines PCs, herstellerunabhängig. Informative Grafiken, aber auch viele Werbebanner, die lästige Cookies erfordern.

PC Webopaedia (USA)

www.pcwebopedia.com/

Sehr ausführliches Online-Lexikon zu allen Computerbegriffen und Hardwarekomponenten. Zu jedem Thema zahlreiche Links auf weitere Webseiten anderer Anbieter. Eine Suchfunktion hilft bei der Stichwortsuche in den mehreren 100 Seiten. Eigene Seiten und interessante Fehler können angemeldet werden und werden nach einer Qualitätsprüfung mit eingetragen.

PC99 System Design Guide (USA)

microsoft.com/hwdev/xpapers/pc99/default.htm

Unter dem Schlagwort „PC99" veröffentlicht Microsoft Richtlinien an PC-Hersteller, wie ein PC für Windows aufgebaut zu sein hat. Hier sind auch die Bedingungen beschrieben, was ein PC erfüllen muß, um das Windows-kompatibel-Logo zu bekommen.

PC-Hardware: eine Übersicht (D)

www.guido.de/hardware

Grundlagenwissen zu verschiedenen Hardwarekomponenten, herstellerunabhängig. Hier finden Sie auch eine Beschreibung von Fehlercodes beim Booten und die Belegung der parallelen und seriellen Schnittstellen.

Supportsource (USA)

www.supportsource.com

Zahlreiche Informationen zu verschiedenen Hardwarekomponenten. Links zu Hardwareinfos und Herstellern. Nach Meinung verschiedener Zeitschriften soll dies die beste unabhängige Informationsquelle zu PC-Hardware im Internet sein.

Tomi Engdahl's PC hardware page (USA)

www.hut.fi/misc/electronics/pc/index.html

Sehr zahlreiche Links auf informative Seiten zu allen PC-Komponenten.

Treiber.de (USA) (D)

www.treiber.de

Hier finden Sie Links zu allen gängigen Hardwareherstellern, so daß Sie einen Treiber nicht erst mühsam suchen müssen.

Vobis (D)

www.vobis.de/bbs/firmen/index.htm

Vobis bietet ein großes Archiv mit Tips und Handbüchern sowie Treibern für verschiedene Komponenten diverser Hersteller. Hier lassen sich Treiber meist einfacher finden als direkt beim Hersteller.

WinDrivers (USA)

www.windrivers.com

Aktuelle Treiber, Tools und Nachrichten aus der PC-Branche. Aktualisierte Treiber werden direkt auf der Startseite angezeigt, so daß man sich langes Suchen sparen kann.

BIOS

AMI (USA) (D)

www.megatrends.com

Hersteller von PC-BIOS. BIOS-Identifikationsnummern, Post-Codes und Testprogramm zur Jahr-2000-Kompatibilität.

Asus (USA)

www.asus.com.tw/products/bios.html

Hersteller von PC-BIOS und Motherboards. Download-Seite für Asus BIOS-Updates.

Award/Phoenix (USA)

www.phoenix.com

Hersteller von PC-BIOS. Handbücher, FAQs, Post-Codes, BIOS-Updates und Jahr-2000-Kompatibilität.

BIOS Information (USA)

www.xs4all.nl/~matrix/bios.html

Grundlageninformationen zum Thema BIOS, hardwareunabhängig. Hier finden Sie sehr ausführliche Hinweise zur BIOS-Identifikation und Diagnosetools.

BIOS Newsgroup (USA)

news://comp.sys.ibm.pc.hardware.chips

Newsgroup zu BIOS-Problemen.

BIOS Setup Information Guide (USA)

www.sysopt.com/bios.html

Vergleich verschiedener BIOS-Versionen, Tips zu versteckten Einstellungen und Paßwort-Problemen. Links zu Herstellern zum Download von Flash-BIOS-Updates.

BIOS Survival Guide (USA)

www.lemig.umontreal.ca/bios/frmain01.htm

Sehr ausführliche technische Beschreibungen, Einstellungen, Tuning-Möglichkeiten, Post-Codes, BIOS-Identifikation, Paßwort, Powermanagement, Plug and Play.

MR BIOS (USA)

www.mrbios.com/

MR BIOS ist eine Sharewarealternative zu bekannten kommerziellen BIOS-Versionen. Es kann als Flash-BIOS oder durch Austausch des EPROMs verwendet werden.

PC Guide (USA)

www.pcguide.com/ref/mbsys/bios/set/index-c.html

Sehr ausführliche technische Beschreibung der BIOS-Einstellungen, herstellerunabhängig. Alle Features und Tuning-Möglichkeiten, Festplattenerkennung, Plug and Play und Paßworteinstellungen.

PC Mechanic (USA)

pcmech.pair.com/installbios.htm

Vorgehensweise bei der Installation eines BIOS oder bei einem Update, herstellerunabhängig. Dazu zahlreiche Tips zum Selbstbauen eines PCs.

PC Webopaedia (USA)

webopedia.internet.com/term/b/bios.html

Online-Lexikon zum Thema BIOS mit zahlreichen weiteren Links auf andere Webseiten zum Thema.

Tom's Hardware Guide (USA)

sysdoc.pair.com/bios.html

Detaillierte technische Informationen über BIOS Memory Timing, Flash-BIOS-Updates und extra Tips zum Shareware-BIOS MrBIOS.

Wim's BIOS Page (USA)

www.ping.be/bios/

FAQs und Diskussionsforum für BIOS-Fragen. Ausführliche Liste mit Download-Adressen von BIOS-Updates verschiedener Hersteller.

Tips zu Einstellungen und zum Tuning.

CD-Brenner

CD-Recordable Glossar (USA)

www.adaptec.com/tools/glossary/cdrec.html

Glossar mit wichtigen Begriffen zum Brennen von CDs. Die Texte enthalten zwar immer wieder Hinweise auf Adaptec-Software, sind aber auch allgemein interessant.

Easy CD Creator (USA)

www.adaptec.com/support/overview/ecdc.html

Brennsoftware von Adaptec. Hier finden Sie Tips und aktuelle Updates.

Hardware zum CD-Brennen (D)

www.chip.de/community/boards/board_fs.phtml?db=cdromhw

Chip-Forum zu CD-Brennern. Verschiedene Diskussionsbeiträge, mehr oder weniger qualifiziert.

Mitsumi (USA)

www.mitsumi.com

Hersteller von CD-Brennern. Treiber, Firmware-Updates, technische Informationen, FAQs und Patches für Brennprogramme zu Mitsumi CD-Brennern.

PC Guide (USA)

www.pcguide.com/ref/cd/cdr.htm

Technische Informationen über die CD-R-Technologie, Brenner, Software, Formate und Kompatibilität. Von hier aus finden Sie auch wie in einem Lexikon weitere Informationen zu sonstiger PC-Hardware, alles herstellerunabhängig.

Philips (USA)

www.pc.be.philips.com/cdrw/

Hersteller von CD-Brennern. Produktbeschreibungen, Installationsanweisung, Handbücher und Treiber für Philips CDRW-Laufwerke.

Plextor (USA)

www.plextor.be/english/technical/download.htm

Hersteller von CD-Brennern. Treiber, Firmware-Upgrades und Patches für Brennprogramme zu den Plextor CD-Brennern.

PTS CD-Writer (USA)

www.hilchner.de

Brennersoftware von PTS. Hier können Sie aktuelle Treiberupdates für verschiedene CD-Brenner herunterladen.

WinOnCD (USA) (D)

www.cequadrat.com/

CD-Brennerprogramm WinOnCD. Hier finden Sie Treiber, Service Packs, FAQs und eine Liste der unterstützten Recorder.

CD-ROM

CD Archive (USA)

home.cdarchive.com/info/

Technische Informationen, Tabellen, Problemlösungen, FAQs zu CD-ROMs herstellerunabhängig.

CD Information Center (USA)

www.cd-info.com

Technische Informationen, aktuelle Berichte, FAQs zu CD-ROMs herstellerunabhängig. Zahlreiche weitere Links.

CDROM and DVD FAQ (USA)

web.singnet.com.sg/~duane/b0000006.htm

Begriffserklärungen zum Thema CD-ROM und DVD. Die Seiten sind ein Teil von Duane's Hardware Homepage, wo Sie auch weitere Infos zu sonstigen Hardwarekomponenten finden.

CD-ROM Newsgroup (USA)

news://comp.sys.ibm.pc.hardware.cd-rom

Newsgroup zu Hardwarefragen um CD-ROM-Laufwerke.

Mitsumi (USA)

www.mitsumi.com

Hersteller von CD-ROM-Laufwerken. Treiber, technische Informationen und FAQs zu Mitsumi-CD-ROM-Laufwerken.

Nakamichi (USA)

www.nakamichiusa.com

Hersteller von CD-ROM-Laufwerken. Technische Beschreibungen und Treiber für Nakamichi-CD-ROM-Wechsler.

Panasonic (USA)

www.panasonic.com/host/computer.html

Hersteller von CD-ROM-Laufwerken. Treiber für Panasonic-CD-ROM-Laufwerke.

PC Guide (USA)

www.pcguide.com/ref/cd/index.htm

Technische Informationen über CD-ROMs, Laufwerke, Formate, Performance und Konfiguration.

PC Webopaedia (USA)

webopedia.internet.com/term/c/cd_rom.html

Technische Beschreibung zu CD-ROMs, Geschwindigkeiten und Aufzeichnungsformaten. Teil eines der besten Internetlexika zu PC-Hardware.

Philips (USA)

www.pc.be.philips.com/cdrom/

Hersteller von CD-ROM-Laufwerken. Produktbeschreibungen, Installationsanweisung, Handbücher und Treiber für Philips CD-ROMs.

www.pc.be.philips.com/dvdrom/

Produktbeschreibungen, Installationsanweisung, Handbücher und Treiber für Philips-DVD-Laufwerke.

Pioneer (USA) (D)

www.pioneer.de

Hersteller von CD-ROM-Laufwerken. Treiber und technische Beschreibungen der Pioneer-CD-ROM-Laufwerke. Hier werden CD-ROM-Wechsler für bis zu 500 CD-ROMs angeboten.

Plextor (USA)

www.plextor.be/english/products/product.htm

Hersteller von CD-ROM-Laufwerken. Produktbeschreibungen und technische Spezifikationen der Plextor-CD-ROMs und CD-Brenner.

Troubleshooting CD-ROM Drives (USA)

www.pcguide.com/ts/x/comp/cd/index.htm

Hilfe bei Problemen mit CD-ROMs, herstellerunabhängig.

Digitalkameras

Digitalkamera-Test (D)

www.macup.com/aktion/

Informationen, technische Daten, weiterführende Links und Bilder zu über 100 Digitalkameras – die ultimative Informationsquelle. Die Seiten stammen zwar aus einem Macintosh-Magazin, sind aber trotzdem allgemeingültig verwendbar.

Digitalkamera.de (USA) (D)

www.digitalkamera.de/info/default-de.html

Komplette Marktübersicht der erhältlichen Digitalkameras. Mächtige Seite mit allen nur erdenklichen Themen rund um das „Magische Auge".

Olympus-Digitalkameras (USA)

www.olympus-europa.com/photogra/digimg/

Technische Informationen, Bildqualität und Fotos der Olympus-Digitalkameras.

ZDNet – Digitale Kameras (D)

www.zdnet.de/produkte/artikel/prph/dcam/dcam-wf.htm

24 digitale Kameras wurden von PCpro auf ihre Praxistauglichkeit geprüft. Welche Modelle gegen die Konkurrenz der analogen Geräte bestehen können und welche Software Ihre digitalen Schnappschüsse noch besser aussehen läßt, verrät Ihnen dieses Special.

Drucker

Brother (D)

www.brother.de/

Treiber, FAQs und technische Informationen zu Druckern von Brother.

CalComp (USA)

www.calcomp.com/p_printers.htm

Treiber und technische Informationen zu Calcomp-Großformatdruckern.

Canon (USA) (D)

support.canon.de

Treiber (teilweise auch für OS/2, Amiga, Macintosh) und technische Informationen zu Canon-Druckern.

Chip-Druckerforum (D)

www.chip.de/misc/wwwboard/messages/drucker/

Chip-Forum zu Druckern und Plottern. Verschiedene mehr oder weniger qualifizierte Diskussionsbeiträge.

Danka (D)

www.danka.de

Komplettlösungen für das Drucken, Kopieren, Faxen und Scannen bietet Danka Deutschland, Stuttgart. Software zum Steuern und Optimieren von Großkopierern und Druckmaschinen.

Drucker Newsgroup (USA)

news://comp.periphs.printers

Newsgroup zum Thema Drucker.

Epson (USA) (D)

www.epson.com
www.epson.de/support/download/

Treiber und technische Informationen zu Epson Druckern. Auf der deutschen Seite finden Sie auch Links auf Fremdanbieter, die Druckertreiber für Linux und Amiga herstellen.

Fujitsu (USA) (D)

www.fujitsu.com
www.fujitsu-europe.com/home/welcome.asp?osc=fdg&lang=de

Technische Beschreibungen sowie Treiber für Fujitsu Drucker. Außerdem gibt es auf der internationalen Seite eine Menge kostenloser Software.

Hewlett Packard (USA) (D)

www.hp.com
www.hewlett-packard.de

Technische Informationen, Treiber und Online-Fehlersuche zu allen aktuellen HP-Druckern. Fragen werden in einem Anwenderforum beantwortet. Zusätzlich Softwaretools zum Download. Ein Konfigurationstool generiert online Escape-Sequenzen für bestimmte Druckereinstellungen.

Kyocera (USA) (D)

www.drucker.kyocera.de
www.kyocera.co.uk

Informationen, Dokumentation und Treiber für Kyocera-Drucker. Diverse Konfigurationstools und Euro-Symbol zum Download.

Lexmark (USA) (D)

www.lexmark.com
www.lexmark.de

Treiber und FAQs zu Lexmark-Druckern. Ausführliche Informationen zum Euro-Zeichen und Firmware-Updates, um dieses darzustellen.

Linux-Druckertreiber (USA) (D)

home.t-online.de/home/jj.sarton/start.htm

Hier finden Sie von einem Fremdanbieter Druckertreiber für Linux und Solaris, für Drucker von Epson, Canon und HP.

Minolta (USA) (D)

www.minolta.de

Druckertreiber für Minolta-Drucker. Dazu auch Informationen über Minolta-Fotoprodukte und Licht- und Farbmeßtechnik. Jahr-2000 Informationen und die üblichen Stellenangebote.

NEC (USA)

www.nectech.com/css/index.htm

Treiber, Knowledge Base, FAQs und Jahr-2000-Informationen zu NEC-Druckern. Hier finden Sie auch noch Treiber für ältere DOS-Programme.

Océ (USA) (D)

www.oce.com

Océ Printing Systems GmbH Poing. Elektronische Produktionsdrucksysteme. Treiber für Drucker, Scanner und Digitalisiertabletts zum Download.

OKI (USA) (D)

www.oki.de
www.oki-osd.com

Druckertreiber (teilweise auch für alte DOS-Programme und Macintosh), technische Daten und Handbücher im PDF-Format für alle OKI-Drucker.

Panasonic (USA)

www.panasonic.com/host/support/core-softwaresupport.html

Liste mit möglichen Emulationen für Panasonic-Drucker, für die keine Treiber verfügbar sind. Außerdem Treiber-Download und Drucker-Utilities, auch für Windows 3.11.

PC Webopaedia (USA)

webopedia.internet.com/term/p/printer.html

Beschreibung der verschiedenen Druckertechnologien. Hardwareunabhängig mit weiteren Links auf technische Informationsseiten über Druckertechnologie.

Printers FAQ (USA)

www.weink.com/cpp/

Herstellerunabhängige FAQs zu Druckern im ASCII- oder PDF-Format. Die Fragen und Antworten stammen aus der Newsgroup *comp.periphs. printers* und wurden sortiert und redaktionell aufbereitet.

QMS (USA)

www.qms.com

Druckertreiber, FAQs und technische Dokumentation für QMS-Drucker, auch für UNIX, OS/2 und DOS.

Star (USA) (D)

www.starmicronics.co.uk
www.starmicronics.co.uk/germany/index.html

Druckertreiber, Handbücher im PDF-Format, FAQs und Utilities nur auf der internationalen Webseite. Auf der deutschen Seite finden Sie lediglich Informationen über die verschiedenen Druckermodelle von Star Micronics.

Tally (USA) (D)

sales.tally.com/tech/techprin.html
www.tally.de

Druckertreiber (auch für DOS, OS/2, SAP R/3 – BAAN), technische Informationen, Euro-Symbol und FAQs für Tally-Drucker.

Tektronix (USA) (D)

www.tek.com/

Druckertreiber, Knowledge Base, Dokumentation und Jahr-2000-Kompatibilität für Tektronix Farbdrucker.

Festplatte

Cybertech Online (USA)

www.cybertech-online.com/harddrives.htm

Herstellerunabhängige technische Beschreibungen und Tips zu Festplatten.

Enhanced IDE FAQ (USA)

thef-nym.sci.kun.nl/~pieterh/storage.html

Ausführliche technische Beschreibung der verschiedenen IDE-Standards für Festplatten, CD-ROMs und andere Laufwerke. Der Text liegt auch als Datei zum Download und Offline-Lesen vor.

Festplattenidentifikation (USA)

www.supportsource.com/hdfind/hd.htm

Hier können Sie anhand bekannter Parameter eine Festplatte genau identifizieren. Die Datenbank enthält alle aktuellen und auch viele alte Festplattentypen.

Fujitsu (USA) (D)

www.fujitsu.com
www.fujitsu-europe.com/home/welcome.asp?osc=fdg&lang=de

Technische Beschreibungen, BIOS- und Jumpereinstellungen sowie Treiber für Fujitsu-Festplatten. Außerdem gibt es auf der internationalen Seite eine Menge kostenloser Software.

Hard Disk Performance Optimization (USA)

www.pcguide.com/opt/opt/hdd.htm

Tips zur Beschleunigung und Optimierung von Festplatten. Die wichtigsten Tips sind die optimierte DIE-Konfiguration und das Ausschalten von Komprimierungssoftware (DriveSpace).

IBM (USA)

www.storage.ibm.com/storage/

Technische Beschreibungen, Datenblätter, Jumpereinstellungen für alle IBM-Festplatten. Außerdem Informationen über optische Speichersysteme und Bandlaufwerke.

Obsolete and Less Common Hard Disk Interfaces (USA)

www.pcguide.com/ref/hdd/if/obso-c.html

Technische Beschreibung veralteter Festplattencontrollertypen, wie man sie noch in alten PCs findet. Hier können Sie sich an die Zeiten von MFM und RLL Festplatten zurückerinnern, die damals eine Speicherkapazität wie heute bessere Grafikkarten hatten.

PC Guide (USA)

www.pcguide.com/ref/hdd/index.htm

Sehr ausführliche technische Informationen über Festplatten, Geometrie, Performance, Dateisysteme und Konfiguration.

Quantum (USA) (D) (F)

www.quantum.com/
www.quantum.com/germany

Technische Beschreibungen der Quantum Festplatten. Ein ausführliches Glossar erklärt Fachbegriffe rund um das Thema Festplatten.

Seagate (USA)

www.seagate.com/disc/disctop.shtml

Technische Dokumentation, FAQs, Installationsanleitungen und ausführliche Datenblätter zu allen (auch ganz alten) Seagate- und Conner-Festplatten. Verschiedene Festplattentools und Diagnoseprogramme zum Download.

Tech Page, the (USA)

www.blue-planet.com/tech/

Datenblätter, Jumperstellungen und BIOS-Parameter für fast alle bekannten Festplatten verschiedenster Hersteller. Außerdem zahlreiche Utilities und Benchmark-Programme.

Western Digital (USA)

www.wdc.com

Technische Beschreibung aller WD-Festplatten (auch ganz alte Typen), BIOS-Parameter, Jumpereinstellungen. Verschiedene Treiber und Harddisk-Tools speziell für WD-Festplatten zum Download.

Grafikkarten

3D Files (USA)

3dfiles.com/utility

Zahlreiche Tools zum Optimieren, Testen, Einstellen und Übertakten von Grafikkarten.

ATI (USA) (D) (F)

www.atitech.ca/
www.atitech.ca/de/de_index.html

Dieser Hersteller von Grafikkarten bietet Produktbeschreibungen der Grafikkarten (auch für Macintosh), Treiber, FAQs.

Avance Logic (USA)

www.realtek.com.tw/cp/download.htm

Treiber für Avance Logic-Grafikkarten. Sonst keine technischen Informationen. Dazu auch verschiedene Audiotreiber, Codecs und Xing-Software.

Chips & Technologies (USA)

www.chips.com

Technische Informationen, Datenblätter und Treiber der C&T Chips, die viel auf OEM-Grafikkarten und in Notebooks eingesetzt werden..

Cirrus Logic (USA)

www.cirrus.com

Links auf die Seiten der Hersteller, die Cirrus Logic-Chips für Grafikkarten verwenden, keine eigenen Treiber zum Download.

Diamond (USA) (D)

www.diamondmm.com
www.diamondmm.de

Treiber und FAQs zu allen Diamond -Grafikkarten (teilweise auch für Linux). Informationen zur Hardwareinstallation und Jahr-2000-Kompatibilität.

Duane's Hardware Homepage (USA)

web.singnet.com.sg/~duane/b0000004.htm

Technische Informationen zu aktuellen Grafikkarten mit ausführlicher Beschreibung verschiedener Grafikchips und 3-D-Beschleuniger.

Elsa (USA) (D)

www.elsa.de

Treiber (auch für Linux), FAQs, technische Informationen und Jahr-2000-Kompatibilität für alle Elsa-Produkte. Supportanfragen werden über eine eigene Newsgroup abgewickelt. Im Download-Bereich finden Sie auch einige allgemeine Utilities, nicht speziell für Elsa-Hardware.

FAST (USA)

www.fastmultimedia.de/

Technische Informationen und Treiber zu FAST-Videokarten.

FastGraphics (USA)

www.fastgraphics.com

Tests und News zu aktuellen Grafikkarten, Tools zur Optimierung und Übertaktung. Die Seite ist unabhängig von bestimmten Hardwareherstellern

Glossar: 3-D-Begriffe (D)

www.zdnet.de/technik/artikel/cpu/9712/3d-wf.htm

Herstellerunabhängiges Glossar mit Fachbegriffen zu 3-D-Grafikkarten. Von Alpha-Blending bis Z-Buffer werden alle Begriffe kurz und allgemeinverständlich erklärt.

Hercules (USA)

www.hercules.com/

Technische Informationen und Treiber zu Hercules-Grafikkarten. Hier gibt es auch einen Direktvertrieb für die Grafikkarten.

Identifizierung der Grafikkarte (USA)

www.pcguide.com/proc/id/video.htm

Hier ist eine Methode beschrieben, wie Sie ohne zusätzliche Software Ihre Grafikkarte genau identifizieren können, um den passenden Treiber zu finden.

Matrox (USA)

www.matrox.com/mga/

Technische Informationen und Treiber zu Matrox-Grafikkarten.

Miro (USA) (D)

www.miro.de

Technische Informationen, Handbücher, FAQs und Treiber zu Grafikkarten von Miro.

Number Nine (USA)

www.nine.com

Technische Informationen und Treiber zu Number Nine Grafikkarten. Hier wird auch eine Methode beschrieben, wie Sie Ihren Grafikchip und Kartentyp identifizieren.

Obsolete Video Cards (USA)

pcmech.pair.com/videoold.htm

Beschreibung von Grafikstandards, die heute nicht mehr in Gebrauch sind. Außer dem noch relativ bekannten EGA-Standard gab es auch noch MDA, CGA, 8514/A und einige andere.

Paradise (USA)

www.paradisemmp.com/

Technische Informationen, Handbücher, FAQs und Treiber zu Paradise-Grafikkarten.

PC Guide (USA)

www.pcguide.com/ref/video/index-c.html

Ausführliche Beschreibung verschiedener Grafikstandards, herstellerunabhängig. Hier finden Sie auch Informationen über Chiptypen, RAMDAC, Grafikspeicher und Beschleunigerkarten.

PC Mechanic (USA)

pcmech.pair.com/video.htm

Installationsanleitung für Grafikkarten, herstellerunabhängig. Technische Informationen über verschiedene Grafikstandards, Grafikspeicher, AGP, 3-D. Aktuelle Marktübersicht über Grafikkarten.

PC Technology Guide (USA)

www.pctechguide.com/05graphics.htm

Technische Informationen zu Grafikkarten, Auflösungen, Farbtiefe, 3-D, DirectX, OpenGL und verwandten Themen, herstellerunabhängig.

PC Webopaedia (USA)

webopedia.internet.com/term/v/svga.html

Beschreibung verschiedener Grafikstandards und VGA-Modi. Dazu alle gängigen Auflösungen und ältere Standards. Links auf weitere Informationsseiten zu diesem Thema.

S3 (USA)

www.s3.com

Technische Informationen, aktuelle News und Treiber zu S3-Grafikkarten. Das Programm S3ID identifiziert den verwendeten Grafikchip, um so leicht den richtigen Treiber zu finden.

STB (USA)

www.stb.com

Technische Informationen und Treiber zu STB-Grafikkarten.

Trident (USA)

www.tridentmicro.com/

Technische Informationen und Treiber zu Trident-Grafikkarten. Ein ausführliches Glossar erklärt alle wichtigen technischen Begriffe zu 3-D-Grafik.

Troubleshooting: Video (USA)

pcmech.pair.com/tsvideo.htm

Lösungsmöglichkeiten für bekannte Grafikkartenprobleme. Die Seiten sind Teil eines großen Onine-PC-Lexikons mit Tips zu verschiedenen Themen rund um den Selbstbau und Umbau von PCs.

Tseng (USA)

www.tseng.com

Technische Informationen und Treiber zu Grafikkarten mit Tseng-Chips. Hier gibt es auch Treiber für exotische Programme sowie ein Tool zur herstellerunabhängigen Identifizierung des Grafikchips.

Video Electronics Standard Association – VESA (USA)

www.vesa.org/

Organisation zur Standardisierung von Grafikmodi auf PCs. Hier finden Sie auch aktuellste Informationen über den neuen DFP-(Digital Flat Panel-)Standard für Flachmonitore.

ISDN

AVM (USA) (D)

www.avm.de
www.avm.de/english/main_e.htm

ISDN-Hard- und -Software von Fritz! Aber auch komplexe Netzwerklösungen mit aktiven ISDN-Karten für Novell- und NT-Server-Netzwerke.

Chris's ISDN Page (D)

www.snafu.de/~chris/isdn.htm

Zahlreiche Links, Tips und Treiber für ISDN. Herstellerunabhängig finden Sie hier auch Konfigurationshinweise für das DFÜ-Netzwerk und RAS.

Dan Kegel's ISDN Page (USA)

www.informatik.uni-bremen.de/~henker/dank

Ausführliche technische Informationen zu ISDN und ISDN-Hardware. Eine der wichtigsten Seiten mit technischem Profiwissen zu ISDN, sie wird auf mehrere Server weltweit gespiegelt.

Digi International (USA) (D)

www.dgii.com
www.digieurope.com

Produktbeschreibungen, FAQs, Treiber für Digi DataFire-ISDN-Karten.

Eicon (USA) (D)

www.eicon.com
www.eicon.de

Treiber und Handbücher (PDF) für Eicon DIVA-ISDN-Karten.

ISDN FAQ (USA)

isdn.ocn.com/

Ausführliche FAQs und viele Links zu ISDN.

ISDN-Lexikon (D)

www.telekom.de/isdn/onlinesupport

ISDN-Lexikon der Telekom mit deutschsprachigen Erklärungen für viele ISDN-Fachbegriffe.

ISDN Newsgroup (USA)

news://comp.dcom.isdn

Newsgroup zu ISDN.

ISDN-Treiber (USA)

www.snafu.de/~chris/isdn/driver/driver.htm

Treiber für zahlreiche ISDN-Karten verschiedener Hersteller.

ISDN-Wegweiser (USA) (D)

www.avm.de/english/wegweis/inhalt_e.htm
www.avm.de/deutsch/wegweis/inhalt.htm

ISDN-Glossar von AVM. Die Begriffe sind aber allgemeingültig erklärt.

ITK (USA) (D)

www.itk.de

Treiber und Software für ITK-ISDN-Karten. In Zukunft auch Digi International.

Microsoft's ISDN-Seite (USA)

www.microsoft.com/windows/getisdn/whatis.htm

Allgemeine Informationen zu ISDN, unabhängig von spezieller Microsoft-Software.

PC Webopaedia (USA)

webopedia.internet.com/term/i/isdn.html

Technische Kurzbeschreibung zu ISDN und allen Spezialbegriffen, auch neue Technikel wie ADSL werden hier bereits erklärt – und viele weitere Links auf Informationsseiten zum Thema weltweit.

Sedlbauer (USA) (D)

www.sedlbauer-ag.de

Produktbeschreibungen und Treiber für Sedlbauer-ISDN-Karten.

Teles (USA) (D) (F)

www.teles.de

Beschreibung der Teles Karten, aber außer einer Basis-CAPI keine Treiber zum Download. Andere Teles Treiber können nur per ISDN-Filetransfer von einem teuren Supportserver über eine 0190 Nummer heruntergeladen werden.

Xircom (USA)

www.xircom.com

Produktbeschreibungen, Treiber für Xircom-PCMCIA-ISDN-Karten.

Joystick

AVB (USA)

www.avbtech.com/

Produktbeschreibungen, Treiber und FAQs für AVB-Joysticks, Gamepads und Steuerräder.

Genius (USA)

www.genius-kye.com

Produktbeschreibungen, FAQs und Treiber für Genius-Joysticks.

Gravis (USA)

www.gravis.com

FAQs, Treiber und Patches für aktuelle Spiele für Gravis-Joysticks.

Joystick & Co (D)

www.zdnet.de/tut/artikel/199903/joystick_00-wf.html

Vergleich und technische Grundlagen verschiedener Spieleingabegeräte.

Microsoft Sidewinder (USA)

www.microsoft.com/products/hardware/sidewinder/default.htm

Produktbeschreibungen und Treiber-Updates für Sidewinder-Joysticks und Gamepads. Hier finden Sie auch eine Liste von Spielen, die Forcefeedback unterstützen.

PC Webopaedia (USA)

webopedia.internet.com/hardware/input_devices/joystick.html

Technische Kurzbeschreibung und weitere Links zum Thema Joystick. „Seit den Anfängen des Computerdaseins will der Mensch die Maschine auch zum Spielen benutzen ..."

Pegasus Technologies (USA)

www.pegatech.com/prod.html

Pegasus liefert einen kabellosen 3-D-Joystick, der frei in der Hand gehalten wird. Auf der Webseite finden Sie Produktinformationen, Treiber und eine Liste kompatibler Spiele.

Troubleshooting Joysticks in Windows 95 (USA)

www.ea.com/techsupp/joysticks/troubles.htm

Hilfestellung bei Problemen mit Joysticks, herstellerunabhängig.

Maus

Calcomp/Summagraphics (USA)

www.calcomp.com/a_station/as_select.htm

FAQs, Treiber und ein interaktives Troubleshooting-System für Calcomp- und Summagraphics-Grafiktabletts. Hier finden Sie auch Treiber für OS/2, Solaris, DEC Alpha und Macintosh.

Genius (USA)

www.genius-kye.com

Produktbeschreibungen, FAQs und Treiber für Genius-Mäuse, -Trackballs und -Grafiktabletts.

Logitech (USA)

www.logitech.com/de/index.html

Produktbeschreibungen, Jahr-2000-Kompatibilität und Treiber für Logitech-Mäuse und -Trackballs. Online-Hilfe zur Problemlösung auch für DOS, OS/2 und AutoCAD. Außerdem gibt es hier Bildschirmschoner und ein Actionspiel zum Download.

Logitech sponserte die Weltumrundung im Ballon von Bertrand Piccard. Hier können Sie einige Bilder davon sehen.

Microsoft-Maus (USA)

www.microsoft.com/products/hardware/mouse/default.htm

Produktinformationen über Microsoft-Mäuse. FAQs, Troubleshooters und Software-Updates. Eine interaktive Shockwave-Demonstration zeigt die Funktionen der Intellimouse.

Mouse Systems (USA)

www.mousesystems.com/dld.htm

Maustreiber und Utilitys von Mouse Systems.

PC Webopaedia (USA)

webopedia.internet.com/term/m/mouse.html

Technische Beschreibung der Funktionsweise und Anschlußmöglichkeiten einer Maus. Dazu weitere Links auf Seiten zum gleichen Thema. Die Seite ist Teil eines großen herstellerunabhängigen Online-Hardwarelexikons.

Troubleshooting Mice (USA)

www.pcguide.com/ts/x/comp/mice.htm

Herstellerunabhängige Hilfe bei verschiedenen Problemen mit Mäusen und Maustreibern.

Trust (USA)

www.trust.com

Treiber, FAQs und Handbücher im PDF-Format in zahlreichen europäischen Sprachen für Trust-Mäuse.

Trust sponsert ein Team beim Admiral's Cup. Hier finden Sie einige Bilder und weitere Links.

Wacom (USA) (D)

www.wacom.de

Treiber und Tools für Wacom-Grafiktabletts. Tips und Tricks zu diversen Grafikprogrammen.

Modem

3com (USA) (D)

www.3com.com
www.3com.de

Produktbeschreibungen der Modems von 3Com und U.S. Robotics. Modemtreiber für Windows 95/98/NT und Mac, V.90-Updates und AOL-Treiber.

56k-Standard (USA)

www.56kstandard.com/

Informationen über den V.90-Standard für 56k-Modems von Hayes.

Curt's High Speed Modem Page (USA)

www.teleport.com/~curt/modems.html

Technische Informationen zu Modems, 56k, UART, Initialisierungsstrings usw. unabhängig von bestimmten Modemherstellern.

Diamond (USA) (D)

www.diamondmm.com
www.diamondmm.de

Treiber, Firmware, Handbücher und FAQs zu allen Diamond-Modems (teilweise auch für Linux). Informationen zur Hardwareinstallation und Jahr-2000-Kompatibilität.

Elsa (USA) (D)

www.elsa.de

Technische Informationen und Treiber für alle Elsa-Modems. Außerdem diverse Tools zum Download, die auch unabhängig von Elsa-Hardware nützlich sind.

Introduction to Computer Communication (USA)

www.rad.com/networks/1994/modems/modem.htm

Sehr ausführliches Lehrmaterial zur Computerkommunikation aus einem wissenschaftlichen Kurs der Universität Tel Aviv.

Modem Newsgroup (USA)

news://comp.dcom.modems

Newsgroup zu Fragen rund um Modems.

Modemoptimierung (USA)

zenon.airtime.co.uk/users/hal9000/modem/mdm_opt.htm

Optimierung von Modems für das Internet. Dabei wird davon ausgegangen, daß das Modem bereits für den Internetzugang funktioniert, aber meistens läßt sich mit ein paar Tricks deutlich mehr Performance herausholen.

Modems.com (USA)

www.modems.com

Technische Informationen über Typen und Arbeitsweisen von Modems, Protokolle, AT-Befehle usw. Technisch sehr interessant, nicht von einem bestimmten Modemhersteller abhängig.

PC Mechanic (USA)

pcmech.pair.com/modem.htm

Installationsanleitung für Modems, herstellerunabhängig. Technische Informationen über verschiedene Modulationsstandards.

PC Webopaedia (USA)

webopedia.internet.com/term/m/modem.html

Technische Informationen über die Funktionsweise von Modems, herstellerunabhängig. Außerdem weitere Links auf technische Informationsseiten. Diese Seite ist Teil eines großen technischen Lexikons im Internet.

Troubleshooting Modems (USA)

www.pcguide.com/ts/x/comp/modem/index-c.html

Sehr ausführliche Hilfe bei gängigen und auch seltenen Modemproblemen. Die Seite wurde möglichst herstellerunabhängig gehalten, obwohl manche Probleme vorrangig bei bestimmten Modemtypen auftauchen.

Troubleshooting Modems in Windows 95 (USA)

www.ea.com/techsupp/modems/modems.htm

Herstellerunabhängige Hilfestellung bei Problemen mit Modems. Dabei geht es speziell um Windows 95, aber nicht nur um den Internetzugang, sondern auch um sonstige Nutzungen eines Modems.

Trust (USA)

www.trust.com

Treiber, FAQs und Handbücher im PDF-Format in zahlreichen europäischen Sprachen für Trust-Modems.

V.90 Modem Standard (USA)

www.v90.com/

Informationen über den V.90-Standard, Geschwindigkeitstabellen, Kostenvergleiche, Buchtips und vieles mehr.

Xircom (USA)

www.xircom.com

Produktbeschreibungen, Treiber, Firmware, V.90-Updates für Xircom-Modems im PCMCIA-Format für Notebooks.

Xlink (USA)

www.xlink.com.au

Übersicht über verschiedene Modemstandards und Protokolle. Treiber und Firmware für Xlink-Modems. Hier bekommen Sie auch Modems für den USB-Port.

Zyxel (USA)

www.zyxel.co.at

Treiber und Firmware-Updates für Zyxel-Modems.

Monitore

Eizo (USA)

www.eizo.com

Screen-Manager Software und USB-Treiber für Eizo-Monitore. Dazu FAQ, Glossar und Texte über den neuen Sicherheitsstandard für Monitore TCO99.

Hitachi (USA)

www.nsa-hitachi.com

Produktinformationen und Windows 95-Treiber für Hitachi-Monitore. In einem ausführlichen Glossar werden Fachbegriffe rund um das Thema Monitor erklärt.

MAG (USA)

www.magtechnology.com

Produktspezifikationen, FAQs und Treiber für MAG-Monitore und LCD-Displays.

PC Guide (USA)

www.pcguide.com/ref/crt/index-c.html

Ausführliche technische Informationen über Monitore, Auflösungen, Farbtiefen und Bauweisen. Die Seiten sind Teil eines herstellerunabhängigen Online Lexikons über PC-Technik.

PC Technology Guide (USA)

www.pctechguide.com/06crtmon.htm

Technische Informationen zu Monitortypen, Technologien, Sicherheitsstandards und verwandten Themen, herstellerunabhängig. „In an industry in which development is so rapid, it is somewhat surprising that the technology behind monitors and televisions is a 100 years old."

PC Webopaedia (USA)

webopedia.internet.com/term/m/monitor.html

Ausführliche technische Informationen zu Monitoren, herstellerunabhängig. Dazu viele Links auf weitere interessante Informationsseiten.

Philips (USA)

www-us.monitors.be.philips.com/

Technische Informationen und Windows 95-Treiber für Philips-Monitore. Die Software CustoMax ermöglicht ein Einstellen des Monitors unter Windows oder am Macintosh.

Sony (USA) (D) (F)

www.sony-cp.com/
www.sony-cp.com/_d/index.html

Technische Informationen zu Sony Monitoren. Hier finden Sie auch den ersten 24-Zoll-Monitor mit Trinitron-Röhre.

Motherboards

ABIT Computer (USA) (D)

www.abit-usa.com/html/emain.htm
www.abit.nl/html/gmain.htm

Motherboardhersteller ABIT liefert ausführliche Beschreibungen, Fotos und Produktspezifikationen der einzelnen Motherboardtypen. Dazu auch BIOS-Updates und Benutzerhandbücher im PDF-Format.

Acorp (USA)

www.acorp.com.tw/

Motherboardhersteller Acorp liefert hier Handbücher im PDF-Format und Tabellen der Jumperstellungen für die verschiedenen Motherboardtypen. Außerdem finden Sie BIOS- und Bustreiber-Updates.

AIR (USA)

www.airwebs.com/design.html

Übersichtliche Tabelle und technische Beschreibungen aller Motherboards dieses Herstellers.

AMI (USA)

www.megatrends.com/support/archives.html

Handbücher und BIOS-Updates für AMI-Motherboards. Alle Links verweisen auf einen FTP-Server, von dem die Dateien heruntergeladen werden können.

Aopen (USA)

www.aopen.com.tw/products/mb/default.htm

Beschreibungen der Motherboards und Kompatibilitätslisten zu möglichen Prozessoren. Ausführliche FAQ, Installationsanweisungen, Tabellen mit Jumper-Einstelungen, Treiber und BIOS-Updates zum Download.

Asus (USA)

www.asus.com

Motherboardbeschreibungen mit Foto und Jumpertabelle, BIOS- und Treiber-Download.

ATX Motherboard Specification (USA)

developer.intel.com/design/motherbd/atx.htm

Hier finden Sie die offizielle Spezifikation für das ATX-Format für Motherboards. Diese gilt herstellerunabhängig, auch wenn sich diese Seite im Webangebot von Intel befindet.

Chaintech (USA)

www.chaintech.com.tw/

Ausführliche Motherboardbeschreibungen, BIOS-Updates und Handbücher im PDF-Format. Die Seite gibt es auch auf taiwanesisch & russisch.

Duane's Hardware Homepage (USA)

web.singnet.com.sg/~duane/b0000002.htm

Technische Informationen zu Motherboards mit einer ausführlichen Beschreibung verschiedener Chipsätze. Tips, worauf bei der Auswahl eines Motherboards zu achten ist.

Dazu ausführliche Beschreibungen verschiedener Grafikchipsätze.

Elitegroup (USA) (D)

www.ecs.com.tw/english.htm
www.ecs.com.tw/ecs/ecsgmbh/

Beschreibungen, Fotos und Boardlayouts der Elitegroup-Motherboards.

Embedded PC im Kleinstformat (D)

www.dsm-computer.de

Motherboards als Steckkarten, M1 Embedded-PC im Kleinstformat (145 x 102 mm), Pentium II, 366 MHz, 64 MByte. Aus diesen Teilen lassen sich verschiedene Klein-PCs für industrielle Anwendungen zusammenbauen.

Gigabyte (USA)

www.giga-byte.com/

Beschreibungen, Tips und Kompatibilitätsliste. Grafisch orientierte Troubleshooting-Hilfe bei Problemen. Im Vergleich zu anderen Herstellern sehr ausführliche FAQ.

Motherboard Home World (USA)

www.motherboards.org

Technische Informationen über Motherboards und Chipsätze, Glossar mit Fachbegriffen und zahlreiche Links auf Motherboard- und Chiphersteller.

Motherboard Identifikation (USA)

www.ping.be/bios/numbersami.shtml

Wissen Sie nicht genau, welches Motherboard Sie genau besitzen? Auf dieser Seite können Sie anhand der BIOS-Nummer bei AMI-BIOS den Hersteller und Typ des Motherboards herausfinden.

www.ping.be/bios/numbers.shtml

Wissen Sie nicht genau, welches Motherboard Sie genau besitzen? Auf dieser Seite können Sie anhand der BIOS-Nummer bei Award-BIOS den Hersteller und Typ des Motherboards herausfinden.

Motherboard Informationen (USA)

www.sysopt.com/mboard.html

Technische Handbücher zu aktuellen Motherboards online. Spezifikationen und Tips zu aktuellen Themen, wie 133-MHz-Bus, AGP usw. Links zu allen bekannten Motherboardherstellern.

PC Mechanic (USA)

pcmech.pair.com/mbindex.htm

Technische Informationen zu Motherboards, Formfaktoren, Chipsätze, BIOS und Plug & Play. Tests zu zahlreichen aktuellen Motherboards und technische Tips zur Installation und Batteriewechsel.

PC Webopaedia (USA)

webopedia.internet.com/hardware/motherboards

Herstellerunabhängiges Online-Lexikon zum Thema Motherboards mit ausführlichen Begriffserklärungen und Links zu weiteren Seiten anderer Anbieter zum Thema.

Shuttle (USA) (D)

www.spacewalker.com
www.spacewalker.com/german

Hersteller von Motherboards. Motherboardbeschreibungen im PDF-Format (auch auf deutsch), FAQs, BIOS-Updates und Treiber. Informationen und Testprogramm zur Jahr-2000-Kompatibilität.

Soyo (USA) (D)

www.soyo.com.tw
www.saat.de

Hersteller von Motherboards. Motherboardbeschreibungen mit Foto, BIOS-Updates, Handbücher im PDF-Format.

Tom's Hardware Guide (USA) (D)

www.tomshardware.com/guides/mainboard.html
www.tomshardware.de

Technische Informationen und Tips zu Motherboards. Zusätzlich gibt es hier immer aktuelle News vom Hardwaremarkt. Links auf zahlreiche Hersteller.

Prozessor

altx86 (USA)

www.altx86.com/

Herstellerunabhängige Seite mit ausführlichen Informationen über PC-Prozessoren, nicht von Intel. Hier finden Sie alles über Cyrix, AMD und andere, Tests, Benchmarks, Softwaredownload, Gerüchte über Neuheiten und Preise.

AMD (USA) (D)

www.amd.com/
www.amd.com/germany/index.html

Informationen über AMD-Prozessoren, Kompatibilität und die 3D-Now-Technologie.

Hier finden Sie aus erster Hand aktuelle Informationen über die neue Prozessorenfertigung bei Dresden.

CPU Central (USA)

www.cpu-central.com

Aktuelle News und Tests zu Prozessoren. Ein eigenes Suchformular sucht nach günstigen Hardwarepreisen bei amerikanischen Großversendern.

CPU Info Center (USA)

infopad.eecs.berkeley.edu/cic/

Mikroskopische Fotos der Chips. Verschiedene Dokumentationen und Links zu allen gängigen Prozessortypen. Nicht nur Intel, sondern auch AMD und andere.

CPU Performance Enhancing Utilities (USA)

www.sysopt.com/fastutil.html

Archiv mit verschiedenen Softwaretools, um bestimmte Prozessortypen zu beschleunigen. Verschiedene DirectX Patches, Tools, Tips und verschiedene Hardwaretests.

CPU-Architekturen in der Übersicht (D)

www.zdnet.de/technik/artikel/cpu/9806/pII03-wf.htm

Vergleichstabelle mit technischen Daten aktueller Prozessortypen von Intel, AMD und Cyrix.

Cyrix (USA)

www.cyrix.com

Beschreibungen der Prozessoren mit Datenblättern, Hard- und Softwarekompatibilitätslisten, FAQs. Entwicklerinformationen, wie sich die CPUs identifizieren lassen.

Duane's Hardware Homepage (USA)

web.singnet.com.sg/~duane/b0000001.htm

Technische Informationen zu verschiedenen Prozessortypen. Die Seite ist ein Teil einer umfassenden Informationsseite über verschiedene PC-Hardware.

Intel (USA) (D)

www.intel.com
www.intel.com/deutsch/index.htm?iid={intelhome=germany}

Beschreibung aller aktuellen Intel-Prozessoren. Zu jedem Prozessortyp gibt es ein eigenes Diskussionsforum. Außerdem finden Sie Informationen zum aktuellen Thema Prozessor-Seriennummer im Pentium III.

Intel Secrets (USA)

www.x86.org/

Unabhängige Seite mit undokumentierten Funktionen und Fehlern der Intel-Prozessoren. Aktuelle News und Produktankündigungen von Prozessoren, Intel-Programmierhandbücher und Jumper-Einstellungen für verschiedene Motherboards.

MMX and Dynamic Execution (USA)

www10.pair.com/jsalvati/mmx.htm

Technische Abhandlung über MMX, Pentium Pro und Pentium II. Links auf technische Dokumente und Presseinformationen zu verschiedenen Prozessortypen.

PC Guide (USA)

www.pcguide.com/ref/cpu/

Detaillierte technische Informationen zu Prozessoren, ihrer Architektur und Funktionsweise. Grundlagen der digitalen Logik und Halbleitertechnik, physikalische Funktion und eine Liste der verschiedenen Prozessorgenerationen.

PC Webopaedia (USA)

webopedia.internet.com/term/c/cpu.html

Technisches Online-Lexikon zu Prozessoren, herstellerunabhängig auch über andere Prozessortypen, wie CISC und RISC. Zahlreiche weitere Links auf technische Informationsseiten zum Thema.

sandpile IA-32 Prozessor Information (USA)

www.sandpile.org

Sehr ausführliche technische Informationen zu allen Prozessoren mit Datenblättern und CPUID-Details.

Tom's Hardware Guide (USA)

www.tomshardware.com/guides/cpu/index.html

Technische Informationen und aktuelle Meldungen über alle modernen Prozessortypen. Die Seite ist Teil eines umfassenden Hardwareinformationssystems im Internet, das unabhängig von bestimmten Herstellern aktuelle PC-Technik beschreibt.

WhatCPU (USA)

www.datadepo.com/whatcpu.htm

Software, die die CPU identifiziert. Freewareversion zum Download, die kommerielle Version bietet zusätzliche Features, Dazu Links auf alle wichtigen Prozessorhersteller und Hardwareinformationsseiten.

Scanner

Agfa (USA) (D)

www.agfahome.com
www.agfa.de

Scannertreiber für Agfa-Scanner und diverse Software zur Bildbearbeitung auf der internationalen Seite. Die deutsche Seite ist wenig informativ.

Canon (USA) (D)

www.usa.canon.com
www.canon.de

Treiber und Dokumentation für Canon-Scanner. Tips und Tricks zum Scannen, z. B. Berechnung der notwendigen Scanauflösung für verschiedene Zwecke.

Epson (USA) (D)

www.epson.de
www.epson.de/eng

Produktinformationen und Treiber für Epson Scanner, Tips und Tricks zur Installation, Anschluß an vorhandene SCSI-Karten und OCR-Texterkennung.

Hewlett Packard (USA) (D)

www.hp.com/cposupport/jsnav/schome.html
www.hewlett-packard.de/printer/scanner/index.html

Technische Produktinformationen und Supportdokumente zu allen HP-Scannern, Treiber, FAQs. Ausführliches Glossar zu Fachbegriffen rund um das Thema Scanner. Auf der deutschen Seite werden nur die aktuellen Modelle erwähnt, auf der internationalen Seite auch alte Geräte.

Kodak (USA) (D)

www.kodak.com
www.kodak.de

Technische Beschreibung, Treiber und FAQs für Kodak-Scanner. Hier können Sie auch digitale Postkarten verschicken und alte Werbeplakate von Kodak sehen.

Microtek (USA)

www.support.microtek.com/

Installationsanweisungen und Software für Microtek-Scanner.

Mustek (USA)

www.mustek.com.tw/download/html/europe.html

Treiber und Scansoftware für Mustek-Scanner.

PC Technology Guide (USA)

www.pctechguide.com/18scanners.htm

Ausführliche herstellerunabhängige Beschreibung der Scannertechnologie, Auflösung, Interpolation, Dateiformate und Texterkennung.

PC Webopaedia (USA)

webopedia.internet.com/term/o/optical_scanner.html

Technische Informationen über Scanner, Fax, Twain und Texterkennung. Viele weitere Links auf Informationsseiten zu diesem Thema, alles unabhängig von irgendwelchen Herstellern.

Primax (USA)

www.primax.nl

Produktinformationen und Treiber für Primax-Scanner.

Scanhelp.com (USA)

www.scanhelp.com

Große Auswahl an Scannern und Scannersoftware. Dazu ein Online-Tutorial zum Scannen und Gewinnspiele.

Scanner Newsgroup (USA)

news://comp.periphs.scanners

Newsgroup zum Thema Scanner.

Scanner unter Linux (D)

www.suse.de/support/sdb/micha_scanner.html

Beschreibung, wie ein Scanner unter Linux angeschlossen werden kann.

Sullivan's Online Scanning Ressources (USA)

www.hsdesign.com/scanning/

Ausführliche Tips und Tricks zum Scannen.

Umax (USA)

umax.de/faq_scanner.htm

Treiber und Updates für Umax-Scanner. Ausführliche FAQs zu allgemeinen Scannerproblemen.

SCSI

Adaptec-SCSI-Controller (USA) (D)

www.adaptec.com
www.adaptec-europe.com

Ausführliche technische Informationen und Treiber über die Adaptec-SCSI-Controller.

ICP-Vortex (USA) (D)

www.icp-vortex.com/

Produktbeschreibungen, Datenblätter, Firmware-Updates und Treiber für ICP-Vortex-SCSI-Controller. Eine FAQ enthält nicht nur Fragen zu Windows, sondern auch zu Novell, OS/2 und UNIX.

Know-how: SCSI-Konfiguration (D)

www.zdnet.de/technik/artikel/cpu/199812/scsikonfig_00-wf.html

Tips und technische Grundlagen zur SCSI-Konfiguration, Terminierung, Stecksysteme, Kabelllängen, Kompatibilität. SCSI-Utilities zum Download.

NCR SCSI Controller (USA)

www.ncr.com

Treiber und Jahr-2000-Informationen zu NCR-SCSI-Controllern.

PC Guide (USA)

www.pcguide.com/ref/hdd/if/scsi/conf-c.html

Ausführliche Beschreibung der SCSI-Technik und -Konfiguration. Die Seite ist Teil eines Online-Lexikons über PC-Technik, in dem Sie auch zahlreiche weitere herstellerunabhängige Informationen finden.

PC Webopaedia (USA)

www.pcwebopedia.com/scsi.html

Technische Informationen und weitere Links zum Thema SCSI. Beschreibung der verschiedenen SCSI-Standards, Konfiguration, Kompatibilität und Kabellängen, alles herstellerunabhängig.

SCSI Pro Utility (USA)

www.cocomp.com/scsipro/

Diagnoseprogramme für SCSI Bus und Komponenten. Außerdem weitere Tools, Lite-Version zum Download.

SCSI Trade Association (USA)

www.scsita.org/

Zusammenschluß der Hersteller von SCSI-Geräten. Hier finden Sie alle SCSI-Spezifikationen, Steckerbelegungen, technische Informationen und Pressemeldungen sowie Links zu zahlreichen Herstellern.

SCSI unter Windows (D)

www.zdnet.de/technik/artikel/cpu/9802/wscsi-wf.htm

SCSI-Konfigurationstips für Windows 95. Glossar und FAQs zu SCSI. „Windows NT ist sozusagen mit SCSI groß geworden, hier funktioniert die Einbindung meist problemlos. Unter Windows 95 lassen sich mit wenig Grundwissen viele Stolperfallen schnell erkennen und umgehen."

Symbios Logic SCSI Controller (USA)

www.lsilogic.com/products/symio_ts.html

Treiber für Symbios Logic SCSI Controller. Die OEM-Geräte, die von Diamond und HP vertrieben werden, sind hier nicht aufgeführt. Dafür muß man sich die Treiber bei Diamond und HP direkt besorgen.

Tekram (USA) (D)

www.tekram.com
www.tekram.de

Handbücher zu Tekram Controllern im PDF-Format und Treiber (auch für Linux und FreeBSD).

Sonstige

Andi's Versand-Service (D)

www.av-s.com

Die Produktvielfalt in Andi's Versand-Service kann sich sehen lassen. Für Endkunden und Händler wird eine Fülle an Drucker- und PC-Zubehör präsentiert. EDV-Zubehör für Drucker und PCs.

CableWorld (D)

www.CableWorld.de

Für Computer und Netzwerke, für Musik, Hi-Fi und Video und auch für Telefon und ISDN scheint jedes erdenkliche Kabel vorrätig.

FaxPrint (USA)

orders.xoom.com/synfax/xmsynfax0421/

Mit diesem Gerät können eingehende Faxe direkt auf einem Drucker ausgedruckt werden, ohne daß der Computer und das Faxprogramm laufen müssen. Bei Stromausfall können Faxe gespeichert werden.

Fingertip Sensor (USA) (D)

www.siemens.de/newsline.d/pressfor/c_9844_d.htm
www.siemens.de/newsline.d/pressfor/inhalt_e.htm

Ein Fingertip-Sensor erleichert die Benutzeridentifikation über den Fingerabdruck, kein Login und Paßwort sind mehr nötig. Dieses Projekt befindet sich in der Forschung und wurde für den Deutschen Zukunftspreis nominiert.

oty Professional (USA)

www.oty.de

oty Datentechnik GmbH. Video Conferencing-Systeme, mobile Kameras und Videokonferenzstudios.

Parallel Port Central (USA)

www.lvr.com/parport.htm

Ausführliche technische Beschreibung des Parallelports und der verschiedenen Modi. Zahlreiche Links auf Webseiten zum gleichen Thema.

PC Guide (USA)

www.pcguide.com/ref/power/index.htm

Technische Informationen über Netzteile, Stromversorgung und Powermanagement. Die Sieten sind Teil eines umfassenden Hardwareinformationssystems im Internet.

Pocket Reader (D)

www.siemens.de/newsline.d/pressfor/c_9839_d.htm

Stiftförmiges Lesegerät zum Einlesen von gedruckten Texten. Diese werden im Gerät gespeichert und können später auf den PC übertragen werden.

Serial Port Central (USA)

www.lvr.com/serport.htm

Ausführliche technische Beschreibung der seriellen Schnittstelle und der Kommunikationsmöglichkeiten darüber. Zahlreiche Links auf Webseiten zum gleichen Thema.

Steckerbelegungen (USA)

www.repairfaq.org/repair/f_pinouts.html

Steckerbelegungen aller im Computerbereich vorkommenden Steckverbindungen einschließlich Macintosh, GameBoy und Super NES.

Tastaturen.com (USA) (D)

www.tastaturen.com

Tastaturen, Mäuse und andere Eingabegeräte. Hier gibt es auch die Fußmaus, Pedale zur Steuerung des Cursors. Das gewünschte Gerät kann über eine eigene Suchfunktion gesucht und auch gleich online bestellt werden. Außerdem gibt es hier Euro-Updates für Tastaturtreiber.

Troubleshooting Keyboards (USA)

www.pcguide.com/ts/x/comp/kb-c.html

Hilfe bei Problemen mit der Tastatur. Weitere herstellerunabhängige Informationsseiten zu verschiedenen Hardwarekomponenten eines PCs.

Wacom (USA)

www.wacom.de/products/lcd_tablets/lcd_tablets.htm

Das Wacom-LCD-Tablett ist eine Kombination aus einem Grafiktablett und einem Bildschirm. Sie können hier mit einem Stift direkt auf der drucksensitiven Oberfläche des TFT-Flachbildschirms zeichnen.

Sound

Aztech (USA)

www.aztech.com.sg

Technische Informationen, FAQs und Treiber zu Aztech-Soundkarten.

ESS (USA)

www.esstech.com/technical/drivers/downloadable/drivers/driver.htm

Treiber für ESS-Soundchips, wie sie hauptsächlich in Notebooks eingebaut sind.

PC Technology Guide (USA)

www.pctechguide.com/11sound.htm

Technische Informationen zu Soundkarten, Wavetable, MIDI, PCI Audio und verwandten Themen, herstellerunabhängig. Die Seite ist Teil eines großen Online-Lexikons über Computer-Hardware.

PC Webopaedia (USA)

webopedia.internet.com/term/s/sound_card.html

Technische Informationen zu Soundkarten, herstellerunabhängig. Dazu Links auf weitere technische Informationsseiten über PC-Hardware.

Sound Blaster (USA) (D)

www.soundblaster.com
www.europe.soundblaster.com/germany/welcome.asp

Technische Informationen und Treiber zu Creative Sound Blaster-Karten.

Soundkarten Newsgroup (USA)

news://comp.sys.ibm.pc.soundcard.tech

Newsgroup zu Hardware- und Konfigurationsfragen rund um Soundkarten.

Soundkarten und Audio (D)

www.chip.de/misc/wwwboard/messages/sound/

Chip-Forum zu Soundkarten, MP3 und MIDI. Verschiedene mehr oder weniger qualifizierte Diskussionsbeiträge.

Terratec (USA) (D)

www.terratec.de

Technische Informationen und Treiber zu Terratec-Soundkarten.

Trust (USA)

www.trust.com

Treiber, FAQs und Handbücher im PDF-Format in zahlreichen europäischen Sprachen für Trust Soundkarten.

Wavetable sound card test drive (USA)

pubweb.nwu.edu/~jll544/sndsmpl.html

Software und Hardwaresynthesizer sowie Test-Sounddateien für Wavetable-Soundkarten.

Wechselmedien

HiFD (USA)

www.ita.sel.sony.com/products/storage/hifd.html

Beschreibung des neuen HiFD-Standards von Sony. Die Laufwerke können auf speziellen Medien 200 MByte speichern, sind aber auch kompatibel zu herkömmlichen 3,5-Zoll-Disketten und somit eine ernsthafte Konkurrenz zu LS-120.

Iomega (USA)

www.iomega.com/

Hersteller der bekannten JAZ- und ZIP-Laufwerke. Hier finden Sie Treiber und diverse Zusatzsoftware für diese Laufwerke. Technische Informationen und Presseberichte über das neue Clik-Drive für Notebooks.

LS-120 (USA)

www.ls120.com

Technische Informationen zu LS-120-Laufwerken, Links auf Hersteller von LS-120-Laufwerken und -Medien. Kompatibilitätsinformationen zu normalen Disketten.

MO-Forum (USA) (D)

www.mo-forum.com

Informationen und Links zu magnetooptischen Speichermedien. Grafisch extrem aufgebläht, daher langsam und unübersichtlich.

PC Mechanic (USA)

www.pcmech.com/removable.htm

Marktübersicht und Entscheidungshilfen bei der Auswahl eines Wechselmediums. Weitere Informationsseiten zu anderen Hardwarekomponenten. Lästige Werbebanner und Cookies bremsen die Darstellung erheblich.

PC Webopaedia (USA)

webopedia.internet.com/hardware/data_storage/disk_drives/removable_disks/

Technische Informationen zu verschiedenen Wechselmedientypen, Jaz, ZIP, HiFD, Superdisk, Bernoulli und andere. Links auf zahlreiche weitere Informationsseiten zum Thema.

Sony (USA)

www.sony.co.jp/productsPark/professional/datamedia/index.html

Technische Spezifikationen und FAQs zu Sony-MO-Laufwerken.

Superdisk (USA)

www.superdisk.com/

Produktinformationen zu Imation Superdisk Laufwerken. Hier gibt es auch ein Hintergrundbild und Desktop-Thema von Superdisk. Außerdem können Sie digitale Postkarten mit Werbung für Superdisk verschicken.

Syquest (USA)

www.syquest.com

Treiber und technische Informationen zu Syquest-Laufwerken. Dabei handelt es sich um verschiedene Wechselmedien unterschiedlicher Kapazitäten, die als externe oder inderne Laufwerke verfügbar sind.

Notebook

Computershopper (USA)

computershopper.zdnet.com/texis/cs/pick.html?catid=c0000002

Datenbank mit Notebooks. Hier können Sie nach verschiedenen Kriterien Notebooks und Preise verschiedener Hersteller suchen und auch online bestellen. Dabei sind auch direkte Vergleiche möglich. Zu vielen Geräten gibt es Links auf Testberichte in ZDnet.

Fringe Ryder's Corral (USA)

www.fringeweb.com/laptops.html

Links zu zahlreichen Notebookherstellern. Hilfe zur Installation von Spielen auf Notebooks.

How to buy a notebook (USA)

www.zdnet.com/computershopper/edit/howtobuy/c0000002/

Checkliste zur Auswahl eines Notebooks mit technischen Informationen. Vergleiche in verschiedenen Preiskategorien, zahlreiche Tips und technisches Hintergrundwissen.

Lapland (USA)

surf.to/lapland

Zahlreiche Links zu Herstellern, Software und PCMCIA-Hardware, Datenübertragung, Infrarot und Diebstahlschutz.

Notebook Newsgroup (USA)

news://comp.sys.laptops

Newsgroup mit Fragen rund um Notebooks.

Hersteller

Acer (USA) (D)

www.acer.com
www.acer.de/pm/note/notebooks.html

Produktbeschreibungen, diverse Tools und Treiber für Acer-Notebooks.

Altima (USA)

www.altima.com.tw/

Produktbeschreibungen, FAQs, BIOS-Updates und Treiber für Altima-Notebooks.

Amadeus (D)

www.amadeus-notebooks.de/

Hier kann man sich sein Wunsch-Notebook modular zusammenstellen, den Preis berechnen und es bestellen. Grafiktreiber, BIOS-Updates und diverse Utilities zum Download.

IBM (USA) (D)

www.pc.ibm.com/us/thinkpad/index.html
www.pc.ibm.com/de/thinkpad.html

Produktbeschreibungen, FAQs, Knowledge Base, Treiber und Jahr-2000-Informationen zu IBM-Thinkpad-Notebooks.

Notebook Jungle (USA)

www.lyngemark.com/jungle/

Übersichtsseite mit Links auf alle bekannten Notebookhersteller mit Kurzbeschreibungen der Firmen und Produkte.

Panasonic (USA)

www.panasonic.com/computer/notebook/index.htm

Produktinformationen, Tips, BIOS-Updates, Treiber und Notfalldisketten für Panasonic-Notebooks.

Siemens (USA) (D)

www.siemens.com/pc/notebook
www.siemens.com/pc/notebook/index_d.htm

Produktbeschreibungen, Treiber, BIOS-Updates, eine technische Dokumentation und Jahr-2000-Informationen für die Siemens-Notebooks.

Toshiba (USA) (D)

www.toshiba.com
www.toshiba.de

Produktinformationen, technischer Online-Support, Treiber und Informationen zum Jahr-2000-Problem und Windows 98.

PCMCIA

3Com (USA) (D)

www.3com.com/
www.3com.de/

Hersteller von Netzwerkkarten und Modems im PC Card-Format. Treiber, Handbücher und V.90-Updates zum Download.

Adaptec (USA)

www.adaptec.com/products/index.htmlportable

Adaptec SCSI Adapter im PC Card-Format zum Anschluß externer SCSI-Geräte an Notebooks. Datenblatt, technische Spezifikationen, FAQs und Treiber zum Download.

AVM Fritz!Card PCMCIA (USA) (D)

www.avm.de/deutsch/fritz/fhome.htm

Datenblatt und Softwareupdates für die AVM Fritz!Card PCMCIA, eine ISDN-Karte für Notebooks.

CSM (D)

www.csm-gmbh.de

PC Card-Laufwerke für PCs, in denen Notebook-PCMCIA-Karten an stationären PCs betrieben werden können.

Digi International (USA) (D)

www.dgii.com
www.digieurope.com

Produktbeschreibungen, FAQs, Treiber für die Digi Datafire ISDN PC Card.

D-Link (USA) (D)

www.dlink.com
www.dlink.de/

Netzwerkkarten, Modems und ISDN-Karten im PC Card-Format. Technische Spezifikationen und Treiber.

Elsa (USA) (D)

www.elsa.de

ISDN-Karten und Modems im PC Card Format. Treiber und Kommunikationssoftware zum Download. Außerdem diverse Utilities, die auch unabhängig von Elsa-Hardware verwendet werden können.

Linux PCMCIA Howto (USA) (D)

www.fokus.gmd.de/linux/howto/pcmcia-howto-1.html
saturn.fokus.gmd.de/linux/dlhp/de-pcmcia-howto.html

Technische Informationen zu PCMCIA-Karten unter Linux. „Dieses Dokument beschreibt die Installation und den Gebrauch des PCMCIA Card Service Pakets für Linux."

PC Webopaedia (USA)

webopedia.internet.com/types_of_computers/notebook_computers/pcmcia.html

Kurzbeschreibung der verschiedenen PCMCIA-Standards sowie weiterer aktueller Port-Technologien: Card Bus, USB und IEEE 1394. Zahlreiche Links auf andere herstellerunabhängige Informationsseiten zu diesem Thema.

PCMCIA Karten und Linux (USA) (D)

suse.de/support/sdb/keylist.pcmcia.html
suse.de/support/sdb_e/keylist.pcmcia.html

SuSE Supportdatenbank mit Tips zu verschiedenen PCMCIA-Karten unter Linux.

PCMCIA Organization (USA) (D)

www.pcmcia.org/
www.pc-card.com/about-d.htm

PCMCIA (Personal Computer Memory Card International Association) ist zugleich Standardisierungsgremium und Industrievereinigung der Hersteller von PC-Cards. Auf der Webseite finden Sie ausführliche technische Informationen und FAQs zu diesem Standard.

PCMCIA Primer (USA)

www.accurite.com/pcmciaprimer.html

Technische Informationen und Grundlageninformationen zu PCMCIA und PC Cards.

Psion Dacom (USA) (D)

www.psiondacom.com/
www.psiondacom.de/

Netzwerkkarten, ISDN, GSM und Modems im PC Card Format. Technische Spezifikationen, V.90-Updates und Treiber zum Download.

Teles (USA) (D)

www.teles.de

PCMCIA ISDN-Karte für Notebooks. Leider keine Treiber zum Download. Teles bietet seine Treiber nur zum Eurofile-Download über eine teure 0190-Nummer an.

Xircom (USA)

www.xircom.com/

Netzwerkkarten, Modems und ISDN-Karten im PC Card-Format. Treiber, Utilities und V.90-Updates für die Modems zum Download.

Technik

Basic active matrix technology (USA)

www.itri.loyola.edu/dsply_jp/c5_s2.htm

Extrem wissenschaftlich gehaltene technische Beschreibung der Active Matrix-Technologie für Notebook-Bildschirme.

Linux on Laptops (USA)

www.cs.utexas.edu/users/kharker/linux-laptop/

Tips und zahlreiche Links zur Installation von Linux auf Laptops. Hier gibt es immer wieder Probleme mit Grafikchips und PCMCIA-Karten. Das Dokument ist nach allgemeinen Fragen und speziellen Notebook-Typen untergliedert.

Notebook Depot (USA)

www.notebookdepot.com/buyers/buyer.htm

Glossar mit wichtigen Fachbegriffen zum Thema Notebook. Nach verschiedenen Komponenten aufgeschlüsselt finden Sie hier technische Informationen, die bei der Auswahl eines Notebooks wichtig sein können.

PC Webopaedia (USA)

webopedia.internet.com/types_of_computers/notebook_computers/notebook_computer.html

Technische Erklärung eines Notebooks und seiner wichtigen Komponenten. Hier finden Sie auch zahlreiche weitere Links auf technische Informationsseiten.

Tips

LCM Network (D)

www.computer-hardware.de/

Hardwaretests, Tips zum Tuning und zu Benchmarks, Kleinanzeigenforum für Hardwareteile. Aktuelle News, Tests & Benchmark-Datenbanken.

Nickles Technik Bretter (D)

www.nickles.de/wwwboard/inhalt.htm

Deutschsprachige Diskussionsforen zu verschiedenen Themen der PC-Technik, zum Selbstbau und zu Komponenten.

PC Guide (USA)

www.pcguide.com

Ausführliche technische Beschreibungen zu allen Komponenten eines PCs, herstellerunabhängig. Hier finden Sie viele Tips zur Konfiguration und zum Ein- und Umbau von Hardware. Der komplette Inhalt ist auch auf CD-ROM zum Offline-Lesen verfügbar.

WinFiles (USA)

www.winfiles.com

Hier finden Sie Tips und Tricks aller Art, sowie ein sehr ausführliches Treiber- und Sharewarearchiv. Die Download-Adressen der Treiber sind nicht immer aktuell.

ZDNet (USA) (D)

www.zdnet.comwww.zdnet.de
www.zdnet.de

Aktuellste Nachrichten aus der Computerwelt, großes Download-Archiv für Treiber und Shareware, Tests, Tips und Tricks.

ZDNet Hardware Tips (USA)

www.zdnet.com/products/hardwareuser/

Neuheiten und interessante Tips vom Hardwaremarkt, nach Gerätetypen aufgeschlüsselt. Dazu aktuelle Tests aus den ZD-Net-Zeitschriften.

Software

Thema	Seite	Weiterführende Linkseiten
Viewpoint Plug-Ins	212	www.viewpoint.com/
Virtuelle Welten	213	www.hannover.de/deutsch/3d/3d_links.htm
CADUsers-Webring	214	www.webring.org/cgi-bin/webring?ring=caduser;list
CLIC	214	clic.home.pages.de
CAD User	215	acad.co.uk
Font Zone-Webring	221	www.webring.org/cgi-bin/webring?ring=fontzone;list
Fontnet	221	www.type.co.uk/
Ultimate Photoshop	226	www.ultimate-photoshop.com/
Webopaedia	229	webopedia.internet.com/software/word_processing/ microsoft_word.html
Perl	231	www.perl.org
Programmer's Source	232	www.progsource.com/
Freeware Forever	242	start.at/freeware.net/

Betanews (USA) (F)

www.betanews.com/
www.betanews.com/www.betanews.com/fr/

Aktuelle Informationen über Beta-Software unterschiedlicher Hersteller, Trends, Patches und Fehler. Verschiedene Beta-Versionen zum Download.

Infoware (USA)

www.infoware.com/

Suchmachine für Softwareapplikationen nach verschiedenen Kategorien und Stichwörtern. Leider anmeldepflichtig und nicht besonders übersichtlich.

Software-Navigator (D)

www.software.de/

Suchmaschine für spezielle Software für verschiedene Anwendungsgebiete. „Mehr als 10.000 Programme und mehr als 6.000 IT-Anbieter aus den ISIS-Datenbanken von Nomina."

3-D

3D Ring (USA)

3dark.com/3d-ring/sites.html

Dem 3-D-Webring sind zur Zeit über 2.000 Webseiten mit 3-D-Bildern, Tips und Programmen angeschlossen.

Bilder

3D Art Exhibition (USA)

3dark.com/3d-ring/exhibition/exhibition.html

3-D-Renderings von verschiedenen Künstlern. Dazu News und aktuelle Artikel.

3D PixRay (D)

privat.schlund.de/g/graphic-design/

Gerenderte Bilder, animierte GIFs und Buttons zum Download und zur Verwendung auf eigenen Webseiten.

Artificial Gravity (USA)

www.iac.co.jp/~zowie/frame.htm

Bilder und Links auf verschiedene Softwareentwickler und Filmstudios. Außerdem viele sehenswerte gerenderte Bilder und fraktale 2-D-Grafiken.

Friedemanns Raytracing Gallery (D)

home.fhtw-berlin.de/~s0049669/
home.fhtw-berlin.de/~s0049669/indexd.html

Galerie mit zahlreichen Raytracing-Bildern zu verschiedenen Themen. Dazu Informationen zu Povray und Zusatzprogrammen.

Freeware zum Download.

Internet Raytracing Competition, the (USA)

www.irtc.org/

Monatlicher Wettbewerb für Raytracing-Bilder. Sie können die Bilder hier ansehen und bewerten oder auch eigene einsenden.

Web-TV (USA) (D)

www.web-online.net/webtv/

Bildergalerie mit Beschreibungen und Tips zu Highlight Pro. Cliparts, 3-D-Guide. Die Seiten sind im Stil eines Fernsehprogramms gestaltet und haben auch dessen Unübersichtlichkeit übernommen.

Zeitsprung (USA)

members.xoom.com/clic_cad/html/zeitspru.htm

Verschiedene sehr ansprechende gerenderte Bilder zu unterschiedlichen Themen. Keine Kommentare und Hintergrundinformationen stören die Ästhetik, auch keine Werbebanner.

Objekte

Acuris (USA)

www.acuris.com/

Katalog mit 3-D-Objekten verschiedener Kategorien. Die Objkete können in den verschiedensten 3-D-Formaten bezogen werden, einige wenige sogar kostenlos.

Avalon (USA)

avalon.viewpoint.com/

Freeware-3-D-Objekte, Software und Texturen. Der bekannteste Katalog dieser Art für 3-D-Künstler. Die meisten Objekte sind in den allgemein gängigen Formaten DXF oder 3DS.

Dino Panozzo's Objects Archive (USA)

sunserver1.rz.uni-duesseldorf.de/~pannozzo/3dsobjects.html

Großes Archiv mit Freewareobjekten im 3D-Studio-Format zum Download.

Viewpoint (USA)

www.viewpoint.com/

Hochqualitative 3-D-Objekte, Texturen und Software-Plug-Ins. Ständig wechselnd können Sie sich ein paar Demo-Objekte kostenlos herunterladen.

Zygote (USA)

www.zygote.com/

Katalog mit verschiedenen Modellen, jede Woche ein kostenloses Modell sowie Freewaremodelle im 3DMF-Format. Spezielle Modelle von Menschen für Character Studio und Poser.

Software

3D Studio MAX, Kinetix (USA)

www.ktx.com

Produktbeschreibungen, Plug-Ins, Tutorials und Patches zu 3D Studio MAX, VIZ und den alten DOS-Versionen. Hier bekommen Sie aus erster Hand Informationen zu der neuen Version 3.

3D Studio MAX Support Foren (USA)

support.ktx.com

Diskussionsgruppen zu verschiedenen Themen um 3D Studio MAX, VIZ und Plug-Ins.

Alias Wavefront (USA)

aw.sgi.com

Supportdateien, Patches, Plug-Ins, Bildergalerie und kostenlose Objekte zum Download für Alias Wavefront.

Caligari Truespace (USA) (D)

www.caligari.com
www.caligari.de

Produktbeschreibungen, Bildergalerie und Tutorials zu Caligari Truespace. In einem Image Contest kann man mit selbst erstellten Bildern interessante Preise gewinnen.

Form Z (USA)

www.formz.com

Produktinformationen, aktuelle News, Bildergalerie, Anwenderforum zu Form Z. Dazu kostenlose Objekte, Symbolbibliotheken und Texturen zum Downloaden.

Maxon (USA) (D)

www.maxon.de/index_e.html
www.maxon.de/index_d.html

Support, Bildergalerie, aktuelle News, Dokumentationen, Plug-Ins, Updates und Demoversionen zu Cinema 4D. Das erste 3-D-Renderingprogramm, das auch auf BeOS portiert wurde.

Metacreations (USA) (D)

www.metacreations.com/
www.metacreations.de/

Produktbeschreibungen der Produkte von Metacreations Bryce 3D, Painter 3D, Poser, Raydream Studio. Dazu Plug-Ins und Updates zum Download.

Newtek Lightwave (USA)

www.newtek.com/

Verschiedene 3-D- und Grafikprogramme, teilweise auch für Amiga und Macintosh. Aktuelle News und Patches für Lightwave zum Download.

POV (USA)

www.povray.org/

Download, Zusatztools, Bildergalerie und weitere Links zum bekannten Freeware-Raytracer POV. Ein kostenloses Programm, das bessere Ergebnisse liefert als einige teure Pakete.

PoV Guide (D)

www.bawue.de/~bol/pov/index_p.htm

Tutorial und Beispieldateien für Povray. Mit Galerie und Benchmarks. Hier erfahren Sie, wie Sie auch ohne grafische Oberfläche 3-D-Objekte für PoV erstellen können.

Real 3D (USA)

www.realsoft.fi/

Produktinformationen zu Real 3D, aktuelle News, Bildergalerie und Patches zum Download.

Simply 3D (USA)

www.micrografx.com/simply3d/

Produktinformationen, Tips & Tricks, Patches, Bildergalerie und User-Forum zu Simply 3D.

Ulead Cool 3D (USA) (D)

www.ulead.de/cool3d/runme.htm
www.ulead.com

Testversion, Funktionsbeschreibung, Patches und Plug-Ins zu Ulead Cool 3D. Gratis-Testversion für 15 Tage und ein Patch, das einen Fehler im NT-Service Pack 4 behebt, zum Download.

Viewpoint Plug-Ins (USA)

www.viewpoint.com/

Liste mit MAX-Plug-Ins zum Download. Dazu verschiedene Konvereter und natürlich die berühmten 3-D-Objekte von Viewpoint Datalabs.

Texturen

A+B+C Graphics (USA)

www.abcgiant.com/

Über 1.000 Texturen, Buttons und Tools für verschiedene Zwecke.

Dino Panozzo's Texture Archiv (USA)

sunserver1.rz.uni-duesseldorf.de/~pannozzo/3dstextures.html

Texturarchiv mit Katalogbildern zur Übersicht. Texturen für verschiedene 3-D-Programme oder auch als einfache Hintergrundbilder für Webseiten und Textdokumente.

Textureland (USA)

www.meat.com/textures/textures.html

Textureland ist die bekannteste Texturensammlung im Internet mit verschiedenen weltweiten Mirror-Sites. Hier finden Sie zahlreiche Texturen, die woanders nicht überall zu finden sind.

VRML

Pavan (USA)

www.pavan.co.uk/

Virtual Reality Tool Kit für MapInfo GIS. Damit können Sie sehr einfach interaktive Stadtmodelle in VRML erzeugen.

Silicon Graphics Cosmo (USA)

cosmo.sgi.com

Download und FAQs für Silicon Graphics Cosmo-Software, einem VRML-Entwicklungstool und Netscape Plug-In zum Betrachten von VRML-Objekten im Internet.

Virtuelle Welten (D)

www.hannover.de/deutsch/3d/3d_links.htm

Links auf verschiedene gute VRML-Modelle im Internet weltweit – vom 3-D-Fußballspiel über Stonehenge bis zur Weltraumsimulation..

VRML FAQ (USA)

home.hiwaay.net/~crispen/vrmlworks/faq/index.html

Ausführliche VRML FAQ. Die Fragen und Antworten stammen aus der Newsgroup *comp.lang.vrml* und wurden redaktionell überarbeitet und nach Themen sortiert.

VRML Newsgroup (USA)

news://comp.lang.vrml
news://de.comp.lang.vrml

VRML Newsgroup. Erstklassige Informationsquelle für alle VRML-Entwickler!

VRML Plug-Ins Vergleich (USA)

fos.bath.ac.uk/vrml/ns_plugins.html

Vergleichstest verschiedener VRML-Plug-Ins für Netscape. Die Seiten entsprechen leider nicht mehr dem neusten Technikstand, enthalten aber einige Testobjekte mit denen auch aktuelle VRML-Browser ausprobiert werden können.

VRML Repository (USA)

www.web3d.org/vrml/vrml.htm

Übersichtsseite über VRML-Browser und Entwicklungsprogramme. Die wichtigste aktuelle Informationsquelle über VRML im Internet.

Web3D Consortium (USA)

www.web3d.org

Das Web3D Konsortium legt die Standards für 3-D-Grafikformate im Internet fest. Hier finden Sie aktuelle News über 3-D- und VR-Datenformate sowie die offiziellen VRML-Spezifikationen.

CAD

CAD im Internet (USA) (D)

www.cad.ispro.de

Plug-Ins zum Betrachten verschiedener CAD-Formate im Internet, dazu weitere Links und Informationen.

CAD-Newsgroup (D)

news://de.comp.cad

Deutschsprachige programmunabhängige CAD-Newsgroup.

CADUsers-Webring (USA)

www.webring.org/cgi-bin/webring?ring=caduser;list

Über diesen Webring erreichen Sie zahlreiche, für CAD-Anwender interessante Seiten.

CLIC (D)

clic.home.pages.de

Zahlreiche Links auf interessante Webseiten zu CAD.

Microstation Newsgroup (USA)

news://comp.cad.microstation

Newsgroup zu Microstation.

upFront.eZine (USA) (D) (F)

users.uniserve.com/~ralphg
cad.home.pages.de
www.technoport.lu/lti/mod/cad

Wöchentliches Online-Magazin über aktuelle CAD-Themen. Das Magazin kann auch als E-Mail-Newsletter abonniert werden. Es erscheint in Englisch, Deutsch, Französisch, Spanisch und Russisch. Weitere Sprachen sind geplant.

AutoCAD

ADGE (USA)

www.adge.ch

Rund um AutoCAD als offenes CAD-System gibt es inzwischen eine große Anzahl Entwickler, die Zusatzprogramme herstellen. Die AutoCAD Developers Group Europe bietet Links auf die Webseiten ihrer Mitglieder sowie Tagungsprotokolle und einige Tools.

Afra-Lisp (USA)

members.tripod.com/~kramage

AutoLisp ist die Programmiersprache in AutoCAD, mit der sich eigene Funktionen und Plug-Ins schreiben lassen. Diese Webseite bietet Verschiedene Autolisp-Tutorials und Beispielprogramme zum Download.

AutoCAD Newsgroup (USA) (D)

news://comp.cad.autocad
news://de.comp.cad.autocad

Herstellerunabhängige Newsgroup zu AutoCAD, nicht moderiert.

Autodesk (USA) (D) (F)

www.autodesk.com
www.autodesk.de

Autodesk ist Hersteller von AutoCAD und einiger Zusatzmodule (Mechanical Desktop ...) sowie auch 3D Studio MAX. Produktbeschreibung, Supportnewsgroups und Patches vom Hersteller Autodesk.

CAD User (USA)

acad.co.uk

AutoCAD-Tools und Links auf verschiedene weitere Webseiten zu AutoCAD.

CADAES (D)

www.cadaes.de/aes.htm

AutoCAD-Applikation für Platinenlayout. Demoversionen und Handbücher zum Download.

CADalog (USA)

www.cadalog.com

Sharewaretools zu AutoCAD und 3D StudioMAX, Blockbibliotheken und Live-Chat. Sehr übersichtlich nach Kategorien geordnet. Eine der größten Fundgruben zu Tools rund um AutoCAD.

CADsyst (USA)

www.cadsyst.com

Sharewaretools zu AutoCAD, Newsgroups, Tips und Tutorials. Ständig aktualisiert finden Sie hier auch schon Tools zu AutoCAD 2000.

Mensch und Maschine (USA) (D)

www.mum.de
www.mum.de/mum/transl-e/default.htm

Mensch und Maschine, führender Distributor von AutoCAD-Applikationen liefert hier Produktinformationen zu seinen Produkten.

Pauls AutoLisp Page (USA)

ucad1.uccb.ns.ca/acad/util.htm

AutoLisp-Tools zum Download. Hier finden Sie Programme, die nicht auf den großen Sharewareservern erhältlich sind.

Russische AutoCAD-Seite (USA)

joker.mega.ru/

Private Seite eines russischen AutoCAD-Fans mit viel Shareware, russischen Fonts und einer russischen Übersetzung des CAD-Nachrichtenmagazins upFront.eZine.

Xarch (USA)

xarch.tu-graz.ac.at/autocad

Tips, FAQs, Tutorials und zahlreiche Tools zu AutoCAD. Hier finden Sie auch eine FAQ der Newsgroup *comp.cad.autocad.*

Betrachter

Automanager View (USA) (D)

www.cyco.com
www.cyco.com/deutsch

Betrachter für verschiedene CAD-Formate und sonstige Dateiformate mit AutoCAD-Anbindung und Internet Plug-In.

Dr. DWG (USA)

www.drdwg.com

Verschiedene Betrachter für das DWG-Format, auch als Internet Plug-Ins. Lightversionen zum Download.

Imagenation (USA) (D)

www.spicer.com
www.kisters.de

Betrachter und Konverter für verschiedene CAD-Formate und sonstige Dateiformate mit Markierfunktion auch als Plug-In für Webrowser verfügbar. Eingeschränkte Evaluationsversionen zum Download.

Splot (USA)

www.czechia.com/anovy/

Betrachter für HPGL- und HPGL/2-Plotdateien mit Konvertierungsfunktionen in HPGL-Formate anderer Plotter oder in DXF oder DXB. Auch als Plug-In für Netscape verfügbar.

Vdraft Betrachter (USA)

www.softsource.com/plugins/plugins.html

Betrachter für DWG, DXF und das neue SVF (Simple Vector Format) als Plug-Ins für Netscape und Opera. Sharewareversionen zum Download.

Organisationen

IAI (USA)

www.interoperability.com

Die International Alliance for Interoperability versucht, den Zeichnungsaustausch zwischen CAD-Programmen zu standardisieren. Hier finden Sie technische und organisatorische Informationen über die laufenden Projekte.

Open DWG (USA)

www.opendwg.org

Die Open DWG Alliance will das DWG-Format als offenen Industriestandard durchsetzen. Hier finden Sie aktuelle News, Diskussionen und die DWG-Spezifikation zum Download.

Sonstige

Acadgraph (USA) (D)

www.acadgraph.de
www.acadgraph.de/index_e.html

Produktinformationen zu Acadgraph. Eine der bekanntesten architekturspezifischen Applikationen zu AutoCAD.

Bentley Microstation (USA) (D)

www.microstation.com
www.bentley.de

Der Hersteller von Microstation bietet hier Produktionformationen und Hinweise auf zahlreiche Veranstaltungen und Schulungen an. Microstation ist weltweit nach AutoCAD eines der wichtigsten CAD-Programme.

Caddy (USA) (D)

www.caddy.de

Produktinformationen zu Caddy, Testversionen, Handbücher und aktuelle Treiber zum Download. Tips und Tricks, FAQ und eigene Support-Newsgroups zu verschiedenen Themen rund um Caddy.

CADKON (D)

www.cadkon.de

Produktinformationen, Tips & Tricks und Patches zu CADKON, einer wichtigen Architektur- und Bauapplikation zu AutoCAD und AutoCAD LT.

Felix CAD (USA) (D)

www.fcad.com
www.fcad.de

FelixCAD ist ein CAD-Programm, das AutoCAD sehr ähnlich ist, nur längst nicht so teuer. Produktinformationen, aktuelle News und eine 30-Tage-Version zum Download.

LinuxCAD (USA)

www.softwareforge.com/linuxcad/

LinuxCAD ist ein AutoCAD-kompatibles CAD-Programm für Linux.

MB-Software (USA) (D)

www.mb-hameln.de
www.mb-hameln.de/englisch.htm

Produktionformationen zu allen MB-Produkten, dazu Diskussionsforen zu Arcon und Ing+ sowie einige Updates und Patches zum Download.

MegaCAD (D)

www.jit.de

Produktinformationen zu MegaCAD und den Anwendungen. Testversionen des CAD-Programms und verschiedener Applikationen zum Download. Außerdem Buchtips und Links auf Webseiten zu Architektur und Bauen.

Nemetschek (USA) (D)

www.nemetschek.com
www.nemetschek.de

Produktinformationen und Downloads zu Produkten von Nemetschek – CAD- und Berechnungssysteme für Architektur und Bauindustrie.

Speedikon (USA) (D)

www.iez.com/iez

Produktinformationen zu verschiedenen Speedikon-Versionen. Das Programm ist eine Bau-Applikation für AutoCAD und Microstation. Seit neustem ist auch eine eigenständig lauffähige Version unter Windows NT verfügbar, die kein CAD-Basisprogramm mehr benötigt.

Tebis CAD/CAM (D)

www.tebis.de

Tebis Technische Informationssysteme AG Gräfelfing. Die CAD/CAM-Experten. Professionelle Konstruktionssysteme für die Fertigung industrieller Prototypen.

Datenbank

Access Newsgroup (USA)

news://comp.databases.ms-access

Newsgroup zu MS-Access.

Automanual (USA)

www.hallogram.com/automanual/index.html

Tool zum automatischen Generieren von Handbüchern für Visual FoxPro-Applikationen als DOC- oder CHM-Datei. Hier finden Sie FAQ und eine Demoversion zum Download.

Clipper Newsgroup (USA)

news://comp.lang.clipper

Newsgroup zu Clipper.

Clipper Utility Library (USA)

www.emsps.com/clputil.htm

Sharewaretools zu Clipper. Die Datenbank, die selbst über eine Clipper-Abfrage durchsucht werden kann, enthält über 3.000 Tools für Clipper-Programmierer und Datenbank-Designer.

Colin's Foxpro Page (USA)

www.state.sd.us/people/colink/foxpage.htm

Informationen, FAQs, Tools und weitere Links zu FoxPro.

DB2 Newsgroup (USA)

news://comp.databases.ibm-db2

Newsgroup zu IBM DB2.

Free Sybase Tools (USA)

www.tiac.net/users/sqltech/

Verschiedene Freewaretools und Tips zu Sybase, einer frei programmierbaren SQL-Datenbank.

Inprise-Newsgroups (USA)

www.borland.com/newsgroups/

Diverse Newsgroups zu Visual Dbase und anderen Borland-Produkten, die von Inprise übernommen wurden.

Oasis, the (USA)

www.iag.net/~philb/

FAQs und verschiedene Tools zu Clipper. Infos über das Harbour-Projekt (Open Source Clipper) und Jahr-2000-Informationen zu xBase-Datenbanken.

ODBC FAQ, Datenbankschnittstelle (USA)

www.roth.net/odbc/odbcfaq.htm

Ausführliche FAQs zur Datenbankschnittstelle ODBC.

Oracle (USA)

www.oracle.com

Der Hersteller Oracle bietet hier kostenlose Tools und Testversionen sowie Supportdateien an. Oracle ist eines der wichtigsten professionellen Datenbanksysteme weltweit.

Oracle Magazin (USA)

www.oramag.com/

Das Oracle Magazin veröffentlicht hier online einige seine aktuellen Artikel und bietet Links auf Supportseiten und Anwendergruppen.

Oracle Newsgroup (USA)

news://comp.databases.oracle

Newsgroup zu Oracle.

Paradox Newsgroup (USA)

news://comp.databases.paradox

Newsgroup zu Paradox.

Visual-FoxPro Add-Ons (USA)

www.ping.be/~ping0150/vfp.html

Add-Ons und Biblliotheken zu Visual-FoxPro. Development Tools, Loadable Libraries und OCX 32 Bit OLE Controls.

Fonts

Abstract Fonts (USA)

abstractfonts.com

Verschiedene Fonts, Barcodes und Dingbats sowie eine Mailingliste für aktuelle News. Viele Cookies und Werbung, aber ein interessantes Angebot.

Hier finden Sie auch ein Programm, mit dem TrueType-Fonts für den Macintosh konvertiert werden können.

Astigmatic One Eye Fonts (USA)

www.astigmatic.com

Hier finden Sie zahlreiche Shareware, Freeware und kommerzielle Fonts. Alle Fonts mit Kurzbeschreibung, Vorschaubild und als Windows- oder Macintosh-Version.

Font Zone-Webring (USA)

www.webring.org/cgi-bin/webring?ring=fontzone;list

Webring mit Seiten zu Shareware- und Freewarefonts.

Fontastic (USA)

people.wiesbaden.netsurf.de/~kikita/

Fonts verschiedener Kategorien, auch fremdsprachig, zum Download sowie Links auf Software zur Fontverwaltung und -bearbeitung.

Fontfreak (USA)

www.fontfreak.com/

Eines der größten Sharewarefont-Archive mit über 2.500 Fonts und Fontsoftware. Alle Fonts mit Vorschaubild und teilweise auch für Macintosh. Leider viel Werbung auf den Seiten.

Fontlab (USA)

www.pyrus.com

Fonteditor für TrueType- und Type-1-Fonts. Demoversion zum Download, die aber nicht exportieren kann.

Fontnet (USA)

www.type.co.uk/

Fonts, Software und viele weitere Links. Hier finden Sie auch einiges an Hintergrundwissen rund um Fonts, TrueType und PostScript.

Fontographer (USA) (D)

www.macromedia.com/software/fontographer
www.macromedia.com/de

Produktbeschreibung, Support und Updates zum Fontgestaltungsprogramm Fontographer. Damit lassen sich vorhandene Fonts verändern und ergänzen und eigene Fonts gestalten.

Font-O-Matic (USA)

www.geocities.com/siliconvalley/park/2247

Fontmanagementprogramm zum Verwalten, Betrachten und Drucken als Freeware.

Fontpage (USA)

bluefive.pair.com

Freewareprogramm zum Betrachten, Vergleichen und Ausdrucken von TrueType-Fonts.

Listemagerens Font Archive (USA)

members.xoom.com/carren/fontarkiv.html

Abwechslungsreiche, moderne Fonts zum Download. Alle Fonts sind „Postcardware", zur Registrierung muß man eine Postkarte an die Tochter des Autors schicken.

MS-Windows Cyrillic Fonts (USA)

www.b-info.com/places/bulgaria/cyr/mswin/

Bulgarische und russische, kyrillische Fonts mit ausführlicher Installationsanleitung und Erklärung der Funktionsweise, dazu auch entsprechende Tastaturtreiber.

Scriptorium (USA)

www.ragnarokpress.com/scriptorium/index.html

Zahlreiche Fonts verschiedener Kategorien, auch Shareware und ein Diskussionsforum. Viele historische und künstlerische Fonts mit interessanten Hintergrundinformationen auf künstlerisch ansprechenden Seiten.

SIL-Fonts in Cyberspace (USA)

www.sil.org/computing/fonts/

Internationale (Inuit, Japanisch, Indisch, Khmer, Koreanisch, Lao, Maori und andere) und symbolische Fonts. In dieser Fontsammlung finden Sie nicht die üblichen Varianten von Standardfonts, die nur unterschiedlich aussehen, sondern Fonts für besondere Zwecke.

Softmaker (D)

www.softmaker.de/freefont.htm

Jeden Monat ein neuer kostenloser TTF- und PostScript-Font. Außerdem bekommen Sie hier CD-ROMs mit Tausenden von Fonts sowie ein sehr günstiges, gutes Office-Paket.

Softy (USA)

home.iclweb.com/icl1/d.w.emmett/

Programm zum Erstellen und Verändern von TrueType-Fonts. Shareware zum Download.

TypeTool (USA)

www.fontlab.com/tt_main.htm

Fonteditor für TrueType- und Type-1-Fonts. Demoversion zum Download, die aber nur fünf Fonts exportieren kann.

Uddi Free-Fonts (USA)

www.uddiuddi.com

Verschiedene moderne Freewarefonts, kein alter Kitsch. Witzig-poppige Seitengestaltung.

Using Cyrillic Alphabet (USA)

www.PortlandPetroleum.com/public/cyr.shtml

Tips zur Verwendung des kyrillischen Alphabets in Windows 95 (Funktioniert nicht mit Windows 98!).

Grafik

Grafik Newsgroup (USA) (D)

news://comp.graphics
news://de.comp.grafik

Allgemeine herstellerunabhängige Newsgroups zu Grafik.

Betrachter

ACDSee (USA) (D) (F)

www.acdvictoria.com

Sehr schneller Bildbetrachter der Spitzenklasse mit zahlreichen Zusatzfunktionen und Konvertiermöglichkeit zwischen den Formaten. Shareware zum Download.

CompuPic (USA)

www.photodex.com/

Bildbetrachter, der automatisch Indexbilder von ganzen Verzeichnissen und Diashows anlegt. Testversion und Produktbeschreibung zum Download.

Ghostview (D)

www.fh-hamburg.de/pers/lueddecke/ghost/

Ghostview und Ghostscript zum Betrachten von PostScript-Dateien auf dem Bildschirm. Hier finden Sie die Programme zum Download und Installationsanweisungen.

Quick View Plus (USA)

www.jasc.com/qvp.html

Quick View Plus, Betrachter für zahlreiche Grafik- und Officeformate. Evaluationsversion zum Download. Auch als Plug-In für Webbrowser.

Tucows Graphic Viewers (USA)

www.tucows.de/grap95.html

Zahlreiche Sharewarebildbetrachter zum Download. Alle Programme mit Kurzbeschreibung, Bewertung und Link auf den Hersteller.

Bildbearbeitung

Paint Shop Pro (USA) (D)

www.jasc.com
www.jasc.de/

Produktinformationen zu Paint Shop Pro, einem der besten Shareware-bildbearbeitungsprogramme für Windows. Evaluationsversion zum Download.

Photo Line (USA) (D)

www.ciebv.com/
www.ciebv.com/de/index.html

Features, Tips und FAQs. Testversion zum Download. Online-Tutorial, verschiedene Beispiele und Zusatztools.

Tucows Image Editors (USA)

www.tucows.de/imgedit95.html

Zahlreiche Sharewarebildbearbeitungsprogramme zum Download. Alle Programme mit Kurzbeschreibung, Bewertung und Link auf den Hersteller.

Ulead PhotoImpact (USA) (D)

www.ulead.de/pi/runme.htm
www.ulead.com

Testversion, Funktionsbeschreibung, Patches und Plug-Ins zu Ulead PhotoImpact.

Multimedia

A+B+C Graphics (USA)

www.abcgiant.com/

Über 1.000 Buttons, Fonts und Tools für Multimedia-Autoren.

Adobe Premiere (USA) (D)

www.adobe.com
www.adobe.de

Produktinformationen und Plug-Ins zum Download für Adobe Premiere, Photoshop, Acrobat, Illustrator und andere Grafikprogramme für Windows und Macintosh.

Crack (D)

www.rms.to/produkte.htm

Multimedia-Autorensystem für CD-ROM Benutzeroberflächen mit RealAudio, MP3, .snd und .au-Unterstützung. Testversion zum Download.

Matrix Vault (USA)

matrixvault.com/

Wollen Sie wirklich immer alle Buttons für Ihre Webseiten selbst zeichnen? Hier finden Sie Icons und MIDI-Dateien für Multimedia-Autoren und Webdesigner zum Download.

Mediator (USA) (D)

www.mwin.com/
www.mwin.com/mediator4/german/index.htm

Produktbeschreibung des Multimedia-Autorentools Mediator, Tips & Tricks und Internet-Plug-Ins zum Download.

Photoshop

Adobe Photoshop (USA) (D)

www.adobe.com
www.adobe.de

Der Hersteller von Photoshop zeigt hier grafisch aufwendige Produktbeschreibungen, interessante Tips und FAQs.

Kai's Power Tools (USA) (D)

www.metacreations.com/
www.metacreations.de/

Produktbeschreibung und weitere Informationen zum Photoshop-Plug-In Kai's Power Tools. Dazu Plug-Ins und Updates zum Download.

Photoshop.org (USA)

www.photoshop.org/

Tutorials, Tips & Tricks und Links auf verschiedene Bildergalerien. Beispielbilder für alle Photoshop-Filter aus dem Standard-Adobe-Lieferumfang.

Ultimate Photoshop (USA)

www.ultimate-photoshop.com/

Links auf zahlreiche Freeware und Shareware Photoshop Filter und Plug-Ins sowie Tips & Tricks, Tutorials, FAQ und andere interessante Informationen zu Photoshop im Internet.

Vektorgrafik

Adobe Illustrator (USA) (D)

www.adobe.com
www.adobe.de

Produktbeschreibungen, interessante Tips und FAQs zu Adobe Illustrator. Testversion, Updates und Dokumentation zum Download.

CorelDraw (USA) (D)

www.corel.ca
www.corel.com/international/germany/

Produktinformationen, Supportdokumente, FAQs und Patches zu CorelDRAW und anderen Corel-Produkten. Die amerikanische Seite ist deutlich aktueller als die deutsche.

Macromedia Freehand (USA)

www.macromedia.com

Produktbeschreibungen, Tips und Testversion von Freehand zum Download.

Kommunikation

Fritz! (USA) (D)

www.avm.de

ISDN-Kommunikationsprogramm für den Dateitransfer, Fax, Anrufbeantworter. Außerdem ISDN-Hardware und Kommunikationslösungen für Netzwerke.

Gerdes PowerPack 32 (D)

www.gerdes-ag.com

ISDN-Kommunikationsprogramm für den Dateitransfer, Fax, Anrufbeantworter. Zeitlich begrenzte Demoversion zum Download.

Lotus Notes (USA) (D)

www.lotus.com
www.lotus.de

Groupwaretool für größere Netzwerke. Hier finden Sie ausführliche Produktinformationen und aktuelle News, Patches und Updates zum Download.

pcANYWHERE (USA) (D)

www.symantec.de/pcanywhere/index.html
www.symantec.de/region/de/product/pcanywhere/index.html

Programm zum Datentransfer und Fernbedienung. Testversion zum Download, dazu Supportdatenbank, FAQs und Diskussionsgruppe.

RVS-COM (USA) (D)

www.rvs.de/

ISDN-Kommunikationsprogramm für den Dateitransfer, Fax, Fernwartung, Softmodem, Anrufbeantworter.

TalkWorks Pro (USA) (D)

www.symantec.com/talkworks/index.html
www.symantec.de/region/de/product/talkworks/index.html

Kommunikationsprogramm für Telefonie, Anrufbeantworter, Fax und Fax-Abruf. Testversion zum Download, dazu Supportdatenbank, FAQs und Diskussionsgruppe.

Tucows Faxprogramme (USA)

www.tucows.de/fax95.html

Verschiedene Sharewarefaxprogramme. Alle Programme mit Bewertung, Kurzvorstellung und Link auf den Hersteller.

WinFax Pro (USA) (D)

www.symantec.com/winfax/index.html
www.symantec.de/region/de/product/winfax/index.html

Das bekannte Faxprogramm von Symantec. Testversion zum Download, dazu Supportdatenbank, FAQs und Diskussionsgruppe.

Office

Office Newsgroup (D)

news://de.comp.office-pakete.misc

Deutschsprachige Newsgroup zu Office-Programmen allgemein.

Suite Deals (USA)

www.zdnet.com/pcmag/features/suites/_open.htm

Vergleiche und Kaufberatung für verschiedene Office-Pakete. Leider sehr Microsoft-freundlich, da von den Konkurrenzprodukten ältere Versionen zum Vergleich herangezogen wurden.

Andere

Antons Font World (USA) (D)

www.fontworld.net

Verschiedene Plug-Ins und Tips zu AmiPro, außerdem TrueType-Fonts zum Download.

Lotus (USA) (D)

www.lotus.com
www.lotus.de

Produktinformationen und Support zur Lotus Smartsuite.

Softmaker (D)

www.softmaker.de

Sehr preisgünstiges, komfortables Office-Paket. Home-Version zum kostenlosen Download.

Star Office (USA) (D)

www.stardivison.com
www.stardivision.de

Star Office ist ein kostenloses Office-Paket, das hier für verschiedene Betriebssysteme heruntergeladen werden kann. Dazu gibt es FAQs und einen E-Mail-Newsletter.

StarOffice Newsgroup (D)

news://de.comp.office-pakete.staroffice

Deutschsprachige Newsgroup zu StarOffice.

Microsoft

Excel-Tutorial (USA)

www.usd.edu/trio/tut/excel/

Tutorial zu Excel. Ursprünglich für absolute Anfänger geplant, finden aber auch fortgeschrittene User hier immer noch interessante Tips.

FormEdit (USA)

www.geocities.com/capecanaveral/launchpad/5437/index.html

Sharewareformeleditor für Microsoft Office. Das Programm arbeitet mit einer LaTeX ähnlichen Engine, die eine Bilddatei generiert, die in Office eingebunden wird. Der LaTeX-Code bleibt erhalten, so daß die Formel später nachbearbeitet werden kann.

Learning Microsoft Word (USA)

www.lgta.org/word7

Online-Tutorial zu Microsoft Word. Aus einem Kurs der North Dakota State University. Das Tutorial kann online durchgearbeitet werden, es gibt aber auch eine Version zum Ausdrucken.

Microsoft (USA) (D)

www.microsoft.com/office/
www.eu.microsoft.com/germany/office/

Produktinformationen, Service Packs und Tips zu Microsoft Office. Hier finden Sie inzwischen nur noch Informationen zu Office 2000. Die älteren Office-Pakete tauchen fast gar nicht mehr auf.

Office 97 Bug Forum (D)

www.chip.de/misc/wwwboard/messages/office97/

Deutschsprachiges Diskussionsforum um Fehler in Office 97. „Hier können Sie Fehler und Bugs in Microsoft Office 97, die Sie entdeckt haben, beschreiben und mit anderen geplagten Benutzern diskutieren."

Office 97 Insider (D)

www.office97.de/insider/

E-Mail-Newsletter mit Tips, Bugfixes, Hinweisen auf Service-Packs, Add-Ons und aktuelle Makroviren zu Microsoft Office.

Office secrets (D)

www.office-secrets.de/

Jede Woche aktuelle Tips zu Office, auch per E-Mail. Allerdings ein kostenpflichtiger Service. Ob sich das Geld lohnt, im Vergleich zu den zahlreichen kostenlosen Informationsseiten, bleibt jedem selbst überlassen. Es gibt aber ein zeitlich befristetes kostenloses Testabo.

SmartTools Add-In World (D)

www.add-in-world.com/katalog/

Verschiedene Add-Ins zu Microsoft Office, teilweise kostenlos.

Webopaedia (USA)

webopedia.internet.com/software/word_processing/microsoft_word.html

Links auf verschiedene Tips & Tricks-Seiten sowie Tutorials zu Microsoft Word. Dazu auch Informationen über Makroviren und andere Textverarbeitungen, nicht von Microsoft.

WordPerfect

Barry MacDonnell's Toolbox (USA)

ourworld.compuserve.com/homepages/macdonnell/

Tips und Makrobibliothek zum Download. Alle Makros mit Kurzbeschreibung und Angabe kompatibler WordPerfect-Versionen. Viele Makros wurden bereits auf die neue Version WordPerfect 9/Office 2000 aktualisiert.

Corel WordPerfect (USA)

www.wordperfect.com/

FAQs und diverse Supportdokumente zu Corel WordPerfect. Infos zum neusten Office 2000

WordPerfect FAQ (USA)

w3.one.net/~kgibson/wp8faq.htm

Ausführliche FAQs über WordPerfect 8 und 9 (aus dem WordPerfect Office 2000), auch zum Download. Dazu weitere Links auf Newsgroups und Corel-Supportseiten

WordPerfect Universe (USA)

wpwin.com/

Infos zu verschiedenen WordPerfect-Versionen, auch den alten DOS-Versionen, die vom Hersteller nicht mehr supported werden. Freewaretools zu WordPerfect, Diskussionsforum und weitere Links.

WordPerfect versus Word (USA)

hem.passagen.se/worldnet/wpvsword/

Verschiedene Vergleiche zwischen WordPerfect und MS-Word in den aktuellen 2000-Versionen sowie weitere Links. Die Vergleiche sind sehr ausführlich, aktuell und nicht von einem der Hersteller gesponsert.

WordPerfect Wiz (USA)

www.wpwiz.com/

FAQs, technische Tips und Beispielmakros zu WordPerfect. Dazu ein Vergleich der Features von WordPerfect und MS-Word.

WordPerfect World (USA)

www.n9vst.com/wpwin/

FAQs, Makros und Add-Ins für WordPerfect. Hier finden Sie eine umfangreiche Download-Bibliothek mit Tools zu verschiedenen WordPerfect-Versionen sowie weitere Links auf Informationsseiten zu WordPerfect.

Programmierung

Amateur Chaologist, the (USA)

www.geocities.com/capecanaveral/9753/

Algorithmen für verschiedene Fraktale zum Selbstprogrammieren und viele Bilder und Animationen fraktaler Grafik.

Codewarrior (USA)

www.codewarrior.com/

Programmierumgebung für C, C++, Java und Pascal. Lite-Version und Updates zum Download. Damit können Sie nicht nur für Windows programmieren, sondern auch für RedHat Linux, Solaris, PalmPilot, Gameboy und Macintosh.

DOS-Programmierung FAQ (USA)

www.vadsbogymn.mariestad.se/pers/c-kurs/faq-001.html

FAQs zur Programmierung unter DOS und zu DOS-Interna. Zusammengestellt aus der Newsgroup *comp.os.msdos.programmer*.

Freecode (USA)

www.freecode.com/

Archiv mit kostenlosen Quellcodes für verschiedene Programme in C/C++, Java, Perl oder Visual Basic.

Logo (USA) (D) (F)

library.advanced.org/18446/

Online-Tutorial für die Sprache Logo mit Java-basiertem Interpreter zum unmittelbaren Programmieren ohne zusätzliche Software. Verschiedene Beispiele lassen sich herunterladen und mit einer anderen Logo-Engine bearbeiten.

PCDbascht (D)

members.aol.com/pcdbascht

Aktuelle News und einige Programmierkurse zu verschiedenen Programmiersprachen (Delphi, C/C++, Javascript, Java, Perl, CGI, Prolog, Tcl/TK und einige andere).

Perl (USA)

www.perl.org

Informationen über die Server-Skriptsprache Perl. Das Perl Institute ist eine Organisation, die sich darum kümmert, daß diese Programmiersprache kostenlos verfügbar bleibt.

Programmer's Heaven USA

www.programmersheaven.com

Zahlreiche Quellcodes und Tools in verschiedenen Programmiersprachen. Über 6.000 Dateien können hier heruntergeladen werden, nicht nur für Windows, sondern auch für Linux, PalmPilot, Amiga, C64, HP-48, Psion, Macintosh und verschiedene Emulatoren.

Programmer's Source, the USA

www.progsource.com/

Dokumentationen, Dateiarchive und Tools zu verschiedenen Programmiersprachen, Delphi, Pascal, C/C++, Java, Perl, CGI, Assembler und Visual Basic.

Assembler

80x86 Assembly Pages, the USA

www.fys.ruu.nl/~faber/amain.html

Assembler-Tips, zahlreiche Quellcodes zum Download, eine eigene „Beginner's Corner", Bücherliste und weitere Links auf interessante Seiten, Tutorials und Newsgroups.

Abe's Demoschool USA

www.mds.mdh.se/föreningar/small/abe/

Assembler-Tutorial für den PC. Verschiedene Tips & Tricks zu SVGA-Grafik unter DOS.

Art of Assembly Language Programming, the USA

webster.ucr.edu/page_asm/artofassembly/artofasm.html

Ausführliches Assembler-Tutorial mit zusätzlichen mathematischen und technischen Grundlagen.

Assembler Newsgroup USA

news://comp.lang.asse

Newsgroup zur Assembler-Programmierung.

Borland Turbo Assembler USA

www.borland.com/borlandcpp/cppcomp/tasmfact.html

Technische Spezifikationen und Patches für den Borland Turbo Assembler.

Shareware Assembler USA

garbo.uwasa.fi/pc/assembler

Verschiedene Shareware Assembler, Disassembler und Quellcodes für verschiedene Prozessortypen, nicht nur Intel Pentium und kompatible.

Simtel Assembler Tools (USA)

oak.oakland.edu/pub/simtelnet/msdos/asmutl/

Sharewaretools zu Assembler und Quellcodes. Hier müssen Sie genau wissen, was Sie suchen. Die Dokumentation ist nicht gerade umfangreich, dafür ist das Download-Angebot sehr groß.

C

Borland C++ Builder (USA)

www.borland.com/bcppbuilder/

Produktinformationen und Support für die Borland-C++-Entwicklungsumgebung. White Papers, FAQ, Manuals und Links auf die Borland-eigenen Support-Newsgroups. Vergleich zwischen C++ Builder 4 und Visual C++ 6.0

C FAQ (USA) (D)

www.eskimo.com/~scs/c-faq/top.html
home.pages.de/~c-faq

Ausführliche FAQs zu C. Die Fragen und Antworten stammen aus der Newsgroup *comp.lang.c* bzw. *de.comp.lang.c* und wurden hier thematisch geordnet und redaktionell aufbereitet.

C Newsgroup (USA) (D)

news://comp.lang.c
news://de.comp.lang.c

Newsgroup zu C.

C Programmer's Union (USA)

clubs.yahoo.com/clubs/cprogrammersunion

Aktuelle Nachrichten und Chats in einem virtuellen C-Programmierer-Club in Form einer Newsgroup aber über die WWW-Oberfläche der Yahoo-Clubs zu steuern und nicht mit einem Newsreader.

C Source Warehouse (USA)

www.geocities.com/siliconvalley/lakes/7504/

Quelltexte und Tutorials zur C-Programmierung von verschiedenen Autoren sowie Links auf weitere Archive und Tutorials im Internet.

C++ Coding Standard (USA)

www.possibility.com/cpp/cppcodingstandard.html

Richtlinien zur Standardisierung von C++-Programmen. Diese Standards sollen C++-Quelltexte verständlicher und lesbarer machen.

C++ FAQ LITE (USA)

www.informatik.uni-konstanz.de/~kuehl/cpp/cppfaq.htm/

Ausführliche FAQs zu C++. Die Fragen stammen aus der Newsgroup *comp.lang.c++* und wurden hier sortiert und redaktionell aufbereitet.

C++ Packages (USA)

www.desy.de/user/projects/c++/projects.html

Übersicht über C++-Programmierbibliotheken verschiedener Anbieter (größtenteils Freeware).

Inprise-Newsgroups (USA)

www.borland.com/newsgroups/

Diverse Newsgroups zu Borland C++. Die Newsgroups werden von Borland moderiert, es kann aber jeder beliebig Fragen und Antworten posten.

Learn C/C++ Today (USA)

www.cyberdiem.com/vin/learn.html

Tutorial zu C/C++ zum Download. Außerdem weitere Links und Buchtips zur C++-Programmierung.

Microsoft Visual C++ (USA) (D)

msdn.microsoft.com/visualc/
www.eu.microsoft.com/germany/msdn/vc/default.htm

Reviewer's Guide zur C++-Entwicklungsumgebung aus dem Microsoft Visual Studio mit Produktinformationen, Funktionsübersicht und FAQs zu Microsoft Visual C++.

Visual C++ Developers Journal (USA)

www.vcdj.com/

Aktuelle News, Tips und Diskussionsgruppen zu Visual C++. Die Online-Ausgabe dieser Zeitschrift veröffentlicht einige Artikel aus der gedruckten Ausgabe und veranstaltet eigene Entwicklerkonferenzen.

Delphi

Borland (USA)

www.borland.com/delphi/

Produktinformationen, aktuelle Artikel und Support vom Hersteller.

CodeColorizer (USA)

www.chami.com/colorizer/

Dieses Tool markiert verschiedene Komponenten eines Delphi-Quelltextes farbig, um so die Programmstruktur übersichtlicher zu machen. Der

Quelltext kann direkt über die Zwischenablage in ein Fenster auf der Webseite eingefügt und farbig umgesetzt werden. Die Ausgabe erfolgt im HTML-Format mit Color-Tags.

Delphi Games Creator (USA)

www.ex.ac.uk/~PMBearne/dgc.html

Bibliothek mit Funktionen für das Programmieren von Spielen mit Delphi. Dazu Tips und Tricks und Tools zur Programmierung von Spielen mit DirectX.

Delphi-Links (USA)

www.webcom.com/mikemars/mikedelf.html

Zahlreiche Links auf Seiten zum Thema Delphi, Sourcecode-Bilbliotheken, Komponenten, Tutorials, Newsgroups ...

Delphi Source, the (USA)

www.doit.com/delphi/home.html

Tips und Tricks, Newsletter, Delphi-Komponenten und Beispiel-Quellcodes zum Download. Außerdem viele Links auf weitere Delphi-Seiten, Newsgroups und FTP-Server mit Quellcodes.

Delphi Super Page (USA)

sunsite.anu.edu.au/mirrors/delphi/

Sharewarebibliothek zu Delphi mit Quelltexten und aktuellen Artikeln zu verschiedenen Delphi-Versionen, C++ Builder und J Builder.

Delphi Utility Library (USA)

www.emsps.com/delutil.htm

Sharewaretools zu Delphi. Die Bibliothek enthält eine dBase-Datenbank, mit der nach bestimmten Stichwörtern gesucht werden kann, um in den über 700 Quelltexten das Passende zu finden.

Inprise-Newsgroups (USA)

www.borland.com/newsgroups/

Diverse Newsgroups zu Delphi. Die Newsgroups werden von Borland moderiert, es kann aber jeder beliebig Fragen und Antworten posten.

Java

An Introduction to Java (USA)

devcentral.iftech.com/learning/tutorials/java/javaintro/

Einfache Einführung in Java mit Beispielen. Die Beispiele liegen auch compiliert vor, so daß sie direkt ausprobiert werden können.

Gamelan (USA)

www.gamelan.com

In Form eines Online-Magazins finden Sie hier, öfters aktualisiert, zahlreiche Informationen, Referenzen, Tools und ein Glossar zu Java.

Inprise-Newsgroups (USA)

www.borland.com/newsgroups/

Diverse Newsgroups zu Borland Jbuilder. Die Newsgroups werden von Borland moderiert, es kann aber jeder beliebig Fragen und Antworten posten.

Java Review Service (USA)

www.jars.com/

Zahlreiche Java-Applets teilweise mit Quelltext und Bewertung, dazu diverse weitere Links.

Hier finden Sie zusätzlich auch JavaScript-, ActiveX-, VRML- und Perl-Listings.

Java User Group Deutschland (D)

www.java.de

Aktuelle News und technische Tips der deutschen Java User Group. Hier finden Sie auch einen Java-Online-Kurs für Einsteiger.

JavaWorld Online-Magazin (USA)

www.javaworld.com/

Aktuelle Informationen, Tutorials, Tips & Tricks und Downloads monatlich neu.

Kaffee & Kuchen (D)

java.seite.net

Deutsche Java-Seite mit Tutorials, Links und Download-Bibliothek. Aktuelle News, Chat und Diskussionforum zur Kommunikation unter den Lesern.

Serious Fun (USA)

www.sgi.com/fun/java/

Zahlreiche Programmierbeispiele für kleine Java-Applets von unterschiedlichen Programmierern. Darunter viele nette Spielchen zum direkt Online-Ausprobieren.

Sun (USA)

java.sun.com/

Aktuelle Informationen und Produktbeschreibungen vom Hersteller Sun. Pressemitteilungen, Links und das Programm der Java One-Konferenz.

Sun Java Tutorial (USA)

java.sun.com/docs/books/tutorial

Das offizielle Tutorial des Java-Herstellers Sun.

Yahoo Java Club (USA)

clubs.yahoo.com/clubs/java

Aktuelle Nachrichten und Chats in einem virtuellen Java-Programmierer-Club. In Form einer Newsgroups, aber über eine WWW-Oberfläche können hier Java-Programmierer Probleme diskutieren (wenig besucht, im Vergleich zur Newsgroup).

JavaScript

Andy's Introductory JavaScript Tutorials (USA)

www.geocities.com/siliconvalley/station/4320

JavaScript für Anfänger, ein gut gemachtes Tutorial. Zahlreiche Beispiele, die direkt online ausprobiert werden können.

JavaScript Newsgroup (USA)

news://comp.lang.javascript

Newsgroup zu JavaScript.

Javascript World (USA)

www.mydesktop.com/internet/javascript

Zahlreiche JavaScript-Beispiele und weitere Links.

Javascript.com (USA)

www.javascript.com

Zahlreiche JavaScripts zum Download. Dazu zahlreiche Links auf Tutorials, Buchempfehlungen und Newsgroups.

Live Software (USA)

www.livesoftware.com/jrc

JavaScript-Quellcodes zum Download, FAQs und weitere Links. Die Programme können direkt online ausprobiert werden.

Monroe Computer Javascript Page (USA)

monroecomputer.com

Dokumentation, Beispielcodes und weitere Links zu JavaScript. Manuals, Buchtips und ein Javascript-Quiz.

Netscape DevEdge (USA)

developer.netscape.com/tech/javascript/index.html

Aktuelle News, Dokumentationen, FAQs und Beispiele zu JavaScript. Tips von Netscape zur Optimierung von Javascripts.

Scorch'n Scripts (USA)

matrixvault.com/scorchn_scripts/

JavaScripts verschiedener Kategorien zum direkten Testen und Downloaden.

Visual Basic

Microsoft Visual Basic (USA) (D)

msdn.microsoft.com/vbasic/
www.eu.microsoft.com/germany/msdn/vbasic/default.htm

Informationen und Beispieldateien von Microsoft zu Visual Basic, Funktionsübersicht und FAQs.

VB4Free (USA)

www.3wguide.com/vbfree/

Archiv mit Visual Basic-Tools und Quellcodes.

Visual Basic Web Magazine (USA)

www.vbwm.com/

Ständig aktualisiertes Online-Magazin. Aktuelle Artikel, Tips und Tricks, Messageboard und weitere Links zu Visual Basic. Hier finden Sie auch eine eigene Rubrik zu Visual Basic für Windows CE.

Visual Basic Newsgroup (USA)

news://comp.lang.basic.visual.misc

Newsgroup zu Visual Basic.

Visual Basic Web Directory (USA)

www.vb-web-directory.com/

Zahlreiche Links auf Webseiten zu Visual Basic, dazu Beispiele, Tips und Tricks. Quellcodes, Buchtips, Visual Basic for Applikations, VBScript, Visual Basic für Windows CE und ActiveX.

Visual Basic-Webring (USA)

www.webring.org/cgi-bin/webring?ring=vbasicring;list

Webring mit über 50 Seiten zu Visual Basic.

Shareware

5Star Shareware (USA)

www.5star-shareware.com/

Ausführlich gegliedertes Sharewarearchiv. Im wesentlichen Internet- und Grafikprogramme.

Datatip (D)

www2.datatip.de/

Sharewarearchiv mit deutschsprachigen Kurzbeschreibungen. Ein Newsletter informiert über neue Dateien in diesem Archiv.

Downlinx (USA)

www.downlinx.com/

Freeware- und Sharewareprogramme mit Kurzbeschreibungen, teilweise auch nur Demoversionen.

Download.com (USA)

www.download.com/

Sharewarearchiv mit aktuellen News und zahlreichen weiteren Links. Auch Software für Palmtops und Windows CE.

Filefarm (USA)

www.filefarm.com

Sharewareserver mit zahlreichen Programmier- und Office-Tools sowie Internetprogrammen und Systemutilities.

Garbo Win95 collection (USA)

garbo.uwasa.fi/win95/

Sharewarearchiv für Windows 95. Hier finden Sie auch zahlreiche Programmiertools.

Jumbo (USA)

www.jumbo.com/

Sharewareserver mit Suchfunktion und aktuellem E-Mail-Newsletter. Die Startseite informiert in Form eines Online-Magazins über aktuelle Neuerscheinungen.

Lockergnome (USA)

www.lockergnome.com/

E-Mail- und HTML-Newsletter zur aktuellen Sharewareszene. Dazu Tuning-Tips zu Windows und aktuelle Hardwarenews.

Megadownload (D)

www.megadownload.de/

Deutschsprachiges Sharewarearchiv mit Suchmaschine und E-Mail-Newsletter. WWW, Internet, Spiele, Grafik, Multimedia, Tools und ein eigener Bereich für Linux-Software.

Nonags (USA)

www.hemisphere.fr/nonags/

Sharewareserver mit eigener Freewareabteilung. Hier wird großer Wert auf echte Freeware ohne Nagscreens gelegt. In einem speziellen Formular können Sie Verstöße gegen diese Regel melden. Die angebliche Freeware wird dann auf die Sharewareseiten versetzt.

ShareIt! (USA) (D)

www.shareit.com/
www.shareit.com/deutsch/

Sharewareregistrierungsdienst für Programmautoren. Dazu ein Sharewarearchiv zum Download. Die Programme können hier auch online registriert und bezahlt werden.

Shareware.com (USA)

www.shareware.com/

Sharewarearchiv für verschiedene Betriebssystemplattformen mit Suchfunktion. Cnet Shareware ist eines der größten Sharewarearchive weltweit und enthält auch Programme für Linux, Amiga, Atari, OS/2 und Macintosh.

Shareware.de (D)

www.shareware.de/

Deutschsprachiges Sharewarearchiv mit FAQs und Suchfunktion, wird auch auf CD-ROM angeboten.

Shareware-Meta-Suche (D)

www.software.de/shareware/

Suchmaschine für Shareware in drei großen Sharewarearchiven gleichzeitig.

Simtel (USA)

www.simtel.net

Sehr großes, ausführlich gegliedertes Sharewarearchiv. Alle Programme können von einem FTP-Server heruntergeladen werden. Das Archiv wird weltweit mehrfach gespiegelt.

Slaughterhouse (USA)

www.slaughterhouse.com/

Sharewarearchiv mit täglich wechselnden Empfehlungen. Dazu aktuelle technische News.

Stern Sharewarearchiv (D)

www.stern.de/computer/shareware/

Sharewarearchiv mit Wertungen, Suchfunktion und aktuellen News. Täglich ein neues Programm des Tages mit kurzer Beschreibung.

The free site (USA)

www.thefreesite.com/

Freeware, kostenloser Webspace, digitale Postkarten, Chat, Gewinnspiele und kostenlose Warenmuster verschiedener Produkte.

Tucows (USA) (D)

www.tucows.com/
www.tucows.de/

Sharewarearchiv mit Internet- und Grafiktools auch für Linux, Macintosh und Palmtops. Alle Programme mit Wertung, Kurzbeschreibung und Link auf die Webseite des Herstellers.

Tudogs (USA)

www.tudogs.com/

Sharewarearchiv mit E-Mail-Newsletter. Mehrere Mirrors weltweit. Im wesentlichen finden Sie hier Internettools und Spiele.

Hier gibt es auch eine große Bibliothek mit Kochrezepten.

Winfiles (USA)

www.winfiles.com/apps/

Sharewarearchiv für Windows und Windows CE. Nach verschiedenen Kategorien geordnet, mit einem E-Mail-Newsletter, der über aktuelle Neuerscheinungen informiert.

Winload (D)

www.winload.de

Windows-Archiv in deutscher Sprache. Die ausführliche deutschsprachige Beschreibung erleichtert die Programmauswahl.

Freeware

Completely free Software (USA)

www.completelyfreesoftware.com/

Links auf wirklich kostenlose Software. Der Anbieter verspricht nur Links auf Freeware, keine Shareware. Kein direkter Download, sondern Links auf die Webseiten der Hersteller.

Freeware Forever (USA)

start.at/freeware.net/

Links auf zahlreiche Freewareserver und Freewaresuchmaschinen mit weiteren Freewareprodukten.

Freeware für Windows (D)

www.windows32.de

Zahlreiche Freewaretools zum Download. Alle Programme mit verständlicher deutschsprachiger Kurzbeschreibung.

Freeware Publishing (USA)

www.freewarepub.net/freeware.htm

Riesiges Freewarearchiv mit zahlreichen Kategorien, täglich aktuelle Freewaretips, Links auf zahlreiche weitere Freewareserver.

Suchmaschine nach Billigpreisangeboten und Mirrors auf der ganzen Welt.

Freeware.de (D)

freeware.de

Deutscher Freewareserver, keine Shareware, keine Registrierungsgebühren. Hier finden Sie auch alle aktuellen Virenscannerupdates und Links auf kostenlose Webspace-Provider.

Freeware32 (USA)

www.freeware32.com/

Archiv mit echter Freeware, ohne Registrierungsgebühren. Täglich aktualisierte Listen mit Neuerscheinungen, auch als E-Mail-Newsletter.

Moochers Free Software (USA)

www.moochers.com/

Freewareserver mit täglich neuen Programmen, nach Kategorien oder Datum sortierbar.

Systemtools

FinePrint (USA)

www.singletrack.com/

Druckertreiber, mit dem sich mehrere Seiten eines Dokuments auf einem Blatt ausdrucken lassen, zum Erstellen kleiner Booklets oder Vorschauen.

Eingeschränkte Testversion zum Download.

Nuts & Bolts (USA)

www.nai.com/

Nuts & Bolts ist ein Paket verschiedener System- und Tuning-Tools. Testversion zum Download.

Windows-Uhr (USA)

users.iafrica.com/d/da/dalen/tclockex.htm

Kleines Freewaretool zum Download. Erweitert die Systemanzeige der Windows-Uhr um die Sekunden, den Wochentag und das Datum

Winternals (USA)

www.winternals.com/

Systemtools, im wesentlichen zu Windows NT, z. B. um Zugriff auf NTFS-Partitionen zu erlangen. NTFSDOS ermöglicht den DOS-Zugriff auf NTFS-Partitionen, FAT32 den NT-Zugriff auf FAT32-Partitionen. BlueSave speichert den Blue Screen of death als Textdatei.

ZDNet Software Library Windows 3.x (USA)

www.zdnet.com/swlib/hotfiles/w31uti.html

Softwarearchiv mit Systemtools für Windows 3.x.

Desktop

99 Lichter gehen aus (USA) (D)

www.th-soft.com/

Bildschirmschonersammlung in einer Freeware- und einer kommerziellen Version. Auch für Windows 3.1.

Anthony's Icon Library (USA)

www.sct.gu.edu.au/~anthony/icons/

Icon-Bibliotheken zu verschiedenen Themen. Alle Icons können hier direkt betrachtet und heruntergeladen werden.

Bildschirmschoner (D)

www.bildschirmschoner.de

Zahlreiche verschiedene Bildschirmschoner zum Download. (Seitenaufbau sehr langsam – schont den Bildschirm!)

Copperfield, David (USA) (D) (F)

www.rit.edu/~dbh6913/ssavers.html

Bildschirmschoner von David Copperfield.

Desktop Enhancements (USA)

www.freewarefiles.com/win95/desktop/dsktopmn.htm

Freeware Cursors, Desktop Utilities, Icons, Bildschirmschoner und Themen zum Download.

Fahrplanauskunft (USA) (D) (F)

www.efa.de/

Bildschirmschoner zum Download, der den aktuellen Fahrplan Ihrer nächsten Haltestelle anzeigt. Pilotprojekt für Hannover, in Zukunft auch für weitere Städte.

LCARS (D)

members.aol.com/benni2/programs.html

Verschiedene Systemtools (Editoren, Datei-Manager) und Desktop-Tools im Aussehen der LCARS Terminals von Star Trek.

Screensaver Heaven (USA)

www.galttech.com/ssheaven.shtml

Über 2.000 Bildschirmschoner mit Kurzbeschreibung und Vorschaubild. Dazu Tools, über 4.000 Desktop-Themen und Hintergrundbilder. Auch auf CD-ROM erhältlich. Links auf Spiele, Shareware und weitere Hintergrundbilder.

Screensavers a2z (USA)

www.ratloaf.com

Zahlreiche verschiedene Bildschirmschoner und Tools zum Selbstmachen von Bildschirmschonern zum Download.

Screensavershot.com (USA) (D)

www.screensavershot.com
www.screensavergermany.com/

Mehrere hundert Bildschirmschoner mit den verschiedensten Motiven nach Kategorien geordnet mit Kurzbewertung. Dazu Tools zum Selbstmachen von Bildschirmschonern.

Top Themes (USA)

www.topthemes.com/

Hunderte von Desktop-Themen in verschiedenen Motiven. Dazu ein Programm zum Erstellen eigener Themen.

Tucows Freethemes (USA)

www.freethemes.com

Zahlreiche Desktop-Themen zum Download, dazu Iconeditoren und Tools zum Erstellen eigener Desktop-Themen, Sounds und Bildschirmschoner. Alle Programme mit Kurzbeschreibung, Bewertung und Link auf die Webseiten des Herstellers.

Winfiles (USA)

www.winfiles.com/apps/98/newthemes.html

Icons, Desktop-Themen, Bildschirmschoner und Hintergrundbilder, täglich neu. Nach Tagen oder Themen sortierbar, so verpassen Sie nie neue Dateien.

Zapaticons (USA)

members.tripod.com/~zoam/icons.html

Verschiedene Sammlungen von Desktop-Icons zur direkten Verwendung oder als GIF-Dateien. Einige Icons auch für die Desktops von Amiga und Macintosh.

ZDNet Software Library (USA)

www.zdnet.com/swlib/hotfiles/allfreescr.html

Archiv mit Freewarebildschirmschonern. Hier gibt es zum Beispiel den bekannten Titanic-Bildschirmschoner mit Bildern aus dem Film und den NASA-Bildschirmschoner mit Fotos aus dem Space Shuttle.

Packer

Compression FAQ (USA)

www.cis.ohio-state.edu/hypertext/faq/usenet/compression-faq/top.html

FAQs zu Komprimierung, auch Bilddateien und Online-Kompression. Die Fragen und Antworten stammen aus der Newsgroup *comp.compression* und wurden nach Themen sortiert und redaktionell aufbereitet.

Compression Site, the (USA)

www.davesite.com/computers/compress.shtml

Benchmarks zu verschiedenen Packern, außerdem zahlreiche verschiedene Packer zum Download.

RAR (USA) (D)

www.rar.de
www.rar.de/us/default.htm

Packer für unterschiedliche Betriebssysteme und mit sehr guter Kompressionsrate. Hiermit lassen sich auch selbstentpackende Archive auf mehrere Disketten verteilen, was bei den meisten anderen Packern nicht möglich ist. Shareware zum Download.

Tucows Compression Utilities (USA)

www.tucows.de/comp95.html

Große Auswahl an Packern zum Download mit Kurzbeschreibung. Alle Programme mit Kurzbeschreibung, Bewertung und Links auf die Webseiten des jeweiligen Herstellers.

WinZip (USA)

www.winzip.com
www.winzip.de

Der Klassiker unter den Packern für Windows mit eigener Programmoberfläche und Einbindung in den Windows-Explorer. Testversion zum Download, FAQs und Updates.

Rettung

Bluesave (USA)

www.sysinternals.com/bluesave.htm

Bluesave speichert bei einem NT-Absturz automatisch den gefürchteten Bluescreen in eine Textdatei.

Norton Utilities (USA) (D)

www.symantec.com
www.symantec.de

Symantec bietet hier für die meisten Produkte, wie Norton Utilities u. ä., 30-Tage-Versionen und Supportforen an.

Ontrack (USA) (D)

www.ontrack.com/
www.ontrack.com

Professionelle Datenrettung bei Festplattendefekten. Testversionen verschiedener Diagnose- und Datenrettungssoftware zum Download.

Tuning

PTS-Software (USA)

www.hilchner.de

Diverse Tuning-Programme der PTS-Serie. Produktinformationen und Patches zum Download. Für das modulare Programm PowerUp98 können Sie sich hier ständig neue Zusatzmodule herunterladen.

Tom's Hardware Guide (USA)

www.tomshardware.com/performance.html

Informationen und Tools zur Beschleunigung von Prozessoren und Chipsätzen. Die Seite ist Teil eines bekannten herstellerunabhängigen Hardwareinformationsangebots im Internet.

TuneUp 97 (D)

www.tuneup.de/

Bekanntes Tuning-Programm für Windows. Sharewareversion zum Download. Sie können Windows 95/98 schneller und schöner machen, es besser an Ihre Bedürfnisse anpassen und sich viele interessante

Informationen über Ihr System ansehen. Außerdem behebt TuneUp 97 viele Fehler, weist Sie auf Probleme und Platzverschwendung hin und gibt wertvolle Tips, wie Sie Ihren PC besser konfigurieren können.

TweakBIOS (USA)

miro.pair.com/tweakbios/

Tool zum Tunen des Chipsatzes und der CPU. Bietet weit mehr Möglichkeiten als ein echtes BIOS.

Versandhandel

Arktis Software GmbH (D)

www.arktis.de

Softwareversand und Freewaredownload, auch für Macintosh-User.

Bücker, R. (D)

www.buecker-edv.de

R. Bücker vertreibt Internet- und Netzwerksoftware von McAfee, Anawave, Silverstone und Jaguar. Erstklassige Programme und guter Service.

FAQs zu aktuellen Viren.

BuyDirect (USA)

www.buyDirect.com

Neuste Software vom Hersteller zum schnellen Download. Nicht schön, aber nützlich ist diese Homepage mit dem Namen, der auch Programm ist: BuyDirect.

CD-ROM SHOP (USA)

www.cdromshop.com

4.800 Titel für DOS, Windows und Mac. Der Käufer hat die Möglichkeit, ganz gezielt bestimmte Titel aufstöbern zu lassen – wahlweise für Windows, DOS oder Mac.

K28 Soft & Hard (D)

www.cd-rom.de

Über 2.500 CD-ROMs unterschiedlicher Hersteller. Ob sich Ihr Computer in ein Tamagotchi oder in einen C64 verwandeln soll – die CD-ROMs von K28 Soft & Hard machen es möglich.

Logibyte (D)

www.logibyte.de/

Hier können Sie fast alle gängige Software der großen Hersteller direkt online bestellen.

Megasoft (D)

www.megasoft.de

Hinter der quietschgelben Homepage von Megasoft verbirgt sich ein großes Angebot an Software für den Windows-User.

Pearl (D)

www.pearl.de/

Hier können Sie die verschiedenste Software aus dem Pearl-Katalog bestellen, Shareware und Treiber für verschiedene Hardwarekomponenten auch direkt downloaden, dazu gibt es Diskussionsforen und Katalogausschnitte.

Soft&Net (USA)

www.soft-net.de

Ein übersichtliches Angebot qualitativ hochwertiger Ware und ein guter Service werden geboten. Ein Anbieter für Internet- und Mailsoftware mit Niederlassungen in Deutschland, Österreich, England und der Schweiz.

Softline (D)

www.softline.de/

Softwaredirektbestellung verschiedener Hersteller, aktuelle News und Trends aus der Softwarebranche. Demoversionen, Updates und Shareware zum Download.

Steckenborn (D)

www.steckenborn.de/

Softwareversand mit den Produkten aller großen Hersteller, dazu stark vergünstigte Versionen für Schüler, Studenten, Forschung und Lehre.

TopWare (D)

www.topware.de/

Computersoftware zum Spielen und Arbeiten. Software in rauhen Mengen und das auch noch gut präsentiert. Hier finden Sie zum Beispiel die bekannte Telefonbuch CD-ROM D-Info.

Webkauf (D)

www.webkauf.de/

Ein elektronischer Shop für alle, die es genau wissen wollen. Doch auch wenn die angebotenen Lexika, Wörterbücher und Ratgeber so manche Wissenslücke füllen, hätte ein wenig mehr Umfang der Site sicher nicht geschadet.

Viren

Anti Viral Database (USA)

www.geocities.com/siliconvalley/heights/4895/

Virenliste mit Beschreibungen der einzelnen Viren. Schalten Sie am besten das Hintergrundbild aus, sonst ist der Text kaum zu lesen.

Antiviral Toolkit Pro – Virus Encyclopedia (USA)

www.avpve.com/

Ausführliche Virenliste für verschiedene Betriebssysteme. Hier finden Sie auch schon die neuen Office 2000 Macroviren. Zu jedem Virus wirdauch eine typische Signatur angegeben.

AVP Virus Encyclopedia (USA)

www.metro.ch/avpve/

Virenliste, Glossar und theoretische Texte zu Viren. Eine aktuelle Virus Watch List berichtet über neu entdeckte Viren.

Michelangelo (USA)

kumite.com/myths/opinion/michtime.htm

Ausführliche Berichte über den Michelangelo Virus 1992 und die damit verbundene Hysterie.

PC Webopaedia (USA)

webopedia.internet.com/term/v/virus.html

Grundlageninformationen zu Viren, Macroviren, Master Boot Records und Trojanische Pferde und zahlreiche Links auf Webseiten zum Thema.

Virus Encyclopedia (USA)

www.cai.com/virusinfo/encyclopedia/

Virenliste mit den Auswirkungen verschiedener bekannter Viren. Wenn Sie einen bestimmten Virus suchen, suchen Sie ihn in mehreren derartigen Listen, da keine absolut vollständig sein kann.

What You Should Know About Computer Viruses (USA)

www.flashback.se/archive/virus1.dna

Informativer Text über Computerviren, ihre Wirkung, Unterscheidung zu Trojanischen Pferden und über Antivirus-Programme.

Word Macro Viruses (USA)

www.hms.harvard.edu/it/support/virus/macro/index.html

FAQs und Tips zu Word-Makroviren. Wie sie sich verbreiten, was sie machen und warum andere Textverarbeitungen davon verschont bleiben.

Antivirenprogramme

F-Secure (USA)

www.DataFellows.com:80/vir-info/

Virendatenbank und Download der Virenscanner F-Secure und F-Prot.

G DATA AntiVirenKit (D)

www.gdata.de/produkte/avk8.htm

Produktinformation zu G DATA AntiVirenKit. Das AntiVirenKit basiert auf der international anerkannten russischen AVP-Technologie.

McAfee (USA)

www.mcafee.com

Kostenlose Evaluationsversion und regelmäßige Updates des McAfee-Virenscanners und eine Virendatenbank.

Hier finden Sie auch aktuelle News zu neu entdeckten Viren.

Norton Antivirus (USA) (D)

www.symantec.com/avcenter/index.html
www.symantec.de/region/de/avcenter/

Regelmäßig aktualisierte Informationen über Viren, Testversion von Norton Antivirus und regelmäßige Updates zum Download.

Thunderbyte (USA)

www.thunderbyte.com/

Informationen über Makroviren, Produktinfos, Updates und Download des Thunderbyte Virenscanners.

Virenscannerupdates (USA) (D)

Freeware.de/software/antivirus.shtml

Kostenlose regelmäßige Updates für verschiedene Virenscanner. Dazu kleinere Tools zum Erkennen bestimmter aktueller Viren.

Viren

Computer Virus Research Lab (USA)

www2.spidernet.net/web/~cvrl//

Hier können Sie wirkliche Viren zu „Testzwecken" auf CD-ROM bestellen. Eine Liste der Viren können Sie kostenlos herunterladen.

JFK_'z Virus (USA)

members.tripod.com/~JFK_/vir.htm

Quellcodes für Viren.

Stephan's Virii Archive (USA)

www.nis.za/~ser2/

Ausführliche Virensammlung und Programmiertools für Viren. Alle Viren im Assembler-Quellcode. In dieser uncompilierten Form können Sie noch keinen Schaden anrichten.

Virii Stuff (USA)

www.pancreas.com/wraith/virii.htm

Tutorials, Virus Construction Kits und Viren zum Download. Zahlreiche weitere Links auf Tutorials für und gegen Viren, Softwaretools zum Viren Programmieren und Beseitigen.

Virus Authoring Laboratory (USA)

members.visi.net/~muja/virus.html

Informationen für Virenprogrammierer, auch interessante Fakten über Viren allgemein. „This page is dedicated to those who are fascinated with the computer virus, and creating them as a personal programming challenge."

Familie & Haushalt

In immer schnellerer Folge dehnt sich die Informationsflut des Internet aus. Dies betrifft natürlich auch die Bereiche des Privatlebens. Wo früher eine Unzahl von Nachschlagewerken rund um den Haushalt und die Familie vorhanden waren, tritt zunehmend mehr das Web als Informationslieferant in den Vordergrund. Themenbereiche wie Frauen, Kinder, Ausbildung, Erziehung, Heiraten und Medizin sind hier genauso vertreten wie die Bereiche Essen und Trinken, Garten, Hausgeräte, Heimwerken und die Notfall- und Reparaturdienste, um die Schäden des eigenen Wirkens wieder beseitigen zu lassen. Alles über Ahnenforschung, Altenpflege und -betreuung, Kommunikationszentren und mehr bietet die Rubrik Senioren.

Dienstleistungen

Babysitter

Babysitter (D)

www.nachwuchs.de/babysit.htm

Nachwuchs & Co.: Adressen von Tagesmüttern und Babysittern.

Countdown 2000 (D)

countdown2000.de/

Hier gibt es eine Babysitterbörse für die Silvesternacht 1999/2000.

Haushaltshilfen

Au pair aus der Slowakei (D)

www.aupair.sk/uvod_nem.html

Au-pair-Vermittlung aus der Slowakei in slowenischer Sprache. Deutsche und englische Seiten befinden sich in Planung.

Perfect Partners (D)

home.encore.net/perfect-paratners

Au-pair-Agentur Sabine Hoppe.

Reinigungsdienste

Gebäudeservice Müller (D)

gebaeudeservice-mueller.de

Gebäudeservice, Reinigungs- & Hausmeisterdienst, Garten- und Grundstückspflege.

Universal-Reinigungsdienst (D)

home.t-online.de/home/universal-reinigungsdienst/ur.htm

Universal-Reinigungsdienst GmbH Dresden und Umgebung.

Essen

Thema	Seite	Weiterführende Linkseiten
Biokaufhaus	255	www.allesdirekt.de
Bioläden	255	www.allesbio.de
Naturkost	255	www.naturkost.de/
European cuisines	260	www.ibmpcug.co.uk/~owls/european_cuisines.html

Cybermarkt (D)

cybermarkt.com/

Der virtuelle Delikatessenmarkt für italienische Spezialitäten.

Erdbeer-Hof Rövershagen (D)

www.bauernmarkt.de

Kunsthandwerk aus Mecklenburg-Vorpommern.

Feinkost Schneider (D)

www.mailstore.com/cgi-bin/b?id=shops/1370&zl=101197&fs=3

Liebhaber italienischer Küche sollten hier vorbeischauen, wenn sie nicht gerade einen italienischen Supermarkt vor der Tür haben.

Fine Italian Foods (USA)

www.ditalia.com/

Alles rund um die Nudel.

Fish online (USA) (D)

www.fish-online.de

Eine Seite für Gourmets.

Food-World (D)

www.food-world.de/

Gewürze, Öle und andere Leckereien.

HotHotHot (USA)

www.hothothot.com

Feurige Saucen – spicy, spicy.

Maggi Kochstudio (D)

www.maggi.de

Kochspaß mit Tradition seit mehr als 100 Jahren.

Smiley's Pizza (D)

www.smileys.de/bestell.htm

Smiley's Pizza zeigt wie's geht! Lieferservice direkt ins Haus.

Bioläden

Bergquell (D)

www.bergquell.de

Bergquell-Naturhöfe. Bioeier, -gemüse und -grundnahrungsmittel.

Biokaufhaus (D)

www.allesdirekt.de

Internetkaufhaus für Bioprodukte.

Bioläden (USA) (D)

www.allesbio.de

Bioeinkaufsführer mit Verzeichnis aller Landwirte in Deutschland, die Bioprodukte anbieten.

Bioterra (USA) (D)

www.bioterra.ch/

Info- und Dienstleistungsservice für Biogärtner, -konsumenten und -bauern.

ECOVIN (D)

www.ecovin.de./

Wer seinen Körper mit reinem Wein berauschen will und nicht mit chemischen Spritzmitteln, wird auf der Seite von ECOVIN bestens bedient.

Naturkost (D)

www.naturkost.de/

Adressen von Naturkostläden, Anbietern und Herstellern von Naturkostprodukten, Naturwaren, Adressen von Naturkostverbänden, Gesundheitsinitiativen usw.

nur natur (D)

www.nurnatur.de/

In funktionalem Webdesign präsentiert nur natur Tee, Wein, Kaffee, Gewürze, Feinkost und Naturkosmetik zu fairen Preisen. 3 % Rabatt im Internet!

Rolle-Mühle (D)

www.rolle-muehle.de/

Gesundheitsbewußte und Öko–Korn–Fans können die in Eigenregie hergestellten Backmischungen für Biobrote und -brötchen vor Ort und im Internet erwerben.

Bringdienste

Bringdienst (D)

www.bringdienst.de/

Sie wohnen z. B. mitten inSchleswig-Holstein, haben furchtbaren Hunger, die Kraft reicht aber nicht zum Selbstkochen? Hier finden Sie, was sie brauchen. Einen Bringdienst nach Bundesländern und Städten/Stadtteilen sortiert.

Joey's Pizza Service (D)

www.joeys.de/

Pizza-Service, Filialen können nach Städten gesucht werden. Online-Bestellmöglichkeit.

Mittagessen.de (D)

www.mittagessen.de/

Bringdienst für frische Mittagessen, auf Porzellantellern serviert.

Einkaufen

Aldi (USA) (D)

www.aldi.de/
www.aldi-stores.co.uk/

Aktuelle Sonderangebote und Adressen aller Aldi-Läden in Europa.

Bofrost (D)

www.bofrost.de/default.htm

Internetbestellsystem für Tiefkühllebensmittel der Firma Bofrost.

Bundesarbeitsgemeinschaft Lebensmittelkooperativen (D)

autos.cs.tu-berlin.de/~marsu/bagfc/index.html

Ausführliche Infos zu Lebensmittelkooperativen, Tips zur Gründung einer solchen, Adressen, Literaturliste usw.

Edeka (D)

www.edeka.de/

Infos und Adressen von Edeka-Läden, bis jetzt nur in Baden-Württemberg.

Eismann-City (D)

www.eismanncity.de/starter.htm

Wer kennt sie nicht, die weißen Tiefkühlwagen, die durchs ganze Land fahren, hier nun aktuelle Angebote, Ernährungstips etc.

HL-Markt (D)

www.hl-markt.de/

Sonderangebote der Woche, Dauertiefpreise und die Adressen aller HL-Märkte in Deutschland.

Hol' Ab Getränkemarkt (D)

www.holab.de/

Adressen aller Hol'Ab Getränkemärkte plus eine Jobbörse und Links zu namhaften Getränkeherstellern!

Gut gemachtes Online-Gewinnspiel. Drehen Sie die Flasche und nehmen Sie an der Verlosung teil!

Le Shop (USA) (D) (F)

www.le-shop.ch/

Online-Lebensmittelsupermarkt in der Schweiz.

miniMAL (D)

www.minimal.de/

Sonderangebote der Woche, Dauertiefpreise und Adressen aller miniMAL-Märkte in Deutschland.

Penny (D)

www.penny.de/

Aktuelle Sonderangebote und Adressen aller Penny-Läden in Deutschland.

Spar (D)

www.spar.de/

Pressebrichte von Spar.

Lebensmittelhersteller

CMA (D)

www.cma.de

Die Centrale Marketing-Gesellschaft der deutschen Agrarwirtschaft mbH Bonn.

Fertiggerichte

Koxis Konditorei (D)

www.koxis.de

Alle Arten von Fertig-Torten.

Kraft (D)

www.kraft.de/

Kochideen und Quizspiele von Kraft.

Getränke

Beckers bester (USA) (D)

www.beckers-bester.de/

Unternehmensgeschichte und Produktpalette der Fruchtsaftfirma Becker.

Verschiedene Cocktailrezepte.

Coca-Cola (USA) (D)

www.cocacola.com

Coca-Cola legt sich wie gewohnt mächtig ins Zeug. Sie finden die komplette Firmengeschichte, clevere Kundenbefragungen und jede Menge Wissenswertes aus Sport und Entertainment!

Hohes C (D)

www.hohes-c.de/

Verbraucherinformation und Bestellung von Probierpaketen.

Fanshop mit Gläsern, Plüschkühen und aufblasbaren Kugelschreibern.

MÜLLERMILCH (D)

www.muellermilch.de

MÜLLERMILCH stellt seine gesamte Produktpalette vor und bietet detaillierte Infos rund um das Unternehmen. Ein kleines Gewinnspiel ist auch dabei.

Pepsi (USA)

www.pepsiworld.com/

Pepsi präsentiert sich bunt und interaktiv. Direkt auf der Startseite geht es los zu Star Wars Episode I, oder nehmen Sie am Boston All Star Game 99 tei. Die Installation von Shockwave ist jedoch ein Muß!

Alle Autorennfreaks aufgepaßt! Hier gibt es den ultimativen Jeff Gordon-Bildschirmschoner zum Download!

Vilsa (D)

www.vilsa.de/

Vilsa Mineralwasser, Säfte und Limonaden.

Hier gibt es Vespa-Roller zu gewinnen!

Junk food

McWorld (USA)

www.mcworld.com/

Interaktive Kinderseite von McDonald's mit dem Online-Spiel Sauce Splat. Oder imitieren Sie diverse Tierlaute!

Virtuelle Sammelbildchen zum Download, E-Mail-Newsletter, Gewinnspiele.

Red Side of Life, the (D)

www.ketchup.de/

Snackideen, Gewinnspiele, Aktionen rund um den Ketchup von Kraft.

Snacks

Kelloggs (D)

www.kelloggs.de

Interaktives Online-Spiel Kelloggs Valley und Sammlerbörse für die Spielzeuge in den Kelloggs-Schachteln.

Langnese (D)

www.langnese.de

Treten Sie ein in die Langnese-Erlebniswelt mit vielen Links zu namhaften Erlebnisparks. Natürlich werden die neusten Eiskreationen vorgestellt. Wie wärs mit einem Biß in das neue Krazy Kraker? Für Sammler: Die Langnese-Eiskarten aus fünf Jahrzehnten.

Im WebShop gibt es CD-Raritäten zu gewinnen und Gewinnspiele, die Sie begeistern werden!

Rezepte

Bulgarische Küche (USA)

bahamut.mm.t.u-tokyo.ac.jp/~jan/bg.cuisine.html

Sammlung von Kochrezepten aus Bulgarien und dem ganzen Balkan.

Eleanor's kitchen (USA)

www.czech.cz/homepage/infotree.htm

Traditionelles tschechisches Kochbuch.

European cuisines (USA)

www.ibmpcug.co.uk/~owls/european_cuisines.html

Sie möchten gerne europäisch kochen, aber Ihnen fehlen die Rezepte? Auf diesen Seiten können Sie soviel Rezepte finden, daß Sie 200 Jahre alt werden müßten, um alle auszuprobieren.

Geocities Cookbook (USA)

www.geocities.com/features/cookbook/

Datenbank mit Hunderten von Rezepten, detailliert sortiert. Jeder kann hier eigene Rezepte veröffentlichen, dazu gibt es ein Diskussionsforum und einen Chatbereich.

Godiva (USA) (D)

www.godiva.com

Alles über Schokolade. Kalorienreich!

Homepage eines Küchenchefs (USA)

www.priv.happynet.at/gundolfm/

Kochrezepte vom Profi, mit Erklärungen, Ernährungstips, Hilfen und wirklich herrlichen Wildrezepten.

Kochbuch-online (USA)

azetidin.ioc.tuwien.ac.at/

Riesige Kochrezeptdatenbank mit ca. 60.000 deutschsprachigen und ca. 90.000 englischsprachigen Rezepten. Weiterhin finden Sie eine E-Nummernliste, ein Lexikon, Nährwerttabellen etc.

Kochrezept (D)

www.daskochrezept.de

Rezepte, Rezepte, Rezepte, jede Woche Rezeptpost, Tips und Tricks rund um Zutaten, das Würzen sowie eine Datenbank zum Suchen in Kategorien.

Meersalz (D)

www.shinfo.de/go/sg-meersalz.htm

Alles über Meersalz und weitere Links.

Meine Familie & ich (D)

www.meine-familie-und-ich.de/d/dr/dr.htm

Rezeptdatenbank der Zeitschrift „Meine Familie & ich".

Pedros Küche (USA) (D)

www.toucansolutions.com/pedro

Brasilianische Rezepte zum Download mit nicht gerade brasilianischer Musik unterlegt.

RezeptChaos (D)

RezeptChaos.iscool.net/

Rezeptdatenbank mit Rezeptsoftware zum Downloaden, Mailingliste zum Erfahrungsaustausch, Links.

Rezeptdatenbank (USA)

azetidin.ioc.tuwien.ac.at/

Riesige Rezeptdatenbank, Suchen nach Nährwerten, Kräutern, Lexikon, Tips und Tricks.

Sushi-Rezepte (USA) (D)

www.rain.org/~hutch/sushi.html

Detailliertes Basiswissen über die Sushiherstellung und Sushi-Rezepte.

Tequila (USA) (D)

www.io.com/~elvis

Rezepte und alles über Tequila.

Übergewicht und Abnehmen (D)

home.t-online.de/home/sellamsee

Tips zum Thema „Übergewicht und Abnehmen", Diät-Programme im Vergleich.

Vegetarisch (USA) (D)

www.veg.org/veg

Knochentrocken, aber vegetarische Rezepte und interessante Links für Vegetarier en masse.

Frauen

Thema	Seite	Weiterführende Linkseiten
Frauenvertretungen	264	www.ifs.uni-linz.ac.at/female/oesterreich.html

200 berühmte Frauen (USA)

www.bemorecreative.com/women-az.shtml

Zitate zu verschiedenen Themen von 200 berühmten Frauen der Weltgeschichte.

Cyberqueen (D)

www.cyberqueen.de/

Frauen-Seiten mit vielen weiteren Links.

Electronic café, the (D)

www.everyday.to/www/computer.htm

Hast Du einen Ehemann, Freund oder Partner? Habt Ihr oder hat er einen Computer? Gibt es in diesem Zusammenhang vielleicht Unstimmigkeiten bezüglich der Zeit, die er damit verbringt? Dann bist Du hier bei den Computerwitwen genau richtig!!

Frauen Netz (D)

www.frauennetz.de/

Die Top-Seite für Frauen. Hier finden Sie alles über Beruf, Sprachen, Finanzen, Schnäppchen, Kunst & Kultur, Reisen, Sport, Kinder, Gesundheit, Schönheit und viels andere mehr. Unbedingt reinschauen!

Frauen-Information-Online (D)

www.diemedia.de/

Eine Menge Links für Frauen.

Greenery-Hawk-Team (USA)

www.team-france-org.com

Informationen zur schwersten und wichtigsten Rundfahrt im Frauenradsport.

Katholische Frauengemeinschaft Deutschlands (D)

www.kfd.de/index.htm

Eine Menge (nicht nur Geistliches!) zum Thema Frauen. Wollen Sie wissen, ob Sie eine gute Hausfrau sind? Hier finden Sie den ultimativen Haushaltstest!

Senatsverwaltung Berlin (D)

www.berlin.de/sis/senat/senabf/abteilung3/frauen_start

Senatsverwaltung für Arbeit, berufliche Bildung und Frauen in Berlin, Links zu frauenspezifischen Themen.

WWW wie weiblich (D)

www.elfenbeinturm.de/www/index.htm

W wie (schön) weiblich, viele Links zu vielen Themen rund um die Weiblichkeit, u. a. Satire.

Ausbildung

Frauen im Betrieb (D)

www.change-online.de

Wirtschaftsverbände und Bundesfrauenministerium, mit einer Jobbörse. Fachinformationen, Veranstaltungshinweisen und vielen Links zu weiteren frauenspezifischen Themen.

Frauencomputerschule (D)

www.frauen-computer-schulen.de/

Links zu Frauen-Computerschulen im ganzen Bundesgebiet.

Netzwerk für Frauen in den neuen Medien (USA)

www.webgrrls.de/

Internationales Netzwerk von Frauen im Internet.

Frauenhäuser

Förderung von Frauenhäusern in Thüringen (D)

www.thueringen.de/foerderbuch/sf11.htm

Interessante Seite zu Fördermöglichkeiten von Frauenhäusern in Thüringen.

Frauenhäuser (D)

www.snafu.de/~mayremus/frauenhaus.htm

Adressen von deutschen Frauenhäusern nach Postleitzahlen sortiert.

Frauenhauskoordinierungsstelle (D)

www.paritaet.org/frauen/koordin.htm

Links zu allen Bereichen rund um das Thema Frauenhäuser, erstellt vom paritätischen Wohlfahrtsverband.

Frauenvertretungen

Frauenvertretungen (USA) (D)

www.ifs.uni-linz.ac.at/female/oesterreich.html

Links zu Frauenvertretungen in Deutschland und Österreich.

UNESCO (USA) (F)

www.unesco.org/women/

UNESCO-Aktion zur Gleichberechtigung der Frauen.

Vereinte Nationen (USA)

www.un.org/womenwatch/

Konferenzen und Aktionen zur Gleichberechtigung der Frauen.

Frauenzeitschriften

Allegra (D)

www.allegra.de/allegra.html

Planet Allegra, Newsgroup, Profile, Work, Book, Talks und Facts. Zehn Tips, die guten Sex ermöglichen, Stellenbörse für Frauen, Chatten und vieles mehr!

Hier gibt es den perfekten Sommertag zu gewinnen!

Brigitte (D)

www.brigitte.de

Klarer, übersichtlicher Webauftritt mit vielen Infos zu Beruf, Gesundheit, Reisen, Schönheit und Rezepte.

Zudem gibt es hier das Online-Horoskop, einen Psychotest und natürlich ein Gewinnspiel!

Carina (D)

www.primacarina.de/

Rezepte, Horoskope, Kosmetik, Diskussionsforen und Chat.

Und natürlich Prämienabo und tolle Preise!

Elle (USA) (D) (F)

www.elle.de/

Superseite mit wirklich tollen Themen. Zum Beispiel finden Sie hier einen Style-Guide, die neuste Bademode, im Club geht es um Filme, Bücher, Kunst und Musik und Links zu allen internationalen ELLE-Ausgaben.

Gut gemachtes Online-Horoskop sowie ein Mondhoroskop und der große Love-Test!

Freundin (D)

www.freundin.de/

Und schon wieder ein Top-Magazin für Frauen. Hier finden Sie alles zu den Themen Mode und Schönheit, Psychotests, Astrologie und Jobs werden auch noch angeboten..

Gewinnen Sie eine Ballonfahrt und weitere erstklassige Preise! Die sieben Regeln auf dem Weg ins Paradies der ewigen Liebe!

Garten

Thema	Seite	Weiterführende Linkseiten
Northern Gardening's Best of Geocities	267	www.geocities.com/rainforest/1329/award.htm

Brill (D)

www.brillgarten.de/

Händlernetz, Gartenkalender, Rasenpflegetips, Saat- und Pflegetips.

Compo (D)

www.compo.de/

Rasen- und Pflanzenberater, Gewinnspiel, Links, interaktive Rasenberatung.

Flora (D)

www.flora.de/

Hervorragender Online-Ratgeber für alle Gartenfreunde. Forum, Gartenrecht, und viele interessante Specials.

Mit dem Garten-Tip des Tages und Datenbank!

Floristenbedarf (D)

www.hofmann-deko.de

Deko Floristenbedarf Hofmann. Exotische Blumen und Pflanzen.

Garten, mein schöner (D)

www.mein-schoener-garten.de/

Arbeitskalender, Forum, Pflegetips, Specials.

Gartenfreunde (D)

www.kleingarten-bund.de

Der Bundesverband Deutscher Gartenfreunde e. V. stellt sich vor.

Gartenmax (D)

www.gartenmax.de/

Kalender, Ratgeber, Staudendatenbank, Rasen- und Gehölzschnittkunde.

Gartenratgeber (D)

www.gartenratgeber.de

Monatszeitschrift des Obst- und Gartenbauverlags des Bayerischen Landesverbands für Gartenbau und Landespflege. Hier jeweils die aktuelle Ausgabe.

Haus.de (D)

www.haus.de

Gartenplanung, Forum, Adreßdatenbank, Pflanzendoktor.

Infos zum Thema Haus und Garten in fast allen Bereichen.

Northern Gardening's Best of GeoCities (USA)

www.geocities.com/rainforest/1329/award.htm

Links auf die besten Gartenseiten bei GeoCities.

Oscorna Naturdünger (D)

www.oscorna.de

Naturdünger und Pflanzenpflege von Oscorna. Hier finden Sie auch ökologische Gartentips und einen Gartenkalender.

Samen Mack (D)

samen-mack.wse.de/

Gartenshop und Zoocenter. Ob das Futter fürs liebe Kleinvieh, das Saatgut für den Gemüsegarten oder den Dünger für die Blumenbank – bei Samen Mack wählt der Tier- und Gartenfreund aus 2.100 Artikeln, davon 650 mit Abbildung, aus. Hier kriegt man den berühmten „grünen Daumen". Eine echte Alternative für die Futterversorgung des Haustier-Zoos.

Telegarden (USA) (D)

www.usc.edu/dept/garden

Tele-Garden der University of Southern California. Per Fernbedienung kann ein Roboterarm zur Gartenpflege gesteuert werden.

Blumen

Haus+Garten (D)

www.haus.de/phd/phdc/phdc.htm

Das Online-Magazin für alle Garten- und Pflanzenliebhaber. Hier finden Sie mehr als 1.000 Tips für Ihren Garten.

Für das Gärtnern im Juni gibt es den Arbeitskalender! Zudem eine Linksammlung zu mehr als 2.700 Gärtnern bundesweit.

Mietpflanzen (USA) (D)

www.rosse.ch

Irene & Martin Rosse, Schweiz. Mietpflanzen und Natur-Dekorationen.

Bonsai

Bonsai Newsgroup (USA)

news://alt.bonsai

Newsgroup über Bonsai-Züchtung.

Bonsai-Club (D)

www.bonsai.org

Informative Seite des Bonsai-Club Deutschland e. V. mit einer Bewertungsrichtlinie für die Züchtung von Bonsais. Werfen Sie einen Blick in die Bonsai-Gallerie und lassen Sie sich inspirieren!

Links zu weiteren Bonsai-Seiten!

Haushaltsgeräte

Nähmaschine.de (D)

www.naehmaschine.de

Näh-, Bügel- und Strickautomaten aller bekannten Hersteller, dazu Kurzwaren, Sonderposten und Auslaufmodelle. Bei einer Sonderaktion kann derzeit ein Nähmaschinenmodell eine Woche umsonst getestet werden.

Elektrogeräte

AEG (USA) (D)

www.aeg.hausgeraete.de

Informationsseite der AEG-Hausgeräte-Sektion.

Bosch (D)

www.bosch-hausgeraete.de

Bosch-Haushaltsgeräte. Mit einer Reise durch die Innenwelt verschiedener Hausgeräte.

Das neue Bosch-Magazin houseXpress mit vielen Specials, Kräuter-Tips und Kräuterküche, Liebestrank und Hexenzauber u. m.

Eichhorn Berlin (D)

www.branchennet.de/eichhorn

Einzelhandel für Elektrotechnik. Speziell Kühlschränke amerikanischer Bauart.

Holland-Letz (D)

home.t-online.de/home/gerickes

Gg. Holland-Letz Söhne. Eisenwaren, Werkzeuge, Gartenmöbel.

Miele (USA) (D)

www.miele.de

Alles Wissenswerte über die gesamte Miele-Produktpalette, sowie einem Waschlexikon und dem Miele-Magazin.

Mit dem Rezepttip des Monats, einem Miele-Malbuch, einem Gewinnspiel und Tip-Top-Seiten für Kinder und für Lehrer!

Geschirr

Pott (D)

www.pott-bestecke.de

C. Hugo Pott GmbH. Silberne, versilberte, rostfreie Bestecke und Tischaccessoires.

Rosenthal (USA) (D)

www.rosenthal.de

Die Designer der Rosenthal-Seite haben sich wirklich etwas einfallen lassen. Schauen Sie sich die Seite unbedingt an und lassen Sie sich inspirieren.

Link zu Rosenthal Fliesen mit vielen Verlegbeispielen!

Silberschmiede Brüggmann (D)

home.t-online.de/home/silberschmiede.brueggmann/home.htm

Silberschmiede Holger Brüggmann: Zeitgemäßes Tafelsilber für höchste Ansprüche an Design und Qualität.

Villeroy & Boch (USA) (D) (F)

www.villeroy-boch.de

Bad und Küche, Fliesen, Tischkultur. Wenn Sie beabsichtigen, Ihr Bad zu renovieren, schauen Sie sich die hier vorgestellten Einrichtungsbeispiele an.

WMF (D)

www.wmf.de

Bestecke, Küchengeräte, Werkzeug für den Weinkenner bietet die Württembergische Metallwarenfabrik an.

Zwilling (D)

www.zwilling-solingen.com

Zwilling-Werke Solingen -- Messer, Scheren, Besteck.

Haushaltsratgeber

Thema	Seite	Weiterführende Linkseiten
Deutsche Verbraucherzentralen	270	www.verbraucher.de/kon_vza.html
Rechtsprechung zur Schuldnerberatung	270	ourworld.compuserve.com/homepages/ Norbert_Schmitt/intro.htm

Schuldnerberatung

Deutsche Verbraucherzentralen (D)

www.verbraucher.de/kon_vza.html

Karte mit Links zu allen (!) Verbraucherzentralen in Deutschland.

Rechtsprechung zur Schuldnerberatung (D)

ourworld.compuserve.com/homepages/norbert_schmitt/intro.htm

Seite mit Links zu einschlägigen Urteilen, die Schuldnerberatung betreffend.

Schuldnerberatung (D)

ourworld.compuserve.com/homepages/norbert_schmitt/service.htm

Private Seite von Norbert Schmitt mit vielen Tips rund um das Thema Schulden. Download des Programms Schulden 5.1 und von vielen Beispielen aus der Rechtsprechung zur Schuldnerberatung. Links zu Verbänden.

Schuldnerberatung Oberösterreich (USA)

www.schuldnerberatung.at/wo.htm

Schuldnerberatung Oberösterreich. Adressen und Telefonnummern von Beratungsstellen.

Sozialcourage (D)

www.caritas.dioezese-trier.de/order.htm

Seite der Caritas. Hier kann man sich Broschüren zum Thema Schuldnerberatung schicken lassen.

Verbraucherzentrale Hessen (D)

www.verbraucher.de/

Homepage der Verbraucherzentrale Hessen mit vielen Tips und Tricks, nicht nur die Schuldnerberatung betreffend!

Verbraucherinformationen

Bayernwerk (D)

www.bayernwerk.de

Detaillierte Informationen über den Energieverbrauch.

Bureau Européen de Consommateurs – BEUC (USA) (F)

www.beuc.org/main_f.htm
www.beuc.org/main_e.htm

Europäischer Dachverband der Verbraucherverbände.

Consumers International (USA) (D) (F)

www.consumersinternational.org

Seite mit weltweiten Links zu Verbrauerzentralen!

Ernährungsberatung (D)

www.uni-giessen.de/nutriinfo/metainfo.htm

Ernährungs-Informationsangebot der Informations- und Dokumentationsstelle am Institut für Ernährungswissenschaft der Justus-Liebig-Universität Gießen.

Stiftung Warentest (USA) (D)

www.warentest.de

Der wahre Test im Internet. Für die kritische, objektive und unabhängige Verbraucherberatung ist die Stiftung Warentest ein Begriff. Informationen mit Bestellservice der Stiftung Warentest, Online-Vergleiche für Flug-Pauschalreisen und Kfz-Versicherungen (kostenpflichtig).

Der Online-Bestellservice bietet eine Menge: Bücher, Software und die Hefte „test", „Finanztest" und „test-Spezial".

TransGen (D)

www.transgen.de

Informationen zur Transparenz für Gentechnik bei Lebensmitteln.

Verbraucherhilfe (D)

members.aol.com/gvhev1/index.html

Gemeinnützige Verbraucherhilfe e. V.

Versicherungsvergleich

aspect online (D)

www.aspect-online.de/

Versicherungsvergleiche für Kfz-, Lebens- und Krankenversicherung.

VCA – Versicherungs Computer Analyse (D)

www.netzmarkt.de/vca/versicherungsvergleich/

Versicherungsvergleich für Kranken-, Unfall-, Wohngebäude- und Rechtsschutzversicherungen.

Heimwerker

Thema	Seite	Weiterführende Linkseiten
Selbst	273	www.selbst.de/
Verbrauchernews: Heimwerker	273	www.verbrauchernews.de/haushalt/heimwerker/

Bau-Markt.de (D)

www.bau-markt.de/

Online-Baumarkt mit Tapetenbedarfsrechner, Farb- und Dübelberatung und Linkliste.

Bondex (D)

www.bondex.de/heimwerker-forum/

Infoangebot des Farbherstellers speziell für Heimwerker.

Bosch-Elektrowerkzeuge (USA) (D)

www.bosch-pt.de

Technische Infos über Bosch-Elektrowerkzeuge mit Online-Ersatzteilekatalog, Neuheitenforum und einer animierten interaktiven Reise durch die Technik des Bosch-Hammers.

Deutsche Heimwerker Akademie (D)

www.dha.de/

Verschiedene Baupläne zum Download und ein Diskussionsforum über das Heimwerken.

Marley (D)

www.marley.de/

Hier gibt es Infos und Produkte für den Heimwerker.

Heimwerkerseminare werden angeboten.

Obstbrenner (D)

www.e-technik.fh-schmalkalden.de/~waltj/brenner

Seite des fränkischen Klein- und Obstbrenner-Verbands Würzburg. Hier erhalten Sie Informationen über die private Brennerei.

Schlenker (D)

www.k-k.de/schlenker/tips.html

Infos gegen dicke Daumen und schiefe Fliesen.

Selbst (D)

www.selbst.de/

Index- und Infoseite für den Heimwerker.

Verbrauchernews: Heimwerker (D)

www.verbrauchernews.de/haushalt/heimwerker/

Infoseite für den Heimwerker.

Baumärkte

Baywa (D)

www.baywa.de

Baywa Handels- und Dienstleistungsunternehmen. Agrar, Technik, Baustoffe, Bau & Gartenmärkte, Mineralöle und Haustechnik.

BWE (D)

www.bwe-einkaufservice.de

BWE-Einkaufsservice München-Unterschleißheim.

Heimwerker.de (D)

www.Heimwerker.de/

Der Online-Baumarkt. Alles, was das Heimwerkerherz begehrt.

OBI (D)

www.obi.de

Webauftritt der OBI-Baumärkte.

Stinnes Baumärkte (D)

www.stinnes-baumarkt.de

Netter Auftritt der Stinnes-Baumärkte mit ca. 160 Filialen in Deutschland. Besuchen Sie die Stinnes Heinwerker Videothek!

Westfalia (D)

www.westfalia.de

Viele Produktgruppen, aber darin nur wenig Auswahl. Trotz gravierender Schwächen im Katalog ist hier zumindest die Lieferzeit ordentlich.

Renovieren

Badprofis (D)

www.badprofis.de

Informationszentrum der deutschen Sanitärhersteller. Bestellformular für Informationen rund ums Bad.

Busch-Jaeger (D)

www.busch-jaeger.de

Busch-Jaeger-Elektro GmbH. Elektroinstallationstechnik.

Hoppe (USA) (D)

www.hoppe.com

Tür- und Fenstergriffe finden Sie bei Hoppe.

Zeitschriften

Bauen (D)

www.bauen.com

Bauwissen im Internet. Informationen für den Heimwerker.

Selbst (D)

www.bau-markt.de/selbst

„Selbst" – das Online-Special.

Heiraten

Thema	Seite	Weiterführende Linkseiten
Hochzeit	275	www.sharelook.de/gesellschaft_und_kultur/hochzeit.html

Friesische Hochzeit (D)

www.jever.de/friesisch/hochzeit/hochzeit_frame.htm

Trauung im Brauereimuseum Jever am 9.9.99.

Heiraten zur Jahrtausendwende (D)

www.countdown2000.de/silvesterd/99brueckenau1.html

Heiraten in der Jahrtausendnacht oder im Schwimmbad in Bad Brückenau.

Hochzeit (D)

www.sharelook.de/gesellschaft_und_kultur/hochzeit.html

Links mit vielen Informationen zur Hochzeit.

Hochzeitsmagazin (D)

www.ruhrinfo.net/hochzeitsmagazin

Viele Informationen zur Hochzeit: Standesamt, kirchliche Trauung, Rechtsfragen, Feier, Kurioses.

Informationen zur kirchlichen Trauung (D)

www.ev-kirche-oldenburg.de/ips/vision/heiraten/vision-heiraten.htm

Informationen zur kirchlichen Trauung von der evangelischen Kirche in Oldenburg, auch als PDF zum Download.

Lilly (USA) (D)

www.lilly.de

Lilly Brautkleider, Kommunionkleider, Tauf- und Kinderkleider, Abendkleider.

Kinder

Thema	Seite	Weiterführende Linkseiten
Lixl Links	277	www.uncg.edu/~lixlpurc/school/kinder.html
Kinderbücher	279	www.hh.schule.de/jugendlit/
Dino-Suchmaschine für Kinder	281	www.dino-online.de/seiten/go05tki.htm

Disney (USA)

disney.go.com/

Alles, was man über Disney-Welten so wissen muß. Von der Suchmaschine über Shops, Videos, Musicals bis zu Clubwelten, sehr viel und reichlich unübersichtlich.

Kidnet (D)

www.kidnet.de/

Online-Magazin für Kinder und Eltern.

Digitale Postkarten mit Schlümpfen.

Kid's Place (USA)

www.geocities.com/enchantedforest/3696/

Interaktive Kinderseite mit Online-Puzzles, Kleinkinderspielen, Quiz.

HTML-Kurs für Kinder (auch für große Kinder!), Aktion für sicheres Internetsurfen für Kinder, ohne Gewalt und Pornographie.

Kidsweb (D)

www.kidsweb.de/

Basteltips, Spiele, Geschichten, Experimente und Kochrezepte für Kinder.

Digitale Postkarten mit Schlümpfen.

Kreisjugendring (D)

www.kjr.de/service/f_service.htm

Ferienspielangebote für Kinder.

Lego (USA)

www.lego.com/worlds.asp

Alles über Lego eben, dem ist nichts hinzuzufügen. Leider nur in Englisch.

Lixls Links (D)

www.uncg.edu/~lixlpurc/school/kinder.html

Kinderweb, schöne Seiten mit Links zu vielen Themen, sortiert nach Alter und Kategorien.

Weltkulturerbe (USA)

www.unesco.org/whc/nwhc/pages/kids/main.htm

Kinderseite der Unesco über das Weltkulturerbe. Spiele und Berichte von Kindern.

QuickTime VR-Panorama im Gang zur Grabkammer der großen Pyramide von Gizeh.

Zauberer Adolars Kinderseite (D)

www.angelfire.com/sd/sfranz/menu.html

Wirklich zauberhafte Geschichten, das Ausdrucken lohnt sich.

Zirkus Megabyte (D)

www.blauhaus.org/megabyte/

Virtuelle Zirkuswerkstatt von, mit Kindern und für Kinder.

Babys

Babyclub (D)

www.babyclub.de/

Für alle frischgebackenen Eltern die richtigen Sites, um für alle Fragen psychologischer und medizinischer Natur den richtigen Ansprechpartner zu finden. Hebammensprechstunde, Flohmarkt etc.

Excite First Years (USA)

firstyears.excite.com/

Informationen über die Entwicklung von Babys zwischen der ersten Woche und drei Jahren und ein Kalender für die Schwangerschaft.

First 9 Months (USA)

www.first9months.com/

Preisgekrönte multimediale Seite über die Entwicklung eines Menschen in den ersten neun Monaten vor der Geburt.

Windeldienst (USA) (D)

vdwev.de

Verband der deutschen Windeldienste e. V. Informationen und Liste der Anbieter moderner Windeldienste ohne Wegwerfwindeln.

Fernsehen

Kinderkanal (D)

www.mdr.de/kinderkanal/

Der Kinderkanal XX: enthält eine Programmvorschau, die Serien, die Moderatoren und weitere Links.

Sandmännchen (D)

www.sandmaennchen.de/sandmaennchen/start.html

Alles über das beliebte Sandmännchen, Gutenachtgeschichten und das Lied vom Sandmann zum Herunterladen.

Süderhof (D)

www.baeumle.com/suederhof/

Alles über den Süderhof im Internet.

Tigerentenclub (D)

www.kindernetz.de/kik/tigerentenclub/index.html

Der Tigerentenclub ist auch hier vertreten.

WDR/Sendung mit der Maus (D)

www.wdrmaus.de/homepage.html

Die ultimativen Seiten zu der Kinder-Kultfigur, mit der Geschichte, den Geschichten, einer Maus-Show und dem Laden zum Bestellen usw.

ZDF TIVI Kinderrateshow (D)

www.tivi.zdf.de/1_2oder3/default.htm

1, 2 oder 3, Kinderrateshow des ZDF TIVI im Internet, Links zu anderen bekannten Fernsehserien wie Löwenzahn, Siebenstein, Tabaluga usw.

Geschichten

Ika's Geschichten (USA)

ika.com/maerchen/menu.html

Lauter phantasieanregende Geschichten mit wunderschönen Bildern zum Anschauen. Lesen oder Vorlesen.

Kinderbücher (D)

www.hh.schule.de/jugendlit/

Liste von Kinderbüchern mit Rezensionen und weiteren Links.

Kultfiguren

Asterix (USA)

www.ehapa.de/asterix/

Wer ist eigentlich Asterix? Wer es immer noch nicht weiß, findet hier alle Informationen dazu.

Dagobert (D)

www.ehapa.de/dagobert/index.html

Noch Fragen zur berümtesten Entenfamilie? Dann sind Sie hier richtig. Von Dagoberts Geschichte zur Duckumenta.

Garfield (USA)

www.garfield.com/

Spiele, Comics, Shop und natürlich der ultimative Garfield-Fanclub.

Osterhase (D)

www.osterhase.de/

Geschichten, Lied, Rätsel und Malvorlage zum Ausdrucken vom Osterhasen.

Salamander (D)

www.salamander.de/lurchi/entertainment2.htm

Es gibt sie noch! Neue Geschichten von Lurchi, sicher auch etwas für ehemalige Kinder!

Teddyseiten (D)

www.teddybear.de/

Teddy online, wer hätte das gedacht? Teddy krank? Hier gibts Adressen der Bärenkrankenhäuser und Neues aus Bärenhausen.

Weihnachtsmann (USA)

www.santaclaus.de/

E-Mail an den Weihnachtsmann.

Museum

Kinder und Jugendmuseum (D)

www.b.shuttle.de/museum/index.htm

Kinder und Jugendmuseum Prenzlauer Berg, Berlin. Hier soll ein Internationales Kochbuch entstehen, von Kindern über das Internet selbstgemacht. Das Kochbuch wird in englischer und deutscher Sprache verfaßt. Link zum Wassernet, von Kindern und Pädagogen zusammengestellte Seiten zum Thema Wasser. Schön gemacht.

Mit Kindern ins Museum (D)

www.deutsches-museum.de/info/kinder/kind.htm

Mit Kindern ins Deutsche Museum in München. Des weiteren erfahren Sie etwas über Sonderführungen. Veranstaltungen für Kinder.

Spiele

Cthulhu Park Spiel (D)

www.c-base.org/cthulhu_park/

Fantasie-Spiel mit guter Aufmachung und prima Grafik.

Expo 2000 Kinderquiz (USA)

www.expo2000.de/deutsch/kinderexpo/index_ke_quiz.html

Fragen zu Gott und der Welt, mit Gewinnen im Expo-Design.

Games und Gewinne (D)

www.gamehouse.de/

Spiele, Gewinne, Rätsel, Chat usw.

Spiele für draußen (D)

members.aol.com/joergsz/joergsz2.htm

Machen Sie die Glotze aus und gehen Sie nach draußen. Hier bekommen Sie schöne Anregungen aus der privaten Ideenkiste, Ihre Kinder werden es Ihnen danken.

Suchmaschine

Blinde Kuh/Suchmaschine (D)

www.blinde-kuh.de/

Suchmaschine für Kinder, mit ausführlicher Erklärung, wie sie funktioniert, Angaben zu News im Netz, Spiele, Geschichten, Kinderpost etc.

Dino-Suchmaschine für Kinder- und Jugendtheater (D)

www.dino-online.de/seiten/go05tki.htm

Suchmaschine zum Thema Kinder- und Jugendtheater.

Kidsclick (USA)

sunsite.berkeley.edu/kidsclick!/

Suchmaschine, nicht nur für Kinder, hervorragend und sehr umfassend, leider nur in Englisch.

Theater

Theater für Kinder (USA) (D)

www.theater-fuer-kinder.de

Webseiten eines professionellen Kindertheaters in Hamburg. Schön gemacht, u. a. mit Angeboten für Schulklassen.

home.t-online.de/home/theaterfuerkinder/
www.carta.de/theater

Spielpläne der Theater für Kinder in München.

Zeitschriften

Die Maus (D)

www.kidnet.de/maus/

Die Zeitschrift zur Sendung mit der Maus. Hier gibt's jeden Mittwoch eine neue Seite zum Rätseln, Malen, Basteln, Spielen und Ausdrucken.

Geolino (D)

www.geo.de/geolino/

Kinderseite der Zeitschrift „Geo", Wissenschaft für Kinder leichtgemacht, Links auf das Kindernetz, Experimente, Spiele, Berichte aus verschiedenen Forschungsbereichen für Kinder aufbereitet.

Wendy (D)

wendy.funonline.de/

Mädchenzeitschrift „Wendy" und alles, was Du schon immer über „Wendy" wissen wolltest, mit einem Chat und vielen Berichten über Pferde und Links zu weiteren interessanten Pferdeseiten.

Winnie Puuh (D)

winnie-puuh.funonline.de/

Kinderzeitschrift „Winnie Puuh" mit einem Führer durch die Naturparadiese in Deutschland.

Digitale Postkarten an die beste Freundin versenden, oder nehmt Teil am Pferde-Quiz!

Medizin

Thema	Seite	Weiterführende Linkseiten
Medizinische Suchmaschine	283	www.dr-antonius.de/
Abtreibung	283	www.sachsen-info.de/stab/t6/st_6_31.html
Ärzte Listen	284	www.sharelook.de/gesundheit/arzt.html
Naturheilkunde	285	www.naturheilkunde.de
Drogen	286	deutsch.drugtext.org/
Ernährung	286	www.hagemann.de/def/
Kpunkt, Naturkost	287	www.kpunkt.com/nature/index.htm
Kosmas Klinik	288	www.kosmas.de
Akupunktur	289	webindex.bellnet.com/suchen/gesund/akup.htm
DEAM, die etwas andere Medizin	290	www.deam.de/a/index.html
Medizinische Zeitschriften	293	www.zeitschrift.de/p-gesun.htm

Medicus (D)

www.medicus.de/

Alles rund um die Medizin, mit Datenbanklinks, Fachpresse, Kliniken, Jobs, Selbsthilfe etc.

Medizinische Suchmaschine (D)

www.dr-antonius.de/

Die medizinische Suchmaschine Dr. Antonius zu deutschsprachigen medizinischen Ressourcen im Web,

Organspende (USA) (D)

www.akos.de

Seite des Arbeitskreises Organspende. Alle wichtigen Informationen zu den Themen Organspende und Transplantation.

Abtreibung

Abortionfacts (USA)

www.abortionfacts.com/index2.htm

Amerikanische Organisation, die es sich zur Aufgabe gemacht hat, über Abtreibung und die Folgen zu informieren.

Abtreibung (D)

www.sharelook.de/gesellschaft_und_kultur/abtreibung.html

Verschiedene Adressen zum Thema Abtreibung (Pro und Kontra).

Abtreibung, illegale (D)

www.sachsen-info.de/stab/t6/st_6_31.html

Die Gefahren illegaler Abtreibung. Pro und Kontra zum Thema Abtreibung.

Ja zum Leben (D)

www.tim-lebt.de

Stiftung Ja zum Leben. Informationen und Hintergrundmaterial wider die Abtreibung.

Apotheken

Apotheke.de (D)

www.apotheke.de/

Der neue deutsche Apothekenserver.

Apotheken Notdienst (D)

www.apothekennotdienst.de/

Links auf die Notdienstkalender für Apotheken in zahlreichen deutschen Städten.

Schützenapotheke (D)

www.schuetzenapotheke.de

Seite der Schützenapotheke München mit internationalem Angebot.

Arbeitsmedizin

Arbeitsmedizinischer Dienst (D)

members.aol.com/madr1901/index.html

Arbeitsmedizinischer & Sicherheitstechnischer Dienst Rüsselsheim. Arbeitsplatzanalyse, Brandschutzübungen.

BASI (USA) (D)

www.basi.de

Bundesarbeitsgemeinschaft für Sicherheit und Gesundheit bei der Arbeit.

Forschungsinstitut (USA) (D)

www.bgfa.ruhr-uni-bochum.de

Berufsgenossenschaftliches Forschungsinstitut für Arbeitsmedizin, Institut an der Ruhr-Universität Bochum.

Ärzte

Arztauskunft (D)

www.arztauskunft.de/

Ärztedatenbank für Deutschland mit Suchmöglichkeit nach Postleitzahlen oder Spezialgebieten.

Ärzteliste (USA) (D)

www.sharelook.de/gesundheit/arzt.html

Linkliste zu Fachärzten.

www.dino-online.de/seiten/go14mar.htm

Umfangreiche Linkliste von Ärzten aller Fachrichtungen, einschließlich Zahn- und Tiermedizin und der Heilpraktiker.

Ingenhoven (D)

www.ingenhoven.de/

Dr. Ingenhoven, Praxisklinik für ambulantes Operieren.

Naturheilkunde (USA) (D)

www.naturheilkunde.de

Liste von Heilpraktikern und Ärzten mit naturheilkundlicher Praxis. Suche nach Behandlungsverfahren und Postleitzahlen möglich.

Behinderte

Behindertenbetreuung (D)

home.t-online.de/home/isb-karlsruhe

Individuelle Schwerstbehindertenbetreuung (ISB) Karlsruhe.

Berufliche Integration Schwerbehinderter (D)

www.reintegra.de

Informations- und Beratungsstelle zur beruflichen Integration von Schwerbehinderten.

Berufsbildungswerk Stendal (D)

home.t-online.de/home/rbbw.stendal

Reichsbund Berufsbildungswerk Stendal. Erstausbildung von behinderten Jugendlichen, ganzheitliche Rehabilitation.

Hörgeschädigte (D)

www.hoergeschaedigt.de

Rehabilitationszentrum für Hörgeschädigte.

Költgen, Wilhelm (D)

www.koeltgen.de

Wilhelm Költgen. Motorradfahren mit und für Behinderte(n).

Lebenshilfe Wien (D)

www.dielebenshilfe.at

Die Lebenshilfe Wien. Eltern-Selbsthilfeorganisation für Menschen mit geistiger Behinderung und ihre Familie.

Drogen

Anonyme Alkoholiker (D)

www.anonyme-alkoholiker.de/aahome2.htm

Homepage der Anonymen Alkoholiker.

Drogen (USA) (D)

deutsch.drugtext.org/

Informationen zu Drogen und zur Drogenpolitik.

www.drugtext.org/

Informationen zu Drogen und zur Drogenpolitik.

Drogen und Alkohol (USA) (D)

www.rotary.org/programs/abuse/index.htm

Rotarierhilfsprojekt gegen Drogen und Alkohol.

Psychoaktive Pilze Newsgroup (USA)

news://alt.drugs.mushrooms

Newsgroup über die psychoaktive Wirkung bestimmter Pilze.

UN-Drogen-Programm (USA) (D)

www.undcp.org/

Internationales UN-Programm gegen Drogen.

Ernährung

Deutsches Ernährungs-Forum (D)

www.hagemann.de/def/

Produktinformationen, Rezepte, Veranstaltungen, Institutionen und Tips zur Ernährung.

Ernährungsberater von Kraft (D)

www.kraft.de/fit/

Das Motto des Online-Ernährungsberaters von Kraft: „Sei ehrlich zu ihm, und er ist ehrlich zu Dir".

Nutri-Food (D)

www.schuetzenapotheke.de/nutri12.htm

Seite der Schützenapotheke München zu Nutri-Food.

Purolux (USA) (D)

www.purolux.de

ERA-Electronic GmbH. Purolux-Trinkwasser-Technologie.

Reformhaus-Fachakademie (D)

www.reformhaus.de/rfa

Reformhaus Fachakademie Oberursel. Seminare, Fitneß fürs Gehirn, Fußreflexzonenmassage, Wechseljahre, Gewürz- und Heilkräuterseminar, typgerechte Ernährung u. a.

Naturkost

Kpunkt (D)

www.kpunkt.com/nature/index.htm

Index zum Thema Naturkost.

Vegi-Presse-Archiv (D)

www.vegetarismus.ch/archiv/index.htm

Schweizerisches Pressearchiv mit zahlreichen Artikeln, alle rund um vegetarische Ernährung.

Erste Hilfe

Erste-Hilfe-Kasten (D)

www.med3.de/firstaid.html

Wichtige Telefonnummern von Giftinformationszentren, Zentren für Schwerbrandverletzte, Primär- und Sekundärtransporte, Notfallmedizin, SAR, Leitstellen für Rettungshubschrauber und Rettungsorganisationen.

Erste-Hilfe-Kurs (D)

www.rotkreuz.de/ehonline/

Online-Erste-Hilfe-Kurs einer Jugendrotkreuzgruppe.

Informationszentrale gegen Vergiftungen NRW (D)

www.meb.uni-bonn.de/giftzentrale/

Die Mega-informative Seite der Informationszentrale gegen Vergiftungen des Landes NRW.

Erste-Hilfe Maßnahmen bei Vergiftungen, Verzeichnis der Drogenberatungsstellen und eine Stellenausschreibung.

M.A.U.S (D)

www.erste-hilfe.de/

Anbieter von Erste-Hilfe-Kursen. Hier finden Sie einige Theorielektionen online, die aber keinen praktischen Erste-Hilfe-Kurs ersetzen können.

Fitneß

Waschbrettbauch-Seite, die (D)

www.geocities.com/pipeline/dropzone/5146/

Infos zu einem Waschbrettbauch, Anleitungen für gymnastische Übungen (Bauchmuskeltraining) und zur richtigen Ernährung.

Worldguide Health & Fitness Forum (USA)

www.worldguide.com/fitness/hf.html

Internationales Diskussionsforum zu den Themen Fitneß und Gesundheit.

Krankenhäuser

Klinik am Aegi (D)

www.klinik-am-aegi.de

Klinik am Aegi Hannover. Kosmetische Chirurgie.

Kosmas Klinik (D)

www.kosmas.de

Kosmas Klinik Bad Neuenahr. Ästhetisch-Plastische Chirurgie. Links zu anderen Seiten mit kosmetischer Chirurgie.

Nürnberger Klinik (D)

firm.bene.baynet.de/nuernberger-klinik

Nürnberger Klinik. Kosmetische Operationen.

Schloßklinik Abtsee (D)

www.schlossklinik-abtsee.de/

Schloßklinik Abtsee Laufen. Fachklinik für Venenerkrankungen.

Krankenversicherungen

AOK (D)

www.aok.de

Die Allgemeine Ortskrankenkasse (AOK) gibt Ernährungstips und Tips zu Sonderthemen wie Migräne oder Schokolade essen.

DAK (D)

www.dak.de/network/

Tips für Fitneß im Büro, aber auch Informationen zu Schlafstörungen, zum Pollenflug, zu Kopfschmerzen und zu Abwehrkräften.

DKV (USA) (D)

www.dkv.com/frame/

Deutsche Krankenversicherung. Mit individueller Beitragsberechnung.

Hanseatische Krankenkasse (D)

www.hek.de/

Hanseatische Krankenkasse mit Gesundheitstips, Omas Hausmittel.

Künstlersozialkasse (D)

www.kuenstlersozialkasse.de/

Die Kranken- und Sozialversicherung für Selbständige im Bereich Wort, Musik, Bild und Darstellende Kunst.

Private Krankenversicherungen (D)

www.pkv.de

Informationen vom Verband der privaten Krankenversicherungen.

Krankheiten

Gesundheitsberater (D)

www.lifeline.de

Die Gesundheitsberater von Lifeline bieten ein großes Themenspektrum zu Krankheiten, Ernährung, Beauty, Lust und Liebe.

Klinik im Park (D)

www.klinik-im-park.de/

Klinik im Park. Spezialklinik zur Behandlung von Gefäßkrankeiten, Besenreisern und Venenleiden.

Mosel-Eifel-Klinik (D)

www.venen.de

Mosel-Eifel-Klinik Bad Bertrich. Spezialbehandlung von Venenleiden. Minimalinvasive Chirurgie.

Naturheilkunde

Akupunktur (D)

webindex.bellnet.com/suchen/gesund/akup.htm

Linkliste zur Akupunktur und Ärzten/Instituten/Heilpraktikern.

Akupunkturärzte in Deutschland (D)

www.akupunktur.de/

Was ist Akupunktur, was kostet die Behandlung, und wie finden Sie den passenden Arzt in Ihrer Nähe? Versuchen Sie es hier.

Am Vogelstock (D)

www.vogelstockerhof.de/

Privatsanatorium für Naturheilverfahren.

Argo (USA) (D)

argo2012.de/

Der Arbeitskreis Geobiologie Ostwestfalen informiert über Geomantie, Feng Shui und die Funktion der Lecherantenne als radiästhetisches Meßgerät und zahlreiche weitere Links zur Radiästhesie und Geomantie weltweit.

Central Symposium für Naturheilkunde (D)

www.paracelsus.de

Einladung zum Zentralsymposium für Naturheilkunde und Bericht vom letzten Jahr. Dazu ein interaktives Biorhythmus-Programm.

Chiropraktik (USA) (D) (F)

www.chiropraktik.ch

Chiropraktik in der Schweiz.

DEAM die etwas andere Medizin (D)

www.deam.de/a/index.html

Naturheilkundliche, alphabetische Datenbankrecherche zu vielen, vielen Krankheiten und entsprechenden naürlichen Heilmethoden.

Freie Heilpraktiker e. V. (D)

www.freieheilpraktiker.com/

Berufs- und Fachverband der deutschen Heilpraktiker. Kurs- und Seminarprogramm, weitere Links.

Institut für Homöopathische Dokumentation (D)

www.hahnemann.com/

Seite mit informativen Links Zum Thema Homöopathie.

Mucos (USA) (D)

www.mucos.de

Wissenschaftliche Informationen zur systemischen Enzymtherapie und viele Links zur Naturheilkunde.

Kostenlos Therapiepläne bestellen.

Naturheiler-Verzeichnis der Schweiz (D)

www.gesund.ch/

Schweizer Adreßbuch für Naturheiler, Kliniken, Schulen und Kurse. Mit informativen Texten über Naturheilkunde und Warnung vor Scharlatanen.

Naturheilkunde (D)

www.Naturheilkunde.de/

Suchen Sie einen Heilpraktiker in Ihrer Nähe mit besonderen Behandlungsmethoden? Hier finden Sie ihn.

Omas Hausmittel (D)

www.hek.de/hek.nsf/fitmit/rechts?OpenDocument

Neben allgemeinen Gesundheitstips bietet die Hanseatische Krankenkasse bewährte Tricks gegen zahlreiche Krankheiten und Beschwerden.

Pascoe (D)

www.pascoe.de

Pascoe ist ein Hersteller von Naturheilmitteln und gibt einen Überblick über die Naturheilkundeverfahren.

Zentralverband der Ärzte für Naturheilverfahren (D)

www.zaen.org/index.htm

Weiterbildung, Aktuelles, Stichwortsuche, Links.

Organisationen

Organisation gegen den Brustkrebs (USA)

www.yme.org/

Organisation gegen Brustkrebserkrankungen, von genauen Erklärungen eines Selbsttests, über alle gängigen Untersuchungs- und Behandlungsmethoden bis hin zu vielen, vielen Links.

Quackwatch (USA) (D)

www.neuropsychiater.org/quackw.htm
www.quackwatch.com/

Quackwatch, Inc., Mitglied der Consumer Federation of America, ist eine Nonprofit-Corporation, die es sich zum Ziel gesetzt hat, zur Aufdeckung von Gesundheitsbetrug, -mythen, -märchen, -moden und -irrtümern beizutragen.

Umwelt

Elektrosmog (D)

www.273gmbh.de/html/elektrosmog.html

Forschungsergebnisse über Elektrosmog.

genetiXproject (D)

www.greenpeace.de/gp_dok_3p/genetix/seiten/genxhome.htm

Online-Aktion von Greenpeace gegen gentechnisch veränderte Nahrungsmittel.

Verhütung

Condome (D)

www.condome.de/

Online-Versand für Kondome.

Wechselnde Gewinnspiele.

Kondomkauf im Ausland (D)

focus.de/d/dr/dru/drus/drus06/drus06.htm

Beim Kondomkauf im Ausland ist Vorsicht angebracht.

Übersetzungstabelle: was Kondom auf „ausländisch" heißt und wo man die Dinger kriegt.

Lady-Comp und Baby-Comp (D)

www.valley-electronics.com/de/

Diese beiden kleinen Computer ermöglichen eine risikolose Vorhersage der fruchtbaren Tage einer Frau.

Natural Family Planning (USA)

www.cin.org/nfp.html

Standpunkte der katholischen Kirche zur Verhütung.

Pille.com (D)

www.pille.com/

Der Pillenhersteller Schering bietet hier ein Chatforum und Liebesgrußkarten an, dazu Fragen und Antworten zur Pille und zu „wahrer Liebe".

Zeitschriften

Medizinische Zeitschriften (D)

www.zeitschrift.de/p-gesun.htm

Medizinische Zeitschriften und Magazine.

Notfalldienste

Thema	Seite	Weiterführende Linkseiten
Feuerwehr.net	296	www.feuerwehr.net/
Firefighting	296	www.fire-find.com/
Notfall & Rettungsdienste	298	www.zeig.ch/gesundheit/notfall/rettungsdienste/

Notruf Österreich (D)

www.notruf.at/

Liste von Notrufnummern für Österreich.

Feuerwehr

Berufsfeuerwehr Nürnberg (D)

members.aol.com./nbg112/feuerwehr/

Einsatzstatistiken, Feuerwachen und aktuelle Informationen.

Symbole und Bildschirmschoner zum Download.

Feuerwehr Aachen (USA) (D) (F)

www.aachen.de/feuerwehr/

Berufsfeuerwehr und freiwillige Feuerwehr Aachen.

Adressen und Links aller Berufsfeuerwehren in Deutschland.

Feuerwehr Berlin (D)

www.berliner-feuerwehr.de

Feuerwehr der Hauptstadt Berlin, der größten und ältesten Berufsfeuerwehr Deutschlands. Infos über Einsätze und Fahrzeuge.

Feuerwehr Braunschweig (D)

www.braunschweig.de/fwbs/default.htm

Einsätze und Fahrzeuge der Berufsfeuerwehr und der freiwilligen Feuerwehr.

Feuerwehr Eisenfeld (D)

feuerwehr.elsenfeld.de

Freiwillige Feuerwehr Elsenfeld – Daten, Fakten, Einsatzberichte.

Feuerwehr Essen (D)

www.rwi-essen.de/feuerwehr/

Private Fanseite mit vielen Informationen über die Feuerwehr Essen.

Feuerwehr Goldach (D)

www.goldach.net/feuerwehr

Feuerwehr Goldach – optisch ansprechende Feuerwehrseite.

Feuerwehr Hamburg (USA) (D)

www.feuerwehr-hamburg.org/

Feuerwehr Hamburg. Einsätze, Wachen, Sonderaufgaben.

www.hamburg.de/behoerden/feuerwehr/welcome.htm

Die Feuerwehr Hamburg informiert hier über die Ausbildung für Berufsfeuerwehrleute.

Feuerwehr Hamm (D)

www.feuerwehr.hamm.net

Feuerwehr Hamm – Was Sie schon immer über die Feuerwehr wissen wollten, aber nie gefragt haben ...: Brandschutztips, Ausbildung, Einsatzstatistiken.

Feuerwehr Hohenfels/Mindersdorf (USA) (D) (F)

home.t-online.de/home/feuerwehr.mindersdorf/ffw1.htm

Freiwillige Feuerwehr Hohenfels, Abt. Mindersdorf – Beschreibung der Feuerwehr, ihrer Geschichte und ihrer Mitglieder.

Feuerwehr Landau (D)

www.feuerwehr-landau.de

Freiwillige Feuerwehr Landau in der Pfalz: Fahrzeuge, Geräte, Einsätze.

Kennzeichnung von Gefahrstoffen und Gasflaschen.

Feuerwehr Mannheim (D)

www.mannheim.de/feuerwehr/index.html

Feuerwehr Mannheim: Zahlen, Fakten, Brandschutz, Katastrophenschutz

Feuerwehr Minden (D)

www.minden.de/feuerwehr/

Technik, Fahrzeuge, Aktuelles und Übungspläne der freiwilligen Feuerwehr Minden.

Haushaltstips zu den Themen: Grillen, Friteusen, Fernsehen, Sylvester, Weihnachten, Kinderbrandstiftung.

Feuerwehr New York (USA)

www.fdny.com

Tolle Seite der New Yorker Feuerwehr mit vielen Infos zur Brandbekämpfung und Vorsorgemaßnahmen.

Feuerwehr Pforzheim (D)

www.feuerwehr.pforzheim.de/

Ausführliche Beschreibung der Fahrzeuge und Geräte der Feuerwehren im Kreis Pforzheim.

Feuerwehr Reken (USA) (D)

ourworld.compuserve.com/homepages/fw_reken/

Fahrzeuge, Technik und Gerätehaus.

Begründeter Verriß einer Fernsehserie über die Menschen-Rettung.

Feuerwehr Roßdorf (D)

www.bubis.com/ffrossdorf/

Fahrzeuge, Gerätehaus und Einsätze.

Tips zum Brandschutz allgemein und zur Brandbekämpfung im Haushalt.

Feuerwehr St. Margarethen (D)

www.byronny.at/region/ffstmarg/d_mainframe.htmlwww.byronny.at/region/ffstmarg/d_mainframe.html

Die freiwillige Feuerwehr St.Margarethen, Österreich, stellt sich, ihre Mitglieder und ihre Arbeit im Internet vor und gibt allgemeine Infos über das Feuerwehrwesen.

Feuerwehr Turgi (D)

www.firefighter.ch/turgi/index.html

Feuerwehr Turgi (AG) - Organigramm, Fahrzeuge, Jahresprogramm, Hot-Links, Feedback. Turgi ist eine kleine Gemeinde im Kanton Aargau, an der Bahnlinie zwischen Baden und Brugg gelegen.

Feuerwehr Waiblingen (D)

www.waiblingen.de/feuerwehr/notruf/index.htm

Freiwillige Feuerwehr Waiblingen: Einsätze, Aufgaben.

Notruf Feuerwehr 112 - Schema für einen Notruf: Wer ruft an? Wo ist etwas passiert? Was ist passiert? Wie viele Personen sind betroffen? Warten Sie eventuelle Rückfragen ab!

Feuerwehr Wuppertal (D)

www.wuppertal.de/feuerwehr/

Ausführliche Infos über Fahrzeuge, Geräte, Wachen und Sondereinsatzgruppen der Berufsfeuerwehr und der freiwilligen Feuerwehr.

Feuerwehr.de (D)

www.feuerwehr.de/

Ein Anbieter von Feuerwehrverwaltungssoftware bietet auch einige Bilder von Feuerwehrfahrzeugen, ein Actionspiel und zahlreiche Links auf Hersteller von Feuerwehrtechnik an.

Feuerwehr.net (USA) (D)

www.feuerwehr.net/

Internationale Links auf Feuerwehren und Feuerwehrtechnik.

Feuerwehren der Schweiz (USA)

www.firefighter.ch/

Schweizer Feuerwehrserver mit Links, Bildern und Bildschirmschoner.

Firefighting Links (USA)

www.fire-find.com/

Firefighting Related Links - West Arm Consulting - Amerikanische Feuerwehrlinks on the net! Links zu diversen ausländischen Feuerwehren, Ölbrandspezialisten, Fotos (englisch).

Firenews (USA)

www.firenews.com/

Amerikanisches Feuerwehr-Online-Magazin mit verschiedenen Berichten und Fotos.

Hotshot Photo Journal (USA)

www.sover.net/~kenandeb/fire/hotshot.html

Fotos von Waldbränden.

Interschutz – Der rote Hahn (USA) (D)

www.messe.de/is00/

Internationale Messe für Brandschutz, Katastrophenschutz, Rettungsdienst in Hannover. Im Jahr 2000 wegen der Expo nach Augsburg verlegt.

Yellowstone Fires (USA)

www.idahonews.com/yellowst/yelofire.htm

Berichte über die großen Brände im Yellowstone Nationalpark.

Rettungsdienste

Allgemeiner Rettungsverband (D)

members.aol.com/arvhessen/index.html

Allgemeiner Rettungsverband, Rettungsdienst des Paritätischen Wohlfahrtsverbands.

Arbeiter-Samariter-Bund (USA) (D)

www.asb-online.de/

Der Arbeiter-Samariter-Bund bietet Informationen zum Rettungsdienst, zur Jugendhilfe, zur Behinderten- und Altenhilfe, zum Katastrophenschutz und Bildschirmschoner zum Download.

Deutsche Gesellschaft zur Rettung Schiffbrüchiger (D)

www.dgzrs.de/

Einsatzberichte, Statistiken, Schiffe und Spendenaufrufe der Deutschen Gesellschaft zur Rettung Schiffbrüchiger.

DLRG (D)

www.dlrg.de/

Deutsche Lebens-Rettungs-Gesellschaft. Aufgaben, aktuelle Meldungen, Ortsgruppen, Fortbildung und Termine. Online-Chat und verschiedene Newsgroups.

Johanniter Unfallhilfe (USA) (D)

www.juh.de/

Aktuelle Berichte von der Johanniter Unfallhilfe.

Malteser Hilfsdienst (D)

www.malteser-mf.de/gs/

Rettungsdienst und Hilfsprojekte im In- und Ausland sowie Wissenwertes zum Malleserorden.

medeor (USA) (D) (F)

www.medeor.org

Deutsches Medikamenten-Hilfswerk action medeor e. V. mit vielen detaillierten Informationen, wenn Sie mit Medikamenten helfen wollen. Spenderinformationen und weltweite Links zum Thema.

Notfall- und Rettungsdienste (D)

www.zeig.ch/gesundheit/notfall/rettungsdienste/

Seiten rund um das Thema Notfall- und Rettungsdienste.

Rotes Kreuz (D)

www.rotkreuz.de

Deutsches Rotes Kreuz. Adressen, Spendenaufrufe, Blutspendedienst.
Ausführliche Informationen über Blutspenden.

Bergwacht

Bergrettungsdienst Österreich (D)

www.seg.co.at/vereine/brd/

Der Bergrettungsdienst Österreich, Landesverband Oberösterreich, Ortsstelle Bad Ischl, bietet Einsatz- und Übungsfotos, aktuelle Meldungen und Infos zur Ausbildung.

Bergwacht-Links (D)

www.zeig.ch/gesundheit/notfall/rettungsdienste/bergwacht/

Seite mit Links zu Bergwachten.

Rettungshunde

Rettungshundestaffel Main-Kinzig (D)

home.t-online.de/home/rhs_main-kinzig/brh2~1.htm

Rettungshundestaffel Main-Kinzig. Information und Bilder über Aktivitäten, Übungen und Einsätze.

Telefonseelsorge

Telefonseelsorge (D)

www.telefonseelsorge.de/

Die Telefonseelsorge online im Internet. Außerdem stellen sich die verschiedenen Seelsorgeeinrichtungen vor.

Neue einheitliche Telefonnummern: 0800/ 111 0 111 (evang.) oder 0800/ 111 0 222 (kath.).

Vermißte Kinder

Elterninitiative Vermißte Kinder (USA) (D)

www.vermisste-kinder.de/

Suchdienst für vermißte Kinder im Internet mit allgemeinen Ratschlägen zur Sicherheit Ihrer Kinder.

Acht goldene Regeln, die Kinder ohne Aufsicht beachten sollten!

Rechtsfragen

Anwaltssuchdienst (D)

www.anwaltssuchdienst.de

Deutscher Rechtsanwaltssuchdienst. Suche aus über 9.700 Anwalts-Adressen.

Paragraph.de (D)

www.paragraph.de/

Angebot der Kanzlei und weitere Links zu Rechtsanwälten und Steuerberatern.

Mietrecht

Informationen zum Mietrecht (D)

www.haus.de/sprungstelle

Umfangreiche Rechtsdatenbank zu den Themen Mietrecht, Arbeitsplatz, Nachbarschaft, Reise.

Sozialhilfe

Sozialhilfe – Der Leitfaden (D)

www.fantec.com/sozialhilfe/

Eines der umfassendsten Online-Werke zum Thema Sozialhilfe. Jetzt erstmals vollständig im Internet. Der Autor, Jonny Sparenberg, Diplom-Sozialarbeiter und Erwachsenenbildner, erläutert in leicht verständlicher Sprache den komplexen Bereich Sozialhilferecht.

Tacheles e. V. (D)

www.tacheles.wtal.de/

Interessenvertretung für Einkommensschwache. Sozialhilfe-, Arbeitslosen- und Mieterverein. Informiert über alle Sozialämter, gibt Hintergrundinformationen, Links etc. Top!

Wehrdienst

Zickenrott (D) (F)

www.zickenrott.de

Peter Zickenrott. Berater in Sachen Wehr- und Zivildienstvermeidung.

Zivildienst

Gegen Wehrpflicht (D)

www.kampagne.de

Kampagne gegen Wehrpflicht, Zwangsdienste und Militär.

tilt (D)

denk-stein.com/tilt

Alles über Kriegsdienstverweigerung, Zivildienst und Wehrpflichtvermeidung.

Reparaturdienste

Haustechniker, die (D)

www.die-haustechniker.de

Nach Bundesländern oder Postleitzahlen können Reparaturfirmen für Sanitärinstallationen gesucht werden.

Schulausbildung

Thema	Seite	Weiterführende Linkseiten
Schulen in Deutschland	303	www.sharelook.de/bildung/schulen.html
Waldorfschulen	303	www.anthroposophy.com

Familienbildungsstätten

Familienbildungsstätte (D)

fbs.bayreuth.org

Familienbildungsstätte, Mütter- und Elternschule in der Evang. Erwachsenenbildung Bayreuth.

www.fabi.de

Treffpunkt Fabi. Familienbildungsstätte Hannover.

Heime

AltaVista: Kinderheime (USA) (D)

www.altavista.de/cgi-bin/query?pg=q&what=web&kl=de&q=%22Kinderheime%22

Liste von AltaVista zum Thema Kinderheime.

Fireball: Kinderheime (USA) (D)

www.fireball.de/query-fireball.fcg?action=query&pg=express&q=Kinderheime&what=german_web&fmt=d

Liste von Fireball zum Thema Kinderheime.

Yahoo!: Kinderheime (USA) (D)

search.yahoo.de/search/de?p=Kinderheime

Liste von Yahoo! zum Thema Kinderheime.

Internate

Internat-Vermittlung (USA) (D)

www.internat-vermittlung.de/

Schüler-Internat-Vermittlung Dortmund.

Kurpfalz-Internat (USA) (D)

www.kurpfalz-internat.de

Private Internatsschule mit max. sieben Schüler pro Klasse. Abitur oder Realschulabschluß möglich.

Schloß Torgelow (USA) (D) (F)

www.schlosstorgelow.de/

Privates Internatsgymnasium bei Waren an der Müritz.

Kindergarten

Kindergarten.ch (USA)

www.access.ch/kindergarten/html/links.html

Kindergartenseite aus der Schweiz.

Montessori-Kindergärten (D)

www.lrz-muenchen.de/~montessori/schulen.html

Montessori-Kindergärten und -Schulen in Deutschland.

Schulen

Euro-Schulen (D)

www.eso.de

Berufsausbildung Qualitätsgemeinschaft Euro-Schulen-Organisation Stockstadt.

Hochbegabtenförderung (D)

www.hbf.geonet.de/index.html

Verein zur Förderung der hochbegabten Kinder.

Langenscheidts Schülernet (D)

www.langenscheidt.de/schulnet/schulnet.htm

Schülernet mit netten Musiklinks, Chatecke, Szene-Tips und was man sonst noch so als Teenie braucht.

Schulen (USA)

www.schulweb.de/liste.phtml

Von dieser Seite aus erreicht man wahrscheinlich jede Schule, die im Netz etwas zu „sagen“ hat.

Schulen in Deutschland (D)

www.sharelook.de/bildung/schulen.html

Schulen in Deutschland von Abitur bis Waldorfschulen. Ausführlichstes Verzeichnis aller Internetkataloge.

Schülertauschbörse (USA) (D)

www.langenscheidt.de/schulnet/pages/pinboard.html

Wer noch Probleme mit Hausarbeiten hat, eine Brieffreundin oder -freund sucht, irgendetwas zu verkaufen oder verschenken hat, ist hier genau richtig.

Waldorfschulen (USA) (D) (F)

www.anthroposophy.com

Alles über die Anthroposophie. Liste aller Waldorfschulen weltweit.

Sonderschulen

Heinrich-Böll-Schule (D)

www.hbs.goe.ni.schule.de

Heinrich-Böll-Schule für Körperbehinderte in Göttingen.

Sonderschulen (D)

www.sharelook.de/bildung/schulen/sonderschulen.html

Sonderschulen für behinderte, hörgeschädigte oder gehörlose Kinder.

Senioren

Ahnenforschung

Ahnenforschung (D)

http:/home.t-online.de/home/jupi-soft/homepage.htm

Software zur Ahnenforschung mit Datenbank und Stammbäumen. Zusätzlich Links zu weiteren Seiten der Ahnenforschung.

Familienforschung (D)

familienforschung.net/

Kostenlose genealogische Suchanzeigen.

Suchanzeigendienst für das Kosovo.

Altenpflege

Hospize (USA) (D)

www.sharelook.de/gesellschaft_und_kultur/tod/hospiz.html

Hospize in Deutschland und Österreich. Einrichtung zur Begleitung und Pflege sterbender Menschen und Unterstützung ihrer Angehörigen.

Betreuung

Freunde alter Menschen (USA) (D) (F)

www.freunde-alter-menschen.de

Freundschaft und Zuneigung für alte und sehr einsame Menschen.

Münchenstift (D)

www.muenchenstift.de

13 Altenheime in München.

Senioren, Jahr der (USA) (D)

www.rotary.org/programs/aging/index.htm

Ein internationales Rotarierprojket zum Jahr der Senioren. Vorstellung diverser Seniorenprojkete.

Wohnen im Alter (D)

www.haus.de/sprungstelle

Wohnberatung für das Wohnen im Alter im eigenen Heim.

Pflegeversicherung

CareHelix (D)

home.t-online.de/home/carehelix

Aktuelle Informationen und Kommentare rund um die Pflegeversicherung von Georg Vogel.

Colonia Versicherung (D)

www.colonia-kranken.de/index.html

Colonia Kranken- und Pflegeversicherung.

Medizin& MedTech – Verlag (USA) (D) (F)

www.medizin.li

Wichtige Gerichtsurteile über die Pflegeversicherung. Außerdem medizinische Informationen in vielen Sprachen. Auch Bayerisch!

Treffpunkte

Café zweite Hälfte (D)

www.cafe2.de

Treffpunkt für Menschen in der zweiten Lebenshälfte ist das Café zweite Hälfte.

Spielwaren

Fun4Kids (D)

www.fun4kids.de/

Anbieter von pädagogisch und qualitativ hochwertigem Kinderspielzeug verschiedener Hersteller.

Luftikus (D)

www.luftikus.de/

Machen Sie die eigenen vier Wände zur Manege. Jongliermaterialien, lau präsentiert ...

Autos

Matchbox (USA)

www.matchbox.com/

Matchbox-Autos sind für jedes Kind (auch für die ganz großen) ein Begriff.

Michael's Matchbox Page (USA)

home.htwm.de/mroehr/mbx/mbx.htm

Ein Sammler von Matchbox-Autos zeigt Fotos von Autos und Matchbox-Schachteln (nach damaligen Originalnummern) aus der Zeit unserer aller Kindheit und noch früher sowie auch einige neue.

Siku (USA) (D)

www.siku.de/

Bilder von Siku-Autos und Neuheitenvorstellung.

Wiking (D)

www.wiking.de/

Alle Wiking-Autos und Neuheiten sowie das von Roskopf übernommene Programm.

Barbie

Barbie.com (USA)

www.barbie.com/

Der Barbie-Hersteller Mattel zeigt hier aktuelle Barbie-Produkte und Software. Jeden Tag können die Mädchen interaktiv eine Lieblings-Barbie-Frisur auswählen.

Barbies gibt es seit 40 Jahren. Hier finden Sie zu jedem Jahr Informationen, was (außer Barbie) damals geschehen ist. Auch für „Nicht-Barbie-Fans" interessant.

Barbiepuppen Literatur (USA) (D)

www.sammlernet.de/barb/barb06.htm

Literaturliste für Barbiepuppen-Fans und Sammler.

Baukästen

Fischertechnik (USA) (D)

www.fischertechnik.de/

Neuheitenvorstellung und Programmübersicht der Fischertechnik-Baukästen. Neu: Robotertechnik mit PC-Anschluß.

Fischertechnik Einzelteile (D)

www.knobloch-gmbh.de/fischer/fi-et.htm

Einzelteile-Bestellservice für Fischertechnik.

Lego (D)

www.lego.de/

Lego-Baukästen für Kleine und Große.

Interaktive Online-Spiele und Bildschirmschoner zum Download.

Spieleshop, der (D)

www.spielshop.de

Lego und Duplo online.

Verbände und Gruppen

Thema	Seite	Weiterführende Linkseiten
Selbsthilfegruppen in Deutschland	307	www.med-online.de/shg/shg00.htm
Rotary Club	308	www.rotary.de/

Selbsthilfegruppen

Phlebologie (D)

www.cdgmbh.de/deutsche-lymphschulung/

Seite der Lymphliga und Lymphologen.

Schlafapnoe (USA) (D) (F)

bundesverband.schlafapnoe.wtal.de

Abrufstatistik, Gedichte über Schlafapnoe, Diskussionsforum, Newsletter, Links zum Thema und eine BSD-Suchmaschine.

Selbsthilfegruppen in Deutschland (D)

www.med-online.de/shg/shg00.htm

Links und Adressen von Selbsthilfegruppen zu verschiedenen Krankheiten und Behinderungen.

Wunschkind (USA) (D) (F)

www.ferti.net/du/pub/mp_akt/wifo.htm

Selbsthilfegruppen für Fragen ungewollter Kinderlosigkeit.

Wohlfahrtsverbände

Arbeiterwohlfahrt (D)

www.awo-ufr.org

Hier präsentiert sich die Arbeiterwohlfahrt im Internet.

Behinderte (USA) (D) (F)

www.handicap-international.org

Handicap International. Internationaler Verband für Behinderte mit einem besonderen Engagement gegen Landminen.

Care (USA) (D)

www.care.de

Care Deutschland e. V. Hilfe für Hurrikan-Opfer und großes Engagement in bezug auf die Katastrophe im Kosovo.

www.caritas-international.de

Internationaler Caritasverband mit seinem Jahresbericht und einer Vorstellung aktueller Projekte. Umfangreiche Linksammlung zum Thema Katastrophenhilfe im Internet.

Flüchtlingshilfe (USA)

www.austcare.com.au

Austcare. Australische Flüchtlingshilfe mit ebenfalls großem Engagement in bezug auf das Elend im Kosovo.

Hilfsorganisation (USA)

www.npaid.no

Norwegische Hilfsorganisation, vorwiegend für Afrika. Mit dem aktuellen Landminenmonitor.

Kinderhilfswerk USA (USA)

www.savethechildren.org

Das USA-Kinderhilfswerk Save the Children stellt sich vor. Geboten werden Hintergrundinformationen sowie ein Blick auf aktuelle Projekte.

Rotary Club (USA) (D)

www.rotary.de/
www.rotary.org/

Rotary Club, eine weltanschaulich nicht gebundene, überparteiliche Vereinigung von Frauen und Männern, die sich über alle Grenzen hinweg für humanitäre Hilfe und Völkerverständigung einsetzen.

Freizeit, Hobby & Sport

Bei immer kürzeren Arbeitszeiten findet der moderne Mensch mehr Zeit zur Freizeitgestaltung. Diese Beschäftigungen in der arbeitsfreien Zeit bekommen zusehends professionellen Charakter. Das spiegelt sich auch in den Webseiten im Themengebiet Freizeit, Hobby & Sport wider. Sie finden hier unter anderem die Hauptthemenblöcke Amateurfunk, Autos, Basteln und Erotik genauso wie Jahrtausendwende, Lifestyle, Sammeln, Spiel und Sport. Jugendverbände, Vereine und Musik gehören natürlich ebenso dazu wie Magazine, Video und Film. Eine kunterbunte Mischung aus Vergnügen und Vergnüglichem, von ernst bis heiter, also für jeden in jeder Lebenslage etwas Unterhaltsames, Wissenswertes oder Notwendiges.

Amateurfunk

Thema	Seite	Weiterführende Linkseiten
Amateurfunk Links	310	www.k1dwu.net
QSL-Manager	311	www.hammall.com
Radio Journal	312	www.radiojournal.de

Amateurfunk Links (USA) (D) (F)

www.k1dwu.net

Eine gute Sammlung wichtiger Links mit Amateurfunk-spezifischen Themen von K1DWU.

Amateurfunkpeilsport (USA) (D)

www.tu-chemnitz.de/~kpa/sport/about.html

Eine Sektion des Amateurfunks ist der Peilsport, bei dem mittels verschiedener Methoden Positionen von Sendern bestimmt werden. Eine Beschreibung des Amateurfunkpeilsports (ARDF) finden Sie hier.

ARRL (USA) (D) (F)

home.att.net/~n4hhp/bandplanindex.html

Diese Site beinhaltet den aktuellen Bandplan für das 23-MHz-Band , welches im Bereich von 1.240 bis 1.300 MHz liegt.

DARC (USA) (D) (F)

www.darc.de/

Der Deutsche Amateur-Radio-Club, die Organisation der Amateurfunker in Deutschland, berichtet über den Amateurfunk, die Gesetze und Normen und gibt technische Informationen. Aktuelle Infos zur Expo 2000 und zum DARC Millennium Award DL2000.

Online-Kleinanzeigen für Amateurfunkgeräte.

Gestohlene Amateurfunkgeräte (USA) (D) (F)

members.aol.com/darch65/geklaut.html

Wird Ihnen ein gebrauchtes Amateurfunkgerät angeboten, sollten Sie hier vorbeischauen. Die Adresse zeigt Ihnen eine Liste von gestohlenen Amateurfunkgeräten.

QSL-Karten (USA) (D) (F)

www.qsl.at

Internationales Kuratorium QSL. Sammelt alle QSL-Karten. QSL-Karten sind für den Amateurfunker die Grußkarten, auf denen der Kontakt bestätigt wird. Das Archiv enthält über 2 Millionen Karten von den Pioniertagen des Amateur- und Rundfunks bis in die Gegenwart. Museum, Forschungs- und Dokumentationszentrum.

QSL-Manager (USA) (D) (F)

www.hammall.com

Eine Liste aller QSL-Manager ist hier abrufbar.

Radio (USA) (D)

monviso2.alpcom.it/hamradio/index.html

Zwei Ingenieure der Universität Turin präsentieren alles über die Erfindung und die Erfinder des Rundfunks, von 1895 bis zur Erfindung des Radars.

Was ist Amateurfunk (USA) (D) (F)

www.k1dwu.net/arrl/whatis.html

Hier finden Sie eine ausführliche Beschreibung in Englisch von K1DWU.

Hersteller

Albrecht Amateurfunk-Geräte (USA) (D) (F)

www.albrecht-online.de/main.htm

Albrecht Electronic GmbH. Einer der großen Händler für alles rund um die Elektronik, Amateurfunkgeräte und -zubehör.

Alinco (D)

www.alinco.de

Alinco GmbH. Hersteller von Amateurfunk-Geräten und Zubehör.

Amateurfunk-Literatur (D)

www.siebel-verlag.de

Der Siebel-Verlag ist spezialisiert auf Sendertabellen und Funk-Hobbybücher.

DARC-Verlag (USA) (D) (F)

www.darcverlag.de

Verlag des DARC. Deutsche und englische Fachliteratur, Spezialkarten, Software und Material für den Amateurfunk.

Magazine

Funk Amateur (USA) (D)

www.funkamateur.de/

Die Online-Ausgabe der Amateurfunkzeitschrift „Funkamateur" mit umfangreicher Software rund um den Amateurfunk zum Download.

Radio-Journal (D)

www.radiojournal.de

Das Radio Journal liefert Ihnen Nachrichten aus der Welt des Amateurfunks.

Verbände

AMSAT (USA) (D)

www.amsat.org/
www.amsat-dl.org/

Hier finden Sie aktuelle Berichte und technische Details des neuen Amateurfunksatelliten.

ARRL (USA) (D) (F)

www.arrl.org

American Radio Relay League's. Größter Zusammenschluß von Amateurfunkern in der Welt.

DARC Organisation (D)

server.darc.de/orga

Organisationsstruktur des Deutschen Amateur-Radio-Clubs, die Organisation der Amateurfunker in Deutschland.

Funkamateure in Hilfsorganisationen (D)

www.qsl.net/ig-fih

Gerade in Katastropheneinsätzen bieten Amateurfunker ihre Dienste an. Hier finden Sie die Interessengemeinschaft der Funkamateure in Hilfsorganisationen wie Feuerwehr, Rettungsdienste, Katastrophenschutz, Polizei.

IARU (USA) (F)

www.iaru.org

The International Amateur Radio Union. Seit 1925 Sprecher der Welt Amateur-Radio Gemeinde. Die Seite für Amatuerfunk-Insider.

Marinefunker (USA) (D)

www.marinefunker.de

Vereinigung noch funkender Marinefunker.

RSGB (USA) (D) (F)

www.rsgb.org/

Radio Society of Great Britain. Englischer Funkamateur-Verband.

VFDB (D)

www.darc.de/distrikte/z

Verband der Funkamateure in Telekommunikation und Post e. V. Korporativ dem DARC angeschlossen. Die Seite enthält Verbandsinformationen, Rundspruch und viele interessante Links.

Autos

Thema	Seite	Weiterführende Linkseiten
Autocity	315	www.autocity.de/
Automarkt	315	www.mobile.de/
cars.com	315	www.cars.com/
Auto Shoppingservice	316	www.shoppingservice.com/auto.htm
Autoelektrik	316	www.sharelook.de/wirtschaft/unternehmen/automobile/autoelektrik.html
Automobilclubs	317	bell.bellnet.com/suchen/wirtschaft/auto/automobilclubs.html
Mobile	319	www.mobile.de/
Autovermietung	319	www.fernweh.com/links_mietwagen.htm
boa Stadtindex	323	www-c.informatik.uni-hannover.de/%7edh/hobby/boa/byorg.html
Car-Sharing	324	focus.de/d/dl/dld/dldc/dldc.htm
Kartbahn-Finder	324	www.kartbahn.com/
Elektrofahrzeuge	326	webkatalog.net/suchen/wirtschaft/auto/elektrofahrzeuge.html
Fahrschule Info	326	www.fahrschule-info.com
Fahrschulen im Internet	327	www.fahrschulen.com/
Fahrtips	327	www.fahrtips.de

Thema	Seite	Weiterführende Linkseiten
Führerschein	327	www.fuehrerschein.net
Autofinanzierung	328	dir.web.de/auto/finanzierung/
Im- und Export	335	www.sharelook.de/wirtschaft/unternehmen/automobile/import_und_export.html
Kfz-Sachverständige	336	www.Kfz-Sachverstaendige.com/frame.htm
Sachverständige.com	336	www.sachverstaendige.com/
Oldtimer	340	www.academie.de/oldtimer/
Spezialfahrzeuge	344	dir.web.de/auto/umbauten/?id=v00-990405-03112-00
Taxiunternehmen	345	allesklar.de/l?538-680-1245
Tuning	346	www.sharelook.de/wirtschaft/unternehmen/automobile/tuning/chip_tuning.html
Auto-Versicherungen	348	www.autocity.de/info/geld/versicherung.html
Wohnmobile	349	www.showline.de/apm/autocontent/wohnmobile.html
Wohnmobile	349	www.telemarkt.de/wwwir/d/g902.htm
Wohnmobile	349	www.Wohnmobile.net/

Auto.de (D)

www.auto.de

Hier finden Sie Herstelleradressen, Testberichte, Gebrauchtwagenbörse sowie einen Tarifrechner für die Versicherungskosten.

Autocity (D)

www.autocity.de/

Bei Autocity.de finden Sie alles rund ums Auto: Infos und Links.

Automarkt (USA) (D)

www.mobile.de/

Ein weiterer Anbieter von Informationen rund ums Automobil ist mobile.de.

cars.com (USA)

www.cars.com/

Auf dieser internationalen Webseite finden Sie einen Berg an Informationen rund um das Auto. Testberichte, Kleinanzeigen und Autokredite.

Focus Online – Auto (D)

focus.de/d/dl/dld/dldc/dldce/dldce.htm

Auch das Münchener Pendant zum „Spiegel" stellt Ihnen reichhaltige Informationen zu den Themen: Auto & Verkehr, Recht & Verkehr, Car-Sharing zur Verfügung.

Shoppingservice – Autos (USA) (D)

www.shoppingservice.com/auto.htm

Hier finden Sie eine Linkseite mit einer Hitliste der jeweiligen Angebote.

Autoelektrik

Alcatel (D)

www.alcatel.de/cable/auto.htm

Alcatel ist einer der namhaften Hersteller, wenn es um die Kommunikation im Auto geht. Hier ist die Werbeseite des Herstellers.

Hella (D)

www.hella.de/

Hella KG Hueck & Co. Liefert lichttechnische sowie elektromechanische und elektronische Systeme/Komponenten für Kraftfahrzeuge, dazu Ausrüstung für Flugzeuge. Von Hella kommen zum Beispiel die Signalanlagen für Polizei- und Feuerwehrfahrzeuge.

Löffler & König GmbH (D)

www.lkautoel.de/

Löffler & König bieten einen Online-Katalog mit Bestellmöglichkeit an. Das Angebot umfaßt ein umfangreiches Sortiment, von der Antenne bisr zur Verteilerkappe.

normfest.de (D)

www.normfest.de/

Werbekatalog der Firma Normfest. Die Firma liefert alles vom Thema Arbeitsschutz bis hin zur Werkstatt.

Sharelook – Autoelektrik (D)

www.sharelook.de/wirtschaft/unternehmen/automobile/autoelektrik.html

Hier ist die Linkseite einer Suchmaschine, die auf Autoelektrik spezialisiert ist.

Alarmanlagen

CarGuard (D)

www.carguard.de/

CarGuard Bergemann bietet eine ausgefeilte Alarmanlagentechnik für Automobile und Motorräder.

PEKATRONIC (USA) (D)

www.pekatronic.com/

Aus dem Hause PEKATRONIC Alarmsysteme kommen nicht nur moderne und zuverlässige Alarmanlagen, sondern auch verschiedene Fernsteuersysteme.

Sam Technixx (D)

Samtechnixx.de/

Sam Technixx Gbr ist spezialisiert auf die Themen Autosicherheit, Hi-Fi, Mobilfunk, Navigationssysteme und deren Einbau.

Automobilclubs

ADAC (D)

www.adac.de/

Der Allgemeine Deutsche Auto Club darf natürlich im Web nicht fehlen. Hier treffen Sie das ADAC-Clubcenter.

Automobilclub-Übersicht (USA) (D)

bell.bellnet.com/suchen/wirtschaft/auto/automobilclubs.html

Diese Linkseite verbindet Sie mit vielen verschiedenen Automobilclubs.

AvD (D)

www.avd.de/

Der Automobilclub von Deutschland ist ebenfalls im Web zu finden. Hier werden Sie über die Leistungen, die News und Events des Automobilclubs von Deutschland aufgeklärt.

DEKRA (D)

www.dekra.com

Wenn es um die Autosicherheit oder die beliebten Plaketten auf den Nummernschildern geht, liefert das DEKRA-Infocenter umfangreiche Informationen.

Fernweh (USA)

www.fernweh.com/links_automobilclubs.htm

Hier geht es rund ums „Fernweh" : Reisen, Auto ...

Automobilhandel

Auto Friesen (D)

www.auto-friesen.de

Deutschlands großer EU-Automarkt für Gebraucht-, Jahres- und Neuwagen, zeigt online die Angebote verschiedener Autohersteller.

Auto-by-Tel (USA)

www.autobytel.com

Dies ist ein markenunabhängiger Fahrzeuglieferant, hier kann via Internet bestellt werden.

Autonetz (D)

www.autodatenbank.de/

In dieser Datenbank können Sie Fahrzeuge suchen. Das Angebot ist sortiert nach Hersteller, Typ, Farbe, Preis. Autonetz ist ein Dienst für verschiedene Händler.

Auto-Punkt-Cottbus (D)

www.aod-media.de/apc/

Hier geht es rund um amerikanische Fahrzeuge: Van- und Truck-Freunde sind angesprochen. Im Web finden Sie An-/Verkauf, die Ersatzteile usw.

Autovantage (USA)

www.autovantage.com

Markenunabhängiger Fahrzeuglieferant, bei dem per Internet zu bestellen ist.

Autoweb (USA)

www.autoweb.com

Ein weiterer markenunabhängiger Fahrzeuglieferant, mit Bestellmöglichkeit via Internet.

Carthema (D)

www.carthema.de/

Carthema in Hamburg bietet auf den Webseiten das eigene Fahrzeugangebot an. Mit Fotos und den entsprechenden Details. An-/Verkauf, Suchdienst.

Microsoft Carpoint (USA)

www.carpoint.com

Das Microsoft-Netzwerk bietet die Seiten dieses markenunabhängigen Fahrzeuglieferanten an, hier können Sie ebenfalls über das Internet bestellen.

Mobile (USA) (D)

www.mobile.de/

Umfangreiche Gebrauchtwagendatenbank, mehrsprachig, europaweit.

Sharelook-Automobilhandel (D)

www.sharelook.de/wirtschaft/unternehmen/automobile/automobilhandel.html

Dies ist eine reine Such-/Linkseite zum Thema Fahrzeughandel.

Autovermietung

Carfinder (USA)

farefinder.previewtravel.com/carfinder/carfindfrontpage/

Suchmaschine, die die günstigsten Preise von Autovermietungen auf Großflughäfen weltweit findet.

Europcar (USA) (D)

www.europcar.de/
www.europcar.com/

Hier finden Sie Tarife für PKWs, LKWs und Specials, die Vergünstigungen mit der Bahncard und Deutsche-BA- oder Lufthansa-Tickets sowie eine Liste aller Verleihstationen.

Online-Reservierung mit Vergünstigungen.

Fernweh-Autovermietung (USA) (D)

www.fernweh.com/links_mietwagen.htm

Hier finden Sie eine Sammlung von Links zum Thema Autovermietung.

Hertz (USA) (D)

www.hertz.de/

Dies ist ein Angebot der Firma Hertz, ebenfalls ein großer Autovermieter, bei dem Sie international Fahrzeuge mieten können.

SIXT (USA) (D)

www.sixt.de

Beim Autovermieter SIXT kann jeder problemlos einen Pkw online ordern. Gute Sonderangebote und Extra-Meilen für Lufthansa-Miles & More-Flieger. Preisgünstige Autos!

Jeden Dienstag findet die große SIXT-Auktion statt!

Autoverwertung

Autoverwertung (D)

www.autoverwertung.de/

Hier finden Sie eine Softwarelösung für den Gebrauchtfahrzeug-/-teile-Händler mit Abschleppdienstsuche.

Autoverwertung – Kai Werner (D)

www.mobile.de/kai.werner/

Wollen Sie Ihr Alt-Gefährt loswerden, so schauen Sie hier vorbei: An- und Verkauf von Gebrauchtfahrzeugen.

Autoverwertung – Kurt Fröhlich (D)

members.aol.com/froehl11/

Hier finden Sie Neu-/Gebrauchtteileangebote.

Autoverwertung – Oerter (D)

home.t-online.de/home/autoverwertung-oerter/homepage.htm

Oerter bietet die Möglichkeit der Online-Anfrage nach Ersatzteilen, Autoankauf, Entsorgung.

Autozubehör

A.B.S. – World (USA) (D)

www.absworld.com/deutsch.html

A.B.S. ist ein Autoteilehändler speziell für US-Fahrzeuge. Hier können Sie auch über das Internet ordern.

Autoliv (USA) (D)

www.autoliv.com

Autoliv GmbH Dachau. Fahrer-, Beifahrer-, Seitenairbag, sitzintegrierte Rückhaltesysteme, Gurtstraffer.

Autoreifen (USA) (D)

www.dunlop.de
www.dunloptire.com/

Dunlop Autoreifen mit umfangreichen Produktinfos und einem Reifenberater für verschiedene Fahrzeugtypen.

Dorschel GmbH (D)

www.gebrauchteautoteile.de/index.html

Auch hier können Sie auch spezielle Ersatzteile anfragen, Sie finden hier auch Gebrauchtwagen und Unfallfahrzeuge.

Eissmann (USA) (D)

www.eissmann.de

Eissmann GmbH Technik + Leder ist spezialisiert auf besondere Fahrzeuginnenausstattungen aus Leder, Kunstleder und Stoff.

Forcar (USA)

www.forcar.ch/

Online-Kataog mit Bestellmöglichkeit. Dieses Internetangebot befindet sich noch im Aufbau.

Frankenpost (D)

194.122.90.121/kfz/03_03_0516_5160.shtml
194.122.90.121/kfz/index.shtml

Hier finden Sie viele Kleinanzeigen aus der Frankenpost, unter der zweiten Adresse befindet sich der übergeordnete Index für den Bereich Kfz – allgemein.

Goodyear Autoreifen (D)

www.goodyear.de

Auch die Webseiten von Goodyear halten eine Reihe nützlicher Informationen bereit. Mit Händlerliste und Reifen-ABC.

Hella Auto-Scheinwerfer (USA) (D)

www.hella.de

Hella Scheinwerfer, farbig getönte Heckleuchten und Flugzeugnavigationslampen. Lieferant von Signalanlagen für die Fahrzeuge von Feuerwehr und Hilfsorganisationen.

Michelin Autoreifen (USA) (D) (F)

www.michelin.de
www.michelin.com/

Michelin Auto- und Motorradreifen bietet einen interaktiven Bereifungskatalog für Ihr Motorrad an.

Nummernschilder (D)

www.nummernschilder.de/

Hier kann man amerikanische oder kanadische Nummernschilder aus bestimmten Bundesstaaten oder Jahren zu Dekorationszwecken bestellen. Außerdem gibt es ein virtuelles Museum über die Geschichte deutscher Nummernschilder.

Pirelli Autoreifen (USA) (D)

www.de.pirelli.com
www.pirelli.com/

Pirelli Reifen mit Online-Reifenauswahlsystem und dem Programm der von ihnen gesponsorten Sportveranstaltungen.

sharelook.de – Autozubehör (D)

www.sharelook.de/wirtschaft/unternehmen/automobile/autozubehoer.html

Linkseite von sharelook.de zum Thema Autozubehör.

Stoßdämpfer (USA) (D)

www.sachs-ag.de

Automobiltechnik auf dem neusten Stand mit ausführlicher Produktbeschreibung. Aktuelle Aktivitäten und ältere Erfolge im Motorsport.

Thule (USA) (D) (F)

www.thule.com

Thule bietet eine Reihe von Lastenträgern für Fahrräder, Skier, Snowboards, Kajaks und Boote an.

TopSale (D)

www.topsale.de/

Hier finden Sie einen Newsletter und einen Online-Katalog mit Bestellmöglichkeit.

Twinny Load (D)

www.presenter.de/twinny-load

Diese Firma ist auf Heckträger für Fahrräder, Gepäckplattform und Ski-Träger spezialisiert.

Vredestein Autoreifen (USA)

www.vredestein.com

Der bekannte Hersteller für Autoreifen. Hier erfahren Sie alles über den Vredestein Sportrac mit Giugiaro-Design, aber auch Informationen über Traktoren- und Industriereifen.

Erklärung der Symbolik auf Reifen für Gewichte und Geschwindigkeiten.

Webasto (USA) (D)

www.webasto.de

Webasto ist ein Spezialist für Thermosysteme. Frischluft, Wärme und Klima in der Fahrzeugindustrie.

Car HiFi

Gelhard (D)

www.gelhard.de/

Der Car-HiFi-Spezialist ist seit Jahrzehnten bekannt für richtungsweisende Entwicklungen und konsequenten Einsatz modernster Technologien. Qualitäts-Markenprodukte, die Autofahren zum Erlebnis machen. Stellen Sie sich online die mobile Hi-Fi-Anlage zusammen, die genau zu Ihrem Fahrzeug paßt.

Infineon In-Car Entertainment (USA)

www.infineon.com/products/solution/51/51.htm#

Infineon ist bekannt für seine Produkte. Hier finden Sie innovative Technik und Forschung für neuartige Unterhaltungselektronik im Auto.

Oettinger (USA) (D)

www.oettinger.de/

Oettinger – Produkte aus den Bereichen Car-Hi-Fi und Telekommunikation.

News aus dem Rennsport.

Pnöggi Car Hi-Fi (D)

www.pnoggi.ch

Pnöggi Car-Hi-Fi – Katalog und Sonderangebote. Mit dem sensationellen Tarnkappenradio fürs Aurto. Zudem finden Sie interessante Fotos von Hi-Fi-Installationen.

sharelook.de – Car HiFi

www.sharelook.de/wirtschaft/unternehmen/automobile/car_hifi.html

Linkseite von sharelook.de zum Thema Car Hi-Fi.

Car-Sharing

boa – Stadtindex (D)

www-c.informatik.uni-hannover.de/%7edh/hobby/boa/byorg.html

Warum sich ein Auto kaufen? Hier ist die Linkseite zum Auffinden des nächsten „Teil"-Autos.

Car-Sharing Niedersachsen/Bremen (D)

www.efa.de/cgi-bin/css_anf.pl

Car-Sharing-Anbieter für Niedersachsen/Bremen mit Online-Buchung.

Testzugang: Mitgliedsnr. 9999 Paßwort: EFA.

Car-Sharing – Europa (USA) (D)

www.carsharing.org/german/index.html

Europaweite Informationen zum Thema Car-Sharing.

Focus Online – Car-Sharing (D)

focus.de/d/dl/dld/dldc/dldc.htm

Auch „Focus" bietet umfangreiche Informationen zum Thema Car-Sharing.

Haus & Garten – Car-Sharing (D)

www.haus.de/service/carsharing/

Informationen zum Car-Sharing von der Zeitschrift „Haus & Garten".

Münster – Stadtteilauto (D)

www.muenster.org/sttauto/carsharing.html

Einer der bekannteren Dienste: Informationen und Angebote über das Stadtteilautoprojekt in Münster.

Stattauto.de (D)

www.stattauto.de/

Angebot des Hamburger Car-Sharing-Anbieters.

Mit vielen Links zum Thema Car-Sharing.

Wohnstadt – Car-Sharing (D)

www.wohnstadt.de/auto_frei.html

Informationen zum Thema Car-Sharing.

Cart-Bahnen

Cart.com (USA)

www.cart.com/

Cart.com ist der internationale Informationsdienst zum Thema Cart.

Deutsches Cart (USA) (D)

www.deutsches-cart-home.de/

Hier finden Sie Informationen über Cart-Rennen, aber auch andere weltweite Motorsport-Ereignisse bleiben nicht unerwähnt.

Kartbahn-Finder (D)

www.kartbahn.com/

Kartbahn-Finder Deutschland. Hinter dieser Seite steckt die Idee, allen Kartsportbegeisterten einen Überblick über möglichst alle Kartbahnen in Deutschland zu bieten.

Kartcenter (D)

www.kartcenter.de/kartcenter.html

Informationen über das Kartcenter Eschweiler. Es besitzt eine der längsten Rennbahnen in Deutschland.

Elektrofahrzeuge

AEE – Elektrofahrzeuge (D)

www.datenwerk.at/arge_ee/verz/artikel/mobil01.html

Informationen der ARGE Erneuerbare Energien zum Thema Elektrofahrzeuge.

Anwenderforum Elektromobile (D)

www.otti.de/fuchssteiner/sem492c4p.html

Anwenderforum über sinnvolle Einsatzmöglichkeiten von Elektroautos und zukunftsweisende Konzepte in Regensburg (Februar 2000).

COMminiCATION (D)

www.pils.de/~mkasch/commini.htm

COMminiCATION – Elektrofahrzeuge auf Mini Cooper-Basis. Die Idee, das Konzept: Ibach/Schwarzwald im Januar 1995. 35 Jahre nach der Geburtsstunde des legendären Minis aus England stellte die Firma COMminiCATION einen neuen Mini vor. Der „Evergreen" – jetzt mit dem unverwechselbaren sympathischen Design und modernem Elektroantrieb. Die große Beliebtheit und das gute Image des Minis über Generationen hinweg soll in Gestalt des „Evergreens" erhalten bleiben. 1989 begann die Entwicklung einer neuen selbsttragenden Karosserie aus Verbundwerkstoffen für ein viersitziges E-Mobil. Im „Evergreen" werden gezielt die mechanischen Komponenten des Original Minis eingesetzt, die in ihrer Einfachheit und Konstruktionsart ideale Voraussetzungen für die Anwendung des Elektroantriebs erfüllen.

Elektroauto Testprojekt in La Rochelle (USA) (F)

www.ville-larochelle.fr/lr/velec/velec-uk.html
www.ville-larochelle.fr/lr/velec/velec.html

La Rochelle ist eine Modellstadt für Elektro- und Solarfahrzeuge im Alltag.

Greenpeace – Elektrofahrzeuge (D)

www.greenpeace.de/gp_dok_3p/hintergr/c09hi12b.htm

Auf diesen Seiten liefert Greenpeace Informationen zum Thema Elektrofahrzeuge und erläutert seine Standpunkte.

ika – Elektrofahrzeuge (D)

www.ika.rwth-aachen.de/publikat/bady-hdt/rb1096.htm

Umfangreicher Vortrag zum Thema Elektrofahrzeuge mit Bildern.

Sharelook.de – Elektrofahrzeuge (D)

www.sharelook.de/wirtschaft/unternehmen/automobile/elektrofahrzeuge.html

Deutschsprachige Linkseite zum Thema Elektrofahrzeuge.

TU-Berlin – Elektrofahrzeuge (D)

emsolar.ee.tu-berlin.de/allgemein/solarcar.html

Auch an der Technischen Universität in Berlin finden Sie umfangreiche Informationen zum Thema Elektrofahrzeuge mit weiterführendem Index!

webkatalog – Elektrofahrzeuge (D)

webkatalog.net/suchen/wirtschaft/auto/elektrofahrzeuge.html

Eine weitere Linkseite zum Thema Elektrofahrzeuge.

Fahrschulen

Euro-Führerschein (D)

www.bmv.de/fs.htm

Vollständige Informationen über den Euro-Führerschein durch das Bundesverkehrsministerium.

Fahrschule-Info (D)

www.fahrschule-info.de/

Linkseite mit Informationen über Fahrschulen, Radarfallen, Führerscheine; mit Links nach Rubriken sortiert.

Fahrschule-Online (D)

www.fahrschule-online.com/

Informationen rund um den Führerschein und Straßenverkehr, weitere Links zu diesem Themenbereich.

Fahrschule.de (D)

www.fahrschulen.de/

Suche nach einer Fahrschule, Diskussionsforum, Informationen zum Thema Führerschein, Bußgeldkatalog, Prüfungsfragen ...

Fahrschulen im Internet (D)

www.fahrschulen.com/

Fahrschulen im Internet. Links zu Fahrschulen in Deutschland.

Fahrtips (D)

www.fahrtips.de

Linkseite mit Informationen rund um den deutschen Straßenverkehr.

Führerschein (D)

www.fuehrerschein.net

Linkseite mit Informationen rund um die deutsche Straßenverkehrsordnung.

Finanzierung

BMW-Bank (D)

www.bmw-financialservices.de/

Warum ein Auto kaufen? Hier finden Sie Informationen und Angebote zum Thema Finanzierung und Leasing aus dem Hause BMW.

Persönliche Zinsberechnung, Leasing- und Finanzierungsvarianten.

EU-Auto (D)

www.eu-auto-discount.de/finanz-leasing.htm

Informationen und Angebote zum Thema Finanzierung und Leasing.

Europaleasing (USA) (D)

www.europaleasing.de/

Informationen und Angebote zum Thema Leasing für Freiberufler, Gewerbetreibende und Export mit konkreten Angeboten.

Ford Bank (USA) (D)

www.fordbank.de/

Auch die Ford Bank bietet Ihnen Informationen und Angebote zum Thema Finanzierung und Leasing, hauseigene Jobangebote, Versicherungen.

Aktuelle Konditionen, Musterfinanzierung.

Garanta (D)

www.garanta-finanzdienst.de/angebot/leasing.html

Informationen und Angebote zum Thema Finanzierung und Leasing (Adresse 2).

Skoda Bank (D)

www.skodabank.de/

Die Skoda Bank bietet Autofinanzierung, Kredite, Sparplan und Leasing.

Sparkasse (D)

www.sparkassen-leasing.de/
www.sparkassen.de

Informationen und Angebote zum Thema Finanzierung und Leasing und allgemeine Informationen unter der zweiten Adresse.

Volkswagen Bank (D)

www.vw-bankdirect.de/

VW Bank direct – Autofinanzierung, Festgeldkonten, Kreditkarten, Direktbank. Aktuelle Konditionen und Online-Rechner.

WEB.de – Autofinanzierung (D)

dir.web.de/auto/finanzierung/

Linkseite zum Thema Finanzierung und Leasing.

Gebrauchtwagen

Audi (D)

www.audi.de

Aus dem Rechner von Audi: Gebrauchtwagendatenbank und Audi-Dienstwagen zu günstigen Preisen.

Super Online-Tool für alle, die sich für Audi-Dienst- und Jahreswagen interessieren!

Auto Bild (D)

www.autobild.de

Wenn Sie sich für einen Gebrauchten interessieren, finden Sie hier ausführliche Testberichte zu nahezu allen bekannten Modellen.

Autobörse (D)

www.autoboersedeutschland.de

Aktuelle Gebrauchtwagendatenbank für Angebote aus Deutschland.

Autocity (D)

www.autocity.de

Gebrauchtwagendatenbank. Hier finden Sie die offizielle Gebrauchtwagenbörse des deutschen Kraftfahrzeuggewerbes.

Autodrom (D)

www.autodrom.com/

Eine zentrale Gebrauchtwagendatenbank verschiedener Autohäuser.

BMW (D)

www.bmw.de

Hier finden Sie die Gebrauchtwagendatenbank von BMW und seinen Partnern.

CarFinder (D)

www.carfinder.de

Gebrauchtwagendatenbank.

Cars-Online (D)

www.carsonline.de

Gebrauchtwagendatenbank mit der Möglichkeit, Annoncen aufzugeben.

Faircar (D)

www.faircar.de

Gebrauchtwagendatenbank.

Ford (D)

www.ford.de

Die Gebrauchtwagendatenbank von Ford und seinen Partnern.

Gebrauchte (D)

www.gebrauchte.de

Gebrauchtwagendatenbank.

Gebrauchtwagen (D)

www.gebrauchtwagen-jahreswagen.de

Gebrauchtwagendatenbank.

Gebrauchtwagen-Kleinanzeigen (D)

www.autodirekt.de

Datenbank mit Typensuche nach Gebrauchtwagen.

GW-Markt (D)

www.gebrauchtwagen-markt.de

Gebrauchtwagendatenbank.

ICAR (D)

www.icar.de

Gebrauchtwagendatenbank, Unfall-Pkws.

MasterCar (D)

www.mastercar.de

Gebrauchtwagendatenbank mit der Möglichkeit, Annoncen aufzugeben.

Mobile.de (D)

www.mobile.de

Sehr große Gebrauchtwagendatenbank mit der Möglichkeit Annoncen aufzugeben.

Motor-Presse Online (D)

www.motor-presse.online.de

Auch der Verlag Motor-Presse bietet eine umfangreiche Gebrauchtwagendatenbank an. Hier können Sie ebenfalls Annoncen aufgeben.

Schwacke (D)

www.schwacke.de

Die berühmte Schwacke-Liste. Wertauskunft über den Gebrauchten, gebührenpflichtig.

Süddeutsche Zeitung (D)

www.sueddeutsche.de

Gebrauchtwagendatenbank.

Volkswagen (D)

www.volkswagen.de

Gebrauchtwagendatenbank.

VW-Jahreswagen (D)

www.jahreswagen.wolfsburg.de

Gebrauchtwagendatenbank.

WebAuto (D)

www.webauto.de

Gebrauchtwagendatenbank mit der Möglichkeit, Annoncen aufzugeben.

Hersteller

Alfa Romeo (D)

www.alfaromeo.de/

Produktübersicht des italienischen Herstellers. Mit Funzone: Im Online-Spiel können Sie einen Kurs an der Sportfahrschule von Alpha gewinnen.

Aston Martin (USA)

www.astonmartin.com/

Unterkühlt britisch gibt sich der engliche Hersteller für Nobelkarossen. Sehr schöne Webseite mit erstklassigen Informationen rund um den Ex-Wagen von James Bond.

Tolle Merchandise Collection: Taschen, Kleidung, Golf-Accessoires und Bücher.

Audi (D)

www.audi.de/index_de.html

Audi zeigt eine aufwendige Produktpräsentation mit einem reichhaltigen Informationsangebot. Auch für Webseiten-Entwickler zu empfehlen.

Besuchen Sie das Audi-Fahr- und Sicherheitstraining!

BMW (D)

www.bmw.de/

BMW steht Audi in nichts nach! Ein Superseite mit allem, was BMW zu bieten hat. Links zu allen BMW-Partnern in Deutschland.

Hervorragendes BMW Technik Lexikon und BMW Shop mit Angeboten rund um das Auto.

Chevrolet (USA) (D) (F)

www.chevroleteurope.com

Chevrolet. Europäisches Modellangebot der gesamten Palette.

Verschiedene Screensaver zum Download.

Citroen (USA) (D) (F)

www.citroen.de/nfz/

Sehr gute und aufwendige Animationen auf der französischen Seite, klassische Produktinformationen auf der deutschen.

Anfordern von E-Mail-Prospekten.

Ferrari (USA)

www.ferrari.com/menu/index.asp

Internationale Website, unter *www.ferrari.de* findet man nicht den Autohersteller!

Fiat (D)

www.fiat.de/

Online-Einparkspiel, Fotos, Logos und Bildschirmschoner zum Download.

Ford (USA) (D)

www.ford.de/home.html
www2.ford.com/

Produktpalette, Gebrauchtwagenbörse, Händlerverzeichnis, Kontaktaufnahme, Softwaregiveaways (Screensaver ...).
Internationale Seite: Links zu den zugehörigen Herstellern (Jaguar, Lincoln, Mercury, Mazda, Aston Martin).

Honda (USA) (D)

www.honda.de/

Wahlweise Autos oder Motorräder, Produktübersicht, national oder international wählbar.

Hyundai (D)

www.hyundai.de/indexfr1.htm

Händlerliste, Finanzierung, Leasing.

Jaguar (USA) (D)

www.jaguar.com/
www.jaguar.com/de/

Absolute Topseite. Das Gebrauchtwagen-Angebot für Deutschland ist über die internationale Adresse aufrufbar inklusive Händlerliste.
Schauen Sie sich auf jeden Fall diese Seite an und schwelgen Sie in den fantastischen Infos rund um die Traumwagen von der britischen Insel!

Kia (USA) (D)

www.kia.de/

KIA-Automobile bietet Fotos und technische Spezifikationen.

Lancia (D)

www.lancia.de/

Lancia Automobile offeriert einen Autoshowroom und ein Fahrsicherheitstraining für Frauen.

Online-Rennspiel.

Lincoln (USA)

www.lincolnvehicles.com/

Produktübersicht der Marke Lincoln.

Mazda (USA) (D)

www.mazdausa.com/98home.htm
www.mazda.de/

Klare und knappe Produktübersicht der neuen Modelle aus dem Hause Mazda!

Mercedes-Benz (USA) (D)

www.mercedes.de/

In edlem Silbergrau präsentiert sich Mercedes-Benz. Neben den aktuellen Modellen finden Sie hier Gebrauchtfahrzeuge, Finanzdienstleistungen für den Autokauf, Infos rund um Kultur und Sport sowie die Geschichte des Unternehmens.

Hier finden Sie einen Wunschauto-Konfigurator, eine Spielwiese und ein Online-Museum.

Mercury (USA)

www.mercuryvehicles.com/

Produktübersicht des Herstellers.

Mini Cooper (USA) (D)

www.rover.de/mini/opener_js.htm
www.mini.co.uk/

Interaktive-Mini-Seiten. Hier können Sie sich selbst einen Mini oder Mini-Cooper mit Farben, Polstern und Ausstattung zusammenstellen.

Merchandise-Material für Mini-Fans: Film, Musik, Literatur, Veranstaltungen und Geschenkartikel.

Mitsubishi Autos (USA) (D)

www.mitsubishi-motors.de
mitsubishi-motors.co.uk/

Mitsubishi Autos bietet Rallye-Daten, Gewinnspiele und Bildschirmschoner.

Nissan (USA) (D)

www.nissan.de/
www.nissan.co.uk/

Nissan Automobile offeriert Ihnen einen Showroom und Berichte von der STW-Meisterschaft und anderen Rennveranstaltungen.

Nissan-Bank-Autofinanzierung mit Online-Finanzierungsrechner.

Opel (D)

www.opel.de

Auch Opel bietet eine hübsche Website mit Händlerverzeichnis und den Preisen an. In der Rubrik Corsa Webc@r finden Sie ein Gewinnspiel.

Peugeot (USA) (D) (F)

www.peugeot.de/
www.peugeot.com/

Zubehörübersicht, Hausbank, Sport, Boutique und Urlaubsservice. Auf der französischen Seite interaktive Innenansichten verschiedener Fahrzeugtypen.

Porsche (USA) (D)

www.porsche.de/homepage.htm
www.porsche.com/default.htm

Porsche präsentiert klar und übersichtlich ohne viel Schnickschnack. Natürlich gibt es die neusten Infos aus der Welt des Motorsports, Veranstaltungshinweise und ein Gebrauchtwagenangebot. Adresse 2 ist der internationale Zubringer, Motorsport, Stellenanzeigen, Wunsch-Porsche-Konfigurator.

Renault (USA) (D) (F)

www.renault.de
www.renault.comwww.renault.com

Modellgalerie und Händlerliste der Importmarke Nummer 1 in Deutschland!

Rover (USA) (D)

www.rover.de/
www.rover.co.uk/

Rover Automobile. Produktpalette, Design-Konzepte. Natürllich geht es hier direkt auf die abentuerlichen Landrover-Seiten mit Link zur Camel Trophy!

Interaktives Katalogbestellsystem – Kaufen Sie Ihren Rover online!

Saab (USA) (D)

www.saab.de

Tolles Designkonzept! Saab, Luxus und Sicherheit aus Skandinavien. Innovative Navigation durch die Saab-Welt mit allen wichtigen Informationen rund um den coolen Schweden!

Seat (USA) (D)

www.seat.de/
www.seat.com/

Seat-Automobile. Modelle, Infos, Händler, Gebrauchtwagenbörse.

Techniklexikon und Links auf regionale Staumeldungen, Versicherungen und weitere Informationen für Autofahrer.

Skoda-Autos (D)

www.skoda-auto.de

Skoda-Autos, Finanzierung, Roadshows und gesponserte Sportveranstaltungen.

Spielpläne dreier deutscher American-Football-Vereine.

Smart (USA)

www.smart.com

Sehr schöne Website rund um die bekannten Kleinstautos.

Toyota (D)

www.toyota.de/

Sehr übersichtliches Informationsangebot, das für die anfänglichen Ladezeiten entschädigt.

Volkswagen (USA) (D)

www.volkswagen.de/international/deutsch/index.htm
www.volkswagen.de

Mit einem Kasko-Kalkulator, die zweite Adresse lenkt auf die erste um.

Volvo (USA) (D)

www.volvocars.volvo.de/

Produktübersicht der Marke Volvo, Preisangaben, Wunschauto-Konfigurator.

Import & Export

Auto-Im-/Export (USA)

www.auto-import-export.com/

Informationen und Angebote zum Thema Import & Export von Fahrzeugen in Französisch, die englischen Seiten sind noch im Aufbau.

Schönbach (D)

www.weborbit.de/schoenbach/home_deutsch.htm

Angebote zum Thema Import und Export von Fahrzeugen.

Sharelook – Im-/Export (USA) (D)

www.sharelook.de/wirtschaft/unternehmen/automobile/import_und_export.html

Linkseite zum Thema Import und Export von Fahrzeugen.

Straßenverkehrsamt (Schweiz) (D)

www.strassenverkehrsamt-tg.ch/impexp/index.htm

Informationen und Angebote zum Thema Import und Export von Fahrzeugen in bezug auf die EU und die Schweiz.

Viking (D)

www.viking-data.de/

Informationen zum Thema Import & Export von Fahrzeugen.

Kfz-Sachverständige

Dino – Kfz-Sachverständige (D)

www.dino-online.de/seiten/go17amg.htm

Umfangreiche Linkseite zum Thema Kfz-Sachverständige.

Kfz-Sachverständige.com (D)

www.kfz-sachverstaendige.com/frame.htm

Leistungsübersicht des Sachverständigenbüros Baschat.

Kfz-Sachverständige.de (D)

www.kfz-sachverstaendige.de/

Anlaufstelle für Informationen für Kfz-Sachverständige, es präsentieren sich verschiedene Verbände.

Mobile.de – Kfz-Sachverständige (D)

www.mobile.de/sachverstaendige/

Link-Seite für verschiedene Sachverständige: Büros und Organisationen.

Sachverständige.com (D)

www.sachverstaendige.com/

Großes Angebot rund um Auto und Straßenverkehr. Ob des großen Angebots lassen sich einige spärliche Seiten entschuldigen.

SV-Infodienst (D)

www.SV-Infodienst.com/

Datenbank für Sachverständige (Recht, Herstellerangaben, Zubehör ...), zur Zeit noch im Aufbau, aber bereits als kostenloser Gastzugang nutzbar.

Kleinanzeigen

AutoConnect (USA)

www.autoconnect.com/

Suchmaschine für Gebrauchtfahrzeuge, Fahrzeughändler in den USA.

Der Heiße Draht (D)

www.dhd.de/lesen/fr_kleinanzeigen.cgi
www.dhd.de/

Unter der ersten Adresse finden Sie den klassischen Anzeigenteil, unter der zweiten: der Heiße Draht online.

Hamburg-Cityweb (D)

www.hamburg.cityweb.de/free/2.kleinanz.startseite.inhalt-000.html

Anzeigenmarkt für die Region Hamburg.

Kleinanzeigen.de (D)

www.kleinanzeigen.de/

Kleinanzeigenmagazin mit verschiedenen Rubriken, natürlich auch mit einem Automarkt.

Kleinanzeigen.net (D)

www.kleinanzeigen.net/

Kleinanzeigenmagazin mit verschiedenen Rubriken, natürlich auch mit einem Automarkt.

Nes-Online (D)

www.nes-online.de/special/auto.htm

Privater Anzeigenmarkt.

Swin.Baynet – Auto – Kleinanzeigen (D)

www.swin.baynet.de/kleinanz/auto/auto.html

Privater Anzeigenmarkt für die Region Schweinfurt/Main/Röhn.

Motorräder

BMW (USA) (D)

www.bike.bmw.com/

BMW-Motorrad – Produkte und Erlebniswelt, Motorräder, Motorradausstattung, Fahrerausstattung, Service, Reisen (in deutscher und englischer Sprache).

Ducati (USA)

www.ducati.com/

„Welcome to the official Ducati Web Site! Join us on an exciting journey into the world of sport motorcycling with the marque that has raised the pulse of enthusiasts everywhere for more than half a century ..." Hier sind Sie auf den offiziellen Seiten des berühmten italienischen Herstellers für schnelle Bikes.

Harley Davidson (USA)

www.harley-davidson.com/

Natürlich in Schwarz: Harley Davidson Motorräder – the products – the experience – the company, die Philosophie des amerikanischen Traums. Mit inetraktivem Fragebogen: What is your reason to ride?

Hein Gericke (USA) (D)

www.hein-gericke.de

Bikerherzen schlagen schneller, landen sie auf der Homepage und im Online-Shop von Hein Gericke.

Honda (D)

www.honda.de/

Honda-Motorräder. Produktpalette, Neuheiten.

Übersicht über europäische Rennstrecken. Spezifikation der Superbikes, Auflistung der Rennteams.

Kawasaki (D)

www.kawasaki.de/

Kawasaki-Motorräder. Alle Modelle, Fotos, Reifentabellen, News, Rennsport.

KTM-Fans (D)

home.t-online.de/home/05713201852-0001/ktm1.htm

KTM-Motorräder – Umfangreiche Sammlung der Tips von Fahrern für Fahrer zum Thema Technik.

Kymco-Motorräder und -Roller (D)

www.kymco.de

Der Alleinimporteur von Kymco-Motorrädern stellt die Fahrzeuge mit technischen Daten und Preisen vor.

Moto Guzzi (D)

www.moto-guzzi.com/

Moto Guzzi-Motorräder, die italienische Marke.

Online-Shop für Anstecker, Feuerzeuge, Taschenmesser, Lederkleidung und Energy-Drinks. Digitale Postkarten.

Motorrad-Kleinanzeigen (D)

classiccars.de/motorrad/

ClassicCars – Die Motorradseite mit Kleinanzeigen. Die Clubs und der Markt sind hier zusammengefaßt und nach den Markennamen sortiert.

Suzuki-Motorräder (USA) (D)

www.suzuki.de
www.suzuki.com/

Suzuki-Motorräder, Kindermotorräder und Quads (ohne Straßenzulassung in Deutschland), auch mit Leasing. Auf der internationalen Seite auch Autos.

Yamaha-Motorräder (USA)

www.yamaha-motor-europe.com

Yamaha-Motorräder, Trikes und Jetski.

Zeitschrift Motorrad (D)

www.motorradonline.de

Informationen rund ums Motorrad aus der Zeitschrift Motorrad: Treffs, Events, Lexikon, Adressen, Archiv usw.

Oldtimer

Car Hop (D)

www.carhop.com/

Online-Magazin zu Classic Cars mit Terminen, Clubs, Bilder-Galerien, Kleinanzeigen und vielen weiteren Links.

Digitale Postkarten für Freunde alter Ami-Schlitten.

ClassicCars (D)

classiccars.de/

Oldtimer-Clubs, Veranstaltungen, Vermietung, Gesetzeslage, Kleinanzeigen und weitere Links.

Classicdriver (D)

www.classicdriver.com

Hier schlägt das Herz des Oldtimer-Fans höher! Rund um Oldtimer, mit einer Oldtimersuchmaschine, News aus der Szene, Erfahrungsaustausch und viele Clubs & Links!

Ford Oldtimer Club (D)

diekoelner.de/ford3.htm

Der Ford Oldtimer Club stellt sich vor.

Oldtimer.de (D)

www.oldtimer.de/

Rund um Oldtimer: An-/Verkaufbörse, Teilemarkt, Service.

Oldtimer-Links (D)

www.academie.de/oldtimer/

Links auf diesem Server: Oldtimer-Angebote in Datenbankform; Vintage&Voyage, Oldtimerverkaufsgalerie; Oldtimer Spezialwerkstätte Franken Klassik; weitere interessante Oldtimerlinks; Dürkopp Motorroller (Andreas Beu); Classic Car Team Franken (klassische US-Cars und Motorräder).

Oldtimer-Versicherung (D)

oldtimer-versicherungen.de/

Versicherungsmöglichkeiten für Oldtimer.

Sharelook – Oldtimer (USA) (D)

www.sharelook.de/wirtschaft/unternehmen/automobile/oldtimer.html

Index rund um Oldtimer: Fahrzeuge, Ersatzteile ...

Raserei, Unfälle, Alkoholismus

Alkohol – Im Verkehr immer ohne (D)

difa-forum.de/verkehr/aivio.html

Aktion „Alkohol – im Verkehr immer ohne" des Ministeriums für Frauen, Arbeit, Gesundheit und Soziales im Saarland.

Alkohol im Verkehr (D)

www.jurathek.de/fahr/richtlin.htm

Richtlinien für die Prüfung der körperlichen und geistigen Eignung von Fahrerlaubnisbewerbern und -inhabern (Eignungsrichtlinien).

bics.bics.be.schule.de/labi-be/medien/schlagwo/0/99/56.htm

Landesbildstelle Berlin. Medien zum Thema Alkohol und Verkehr.

Anonyme Alkoholiker (D)

www.anonyme-alkoholiker.de/aahome2.htm

Homepage der Anonymen Alkoholiker.

Bundesanstalt für Straßenwesen (D)

www.bast.de/

Ziele: Verbesserung der Verkehrssicherheit.

Gerichtsberichte über Alkoholdelikte (D)

home.t-online.de/home/paulo.taschen/gericht.htm

Zeitungs- und Gerichtsberichte über Verkehr, Jugend, Alkohol.

International Road Traffic & Accident Database (USA) (D) (F)

www.bast.de/irtad/index.htm

Datenbank internationaler Verkehrs- und Unfalldaten in der Bundesanstalt für Straßenwesen (BASt).

Kraftfahrt-Bundesamt Flensburg (D)

kba.de

Auskünfte, Statistiken, rund ums Auto und Gästebuch.

Hier können Sie Antragsformulare für den Punktestand aus dem Verkehrszentralregister (VZR) anfordern werden.

Ortsfeste Blitzer (D)

www.pampow.de/radarfalle/index.htm

Festinstallierte Radaranlagen und Ampelblitzer in Deutschland.

Polizei Rheinland-Pfalz (D)

www.polizei.rlp.de/index2.htm?/050service/060olizei_kurier/016mai_98/h_verkehralk.htm

Artikel aus dem Polizeikurier von Rheinland-Pfalz über die 0,5-Promille-Grenze und Atemalkoholanalyse.

Promillerechner (D)

www.promillerechner.de

Gerät zur Berechnung des Blutalkoholgehaltes durch „Simulation eines Trinkabends" ohne „Pusten".

Online-Version zum Ausprobieren.

Radarfallen (D)

www.radarfalle.de/

Standorte von Radarfallen und Blitzampeln, Tips und Tricks für Raser, wie sie ihre Nummernschilder für Blitzgeräte unkenntlich machen können.

Promille-Programm und Plug-Ins für Map & Guide zum Download.

Risikofaktor Alkohol (D)

www.pingweb.de/vkwodw/_AlkoholVerkehr.htm

Deutsche Verkehrswacht. Risikofaktor Alkohol und Verkehr. Tips und Risiken.

Unfall-Aufnahme, die (D)

www.merlin.at/~unfall/

Europäischer Verein für Unfallforschung und Unfallanalyse.

Reparatur & Service

Auto-Test (D)

www.motor-presse-online.de/kaufberatung/

Bestellservice der Motor-Presse-Online: über 500 Tests auf Abruf (kostenpflichtig).

Autounfall.de (D)

www.Auto-Reparatur.de/

Informationsdatenbank rund ums Auto: Werkstätten, Leihwagen ... Hilfestellung bei Unfällen (allgemeine Ratschläge).

Autoverwertung (D)

www.Autoverwertung.de/

Softwarelösung für den Gebrauchtfahrzeug-/-teile-Händler mit Abschleppdienstsuche.

AvD (D)

www.avd.de/index2.html

AvD – Automobilclub von Deutschland: Pannenhilfe, Auto und Verkehr, Reise, Technik, Sicherheit, Sport. Hier finden Sie als Autofahrer kostenlos alles zu den Themen Verkehr, Technik, Motorsport, Service, Recht, Versicherung und Umwelt.

Carat-Autodienst (USA) (D)

www.carat-gruppe.de/ad-autodienst/

Leistungsübersicht des Anbieters.

LIQUI MOLI Motorenöle (USA) (D)

www.liqui-moly.de

Motorenöle, Additive und Autopflege mit Event-Info und Fun-Magazin.

notruf (D)

www.notruf.at/branchen/kfz.htm
www.notruf.at

Liste von Notrufnummern für Österreich.

Siegen-Digital-Service (D)

www.siegen-digital.de/auto_und_verkehr/reparatur_und_service/

Digitales Branchenbuch für Siegen und Umgebung.

Stinnes-Reifendienst (D)

www.stinnes-reifendienst.de/

Übersicht über das Angebot der Firma Stinnes-Reifendienst mit Internetbonus: ausdruckbare Rabattmarken!

yahoo-service (D)

www.yahoo.de/handel_und_wirtschaft/firmen/kraftfahrzeuge/reparatur_und_service/

Linkseite zum Thema Autoreparatur und Service.

Software

ADAC Special Auto '99 (D)

www.auto-news.de/cdrom/auto99.htm

Hier finden Sie Informationen zu den CD-ROMs, die vom ADAC herausgegeben wurden. Thema: Das Auto '99: Daten, Fakten, Hintergründe.

ADAC Special Gebrauchtwagen '99 (D)

www.auto-news.de/cdrom/geb99.htm

Über 5.300 in Deutschland erhältliche Gebrauchtfahrzeuge in der großen Multimedia-Datenbank.

Errechnet Fahrzeugpreise nach Eingabe von Kilometern sowie Zulassungsmonat.

Cfunktional (D)

www.cfunktional.de/autospe/index.htm

Hier finden Sie ein Programm zur Reisekostenabrechnung.

Comisa (D)

www.comsia.de/

Programme zur Fahrzeugkostenverwaltung, Demoversionen im Download verfügbar.

Eurotax (Schwackeliste) (USA) (D) (F)

www.autowert.com/autowert.rip/index.htm

Hier können Sie die aktuelle Schwackeliste bestellen.

Online-Fahrzeugbewertung laut Schwackeliste.

Rund ums Auto (D)

www.rund-ums-auto.de/seiten/dataware1.htm

rund-ums-auto bietet diverse Software produkte für Autohändler an.

Spezialfahrzeuge

AKS-KSH (D)

aks-autokran-service.de/

Wollen Sie eine Brücke versetzen? Hier finden Sie den passenden Autokran.

DirWeb-Spezialfahrzeuge (D)

dir.web.de/auto/umbauten/?id=v00-990405-03112-00

Ein Index zum Thema Spezialfahrzeuge.

Erdgasfahrzeuge (D)

www.bayerngas.de/pages/fahrzeu/fraueber.htm

Bayerngas informiert über aktuelle Forschungen zum Thema Erdgasfahrzeuge und Erdgastankstellen.

Fahrzeugmarkt-Spezial (D)

www.fahrzeugmarkt.ch/0spez.htmLinkseite

Gesammelte Links zum Thema Spezialfahrzeuge.

Meiller (USA) (D) (F)

www.meiller.com

Wovon wir als Jungs immer träumten: F. X. Meiller Fahrzeug- und Maschinenfabrik München. Kipper jeder Art.

Reutter-Fahrzeuge (D)

www.reutter-fahrzeuge.de/

Leistungsübersicht des Spezialisten rund um den Transport von Pferden.

Sharelook – Automobil (D)

www.sharelook.de/wirtschaft/unternehmen/automobile.html

Umfangreicher Index zum Thema Autos und Spezialfahrzeuge.

Taxiunternehmen

alleskklar-Taxi (D)

alleskklar.de/l?538-680-1245

Index zum Thema Taxi.

Student im Taxi (D)

w3.rz.fhtw-berlin.de/misc/wadenbeisser/ausgabe0296/art17.htm

Anleitung für Studenten, die als Taxifahrer arbeiten.

Taxi-Verband München (D)

www.taxi-muenchen.de

Infos, Ziele, Mitarbeiter, Taxischulen und Kurse.

Taxi-Verzeichnis, das große (D)

www.kgb.de/wi_tax__.html

Hier finden Sie auch ein Taxiunternehmen in Ihrem Ort.

Tuning

Abt Sportsline (USA) (D)

www.der-abt.de/

Einer der großen Tuning-Spezialisten ist die Abt Sportsline GmbH: VW-Tuning mit Beispielen, Katalog und Preisliste.

Aktuelles von der STW-Meisterschaft.

AC Schnitzer (USA) (D)

www.ac-schnitzer.de/

AC Schnitzer, das größte deutsche Tuningunternehmen für BMW-Fahrzeuge. Auch hier wird von der beeindruckenden Arbeit berichtet, wie man aus einem normalen BMW ein Spezialfahrzeug macht.

AMG (D)

www.mercedes-benz.com/d/cars/amg/

Bei Mercedes heißt der Tuner Nr. 1: AMG-Tuning, auch bekannt von den Einsätzen in verschiedenen Meisterschaften.

Brabus Auto Veredelung (USA) (D)

www.brabus.com

Brabus-Veredelungsprogramm für Mercedes-Autos. Hier können Sie zum Beispiel interaktiv die Felgen Ihres Autos wechseln und ansehen.

Continental-Tuning (D)

www.continental.de/contire/tuning/index.html

Produkte/Service fürs Tuning.

Hamann (USA) (D)

www.hamann-motorsport.de/

Hamann Motorsport: Tuning, Aerodynamik und Räder für BMW und Ferrari.

JMS Fahrzeugteile (USA) (D)

www.jms-fahrzeugteile.de/

Die Schwerpunkte sind Fahrwerke, Heckflügel, Spoiler und Räder für verschiedene Automarken. Mit Preisen und Online-Bestellmöglichkeit.

MK-Tuning (D)

www.mk-tuning.de/

Angebot von Tuningzubehör der Marken VW/Opel.

Oettinger (USA) (D)

www.oettinger.de/

Oettinger: Tuningteile für Karosserie und Motor speziell für die Marken Audi und VW.

News aus dem Rennsport.

Ronal Leichtmetallfelgen (USA) (D)

www.ronal-wheels.com

Leichtmetallräder und -felgen.

Sharelook – Chip-Tuning (D)

www.sharelook.de/wirtschaft/unternehmen/automobile/tuning/chip_tuning.html

Umfangreicher Index zum Thema Chip-Tuning und Fahrwerk.

Tuning for Porsche (USA) (D)

www.techart.de

Das exklusive Tuning-Programm für alle Porsche-Modelle. Programme, Schnäppchen, Fahrzeugangebote.

Tuning.de (D)

www.tuning.de/welcome.html

Alles über die Tuning-Szene.

Tuning-Magazin (D)

www.tuning-magazin.de/

Das Online-Magazin von „Tuning".

Tuning-Teile.de (D)

www.tuning-teile.de/

Angebote über Tuningarbeiten und Tuningteile.

Verkehrspsychologie

Bürgerinitiative für animierte Verkehrszeichen (D)

home.t-online.de/home/lienke/bifaz.htm

Die Bürgerinitiative für animierte Verkehrszeichen macht Vorschläge für Bewegung auf den Verkehrszeichen an Stelle der langweilig starren Bilder, um die Sicherheit auf Deutschlands Straßen zu erhöhen.

Institut für Diagnostik, Training, Kommunikation (D)

members.aol.com/vttd/vtt.htm

VTT – Verkehrstraining und Therapie Düsseldorf – Verkehrspsychologische Fachpraxis Führerschein und MPU – Verkehrspsychologisches Trainings- und Therapieprogramm zur Vorbereitung auf die Medizinisch-Psychologische Untersuchung.

Lehrveranstaltung: Verkehrspsychologie (D)

www.lzk.ac.at/lva/boku/530008

Skript und umfangreiche Hintergrundinformationen.

Medizinisch Psychologische Untersuchung (D)

home.t-online.de/home/0307414130-0001/s1.htm

Informationen zum Thema Medizinisch-Psychologische-Untersuchung (MPU) von einem Psychologenteam.

Psychologie-Online (D)

www.psy-online.de/default.htm

Informationen zum Thema Psychologie, MPU.

Sharelook-Verkehrspsychologie (D)

www.sharelook.de/wirtschaft/unternehmen/automobile/verkehrspsychologie.html

Index zum Thema Verkehrspsychologie.

Versicherungen

Autocity-Versicherung (D)

www.autocity.de/info/geld/versicherung.html

Überblick über die Autoversicherer.

Motor Presse Versicherungsvergleich (D)

www.motor-presse-online.de/ratgeber/aspect/

Versicherungsvergleiche für Kfz-Versicherungen.

Oldtimer-Versicherung (D)

www.oldtimer.de/link/sicher/

Versicherungen für Oldtimer und Exoten von der Württembergischen Versicherung.

www.oldtimer-versicherungen.de/

Oldtimer-Versicherungsdienst. Bundesweite Oldtimerversicherung zu günstigen Konditionen, die mit verschiedenen, anerkannten deutschen Versicherungen vereinbart werden können.

Versicherungsvergleich (USA)

www.topscout.de/kfz.htm

Der große Kfz-Versicherungsvergleich per Faxabruf.

Wohnmobile

CS Reisemobile (D)

www.cs-reisemobile.com

Technische Daten, Grundrisse und Fotos der Wohnmobile.

Jährliches Wohnmobiltreffen.

Kühlung, Alarmanlagen (USA) (D)

www.waeco.com

Jede Menge Zubehör: Kühlung, Alarmanlagen und GPS-Systeme in Wohnmobilen.

Reisemobile Hymer (D)

www.hymer.com

Reisemobile von Hymer. Produktpräsentation, Zubehörkatalog.

Reiseberichte und Fahrsicherheitstraining.

Reisemobile Niesmann+Bischoff (D)

www.niesmann-bischoff.com

Moderne Reisemobile mit innovativem Funktionsboden, zahlreiche Bilder.

Reiseberichte.

Reisemobile Reimo-Pan (D)

www.reimo-pan.de

Wohnmobile und Zubehör für das Wohnmobil. Aktuelle Schnäppchen und Sonderangebote.

Sharelook-Wohnmobile (USA) (D)

www.sharelook.de/wirtschaft/unternehmen/reisen/wohnmobile.html

Linkseite über Wohnmobile allgemein und Wohnmobilvermietung.

Showline-Wohnmobile (D)

www.showline.de/apm/autocontent/wohnmobile.html

Anzeigenmarkt zum Thema Wohnmobile.

Telemarkt-Wohnmobile (D)

www.telemarkt.de/wwwir/d/g902.htm

Links zum Thema Verkauf und Vermietung.

USA-Wohnmobile (USA)

www.usa-wohnmobile.ch/

Angebot der schweizerischen Firma Jakober über amerikanische Wohnmobile.

Wohnmobile.net (D)

www.wohnmobile.net/

Informationen & Club für Wohnmobilfans, Hilfen zur Routenplanung, Reiseinformationen, Wetter, Messekalender.

Zeitschriften

Auto Bild (D)

www.autobild.de

Online-Ausgabe der „Auto Bild" mit einem umfangreichen Testberichte-Archiv, einer Autobörse, Alles über die Formel 1, einer erstklassigen KFZ-Bewertung und jeder Menge interessanter Testberichte.

Puristischer Online-Routenplaner mit guten Ergebnissen.

Auto Journal (D)

www.autojournal.de

Online-Ausgabe des „Auto Journals".

Auto Motor und Sport (D)

www.auto-motor-und-sport-online.de

Zeitschrift „Auto Motor und Sport" mit aktuellen News, Kleinanzeigen, hervorragender Kaufberatung und vielen Testberichten.

Auch hier finden Sie einen gut recherchierten Versicherungsvergleich.

Motor Presse online (D)

www.motor-presse-online.de/magazin/index.html

Die Online-Ausgabe der bekannten Zeitschrift mit Reportagen rund um des Deutschen liebstes Kind, faszinierende Berichte über z. B. James Bonds Aston Martin, Hintergrundberichte und umfangreiche News aus der Wirtschaft.

Download-Möglichkeit diverser Software-Utilities rund ums Auto!

Basteln

Thema	Seite	Weiterführende Linkseiten
Suchmaschine	350	www.sharelook.de/freizeit/basteln.html
Modellbahnen	352	www.muenster.de/~amuehl/links1.htm
Modellbau-Server	352	www.modellbau-server.de/
Origami	353	www.geocities.com/athens/delphi/3056/orilin.htm

Sharelook (USA) (D)

www.sharelook.de/freizeit/basteln.html

Gute Suchmaschine zu jeder Art von Basteltätigkeit.

Bastelmaterialien

Bastelwelt (D)

www.bastelwelt.de

Einkaufsshop Bastelwelt mit allerlei Bastelmaterialien.

Puppenbastelparadies (D)

www.getnet.de/puppenbastelparadies/index.htm

Der Puppendoktor – ein Fachmann auf dem Gebiet der Puppenreparatur, und er bietet auch Materialien zur Reparartur.

Eisenbahn

Eisenbahn Profil (D)

www.Eisenbahn.de/index.html

Eisenbahn-Fachmagazin, mit Webseiten.

Faller (D)

www.faller.de/

Hier schlägt das Herz des Modellbaufreaks höher! Wer kennt sie nicht, die kleinen Faller-Häuschen. Hier finden Sie alle Infos zur aktuellen Produktpalette. In einem Link ist auch die Firma Pola vertreten.

Herpa (D)

www.herpa.de/

Mehrsprachige Homepage mit interessanten Details zum Miniaturmodellbau!

Märklin (D)

www.Maerklin.de/

Innovative Webseite mit erstklassigen Animationen. Detaillierte Vorstellung aller Märklin-Produkte von Start-Sets über Märklin Digital bis hin zum kultigen Metallbaukasten!

Links zur Märklin-Mailingliste und zum Railroad Museum!

MIBA (D)

www.miba.de/

Führende Modellbahn-Zeitschrift, mit Tests und Bauanleitungen für Modellbahner.

Tolle Testberichte vieler Produkte aus dem Eisenbahnmodellbau! Workshops über digitale Mehrzugsteuerungen und mehr!

Modellbahnen (USA) (D)

www.muenster.de/~amuehl/links1.htm

Riesige Linkliste für Modellbahnen und Zubehör, hauptsächlich aus Deutschland und den USA.

Modellbahnvereine (USA) (D) (F)

www.muenster.de/~amuehl/links7.htm

Links zu Modellbahnvereinen und Arbeitsgemeinschaften.

Modellbau-Server (D)

www.modellbau-server.de/

Umfangreiche Linksammlung zu Modelleisenbahnherstellern, Terminen und Vereinen, Flohmarkt, Preisdatenbank und Literatur.

Modellbau

GPRacing (D)

home.t-online.de/home/gpracing/

Maßstäbliche Fahrmodelle verschiedener Rennwagenklassen, Monster Trucks, Dragster und Fun Cars.

Modellbau News (D)

www.model-news.com/

Magazin für den Modellbau. Mit Anleitungen und Bemerkungen.

Modelle (D)

www.modellflug.de/

Kleinanzeigenmarkt für Modellbaufans.

rconline.net (D)

www.rconline.net/

Berichte und Links zum Flugzeug-, Schiffs- und Automodellbau, Wettbewerbe, Ausstellungen, Vereine.

Origami

Joseph Wu's Origami Page (USA)

www.origami.vancouver.bc.ca/

Origami-Faltpläne, Fotos, Tips und Links.

Kunst des Faltens, die (D)

pcwww.uibk.ac.at/s06user/csaa009/origami/origami.ssi

Viele Faltanleitungen direkt zum Download.

Origami Interest Group (USA)

www.rug.nl/rugcis/rc/ftp/origami/

Origami-Faltpläne zum Download und verschiedene Tips und Software.

Origami-Links (USA) (D)

www.geocities.com/athens/delphi/3056/orilin.htm

Links zu Origami-Seiten.

Origami München e. V. (D)

www.whatsup.de/webspace/17193/web17193.nsf/htmlfile/default.htm

Origami München e. V. – der Verein zur Förderung und Verbreitung der Internationalen Papierfaltkunst e. V. – bietet umfangreiche Informationen rund um das kunstvoll gefaltete Papier.

Village, the (USA)

www.the-village.com/origami/

Origami-Faltpläne zum Download im PDF-Format.

Puppen

Augsburger Puppenkiste (D)

www.augsburger-puppenkiste.de

Hier können Sie die Puppenwerkstatt besichtigen.

Basteln im Kidsweb (D)

www.kidsweb.de/basteln/mario.htm

Beschreibung zum Bau einer einfachen Marionette.

Keramik (D)

www.gvi.de/vico

Keramik- und Porzellanbrennöfen.

Puppen und Teddybären basteln (USA) (D) (F)

st4.yahoo.net/torsten/pupted.html

Viele Informationen zum Puppen-, Teddybärenbasteln; Materialien.

Puppenbastelparadies (D)

www.getnet.de/puppenbastelparadies/index.htm

Fachmännische Hilfe auf dem Gebiet der Puppenreparatur.

Erotik

Thema	Seite	Weiterführende Linkseiten
Sexsuche	354	www.sexsuche.de/ss/l2.shtml

Flirt-Lines

Brigitte (D)

www.brigitte.de

Online-Partnersuche im Brigitte-Love-Channel.

Chat für Erwachsene (USA)

www.play.ch/chat.htm

Chatbereich für Erwachsene mit unterschiedlichen Chatrooms.

Coupé-Chat (D)

chat.coupe.de/start/

Chatbereich des bekannten Magazins, nach vorheriger Anmeldung per E-Mail nutzbar.

Erotik.de (D)

www.erotik.de/

Kostenlose, private Kontaktbörse, Sexlexikon, Chatbereich, erotische Geschichten, Horoskop, Versand erotischer Postkarten.

Sexsuche (USA) (D)

www.sexsuche.de/ss/l2.shtml

Linkseite für erotische Chats, Bilder, Live Sex Show und weitere lustvolle Themen!

Fotografien

Brunacci (USA)

www.uni.net/bbtbrunacci/

Erotische Aktfotografie.

Erotic Art (D)

www.playground.de/erotik/art/
www.playground.de

Erotische Aktfotografie als Kunstform von verschiedenen Fotografen dargestellt. Eine der besten Erotic-Galerien im Web! Unbedingt vorbeischauen.

Unter der zweiten Adresse finden sich noch ganz andere Angebote, zum Beispiel Horoskope und eine Online-Gewinnspielsuchmaschine.

Erotik.com (USA) (D)

www.erotik.com/

Versandhandel mit erotischen Bildern auf CD-ROM, nach verschiedenen Kategorien eingeteilt.

Fakes (USA) (D)

www.fakes.de/beispiel/gast.htm

Vermeintlich bekannte Persönlichkeiten in erotischen Posen. Der Gastzugang ist jugendfrei!

Nerve (D)

www.nerve.de/

Hervorragendes Online-Magazin mit Texten, erotischen Fotos und Bildern. Zahlreiche Fotografen stellen sich vor. Fotowettbewerb mit Bewertung durch die Leser.

Vahle.net (USA) (D)

www.vahle.net

Aktfotografien von Michael Vahle mit Informationen zur Aktfotografie, in Deutsch oder Englisch wählbar.

Literatur

Erotic-Bookshop (USA) (D)

www.erotic-bookshop.de/

Online-Versandhaus speziell für erotische Literatur und Artverwandtes, z. B. erotische Kunst.

Scarlett (D)

www.scarlett.worldweb.de/

Forum für erotische Geschichten, zum Veröffentlichen oder nur zum Genießen.

Unmoralische, die (D)

www.freunde.imperium.de/gansel/erotik.htm

Sex und Erotik in der Bibel. Auszüge aus dem Hohelied Salomos.

Magazine

Beate Uhse (D)

www.beate-uhse.de

Online-Ausgabe des bekannten Katalogs.

Club Eros (D)

cc.club6.com/cc1/0content/magazin/

Club Eros Magazin online.

Coupé (D)

www.coupe.de/home/home.htm

Online-Ausgabe des Magazins mit Chatbereich.

Hustler (D)

www.hustler.de/

Der Hustler im Internet. Das Girl des Monats, Livechat und viele Previews!

Baggertest 1999 und große Verlosung! Online-Bildschirmchat mit einer Dame Ihrer Wahl.

Penthouse (USA)

www.penthousemag.com/

Im Penthouse gibt es eine Auswahl an Amateur-Videos und heiße Bildchen ohne Ende. Machen Sie mit bei der Penthouse-Girl-Wahl des Jahres.

Playboy (USA)

www.playboy.com/

Der Playboy präsentiert sich in Form eines professionellen Internetmagazins mit vielen interessanten Berichten nicht nur aus der Welt des Sex!

Praline (D)

www.praline.de/

Die Praline präsentiert sich bunt mit den bereits gewohnten Berichten rund um Thema Nummer Eins.

Wochenend (D)

www.wochenend.de/

Online-Magazin der Zeitschrift mit Erotik-Test und Millennium-Countdown der eigenen Art.

Sex-Shop

Domenico (USA)

www.domenico.de

Fetisch- und Sexshop mit Gewinnspiel. Hier findet der interessierte Kunde alles, was sein Herz begehrt. Von Dessous, Präparate, Sex-Gags, Vibratoren über Puppen bis hin zur extravaganten Schuhmode!

Natural Sex (USA)

www.naturalsex.com

Aphrodisiaka mit natürlichen Inhaltsstoffen für ein angeblich reichhaltigeres Sexualleben!

Sex-Shop.de (USA) (D)

www.sex-shop.de

Große Auswahl, kleine Preise. Egal obe Hetero-, Homo-, Trans- oder Bisexuell, hier gibt's für alle die passenden Spielzeuge! Links zu diversen Erotik-Magazinen.

Unter Diverses finden Sie Infos über Kondome, Cremes, Scherzartikel und eine Bastelecke!

Jahrtausendwende

Thema	Seite	Weiterführende Linkseiten
Silvester 2000	359	www.fernweh.com/links_silvester_2000.htm

Zeitkapseln 361

An 2000 (USA) (F)

www.information2000.com/
www.an2000.fr/

Veranstaltungen zur Jahrtausendwende in Frankreich.

Canada and the Millennium (USA) (F)

www.millennium.gc.ca/

Das kanadische Millennium-Büro informiert über Veranstaltungen und Aktionen.

Countdown 2000 (D)

countdown2000.de/

Online-Magazin um das Jahr 2000 mit vielen Umfragen, Gewinnspielen, weltweiten Links und Softwaredownloads.

Deutschland 2000 (D)

www.deutschland2000.de/

Aktuelles Online-Magazin um das Jahr 2000. Hier finden Sie Nachrichten, Partys, Reisen und Kurioses zur Jahrtausendwende.

Dublin (USA)

www.dublin-2000.com/

Silvester in Dublin mit einer großen Millennium-Uhr, aus der in der Silvesternacht ein Feuerwerk aufsteigen wird.

Gewinnspiel.

Eiffelturm (USA) (F)

www.tour-eiffel.fr/teiffel/an2000_fr/
www.tour-eiffel.fr/teiffel/an2000_uk/

Am Eiffelturm in Paris leuchtet eine große Countdown Uhr, die die Tage bis zur Jahrtausendwende zählt. Hier können Sie sich diese Anzeige für jeden beliebigen Tag dieses und der letzten Jahre anzeigen lassen.

Fidschii (USA)

www.fijifvb.gov.fj/2000.htm

Das neue Jahrtausend beginnt zuerst im Pazifik auf den Fidschii-Inseln, einem der zwei einzigen Landpunkte auf dem 180°-Meridian. Hier finden Sie alle Veranstaltungen im Jahr 2000 auf den Fidschii-Inseln.

German Christmas (USA) (D)

www.german-christmas.com/

Deutsches Weihnachten und Silvester für amerikanische Touristen auf Burgen am Rhein.

Greenwich 2000 (USA)

www.greenwich2000.com/

Veranstaltungen auf dem Nullmeridian in London.

Ausführliche Informationen über den Millennium Dome.

Incarnationis Mysterium (USA)

www.cin.org/jp2/jubilee.html

Verkündung der katholischen Kirche zur Jahrtausendwende.

Jahrtausendwende (D)

www.ono.de/1999.html

Interessante Fakten und unterhaltsame Mythen zum Thema Jahrtausendwende.

Links zum Silvester 2000 (D)

www.fernweh.com/links_silvester_2000.htm

Hier finden Sie zahlreiche Links zu Veranstaltungen und Zukunftsplänen für das neue Jahrtausend.

Millennium Communities (USA)

www.millenniumcommunities.org/

Zusammenschluß verschiedener Organisationen, die Veranstaltungen oder Aktionen planen.

Millennium Jump (USA)

www.millenniumjump.co.nz/

Fallschirmsprünge an der Datumsgrenze im Pazifik zum Sonnenaufgang 2000.

Hier werden Online-Tandemsprünge zugunsten einer Wohltätigkeitsorganisation versteigert. Die Preise liegen um 8.000 US$.

Mission pour la celebration de l'an 2000 (USA) (F)

www.celebration2000.gouv.fr/

Das französische Jahr-2000-Büro informiert über Jahr-2000-Veranstaltungen.

Schweizerische Silvester-Seite (D)

www.silvester.ch/

Heiteres zu Silvester 2000: Schütten Sie sich nicht sinnlos Alk hinter die Kiemen! Trinken Sie bewußt – es könnte ihr letzter Tropfen sein.

Sonnenaufgang, der erste (USA)

www.rog.nmm.ac.uk/leaflets/special/first.html

Hier finden Sie die astronomischen Informationen, an welchem Punkt der Erde der erste Sonnenaufgang im Jahr 2000 stattfinden wird: auf den Balleny Inseln in der Antarktis, wo die Sonne nur eine Stunde unter dem Horizont ist.

Talk 2000 (USA)

www.talk2000.org

Verschiedene Online-Talk-Foren über die Jahrtausendwende.

Timewheel (USA)

internetto.tiszanet.hu/timewheel2000/1.HTM

Das Timewheel in Budapest ist mit 4,4 m^3 Sand die größte Sanduhr Europas. Sie läuft seit der Silvesternacht 1998/99 und wird in der Silvesternacht 1999/2000 genau ablaufen und umgedreht werden.

Versailles (USA)

www.gildedagetours.com/millenium.htm

Prunkvolle Silvesterfeier im Versailler Schloß. Online-Reservierung möglich (aber nicht ganz billig).

Wellington Neuseeland (USA)

www.wellington2000.org.nz/

Wellington in Neuseeland ist die erste Hauptstadt, in der im Jahr 2000 die Sonne aufgeht. Hier finden Sie einen Countdown-Ticker und Bilder von der Millennium Clock.

White House Millennium Council (USA)

www.whitehouse.gov/initiatives/millennium/

In Amerika gibt es eine offizielle Behörde, die sich um die Aktionen zur Jahrtausendwende zu kümmern hat.

Zeitkapseln

Kanada (USA) (F)

www.arctic.ca/lus/timecapsule2000.html

Die kanadische Zeitkapsel mit Erinnerungen und Visionen wird am 1. Juli 2000 von den Inuit in Ottawa vergraben.

Millennium Dome (USA)

www.bbc.co.uk/bluepeter/story/102.shtml

Englische Kinder haben bei einem Wettbewerb der BBC Wünsche und Gedanken aufgeschrieben oder aufgemalt, die in einer Zeitkapsel im Millennium Dome versiegelt werden.

TimeVault 2000 (USA)

www.timevault-2000.co.nz/

TimeVault 2000 ist die größte Zeitkapsel der Welt mit Kunstwerken kultureller und religiöser Gruppen und Schriftstücken aus verschiedenen Gesellschaftsgruppen. Sie wird zum Ende des Jahres 2000 unter einer neu erbauten Pyramide in Neuseeland versiegelt vergraben, als Geschenk für die Menschen des Jahres 3000.

U.S. Time Capsule Monument (USA)

www.ustimecapsule.com/

Das amerikanische Zeitkapsel-Projekt wird aus jedem Bundesstaat 500 persönliche Zeitkapseln in einem großen Monument vergraben. Hier können Sie als Einwohner der USA online eine der Kapseln reservieren oder die Inhalte der bereits vergebenen betrachten.

Links auf zahlreiche Webcams.

Jugendverbände

Deutsche Turnerjugend (D)

www.tuju.de/

Informationen, Angebote, Aktionen und Adressen des Jugendverbands im Deutschen Turnerbund.

Landjugend

Cevi – Schweiz (USA) (D) (F)

www.swiss-ywca-ymca.ch/

YMCA/YWCA ist eine christliche Bewegung von Kindern, Jugendlichen, Frauen und Männern. Teil der weltweiten Christlichen Vereine Junger Mädchen und Männer, YWCA und YMCA. Hier finden Sie die passenden Informationen zu den internationalen Seiten.

CVJM Bayern (D)

www.cvjm-bayern.de/

Hier informiert der CVJM Bayern über seine Projekte, zum Beispiel Wetterdienstarbeit, Spendenprojekte und Reisen und mehr.

CVJM-Gesamtverband Deutschland e. V. (D)

www.cvjm.de

Viele Infos rund um den CVJM-Gesamtverband Deutschland.

CVJM Sachsen-Anhalt (D)

home.t-online.de/home/cvjm.sachsen-anhalt/

CVJM-Landesverband Sachsen-Anhalt mit Jugendtreffen, Arbeitskreisen, Freizeit und Seminaren.

CVJM-Westbund (D)

www.cvjm-westbund.de/cvjm-cgi/cvjm.pl

Der größte Landesverband des CVJM in Deutschland.

Junggärtner (D)

www.junggaertner.de

Die Arbeitsgemeinschaft deutscher Junggärtner berichtet aus allen Fachsparten des Gartenbaus und der Floristik.

MIJARC Europa (D)

www.mijarc.org/welcome.htm

Dies sind die Seiten der Internationalen katholischen Land- und Bauernjugendbewegung.

Waldjugend (D)

www.waldjugend.de

Die deutsche Waldjugend betreut als Waldläufer unter fachkundiger Anleitung des Patenförsters ihren jeweiligen Patenforst.

YMCAs Around the World (USA)

www.ymca.int/ymcas.htm

Hier sind alle Mitgliedsländer aufgelistet, und die Webpages können aufgerufen werden.

Pfadfinder

CPA (USA) (D)

members.aol.com/vinir/pandhome.html

Christliche Pfadfinderinnen und Pfadfinder der Adventjugend.

Deutsche Pfadfinderschaft St. Georg (D)

www.dpsg.de

Seite der Deutsche Pfadfinderschaft St. Georg. Mit Mitgliederinfos, einem Pfadfinderladen und Links zu internationalen Pfadfinderorganisationen.

Pfadfinderinnen und Pfadfinder (D)

www.utopia.pyro.de

Bund Deutscher PfadfinderInnen. Landesverband Berlin-Brandenburg. Mit einem Bericht über das pädagogische Konzept, Infos über Pfadfinder-Stämme und einem Veranstltungskalender.

Download von Filmen, Infos und Formularen

Verband Christlicher Pfadfinderinnen und Pfadfinder (D)

www.vcp.de

Gute, klar gestaltete Seite mit aktuellen Nachrichten, Projektgruppen, Struktur der Landesverbände und den Aktionen 1999.

Virtuelle Jugendbewegung (D)

jugendbewegung.de

Bündische und pfadfinderische Gruppen im Internet.

Lifestyle

Thema	Seite	Weiterführende Linkseiten
Lifestyle Index	364	www.t-online.de/lifestyl/index.htm

Lifestyle: Index (D)

www.t-online.de/lifestyl/index.htm

Die Lifestyle-Rubrik führt Sie zu den Highlights des Internet.

Taste-Magazin (D)

www.taste.de/a/homepages/index.htm

Taste-Magazin: Musik, Kino, Sport & Fun, Hard & Soft und Lifestyle.

Altmodisch

Herren-Anzug-Club (D)

members.aol.com/oldcons/herrenanzugclub/wolcome.htm

Der Herren-Anzug-Club für den konservativ gekleideten älteren Herrn.

Edel

Benz, Rolf (USA) (D)

www.rolf-benz.de

Edle Wohneinrichtungen werden interaktiv präsentiert. Hier können Sie sich selbst ein Sofa mit verschiedenen Stoffen beziehen.

Einmal im Leben ... (USA) (D)

www.travelchannel.de/magazin/events/millennium/ritz-carlton.html

Luxus-Suite, Butler, Jaguar. Preis: 100.000 $ zum 31.12.1999.

In/Out

Beauty and More (D)

www.beauty-and-more.de/

In-Magazin zu Kosmetik, Mode, Wellness und Lebensart und ein Online-Programm gegen den Winterspeck.

Funetix (D)

www.funetix.de/

Klatsch- und News-Magazin mit aktuellen Highlights aus Hollywood.

Lifestyle Magazin (D)

www.lifestylemagazin.de/

Online-Magazin über aktuelle Themen und Trends, etwas anspruchsvoller als die meisten derartigen Magazine, kein Klatsch und Tratsch.

Men's Health (D)

www.menshealth.de/

Der große Ratgeber „Men's Health" gibt online Tips für Körper und Geist.

Slow Food (D)

www.slowfood.de

Slow Food, die internationale Bewegung für gutes Essen.

Trendmagazin (D)

www.trendmagazin.de/

Das digitale Trendmagazin mit CD-Tips, Kino, Interviews und einer Online-Liste mit In-/Out-Themen. Jeder kann hier selbst Themen nennen. Die aktuellen Nennungen werden als E-Mail-Newsletter verschickt.

Musik

Kurse und Noten

In 24 Stunden Gitarre lernen (D)

vini25.vkw.tu-dresden.de/~ruehle/gitarre.html

Online Gitarre lernen in 25 Lektionen.

Musikhaus Stanberg (USA) (D)

www.noten.com/

Versand von Musiknoten, die mit Hilfe einer durchsuchbaren Datenbank aufgefunden werden können.

Note, die (D)

www.dieNote.de

Hier können Sie Noten entsprechend Ihren musikalischen Interessen bestellen.

Literatur

MUBO Musik Book Service (D)

www.artarea.de/mubo/

Datenbanksuche und Online-Bestellung.

Verlagsservice Eydt & Zimmerhansl GbR (D)

www.vez.de/

Der Fachversand für Noten und Musikbücher, mit Online-Bestellmöglichkeit.

Musikinstrumente

Accordions Worldwide (D)

www.akkordeon.com/

Größte Quelle an Akkordeoninformationen, die es bisher im Internet gibt.

Alphorn in der Schweiz (D)

www.dataway.ch/~csch/index_d.htm

Informiert über das Alphorn und die Technik des Spielens. Liefert Bilder des Instruments.

Andres Didjeriduseite (D)

www.uni-siegen.de/~anachem/people/andre/didj.htm

Hier finden Sie eine Bauanleitung für Ihr eigenes Didjeridu, Spieltechnik und Links.

Club Deutscher Drehorgelfreunde (D)

www.bubis.com/cdd/

Allgemeine Informationen zur Drehorgel stellt der Club Deutscher Drehorgelfreunde e. V. hier vor.

Deutsche Drummerpage (D)

www.medizin.uni-tuebingen.de/~asscheib/dr/drumpage.html

Alles um das Schlagzeug, mit Hardwaretests und Konzertberichten, Drumlinks und Drummagazine.

Gugge-Börse (USA) (D) (F)

www.karneval.ch/index2gugge-boerse.htm

Kleinanzeigenmarkt für Guggenmusik-Instrumente aus der Schweiz.

Marktplatz für Blockflötenspieler (D)

www.blockfloete.de/

Mit Informationen zu Veranstaltungen, Adressen und Einkaufsmöglichkeiten rund um die Blockflöte.

Musikinstrumente-Flohmarkt (D)

www.SammlerNet.de/musik/musik03.htm

Hier können Sie Instrumente kaufen und/oder verkaufen.

Orgel-Forum (D)

www.orfgelforum.de/index.html

Alles über Orgeln und Kirchenorgeln, ein Orgelchat, Orgelbau usw.

Orpheon Musikwaren (D)

www.orpheon.de/shop/index.html

Verkauf von Musikinstrumenten.

Sackpfeiffen Club (D)

www.landshut.org/dudelsack/

Hier finden Sie eine illustrierte Übersicht über die Geschichte der Sackpfeifen und Dudelsäcke. Und einen Sackpfeifen-Einkaufsführer für Deutschland.

Saxophone.com (D)

www.saxophon.com/

Hersteller, Einzelhändler, Musikschulen, Veranstalter und Musiker präsentieren ihr Angebot rund ums Saxophon.

Saxophone.de (D)

www.saxophone.de/

Setzt sich unter anderem mit der Technik des Instruments auseinander.

Violine Online (D)

members.aol.com/violine200/

Ausführliche Informationen zum Thema Violine, vom Geigenbau bis zu Künstlern und Komponisten.

Musikvereine

Blas- und Marschmusikvereine (D)

www.fh-hannover.de/ab/home/hm/bl.htm

Adressen von Blasmusik, Kapellen, Jugendblasorchester, Marschmusik, Musikcorps.

Bund Saarländischer Musikvereine e. V. (D)

www.SaarlMusikvereine.de/

Informiert über Fortbildung, Zuschüsse und Jugendarbeit.

Dino – Musik und Musikvereine (D)

www.dino-online.de/seiten/go05muvm.htm

Hier finden Sie Informationen zur Musik und zu Musikvereinen.

Musik aus Diethmarschen (D)

www.folkgruppe-rohrstock.de

Gruppe Rohrstock. Plattdeutsche Lieder aus Diethmarschen.

Musikvereine (D)

www.orpheon.de/kunden/welcome.shtml

Eine Liste von Musikvereinen.

Sammler

Thema	Seite	Weiterführende Linkseiten
Sammler	369	www.sammler.com/
Schrille Weihnacht	371	www.zdnet.de/internet/toplinks/t020-wc.htm
Fahrkartensammler	372	fim1.informatik.uni-mannheim.de/~david/fahrkarten/links.html
Überraschungseier	373	nav.webring.com/cgi-bin/navcgi?ring=figurensammler;id=9;list

Antiquariat Martina Berg (D)

www.martinaberg.com/

Listen mit antiquarischen Büchern, Spielen, alten Dokumenten, Reklame und Kuriosa zum Verkauf an Sammler.

Sammler.com (D)

www.sammler.com/

Treten Sie ein in die Gemeinschaft des Sammelns und in den Freizeitspaß! Come in into the community of collecting and fun. Das große Informationsnetz für alle Sammler!

SammlerNet (D)

www.sammlernet.de/

Verschiedenste Sammelgebiete, Sammeltips, Sammlerforum und viele Links.

Antiquitäten

Antikmarkt (USA) (D)

www.antikmarkt.de/antikmarkt/default.html

Antiquitäten wie Möbel, Uhren, Porzellan und Bilder, werden hier angeboten.

Antiq.ch (D)

www.antiq.ch/index.html

Schweizer Forum für Antiquitätenhändler und Privatanbieter mit Informationen zu Messen, Ausstellungen und Firmen.

Antiquitäten-Flohmarkt (D)

www.sammlernet.de/antik/antik03.htm

Online-Kleinanzeigen von Antiquitätensammlern.

Galerie online (USA) (D)

www.galerie.de/gutachter/

Hier finden Sie die Anschriften von anerkannten Gutachtern.

Briefmarken

Briefmarken Küpper (D)

www.h-kuepper.de/

Das Angebot exklusiver Briefmarkenausgaben (teilweise Unikate).

Briefmarken und Philatelie (D)

www.sammler.com/bm/briefm.htm

Diverses rund um die Briefmarke.

Deutsche Post (D)

philatelie.deutschepost.de/

Auf den Briefmarkensammler-Seiten der Deutschen Post finden Sie alle Briefmarken der letzten Jahre mit Hintergrundinformationen und Ausgabedatum. Dazu ausführliche Infos über die Geschichte und die Herstellung von Briefmarken.

Exclusiv Philatelie (USA) (D)

www.exclusiv.interrob.de/

Briefmarken und Münzen Auktionsgesellschaft: Weltweit mehr als 10.000 exklusive Stammkunden – Sammler und Händler.

Flohmärkte

Flohmarkt (D)

flohmarkt.kleine.at

Hier gibt es Tiere, Möbel, Computer, Handys, Antiquitäten, Sammlungen, Reiseangebote, Nützliches für Haus und Garten, Hund und Katze, Jung und Alt.

Internetflohmarkt (D)

www.kauf.de/

Flohmarkt, Sammlerkataloge und umfangreiche Suchlisten.

Kafferahm-Deckeli

Deckeli-Freunde Sauerland (D)

privat.schlund.de/d/deckeli/

Wissenswertes übers Deckeli-Sammeln, Tauschpartner, Tauschbörsen, aktuelle Neuheiten verschiedener Milchfabriken.

Kafferahm-Deckeli sammeln (D)

www.sammlernet.de/kara/kara01.htm

Für die einen ist es unnötiger Verpackungsmüll, für die anderen eine kleine Kostbarkeit – Kaffeemilchdeckel. Jeder kennt die kleinen Töpfchen, portioniert für ein bis zwei Tassen Kaffee, ob vom Besuch im Café oder aus dem Supermarktregal gleich im Zehnerpack.

Bilder, Kataloge und Tauschbörsen.

Kitsch

Briefbeschwerer (USA) (D)

www.armory.com/~larry/ips.html

Internationale Gesellschaft für Briefbeschwerer.

Kunstkartengalerie (D)

www.cardart.muenchner-freiheit.net

Kitschkarten aus Card Art Munich, der Kunstkartengalerie.

Schneekugelsammler (D)

www.sammlernet.de/schnee/schnee01.htm

Die Sensibilität des Schneekugelfans und seine Liebe zum Objekt bewirken zwar bei manch ungeübtem Betrachter ein kraftiges „Schütteln". Das Wertsystem des Begriffs Kitsch hängt aber von Ihnen ab, liebe Sammler, Käufer, Bewunderer und Skeptiker – vom ästhetischen Bewußtseinsgrad der Öffentlichkeit, die mit diesem Phänomen konfrontiert wird.

Schrille Weihnacht (D)

www.zdnet.de/internet/toplinks/t020-wc.htm

Toplinks: „Schrille Weihnacht – Überleben im Kitsch ..."

Münzen

Emporium Hamburg Münzhandelsgesellschaft mbH (D)

www.emporium-hamburg.com/emporium-hamburg/emporium.htm

Vertreibt Münzen von der Antike bis zur Gegenwart sowie Sammlerzubehör.

Göde (D)

brokat.interad.de/cgi-bin/goede.storefront

Raritäten, Expertentips rund ums Sammeln und das passende Zubehör. Die Bestellung übers Internet ist möglich.

MDM Online (D)

www.mdm.de/

Münzhandelsgesellschaft mbH Deutsche Münze.

Münzen-Forum (D)

www.muenzen.net/

Erstklassige Linksammlung für den Münzensammler im Internet.

Münzen-Forum (D)

www.muenzen.net/forum/wwwboard.html

Online-Diskussionsforum für Münzensammler.

Roman's Homepage (D)

home.t-online.de/home/romanschneider/

Fotos und Informationen zum Thema Münzen, Prägeanstalten, Newsletter, Münzhändler, Vereine und Links.

Sonstiges

Fahrkartensammler (D)

fim1.informatik.uni-mannheim.de/~david/fahrkarten/links.html

Linkseite mit verschiedenen Informationen für Sammler von Bahn- und Busfahrkarten.

Mek's historische Telekommunikation (D)

mek.ml.org/~mek/h-tel/

Wand-, Tisch-, Münzfernsprecher und Telefonzellen.

Sammler.Com (D)

sammler.com

Sammelgebiete: Briefmarken, Münzen, Kunst, Antiquitäten, Ü-Eier, Comics, Bücher usw.

SammlerNet (USA) (D)

www.SammlerNet.de/

Der Treffpunkt für Sammler aller Sammelgebiete. Mit kostenlosen Kleinanzeigen, Newslettern und Sammlerforum.

Tefefonkarten-Journal (D)

www.tkj.de

Sammlermarkt, Motivsammler, Links und Fachkatalog 99.

Webercard (D)

www.webercard.de/

Tauschbörse für Lindenstraßen-Sammelbilder und andere Sammelkarten.

Überraschungseier

Aktion gegen Figurenfälscher und unreelle Händler (USA) (D) (F)

ind.de/stopfig

Die Fälschungen oder Verfälschungen von Figuren, insbesondere des teuren Zubehörs von Figuren aus den Überraschungseiern und die kommerzielle Vermarktung dieser Fälschungen auf Börsen, Flohmärkten und in Anzeigen nahm in den letzten Monaten Ausmaße an, die die wirklichen Sammler und Händler nicht mehr länger tolerieren können und wollen. Hier finden Sie nähere Informationen.

Kinderüberraschung (D)

www.kinderueberraschung.at/

Figurenverkauf, Börsenkalender, Gewinnspiele, Chat.

Kochrezepte zur Verwertung der Überraschungseier-Schokolade.

Überraschungsei, Faszination (D)

hp.europe.de/detze/default.htm

Tauschlisten mit Überraschungseierfiguren und Preisen, Tauschbörsen und weitere Links.

Überraschungseier-Tauschbörse (USA) (D)

www.w-4.de/~antona/deutsch/frames.htm

Tauschbörse und Online-Versteigerung von Überraschungseierfiguren.

Überraschungseier-Webring (USA) (D)

nav.webring.com/cgi-bin/navcgi?ring=figurensammler;id=9;list

Webring mit Seiten von Überraschungseiersammlern.

Ü-Ei Seite, die (D)

home.t-online.de/home/afe-baehr/afe2.htm

Aktuelle News, Figuren, Tauschbörsen, Geschichten, Diskussionsforum, Sammeltips.

Verwaltungs- und Analyseprogramm für Überraschungseierfiguren.

Spiele

Thema	Seite	Weiterführende Linkseiten
Game Seeker	375	bx.gameseeker.com/
Die Link Seite	375	www.kmwsspielplatz.de/linkpage.htm
Community of Board Games	376	nav.webring.com/cgi-bin/navcgi?ring=masterminds;list
Chinese Game of Four Winds	380	www.cs.utk.edu/~clay/mahjongg/
Internet Chess Ring	384	nav.webring.com/cgi-bin/navcgi?ring=chesscorner;list
Puzzle Ring	386	nav.webring.com/cgi-bin/navcgi?ring=puzzle;list
Gewinnspiele	387	www.gewinnspiele.org
Gewinnspiele	387	www.gewinnspiele.de
Gewinnspiele	388	www.geilepreise.de/gewinnspiele.html

Thema	Seite	Weiterführende Linkseiten
Winner Net	388	www.the-winner-net.com/
Spielesammlungen	390	kinder.freepage.de/cgi-bin/feets/freepage_ext/923334x204A/rewrite/kiss/seite531.html
Bridge Links	395	www.cbf.ca/gbl/
PBM Links	401	www.iap.de/~taurus/search/
Deutscher Rollenspiel Index II	404	www.uni-duisburg.de/~sl061mu/drosi.htm
INWO Links	409	dmoz.org/games/trading_cards/inwo/

Game Seeker (USA)

bx.gameseeker.com/

Suchmaschine für Spieleseiten und Webkatalog mit verschiedenen Kategorien: News, Simulationen, Brettspiele, Hersteller, Autoren, Verkauf, Online-Spiele, Chat, Sammelkarten, Computerspiele, Kartenspiele, Live Action.

Linke Seite zu Spielen, die (D)

www.kmwsspielplatz.de/linkpage.htm

Die wahrscheinlich größte Linksammlung zu Spielen aller Art.

Brettspiele

Amigo (D)

www.amigo-spiele.de/

Katalog aller Amigo-Spiele.

Online-Spiele-Magazin „Flaschenpost" das auch über Spiele anderer Verlage berichtet.

Brett & Board (USA)

hjem.get2net.dk/svellov/

Aktuelle Meldungen und Spielevorstellungen.

Community of Board Games (USA)

nav.webring.com/cgi-bin/navcgi?ring=masterminds;list

Webring mit Links auf Webseiten zu Brettspielen auf der ganzen Welt.

Deutsches Spiele-Archiv (D)

www.uni-marburg.de/spiele-archiv/

Das deutsche Spiele-Archiv in Marburg informiert über seine Arbeit.

Game Cabinet, the (USA)

www.gamecabinet.com/

Verschiedene Texte zu Spielen, Übersetzungen deutscher Spiele ins Englische.

KMWs Spielplatz (D)

www.kmwsspielplatz.de/

Das Online-Magazin für Brett- und Kartenspieler mit aktuellen News, Messeberichten, Neuheitenlisten und Hunderten von Spielekritiken.

Die offiziellen Listen des „Spiel des Jahres" und des „Deutschen Spielepreises".

Luding (USA) (D)

sunsite.informatik.rwth-aachen.de/luding/

Datenbank mit mehreren hundert Spielkritiken, Adressen von Autoren und Verlagen.

Spiele Newsgroup (USA) (D)

news://rec.games.board

Internationale Spielenewsgroup.

news://de.rec.spiele.brett+karten

Deutschsprachige Newsgroup über Spiele. Besonders interessant während der Messe in Essen im Oktober.

Spieleauktion (D)

www.uni-stuttgart.de/external/auktion/

Online-Auktion von Spielen für Sammler.

Backgammon

Acey Ducey Backgammon (USA)

www.wingames.com/adback.html

Für die Liebhaber des Brettspiels: Backgammon als Shareware.

Backgammon Galore (USA)

www.bkgm.com/

Backgammon-Regeln, Online-Spiele, Newsgroup-Artikel, Glossar, Termine und weitere Links.

Links auf verschiedene Backgammon-Software für DOS, Windows, OS/2, Tcl/Tk, PalmPilot, Newton, Psion, Amiga und Macintosh.

Cosmic Encounter

Aaron Fuegi's Cosmic Encounter Page (USA)

scv.bu.edu/~aarondf/cosmic/

Regeln, FAQs und interessantes Zusatzmaterial zum Download und Ausdrucken.

Cedric's Cosmic Encounter Powers (USA)

members.aol.com/palo0303/cosmic/intro.htm

Ergänzungskarten und -regeln zu Cosmic Encounter.

Cosmic Encounter Newsgroup (USA)

news://rec.games.board.ce

Newsgroup zu Cosmic Encounter.

Cosmic Encounter online (USA)

www.cosmicencounter.com/

Online-Spiel für mehrere Mitspieler.

Warp, the (USA)

members.aol.com/thewarp/

Zusatzregeln mit Spezialkarten zu Cosmic Encounter. Die Kartendefinitionen finden Sie im PostScript-Format auch auf dieser Seite.

Dame

Dame (USA) (D)

rzaix340.rz.uni-leipzig.de/~strecha/dame/

Alles rund um das Brettspiel. Informationen über internationale Turniere und Publikationen sowie das offizielle Regelwerk.

Dame online (USA)

www.roundflat.com/games/checkers.html

Online-Damespiel.

Jim Loy's Checkers Pages (USA)

www.mcn.net/~jimloy/checkers.html

Dame-Regeln mit Kommentaren, berühmte Partien, Endspiele, Eröffnungen und viele weitere Links.

Domino

Domino Plaza (USA)

www.xs4all.nl/~spaanszt/domino_plaza.html

Regeln für viele verschiedene Dominospiele aus aller Welt.

Links auf Domino-Software zum Download.

Domino-Regeln (USA)

www.gamecabinet.com/rules/dominogames.html

Zahlreiche verschiedene Domino-Regeln.

Dominoes Deluxe (USA)

www.zdnet.co.uk/software/games/apr1998/onedisk/sw4.html

Domino-Sharewareprogramm zum Download mit verschiedenen Regelvarianten, Netzwerk- und Internetfähig.

Eisenbahnspiele

18xx (D)

www.online-club.de/~meinhold/18xx/

Regeln, FAQs und Regelübersetzungen zu den Eisenbahnspielen der 18xx-Serie.

18xx-Pläne (USA)

gargleblaster.cs.tu-berlin.de/~doko/ps18xx/

18xx-Spielpläne und Teilesammlungen als PostScript-Dateien zum Download und Ausdrucken.

Blackwater Station (USA) (D)

freespace.virgin.net/chris.lawson/18xx/
www.geocities.com/timessquare/arena/5276/18xx/index.htm

Die ultimative Seite mit Sonderregeln, neuen Sets und Bausätzen.

Informationen über alte Eisenbahngesellschaften und die Eisenbahngeschichte.

Railroad Games (USA)

www.csn.net/~bing/mayfair.html

Spielbesprechungen verschiedener Eisenbahnspiele, nicht nur 18xx.

Train Gamers Association (USA)

www.mimgames.com/tga/

Die Train Gamers Association befasst sich mit Eisenbahnspielen. Hier finden Sie zahlreiche Spieletests, Strategietips und Spieltheorien.

Go

Deutscher Go-Bund e. V. (D)

www.zpr.uni-koeln.de/~gawron/dgob/

Einführung in das Go-Spiel, Go übers Internet, Archiv mit Go-Partien. Regeln, Spielabendliste, alle Infos zu Turnieren, weitere Links.

IGO, ein Go-Spiel für den PC zum Download.

European Go Cultural Centre (USA)

www.xs4all.nl/~egcc/

Das europäische Go-Kulturzentrum veranstaltet verschiedene internationale Turniere.

European Go Federation (USA)

www.european-go.org/

Offizielle Go-Regeln mit ansprechender Grafik erklärt.

Online-Go-Partien über den europäischen Go-Server.

Go-Bildschirmschoner (D)

home.t-online.de/home/j-ott/download.htm

Go-Bildschirmschoner zum Download.

Go Newsgroup (USA)

news://rec.games.go

Newsgroup zu Go.

How to Teach Go (USA)

www.sentex.net/~mmcadams/teachgo/

Neue Lehrmethode, um Go zu erlernen. Die Seite ist für Anfänger unmittelbar als Tutorial verwendbar.

Mah-Jongg

Chinese Game of Four Winds, the (USA)

www.cs.utk.edu/~clay/mahjongg/

Regeln und viele Links zu Mah-Jongg.

Alle Steine außer Blumen und Jahreszeiten als GIF-Symbole.

Mah-Jongg (D)

www.tu-chemnitz.de/~sontag/mahjongg/

Ausführliche Regeln, Sonderspiele, Bewertungen und ein Glossar zu Mah-Jongg.

Mah Jongg Cruise '99 (USA)

www.MahJongg.org/

Mah-Jongg-Turnier auf einem Kreuzfahrtschiff in der Karibik vom 4. bis zum 11. Dezember 1999.

Mah Jongg Cyber Museum (USA)

members.aol.com/pungchow/

Ausführliche Regeln, Sonderregeln, Sammlung mit Fotos verschiedener traditioneller Mah-Jongg-Sets, und vielen weiteren Links.

Links auf Computerspiel-Versionen von Mah-Jongg.

Mah Jongg web site (USA)

www.mahjongg.com/

Mah-Jongg-Regeln, Strategietips, Glossar, Bücher und Turniere.

Mah-Jongg-Software, nicht die bekannte Shanghai-Patience, sondern das echte Spiel.

National Mah Jongg League (USA)

www.beachsite.com/maj/

Die Amerikanische Mah-Jongg-Liga veröffentlicht Regeln und veranstaltet Turniere und Spielertreffen. Hier finden Sie auch einige weitere Links auf interessante Mah-Jongg-Seiten.

Moderne Brettspiele

3M Spiele (USA) (D)

www.franken.de/users/vector/stenzel/german/3m/

Kurzbesprechungen und Fotos von 3M Spielen.

Ataxx (USA) (F)

pressibus.org/ataxx/indexgb.html
pressibus.org/ataxx/indexfr.html

Regeln, Strategien, Tips und Links für Ataxx, Hexxagon und Varianten.

Zahlreiche Spiele dieser Art als Computersimulation.

Brettspielvarianten (D)

brettspielvarianten.joice.net/

Zahlreiche Regelvarianten, Verbesserungen und FAQs zu aktuellen Brettspielen – für echte Fans.

Carrom (USA)

www.schweiz.ch/carrom/

Regelerklärungen, Carrom-Geschichte, Ranglisten und Links.

Civilization (USA)

www.lilback.com/civilization/

Regelvarianten, Tips und aktuelle News zu Civilization als Brettspiel und als Computerspiel.

Euphrat & Tigris (USA) (D)

members.aol.com/spieleclub/faqet.htm
freespace.virgin.net/chris.lawson/rk/e-t/faq.htm

FAQs zu Euphrat & Tigris von Reiner Knizia bei Hans im Glück.

GameMeister (USA)

members.tripod.com/larrigoni/

Lange Liste mit 3M-Spielen und Fotos.

Games we play – die Brettspiele-Webpage (USA) (D)

www.jusos.org/niederrhein/games/

Die besten Spiele des Spielejahrgangs 1998 und 1999 werden vorgestellt, Top ten der besten Spiele und Links zu weiteren Spieleseiten.

Großinquisitor & Kolonien (D)

members.aol.com/spieleclub/faqgk.htm

FAQs zur El Grande-Erweiterung Großinquisitor & Kolonien.

Mah Jongg, Mah-Jongg-Homepage (D)

www.tu-chemnitz.de/~sontag/mahjongg/

Ein Spiel für Strategen genauso wie für den Taktiker, Regeln, Stichworte und Internetquellen.

Monopoly Expansion Cards (USA)

www.csn.net/~bing/gspice.html

Zusätzliche Ereigniskarten für Monopoly zum Download.

RoboRally (USA)

www.wizards.com/roborally/welcome.html

Offizielle Webseite zu RoboRally mit Erweiterungssätzen, FAQs und Tips zum Gestalten eigener Pläne.

Sascha Prüters Blood-Bowl Page (D)

internet.freepage.de/sprueter/

Regeln, Liga und Links zu Blood-Bowl.

Siedler von Catan, die (USA) (D)

www.die-siedler.com/

Alles zu der Spielewelt von Klaus Teuber.

Spiel des Jahres (USA) (D)

http;//www.spiel-des-jahres.org/jury/

Alle Preisträger und Auswahllisten des Kritikerpreises Spiel des Jahres mit Kurzvorstellungen der Spiele.

Spieleautoren im Internet (D)

members.wbs.net/homepages/s/p/a/spause/autoren.html

Informations- und Erfahrungsaustausch zwischen Spieleautoren. Mailingliste, Adressen und Links.

Spielezentrum Herne (D)

www.herne.de/spielezentrum/home.htm

Das Spielezentrum Herne veranstaltet jährlich die deutschen Mannschaftsmeisterschaften im Brettspiel mit den regionalen Vorausscheidungen dazu und weitere überregionale Turniere. Hier finden Sie die Teilnahmebedingungen, die Termine und die Veranstaltungsorte. Dazu Besprechungen aktueller Spiele.

Online-Rätsel.

Spielkritiken aus der süddeutschen Zeitung (D)

members.aol.com/miknopf/

Alle Spielkritiken aus der Süddeutschen Zeitung.

Titan (USA)

www.uwm.edu/~bruno/titan/

Alles über das Spiel Titan, Regelfragen, Mailingliste, Strategietips, Titan per E-Mail.

Ursuppe (USA) (D)

www.am.uni-erlangen.de/~nestel/ursuppe.html

Englische Reglen zum Spiel „Ursuppe“, Erweiterungen und FAQs in Deutsch und Englisch.

Zatre (USA) (D)

www.perner.com/

Online-Katalog des Peri-Verlags. Ausführliche Infos über Zatre mit Kurzregeln.

Zatre PC-Spiel und Online-Spiel. Demoversion zum Download.

Othello

IIOA (USA)

www.cs.wisc.edu/~bradw/othello/

Die International Internet Othello Association liefert verschiedene FAQs zu Othello-/Reversi-Regeln

Jothello (USA)

www.webcom.com/duane/java/jothello/jothello.html

Auf Java basierendes Online-Othello in verschiedenen Schwierigkeitsgraden.

Othello (USA)

www.maths.nott.ac.uk/othello/othello.html

Interessante Infos, Spieltheorie, Taktik und weitere Links zu Othello/Reversi.

Online-Othello mit Denkaufgaben.

Othello for Java (USA)

www.cs.wisc.edu/~bradw/othello/

Online-Version von Othello als Java-Applet.

Pressibus Album (USA) (F)

pressibus.org/reversi/indexgb.html
pressibus.org/reversi/indexfr.html

Über 150 Java-, Windows-, DOS- und JavaScript-Othello-Spiele.

The Game of Othello (USA)

www.geocities.com/timessquare/realm/1640/

Spielanalysen, Tutorials zum Computer-Othello.

Wzebra (USA)

www.nada.kth.se/~gunnar/download.html

Eines der besten Computer-Othello-Spiele zum Download.

Schach

3D 4 Cubed Chess (USA)

www.cubess.com/

Dreidimensionales Schachspiel als Shareware zum Download.

Armins Eröffnungstips und Links (USA) (D)

www.fingerhut.de/schach/

Eröffnungsvarianten und Links für Schachspieler

Chess is Fun (USA)

www.princeton.edu/~jedwards/cif/intro.html

Ausführliche Regel- und Taktikerklärungen eines des United States Correspondence Chess Champions Jon Edwards.

Internet Chess Ring (USA)

nav.webring.com/cgi-bin/navcgi?ring=chesscorner;list

Webring mit Links auf Webseiten zu Schach im Internet, E-Mail- und Online-Schach.

Schach: Schachtaktik (USA)

www.geocities.com/colosseum/4197/

Taktikdatenbank mit ca. 3.500 Stellungen, Schachaufgaben sowie Komponenten zur Schachprogrammierung.

Schachmarkt, der (D)

www.schachmarkt.de/

Online-Ausgabe des „Schachmarkt", Informationen und Neuheiten rund um das Schachspiel.

WDR-Schachseite (D)

www.wdr.de/tv/schach/

Schachrätsel und Archiv zum Fernsehschachpreis und zu den Dortmunder Schachtagen.

Willkommen beim Deutschen Schachbund (D)

www.schachbund.de/

Offizielle Seite des Deutschen Schachbundes e. V. (DSB).

Denksport

Brian Brain (USA) (D) (F)

www.peterfrank.be/brian/

Jede Woche eine neue Denkaufgabe. Unter den richtigen Einsendern wird ein T-Shirt verlost.

Cut the Knot (USA)

www.cut-the-knot.com/

Viele unterhaltsame und interessante mathematische Probleme und Denkaufgaben.

Denksport (D)

www.fortunecity.de/lindenpark/waldvillas/142/

Text- und Worträtsel, Geometrie, Mathematik und Bilderrätsel, IQ-Test.

Denksport – Die Seite fürs Köpfchen (D)

www.snafu.de/~perguda/denksport/

Rechenaufgaben, Scherzfragen, Sprachrätsel und Denksportaufgaben.

Game Maker, the (USA)

www.cswnet.com/~rjmason/

Verschiedene Zahlen- und Puzzlespiele zum Download.

Mind Sports Olympiad (USA)

www.mindsports.co.uk/

Jedes Jahr findet in London die internationale Denksport-Olympiade in verschiedenen Disziplinen statt. Hier finden Sie die Ergebnisse vom letzten Jahr und die Teilnahmemöglichkeiten für die kommende Veranstaltung.

Problem Corner (USA)

home.earthlink.net/~benny/mathprob.htm

Jede Woche ein neues Problem für das Journal Matematika. In der folgenden Woche erscheint jeweils die Lösung.

Puzzle Ring (USA)

nav.webring.com/cgi-bin/navcgi?ring=puzzle;list

Webring mit Links auf Webseiten zu Puzzles, Denkspielen, Online-Rätseln.

Puzzles und Denksportaufgaben (D)

home.t-online.de/home/nagel.klaus/homepage.html

Puzzles und Denksportaufgaben als Java-Applets.

Puzzles, Games and Mind Teasers (USA)

www.webcom.com/duane/games.html

Kniffelige Denkspiele für Hochintelligente. Die Seite liefert auch eine Menge Texte und Wissenswertes rund um das Denken.

Text über die Charakeristik von Intelligenz.

Rätsel der Sphinx, das (D)

www.eye.ch/~bagatto/

Monatlich neue Denksportaufgaben, Bilderrätsel und weitere Links.

RSW-Geschenkartikel (D)

www.g-k.de

Edle Geduldsspiele mit historischem Touch. Klasse!

Solitair (D)

www.geo.de/wissen/93/02/solo1679062variationen.html

Mathematische Berechnungen über das Solitairspiel.

Spielerische Mathematik Newsgroup (USA)

news://alt.math.recreational

Newsgroup über mathematische Spielereien, Logik und Denksport.

Think (D)

www.think-online.de/

Online-Version der Ravensburger Think-Spiele.

Web Wizard (USA)

www.best.com/~perry/wwizard.shtml

Hier können Sie nach der Anmeldung auf Geschwindigkeit versuchen, mathematische Puzzle und Denkaufgaben zu lösen.

Gewinnspiele

Abendblatt LIVE Action (D)

www.abendblatt.de/contents/ha/root/service/html/sitemap/html/actionindex.htm

Jede Woche neue Gewinnspiele mit interessanten Preisen.

Bannerlotto (D)

www.bannerlotto.com/gratis_spiel.html

Gewinnen durch Bannerwerbung auf der eigenen Homepage.

Bellevue-Gewinnspiel (D)

www.bellevue.de/inhalt/themen/gewinnspiel_index.html

Beim Gewinnspiel von Bellevue können Sie mit der Beantwortung einer einfachen Frage ein Haus, ein Auto, eine Reise und viele andere wertvolle Preise gewinnen.

Brigitte-Rätsel (D)

www.brigitte.de/raetsel.html

Das Brigitte-Rätsel auch im Internet.

DSF-Gewinnspiel (D)

www.dsf.de/acclaim/

Gewinnspiel des Fernsehsenders DSF um amerikanische Sportarten. Hier ist etwas Fachwissen gefordert.

Gewinnspiel, Gewinnspiele, gewinnen ... (USA) (D)

www.gewinnspiele.org

Linksammlung mit Bewertung und Kommentierung von Gewinnspielen im Internet.

Gewinnspiele (D)

www.kostenlos.de/gewinnspiele/woche.htm

Große Auswahl von einmaligen, täglichen, wöchentlichen oder monatlichen Gewinnspielen.

Gewinnspiele des Internet!, die besten (USA)

www.gewinnspiele.de

Ansprechende Linksammlung zu Gewinnspielen im Internet für den Bereich Börse, Formel 1, Kids und Allgemein.

Gewinnspiele im Netz!, die besten (USA) (D)

www.geilepreise.de/gewinnspiele.html

Zusammenstellung der Top ten aus verschiedenen Bereichen.

Iduna-Gewinnspiel (D)

www.iduna-bausparkasse.de/spiel/

Jump and Run-Gewinnspiel der Iduna Bausparkasse. Hier können Sie Musicalkarten und Flüge im Heißluftballon gewinnen.

Johnnie Walker (D)

real.stern.de/jwspiel/game/game.html

Gewinnspiel mit täglich neuen krimi-ähnlichen Fragen, aber recht einfachen Antworten.

Jolt Internet Trivia (D)

www.jolt.de/

Gewinnspiel mit Fragen über das Internet.

Puzzeln Sie Ihr Traumhaus (D)

www.bauen.com/gewinnspiel/default2.htm

Online-Puzzlespiel mit verschiedenen Gewinnmöglichkeiten.

Seite für Gewinner! ..., die (D)

www.gewinnspiele.com

Sortierte Linksammlung zu Gewinnspielen, Börsenspiele, Lotto und Lotterie, Casinos, Wetten und Telefongewinnspiele.

Teekanne (D)

www.teekanne.de/frgewinn.htm

Teekanne verlost bis zum 1. November 1999 jeden Tag eine lustige Stofffigur in Form eines Früchtchens oder Teekännchens (sehr einfach)!

Twix (D)

www.twix-time.de/index1.htm

Gewinnspiel mit mehreren Fragen in Form eines Psychotests.

Winner Net, the (D)

www.the-winner-net.com/

Index aktueller Gewinnspiele mit Einsendeschluß und Preisen.

Hier finden Sie teilweise auch die Lösungen der Gewinnfragen.

Glücksspiele

Klassenlotterie (D)

www.sklplus.de/

Süddeutsche Klassenlotterie.

Spielbanken in Deutschland (USA) (D) (teilweise (F))

www.spielbank-mainz.com/spbk_jackbe.html

Spielbank Bad Ems.

www.goslar-zeitung.de/werbung/spielbank/spielbank.html

Spielbank Bad Harzburg.

www.bad-homburg.de/de/info/info_spielbank.htm

Spielbank Bad Homburg.

www.spielbank-bad-neuenahr.de

Spielbank Bad Neuenahr.

www.spielcasino-bad-oeynhausen.de

Spielbank Bad Oeynhausen.

www.badwiessee.de/inspira/spielb.htm

Spielbank Bad Wiessee.

www.badzwischenahn.de/newspielbank.html

Spielbank Bad Zwischenahn.

www.casino-baden-baden.de

Spielbank Baden-Baden.

www.casino-berlin.de

Spielbank Berlin (am Alex).

www.spielbank-berlin.de

Spielbank Berlin (Potsdamer Platz).

www.spielcasino-bad-oeynhausen.de/deusch/bremen.html

Spielbank Bremen.

www.spielcasino-bad-oeynhausen.de/deusch/dodrtmund.html

Spielbank Dortmund-Hohensyburg.

www.Spielbank-Hamburg.de

Spielbank Hamburg.

www.seevetal.de/spielbank-Hittfeld.htm

Spielbank Hittfeld.

www.spielcasino-bad-oeynhausen.de/deutsch/kassel.html

Spielbank Kassel.

www.spielbank-mainz.com

Spielbank Mainz und Trier.

art.musikwinkel.com/airbrush-art/spielbank.htm

Spielbank Plauen.

www.spielbank-stuttgart.com

Spielbank Stuttgart.

www.Spielbank-Wiesbaden.de

Spielbank Wiesbaden.

Süddeutsche Klassenlotterie (USA) (D)

www.skl-guenther.de

Die SKL informiert Sie regelmäßig über Gewinne und Spielpläne. Bewerben Sie sich für die TV Show „Millionär gesucht"

Großgruppenspiele

Großgruppenanimation (D)

public.rz.fh-wolfenbuettel.de/~braun/gruppen.html

Beschreibung von verschiedenen Gruppen-, Ball, Gelände- und anderen Spielen.

Großgruppenspiele (D)

home.t-online.de/home/figurenkabinett.schmidt/gro%dfgruppenspiele.htm

Beschreibung von zwölf verschiedenen Gruppenspielen.

KJG.g@mes – das Webspieleverzeichnis (USA)

www.grafikdruck.com/kjg/games

Spielekartei für viele Gelegenheiten aus den Bereichen Kennenlernspiele, Actionspiele, Spiele für draußen, Reaktionsspiele, Gruppenspiele ...

Links zu Spielesammlungen (D)

kinder.freepage.de/cgi-bin/feets/freepage_ext/923334x204A/rewrite/kiss/seite531.html

Links zu Seiten mit deutschsprachigen Spielesammlungen.

Hersteller

A&K Klassische Spiele (USA) (D)

www.shopit.de/ak_spiele/frame-e.htm
www.shopit.de/ak_spiele/frame.htm

Einer der größten interaktiven Shops für exklusives Spielequipment.

Abacus (D)

www.abacusspiele.de/

Kurzvorstellung und Bilder aller Abacus-Spiele.

Doris & Frank (D)

www.am.uni-erlangen.de/~nestel/index.html

Spiele von Doris & Frank mit einer ausführlichen Liste aller Spiele dieses deutschen Kleinverlags.

Eurogames-Descartes (USA) (D) (F)

www.descartes-editeur.com/

Der französische Spieleverlag Eurogames-Descartes liefert seine Spiele in Deutsch, Französich oder Englisch. Alle Spiele werden hier kurz vorgestellt und können online bestellt werden.

Fata Morgana (D)

fatamorgana.ch/

Der berühmteste schweizerische Kleinverlag stellt hier seine Spiele vor. Online-Bestellmöglichkeit. Regelfragen zu Tichu und Cosmic Eidex.

FX Spiele (D)

www.FX-Spiele.de/

Unter dem Markennamen FX verkauft Ravensburger seine Spiele für Erwachsene.

Online spielen und chatten sowie per E-Mail mit zwei bis vier Personen spielen.

Goldsieber (D)

www.goldsieber.de/

Kurzvorstellung aller Goldsieber-Spiele.

Hans im Glück (USA) (D) (F)

www.hans-im-glueck.de/

Liste aller Spiele des Hans-im-Glück-Verlags. Teilweise mit FAQs, Pressestimmen und Nachbautips. Regelvarianten von Spielern.

Online-Gewinnspiele mit Aufgaben zu Spielen von Hans im Glück. Cheops und Freibeuter als Computerspiele zum Download.

idee + spiel (D)

www.idee-und-spiel.de

Ideen zum Spielen und Schenken in verschiedenen virtuellen Erlebniswelten.

Jumbo (USA) (D)

www.jumbo-spiele.de/

Das Verlagsprogramm von Jumbo-Spiele, mit Gewinnspiel.

Verschiedene Online-Spiele.

LucasArts (USA)

www.lucasarts.com

Hersteller der Computerspiele: X-Wing, Rebel Assault, Monkey Island, Maniac Mansion, Day of the Tentacle, Jedi Knight.

Mayfair (USA)

www.coolgames.com/

Katalog und Neuheitenankündigungen von Mayfair Games. Vertreibt das Sim City Card Game, Eisenbahnspiele und die amerikanische Siedler-Version.

Pegasus Press (D)

www.pegasus.de/

Katalog von Pegasus Press, dem Verlag, der die deutschen Übersetzungen zu Illuminati, GURPS und Midgard veröffentlicht.

Ravensburger (D)

www.ravensburger.de

Der berühmte Spieleproduzent. Hier erhalten Sie Informationen und Hilfe zu den Spielen und erfahren Näheres zum Unternehmen.

Schmidt (D)

www.schmidtspiele.de/

Spielekatalog von Schmidt, Spieleerfinderwettbewerb zu Mensch-ärgere-dich-nicht-Varianten.

Mensch-ärgere-dich-nicht-Online-Spiel.

Steve Jackson Games (USA)

www.sjgames.com/

Katalog mit ausführlichen Beschreibungen aller Spiele, Regeln, Tips und weiteren Links.

Kartenspiele

Card Games (USA)

www.pagat.com/

Ausführliche Liste mit Regeln zu Kartenspielen aus aller Welt, auch Solitärspiele und neu erfundene, unveröffentlichte Spiele sowie allgemeine Spieltaktiken und Theorien.

Card Games Galore (USA)

www.bright.net/~mile505/

Regeln, Tips und Strategien zu allen bekannten klassischen Kartenspielen und einigen Patiencen.

Card Trick Central (USA)

web.superb.net/cardtric/

Große Sammlung verschiedenartiger Kartentricks.

Computer-Kartenspiele (USA) (D)

www.cutesoft.com/

Computerspiel-Versionen der Kartenspiele Skat und Schafkopf.

Gallery of Unusual Playing Cards (USA)

members.aol.com/rslancastr/blgupc/blgupc.htm

In dieser Galerie können Sie sich ungewöhnliche Spielkarten ansehen, mit Beschreibungen und Links zum jeweiligen Thema.

House of Cards, the (USA)

thehouseofcards.com/

Umfangreiche Informationen, Regeln und Computervarianten für viele bekannte Kartenspiele.

International Playing-Card Society (USA)

www.pagat.com/ipcs/

Die International Playing-Card Society beschreibt die Geschichte der Spielkarten mit vielen Fotos alter Spielkarten aus verschiedenen Ländern.

Jeux de Cartes (F)

persoweb.francenet.fr/~jfbus/jeuxdecartes/

Hier sind die Regeln für verschiedene Kartenspiele gesammelt.

kartenspiele.net (D)

www.kartenspiele.net

Ein Lexikon für Begriffe aus der Kartenspielwelt, Kartentricks, Regeln für ca. 40 verschiedene Kartenspiele. Kartencomputerspiel zum Download.

Kartenspielpreis, à la carte (D)

www.jusos.org/niederrhein/games/kartensp.html

Die besten Kartenspiele jedes Jahres werden von der Zeitschrift Fairplay mit dem à la carte Preis ausgezeichnet. Hier finden Sie die Preisträger der letzten Jahre.

Pretty Good Solitaire (USA)

www.solitairegames.com/

Regeln klassischer und moderner Patiencen, Glossar zu Patiencen und Solitärkartenspielen.

300 Kartenpatiencen als Computerspiele. Links auf weitere Anbieter von Patience-Software und Online-Spielen.

Spielkartenmuseum Altenburg (D)

www.abg.shuttle.de/abg/gts/abg/spielkar.htm

Kurze Vorstellung des Spielkartenmuseums in Altenburg.

Spielkartensammler (D)

home.t-online.de/home/matthes-altenburg/homep_2.htm

Private Seite eines Spielkartensammlers mit zahlreichen Informationen zu Spielkarten, zur Drucktechnik und zu der Kartenspielstadt Altenburg.

Verräter (USA) (D) (F)

www.01019freenet.de/macm/verrater.htm

Die offiziellen Regeln zu mehreren Spielen, in mehreren Sprachen, Spieltips, Regelfragen und Links.

Black Jack

Black Jack (USA) (D)

harrahs.lv.com/blackjack.html

Spielregeln und Tips für Black Jack.

Blackjack Basic Strategy Engine, the (USA) (D)

www.blackjackinfo.com

Hier sind die Regeln des Casino-Blackjacks gesammelt. Links und Strategietips.

Las Vegas (USA) (D) (F)

www.virtualvegas.com

Wollten Sie schon immer zum Geldausgeben nach Las Vegas? Hier sparen Sie zumindest Flug und Hotel.

Bridge

Bridge-Regeln (USA)

www.math.auc.dk/~nwp/bridge/laws/

Auf diesen Seiten sind verschiedene Regelwerke zu Bridge zusammengestellt.

Bridge Webring (USA)

nav.webring.com/cgi-bin/navcgi?ring=chips2;list

Der Webring mit über 100 Webseiten zu Bridge weltweit.

Bridge World (USA)

www.bridgeworld.com/

Online-Ausgabe eines internationalen Bridge-Magazins mit einer Einführung in das Spiel, einem Glossar und kniffeligen Bridge-Aufgaben zum Lösen.

Deutscher Bridge-Verband e. V. (D)

www.bridge-verband.de

Vielfältige Informationen über Bridge in Deutschland, sowohl für aktive Bridgespieler als auch für Bridge-Interessierte.

Great Bridge links (USA)

www.cbf.ca/gbl/

Links zu Bridgeverbänden, Turnieren, Büchern und Tutorials.

Bridge-Software zum Download.

Okbridge (USA)

www.okbridge.com/

Online-Bridgeclub im Internet (gebührenpflichtig).

Q Plus Bridge (USA) (D)

www.q-plus.com/

Bridge-Programm für den PC. Eingeschränkte Testversion zum Download.

Canasta

Albany Canasta (USA)

www.webcom.com/duane/txt/canasta.txt

Regeln der Canasta-Variante Albany Canasta.

Rules of card games: Canasta (USA)

www.pagat.com/rummy/canasta.html

Regeln, Spielvarianten und ein Canasta-Programm zum Download.

Doppelkopf

Deutscher Doppelkopfverband (D)

www.doko-verband.de

Offizielle Seite mit den Turnierterminen und Ergebnissen, Regelfragen und einem Diskussionsforum.

Doppelkopf PC-Spiel (D)

www.in-berlin.de/user/mythos/dokopf.htm

Doppelkopf-Kurzregeln und ein Shareware-Doppelkopf-Spiel für den PC.

Doppelkopf-Regeln (D)

www.informatik.uni-oldenburg.de/~henry/spiele/karten/

Regeln und Varianten zu Doppelkopf.

Poker

Ken's Poker Page (USA)

www.best.com/~mentorms/poker/

Poker-Regeln, Strategien, Texte, Witze und zahlreiche Links rund ums Pokerspiel.

POKER.COM (USA)

www.poker.com/

Hier sind die unterschiedlichen Poker-Regeln, Theorien, Strategien, Online-Poker, FAQs und Diskussionsgruppen versammelt.

Poker-Casino (USA)

www.poker-casino.com/

Online-Pokerspiel zum Spaß oder um echtes Geld.

Royal Flush (D)

www.geocities.com/colosseum/stadium/3319/

Das offizielle Poker-Regelwerk, Diskussion, Tips und Tricks.

Rommé

All American Gin Rummy (USA)

www.wingames.com/allamgin.html

Drei Rommé-Varianten als PC-Sharewarespiel.

Dynamic Gin Rummy (USA)

www.cybersym.com/pages/products.htm

Rommé-Computerspiel auf der Basis künstlicher Intelligenz. Die Gegner lernen dazu und sind kaum berechenbar.

Rami (F)

persoweb.francenet.fr/~jfbus/jeuxdecartes/jeux/mz/rami.htm

Regeln verschiedener Rommé-Versionen auf französisch.

Rules of Rummy (USA)

www.pagat.com/rummy/rummy.html

Hier finden Sie die Regeln verschiedener Rommé-Versionen.

Schafkopf

Florian Cermak's Schafkopfhomepage (D)

home.t-online.de/home/florian.cermak

Alles über das beliebte bayerische Kartenspiel Schafkopfen, von den historischen Ursprüngen über die Regeln und Strategien bis hin zur Literatur und zu den Kontaktadressen.

Schafskopf Rules (USA)

members.aol.com/robther/schafskopf/

Schafkopf-Regeln und Wertung auf englisch.

Skat

Deutscher Skatverband (D)

www.skat.com

Skataufgaben, ein Skat-Fun-Bereich mit interessanten Skat-Spielvarianten, offiziellen Internetseiten des Deutschen Skatverbands e. V. und Links zu anderen Skat-Seiten.

International Skat (USA)

jwsell.wooster.edu/skat/skatdflt.html

Die internationalen Skat-Turnierregeln.

Skat-Shareware für DOS/Windows, Linux und Macintosh.

Liveskat (D)

www.liveskat.de/

Live-Skat online im Internet. Hier spielen Sie fast wie in Ihrer Kneipe um die Ecke!

Skatbund Carl Stülpner (D)

www.tu-chemnitz.de/~jarn/skat/

Geschichte des Skatspiels, Skat & Gesellschaftsordnung sowie Links. Alle Kartenbilder als Bilddateien zum Download.

Wertungs- und Statistiktabellen für Excel zur Auswertung von Skatspielen.

Skatserver, der (D)

www.skat-sport.de

Skat-Regeln, ein Skat-Kurs sowie die Ergebnisse der einzelnen Turniere und Ligen.

Skatstadt Altenburg (D)

www.m.shuttle.de/abg/gts/abg/skat.htm

Die Skatstadt Altenburg veröffentlicht hier den vollständigen Text der deutschen Skatordnung, die Wertungsregeln und ein Glossar mit Spieljargon und Skatsprüchen.

Kneipenspiele

Billard

Billard Saarländische Billard Union (USA)

www.saarbillard.de

Tabellen, Termine, Meisterschaften, Links.

Homepage der Deutschen Billard Union e. V. (D)

www.billard-union.de

Offizielle Seite mit Kontaktadressen, Links, Terminen und Tabellen.

Jörgs (Carambolage-)Billard-Seite (D)

www.fhi-berlin.mpg.de/~unger/billardF.html

Billard-Glossar, Programme für DOS und MAC, Links zu Newsgroups und Webseiten.

Dart

Crow's Dart Page (USA)

www.crowsdarts.com/

Gute englische Dartseite mit ausführlichen Erklärungen aller Themen.

Dartsport im Internet (USA) (D)

www.dartsport.de

Termine von Dart-Turnieren, News, Tips und Chatbox.

WinDarts (D)

members.eenet.de/marco.gohl/

Soft- und Hardwarelösung, um eine normale elektronische Softdartscheibe auf recht einfachem Weg an den Computer anzuschließen.

Tischfußball

Subbuteo-Tischfußball-Magazin, das (D)

www.germany.net/teilnehmer/100,59706/index.htm

Spielanleitung, aktuelle Meldungen, Ergebnisse und Tabellen.

TORNADO Table Soccer (USA) (D)

www.tornado2000.com/

Top-Liga, Fanshop, Tischfußballmodelle, Links und Turniertermine.

Online-Spiele

3...2...1...GO! – CMGA Massive Gaming (USA) (D)

www.cmga.net

Das Kommunikationscenter im Internet für Multi-Player-Games.

All mixed up (USA)

www.allmixedup.com/

Klassische Online-Spiele, Schiebepuzzle, Othello und andere. Teilweise recht anspruchsvoll – und ohne kommerzielles Interesse (was bei Online-Spielen immer seltener wird).

Bundesligabörse – virtuelles Echtzeit-Börsenspiel (D)

www.bl-boerse.de

Handel mit virtuellen Aktien der Fußball-Bundesliga.

Chron X (USA)

www.station.sony.com/chronx/

Virtuelles Sammelkartenspiel im Internet. Man spielt über das Internet gegen reale Gegner mit virtuellen Karten. Die ersten 60 Startkarten können kostenlos heruntergeladen werden.

Comdirect Bank online (USA)

old.comdirect.de/game/

Börsenspiel der Comdirect Bank, tägliche Ranglistenberechnung, kostenlose Teilnahme.

Crimes and Roses (D)

www.joker.de/flash/indexgame.html

Online-Krimispiel eines Papierlieferanten.

Excite Classic Games (USA)

www.excite.com/games/online_games/

Verschiedene Brettspiele, Kartenspiele, Kreuzworträtsel, Actionspiele und Rollenspiele online, alles kostenlos!

F1 Live (USA) (D) (F)

www.f1live.com/
f1live.com/index.de.shtml

Interaktives Online-Spiel rund um Formel 1.

F1-Stoxx (D)

www.f1-stoxx.de

Aktienspiel zur Formel 1.

gameHOUSE (D)

www.gamehouse.de

Kreuzworträtsel, Bereich Glück und Geschick sowie Chatbereich.

games2play (USA) (D)

www.games2play.de
www.games2play.com/d/

Viele verschiedene Online-Spiele mit Highscorelisten.

Get the Key (USA) (D)

www.geocities.com/timessquare/2888/

Internationales Online-Denkspiel.

ItsYourTurn (USA)

www.itsyourturn.com/

Verschiedene Online-Brettspiele: Schach, Backgammon, Reversi, Dame und andere für mehrere Spieler.

Java Games (USA)

www.darkfish.com/

Verschiedene Online-Brettspiele: Kono, Reversi, Dame, Nim Skulls, Pentalpha und Taxi.

Master Mind (USA)

www.wco.com/~kin/mastermind/

Online-Master Mind in verschiedenen Schwierigkeitsstufen.

Netgammon (USA) (D) (F)

www.netgammon.com/
www.netgammon.com/de/

Der größte Online-Backgammon-Anbieter mit vielen Online-Partien und Offline-Spielbetrieb (kostenpflichtig).

Kostenloser Download von Backgammon-Software und von verschiedenen Spielbrettern.

PBM – Links (D)

www.iap.de/~taurus/search/

Links auf über 300 Online WWW- und Java-Spiele.

Playsite (USA)

www.playsite.com/

Verschiedene Brett- und Kartenspiele zum Online-Spielen. Kommerziell.

Professionelle Börsenspiel, das (USA)

www.boersenspiel.com/public/default.htm

Kostenloses Börsenspiel für bestimmte Zeiträume mit festem Startkapital.

S.P.Q.R. (USA)

www.cybersites.com:8080/twep/rome/

Online-Rollenspiel um die Geschichte der römischen Antike.

schach – i-chess – The new generation in Chess (D)

www.schachspiel.de

Online-Schach mit Rangliste.

Shockwave-Spiele (D)

www.exclusive-design.at/html/vidd.html

Kostenlose Online-Shockwave-Spiele zum Download: Autorennen, Billard, Bowling, Flipper.

Siedler von Catan, die (USA)

www.lrz-muenchen.de/~zbiek/siedler/

Die Online-Version der Siedler.

Tangram digital (D)

www.tangram-digital.de/

Interaktives Online-Tangram-Spiel gegen die Zeit oder gegen echte Gegner. Leider sehr schwer zu steuern.

Vier gewinnt (D)

privat.swol.de/danielratzel/vier.htm

Vier gewinnt als Java-Spiel online.

Voyager Spiele (D)

www.playground.de/themen/voyager/

Verschiedene Online-Spiele zu Star Trek Voyager.

Warp Special (D)

www.antenne.com/spielen.html

Interaktives Bildverzerrspiel mit Prominentenfotos, Kampf-der-Geschlechter-Quiz und Kreuzworträtsel online bei Hit Radio Antenne.

Welcome to Kali.net! (USA)

www.kali.net

Größtes Internetspiele-Netzwerk, Verbindungsserver für z. B. Starcraft, Red Alert, Diablo ...

Willkommen in Tibia (USA) (D)

tibia.forwiss.uni-passau.de

Grafisches Multi-User-Dungeon mit Forum, ausführlicher Anleitung und Free-Download.

Yahoo Games (USA)

games.yahoo.com/

Verschiedene Brettspiele, Kartenspiele und Rollenspiele online, alles kostenlos!

ZDF-Fußballbörse (D)

www.zdf.de/sport/fussball/boerse

Das Spiel beschäftigt sich mit der Emission, dem Handel und dem Rückkauf von Aktien der Bundesligamannschaften.

Postspiele, E-Mail-Spiele

Bunker der Kriegsführung (D)

www.stud.uni-hannover.de/~alex99/index4.htm

Deutsche Play by E-Mail-Seite für Panzer General3D und Steel Panthers mit offenen Play by E-Mail-Ligen und Turnieren sowie Updates, Szenarios und Patches.

Diplomacy via E-Mail (D)

www.stud.uni-bayreuth.de/~a0011/dip/neu/start.html

Diplomacy ist ein reines Verhandlungs- und Übermachtspiel, es gibt eine ausführliche Anleitung, Tools für den PC zum Download.

E-Mail-Rollenspiel Star Trek U.S.S. Devanow (D)

www.fun.horx.de/tentacle/ussd/

Star Trek – U.S.S. Devanow ist ein E-Mail-Rollenspiel, das auf dem Föderationsraumschiff U.S.S. Devanow im Star Trek-Universum des 24. Jahrhunderts spielt.

Eressea Fantasy (USA)

miadara.zfn.uni-bremen.de/eressea/

In Eressea ringen die Mitspieler um die wirtschaftliche und millitärische Vorherrschaft in einer prinzipiell unbegrenzt großen Welt aus Inseln.

Fussballissimo (D)

www.come.to/fussballissimo

Fußball-E-Mail-Spiel mit verschiedenen Ligen.

Galaxy Master (D)

www.byoc.com/homepage/141749/galaxy1.html

Ein E-Mail-Spiel um Sein und Nichtsein in der Unendlichkeit des Weltraums, Regelwerk, FAQs.

Irony Games' Dice Server (USA)

www.irony.com/mailroll.html

Automatisches System, das zufällige Würfelwürfe für E-Mail-Spiele erzeugt. Diese Ergebnisse können per E-Mail mit PGP verschickt werden. Ein JavaScript auf der Webseite überprüft bei Bedarf das Ergebnis, d. h., ob es auch wirklich aus diesem Zufallsgenerator stammt und nicht manipuliert wurde.

Merel (D)

www.merel.com/deutsch.html

Software zur Notation und Dokumentation bei E-Mail-Schach.

Ork – Orkblut ist grün! (D)

members.xoom.com/khurrad/

Bei Ork übernehmen die Spieler die Rolle von Stammesführern eines Orkstammes.

Starfleet Germany (D)

www.sfg.org

Starfleet Germany (kurz SFG) ist die deutschsprachige Umsetzung des amerikanischen, im Star Trek-Universum spielenden Rollenspiels Starfleet.

Rollenspiele

Brothers in Darkness (D)

www.designwerk.de/brothers/

Spielergemeinschaft für Online-Rollenspiele.

Deutsche RollenSpiel Index II, der (USA) (D)

www.uni-duisburg.de/~sl061mu/drosi.htm

Alle Infos, Links und Antworten zu fast jedem und jeder Art von Rollenspiel.

Iron-Claw's Homepage (D)

webrum.uni-mannheim.de/math/waldecku/ironclaw.htm

Ausführliche Beschreibung der Rollenspiele Earthdawn und Werewolf, Links.

Larpinfo, die (D)

www.larpinfo.de

Alles Wissenswerte über Live-Rollenspiele, Diskussionsforum, Erklärungen sowie Linkbereich.

OHHs Rollenspielseiten (USA)

user.cs.tu-berlin.de/~ohherde/roll.htm

Infos über die Rollenspiele DAS und Warhammer.

roleplayer.org (D)

www.roleplayer.org

Das Magazin für kreatives Rollenspiel.

Stoneground Dragons (D)

hometown.aol.com/stodragons/sdragons.htm

Sie haben die Möglichkeit, einiges über die Dragons, aber auch über Battletech zu erfahren, Bildergalerie, News und E-Mail-Adressen.

Unterwelt, die (D)

www.tartaros.de

Lexikon des Okkulten, Übersicht über die Rollenspiele: DAS, Shadowrun, Kult, Star Wars, Earthdawn und allgemein über Rollenspiele, Links.

Worlds like Sand (USA)

www.worlds-like-sand.com

Fantasy- und Science-fiction-Material für Rollenspieler.

AD&D

AD&D-Webring (USA)

nav.webring.com/cgi-bin/navcgi?ring=adnd;list

Webring mit mehr als 300 Webseiten zum Fantasy-Rollenspiel Advanced Dungeons & Dragons.

Amigo (D)

www.amigo-spiele.de/index_rollenspiele.html

Der deutsche Hersteller Amigo informiert über Veranstaltungen und aktuelle Neuerscheinungen. Diskussionsforum und Kleinanzeigenmarkt.

Blue Troll's Netbooks (USA)

www.fortunecity.com/victorian/byzantium/55/

Über 135 Netbooks und Szenarien zum Download.

Jobst-Hartmut Lüddecke's Rollenspielhandbuch (D)

www.fh-hamburg.de/pers/lueddecke/add/

Dieses Rollenspielhandbuch setzt auf die Regeln von AD&D auf und ist als Erweiterung zu betrachten. Es kann hier als PostScript oder PDF heruntergeladen werden.

TSR (USA)

www.tsr.com/

TSR, inzwischen von Wizards of the coast übernommen, der Hersteller der AD&D Adventures informiert über Neuheiten.

Ein Adventure-Heft als PDF zum Download.

World of Tryll, the (USA)

www.fazed.on.ca/tryll/

Ein komplettes Adventure in einer eigenen AD&D-Spielwelt mit Sprüchen, Monstern, Regeln und Bildern.

Battletech

Jam's Battletech Site (USA) (D)

www.battletech-online.de

Stories, Wappen, Sternkarten, Chatroom und mehr.

Kai's Battletech Homepage (D)

hometown.aol.com/kadani/index.htm

Hausregeln, Mechs, neue Handfeuerwaffen und eine komplette Beschreibung der Inneren Sphäre und der Clans.

Das schwarze Auge

Aventurischer Städtebund (D)

nav.webring.com/cgi-bin/navcgi?ring=asb;list

Besuchen Sie interaktiv verschiedene virtuelle Städte in der Welt des Schwarzen Auges-Aventurien.

Cities in Darkness-Webring (USA)

nav.webring.com/cgi-bin/navcgi?ring=darkcity;list

Virtuelle Städte und Adventures für das Rollenspiel World of Darkness.

Der Ring der Baronien (D)

nav.webring.com/cgi-bin/navcgi?ring=baronienring;list

Baronien (virtuelle Länder) für Das schwarze Auge.

Generic Universal Roleplaying System

GURPS (USA)

www.sjgames.com/gurps/

Die offizielle Webseite des Herstellers Steve Jackson stellt das Generic Universal Roleplaying System GURPS vor, ein allgemeines Regelsystem, auf dem verschiedene Rollenspiele laufen können. Der Verlag sucht ständig neue Adventures. Autorenrichtlinien und Hilfen können hier heruntergeladen werden.

GURPS-Webring (USA)

nav.webring.com/cgi-bin/navcgi?ring=gurps;list

Webring mit Links auf mehrere hundert Webseiten zum Rollenspiel GURPS.

Pegasus Press (D)

www.pegasus.de/gurps/

Katalog deutschsprachiger Bücher und Abenteuer zu GURPS.

Shadowrun

Deutsche Schattenwelt (D)

nav.webring.com/cgi-bin/navcgi?ring=schattenwelt;list

Webring mit deutschsprachigen Webseiten zum Rollenspielsystem Shadowrun.

Orakel 2056 (D)

www.orakel2056.de/

Eine deutsche Shadowrun-Seite, die alles bietet, was Spieler und Meister gebrauchen können, Texte, Sourcebooks, Trading Cards (mit Kartenlisten), Verkauf verschiedener Fanartikel.

Das erste Shadowrun-Adventure per E-Mail.

Shadowrun Deutschland (D)

nav.webring.com/cgi-bin/navcgi?ring=shadowrunde;list

Webring mit Links auf Webseiten zu Shadowrun in deutscher Sprache.

Sammelkarten

Andreas SammelSurium: Trading Card Games & mehr! (D)

www.geocities.com/timessquare/5622/index.html

Infos, Mitspieler oder Tauschpartner zu verschiedenen Trading-Card-Games.

Chron X (USA)

www.station.sony.com/chronx/

Virtuelles Sammelkartenspiel im Internet. Man spielt über das Internet gegen reale Gegner mit virtuellen Karten. Die ersten 60 Startkarten können kostenlos heruntergeladen werden.

Chron X-Webring (USA)

nav.webring.com/cgi-bin/navcgi?ring=chronx;list

Webring der Chron X-Spieler und -Spielgruppen.

Trading Cards Newsgroup (USA)

news://rec.games.trading-cards.misc

Newsgroup zu Sammelkarten unterschiedlicher Systeme.

Dino Hunt

Dino Hunt (USA)

www.sjgames.com/dinohunt/

Sammelkartenspiel aus der Welt der Dinosaurier. Hier finden Sie Zusatz- und Turnierregeln, aber auch Informationen und Links zu Dinosauriern.

Dragon Dice

Dragon Dice Assistant (USA)

arc.cnchost.com/dice/ddassist.html

Programm zum optimierten Zusammenstellen von Dragon Dice Armeen.

Dragon Dice-Webring (USA)

nav.webring.com/cgi-bin/navcgi?ring=dragondice;list

Webring mit Links auf Seiten zum Sammelwürfelspiel Dragon Dice.

Friesematenten

Friesematenten (D)

www.creartrium.de/2F-Spiele/

Bilder sämtlicher Friesematenten-Karten mit Kurzerklärungen.

Friesematenten-Tauschbörse (D)

members.aol.com/spieleclub/friesematenten.htm

Tauschbörse für Friesematenten-Karten.

INWO

Illuminati Homebrew (USA)

www.illuminated.co.uk/inwo/

Ausführlich beschriebene Sammlung eigener, selbst erfundener Karten für INWO.

Illuminati New World Order (USA)

www.sjgames.com/inwo/

Die offizielle Seite des Herstellers von Illuminati New World Order, Steve Jackson, mit zahlreichen Regeln und sonstigen Dokumentationen, Kartenlisten, Strategie- und Taktiktips.

Illuminati World (USA) (D)

come.to/illuminatiworld
www.geocities.com/siliconvalley/hub/6920/

Quick-Referenz und Excel-Tabelle zur Verwaltung einer Kartensammlung zu Illuminati New World Order zum Download.

INWO Concordance (USA)

www.radix.net/~steveb/inwo_illuminati.html

Erklärung, welche realen Personen oder Ereignisse Grundlage beim Entwurf der einzelnen INWO-Karten waren.

INWO-Links (USA)

dmoz.org/games/trading_cards/inwo/

Linksammlung zu Illuminati New World Order.

Ralph's INWO Page (USA)

www.cs.cmu.edu/~ralph/inwo/

Private Seite zu INWO. Jede Woche ein kommentiertes Kartendeck, Tips zu bestimmten Karten und Kombinationen, INWO per E-Mail.

Magic

Amigo (D)

www.amigo-spiele.de/sammelkartenspiele/magic/mtg_startseite.html

Die offizielle Seite des Magic-Herstellers Amigo informiert über Termine und Neuerscheinungen sowie Kartenlisten der verschiedenen Editionen in Englisch und Deutsch.

Französischer Magic-Webring (F)

nav.webring.com/cgi-bin/navcgi?ring=mtgvf;list

Webring mit Links auf Webseiten zu Magic in französischer Sprache.

GatheringNet (USA)

www.gathering.net/

Die offizielle Webseite des Computerspiels und des Online-Spiels zu Magic.

Magic (USA) (D)

www.magicvillage.de/iworld/foren/magic

Regelfragen, Kartenlisten und Preise, Fragen und Listen von anderen Sammelkartenspielen.

Magic Joke Collection (USA)

www.bdominia.com/jokes/magicfun.html

Witze für und über Magic-Spieler.

Magic Newsgroup (USA)

news://rec.games.trading-cards.magic.misc

Newsgroup zu Magic im allgemeinen.

Magic Regeldiskussionen Newsgroup (USA)

news://rec.games.trading-cards.magic.rules

Newsgroup mit Regeldiskussionen zu Magic.

Magic Strategie Newsgroup (USA)

news://rec.games.trading-cards.magic.strategy

Newsgroup zu Magic-Strategien.

Magic The Gathering (D)

www.fh-osnabrueck.de/~std7546/magic.html

Kurzbeschreibung, Combos sowie Links zu weiteren Seiten.

Magic-Webring (USA)

nav.webring.com/cgi-bin/navcgi?ring=vlad123;list

Webring mit Links auf Webseiten zu Magic.

Wizards of the Coast (USA)

www.wizards.com

Größter Anbieter von Sammelkartenspielen, mit Infos zu AD&D, Magic the Gathering, C*23, Battletech, Netrunner und vielen anderen.

Middle Earth

Deutsche Middle Earth Seite, die (D)

www.middle-earth.de

Das neuste aus Mittelerde, die Karte, Bilder, Forum und Links.

Minas Arthor (USA) (D)

www.aix.de/jc/index2.html
www.aix.de/jc/engl/

Der Stadtrat von Minas Arthor ist eine Middle Earth-Spielgruppe, die hier verschiedene Regel-FAQs, Deckzusammenstellungen und Kartenlisten veröffentlicht.

Mittelerde The Wizards Seite, die (D)

sammler.freepage.de/kubrat/index.htm

Infos, Kartenlisten und Tauschecke zu Mittelerde.

Mystical Alchemy's Gaming Page (USA)

www.therealm.org/

Aktuelle Newsletter zu Middle Earth, Archiv der „Cards of the day" mit ausführlichen Beschreibungen einzelner Karten.

NetMECCG – Middle Earth als Online-Spiel.

Sim City

How I Build A Sim City Deck (USA)

www.csn.net/~bing/simbuild.html

Tips zum Zusammenstellen eines Kartendecks für das Sim City Card Game.

Kartenlisten (USA)

www.geocities.com/timessquare/3977/sctcg.htm

Kartenlisten verschiedener Kategrorien des Sim City Card Games.

Sim City Card Game (USA)

www.coolgames.com/catalog/catpages/simcity/0800-sc.htm

Der Hersteller des Sim City-Kartenspiels, Mayfair Games, stellt hier die verschiedenen Editionen mit Kartenlisten und ausführlichen Regeln vor.

Sim City FAQ (USA)

www.phlab.missouri.edu/~c576653/simcity.html

FAQs, Regeltips, Alternativen und Turnierregeln zum Sim City Card Game.

Sim City: The card Game (USA)

www.acs.oakland.edu/~jjhoxsey/simcity.html

Liste aller Karten nach den Kategorien mit Bedeutung und Bild, die kompletten Regeln, verschiedene FAQs, Tips zur Deckzusammenstellung und weitere Kartenlisten.

Star Trek

Card of the day (USA)

www.xs4all.nl/~ldp/cotdf.html

Ausführliche Erklärungen, Bewertung und Strategietips zu einzelnen Karten.

StarTrek CCG-Webring (USA)

www.webring.org/cgi-bin/webring?ring=stccg&list

Webring mit Seiten zum Star Trek Customizable Card Game.

StarTrek Collectible Card Game (USA)

www.decipher.com/startrek/

Der Hersteller des Star Trek Customizable Card Game veröffentlicht hier Kartenlisten, Bilder aller Karten, Regeln, FAQs, Beispielspiele und einige Easter Eggs auf den Karten.

Star Wars

Star Wars CCD-Webring (USA)

nav.webring.com/cgi-bin/navcgi?ring=empire;list

Webring mit Links auf Webseiten zum Sammelkartenspiel Star Wars.

Star Wars CCG (USA)

www.decipher.com/starwars/

Kartenliste mit Bildern, Regeln und FAQs vom Hersteller des Star Wars Collectible Card Games.

Tamagotchi

ATK – Anonym Tamagotchi Killerz (D)

ourworld.compuserve.com/homepages/joshuad/ger-tama.htm

Vereinigung zur Rettung der Erde! Stoppt den Tamagotchi-Wahnsinn!

Cait's tamagotchi page (USA)

www.angelfire.com/oh/lila2tamagotchi/egalman.html

Geschichten über Tamagotchis, Friedhof und weitere Links.

Pullus' Tamagotchi Cemetery (USA) (D)

www.geocities.com/tokyo/flats/6337
www.geocities.com/tokyo/flats/6337/dstart.html

Ein Tamagotchi-Friedhof mit einem Chat-Bereich, Links zu anderen Seiten und Tamagotchi-Software.

Software-Tamagotchi (USA) (D)

www.tu-chemnitz.de/~lto/tamagot.htm
www.tu-chemnitz.de/~lto/tamagot2.htm

Software-Tamagotchi zum Download.

tamagotchi@raytec (D)

www.raytec.de/tamagotchi

Tamagotchi-Seite mit Gesundheitstips, Links und Friedhof.

Tamagotchi Webring (USA)

nav.webring.com/cgi-bin/navcgi?ring=caitstamw;list

Webring mit Links auf Webseiten zu Tamagotchis.

Vereine & Spielgruppen

Legende – Mittelalterliche Kultur..., die (D)

pizza.unix-ag.uni-kl.de:8000/legende/

Die Legende e. V. – Mittelalterliche Kultur und Fantasy-Rollenspiel, Infos über den Verein, Forum und Termine.

Live-Rollenspiel-Verein Die Dilettanten (D)

www.liverollenspiel.de

Der Verein zur Förderung mittelalterlicher Spiele bietet hier Tips für Veranstaltungen, Regeln.

Radschlag (D)

www.radschlag.elch.net/indgrup.htm

Informationen zur Gründung von Spielgruppen.

Zeitschriften

Asthoreth online (D)

www.asthoreth.de

Nichtkommerzielle Zeitschrift für Fantasy- und Science-fiction-Rollenspiele.

Fairplay (D)

www.kmwsspielplatz.de/fairplay.htm

Kurzinhalt der aktuellen Ausgabe der Zeitschrift „Fairplay" und eine Liste aller Spielkritiken, die jemals in den Heften veröffentlicht wurden.

PC Joker (D)

www.pcjoker.de

Tests, Previews und Lösungshilfen, Webcam.

PC Player Homepage (D)

www.pcplayer.de

Computerspiele-Magazin mit Tests, Downloads, News, Tips und Tricks und mehr.

Pöppel-Revue (D)

www.kmwsspielplatz.de/merzp1.htm

Kurzinhalt der aktuellen Ausgabe der „Pöppel-Revue" und eine Liste aller Spielkritiken, die in der Zeitschrift veröffentlicht wurden.

Spielbox (D)

members.aol.com/spielbox/

Kurzinhalt der aktuellen Ausgabe und wichtige Spiele-Rezensionen der vergangenen Hefte. Vorschau auf das nächste Heft, Regelergänzungen unter dem Motto „Besser spielen“ und eine Liste aller Spielkritiken, die jemals in der „Pöppel-Revue“ veröffentlicht wurden.

Spielerei (D)

www.kmwsspielplatz.de/spielrei.htm

Kurzinhalt der aktuellen Ausgabe der Zeitschrift „Spielerei“ und eine Liste aller Spielkritiken, die jemals in dem Blatt veröffentlicht wurden.

Spiel-Wiese (D)

members.magnet.at/spiel.wiese/

Die österreichische Spielezeitschrift „Spiel-Wiese“ mit Vorstellungen von Spielen aus Kleinverlagen und einer kompletten Liste aller Spielkritiken aus den Heften.

Online-Gewinnspiele.

Spielzeit (D)

www.spielzeit.com/

Rezensionen aller Spiele der letzten Auswahlliste „Spiel des Jahres“ und Liste aller Spielbesprecheungen aus der Zeitschrift „Spielzeit“.

Sport

Ballspiele

American Football

American Football (D)

www.american-football.com

Zeitschrift mit wöchentlichen Informationen, Starportrait, NFL und Gewinnspiel.

AmFiD – American Football in Deutschland (D)

www.amfid.aol.de

Nachrichten und Ergebnisse aus den deutschen Ligen und eine Liste mit deutschen Clubs.

Infotelefon Damenliga AFVD (USA) (D)

members.aol.com/afvdladies/index.html

American Football liegt voll im Trend. Aber nicht nur für Herren. Auch immer mehr Frauen ziehen sich Helm und Shoulderpad an und stürzen sich in den Kampf um das Ei.

NFL (USA)

www.nfl.com

Informationen aus der Heimat des Footballs und der NFL. Offizielle Site der NFL.

Schweizerischer American Football Verband (F)

www.americanfootball.ch

Hier erfahren Sie etwas über die Entwicklung des amerikanischen Nationalsports in der Schweiz.

Swiss American Football Officials Association (D)

www.datacomm.ch/mcusinato/safoa/index.html

Hier handelt es sich um eine Organisation schweizerischer American Football-Schiedsrichter.

Badminton

Badminton Bezirk Wiesbaden (D)

verein-online.com/badminton/hbv/wi

Geschichte der Sportart, Regeln, Spielpläne und Vereinsadressen.

Badminton-Verband Berlin e. V. (D)

www.badmintonberlin.de

Informiert umfassend über den Badmintonsport in Berlin, mit Terminkalender, Vereinsadressen und einem Hallenverzeichnis.

Badminton-Verband Rheinland (D)

bvr.freepage.de

Mit Ergebnissen von Turnieren und Meisterschaften, Terminen und Satzung.

Bayrischer Badminton-Verband e. V. (BBV) (D)

www.bafo.de

Vereine, Spielorte, Ergebnisse und Veranstaltungen.

Deutsche Badminton Informationssystem, das (D)

www.isr-online.de/badminton

Bietet ein Archiv, News, Turnierergebnisse, Vereine nach Bundesländern, Terminkalender, Verbände, Mailingliste sowie Software.

Deutsche und Internationale Badmintonszene (D)

members.aol.com/okbonn/bad

Links zu Vereinen, Verbänden und Software zur Turnierorganisation.

Schweizerischer Badmintonverband (D)

www.badminton.ch/sbv

Mit Verbandsnachrichten, Turnierplan, Statistiken und Links zu den schweizerischen Badminton Clubs.

Wiener Badminton-Verband (D)

www.badminton.at/

WBV-Rangliste Damen und Herren, alle ÖBV-Ranglisten und Links.

Baseball und Softball

Adressen deutscher Baseball-Vereine (D)

base.ball.net

Auf dieser Seite finden Sie, einzigartig im WWW, eine Adressenliste aller Baseballvereine in Deutschland.

Baseballnachrichten (D)

www.sport.de/spart/bsb/welcome.html

Internationale und nationale Baseballnachrichten.

Bayrischer Base- und Softball-Verband e. V. (D)

www.bbsv.de

Aktuelle Ergebnisse von der ersten und der zweiten Bundesliga.

Deutscher Baseball und Softball-Verband e. V. (D)

www.dbvnet.de

Hier erhalten Sie die neuste Information über die Ligen, Spielpläne und Statistiken.

Niedersächsischer Baseball- und Softball-Verband (D)

members.aol.com/nbsvmedien/index.html

Mit Links zu den Vereinen, Verbänden und anderen Seiten in Sachen Baseball.

Basketball

Basketball-Bundesliga (D)

www.basketball-bundesliga.de

Offizielle Seite der deutschen Basketball-Bundesliga. Mit Ergebnissen, Tabellen und News.

Basketball-Schiedsrichter (D)

www.basketball-schiedsrichter.de

Berichte über Regeln, Interpretationen und Schiedsrichter-Technik.

Basketballverband Baden-Württemberg e. V. (D)

members.aol.com/basketbbw/index.htm

Mit Ergebnissen und Tabellen der Damen- und Herrenligen.

Bayrischer Basketball-Verband e. V. (D)

www.bbv-online.de

Mit Ergebnisdienst der Damen- und Herren-Ligen.

Berliner Basketball-Verband e. V. (D)

home.t-online.de/home/berlin.basket

Unter anderem mit den Spielplänen der verschiedenen Klassen und Informationen für Schiedsrichter.

Brandenburgischer Basketball-Verband (D)

www.geocities.com/heartland/bluffs/9723/bbv.htm

Mit Adressen und aktuellen Ergebnissen der Damen- und Herrenmannschaften.

Deutscher Basketball Bund (D)

www.basketball-bund.de

Offizielle Webseite des Deutschen Basketball-Bundes mit Autogrammkarten der Damen- und Herrennationalmannschaften.

Deutscher Basketball Bund e. V. (D)

www.dbvnet.de

Über Nachwuchs, Streetball, Beachbasketball sowie mit den Spielplänen der verschiedenen Ligen.

Eurobasket – Global Basketball News (USA)

www.eurobasket.com

News rund um um Basketball in Europa.

Federation de BasketBall (F)

www.basketfrance.com

Offizielle Homepage der französischen Basketball-Nationalliga und des französischen Basketballverbands.

Federation Suisse de Basketball (F)

www.fsba-basket.ch

Offizielle Seite des schweizerischen Basketballverbands.

Gesellschaft der Basketball-Bundesliga mbH (D)

www.basketball-bundesliga.de

Über die Mannschaften, die Ergebnisse, die Termine und mehr.

Hamburger Basketball-Server (D)

www.hamburg-basket.de

Offizielle Seiten des Hamburger Basketballverbands.

Harlem Globetrotters (USA)

www.harlemglobetrotters.com

Alles über die berühmten Basketballkünstler aus Amerika mit einer tollen Dokumentation über die Globetrotters. Im Team Shop gibt es alle Basketball-Accessoires, die das Herz des Fans begehrt.

Der aktuelle Tourplan kann abgerufen werden.

International Basketball Federation (FIBA) (USA)

www.fiba.com

Informationen über den Internationalen Basketballsport.

National Basketball Association (USA)

www.nba.com/

Ständig aktuelle News aus der amerikanischen Basketballszene, Spieldaten, Klatsch, Chat und Fanshop. Offizielle Seite der NBA.

Österreichischer Basketball-Verband (D)

www.oebv.or.at

Offizielle Homepage des österreichischen Basketballverbands mit Links zu den Bundesligavereinen.

Thüringer Basketball-Verband e. V. (D)

www.thur.de/org/tbv

Mit einer Liste von Vereinen, der Schiedsrichterecke und den Tabellen der Landesligen.

Beach-Volleyball

Beach-Volleyball (D)

www.jever.de/was/beachvolleyball/beach_frame.htm

Beach-Volleyball-News auf der Homepage von Jever Pilsener.

Bowling

Complete Bowling Index (USA)

www.bowlingindex.com

Alles über den amerikanischen Bowlingsport.

Deutsche Bowling Union e. V. (D)

www.dbu-bowling.com

Informiert über die Bundesliga, den Nationalkader sowie nationale und internationale Turniere.

Bowlinganlagen in Deutschland werden nach Ort oder Postleitzahl aufgelistet.

Professional Bowlers Association (PBA) (USA)

www.pbatour.com

Webpage der amerikanischen Profibowler. Mit Statistiken der National Tour, Senior Tour, Bowlers Journal und vielen anderen Informationen. Offizielle Seite der PBA.

Cricket

Deutscher Cricket Bund (D)

www.dcb-cricket.de

Vereine, Historisches, Termine und Ergebnisse.

Swiss Cricket Association, the (USA)

ecponion.cern.ch/sca/welcome.html

Ergebnisdienste, Tabellen und Termine.

United States Cricket Association (USA)

www.usaca.org

The United States of America Cricket Association – amerikanischer Cricket-Verein.

United States Cricket Federation (USA)

www.uscf.org

Amerikanischer Cricket-Verband.

Einradhockey

Deutsche Einradhockeyliga (USA) (D)

home.t-online.de/home/swittorf/liga.htm

Tabellen und Ergebnisse vom Einradhockey der Saison 99.

Tips für Schiedsrichter.

Einradhockeyclub Bochum (USA) (D)

www.ruhr-uni-bochum.de/www-rz/krampsmc/homepage.html

Hier finden Sie aktuelle Termine und Neuigkeiten des Einradhockeysports.

Erste Deutsche Einradhockey Liga (EDEL) (USA) (D)

www.dbis.informatik.uni-frankfurt.de/~lauteman/unicycling/index_g.html

Viele Informationen zum Einradhockey, zu den Spielregeln und Saisonergebnissen.

Faustball

Faustball-Nachrichten (D)

www.sport.de/spart/fab/welcome.html

Nachrichten, Verbände, Vereine, Regeln, Historie, Ergebnisse, Tabellen und Veranstaltungen.

Faustball.de (D)

www.faustball.de

Informationsquelle in Sachen Faustball.

Faustball online (D)

home.t-online.de/home/olly.betker/homepage.htm

Nachrichten und Tabellen, vorwiegend über die Szene in Norddeutschland.

Fußball

Bayer 04 Leverkusen (D)

www.sport.bayer.com/tsv_leverkusen/fussball/home_de.htm

Hier finden Sie interessante Informationen rund um die Bundesligamanschaft von Bayer 04 Leverkusen, beispielsweise Bildmaterial, Spieltermine und einen Online-Fanshop.

Bewerbung WM 2006 (USA) (D)

www.wm-2006.de

Offizielle Seite des DFB, unter anderem mit der Vorstellung der Städte und Stadien und einer Unterschriftenliste.

Blutgrätsche (D)

www.blutgraetsche.de

Die bekloppten Fußballseiten für Fans, die Fußball nicht allzu ernst nehmen, mit Meldungen, Fußballersprüchen, Witzen und Tipspiel.

Borussia Dortmund (D)

www.borussia-dortmund.de

Hier finden Sie alles über den BVB – aus erster Hand.

Borussia Mönchengladbach (D)

www.sport1.de/gladbach

Termine, Freundschaftsspiele und alles über die Saison von Borussia Mönchengladbach ist hier zu finden.

Bundesliga-Newsletter (D)

www.privat.schlund.de/s/schalke/bl/index.htm

Infos und News zum Fußball, nicht nur für Schalke-Fans per E-Mail-Newsletter.

Chemnitzer Fußballclub (D)

www.chemnitz-info.com/cfc/verein/fakten.html

Auf der Seite des Chemnitzer Fußballclubs finden Sie Termine, Spieleraufgebote und Spielkommentare.

Deutscher Fußballbund (D)

www.dfb.de

Offizielle Homepage des DFB mit aktuellen Informationen rund um den deutschen und internationalen Fußball.

Eintracht Frankfurt (D)

www.frankfurt-online.de/eintracht/

Auf diesen Seiten werden alle Informationen rund um die Eintracht angeboten.

Ergebnisdienst: Frauen (D)

www.informatik.uni-oldenburg:de/~bernd/amateure/frauen.html

Bringt Ergebnisse, Tabellen und Berichte vom Frauenfußball.

Fanwelt (D)

www.fanwelt.de

Mit Nachrichten, Foren und Anhängern, die ihren Verein präsentieren.

FC Bayern München (D)

www.sport1.de/fcbayern

Offizielle Homepage des FC Bayern München.

Die Tickets können online bestellt werden.

FC Carl Zeiss Jena (D)

www.uni-jena.de/~zfc/club.html

Aus dieser Homepage finden Sie alle Informationen über den FC Carl Zeiss Jena.

FC Dynamo Dresden, 1. (D)

www.dynamo-dresden.de

Hier können Sie über die Saison, den Service und die Spielerstatistiken auch in Englisch und Spanisch nachlesen.

FC Kaiserslautern (D)

www.fck.de

Im FCK-Telegramm können Sie sich über die aktuelle Kartensituation informieren, offizielle Vorverkaufsstellen und Fanclubs in Ihrer Nähe auswählen.

FC Schalke 04 (D)

www.schalke04.de

Aktuelles und der Service von Schalke 04. Ein Trainingsplan, die Verletztenliste und Spielpläne können abgerufen werden.

FC St. Pauli (D)

www.fcstpauli.de

Da kann man wirklich nicht meckern, jetzt steht hier schon leckeres Bier in der Umkleidekabine rum. Also ruhig eintreten.

Football News (USA)

www.footballnews.co.uk.

Mit Statistiken und Spielanalysen der englischen und schottischen Fußball-Ligen.

Fortuna Düsseldorf (D)

fortuna-duesseldorf.de/index.shtml

Sie können sich die Hinrunden- und Rückrunden-Spielpläne ansehen. Die Tabelle der 2. Liga kann auch abgerufen werden.

Fußball WM 98 (D)

www.fussball-wm.de

Präsentiert die Gruppen, Austragungstermine, Teams, Spiele, News und eine Statistik aller Spiele.

Nachblick auf die WM 98.

Fussball.de (D)

www.fussball.de/

Fußball-Online-Magazin mit aktuellen News aus der Bundesliga, den Regionalligen, dem DFB-Pokal, dem Europapokal und internationalen Spielen.

Fußball-Europameisterschaft 2000 (D)

members.xoom.com/knuddel/em2000.html

Termine und Ergebnisse der Qualifikation aller neun Gruppen.

Hamburger Sportverein (D)

www.hsv.de

Sie können Karten vorbestellen und erhalten eine Übersicht des Volksparkstadions. HSV-Fanclubs sind mit Kontaktpersonen angegeben.

Hannover 96 (D)

www.hannover96.de

Der komplette Spielplan der 2. Liga ist aufgelistet.

Es besteht die Möglichkeit, einen Musikwunsch an den Stadion-DJ zu mailen.

Hertha BSC Berlin (D)

www.BerlinOnline.de/aktuelles/sport/hertha/

Auf der Webpage von Hertha finden Sie alles Wissenwertes über die Liga, das Team, das Stadion und News.

International Soccer Server (USA)

sunsite.tut.fi/rec/riku/soccer.html

Europäische Fußballergebnisse, Tabellen, Statistiken und weltweite Fußball-Links.

Karlsruher SC (D)

www.karlsruhersc.de

Die offizielle Homepage des KSC im Internet.

Hier können Sie interaktive Postkarten vom KSC Postcard Center verschicken.

Paris Saint-Germain (USA) (F)

www.club-internet.fr/psgnews

Mit aktuellen Infos, der Mannschaft, Ergebnissen und Statistiken. Die Menüführung kann in Englisch oder Französisch ausgewählt werden.

ran – online (D)

www.ran.de

Aktuelles und Geschichte, Zugriff auf die Ran-Datenbank möglich.

Regionalliga (D)

www.regionalliga.com

Auf dieser Seite finden Sie alle Regionalteams.

SC Freiburg (D)

www.sc-freiburg.de

Der komplette Kader der SC Freiburg ist aufgelistet. So können Sie Informationen über jeden Spieler bekommen.

Schweizerischer Fußballverband (SFV) (D) (F)

www.football.ch

Der SFV nimmt die Interessen des Schweizer Fußballs im sportlichen, politischen, wirtschaftlichen und gesellschaftlichen Umfeld wahr.

SV Meppen e. V. 1912 (D)

www.meppen.de/svmeppen

Hier finden Sie alles über den SV Meppen e. V. 1912. Spieltage, die aktuelle Tabelle und die Eintrittspreise können hier abgerufen werden.

VfL Bochum (D)

www.object-factory.de/bochum/

Hier können Infos über die Saison des VfL Bochum angesehen werden. Tickets können online bestellt werden.

VfL Wolfsburg (D)

www.vfl-wolfsburg.de/win/navigator/index.html

Fußball rund um die Welt! VfL Wolfsburg aktuell, Hier steht alles, was Sie über Fußball wissen müssen.

VFB Stuttgart (D)

www.vfb-stuttgart.de

Alles Wissenswerte vom VFB Stuttgart.

Werder Bremen (D)

www.werder.de

Online-Bestellung von Tickets. Unter den Gewinnspielen können Sie Tipklick spielen oder puzzeln. Im Fanshop können Sie Ihre Fanartikel bestellen.

Yahoo! Fußball (D)

www.yahoo.de/schlagzeilen/sport/fussball.html

Lauter Neuigkeiten rund um den deutschen und internationalen Fußball.

Golf

Deutsche Golf-Bundesliga, die (D)

www.golf-bundesliga.de

Austragungsorte, Spielstände und Kontaktseiten.

Austragungsorte 1999.

Förderverein Deutscher Golfsport e. V. (FDG) (D)

www.fdg.de

Golfsschulen und Prüfungen im In- und Ausland sowie deutsche Golfclubs und Mitgliedschaften.

Golf facts online (D)

www.golf1.de

Webseite des Magazins Golfplus.

Golf Homepage, Bernhard Langers inoffizielle (D)

www.geocities.com/colosseum/8518

Informationen über den deutschen Golfstar Berhard Langer.

Golf im Médoc (F)

www.lacanau.com/golf-hotel.htm

Golfhotel mit 18-Loch-Golfplatz an der französischen Atlantikküste.

Golf in Baden- Würtenberg (D)

www.go-web.com/golf

Plätze, Clubs und Berichte.

Golfnachrichten (D)

www.sport.de/spart/gol/welcome.html

Golfsportnachrichten von Sport.de. Homepage mit Verbänden, Vereinen, Regeln, Ergebnissen und der Tabelle.

Golf Web – Everything Golf on the WWW (USA)

www.golfweb.com

Hier können Sie das neuste vom Golfsport lesen, u. a. Top News, PGA Tour, European Tour, LPGA, Senior PGA und andere Touren.

Golfaustria (D)

www.golfaustria.net

Golfplätze, Hotels, Turniere, Spielerdatenbank sowie Wettervorschau und Regeln.

Golfen im Club (D)

www.golfen-im-club.de

Informationen rund um den Golfsport.

Golfplus online (D)

www.golfplus.de

Golfmagazin Deutschlands und deutschsprachige Golfsite im Internet.

Golfsport (D)

www.golf.de

Gemeinschaftsprojekt des Deutschen Golf-Verbands (DGV) e. V., Golf Journal, der Deutschen Golf Online GmbH und der Golf AG.

Golfweb (D)

www.golfweb.at

Turnierkalender, Clubs und Techniktips.

Hessischer Golfverband e. V. (D)

www.hessischer-golfverband.de

Termine von Turnieren, Ranglisten sowie Nachrichten vom Nachwuchs.

Linde German Masters 1999 (D)

www.linde-german-masters.de

Golfveranstaltung mit Platzinfo, Spielern und Ergebnissen.

PGA European Tour (USA)

www.europeantour.com

Alles über die Spieler, TV-Zeiten, die Ergebnisse und Ranglisten.

Professional Golfers Association (PGA) of Germany (D)

www.pga.de

Dies ist der Dachverband aller Golfer in Deutschland.

Yahoo Golfnachrichten (D)

www.yahoo.de/schlagzeilen/sport/golf.html

Nachrichten aus dem Golfsport.

Handball

BVB Dortmund (D)

members.aol.com/bvbdohandb/

Hier finden Sie alles rund um den Handball beim BVB – und das aus erster Hand.

Deutscher Handballbund (D)

www.dhb.de

Auf der Homepage des DHBs können Sie Information über den DHB, die Bundesliga, die Nationalmannschaft, Beachhandball, die Verbände und eine Spielordnung finden.

Handball (D)

www.handball.de

Hier finden Sie Informationen über den deutschen Handballsport, u. a. Handball News, Spieler- und Trainerdatenbanken.

Handball-Info (D)

handball-info.de/vereine

Auf dieser Webpage finden Sie alles, was Sie über Handball wissen wollen.

HBC Oloronais (F)

geocities.com/colosseum/7991/hbco.html

Hier können die Spielsaison und die Ergebnisse abgerufen werden.

HC Wuppertal (D)

www.hcwuppertal.de

Hier können Sie sich alle Einzelheiten, wie Statistiken, Ergebnisse und Tabellen auflisten lassen.

HSG Dutenhofen/Münchholzhausen (D)

welcome.to/hsg_dutenhofen

Hier finden Sie die aktuellen Tabellen, Resultate und Pokalergebnisse.

Rouen 76 Handball (USA) (F)

www.normandnet.fr/rouen76hb/

Auf dieser Homepage können Sie alles über die Saison, die Ergebnisse und Tabellen der Damen- und Herrenmannschaften lesen.

SC Magdeburg e. V. (D)

www.sc-magdeburg.de

Auf dieser Homepage können Sie die Ergebnisse der Bundesliga der Männer und der Bundesliga der Frauen abrufen und eine E-Mail schreiben.

Schweizer Handball-Verband (D)

www.handball.ch

Hier finden Sie aktuelle Resultate, Statistiken, Vereine, Teams und Männer- sowie Frauenspiel-Temine.

SG Flensburg Handewitt (D)

www.konter-online.de

Aus dieser Webpage können Sie sich über die aktuellen Spielstände, Bundesliga- und DHB-Pokal-Spiele informieren, die sich fast täglich ändern.

SG W/M Frankfurt (D)

www.sgwm.de

Hier können Sie alles über die SG-Story lesen, wie alles begann und die aktuellen Bundesligaspiele und Events sind abrufbar.

SLUC Nancy (F)

www.planete.net/~ghirsch/hand.html

Hier lesen Sie die wichtigsten Termine der Saison, Resultate und Statistiken.

TBV Lemgo (D)

www.tbv-lemgo.lippe-online.de

Hier finden Sie die neusten Spielergebnisse, Termine und die TBV-News.

Thüringer Sportverein Eisennach e. V. (D)

www.thsv.diss.com

Abrufbar ist alles, was Sie über den Verein, die Mannschaften, Trainingszeiten und Tabellen wissen möchten.

THW Kiel (D)

www.provinzial.de/thw/thw.htm

Auf dieser Homepage können Sie sich über Torstatistiken, Nationalspieler, Ergebnisse und Kartenvorverkäufe informieren. Außerdem bietet sich hier die Möglichkeit, ein „English Menu" aufzurufen.

TSV Minden e. V. (D)

www.gwd-minden.de

Hier können Sie u. a. die Tabellen, News und das Team abrufen.

TUS Schutterwald (D)

www.fh-offenburg.de/~tus

Hier finden Sie allgemeine Informationen über die 1. und die 2. Mannschaft und deren Spielpläne.

TUSEM Essen (D)

www.tusem-essen.de

Auf der Homepage von TUSEM Essen können Sie die verschiedenen sportlichen Abteilungen auswählen, z. B. Fußball, Handball und vieles mehr.

TV Großwallstadt (D)

www.afkum.de/tvgrosswallstadt

Dies ist die offizielle Internetseite des TV Großwallstadt.

VFL Bad Schwartau v. 1963 e. V. (D)

luebeck-online.de/vfl-bad-schwartau/neu/index.html

Hier werden Sie über die wichtigen Termine, Berichte und Tickets informiert. Es bietet sich auch die Möglichkeit, sich ins Gästebuch einzutragen und ein Bild von der Live-Cam anzusehen.

Hockey

Berliner Hockey-Verband (D)

come.to/berlinhockey

Informationen, Service, Ergebnisdienste und Kontakte.

Deutscher Hockey-Bund e. V. (D)

www.german-fieldhockey.de/

Mit Spielordnung, Statistiken, Resultate und Terminkalender.

Deutscher Unihockey Bund (D)

www.unihockey.de

Informationen des Deutschen Unihockey Bundes e. V.

Deutsches Hockey Forum (D)

www.feldhockey.com

Präsentiert unter anderem das Regelwerk, die Bundesliganachrichten, Tabellen und Ergebnisse.

FIH – Federation Internationale de Hockey (USA)

www.fihockey.org/index.htm

Internationaler Hockey-Verband mit Veranstaltungen und Regeln.

Hessischer Hockey-Verband e. V. (D)

www.hessenhockey.de

Überregionale Hockey-Informationen, Schiedsrichterecke mit Regeländerungen und vieles mehr.

Hockeysport-Nachrichten (D)

www.sport.de/spart/hoc/welcome.html

Nationale und internationale Hockeysport-Nachrichten.

Niedersächsischer Hockey-Verband e. V. (D)

www.nhvhockey.de

Teamsport, Atmosphäre und Dynamik beim Niedersächsischen Hockey-Verband.

Schweizerischer Landhockey-Verband (D)

www.landhockey.ch

Resultate, Nachrichten und Hockeyshop.

Westdeutscher Hockey-Verband e. V. (D)

www.lsb-nrw.de/hockey

WHV von A-Z, Lehrgangsangebote, Mitgliedervereine und Termine.

Korbball

KOMA – das Korbball Magazin (D)

members.bremnet.de/lfindeisen/index.htm

Ergebnisdienste, Termine, Szene, Regeln und Links.

Korbball (D)

www.sport.de/spart/kob/welcome.html

Verbände, Vereine, Ergebnisse, Tabellen sowie Veranstaltungen.

Korbball Homepage (D)

www.msporting.com/korbball

Resultate, Termine, Turniere und Ergebnisdienste.

Lacrosse

Lacrosse (D)

www.sport.de/spart/lac/welcome.html

Informationen über Verbände, Regeln und die Historie.

Lacrosse.de (D)

www.lacrosse.de/lacrosse1.htm

Lacrosse-Sport in Deutschland. Informationen über den Lacrosse-Sport, die Regeln und die Historie.

Minigolf

Bahnengolf Nachrichten (D)

www.sport.de/spart/bgo/welcome.html

Bahnen- und Minigolf-Informationen. Informationen über die Verbände, Vereine, Regeln und die Historie.

Niedersächsischer Bahngolf-Verband (D)

www.web-culture.com/nbgv/indexfra.htm

Informationen rund um den Bahnengolf.

Nordrhein-Westfälischer Bahnengolf-Verband e. V. (D)

home.t-online.de/home/nbv.ev/homepage.htm

Hier können Sie sich über den Nordrhein-Westfälischen Bahnengolf-Verband e. V. informieren.

Schweizerischer Minigolfsportverband (D)

www.minigolf.ch

Informationen über den Minigolfsport.

Racquetball

Deutscher Racquetball-Verband (D)

www.racquetball.de

Stellt sich und die Sportart vor.

Hamburger Racquetball Landesverband (D)

www.racquetball.de/lvh

Regeln, Kalender, Verbandschronik und deutsche Rangliste.

Racquetball (USA) (F)

assoc.wanadoo.fr/racquetball.plus

Racquetballinformationen in Frankreich mit vielen aktuellen News.

Racquetball (USRA) (USA)

www.usra.org

Die USRA bietet viele Informationen rund um den Racquetsport.

Racquetball France (USA) (F)

persoweb.francenet.fr/~bourzeix/racquetball

Hier können Sie aktuelle Racquetballergenisse nachlesen.

Racquetball-Informationen (D)

www.sport.de/spart/raq/raq000.html

Verbandsinformtionen, Regeln, Historie, Ergebnisse und Tabellen.

Racquetball Landesverband Bayern (D)

www.racquetball.de/lvb

Hier erfahren Sie einiges über den Racquetsport.

Racquetball Magazine (USA)

www.racqmag.com

Racquetball-Magazin mit aktuellen Neuigkeiten und den Spielplänen.

United States Professionel Racquetball Association (USA)

www.uspra.com

Amerikanische Racquetprofiliga mit Ergebnissen und Tabellen.

Roller Hockey

Roller Hockey Nachrichten (D)

www.sport.de/spart/ros/rlh/welcome.html

Verbände, Vereine, Regeln, Historie, Ergebnisse und Tabellen.

Rugby

Deutscher Rugby-Verband (D)

members.aol.com/rugbybrd/index.html

Deutscher Rugby-Verband mit Ergebnissen, Adressen und Links.

International Rugby Board (USA)

www.irfb.com

Informationen über den internationalen Rugbysport.

Rugby Football Union (RFU) (USA)

www.rfu.com/nf_frm.html

Informationen über den englischen Rugbysport.

Rugby in Deutschland (D)

stud.uni-sb.de/~hamu0000

Rugby-Regeln, Vereine in Deutschland und Informationen in Sachen Rugby.

Rugbynachrichten (D)

www.sport.de/spart/rug/welcome.html

Nachrichten, Verbände, Vereine, Regeln, Historie, Ergebnisse, Tabellen und Veranstaltungen.

Rugby Planet (USA)

www.planet-rugby.com

Rugbynachrichten und Neuigkeiten.

USA National Rugby Team (USA)

www.usa-eagles.org

Hier stellt sich das amerikanische Rugbyteam vor.

USA Rugby (USA)

www.usarugby.org

Informationen über den Rugbysport, u. a. Herren-, Damen-, College-, Highschoolvereine in Amerika.

Squash

Deutscher Squash Verband e. V. (D)

www.deutscher-squash-verband.de

Der DSRV bietet Informationen rund um die Ranglisten, aktuelle Termine und Squash im Web.

Everything about Squash in France (USA) (F)

perso.easynet.fr/~ayvk

Vereinslisten und Adressen in Französisch und Englisch.

Fachvereinigung Squash e. V. (D)

www.snafu.de/~squash

Die Fachvereinigung ist Mitglied im Betriebssportverband Berlin Brandenburg. Bietet Tabellen und Termine.

Federation Francaise de Squash (F)

www.ffsquash.org

Der französische Squash-Verband bietet Ranglisten, Termine und viele News.

Internet Squash Federation (USA)

www.squash.org

Squash-Weltrangliste der Frauen und Männer.

Österreichischer Squash Verband (D)

www.asn.or.at/oesrv

Informiert über Ranglisten, Terminkalender und gibt aktuelle News.

Schweizerischer Squash Verband (USA) (D) (F)

www.squash.ch/seite/index.htm

Rankings, Spieler-Dokumentationen, Turniere und Reglements.

United States Squash Racquets Association (USA)

www.us-sqush.org

Neuigkeiten, Rangliste und Ergebnisse aus der amerikanischen Squashszene.

Streethockey

Deutscher Inline-Skate-Verband e. V. (D)

www.d-i-v.de/start.htm

Contest, Spieler, Teams, Regeln, Tabellen und Tour.

ISHD – Inline-Skaterhockey Deutschland (USA)

www.ishd.de

Aktuelle Ergebnisse, Kontakte und News der Inline-Skaterhockey-Szene Deutschlands.

Streethockey (USA)

www.streethockey.com

Streethockyinformationen: Bekleidung, News, Tourendatenbank und Events.

Streethockey Homepage (D)

combi.agri.ch/frank

Play-off, Turniere, Statistiken und News.

Link zur Homepage der Streethockey-WM/-EM.

Streethockey-Verband NRW (D)

www.streethockey.de

Streethockeyinformationen auf Nordrhein-Westfalen.

Tennis

ATP Tour (USA) (D)

www.atptour.de/de

Neben Nachrichten und Reportagen finden hier auch Chats mit bekannten Tennisgrößen statt.

Deutscher Tennisbund e. V. (D)

www.dtb-tennis.de

Deutsche Tennisrangliste, Verbände, Termine und Davis-Cup

Federation Française de Tennis (F)

www.fft.fr

Französicher Tennis-Verband.

Tennis online (D)

www.tennis-online.de

Mit aktuellen Nachrichten, grafischen Analysen, Psychoweltrangliste, Lexikon und vielem mehr.

Tischtennis

Bayerischer Tischtennis-Verband (D)

www.bttv.de

Ligeninfos, Tabellen, Einzel- und Mannschaftssport sowie Schiedsrichterinfos.

Deutscher Tischtennisbund (D)

www.tischtennis.de

Informationen zur Bundesliga, zum Breitensport und zu Veranstaltungen.

European Table Tennis Union (USA)

www.ettu.org

Auf der ETTU-Webseite können Sie über Ergebnisse, Tabellen und Neuigkeiten informieren.

International Table Tennis Federation (USA)

www.ittf.com

Internationaler Tischtennisverband mit aktuellen News und Nachrichten.

Swiss Table Tennis Federation (D) (F)

www.sttv.ch

Schweizerischer Tischtennisverband Mit Infos über das Nationalteam, Sponsoren und heißen Links. Außerdem können hier aktuelle Resultate abgerufen werden.

Table Tennis USATT (USA)

www.usatt.org

Hall of Fame, kommende Veranstaltungen, Ergebnisse und Ranglisten.

Tischtennis- Datenbank- Bonn (D)

tt-bonn.de

Spielpläne, Ergebnisse, Tabellen und Statistiken aus dem Kreis und Bezirk Bonn sowie den höheren Ligen.

Tischtennis Kreisverband Helmstedt e. V. (D)

www.ttvn.de/kreise/helmstedt

Aktueller Ergebnisdienst für den gesamten Kreis.

Tischtennis-Verband Niedersachsen e. V. (D)

www.ttvn.de/home.cgi

Verbände, Vereine und Ergbnisse sowie Links.

Tischtenniskreis Fulda (D)

home.t-online.de/home/tt-kreis_fulda/homepage.htm

Mit regionalen Adressen, Berichten, Terminen sowie Resultaten und Tabellen.

Tischtennis-Kreisverband Krefeld e. V. (D)

home.t-online.de/home/frank.langen/tt_kr.htm

Aktuelles zum Spielbetrieb und zu Terminen im Kreis.

Volleyball

Beach-Volleyball (D)

www.jever.de/was/beachvolleyball/beach_frame.htm

Ein Kessel bunter Beach-Infos. Vom letzten Ranking über Insider Infos, auf der Homepage von Jever können Sie alles nachlesen.

German Volleyball online (D)

www.volleyball-online.de

Server mit Spielergebnissen und Tabellen aus den ersten vier Ligen, dem Pokal und von der Nationalmannschaft.

Offizielle Webpage Deutscher Volleyband-Verband e. V. (D)

www.volley-beachvolleyball.de

Hier gibt es Informationen über alles, was das Herz des (Beach-)Volleyballers höherschlagen läßt.

Behindertensport

Deutsche Sportjugend (DSJ) (D)

www.dsj.de

Jugendorganisation im Deutschen Sportverband (DSJ).

Informations Center Behinderten Sport (D)

www.userpage.fu-berlin.de/~infobspo

Hier finden Sie viele Informationen rund um den Behindertensport.

Handicap Top Team (USA)

www.topteam.de

Behinderten Leichtathletikveranstaltungen weltweit mit Ergebnis-Service.

Paralympics

International Olympic Committee, the (USA) (D) (F)

www.olympic.org

Die Webseite des Internationalen Olympischen Komitees, mit Informationen rund um den olympischen Sport und aktuellen Terminen.

www.paralympics.de

Über die Spiele in Nagano und detaillierte Informationen über Wintersport für Behinderte.

International Paralympic Commitee Archery (USA)

www.geocities.com/colosseum/sideline/3598

Auf dieser Seite finden Sie Informationen über den Bogensport des IPC sowie Regeln und Richtlinien.

International Paralympics Committee (USA)

info.lut.ac.uk/research/paad/ipc/fencing/fencing.html

International paralympisches Fechten (IPC)

Paralympics Summergames 2002 (USA)

www.slc2002.org/paralympics/index.html

Offizielle Mitteilungen des paralympischen Komitees in Salt Lake City 2002.

Rollstuhlsport

Deutsche Rollstuhlfechter (D)

www.drs.org/fechten

Hier erhalten Sie Ergebnisse, Weltranglisten und Informationen zu den Regeln.

Deutscher Rollstuhl-Sportverband e. V. (USA)

www.rollstuhlsport.de

Die Homepage des deutschen Rollstuhlsports mit Informationen, Terminen und allen angebotenen Sportarten.

Tauchen

Tauchen für Behinderte und nicht Behinderte (D)

www.studio-aust.com/rike

Tauchen für Behinderte und nicht Behinderte, mit Behinderten und nicht Behinderten.

Billard

Deutsche Billard Union e. V. (D)

www.billard-union.de/

Aktuelles und Veranstaltungstermine.. Hier können Sie sich über Karambolage, Pool, Snooker und Kegelbillard ausführlich informieren.

UMB (Billardweltverband) (USA)

www.umb.org

Auflistung der internationalen Verbände und Tourneetermine.

Worlds Billard Federation (USA) (D)

alf.zfn.uni-bremen.de/~ronald/wbfhome.htm

Superstars, Veranstaltungen und Billardwissen.

Doping

Anti Doping (D)

www.dlv-sport.de/inhalt10/inhalt10.htm

Anti-Doping-Handbuch des Deutschen Leichtathletik-Verbands.

Das Anti-Doping-Handbuch im Word 95-Format kann geladen werden.

Doping (D)

www.aerztezeitung.de/de/htm/net/doping/t_doping.htm

Artikelliste der Ärztezeitung über Doping und Medikamentenmißbrauch.

Doping-Liste (D)

www.ecl.ch/funnydancers/doping-liste.htm

Liste der verbotenen pharmakologischen und medizinischen Maßnahmen zur Leistungsbeeinflussung.

Doping-Liste der erlaubten Medikamente (D)

www.ecl.ch/funnydancers/doping-liste_erlaubt.htm

Erlaubte Medikamente, die keine dopingverdächtigen Substanzen enthalten.

Dopingliste (IAAF) (D)

www.geocities.com/colosseum/track/1193/dopingliste.html

Liste der verbotenen Substanzen und Techniken.

Radsport-News (D)

www.radsportnews.com/festina.htm

Die Festina-Dopingaffäre während der Tour de France.

Eissportarten

Niedersächsischer Eissport-Verband e. V. (D)

members.aol.com/skoyama007/nev-sr.htm

Alles über den niedersächsischen Eissport-Verband e. V.

Eishockey

Augsburger Panters, die (D)

www.student.uni-augsburg.de/~harald/aevhome.htm

News, Spielergebnisse, Statistiken und die Möglichkeit, im Chat zu diskutieren.

Hier können Sie DEL-Patches für die National Hockey League 99 downloaden.

Berlin Capitals (D)

home.tronet.de/lordnoxious

Mit Nachrichten, der Vorstellung des Teams und den Saisonergebnissen.

Crack the Ice (D)

www.weihenstephan.org/~michpohl/crack_the_ice.html

Ergebnisse und Tabellen der höchsten deutschen Spielklassen sowie ausführliche Informationen zur Bundesliga und ein Tipspiel.

EHC Eisbären Berlin (D)

www.online.de/home/owers/

Spielpläne, Bildgalerie, Statistiken und Pressestimmen.

Eishockey-Nachrichten (D)

www.sport.de/spart/ehy/welcome.html

Informatives über den Eishockeysport und die Verbände, Regeln und Ergebnisse.

NHL Page (D)

www.fortunecity.com/olympia/tilden/93/frontpage.html

Deutsche Seite für die NHL. Mit Biographien der Teams, Stories und Links zu anderen Hockeyservice- Homepages.

Schweizerischer Eishockeyverband (D) (F)

www.sehv.ch

Auf dieser Homepage können Sie alles rund um den schweizerischen Eishockeyverband z. B. Resultate, Statistiken (NL A, NL B) und die Spielpläne 98/99, nachlesen.

Eiskunstlauf

Eiskunstlauf-Ecke, die (D)

www.snafu.de/~eberl

Informationen zur Geschichte der Sportart sowie umfassende Linksammlungen zu Eiskunstlaufseiten weltweit.

Eisschnellauf

Deutsche Eis Schnellauf Gemeinschaft (D)

www.desg.de

Informationen vom DESG Eisschnellauf Gemeinschaft Schlittschuhe München Infodienst Gunda Niemann.

Short Track

Short Track-Nachrichten (D)

www.sport.de/spart/sht/welcome.html

Nachrichten, Verbände, Ergebnisse und Tabellen.

Fahrrad

Fahrradtechnik (D)

www.newmet.nl/sln/fiets/index.html

Wissenschaft von der Fahrradtechnik, New Metropolis Amsterdam. Über Rahmen, Materialien, Aerodynamik u. m.

Iron Bike Race Einsiedeln (D)

www.mythen.ch/iron-bike

Iron Bike – Mountain-Bike-Rennen mit 118 km Länge und 4.000 m Höhendifferenz.

Radveranstaltung am 29. September 1999.

Radmarathons in Österreich (D)

www.space.wifiwien.at/web_design/reitbauer/haupt.htm

Veranstaltungsübersicht mit Streckenskizzen, Profilen und Möglichkeit zur Online-Anmeldung.

Radsport-Nachrichten (D)

www.sport.de/spart/rad/welcome.html

Nachrichten über Verbände, Persönlichkeiten, Stars, Ergebnisse, Tabellen und Veranstaltungen.

Radsport.net (D)

www.radsport.net

Mit aktuellen Ergebnissen und Berichten von Rundfahrten, Übersicht der Radsportteams, Weltrangliste und Archiv.

Tandem (D)

www.uni-stuttgart.de/tandem/

Tandem-Sport und Informationen.

Team Telekom (D)

www.team-telekom.de/

Die offizielle Webseite des Team-Telekom bietet jede Menge aktuelle News und Termine sowie eine Vorschau und Informationen über die Tour de France 99 und 2000 mit einem Fanshop.

Uvex (USA) (D)

www.uvex.com

Uvex Sports. Helme, Brillen und Fahrradbekleidung.

Fechten

Degen

Degen (D)

www.bawue.de/~hmrupp/fechten/degen.htm

Stoßwaffe: Degen (Kampfregeln und Waffe).

Degen, der (D)

www.stud.uni-hannover.de/~darnstad/degen.html

Degeninformationen und Degenkampfregeln.

Fechten-Nachrichten (D)

www.sport.de/spart/fec/welcome.html

Degenfechtersport im deutschen Internet.

Florett, das (D)

www.stud.uni-hannover.de/~darnstad/florett.html

Detaillierte Informationen rund um das Florett. Weiterhin Links zu den Waffengattungen Säbel und Degen.

Säbel

Säbel (D)

www.bawue.de/~hmrupp/fechten/saebel.htm

Hieb- und Stoßwaffe: Säbel (Hintergrundinformationen).

Säbel, der (D)

www.stud.uni-hannover.de/~darnstad/sabel.html

Säbelkampf und Kampfrichtlinien sowie Regeln.

Sportartikelhersteller

Pro Sport Online (D)

www.fechten.com

Online-Shop, Preisliste und Sonderangebote.

Turnierservice und Turniere.

Uhlmann – Fechtsport (USA) (D)

www.t-online.de/home/uhlmann-fechtsport

Service, Katalog und News.

Verbände

Berliner Fechterbund (D)

www.im-netz.de/bfb

Informationen rund um den Berliner Fechtsport.

Deutscher Fechterbund (D)

www.fechten.org

Verbände, Ranglisten und Ergebnisdienste. (Die Seite ist im Aufbau.)

Federation Internationale d'Escrime (F)

www.fie.ch

Offizielle Homepage des internationalen schweizerischen Fechtverbands.

Hessischer Fechterverband e. V. (D)

members.aol.com/hfev/homepage.html

Informationen und Ergebnisse sowie Berichte und Links auf andere Webseiten.

Olympische Spiele (D)

www.sydney.olympic.org

Offizielle Homepage der Olympischen Spiele 2000.

Fitneß

Deutscher Bodybuilding- und Fitneß-Verband (D)

www.dbfv.de

Informationen über Ausbildung, Bodybuilding, Breitensport, Meisterschaften und Ernährung.

Fitneß-Messe (USA) (D)

www.fibo-messe.com/

Weltgrößte Fitneß-Messe in Essen.

Fitneß-Übungen (D)

members.xoom.com/soundworld/fitness/

Links zu Fitneß-Übungen aus Frauenzeitschriften, auch für Männer geeignet.

Aerobic

Aerobic Connection Network (D)

acn-ger.org

Informationen rund um den Aerobic.

FISAF (USA)

www.fisaf.org

Federation Internationale des Sport Aerobics et Fitness.

Fitpages, die (D)

www.fitpage.de

Fitneß-Tips, Trends, Shops und Infos. Ermittelt das Fitneß-Center in Ihrer Nähe.

Jogging

Fitneß-Tips (D)

www.sport.de/spart/fit/welcome.html

Verbände, Ernährung für Sportler und Fitneß-Tips.

Klettern

Kletter-Worldcup (D)

www.kletterworldcup.com/

Kletter-Worldcup auf der Leipziger Messe. Hier gibt es den Zeitplan, Sonderveranstaltungen und Anreisetips.

Wandern

Bergwandern (D)

home.t-online.de/home/wandern/homepage.htm

Bergwandern mit der Bahn und Informationen rund ums Wandern.

Deutscher Volkssportverband (D)

www.dvv-wandern.de

Aktuelle Informationen und Veranstaltungstermine.

Veranstaltungshinweise.

Internationaler Volkssportverband (IVV) (USA) (D) (F)

www.ivv.org

Mit Mitgliedsländern, Kalender, Nachrichten und News.

Lauftreff (D)

www.lauftreff.de

Informationen für Läufer und viele Links für Laufsportler.

Wanderverband Norddeutschland e. V. (D)

home.t-online.de/home/wvndt/wvndt.htm

Veranstaltungen, News, Wanderwege und Links.

Wattwanderungen (D)

www.sh-nordsee.de/touri/watt-erleben/index.html

Biologische, geographische Wattführung. Wattwanderungen mit dem ablaufenden Wasser.

Freizeit- und Hobbysport

Brieftaubensport

Brieftaube, die (D)

www.brieftaube.de

Nachrichten, Wetterberichte, Flugberichte, Kontakte und Berichte über verirrte Tauben sowie Taubenklinik.

Brieftauben-Nachrichten (D)

www.sport.de/spart/bts/welcome.html

Infos zum Verband Deutscher Brieftaubenzüchter e. V.

Kegeln

Deutscher Kegel Bund (D)

www.kegeln.com/dkb.htm

Offizielle Seite des deutschen Keglerbundes e. V. mit vielen Informationen.

WM im Sportkegeln auf Scherenbahnen (D)

home.wxs.nl/~hkorber/wk99main.htm

Informationsseite der VII-Weltmeisterschaften im Sportkegeln auf Scherenbahnen.

Vom 29.5. bis zum 6.6.1999 in der Rodahalle-Kerkrade.

Funsport

Beach-Volleyball

Beach-Volleyball-Nachrichten (D)

www.sport.de/spart/bvb/welcome.html

Mit Nachrichten, Verbänden, Vereinen, Regeln, Historie und Veranstaltungen.

Deutscher Volleyball-Verband (D)

www.volley-beachvolleyball.de

Mit Informationen rund um den Volleyballsport.

Boccia, Boule und Petanque

Boccia-Nachrichten (D)

www.sport.de/spart/boc/welcome.html

Verbände, Regeln und Historie.

Boule-Nachrichten (D)

www.sport.de/spart/bou/welcome.html

Boule-Nachrichten, Verbände sowie Vereine.

Deutscher Petanque-Verband e. V. (D)

home.t-online.de/home/dpvsport/dpv_hp.htm

Petanque aktuell, Verbände und Informationen.

Petanque (D)

www.sport.de/spart/pta/welcome.html

Verbände, Vereine, Regeln, Historie und interessante Links.

Petanque in Hessen (D)

hpv.interboule.net

Infos, Tabellen, Ranglisten, Vereine und Kontaktadressen.

Petanque Landesverband Württemberg (D)

members.aol.com/petanquebw/index.html

Turnierkalender, Ligainformationen und Petanque-Links.

Boßeln

Boßelclub Hanau 1990 (D)

home.t-online.de/home/roland.meves

Berichte über die Boßelsaison, Bilderarchiv und Kontakte.

Boßelverein Großoldenorf (D)

members.aol.com/jbecker961/index.htm

Mit einer Beschreibung des Ostfriesensports.

Husumer Boßelverein von 1886 (D)

members.tripod.de/bv_husum/

Informationen rund um den Boßelsport.

Bumerang

Amateur Boomsmith (USA)

www.uku.fi/~hniskane/workmain.html

Bumerangbau mit geringen Mitteln.

Deutscher Bumerang Club e. V. (D)

www.bumerangclub.de

Die aktuelle deutsche Rangliste sowie eine Kurzvorstellung des amtierenden Weltmeisterteams.

FBA – France Boomerang Association (F)

www.multimania.com/brbfba/fbaindexpage.htm

Homepage des offiziellen französischen Bumerang-Verbands.

Swiss Boomerang Federation (USA) (D) (F)

home.inm.ch/sbf/welcome.htm

Webpage der Swiss Boomerang Federation.

USBA – United States Boomerang Association (USA)

www.usba.org

Die offizielle Homepage des amerikanischen Bumerang-Verbands.

WBA – World Boomerang Association (USA)

users.aol.com/tbrang2/wba.html

Webpage der internationalen World Boomerang Association.

Dart

Dartsport (D)

www.dartsport.de

Dartforum aus Hamburg mit aktuellen Dart-Nachrichten und den internationalen Dart-Regeln. Zudem gibt es hier viele Dart-Tips und historische Bilder von Dart-Veranstaltungen sowie einige Dart-Cartoons.

Deutsche Dartsport Zeitung (D)

members.aol.com/deudartztg/index.html

Das offizielle Informationsorgan des Deutschen Dart-Verbands e. V. Mit Turnierkalender, News-Ticker und DDV-Ranglisten.

Deutscher Dart Verband (D)

deutscherdartverband.de

Der DDV informiert Sie rund um den Dartsport in Deutschland.

George's List of Dart Sites (USA)

www.schrodinger.com/~vacek/docs/darts.html

Internationale Homepage mit vielen erstklassigen Informationen rund um den Dartsport.

Hansestadt Bremen Dart Verband e. V. (D)

www.weser-online.de/hbdv

Hier finden Sie Ligatabellen, Herren- und Damenranglisten sowie einen Turnierkalender.

Hessischer Dart Verband 1985 e. V. (D)

www.hdv.icc.de

Termine sowie Informationen über Ligen und Ranglistenturniere.

Mittel- und oberfränkischer Dart Verband e. V. (D)

www.geocities.com/colosseum/3331/mofdv.htm

Hier können Sie Ergebnisse, aktuelle Tabellen und Kontaktadressen online abrufen.

Nordrhein Westfälischer Dart Verband (D)

www.nwdv.de

Alles Wichtige zum Dart aus NRW, u. a Ranglisten, Termine, News und Pokalspiele.

Worlds Darts Federation (WDF) (USA)

home.c2i.net/roys

Offizielle Homepage der World Darts Federation mit einer Übersicht über die Mitgliedsländer.

Hier finden Sie Dartverbände rund um die Welt.

Federfußball

Federfußball-Nachrichten (D)

www.sport.de/spart/fef/welcome.html

Federfußball-Nachrichten, Verbände, Vereine und Regeln über die neue Trendsportart aus Asien.

Frisbee

Deutscher Frisbeesport-Verband e. V. (D)

www.ira.uka.de/~thgries/disc/dfv

Informationen rund um den Frisbeesport.

Die Spielordnung kann downgeloadet werden.

Disk Golf Courses Online (USA)

www.best.com/~bfitler

Hier sind alle profesionellen Disk Golf- und Frisbeeplätze aufgelistet.

Frisbee.de (D)

www.frisbee.de

Umfassende Informationen zum Frisbeesport in Deutschland und weltweit.

Schweizer DiscGolf-Verband (D)

www.discgolf.ch

Verband, Clubs, Resultate, Bilder und Spielerportraits.

Schweizer Frisbee Sport Verband (D)

www.ultimate.ch

Informationen rund um den schweizerischen Frisbeesport.

Ultimate Frisbee (D)

www.educat.hu-berlin.de/kurse/ultimate

Erläuterungen der Regeln, des Ablaufs und der Technik des Spiels.

World Flying Disc Championships (USA)

www.kfk.org/wfdf-99

Welt Frisbee Championships.

Vom 11.7. bis zum 17.7.99 in Kalmar (Schweden).

World Flying Disc Federation (USA)

www.wfdf.org

Welt Frisbee Verband mit Ergebnissen, Tabellen und aktuellen News.

World Masters Flying Disc Championships (USA)

www.dtworld.com/index99.htm

Weltmeisterschaften in St. Cloud (Minnesota).

21.6. – 26.6.1999 in St. Cloud (Minnesota).

World Ultimate Club Championships (USA)

www.ultilinks.com/wucc99

Vereins-Ultimate-Meisterschaften bei der University of St. Andrews.

8.8. – 14.8.1999 bei der University of St. Andrews.

Hundeschlitten

Deutscher Schlittenhunde Sport e. V. (DSSV) (USA)

www.dssv.org

Informationen und Geschichte über Schlittenhund Samojeden. Die offiziellen Seiten des Verbands.

European Sled Dog Racing Association (USA)

silva.wvnet.at/kunden/esdra

Die offizielle Seite der ESDRA mit allen wissenswerten Fakten rund um den Hundeschlittensport.

Iditarod – The last great race (USA)

www.iditarod.com

Eines der bekanntesten Hundeschlittenrennen: Iditarod Hier finden Sie jede Menge Informationen, Berichte, Bilder und Kartenmaterial rund um das große Rennen.

Das große Rennen startet am 4.3.2000.

International Federation of Sleddog Sports (USA)

www.worldsport.com/worldsport/sports/sleddog/home.html

Die offizielle Seite des IFSS mit weltweitem Rennkalender und Ergebnislisten.

International Sleddog Racing Association (USA)

www.isdra.org

Offizielle Homepage des ISDRA 1996.

Österr. Schlittenhunde- Homepage, 1. (D)

members.eunet.at/w.kunz/

Hundeschlittenseite aus Österreich mit Ergebnissen und Termine.

Pirena (USA)

www.pirena.com

Hundeschlittensport in den Pyrenäen.

Schlittenhundesportclub Thüringen e. V. (D)

members.aol.com/ssctev1990/welcome.html

Hundeschlittenrennen und Infos über Schlittenhunde sowie Schlitten.

Schweizer Musher-Verband (D)

www.swissmushing.ch

Musher-Verband mit Informationen zum Hundeschlittensport aus der Schweiz.

Yukon Quest (USA)

www.yukonquest.com

Das bereits in Büchern und Filmen beschriebene Yukon Quest-Rennen startet am 12.2.2000 in Fairbanks. Diese Seite bereitet Sie mit allen notwendigen Informationen auf das große Rennen vor. Schauen Sie sich auf einer Landkarte den Streckenverlauf an, oder besuchen Sie die hervorragende Foto-Gallerie. Zudem finden Sie Biographien aller Musher und tolle Links in den hohen Norden Amerikas.

Beginnt am 12.2.2000 in Fairbanks.

Indiaca

Indiaca (D)

www.sport.de/spart/ida/welcome.html

Indiaca-Neuigkeiten und Verbände.

Inline Skating

Blade Attack (D)

www.bladeattack.de

Inline Skating-Magazin mit vielen Neuigkeiten zum Skaten. Daten, Fakten und Fotografien.

CompuSkate (D)

www.exitus.com

Deutsche Inline Skater-Newsgroup mit Lexikon und vielen Begriffen aus der Inline Skating-Szene.

Deutscher Inline-Skate-Verband e. V. (D)

www.d-i-v.de/start.htm

Dachorganisation für Inlinehockey, Speed- und Freizeitsportler.

Inline – Skaterhockey Deutschland (D)

hockey.shlink.de/ishd

Ergebnisdienste und Regelkunde. Wichtige Mitteilungen und Berichte über alle Mannschaften.

Download des Ligaprogramms Win 3.1 & Win 95.

Inline Skating (D)

www.inline-skating.de

Forum, Sport Guide, Test, Skating-Tricks & Moves sowie Nachrichten und Termine.

Skate World (D)

www.inline-online.de/skate-world/normal.htm

Adressen von Skaterparks, Shops, Ereignisse und Nachrichten.

Skate.de (D)

www.skate.de

Veranstaltungstermine, Vereine und Online-Chat.

Kickboxen

Bayerische Amateur Kickbox Union (D)

members.aol.com/wakobayern

Aktuelles, Ergebnisse, Informationen und Termine.

Orientierungslauf

Amateurfunkpeilsport (D)

www.tu-chemnitz.de/~kpa/sport/about.html

Beschreibung des Amateurfunkpeilsports (ARDF).

International Orienteering Federation (USA)

www.orienteering.org

Mit Verbandslisten und Terminen.

Orienteering auf N3Sport.com (USA)

www.n3sport.com/orienteering/index.htm

Weltrangliste, Weltcup, Ergebnisdienste und Laufevents.

Orientierungslauf-Nachrichten (D)

www.sport.de/spart/ola/ola000.html

Verbände, Historie, Regeln und Veranstaltungen.

Orientierungslauf in Deutschland (D)

www.orientierungslauf.de/germany.htm

Viele Informationen rund um den Orientierungslauf.

Rhönrad

Rhönrad Spectrum Online (D)

www.rhoenrad.net

Mitgliederzeitschrift des Fördervereins Rhönradturnen mit Terminen und News.

Rhönradturnen (USA) (D)

www.sport.de/spart/rht/rht000.html

Verbände, Vereine, Regeln, aktuelle Nachrichten und Trends.

dxhra1.desy.de/~wetzorke/rhoen.html

Ergebnisse der WM-Qualifikation, Terminkalender und Liste der Rhönrad-Vereine sowie Ergebnisdienste.

Rollkunstlauf

Rollkunstlauf (D)

www.sport.de/spart/ros/rkl/welcome.html

Verbände, Vereine, Regeln, Historie, Ergebnisse und Tabellen.

Sportakrobatik

Sportakrobatik-Nachrichten (D)

www.sport.de/spart/sab/sab000.html

Verbände, Regeln, Historie, Veranstaltungen, Wettkämpfe und Turniere.

Sportklettern

Deutscher Alpenverein (D)

www.alpenverein.de

Viele Informationen rund um das Sportklettern.

Subbuteo-Tischfußball

Deutscher Subbuteo-Tischfußball-Bund e. V. (D)

www.germany.net/teilnehmer/100,59706/index.htm

Das Subbuteo-Tischfußball-Magazin mit Ergebnisdienst und Tabellen.

Landesverband West des DSTFB (D)

members.aol.com/lvwestsite/

Hier gibt es Infos rund um den Landesverband West des Deutschen Subbuteo Tischfußball Bundes.

Tauziehen

Rasenkraftsport und Tauziehen (D)

www.sport.de/spart/ras/welcome.html

Informationen über Verbände sowie Vereine.

Kampfsport

Aikido

Deutscher Aikido Bund e. V. (D)

www.aikido-bund.de

Fachverband für Aikido im Deutschen Sportbund e. V.: Informationen und Vereinslisten.

Deutschsprachiger Aikido Server (D)

eichenlaub.net/aikido/

Verbandsübergreifende Informationen zu Aikido aus dem deutschsprachigen Raum.

Armwrestling

Armwrestling-Nachrichten (D)

www.sport.de/spart/awr/welcome.html

Ähnlich wie Armdrücken. Mit Informationen zu den Verbänden, Vereinen, Regeln und Historie.

Boxen

Box-Nachrichten (D)

www.sport.de/spart/box

Nachrichten, Vereinslisten, Regelkunde sowie Ergebnisse und Termine

Bund Deutscher Berufsboxer e. V. (D)

www.bdb-box.de

Mit Terminen, Nachrichten, Ergebnisse, und Verbandsdaten.

Deutsche Box-Szene (D)

home.t-online.de/home/ingogazelle/deutsch.htm

Mit internationalen Nachrichten und Ergebnissen.

DSF-Boxen (D)

www.dsf.de/a8

Mit Nachrichten und Ranglisten aus dem Profibereich und der Bundesliga.

Foreman, George (USA)

www.georgeforeman.com

Offizielle Webpage mit Interviews und Bildern von „Big George".

International Female Boxers Association (IFBA) (USA)

www.ifba.com

Hier erhalten Sie Informationen über das professionelle weltweite Frauenboxen.

International Women's Boxing Federation (IWBF) (USA)

www.femboxer.com/iwbf

Offizielle Homepage des Frauenboxens mit Ranglisten und Kampfergebnissen.

Michalczewski, Dariusz (D)

www.triquart-partner.de/dariusz_homepage/

Biographie, Fotos, Videos und Interviews des „Tigers".

Muhammad Ali (USA)

www.courier-journal.com/ali

Informationen rund um die Boxlegende Muhammad Ali.

Rocchigiani, Graciano (Rocky) (D)

www.geocities.com/athens/forum/9962/graciano.html

Über seinen Werdegang, seine Kämpfe und Skandale.

Saarländische Boxunion (D)

members.aol.com/sschae12/sbu1.htm

Mit einer Liste der Vereine im Land.

Tyson, Mike (USA)

www.tysonbites.com

Viele Fakten rund um Mike Tyson.

Women's International Boxing Federation (WIBF) (USA)

www.wibf.com/wibf1.htm

Internationale Webpage ums Frauen-Boxen.

World Boxing Association (USA)

www.wbaonline.com

Offizieller internationaler Boxverband.

Budo

Budo Akademie Europa (D)

www.whvserve.de/bae

Dachverband für den modernen Budosport in Europa Hier finden Sie die Terminpläne der Landesgruppen sowie Informationen zu den Bundeslehrgängen und Meisterschaften.

Budo Studien Kreis (USA) (D)

members.aol.com/bskbudo

Homepage über Budo-Arten, mit Hintergrundberichten, die Kampfkünste im Budokan und der Geschichte sowie einer Galerie großer Meister.

Swissbudo (D)

www.swissbudo.ch/home/default.htm

Dies ist eine Plattform für Kampfkunst in der Schweiz

World Kobudo Federation (WKF) (D)

www.geocities.com/colosseum/arena/4066

Ziel des Dachverbands ist die Zusammenarbeit der verschiedenen Budo-Sportarten und -Stilrichtungen.

Jiu Jitsu

Deutscher Jiu Jitsu Bund (D)

www.djjb.de

Termine, Lehrgänge und Fotos. Zudem eine Prüfungsordnung, Infos für Kids und viele Jiu Jitsu-Links.

Deutscher Ju- Jutsu-Verband e. V. (D)

www.ju-jutsu.de

Fachverband für Selbsverteidigung mit Neuigkeiten aus den einzelnen Landesverbänden. Die Sportart Ju-Jutsu stellt sich vor! Nebst den detaillierten Infos gibt es eine Mailingsliste und viele Links in die Welt dieser faszinierenden Sportart.

Judo

Deutscher Judo Bund e. V. (D)

www.judobund.de

Hier erhalten Sie Judo-News, Judo-Regeln, Veranstaltungshinweise und Vereinsinformationen aus dem gesamten Bundesgebiet.

International Judo Federation (USA)

www.ijf.org/htmls/main.html

Internationaler Judoverband mit der Hall of Fame und dem Judo-Forum sowie Links zu internationalen Judoverbänden.

Karate

Deutscher Karate Verband e. V. (D)

www.karate-dkv.de

Aktuelle Informationen aus der Karate-Szene, Lehrgänge und Veranstaltungshinweise. Zudem werden die Spizenathleten vorgestellt, und es gibt Jobs für Mitglieder.

Lernen Sie Japanisch für Karateka.

Deutscher Traditioneller Karate Verband e. V. (D)

www.dtkv.de

Hier erfahren Sie etwas über Lehrgänge, Dojo des Monats, Karate-Links und erhalten DTKV-Infos. Und es gibt den aktuellen Buchtip für angehende Karateka.

Shukokai Karate Germany (D)

www.shukokai.de

Informationen über die Entstehungsgeschichte und die Philosophie sowie Hinweise auf die Veranstaltungen und Lehrgänge.

Weltmeisterschaft vom 27. bis zum 28. Mai 2000 in Berlin.

Schweizerischer Karate-Verband (D)

www.karate.ch

Mit den ausführlichen Statuten des Verbands.

Shotokan Karatedo Österreich (D)

www.karate.at

Termine, Dojos und Hintergrundinformationen.

Kickboxen

Kampfkunst in Deutschland (D)

www.kampfkunst.de

Verbände, Temine, Turnierberichte, Aktuelles und Service.

Kickbox-Nachrichten (D)

www.sport.de/spart/kib/welcome.html

Kickboxnachrichten, Verbände, Vereine und interessante Links.

World Association of Kickboxing Organization (D)

members.aol.com/gawlich/schorn/welcome.html

WAKO – Bundesverband für Kickboxen und freie Formen.

Kung Fu

Dacascos – Kung Fu (USA) (D)

www.dacascos.de

Offizielle Homepage des Deutschen Wun Hop Kuen Do-Verbands e. V.

Ringen

Bund Deutscher Ringer (D)

www.ringen.de

Informationen rund um den deutschen Ringersport.

Federation Internationale des Luttes Associees (USA)

www.iat.uni-leipzig.de/iat/fila/index.htm

FILA mit Kalender, Länderinformationen und Hall of Fame.

Hessischer Ringer-Verband e. V. (D)

www.hessischer-ringerverband.de

Offizielle Homepage des Hessischen Ringer-Verbands e. V.

International Olympic Committee (USA) (F)

www.olympic.org

Internationales Olympisches Komitee mit Infos zum Ringen.

RIF – Ringer Internet Forum (D)

ourworld.compuserve.com/homepages/rif/ringen1.htm

Ringer Internet Forum – Online-Ressource zum Thema Ringen.

Ringen-Nachrichten (D)

www.sport.de/spart/rin/welcome.html

Nachrichten, Verbände, Regeln, Historie, Ergebnisse, Tabellen, Veranstaltungen und Trends.

Schwertkampf

Deutscher Iaido-Verband (D)

www.iaido.de

Wissenwertes über die japanische Schwertkampfkunst.

Kendo und Iaido in der Schweiz (USA) (D) (F)

www.kendo.ch

Sektion Kendo des Schweizerischen Judo- und Ju Jutsu-Verbands.

Österreichischer Kendo-Verband (D)

www.netway.at/kendo

Fachverband für Kendo, Battodo, Iaido, Jodo und artverwandte Kampfsportarten.

Tai Chi Chuan

ITCCA-International Thai Chi Chuan Association (USA) (D) (F)

itcca.org/

Informationen zum authentischen Yang-Stil und zu den Meistern Chu King Hung.

Teakwon-Do

International Teakwon-Do Federation (USA)

www.itatkd.com/

Internationaler Teakwon-Do-Verband mit aktuellen Berichten rund um die Szene und Online-Katologen Zudem finden Sie hier animierte Teakwon-Do-Techniken, Hinweise zu Seminaren und viele Links in die Welt des Teakwon-Do.

Wrestling

Catalog of Female Fight (USA) (D) (F)

www.coff.de

Ein Führer durch die internationale Frauenkampfszene mit Kontaktlisten, Preisen, Videos und Bezugsquellen.

Downtown – Wrestling in 4 Life (D)

dtown.simplenet.com

Wrestling der WCW und WWF. Gut gestaltetete und informative Seite mit vielen Fotos, Veranstaltungsterminen und einer tollen Multimedia-Sektion.

World Championship Wrestling (USA)

www.wcw.com

Eine der bekanntesten Ligen stellt sich hier vor. Die offiziellen Seiten der WCW mit den Nitra Girls, einer Medien-Gallerie und Insidertalk aus der Wrestling-Szene.

World Wrestling Federation (USA)

www.wwf.com

Die zweite große internationale Liga ist die WWF. Hier finden Sie Informationen zu den Stars und den Tourplan. In der Shop-Zone findet der Wrestling-Fan alle Accessoires, die er braucht. Wie wärs mit einem neuen Venom Hat oder den ultimativen Rock Sun Glasses?

Kraftsport

Bodybuilding

Deutscher Bodybuilding- und Fitneß-Verband (D)

www.dbfv.de

Informationen über Ausbildung, Bodybuilding, Breitensport, Meisterschaften und Ernährung.

Infosystem Ernährung (D)

www.uni-hohenheim.de/~wwwin140/info/info.htm

Online-Nährwerttabelle mit Berechnung und Software.

International Federation of Bodybuilders (USA)

www.getbig.com/info/ifbb.htm?

Der internationale Bodybuilder-Verband zeigt die Termine und Ergebnisse an.

National Amateur Bodybuilders Association (USA)

www.nabba.com

NABBA Homepage mit aktuellen Berichten rund um das Bodybuilding.

Sportrevue online (D)

www.sportrevue.de

Bodybuilding-Online-Zeitschrift mit aktuellen Berichten, Meisterschaften, Ernährung und Training.

Gewichtheben

Bundesverband Deutscher Gewichtheber (D)

www.th-darmstadt.de/ze/bvdg

Offizielle Homepage im Kraftdreikampf (Powerlifting) vom BVDG.

European Powerlifting Federation, the (USA)

www.europower.org/index2.html

Europäischer Gewichtheber-Verband mit Ergebnisdienst.

Hessischer Athletenverband (D)

www.th-darmstadt.de/ze/bvdg/hav

Offizielle Homepage mit Ausschreibung und Rekorden im Kraftdreikampf.

International Powerlifting Federation (USA)

www.ipf.com

Internationaler Powerlifting-Verband mit Ergebnisdienst und Resultaten.

International Weightlifting Federation (USA)

www.iwf.net

Internationaler Gewichtheber-Verband mit Veranstaltungskalender.

Kraftsportverband Österreich (D)

www.asn.or.at/bso/fachvb/drei.html

ASN-Terminkalender, Fachverbände und aktuelle News.

NRW Powerlifting (D)

www.powerplus.de/nrwpower.htm

Ergebnisse, Vereine, Athleten, Kampfrichter und Termine.

Kraftdreikampf

Kraftdreikampf (D)

www.sport.de/spart/kdk/kdk000.html

Verbände, Regeln und Historie und andere Infos.

Kraftdreikampf im BVDG (D)

www.th-darmstadt.de/ze/bvdg

Informationen rund um den Kraftdreikampfsport.

Kraftdreikampf in Hessen (D)

www.th-darmstadt.de/ze/bvdg/hav

Offizielle Homepage des Hessischen Athleten-Verbands e. V.

Kraftdreikampf in Niedersachsen (KDK) (D)

ourworld.compuserve.com/homepages/ske_quell

Wettkampfplan 1999, Ernährung und körperliches Trainigsprogramm.

Leichtathletik

Deutscher Turner-Bund e. V. (DTB) (D)

www.tuju.de/dtb/dtbindex.htm

Informationen des Deutschen Turner-Bundes e. V.

DLV – Deutscher Leichtathletik-Verband (D)

www.dlv-sport.de

Informationsseite des Deutschen Leichtathletik-Verbands.

International Amateur Athletik Federation (USA)

www.iaaf.org

Hier erhalten Sie die neusten Nachrichten des internationalen Leichtathletiksports.

Laufsport Österreich (D)

www.laufsport.co.at

Lauftreff mit Laufkalender, Ergebnissen, Ausschreibungen, Sport-Medizin und mehr.

Leichtathletik-Nachrichten (D)

www.sport.de/spart/lal/welcome.html

Nachrichten, Verbände, Vereine, Regeln, Historie, Ergebnisse und Tabellen.

Schweizerische Leichtathletik (D)

www.datacomm.ch/locher/swisstnf/home.html

Hier erhalten Sie Informationen über die Athleten und Vereine.

Ironman

Ironman in der Schweiz (USA) (D) (F)

www.ironman.ch

Ironman-Veranstaltung in der Schweiz.

Ironman in Deutschland (D)

www.ironman.de

Hier werden Sie über den Wettkampf, die Teilnehmer, die Live-Zone und Zuschauer informiert.

Moderner Fünfkampf

Moderner Fünfkampf (D)

www.sport.de/spart/mfk/welcome.html

Fünfkampf-Nachrichten, Verbände, Regeln und Ergebnisse.

Powerman

Powerman in Österreich (USA) (D)

www.powerman.at

Zeitplan, Ergebnisse und Zeitplan 99 sowie Strecken 99.

Powerman.de (D)

www.powerman.de

Wettkampf, Starterliste und Ergebnisliste sowie Links.

Schweizerische Powerman Homepage (USA) (D)

www.powerman.ch

Aktuelles, Infos für Verbände und Links.

Rhythmische Sportgymnastik

Rhythmic Gymnastics (USA) (D)

www.rsg.net/rsg

Neuigkeiten, Informationen, Ereignisse, Bilder- und Videoarchiv.

Rhythmische Sportgymnastik Nachrichten (D)

www.sport.de/spart/rsg/welcome.html

Nachrichten, Verbände, Vereine, Ergebnisse, Tabellen sowie Veranstaltungen.

Triathlon

Brandenburgischer Triathlon Bund e. V. (D)

home.t-online.de/home/btb.triathlon

Infos rund um den brandenburgischen Triathlon Bund.

European Triathlon Union (USA)

www.etu.org

Seite der europäischen Triathlon Union mit vielen Informationen.

International Triathlon Union (USA)

www.triathlon.worldsport.com

Internationale Triathlon Union mit Ergebnissen, Regeln und Veranstaltungen.

Schweizerischer Triathlon-Verband (D)

www.trisuisse.ch

Der Schweizerische Triathlon-Verband mit Ergebnissen und Tabellen.

Triathlete Magazin (D)

www.triathletemag.com

Magazin für Triathleten informiert über Neuigkeiten, Termine und Training.

Triathlon in der Schweiz (D)

www.triathlon.ch

Triathloninformationen aus der Schweiz.

Triathlon-Verband Berlin e. V. (D)

userpage.fu-berlin.de/~bleschke/trivb.htm

Wettkämpfe, Vereine und Wettkampfergebnisdienst.

WTV – Westdeutscher Triathlon-Verband (D)

www.elisa.de/wtv

Infos, News, Veranstaltungen und Links zum Triathlonsport.

Veranstaltungen

Berlin Marathon (ISTAF) (USA) (D)

www.berlin-marathon.com

Die offizielle Homepage des Berlin Marathon mit Ergebnissuche, Programm und Laufstrecke.

Motorsport

Bahnsport in Deutschland (D)

members.aol.com/dokuex/index.html

Motorrad-Bahnsport in Deutschland mit Rennterminen, Fahrerporträts, Vereinen und Links.

Deutscher Motor Sport (D)

dmsb.motorrad.net

Deutscher Motor Sport Bund e. V. mit Terminen und Rennergebnissen.

Enduro Szene Online (D)

www.enduro-online.com

Enduro Szene Online mit einer Kleinanzeigen-Datenbank, Chat und vielen guten Technik-Tips zu Themen wie: Fahrwerkseinstellung, Motorradpflege u. m.

Federation Internationale de Motorcyclisme (USA) (F)

www.fim.ch

Internationaler Motorrad-Verband (FIM) mit Infos zum Motorradrennen.

Formel 1 (D)

www.formel-1-online.de/

Alles über Schumi und Formel 1, ständig aktuelle News, Fakten, Zahlen, Bilder und Sprüche aus den Boxen,. Zudem tolle Infos über Beschleunigungskräfte, Materialien u. m.

Hier lernen Sie das Reglement und die Flaggensignale kennen.

Interessengemeinschaft Gespannrennen (USA)

igg.motorrad.net

Motorrad-Gespannrennen Saison 99, Teams, DM-Stand und Ergebnisdienste.

Motopark (D)

www.motopark.de/

Programm, Termine und Rennergebnisse der Rennstrecke Motopark bei Oschersleben.

Motorrad-Nachrichten (D)

www.sport.de/spart/mts/welcome.html

Nachrichten, Verbände, Regeln, Historie, Ergebnisse, Tabellen und Veranstaltungen.

Motorrad.net (D)

www.motorrad.net/default.htm

Alles rund um Motorrad und Motorroller unter einem Dach.

MR-Racing (D)

www.mr-racing.com

Lizenzfreie Motorradrennen auf europäischen Grand Prix-Rennstrecken. Motorradrennen für jedermann.

Race against drugs (USA)

www.raceagainstdrugs.org/

Organisation aller bekannten amerikanischen Rennsportverbände gegen den Drogenmißbrauch.

Hier finden Sie Links auf amerikanische Rennsportverbände und Veranstaltungen.

Racenet Online (D)

www.racenet.de

Ergebnisse, Racenews, Bikes, Termine, Gewinnspiel, Fahrer und Teams.

Speedway Grand Prix 1999 (USA)

www.speedwaygp.com

Weltmeisterschaft im Speedway, Grand Prix am 22.10.1999.

Trialsport in Deutschland (D)

home.t-online.de/home/cpbohn/homepage.htm

Trial-Regeln, Terminkalender und Ergebnisse.

Yamaha-Motorräder (USA)

www.yamaha-motor-europe.com

Aktuelle Rennmeldungen und Fotos der Yamaha-Team-Motorräder, Trikes und Jetski.

Bergrennen

Deutsche Automobil Bergmeisterschaften (USA) (D)

home.t-online.de/home/bernd_huber

Überblick über die deutsche Bergrennszene.

Homburger Automobilclub e. V. (USA) (D) (F)

home.t-online.de/home/thomasbubel/

Internationales 26. Homburger ADAC Bergrennen vom 24. – 25. Juli 1999.

Internationaler Bergkalender (USA) (D)

home.t-online.de/home/thomasbubel/kalender.htm

Links auf internationale, europäische und historische Bergrennkalender.

Drag Racing

Beck Drag Racing (USA)

www.internetbox.ch/hpauli

Dragster Rennen, Bilder und Links.

Drag Racing Association Germany e. V. (D)

prodynamics.com/drag/drag.htm

Deutscher Drag Racing Verein e. V. mit Terminen, Galerie und Links.

Eurodragster (USA)

www.eurodragster.com/default.asp

Eurodragster mit News, Informationen und Links.

Formel 1

Arrows Grand Prix Team (USA)

www.arrows.com

Rennergebnisse, Tabellen und viele Informationen vom Arrows-Team.

British American Racing (USA)

www.britishamericanracing.com

Britisch American Racing Team mit Neuigkeiten und Fotos.

Deutscher Motor Sport Bund e. V. (D)

www.dmsb.de

Forum für den deutschen Automobil- und Motorradsport.

Ferrari Team (USA)

www.ferrari.it/comsport.e/formula1.html

Grand Prix 1999, Championship, Rennwagenmodelle, Fahrer und Neuigkeiten.

Jordan-Team, das (USA)

www.jordangp.com/jgp199/home4ver.htm

Die offizielle Webpage des Jordan-Teams mit Ergebnisdienst.

Mercedes Team (USA) (D)

www.mercedes-benz.com/e/msports/formula1/port_hakkinen.htm

Fahrerportäts, Rennveranstaltungen, technische Daten und Tabelle.

Minardi Team, das (USA)

www.minardi.it

Informationen über das Minardi Team 1999.

Official McLaren Online-Magazin, the (USA)

www.mclaren.co.uk

Hier können Sie Screensaver sowie Audio/Video downloaden.

Paddock (USA) (D)

www.paddock.de

Das Fahrerlager im Internet! Motorsport, Fahrer, Teams, Service und Links.

Peugeot Team (USA)

www.peugeot.com

Viele Informatioen rund um die Formel 1, Tabellen und Ergebnisdienst.

Race Channel

fishing4.com/formel1/

Die erste Wahl für alle, die sich für Zahlen, Fakten und Top-News der Formel 1 interessieren.

Sauber Petronas 1999 (USA)

www.sauber.ch

Hier erhalten Sie aktuelle News und neuste Rennergebnisse vom Sauber-Team.

Schumacher, Michael (D)

www.michael-schumacher.de

Alles über Michael Schumacher.

Schumacher, Michael (USA)

www.michael-schumacher.org

Neuigkeiten, Rennergebnisse, Bilder, Biographie und Fanclubinfos.

Sport im Internet – Formel 1 (D)

www.sport.de/spart/for/for000.html

Nachrichten rund um die Formel 1: Ergebnisse, Teams und Tabellen.

Formel 3

FIA Homepage (D) (F)

www.fia.com

Aktuelle Berichte aus dem Headquartes des Internationalen Autosport-Verbands.

Formel 3000

Formel 3000 Nachrichten (D)

www.sport.de/spart/ams/formel3000/welcome.html

Nachrichten, Verbände, Vereine, Regeln, Historie und Ergebnisse.

GT-Cup

Esprit Speedworld (USA)

www.htw-dresden.de/~htw9139/e-fia.html

Mit Rennberichten, Ergebnissen und Terminen zum GT-Cup.

Rallyeracing GT-Cup (D)

www.rallyeracing.com/sportwagen/start.html

Informationen zum GT-Cup mit Tabellen, Ergebnissen und Starterlisten.

Hochgeschwindigkeit

Aussie Invader (USA)

invader.iinet.net.au/

Ein australisches Team versucht, mit einem Raketenauto die Schallmauer zu durchbrechen.

Formel 1 (USA) (D)

www.schueco.de/formula_one/menue/index.htm

Informationen zum Formel-1-Sport.

North American Eagle (USA)

www.landspeed.com/

Amerikanisches Hochgeschwindigkeitsteam. Bilder, technische Daten, FAQs, Wettbewerbe, Rennstrecken.

Links auf weitere Hochgeschwindigkeitsteams.

Sonic Wind (USA)

www.geocities.com/motorcity/downs/3779/

Amerikanischer Raketenschlitten. Bilder, technische Daten und aktuelle Berichte aus der Entwicklung.

Spirit of America (USA)

www.spiritofamerica.com/

Aktuelle Meldungen, Fotos und technische Spezifikationen von einem Raketenauto, das den Geschwindigkeitsweltrekord brechen soll.

Tabelle der Geschwindigkeitsrekorde seit 1898.

Indycar

Championship Racing Magazine (USA)

www.icr.com/default.html

Championship Renn-Magazin mit Fotogalerie und Links.

Deutsches Cart Home (D)

www.deutsches-cart-home.de

Aktuelle Informationen zur amerikanischen Indycar-Rennserie mit den aktuellen Nachrichten, Resultaten, Interviews und der Wetterlage. Für alle Einsteiger interessant ist das Glossar der Fachbegriffe.

Machen Sie mit beim Xtra-Quiz oder beim Frühstücksquiz.

Speedcenter: Cart News (USA)

www.speedcenter.com

Informationen rund um den Cartsport.

Kartsport

ALIX Veranstaltungs GmbH (D)

www.kart2000.de

Die Webpage der größten Kart-Messe der Welt.

DIMO Sport Journal (D)

www.dimo.de

Dimo Sport Journal, Kartsport, Autosport und Links.

Drive In (D)

www.drive-in.at/index.htm

Homepage des Drive In, mit vielen Kartsportinformationen aus Österreich.

German Kart Liga (D)

www.germankartliga.com

Ausrichter der Indoor-Kart-Bundesliga für jedermann. Bietet Termine, Tabellen und Adressen.

Karting.ch (D)

www.karting.ch

Rennberichte, Resultate und Fotos sowie die Rennsaison 1999.

Kartsport Presse Agentur (D)

www.k-p-a.com

Informationen zum Outdoor-Kartsport in Deutschland und in den Nachbarländern, zu Strecken und Ergebnissen.

KCD'90 (D)

home.t-online.de/home/kcd90

Termine, Veranstalter, Reglement und Ergebnisse der Saison 1999.

Top Motorsport Austria (D)

www.top-motorsport.com/hauptm.htm

Informationen über Super Karts 250 cc und Langbahnen.

Le Mans

24 Heures du Mans (USA) (D)

www.lemans.org

Die offizielle Seite des ACO für die 24 Stunden von Le Mans mit einem tollen historischen Rückblick und fantastischen Schnappschüssen rund um das Rennen.

Le Mans (USA)

www.le-mans.co.uk

Informationen rund um das 24-Stunden-Rennen.

Monster Trucks

Bigfoot (USA)

www.bigfoot4x4.com

Termine, Ergebnisse, Museum, Videos, Fotos und Veranstaltungsevents.

Monsterzone (USA)

www.monsterzone.com

Informationen rund um den Monster Truck Sport.

Nascar

Nascar online (USA)

www.nascar.com

Viele Informationen rund ums Nascarrennen. Mit Ergebnisdienst, Tabellen, Teams und Neuigkeiten.

Nascar-Termine 99 (D)

www.motorsport-online.ch/nascar/termine.asp

Nascar-Rennkalender 1999, Veranstaltungen und Orte.

Papyrus: Nascar Racing Game (USA)

www.papy.com

Alles über das Computerspiel Nascar Racing.

Rallye

ADAC Rallye Deutschland (USA) (D)

www.d-rallye.de

Presseinfos, News, Ergebnisse, Zeitplan und Links. ADAC Rallye vom 1. bis zum 3. Juli 1999.

Dakar 1999 (USA)

www.rallye-dakar.de

Rallye total: Granada-Dakar 1999.

Deutscher Sportfahrer Kreis e. V. (D)

www.autosport.de/dsk

Aktuelles, Leistungen, Geschichte und Infos.

Le Dakar 2000 (USA) (D) (F)

www.dakar.comwww.dakar.com/

Offizielle Webpage von der Granada-Dakar 2000.

Rallye Racing Online (D)

www.rallyeracing.com

Informationen zu Formel 1, STW-Cup, Rallye-DM und Formel 3000.

Rallye-Sport in Deutschland (D)

www.rallye-sport.de

Rallyeveranstaltungen in Deutschland mit Terminen und Ergebnisdienst.

STW-Cup

Reuter, Manuel (D)

www.m-reuter.com

STW – Rennfahren Manuel Reuters Motorsport-Homepage.

STW online (D)

www.stw-online.de

Die offizielle Seite des ADAC-STW-Cups.

Traktor Pulling

Deutscher Trecker-Treck Organisation e. V. (D)

www.tractorpulling.de/dtto.html

Informationen der deutschen Trecker-Treck Organisation e. V. und Termine, Bilder sowie Videos.

European Tractor Pulling (USA) (D) (F)

www.tractorpulling.com

Europäisches Trecker Pulling online.

International Trekker trek Club (USA)

ittc.westbrabant.net

Niederländische Seite mit Informationen über den internationalen Trekker-Club.

Truck Trial

Europa Truck Trial (USA)

www.grade.de/trucktrial/index.htm

Termine, Reglements, Ergebnisse, Teams und Links.

Truckmagazin (D)

www.truckmagazin.de

Zeitschrift für Nutzfahrzeuge mit News, Truck-Sport und Links.

Veranstaltungsstrecken

A1 Ring – Austria (D)

www.a1ring.at

Termine, Highlights, Erlebnisberichte, Mediacenter und Links.

Autodromo Nazionale Monza (USA)

www.monzanet.it/homepage/main2.html

Offizielle Rennstrecke von Monza, Kalender, Events und Service.

Hockenheimring (USA) (D)

www.hockenheimring.de

Aktuelles über den Motorsport auf dem Hockenheimring.

Norisring (D)

www.norisring.de

Norisring mit Ereignissen, Zeitplänen, Starterlisten und Streckeninfos.

Kartenvorausbestellung.

Sachsenring (USA) (D)

www.sachsenring.de

Verkehrssicherheitszentrum Sachsenring mit gut aufbereiteten Infos zur Fahrsicherheit, PKW-Training, LKW- und Bus-Training. Zudem gibt es im Fan-Shop alles von bedruckten T-Shirt bis hin zur Baseball-Cap.

Hier können auch private Sicherheitskurse abgehalten werden.

Zeitschriften

Formel 1 online (D)

www.formel-1-online.de

Mit News, Newsletter, Bildern, Statistiken und weiterem Wissenswerten.

PitStop F1, das Formel-1-Magazin (D)

www.pitstop.ch

Formel-1-Magazin mit aktuellen News.

Sportauto Online (D)

www.motor-presse-online.de/zeitschriften/sportauto/index.htm

Magazin für sportliche und getunte Autos.

Tourenwagen Magazin (D)

www.tourenwagen-magazin.de/werbung.htm

Aktuelle Berichte und Fotos zur Grand-Tourisme-Tourenwagen-Serie, Rallye, Historische Tourenwagen und zur Deutschen Formel-3-Meisterschaft.

Olympia

IOC official Web site, the (USA) (F)

www.olympic.org/index.asp

Die offizielle Webseite des Internationalen Olympischen Komitees.

Antike

Ancient Olympia (USA)

olympics.tufts.edu/

Die Olympischen Spiele der Antike, Sportarten, olympischer Geist und ein virtueller Rundgang durch Olympia.

Ancient Olympic Games Virtual Museum, the (USA)

devlab.dartmouth.edu/olympic/

Virtuelles Museum über die Olympischen Spiele der Antike und die damaligen Disziplinen.

Sommerspiele

Olympische Sportarten – Sommersport (D)

www.usm.de/olympia/spa/index.htm

Auflistung aller Sportarten, Verbände, Regeln und Erläuterung der Geschichte der Olympischen Sommerspiele.

Winterspiele

Olympische Sportarten – Winterspiele (D)

www.usm.de/olympia/spa/index2.htm

Olympische Sportarten, u. a. Abfahrtslauf & Super G, Bob, Biathlon, Eishockey, Eiskunstlauf und Skilanglauf.

Olympic Wintergames Salt Lake City 2002 (USA)

www.slc2002.org

Offizielle Seite der Olympischen Winterspiele in Salt Lake City 2002.

Pferdesport

Cavallo (D)

www.cavallo.de

Magazin für aktives Reiten.

FN – Deutsche Reiterliche Vereinigung e. V. (D)

www.pferd-aktuell.de

Angebot der FN und ihrer Mitgliedsverbände rund um den Pferdesport und Pferdezucht.

Hamburger Derby-Woche online (D)

www.derby-woche.de

Galopprennsport-Zeitung zum Deutschen Derby in Hamburg Horn.

Hamburger Rennclub (D)

www.galopp-derby.de

Aktuelles vom Hamburger Renn Club e. V. mit einer Übersicht der Derbybahn in Hamburg Horn.

Horseweb (D)

www.horseweb.de/

Veranstaltungen, Züchter, Gestüte und alles rund ums Pferd.

Islandpferde Reiter- und Züchterverband IPZV e. V. (USA) (D)

www.ipzv.de

Umfangreiche Erläuterungen zu der Besonderheit einer nordischen Pferderasse.

Pegasus Pferdemagazin (D)

www.pegasus-pferdemagazin.com

Zeitschrift für den Freizeitreiter.

Pferdemarkt (D)

www.pferdemarkt.de

Fachblatt für Pferdefreunde mit Veranstaltungskalender und Anzeigenmarkt.

PferdeNet (D)

www.pferdenet.de

Will allen pferdebegeisterten Internetusern ein deutschsprachiges Forum rund um das Pferd bieten.

Infos über Pferderassen und Verbände.

Pferdesport-Nachrichten (D)

www.sport.de/spart/pfs/welcome.html

Pferdesportnachrichen mit Regeln, Ergebnissen, Tabellen, Veranstaltungen und Trends.

Reiten.at (D)

www.reiten.at

Über Pferde, Reitsport, Ponyrassen, Pferdezucht und Dressur.

Reiter Revue International (D)

www.reiter-revue.de

Fachillustrierte für Pferdesport und Pferdezucht.

Spanische Reitschule zu Wien (D)

www.spanische-reitschule.com

Über die Geschichte und die Zucht der Lipizzianer und die Vorführung in der Wiener Hofburg, Online- Kartenbestellung möglich.

Das gesamte Veranstaltungsprogramm 1999 ist da!

St. Georg (D)

www.st-georg.de

Das Magazin für Reitsport gibt Expertentips zu veterinarmedizinischen und rechtlichen Fragen und eine Volltextdatenbank mit Beiträgen aus der gedruckten Ausgabe.

Vereinigung der Freizeitreiter in Deutschland e. V. (D)

www.koppel.de

Wurde als bundesweite Interessenvertretung für Gelände- und Freizeitreiter gegründet.

Polo

Federation of International Polo (USA) (F)

www.worldsport.com/worldsport/sports/polo/home.html

Internationaler Polo-Verband (FIP) mit Neuigkeiten und einem Terminkalender.

Frankfurter Polo Club (D)

www.glaeser.net/fpc

Termine, Spielregeln, Spielklassen, Presseartikel, Spielergebnisse, Geschichte und Tierschutz.

Polo (D)

www.sport.de/spart/pol/welcome.html

Verbände, Regeln und Historie.

Polo Net Europe (USA)

www.polonews.com

Informationen rund um den europäischen Polosport.

Radfahren

Allgemeiner Deutscher Fahrrad Club e. V. (D)

www.adfc.de

Bietet viel Wissenswertes rund um das Fahrrad, wie zur Planung des optimalen Fahrradurlaubs, sowie Fakten und Meinungen zum ADFC.

Bayrischer Radsportverband e. V. (D)

www.bayern-radsport.org

Mit Berichten und Terminen der einzelnen Sportarten wie Radball oder BMX.

Bike Magazin (D)

www.bike-magazin.de

Zeitschrift mit Testberichten und Reportagen sowie mit über 900 Händleradressen in Deutschland.

Bund Deutscher Radfahrer (BDR) (D)

www.bdr-online.org

Über den BDR, Termine, deutsche Rundfahrten, Straßenrennen und Nachrichten.

BVA aktiv Radfahren (D)

www.bva-bielefeld.de/zeit/aktiv

Magazin für Freizeitfahrer.

Einradfahren (D)

www.einradfahren.de

Über die Regeln, den Verbund und Veranstaltungen.

Forum für Einradfahrer.

Eurotour (USA) (D) (F)

www.eurogalla.de

Jährlich stattfindende Radtour für ein Europa ohne Grenzen.

Mountainbike (USA) (D)

209.197.73.16

Offizielle Site des Moutainbike-Worldcups.

Official Tour de France (USA) (F)

www.letour.fr

Die offizielle Homepage der Tour de France.

Rad Touren (D)

www.radtouren.de

Radreisemagazin mit Informationen zu Radtouren, Radreisen, zum Fahrrad, zu Routen, Länder-Infos und Touren.

Radsport Aktiv (D)

www.radsport-aktiv.de

Neuigkeiten, Ergebnisse und Berichte aus der Welt des Radsports.

Radsport-Schlagzeilen (D)

www.yahoo.de/schlagzeilen/sport/radsport.html

Mit Interviews, Kommentaren und Berichten.

Radsportverband Niedersachsen e. V. (D)

www.radsportverband.de

Hie finden Sie Informationen zu MTB, Kunstradfahren, Radball, Radpolo, Radtourenfahren, Fahrradtrial und BMX.

Radtourenberichte (USA) (D)

www.swb.de/personal/elch/reiseberichte.html

Sammlung von Radtourenberichten verschiedener Autoren, sortiert nach Ländern und Regionen.

Rennrad im Internet, das (D)

www.radsport-aktiv.de

Berichte aus der Welt des professionellen Radsports.

Tandem@lusd (D)

www.uni-stuttgart.de/tandem/

Deutschsprachige Tandem-Mailingliste.

Team Deutsche Telekom (D)

www.team-telekom.de

Vorstellung der Fahrer, Trainer und Betreuer, mit Profitips und aktuellem Radsportprogramm.

Tour de France: ARD – Live on Tour (D)

www.ard-tour.de

Die ARD berichtet über die Tour de France direkt im Netz.

Weltmeisterschaften im Bahnradsport (USA) (D) (F)

www.rad-wm-berlin.de

Die offizielle Seite zur Bahn-WM im Berliner Velodrom.

WM 1999 vom 20. bis zum 24. Oktober in Berlin.

Schießen

Armbrust

Armbrustschießen-Nachrichten (D)

www.sport.de/spart/abs/welcome.html

Verbände, Vereine, Regeln & Historie, Ergebnisse und Tabellen.

Ostschweizer Armbrustschützen-Verband (D)

www.oasv.ieo.ch

Aktuelle Resultate und Termine der Saison.

Schweizer Armbrust Nationalmannschaft (D)

www.armbrust.ieo.ch

Resultate, Wettkämpfe, und die National-Mannschaft stellt sich vor.

Mit den Welt- und Europarekorden.

Schweizerisches Armbrustschützenfest (D)

www.tginfonet.ch/sasf-buerglen

Schweizerisches Armbrustschießfest vom 1. bis zum 11. Juli 1999.

Thurgauer Armbrustschützenverband (D)

www.tasv.ieo.ch

Aktuelles, Vereine, Resultate und Termine.

ZKAV Züricher Kantonaler Armbrustschützen-Verband (D)

www.markusroth-rafz.ch/zkav

Hier finden Sie Informationen rund um den Armbrustschießsport.

Bogenschießen

Bogenschießen-Nachrichten (D)

www.sport.de/spart/bog/welcome.html

Neuste Bogenschießnachrichten bei Sport im Deutschen Internet.

Bogenschießkurse im Emmental (D)

www.bogensport.ch

Bogensport – Zeitung mit Informationen über Links, Fotos und Turniere.

Bogensport Magazin (USA) (D)

www.ffs-online.de/bogensport-magazin/

Online-Version des Magazins rund um Pfeil und Bogen.

Bogensport Traditionell (D)

www.bogenschiessen.de

Dies ist das Magazin für Langbogen-, Holzbogen- und Recurveschützen.

Deutscher Feldbogen Sport Verband (D)

www.dfbv.de

Hier erfahren Sie einiges über den Bogensport.

Deutscher Schützenbund (USA) (D)

www.schuetzenbund.de/

Hier können Sie über die internationalen und nationalen Ereignisse im Bogensport lesen. Außerdem finden Sie hier auch die Ergebnisse der Bundesliga.

Federation Française de Tir Libre (IFAA) (F)

www.fftl.com

Auf dieser Webpage finden Sie Informationen über den Bogensport in Frankreich und eine Zeitanzeige, die die Uhrzeit bis zum Jahrtausendwechsel anzeigt.

International Paralympic Committee Archery (USA)

www.geocities.com/colosseum/sideline/3598

Auf diese Seite finden Sie Informationen des Paralympischen Komitees über Bogensport, Ergebnisse, Veranstaltungskalender und Links zu anderen Homepages.

Kyudo in Bayern (USA) (D) (F)

home.t-online.de/home/dr.haubner/kyudo.htm

Informationen über das japanische Bogenschießen Kyudo und die Kyudo-Vereine.

Verbände

Bayerischer Sportschützen Bund (D)

www.schuetzenbund.de/bssb/index.html

Ergebnisse von internationalen Wettkämpfen, Aktuelles, Sport und Termine.

Deutscher Schützenbund (DSB) e. V. (USA) (D)

www.schuetzenbund.de/dsbd/index.html

Information rund um den deutschen Schützensport.

Landesschützenverband Mecklenburg-Vorpommern e. V. (D)

www.lsv-mv.de

Aktuelles, Kreischützenverbände, Damensport und Termine.

Niedersächsischer Schützenverband (D)

www.schuetzenbund.de/nssv/index.html

Ausbildung, Kreisschützenverbände, Termine und Meisterschaften.

Norddeutscher Schützenbund (D)

www.schuetzenbund.de/ndsb/index.html

Vereine des NDSB, Sportmeisterschaft, Liga 2000, Termine und Zeitplan.

Rheinischer Schützenbund (D)

www.schuetzenbund.de/rsb/index.html

Informationen rund um den Schießsport.

Schweizerischer Schützenverband (D) (F)

www.fst-ssv.ch

Gewehr-, Pistolenwettkämpfe und Termine sowie Ausbildung.

Südbadischer Schützensportverband e. V. (D)

home.t-online.de/home/sbsvog

Ergebnisse, Termine, Olympia und Kreise & Bezirke.

Thüringer Schützenbund (D)

www.tsbev.de

Terminkalender, Wettkampfergebnisse, Landesrekorde und Aktuelles.

Waffen

Caliber – Online (D)

www.caliber.de

Ergänzt die Zeitschriften Caliber und Caliberclub mit Nachrichten, Terminen und Anzeigen aus der Welt des Schießesports.

Deutscher Verband für Sportschießen (D)

www.tiro.de

Los geht es mit einem Forum Waffenrecht, Berichte über die bevorstehende Weltmeisterschaft, vielen HotNews und eine umfangreiche Linksammlung in die Welt die Schießspotrs.

Tiro-Journal (D)

www.tiro-journal.de

Magazin für Sportschießer.

Sportfliegerei

Ballonfahren

Ballonfahren – Orbiter 3 (USA) (D) (F)

www.logitech.com/

Hier sehen Sie Videoaufnahmen von der Weltumrundung mit Bertrand Piccard und Brian Jones.

Videodownload.

Ballonveranstaltungen (D)

www.vobaplus.de/roller

Hier bekommen Sie Wetter-, DFSV- und Piloteninformationen sowie aktuelle Veranstaltungsdaten. Zudem werden Infos für Piloten und eine sehr schöne Foto-Gallerie zur Verfügung gestellt.

Ballooning 2000 (USA) (D) (F)

www.ballooning2000.de

Ballooning 2000 Baden-Baden GmbH.

Breitling – Orbiter 3 (USA) (F)

www.breitling-orbiter.ch

Ballonfahren rund um die Welt – Bertrand Piccard und Wim Verstraeten.

ICO Global Challenge, the (USA)

www.challenger.virgin.net

Informatives über den Erdumrundungsversuch im Heißluftballon von Richard Branson, Steve Forssett und Per Lindstrand.

Solo Spirit (USA)

www.luc.edu/solo

Hier erhalten Sie Informationen des Ballons „Solo Spirit" mit dem Piloten Steve Fossett.

Team RE/MAX (USA) (F)

www.remax.com/balloon

Hier finden Sie Informationen rund um den Ballonsport.

Drachen und Gleitschirm

Drachen- und Gleitschirmfliegen in Deutschland (D)

www.abschweb.net

Hier finden Sie Informationen über Fluggelände, Vereine, den Dachverband und Termine.

Drachensport (D)

www.drachensport.de

Eine allgemeine Site über Drachen, insbesondere über Drachensport.

Drachenfeste und Veranstaltungen.

Fly & Guide (D)

www.flying-pages.com/fly&guide/welcome.html

Dies ist eine Zeitschrift für Drachen- und Gleitschirmpiloten.

Hängegleitmuseum (D)

www.dios-software.de/dfcs/museum/index.htm

Das erste Hängegleitmuseum der Welt im Internet.

Online-Forum für Hänge- und Paraglider (D)

www.sports-funline.de/air/forum_d.html

Allgemeines, Techniken, Geräte (Gleitsegel, Hängegleiter), Sicherheit und Fluggebiete.

Otto-Lilienthal-Museum (D)

home.t-online.de/home/lilienthalmuseum/index.htm

Museumsführer, Nachrichten aus dem Luftfahrtarchiv.

Fallschirm

Deutscher Fallschirmsport-Verband e. V. (DFV) (D)

www.fallschirmsportverband.de

Informationen rund um den deutschen Fallschirmsport-Verband.

Fallschirm-Sprungplatzkarte Frankreich (D)

skydiver.de/karten/france.html

Die deutschsprachige Zentrale für Skydiver im Internet – hier Frankreich.

Parachuting Association of Switzerland (D) (F)

www.skydive.net/fsv

Schweizerischer Fallschirmsport-Verband mit Terminen und Informationen.

Hängegleiter

Deutscher Aero Club e. V. (D)

www.daec.org/daec

Hier erfahren Sie alles über die Ausbildung, das Luftrecht, Medizin, Technik und Sicherheit.

Deutscher Hängegleiterverband (D) (F)

www.dhv.de

Hier finden Sie Informationen rund um das Hängegleiten und Drachenfliegen.

Schweizerischer Hängegleiter-Verband (D) (F)

www.shv-net.ch

Informationen, Veranstaltungen und Resultate.

Hubschrauber

Aerokurier (USA) (D)

www.aerokurier.rotor.com

Das Magazin für die gesamte allgemeine Luftfahrt.

American Sportscopter (USA)

www.ultrasport.rotor.com

Veranstaltungen, Ultrasport 254, Ultrasport 331, Ultrasport 496 und Termine.

Deutscher Hubschrauberverband (D)

www3.bdaserver.de/bda/nat/gho/

Hier bekommen Sie Informationen rund um den Hubschraubersport.

German Helicopter online (D)

www3.german-helicopter.com/bda/nat/gho

Hier erhalten Sie Nachrichten, aktuelle Hinweise und erfahren Termine von Veranstaltungen.

Helicopter Association International (USA)

www.rotor.com

Viele News rund um den Hubschrauber und die Sportfliegerei.

Schweizerischer Helikopter-Verband (USA) (D) (F)

www.swissheli.ch

Über die Aktivitäten, die Termine, die Ausbildung, die Rangliste und die Weltrekorde ist hier nachzulesen.

Lenkdrachen

Fluggebiete für Gleitschirm- und Drachenflieger (D)

members.tripod.de/flugberge/index_f/index_f.htm

Fluggebiete für Gleitschirm- und Drachenflieger.

Lenkdrachen (D)

www.privat.schlund.de/d/drachen/index.html

Alles über 2-, 3- oder 4-Leiner Drachen vom Star bis zum Trickflug.

Lenkdrachenversand Kites & Co (D)

www.lenkdrachen.de/html-pages/kitehome/kt-home.htm

Lenkdrachen online bestellen. Hersteller: Prism, Benson, Buena Vista, Eliot etc.

Phoenix Drachenmanufaktur (USA) (D)

drachenmanufaktur.com

Drachen, Lenkdrachen, Kites, Buggie, Windsport, Drachenshops und Termine.

Online-Bestellung von Lenkdrachen.

Motorflug

Aeroclub Freiburg e. V. (D)

home.t-online.de/home/rohleff

Die Seite enthält Informationen, News und bietet Mitfluggelegenheiten.

Club Robin International (USA) (D) (F)

www.navaid.demon.co.uk/clubrobin/home.htm

Europäische Vereinigung von Robin-Piloten.

Fliegen in den USA (USA) (D)

sites.inka.de/~yogi/flying/flyus.htm

Bericht über Voraussetzungen, Kosten und den Ablauf der Ausbildung sowie Erfahrungen.

Fliegerverein München e. V. (D)

www.fvm.schlemmer.de

Privatpilotenlizenzen und Instrumentenflugausbildung sowie Charterflüge.

Flugplatzführer (D)

aeroclub.de

Präsentiert Standorte von Flugplätzen, Flugschulen und Aeroclubs sowie Flugpläne, Flugwetter und vieles mehr.

Flugsimulatorseiten bei Microsoft (USA)

www.microsoft.com/games/fsim/default.htm

Microsoft Flugsimulator-Seite mit Downloads und News.

Download-Bereich für Updates.

Flugsportzeitung (USA) (D)

www.noet.at/flugsportzeitung/homepage.htm

Wettbewerbsergebnisse, Schlagzeilen, Flugsporttermine und FAI-Mitteilungen.

German Airports (USA) (D)

www.german-airports.de/

Infos rund um die Flughäfen in Deutschland.

Lübecker Verein für Luftfahrt (D)

www.lvfl.de

Vereinsflugschule zum Erwerb der Privat Pilot Licence, Controlled Visual Flight Rules sowie dem beschränkten oder allgemein gültigen Funkzeugnis.

Download-Area und Tools.

Luftfahrt-Bundesamt (D)

www.lba.de

Das LBA ist als Behörde im Geschäftsbereich des Bundesministeriums für Verkehr, Bau- und Wohnungswesen zuständig für die Luftsicherheit in Deutschland.

Luftsportverein Ederbergland (D)

home.t-online.de/home/lsv-ederbergland

Motor- und Segelfliegen, mit Veranstaltungskalender und Ausbildungsprogramm.

Luftsportverein Worms (D)

home.t-online.de/home/lsvworms/home.html

Über Flugzeuge und die Ausbildung zum PPL-A sowie über Rundflüge können Sie hier nachlesen.

Pilot/ContollerClub Berlin (USA) (D)

members.aol.com/pilotenccb/pccb.htm

Stammtisch für alle fliegerisch Interessierten.

Sportfluggruppe Leck e. V. (SFG) (D)

home.t-online.de/home/hansstorm/sfg_leck.htm

Über Fliegen, Motorflug, Segelflug, Aeroclub, Fliegerclub und Rundflüge.

Segelfliegen

Deutsche Segelflugnationalmannschaft der Frauen (D)

userwst2.fh-reutlingen.de/~keimu/home-nm.htm

Das Team, EM 99, Fotos, News, Termine, Wettbewerbe und Links.

Deutscher Aero Club e. V. (D)

www.daec.de

Informationen zu allen Luftsportarten im DAeC sowie Pressemitteilungen und ein Online-Shop.

Europameisterschaft 2000 in Lüsse.

FC Berlin e. V. (D)

www.segelflug.de/vereine/charlottenburg

Ausbildungs- und Leistungssegelflug.

Segelflugnationalmannschaft (D)

www.soaring.net

Offizielle Homepage der deutschen Segelflugnationalmannschaft.

Ultraleichtflieger

Deutscher Aero Club e. V. – Ultraleichtflieger (D)

daec.org/daec

Deutscher Aero Club e. V., Sportfachgruppe Ultraleicht.

Deutscher Ultraleichtflug-Verband (D)

www.dulv.de

Ultraleichtflug-Flugplätze, Flugschulen und Vereine.

Flügel der Welt (D)

www.flying-pages.com/fluegel-magazin/welcome.html

Magazin mit Informationen über das Ultraleichtfliegen und andere Flugsportarten.

Ultraleichtflug in Europa, der (USA) (D) (F)

www.ulmeurope.com/de

Informationen und Termine für Ultraleichtflieger in Europa.

Verbände

DAeC – Deutscher Aero-Club (D)

www.daec.de

Die ganze Welt des Fliegens auf den Seiten des Deutschen Aero Clubs.

Deutsche Gesellschaft für Luft- und Raumfahrtmedizin (D)

www.geocities.com/capecanaveral/lab/5030

Hier erhalten Sie eine allgemeine Übersicht über die DGLRM sowie Kontaktadressen und weitere Homepages.

Federation Aeronautique Internationale (USA)

www.fai.org/gliding/igchome.html

Homepage der Internationalen Segelflug Kommission.

Hessischer Luftsportbund e. V. (D)

ourworld.compuserve.com/homepages/hermann_suppe/hlb000.htm

Termine, Luftsportjugend, Segelkunstflug und Vereine im Hessischen Luftsportbund.

Luftfahrtbundesamt (D)

www.lba.de

Aufgaben, Organisation, Informationen des Luftfahrtbundesamts, verantwortlich für die Aufrechterhaltung der Flugsicherheit.

Luftsport-Landesverband (D)

home.t-online.de/home/daec.bremen

Der Luftsport-Landesverband bringt News zum Flugsport.

Luftsport-Landesverband Brandenburg e. V. (D)

www.aet.tu-cottbus.de/freizeit/llvb/index.html

Homepage rund um das Fliegen in Brandenburg. Neben Verbandsinfos und aktuellen Terminen gibt es noch die DMSt-Wertung aus BB.

Luftsportverband des DAeCLV Rheinland-Pfalz (D)

home.t-online.de/home/luftspv-rp

Hier erhalten Sie Ergebnisse von Wettbewerben des Luftsportverbands Rheinland-Pfalz.

Luftsportverband Bayern e. V. (D)

www.lvb.bayern.com/lvb

Informationen rund um den Flugsport.

Luftsportverband des DAecLV Schleswig-Holstein (D)

home.t-online.de/home/luftsport.sh

Aufgaben, Luftsportarten, Vereine und Termine.

Luftsportverband Sachsen (D)

www.segelflug.de/vereine/lsv.sachsen

Adressen, Aktuelles, Termine, Sportarten und Kontakte.

Sportwetten

Internationale Wettannahmestelle (D)

www.turfwetten.de/

Pferde-/Turfwetten aller deutschen und französischen Wettbahnen ohne Aufschlag plazierbar!

Interwetten Wien (USA) (D)

www.interwetten.com/interwetten/default.asp

Online-Wetten auf alle Sportereignisse. Gewinne bis 200.000 DM pro Woche. Staatlich lizenziert! Riesiges Wettangebot von Einzel- und Kombiwetten sowie Langzeit-/Resultatwetten.

Pferdewetten (D)

www.pferdewetten-online.de/

Pferdewetten auf deutsche, englische und französische Rennen.

Sportwetten Bet and win (USA) (D) (F)

www.betandwin.com/

Sportwetten online. Staatlich lizenziert für Fußball, Eishockey, Hockey, Ski, NHL, NFL etc

Telewette (D)

www.telewette.de/

DVR Telewette GmbH, Pferdesport, Galopprennen, Wetten, n-tv-Telewette.

Tanzen

ADTV – Tanzlehrerverband (D)

www.adtv.de

Allgemeiner Deutscher Tanzlehrer-Verband.

Dance (D)

home.t-online.de/home/07229980-001/dance.htm

Eine Tanzfigurdatenbank mit über 80 verfügbaren Tanzfiguren. Die Datenbank kann downgeloadet und ausgedruckt werden.

Danse Sportive en France (F)

gprhp.insa-lyon.fr/~darosa/quisuisje.html

Tanzen in Frankreich, Informationen und Ergebnisse.

Deutsche Tanz-Charts (D)

www.tanzen.de/dtc

Die meistgespielten Hits in den bundesdeutschen ADTV-Tanzschulen und andere Links.

Deutscher Bundesverband Tanz e. V. (D)

www.bkj.de/dbt/

Aktuelle Informationen und Publikationen zu allen Themen rund ums Tanzen.

Deutsche Gesellschaft für Volkstanz e. V. (D)

home.t-online.de/home/d-g-v/

Die Dachorganisation für die Volkstänzerinnen und Volkstänzer in der Bundesrepublik Deutschland stellt sich, ihre Arbeit, ihre Schriften, Referate und Landessektionen vor.

Deutscher Professional Tanzsportverband e. V. (D)

www.profitanzsport.de

Hier erfahren Sie etwas über das Tanzen, Ergebnisse und Ranglisten.

Deutscher Tanzsportverband (D)

www.tanzsport.de/

Verschiedene Ligaübersichten, Veranstaltungsvorschau, Inhalt des aktuellen Tanzsportmagazins, Tanzpartnervermittlung und Software zur Verwaltung von Tanzturnieren.

Europäische Tanzlinks (D)

www.cso.net/tanz/

Links auf verschiedenste Webadressen zu Tanzthemen. Da dieser Server aus Österreich kommt, liegen dort auch die meisten weiteren Links.

Tanznewsgroups (USA) (D)

news://rec.arts.dance
news://de.rec.sport.tanzen

Die Newsgroups rund ums Tanzen.

Tanzoriental (D)

www.tanzoriental.com

Magazin für Bauchtanz, orientalischen Tanz, Flamenco und indischen Tanz.

Tanzpartnerbörse, die (D)

www.tanzpartner.de

Tanzwillige suchen Tanzpartner oder Tanzpartnerinnen; mit Veranstaltungskalender.

Ballett

American Ballet Theatre (USA)

www.abt.org/

Vorstellung der Balletgruppe American Ballet Theatre mit ihren Produktionen, zahlreichen Fotos und Tourneedaten.

Ballet Centrum Nürnberg/Fürth (D)

www.ballettcentrum.de/

Die Balletakademie und Fachschule für Bühnentanz stellen ihre Arbeit vor, mit einem Veranstaltungsprogramm für öffentliche Aufführungen, Workshops und Projekte.

Ballet Newsgroup (USA)

news://alt.arts.ballet

Newsgroup über Ballett und moderne Tänze als Kunstdarbietung.

Bayerisches Staatsballett (D)

www.staatstheater.bayern.de/staatsoper/homebd.htm

Das Bayerische Staatsballett zeigt hier einen Spielplan mit Kartenvorverkauf für die aktuelle Saison.

Hamburg Ballett (USA) (D)

www.hamburgballett.de/

Spielplan und Bildergalerie des Hamburg Balletts. Vorstellung und Aufnahmebedingungen der angegliederten Ballettschule.

Riverdance (USA)

www.riverdance.com/

Aktuelle News zum Riverdance Tanzprojekt, Interviews, Sound- und Videoclips, Tourdaten und Souvenir-Verkauf.

Die offizielle Webseite von Riverdance.

Folklore

Austrian Folk Dancing (USA)

www.inode.at/fff/dance/

Traditionen, Tänze, Tanzgruppen, weitere Informationen und FAQs zum Thema Volkstanz in Österreich und zahlreiche weitere Links.

Bharatanatyam (D)

www.outoftime.de/bharatanatyam.html

Der klassische indische Tanzstil versteht sich als eine Form des Yoga. Hier finden Sie Hintergrundinformationen.

Folklore Netzwerk (D)

home.t-online.de/home/folklore.fm/

Termine von Volksfesten und Folkloretanzveranstaltungen.

Folklore-Netzwerk-Magazin.

Ring für Heimattanz (D)

lbs.hh.schule.de/lernorte/heimattanz/home.html

Der Ring für Heimattanz beschreibt die Geschichte des Volkstanzes, Termine und weitere Links auf Volkstanzgruppen.

Volxtanzhaus (D)

www.asta.va.fh-ulm.de/org/vth/

Der Webkatalog für alles rund um Volkstanz, Brauchtum und ähnliche Themen. Diskussionsforum und Veranstaltungskalender.

Tanzschulen

Allgemeiner deutscher Tanzlehrerverband (D)

www.tanzen.de/

Tanzschulen, Tanzpartnerbörse und die Tanzcharts, die meistgespielte Musik in Deutschlands Tanzschulen.

Tanzfigurendatenbank (D)

home.t-online.de/home/07229980-0001/dance.htm

Sharewareprogramm mit Tanzfiguren. Das Programm und zusätzliche Figuren können hier heruntergeladen werden.

Tanzschule Wolfgang Steuer (D)

www.tanz.de

Tanzschule Wolfgang Steuer in München. Kurse und Termine, Veranstaltungen.

Tanzschule, die (D)

www.die-tanzschule.de/

Eine große Tanzschule in Frankfurt zeigt hier Tanzschritte in einer Flash-Animation.

Tanztheater

Ruhrfestspiele (D)

www.ruhrfestspiele.de/

Beim 9. Europäischen Festival der Ruhrfestspiele Recklinghausen vom 1.5. bis zum 13.6.1999 wird unter anderem Tanztheater geboten.

Tango (USA) (D)

www.zuercher-festspiele.ch

Tango-Stadt im Rahmen der Züricher Festspiele.

Vom 25.6. bis zum 18.7.1999.

Wassersport

Angeln

Angelausrüstung (D)

www.hav-shimano.de

Anglerausrüstung, Zubehör und Ersatzteile.

Angelgeräte-Versand.

www.media-point.de/schirmer

Anglerausrüstung und eine Hall of Fame mit den größten Dorschen aus Heiligenhafen, Ostsee.

www.angelspezi.de

Anglerausrüstung, Verleih und Reparaturservice und Diskussionsforum.

Angelgeräte (D)

www.arttech.com/shop

Online-Shop für Angelgeräte und Angelreisevideos.

Angelsport (D)

www.sport.de/spart/ang/welcome.html

Hier finden Sie interessante Links zum Angelsport.

Angelsportverein Schleswig von 1932 e. V. (D)

home.t-online.de/home/asv-schleswig/

Hier können Sie alles über Posen-, Grund-, Boots- und Brandungsangeln sowie Spinn- und Fliegenfischen erfahren.

Avalon Fishing (USA)

www.avalons.net

Ausrüstung für den Angelsport und Angelreisen nach Kuba.

Casting (D)

www.sport.de/spart/cas/welcome.html

Verbände, Regeln und Historie.

Bootsport

Americas Cup 2000 (USA)

www.americatrue.org

Americas Cup – Segelveranstaltung 2000.

Boot und Freizeit (D)

www.boot-und-freizeit.de

Unter anderem mit Messen und Terminen, Kleinanzeigen und Firmenlisten.

Boote Magazin (D)

www.boote-magazin.de

Motorboot-Magazin mit Tests, Reiseberichten, Datenbanken und Serviceangeboten.

Boots-Seite, die (D)

members.aol.com/pawwlo2/boot.htm

Hier finden Sie Adressen von Bootsvereinen, Organisationen und Ämtern.

Dachorganisation des Österreichischen Segelsports (D)

www.sailing.or.at/oesv

Viele Informationen rund um den österreichischen Segelsport.

Deutscher Kanu-Verband (USA) (D)

www.kanu.de

Informationsseite des Deutschen Kanu-Verbands e. V.

Deutscher Motor Yacht Verband e. V. (D)

www.dmyv.de

Informationen über den deutschen Motor Yacht Verband, u. a. über die Landesverbände, die Mitgliedsvereine, Termine sowie Schulen für Führerscheine.

Deutscher Ruderverband (D)

www.ruderverband.org

Wettkampf, Freizeit, aktuelle Informationen und Kontakte.

Deutscher Segler-Verband e. V. (D)

www.dsv.org

Regatta, Olympia, Segelsurfen und aktuelle Neuigkeiten des DSV.

Drachenboot-Sport (D)

www.sport.de/spart/drb/drb000.html

Drachenboot-Verbände und -Vereine.

Drachenbootrennen (D)

www.rubin.ch/drachenboot

Informationen über den Drachenbootsport und das Drachenbootrennen.

Faltbootseite, die (D)

www.faltboot.de/index_java.html

Hier dreht sich alles um Faltboote. Touren, Sicherheit; Links und Literatur können abgerufen werden.

Federation Française de Voile (F)

www.ffv.fr

Umfangreiche Informationen rund um den französischen Segelverband.

Hamburger Kanu-Verband e. V. (D)

www.kanu.de/lkv/hamburg/index.html

Vereine, Termine 1999, Kurse und Fahrten.

Hessischer Ruderverband e. V. (D)

home.t-online.de/home/hessrudervbd/index.html

Frauensport, Leistungssport, Ruderinformationen, Termine und Ergebnisdienste.

Homepage der Gorch Fock (D)

www.esys.org/gofo

Vorstellung des Segelschulschiffes und deren Besatzung. Mit Reiseberichten einzelner Fahrten.

International Sailing Federation (USA)

www.sailing.org

Regattaberichte online, Damen- und Herrenregattaergebnisse.

Kanu-Nachrichten (D)

www.sport.de/spart/kan/welcome.html

Nachrichten, Verbände, Vereine, Regeln, Historie, Ergebnisse und Tabellen.

Kanu-Verband Nordrhein-Westfalen (D)

www.lsb-nrw.de/kanu

Alles über Kanusport in Nordrhein-Westfalen.

Kanu-Verband Württemberg (D)

home.t-online.de/home/ralph.hillmer

Informationen über den Vorstand, Freizeitsport, Ausbildung und Service.

Kieler Woche (D)

www.kieler-woche.de

Hochkarätige Segelwettbewerbe, buntes Volksfesttreiben und kulturelle Höhepunkte.

Klabautermanns Knotentafel (D)

www.klabautermann.de/knotentafel/

Hier bekommen Sie eine Übersicht der Seemanns- und Zierknoten.

Landes-Kanu-Verband Bremen (D)

home.t-online.de/home/lkv-hb

Tips rund um die Vereinssuche, Sparten und Service.

Landesruderverband Baden-Württemberg (D)

home.t-online.de/home/lrvbw.gbeck/lrvbw.htm

Rudern in Baden-Württemberg.

Landesruderverband Berlin e. V. (D)

home.t-online.de/home/lrv.berlin

News rund um das Rudern.

Landesruderverband Niedersachsen e. V. (D)

www.tu-bs.de/asta/sport/lrvn/pages/start.html

Aktuelles, Termine und Informationen zum Landesruderverband Niedersachsen.

Landes-Kanu-Verband Schleswig-Holstein (D)

members.aol.com/lkvsh

Seewetter, Gezeiten, Vereine und Programm 1999.

Nordrhein-Westfälischer Ruderverband (D)

privat.schlund.de/n/nwrv/home.htm

Adressenliste, Vorstand, Lehrgangsplan und Aktuelles von der Ruderjugend.

Rudern-Nachrichten (D)

www.sport.de/spart/rud/welcome.html

Nachrichten, Verbände, Vereine, Ergebnisse und Tabellen.

Rudern in Deutschland und Europa USA D

gphsrv1.geophys2.uni-bremen.de/~hherm/brv/ruderint.htm

Viele Informationen zum Rudersport.

Rudersport.de D

www.rudersport.de

Vereinslisten, Termine, Ergebnisse, Pinwand und Linkliste.

Ruderverband Schleswig- Holstein D

www.vereine.comcity.de/shrj

Aktuelles, Service und alles über Rudern im Internet sowie ein Gästebuch.

Sächsischer Kanu-Verband e. V. D

www.kanu.de/lkv/sachsen/index.html

Kanu-Wandersport, Rennsport, Marathonsport, Slalom und Polo.

Sail Online USA F

www.sail-online.com/v3e

Wetter, News und viele Informationen rund ums Segeln. Überaus sehenswert ist die Rubrik Arts & History mit sehr schönen Fotos und einem Museumsbesuch.

Schweizerischer Segelverband USA D F

www.swiss-sailing.ch

Informationen des schweizerischen Segelverbands.

Segeln im Internet USA

www.segeln.kph.de

Suchmaschine, Termine, Häfen im Internet, Bilder ums Segeln, Boote namhafter Hersteller und Tips für den Segler.

Segel-Nachrichten D

www.sport.de/spart/seg/welcome.html

Nachrichten, Verbände, Regeln, olympische Bootsklassen, Ergebnisse und Tabellen.

Segel.de D

www.segeln.de

Alles zum Thema Segeln in Deutschland.

Kleinanzeigen und Häfen im Internet.

Segler Informationen Schweiz (D)

www.segeln.ch

Segler-Forum, News, Praxis und aktuelle Links.

Schwimmbäder

European Waterpark Association (USA) (D)

www.freizeitbad.de/index.html

Stellt ihre Freizeit- und Erlebnisbäder nach Regionen geordnet vor.

Royal Spas of Europe (USA) (D)

www.teletour.de/royal-spas

Vorstellung von traditionsreichen Heilbädern und Kurorten in Europa.

Schwimmen

Almsick, Franziska van (USA) (D)

www.franzi.de

Bücher, Fakten von und über und Fanclub zu Franziska van Almsick.

Federation Internationale de Natation Amateur (USA)

www.fina.org

FINA ist ein nationaler Verband für folgende Wassersportarten: Schwimmen, Springen, Wasserpolo und Synchronschwimmen.

Schweizerischer Schwimmverband (D)

www.fsn.ch

Terminkalender und Reglements der Sportarten: Springen, Synchronschwimmen und Wasserball.

Schwimm-Nachrichten (D)

www.sport.de/spart/shw/welcome.html

Nachrichten, Verbände, Vereine, Regeln, Trends, Ergebnisse und Tabellen sowie Veranstaltungen.

Tauchen

Atlantis (D)

yi.com/home/kramerkarl/tauchen/index.htm

Links weltweit, praktisch über eine Quickbar zu finden. Haufenweise technische Infos.

Baggerseen-Info (D)

www.baggersee.com/frames.htm

Informative Linkseite zu den schönsten Tauchspots in Deutschland.

Commission Nationale de Nage avec Palmes (F)

www.nageavecpalmes-ffessm.com/

Französische „Flossenschwimm"-Organisation.

DAN Europe (D)

www.daneurope.org/offices/d/dix.htm

Gesellschaft für Tauch- und Überdruckmedizin, Liste der Taucher-Ärzte in Deutschland.

Diving Sinai (USA)

www.interknowledge.com/egypt/sinai/divehome.html

Alle schönen Tauchgebiete am Sinai kurz beschrieben, Telefon- und Faxnummern der örtlichen Tauchschulen.

Meldives Malta (USA)

www.digigate.net/meldives/

Empfehlenswerte Tauchschule auf Malta. (Wir sind selbst dort gewesen.)

Kurzbeschreibung der schönsten Tauchgebiete rund um Malta.

Padi Europe (USA)

www.padi.com/offices/europe.asp

Weltweit größter Tauchverband.

Reissig (D)

www.taucher.net/reissig/iahd.html

Tauchschule mit besonderem Angebot für Behinderte, Mitglied im IAHD.

Scubahoo (D)

scubahoo.xinu.de/

Kommerziell gehaltene Website, durch die Testberichte auch für Anfänger interessant. Hier geht's um tauchen im Fernsehen sowie tauchen im deutschen und internationalen Raum. Weiterhin finden Sie einen Tauch-Kalender und viele Links zu Newsgruppen und weiteren Themenseiten.

Sporttaucherseite (USA)

www.unet.univie.ac.at/~a9307423/tauchen/tauchen1.htm

Mit Taucherdatenbank, Reisezielen für Taucher, über Flora und Fauna sowie Ausrüstung.

SSI Germany (D)

www.ssi-germany.de/

Deutscher Ableger einer internationalen Tauchsport-Organisation, mit hohen Standards. Links weltweit.

Tauchen im Bodensee (D)

tauchen.lake.de/

Übersichtlich aufgebaute Startseite, die Links geben gute Hintergrundinfos.

Tauchen in Deutschland (D)

www.muc.de/~villing/tauchen.html

Diese Seite ist aus einer privaten Initiative heraus entstanden und beschäftigt sich mit dem Tauchsport. Sie finden die Rubiken Tauchverbände, Tauchclubs, Notfalladressen, Unfallberichte, Tauchplätze in Deutschland/Österreich/Schweiz und Reiseberichte.

Tauchen.de (D)

www.tauchen.de/

Linkseiten mit vielen Informationen.

Für interessierte Taucher gibt es hier die Möglichkeit, sich kostenlos eine Homepage einzurichten.

Taucher.Net – E-Mail-Datenbank Deutschland (D)

www.taucher.net/plz/email3.html

Private Anzeigen aller Art von Tauchern für Taucher.

Mit vielen interessanten Links.

Taucherdruckkammer (D)

www.stadt-frankfurt.de/feuerwehr/berufsfw/seinheit/se-druck.htm

Taucherdruckkammer der Berufsfeuerwehr Frankfurt.

Taucher-Links (D)

www.sbox.tu-graz.ac.at/home/k/kopka/links.htm

Index-Suche in gängigen Tauchzeitschriften, Bauanleitung von Equipment.

Taucher-Revue (D)

www.taucher-revue.ch

Informationen und Unterhaltung für Sporttaucher.

Tauchmedizin (USA) (D) (F)

www.sharelook.de/gesundheit/arzt/tauchmedizin.html

Linkliste zu Druckkammern und zum Rettungswerk bei Tauchunfällen.

Taucht was! (D)

mall.mervasoft.de/cgi-bin /tauchtwas.storefront.

Dieser Discounter bietet im Internet preiswertes Tauch-Equipment an.

VDST (D)

www.vdst.de/

Deutschlands größter Tauchsport-Verband, viele Links u. a. zu Landesverbänden und ortsgebundenen Tauchvereinen. Spannende Links zu allen Tauchgruppen weltweit!

Wasserball

Offizielle deutsche Wasserballseite (D)

www.met.fu-berlin.de/extern/dsv/wasserball/index.html

Informationen über die deutsche Nationalmannschaft, Bilder und vieles mehr.

Wasserski

Deutscher Wasserskiverband e. V. (D)

www.dwsv.org/default.htm

Hier können Sie alles über den deutschen Wasserskisport lesen. Mit Listen von Vereinen, regionalen Verbänden und einem Veranstaltungskalender. Ein Fotoarchiv und Links zu weiteren nassen Seiten.

International Water Ski Federation (USA)

www.iwsf.com

Mit World Championship-Links und Skirennterminen.

Seilbahn Wasserski Inside (D)

home.t-online.de/home/059017868/wsi2.htm

Seilbahn Wasserski inside mit Kalender, Tabellen und News.

Wasserski (D)

www.wasserski.de

Das Wasserski- Magazin stellt sich im Internet vor.

Wellenreiten

Bodyboarding Homepage (D)

www.snafu.de/~homerav/bb/index.htm

Eine Einführung in Bodyboarding/Boogieboarden sowie Sicherheitsregeln und ein Lexikon.

Windsurfen

Daily dose of surfing, the (D)

www.the-daily-dose.com

Windsurf- und Wellenreitmagazin.

Surf online (D)

www.surf-magazin.de

Berichte und Reisetips.

Surfers Home (D)

www.surfershome.de

Mit Stichwortverzeichnis, Fotoarchiv, Videoarchiv und Kleinanzeigen.

Wintersport

Biathlon

Biathlon (D)

www.biathlon.de

Aktuelles, Spannung, Details im Biathlon-Sport, Ereignisse, Veranstaltungen, Sportler und Sponsoren.

Biathlon Verbände (D)

www.usm.de/olympia/spa/spa_bi1.htm

Verbände, Regeln und Geschichte.

International Biathlon Union (USA) (D)

www.ibu.at/ibu-at

International Biathlon Union mit Weltcup- und Europacupergebnissen.

Skiweltcup (D)

www.weltcup.de

Auf diesen Seiten finden Sie alle Informationen rund um den Skiweltcup mit all seinen Disziplinen.

Bobsport

Bobsport-Nachrichten (D)

www.sport.de/spart/bob/welcome.html

Aktuelle Bobsport-Nachrichten mit Verbandsinformationen, Regeln und Historie.

International Bobsligh Federation (FIBT) (USA) (D)

www.bobsleigh.com

Hier finden Sie u. a. den vorläufigen Bob-Kalender für die Saison 1999/2000, die Ergebnisse des Damen- und Herren-Bobsports.

Jamaica Bobsleigh Team (USA)

www2.cariboutpost.com/outpost/bobsleigh

Das jamaikanische Bobteam im Internet.

Curling

Curling Championchips 2000 (USA)

www.wcc2000.com

Detaillierte Informationen und Hintergrundberichte zu den Curling-Weltchampionchips in Glasgow, Scotland 2000.

Curling Club Bern (D)

www.hdk.ch/curling

Der städtische Curling Club stellt sich vor.

Curling Club Füssen (USA) (D)

homepages.together.net/~vogelsan/ccfuessen.htm

Informationen rund um den Curling Club Füssen.

International Curling Information (USA) (F)

www.icing.org

Hier erhalten Sie internationale Curling-Informationen.

Schweizerischer Curling-Verband (USA) (D) (F)

www.curling.ch

Liefert Resultate und Neuigkeiten des Vereins und des Curlings weltweit.

Eisschnellauf

Deutsche Eisschnellauf-Gemeinschaft (DESG) (D)

www.desg.de

Hier finden Sie Termine, Aktuelles und News.

Eisstockschießen

Eisstockschieß-Nachrichten (D)

www.sport.de/spart/ess/welcome.html

Verbände, Vereine, Ergebnisse und Tabellen.

Österreichischer Eisstocksport Landesverband (D)

www.stocksport.at

Eisstocksportinformationen aus Österreich.

Langlauf

Züricher Skiverband (D)

www.zsv.ch

Der Regionalverband des Schweizerischen Skiverbands bietet die Ranglisten und Wettkampfdaten der kommenden Saison.

Rodeln

Deutscher Bob- und Schlittensportverband e. V. (D)

www.th-online.de/verbaende/tsbv/dbsv.htm

Dachorganisation der deutschen Landesverbände.

Rodel-Nachrichten (D)

www.sport.de/spart/rod/welcome.html

Nachrichten, Verbände, Ergebnisse, Tabellen und Persöhnlichkeiten.

Skeleton

Skeleton-Nachrichten (D)

www.sport.de/spart/ske/ske000.html

Nachrichten, Ergebnisse, Tabellen, Verbände und Veranstaltungen.

Ski Alpin

Deutscher Skiverband e. V. (D)

www.ski-online.de

Informationen zum Spitzen- und Breitensport in den Bereichen Alpin, Langlauf und Skispringen sowie zur DSV-Skischule.

Ski Alpin (D)

www.sport.de/spart/sk1/welcome.html

Verbände, Nachrichten, Vereine, Worldcup 1998/99, Tabellen, Ergebnisse und Trends.

Skigebiet Silvretta Nova in Gaschurn (D)

www.silvrettanova.at/

Aus dem Skigebiet Silvretta kommen Ortsinformationen, der Wetterbericht, Berichte über die Schneelage, Skischulen und eine Webcam.

Westdeutscher Skiverband e. V. (D)

www.wsv-ski.de

Informiert über Ski alpin, Snowboard, Biathlon, Nordisch und Skireisen.

Ski Nordisch

Skispringen (D)

www.sport.de/spart/sk2/welcome.html

Nachrichten, Verbände, Weltcupergebnisse, Tabellen und Veranstaltungskalender.

Westdeutscher Skiverband e. V. (USA) (D)

www.wsv-ski.de/skiverband/skinordisch/homepage.htm

Termine, Events und Infos über Athleten.

Skigebiete

Ski&More (D)

www.skiandmore.de

Umfassende Informationen über Skigebiete in Europa und weltweit zu Pisten und Liften, Wetter, Schnee, Hotels und Unterkünfte.

Skilanglauf

Deutscher Skiverband (D)

www.ski-online.de

Informationen zum Spitzen- und Breitensport in den Bereichen Alpin, Langlauf und Skispringen sowie DSV-Skischulungen.

Olympic Games (USA)

www.olympic.org

Olympische Skilanglaufdisziplinen für Damen und Herren.

Skiverband Rheinland e. V. (D)

www.skiverband-rheinland.de

Mit Informationen für Übungsleiter und Veranstaltungstermine.

Skiweltcup (D)

www.weltcup.de

Auf diesen Seiten finden Sie alle Informationen rund um den Skiweltcup mit all seinen Disziplinen.

Skirennen

Alberto Tomba (USA)

www.alberto.tomba.it/e

Alles rund um Alberto Tomba. Lebenslauf, Termine und News.

Deutscher Skiverband (D)

www.ski-online.de

Informationen zum Spitzen- und Breitensport in den Bereichen Alpin, Langlauf und Skispringen sowie DSV-Skischulungen.

Olympic Games (USA)

www.olympic.org

Olympische Skirenndisziplinen für Damen und Herren.

Wasmeier, Markus (D)

www.cbo.de/wasmeier

Starporträt von Markus Wasmeier und Markus Wasmeier-Museum.

Skispringen

Deutscher Skiverband (D)

www.ski-online.de

Informationen zum Spitzen- und Breitensport in den Bereichen Alpin, Langlauf und Skispringen sowie DSV-Skischulungen.

Olympic Games (USA)

www.olympic.org

Olympische Skispringdisziplinen für Damen und Herren.

Skiverband Rheinland e. V. (D)

www.skiverband-rheinland.de

Mit Informationen für Übungsleiter und Terminen.

Skiweltcup (D)

www.weltcup.de

Auf diesen Seiten finden Sie alle Informationen rund um den Skiweltcup mit all seinen Disziplinen.

Westdeutscher Skiverband e. V. (D)

www.wsv-ski.de

Informiert über Ski alpin, Snowboard, Biathlon, Nordisch und Skireisen.

Snowboard

Deutscher Skiverband (D)

www.ski-online.de

Informationen zum Spitzen- und Breitensport in den Bereichen Alpin, Langlauf und Skispringen sowie DSV-Skischulungen.

International Snowboard Federation (USA)

www.isf.ch

Snowboard-Saison: News und Informationen.

Skiverband Rheinland e. V. (D)

www.skiverband-rheinland.de

Mit umfangreichen Informationen, auch für Übungsleiter.

Snowboard-Magazin (D)

www.snowboards.de/

Aktuelle News und ausgewählte Artikel aus dem Snowboard-Magazin, Fotos, Gewinnspiele und Verkauf von Videos. Termine, Veranstaltungen, Hotels, Szenetreff und noch einiges mehr.

Snowboarders (D)

www.snowboarders.de/start.htm

Tips rund um das Snowboarden, Skigebiete, Fotogalerien und mehr.

Snowboardverein Snoker (D)

members.aon.at/snoker/snoker.htm

Veranstaltungstermine und weitere Snowboardlinks.

SWB Shnowboardmagazin (D)

www.snowboardmagazin.de/swb/swb.htm

Interviews, Wetterbilder, Fotogalerie und Sportreport.

Westdeutscher Skiverband e. V. (D)

www.wsv-ski.de

Informiert über Ski alpin, Snowboard, Biathlon, Nordisch und Skireisen.

Wintersport Nachrichten (D)

www.yahoo.de/schlagzeilen/sport/wintersport.html

Wintersportnachrichten mit Snowboarden.

Tiere

Thema	Seite	Weiterführende Linkseiten
Tierheime	515	www.sharelook.de/freizeit/tiere/tierschutz/tierheime.html
Zoos in der ganzen Welt	516	www.zoos.de/
Tierzüchterverbände	516	tiermedizin.de/tierme98/start.htm

World Wildlife Fund (USA)

www.wwf.de/

Die ultimativen Tierschützerseiten des World Wildlife Fund.

Haustiere

Bernhardiner (D)

www-nmbe.unibe.ch/abtwt/sbh100.html

Geschichte des Bernhardiner Hundes.

Hund, der (USA) (D) (F)

www.hund.ch

Alles Wissenswerte über den Hund.

Hunde Online (D)

www.hunde-online.de

Alles Wissenswerte über Hunde im Hunde-Online-Magazin. Informationen für Kinder (6-16 Jahre), Züchter und Tierärzte.

Informationsdienst für Tierfreunde (D)

www.vet.de/

Tierarztsuche nach Postleitzahlgebieten.

Katzen Online (D)

www.katzen-online.de

Ein bekannter Hersteller von Katzenfutter bietet hier Katzen-Geschichten, den E-Mail-Tierarzt, Katzenhoroskope usw. an.

Reitverein Stöckerhof (D)

www.gmm-mbh.de/stoeckerhof/index.html

Reit-, Zucht- und Fahrverein Stöckerhof e. V.

Tierarzt.org (D)

www.tierarzt.org/

Liste von Tierärzten in Österreich. In Deutschland sind bis jetzt erst sehr wenige eingetragen.

Tiermedizin.de (D)

tiermedizin.de

Tierschutzgesetz, Gebührenordnung für Tierärzte, Tierimpfungen, Auslandsreisen, Entscheidungshilfen beim Kauf von Hunden, Hundeseuchen, Toxoplasmose bei Katzen.

Tierheime

Tierheim.de (D)

www.tierheim.de/

Datenbank mit Tierheimen in Deutschland.

Tierheime (USA) (D)

www.sharelook.de/freizeit/tiere/tierschutz/tierheime.html

Tierheime und Tierschutzvereine in Deutschland und Österreich.

Zoologische Gärten

SeaWorld/Busch Gardens (USA)

www.seaworld.org/

Das bekannte amerikanische Großaquarium stellt sich vor.

Zoos in der ganzen Welt (USA) (D)

www.zoos.de/

Alle zoologischen Gärten in der ganzen Welt mit jeweils einer Kurzbewertung.

Sehr schönes Online-Tierlexikon.

Züchter

Hund, der (USA) (D) (F)

www.hund.ch/public/publimen.htm

Hundezüchter, alle Rassen, alle Kontinente.

Tierzuchtverbände (D)

tiermedizin.de/tierme98/start.htm

Links und Anschriften von Zuchtverbänden für Rassetiere: Katzen, Hunde, Pferde, Rinder, Meerschweinchen und Rasseratten.

Unterhaltung

Internetcities

FFN Funcity (D)

www.ffnfuncity.de/

Das Original. Interaktive Seite mit viel Spaß und Unterhaltung, als virtuelle Stadt aufgemacht. Jeder Einwohner kann eine eigene Wohnung beziehen, sich mit anderen treffen und wenn er nicht mehr weiter weiß, einen Arzt rufen.

Geocities (USA)

www.geocities.com/neighborhoods/

In der virtuellen Stadt Geocities finden Sie Tausende von privaten Homepages, die in Nachbarschaften nach Themen sortiert sind. In jeder dieser Nachbarschaften gibt es Leute, die weiterhelfen, Tips für eigene Homepages, eine Suchmaschine und „Landmarks", prämierte Top-Seiten.

Awards für die besten Seiten und Online-Magazine innerhalb der Nachbarschaften.

RSH Funcity (D)

www.rsh.de/

Nach dem Vorbild von ffn bietet Radio Schleswig-Holstein auch eine Funcity an.

Kreuzworträtsel

Creativo (D)

creativo.inter-nett.at/

Jede Woche neue Kreuzworträtsel zum Ausdrucken.

Excite Crossword Puzzle (USA)

ten06.excite.com/tenword/crossword.html?abso=y&site=exci

Jeden Tag ein neues Kreuzworträtsel zum Online-Ausfüllen. Braucht nicht ausgedruckt zu werden.

Dazu auch noch andere Wortspiele und Kartenpatiencen.

Puzzlecorner (USA)

www.kitfox.com/puzzlecorner/

Neue Kreuzworträtsel, Wortspiele, Anagramme in Englisch für jeden Tag.

Yahoo Crossword (USA)

games.yahoo.com/games/login?game=crossword

Täglich ein neues Kreuzworträtsel zum Online-Ausfüllen. Braucht nicht ausgedruckt zu werden.

Rekorde & Seltsames

Anti Clubs-Webring (D)

nav.webring.org/cgi-bin/navcgi?ring=anticlubs;list

Webring mit Links auf Webseiten mit Satiren über irgend jemand anderes: Microsoft, die Kelly Family oder Bravo.

Benehmen auf dem Männerklo (D)

www.i-way.de/~martin/maennerklo.html

Männer sollten diesen Test mit Bravour bestehen, Frauen könnten Schwierigkeiten bekommen.

Es gibt tatsächlich Benimmregeln fürs Männerklo, und diesen ist unbedingt Folge zu leisten.

Briefbeschwerer (USA) (D)

selman.com/trivia.html

Der teuerste Briefbeschwerer und weitere Anekdoten über Briefbeschwerer.

Endgültige Müllseite, die (D)

muellseite.de/

Die endgültige Müllseite – hier werden die mißratensten Webseiten verrissen, und zwar gnadenlos satirisch.

Englands Buchmacher und das Jahr 2000 (D)

www.deutschland2000.de/millennium-park/p47.html

Das Jahr 2000 reizt natürlich auch die wettverrückten Engländer zu eben den verrücktesten Millennium-wetten: 1.000.000 für 1 Mark Einsatz erhalten Sie, wenn die Welt vor dem Jahr 2000 untergeht, von wem auch immer ausgezahlt.

Funtemple (D)

www.webad.de/funtemple/

Die Funseite mit extremen Features. Sammlung verkrüppelter Gummibärchen: Rotkäppchen, Löwenschwanz, Klumpfuß.

Geburtstagsliste (USA) (D)

www.boutell.com/birthday.cgi

Internationale Geburtstagsliste.

Gerüchte und Halbwahrheiten (USA)

www.urbanlegends.com/

Wer liebt sie nicht, die Gerüchte und Halbwahrheiten, die trotz aller Zweifelhaftigkeit doch ein gewisses Mysterium um den ach so grauen Alltag weben. Hier wird solchen Gerüchten auf den Grund gegangen, und es werden weitere Gerüchte in die Welt gesetzt.

Hot AIR (USA)

www.improb.com/

Das Magazin für unwahrscheinliche Forschung stellt die seltsamsten aktuellen Forschungen vor.

Internettime von Swatch (USA)

www.swatch.com/internettime/beatnik_fs_time.html

Swatch bietet eine neue Zeit an: 1 Tag hat 1.000 Beats. 12:00 Uhr entspricht @500 Swatch-Beats.

Junk Science (USA)

www.junkscience.com/

Hier werden aktuelle Wissenschaftsmeldungen aufs Korn genommen, absurde Forschungen, Pressemeldungen und verwunderliche Ergebnisse.

Kuriose Todesarten (D)

www.freunde.imperium.de/gansel/mum.htm

Ungewöhnliche Selbstmorde und Todesarten.

Lockpicker (D)

www.ssdev.org

Für Sportsfreunde der Sperrtechnik. Anleitung zum Knacken von Schlössern jeder Art.

Ms. Loquita (USA) (D)

www.hyperweb.com/loquita/loquita.html

Ms. Loquita gibt Ratschläge in Herzensangelegenheiten.

Official Darwin Awards (USA)

www.officialdarwinawards.com/

Hier werden jedes Jahr Preise vergeben an die Leute, die sich auf spektakulärste Weise „aus dem genetischen Pool beseitigen", wie z. B. einer, der bei einer Demonstration zur Bruchfestigkeit von Fenstern aus dem 24. Stock eines Hochhauses durch das zerbrechende Fenster fiel.

Tuffi fällt in die Wupper (D)

www.wuppertal-forum.de/wupper/live-bahn.htm

Der Elefant Tuffi fällt aus der Wuppertaler Schwebebahn.

Verbrecher, die zehn meistgesuchten (USA)

www.fbi.gov/mostwant/tenlist.htm

Amtliche Seite des FBI mit den zehn meistgesuchten Verbrechern.

Veranstaltungen

Veranstaltungsservice (D)

www.munig.com/cgi-bin/ase/index.aso

Nightlife-Guide für München.

Visions for You (D)

www.V4U.de/

Die Jugend-Trendmesse in Leipzig für Modesportarten, Musik und Mode.

Witze

Anti Bravo (D)

members.xoom.com/_xoom/yves17/abravo/

Die ultimative Bravo-Parodie mit Sprüchen, Psychotest, Fragen aus Bravo und Antworten der eigenen Redaktion.

Der Witz der Woche (D)

www.freizeitnet.ch/hotlinks/witz.htm

Witze aus der Schweiz.

Duese4 (D)

www.duese4.de/

„Dueses echt üble Seiten" – Hier ist alles etwas anders. Diese Seiten stellen sich am besten dar mit einem Blutalkoholspiegel von 7,8 Promille. Wahlweise ist auch der Einsatz von Augenbinden gestattet.

DUMm SeITe (D)

members.aol.com/icemanle/shit/shit.html

Wilkomn zu dea ainzikaatign DUMm SeITe. Seid Ihr auf der Suche nach dem absoluten Mist? Dann seid Ihr hier richtig!

Friggers humorige Seiten (D)

home.t-online.de/home/juergen.frigger/

Witze, lustige Geschichten, Sprüche ohne Ende ...!

Irgendwie blöd (D)

kollatsch.dhs.org/

Nach eigenen Angaben: „Deutschlands erfolgreichste Homepage – gemessen in DM."

Kuriosa (D)

www.martinaberg.com/kurios_f.htm

Sammlung kurioser Geschichten und Heiterkeiten aus dem Internet.

Lachen.de (D)

www.lachen.de/

Ihr seid richtig auf „lachen.de". Wir zeigen die lustigsten Seiten im Internet! Jede Woche neue Links, Proggies, Witze und Funnypics.

Fun-Software zum Download.

Schröööder (D)

members.aol.com/schroedeee/

Schröder – Die Freitagsseite und der Satire-Wochenrückblick von Radio SAW täglich frisch im Internet.

Spottclub (D)

www.spott.de/

Hallo, willkommen im Spottclub! Satire ist JETZT IN – wann denn sonst?

Storyboard (D)

www.porz-online.de/storyboard/index.html

Obwohl so manche Story auf den ersten Blick unglaubwürdig sein mag, können Sie nie sicher sein, ob sie nicht ein Quentchen Wahrheit enthält.

Zitate

Born Today (USA)

web.sbt.com/smil/today/choose_day.htm

Zitate von berühmten Personen, die an einem bestimmten Tag im Jahr geboren wurden.

Teilweise mit Bildern und Links zu den jeweiligen Personen.

Die große Zitate-Sammlung (D)

www.infodiscount.de/zitat/

1.972 Zitate von 366 Personen zu 31 Themen, Mailingliste, Zitatomat (Programm, das ein zufällig ausgewähltes Zitat anzeigt).

World Wide Words (D)

www.zitate.at/

Zitatendatenbank auf CD-ROM, Zitat des Tages online oder als E-Mail. Bildschirmschoner mit Zitaten zum Download.

Jeden Tag ein Geburtstag eines berühmten Menschen.

Vereine

Thema	Seite	Weiterführende Linkseiten
Schützenvereine	524	home.t-online.de/home/sbweser

Heimatvereine

Bund der Österreichischen Trachten- und Heimatverbände

www.fff.at/fff/dance/org/tracht.html

Hier finden Sie die Adresse des Bundes der Österreichischen Trachten- und Heimatverbände.

Deutscher Heimatbund (D)

www.sparkassen-schulservice.de/spk/skkoblenz/sservice/wirtscha/folien/heimatb.htm

Organisation, Aufgaben und aktuelle Aktivitäten.

Glück auf! (D)

www.ilmweb.de/bergbau

Interessengemeinschaft zur Erhaltung alter Bergmannstraditionen in Ilmenau. Virtueller 3-D-Rundgang im Stollen.

Historischer Verein (D)

hvo.franken.org

Historischer Verein für Oberfranken. Ältester Geschichtsverein Bayerns. Wissenschaftliche Erforschung der Geschichte Oberfrankens.

www.fuessen.net/altfuessen

Historischer Verein Altfüssen. Geschichte und Kultur Füssens und seiner Umgebung, Denkmalpflege.

Mund-Art (D)

www.mund-art.de

Hier stellt sich der Verein zur Pflege der schwäbischen Mundart vor.

Regionalgeschichte (D)

home.t-online.de/home/ak.reg

Arbeitskreis Regionalgeschichte in Neustadt am Rübenberge.

Schlesische Landwehr (D)

members.aol.com/jrojahn672/index.htm

Schlesische Landwehr 1813. Befaßt sich mit der Geschichte der Befreiungskriege 1813-1815.

Karnevalsgesellschaften

Alles zum Kölner Karneval (D)

www.karneval.org/

Alles zum Kölner Karneval: Infos zu Veranstaltungen, Gesellschaften, zum Rosenmontag, Adressen und Links.

Aschermittwoch (D)

www.aschermittwoch.de

Informationen rund um den Aschermittwoch aus den Bereichen Religion, Politik, Brauchtum, dazu Termine und Links.

Fastnacht (D)

www.k-k-internet.de/radolfzell-online/hauptnavigation/index_kultur.htm

Fastnacht in Radolfzell am Bodensee. Zünfte und Vereine zur Fastnacht in Radolfzell.

Junggesellenverein (D)

blankenheim-online.com/jgv-blankenheim

Hier stellt sich der Junggesellenverein Blankenheim vor.

Karnevals(gruppen) (D)

bellnet.com/suchen/hobby/karneval.htm

Informationen rund um den Karneval.

Karnevalsgesellschaft 1890 Düsseldorf e. V. (D)

www.grosse1890.de/

Zeigt, was in der 5. Jahreszeit in Düsseldorf passiert. Veranstaltungsinformationen, Kartenbestellung, Mitglieder, Fotos etc.

Kölner Karneval (USA) (D)

www.karneval.org/frames/f_kkg_alle.htm

Alles über den Kölner Karneval.

Prinzenpaar Düsseldorf (USA) (D)

www.duesseldorf.com/prinzengarde/prinz.htm

Das Prinzenpaar Düsseldorfs stellt sich vor.

Schweizer Fastnacht (USA) (D) (F)

www.karneval.ch

Schweizer Fastnacht.

Trinksportvereinigung (D)

trinksport.purespace.de

Trinksportvereinigung 1998 ewig Voll.

Schützenvereine

Handfeuerwaffenverein (D)

www.1990.kt-net.de

Handfeuerwaffenverein 1990 e. V. Germering.

Kyffhäuserbund (D)

www.kyffhaeuserbund.de

Ein demokratischer Volksbund mit über 200jähriger Tradition. Aktive Reservistenarbeit, Sportschießen, Unterstützung der Angehörigen gefallener oder in Not geratener Kameraden.

Oldenburger Schützen (D)

vereine.nordwest.net/ol_schuetzen

Oldenburger Schützen von 1816 e. V.

Schill'sche Offiziere (D)

members.aol.com/schillOffz/offz.html

Schill'sche Offiziere. Kleiner Schützenzug in Grevenbroich.

Schützenbund Wesermarsch (USA) (D) (F)

home.t-online.de/home/sbweser

Umfangreiche Linkliste zu anderen Schützenvereinen in Deutschland und im Ausland.

Schützengesellschaft Forchheim (D)

www.hsg.forchheim-online.de

Königlich privilegierte Hauptschützengesellschaft Forchheim. Einer der traditionsreichsten Schützenvereine in Franken.

Schützengesellschaft Günzburg (D)

home.t-online.de/home/tillmann/homep.htm

Königlich privilegierte Schützengesellschaft Günzburg 1452.

Schützenverein Schweizerischer Studierender (D)

ezinfo.ethz.ch/sss/frrtop.htm

Schützenverein Schweizerischer Studierender Akademiker-Wettkampf in Bière.

Schützenverein St. Ingbert (D)

www.talknet.de/~udoheiny/sv1.html

Schützenverein St. Ingbert 1897.

Spielmannwesen

Spielmannwesen (D)

www.fh-hannover.de/ab/home/hm/spiel.htm

Adressen von Brassbands, Marching Bands, Fanfarenzüge, -corps, Feuerwehrkapellen, -musikzügen, gemischte Zügen, Majorettengruppen, Schalmeiengruppen, Spielleute-Orchester, Spielmannzügen.

Trachtenvereine

Bergbautraditionsverein (D)

www.datenautobahn.de/verein/aurora

Bergbautraditionsverein Gewerkschaft Aurora-Erbstolln e. V.

Knappenverein (D)

home.t-online.de/home/henry.schlauderer/homepage.htm

Knappenverein Altenberg.

Schaumburger Tracht (D)

www.schaumburger-tracht.de

Schaumburger Tracht und Trachtengruppen.

Vergnügungsparks

Thema	Seite	Weiterführende Linkseiten
Freizeitparks	526	www2.freizeitparks.de/bda/int/freizeitparks/

Bayernpark (D)

www.bayernpark.de

Die Attraktionen des Bayernpark Reisbach auf einen Klick.

Buga 1999 (USA) (D)

www.buga1999.de/

Informationen rund um die Bundesgartenschau 1999 in Magdeburg.

Europa-Park (USA) (D) (F)

www.europa-park.de

Täglich geöffnet von Ostern bis Ende Oktober ist der Europa-Park Rust.

Fantasialand (USA) (D)

www.fantasialand.de

Fantasialand Brühl bei Köln. Täglich vom 1. April bis zum 31. Oktober volles Programm.

Freizeitparks (D)

www2.freizeitparks.de/bda/int/freizeitparks/

Linkseite der Internetseiten von Freizeitparks, nach Themen sortiert.

Holiday Park (USA) (D) (F)

www.holidaypark.de

Holiday Park Hassloch/Pfalz. Täglich geöffnet von Anfang April bis Anfang Oktober.

Video und Filmen

Bund Deutscher Film- und Videoamateure e. V. (D)

www.bdfa.odn.de/

Dachverband, Landesverbände und andere interessante Links können aufgerufen werden.

Film in Niedersachsen – LNFV (D)

home.t-online.de/home/k.h.kobold/index.htm

Verband Niedersachsen der Film- und Videoamateure e. V.

Landesverband der Filmamateure Baden-Württemberg (D)

home.t-online.de/home/rohm.bdfa-lv-bw/index.htm

Mitgliedschaft, Wettbewerbe, Clubs, Aktuelles und Kontakte.

Landesverband Film + Video Bayern e. V. (D)

www.lfvb.de

Ergebnisdienst Bundeswettbewerbe und „Jugend filmt" 1999 in Landshut.

PC Video (D)

www.pcvideo.de/

Hier finden Sie Informationen zur Videobearbeitung am Computer.

Union Internationale du Cinema Non Professional (USA) (D)

utopia.knoware.nl/users/unica/

Internationaler Video- und Filmverband.

Video- und Filmverband Sachsen e. V. (D)

home.t-online.de/home/chaos-studio.pfarr/homepage.htm

Förderung, Workshops und Unterstützung bei der Fertigung von nicht-professionellen Filmen und Videos.

Video- und Filmverband Berlin/Brandenburg e. V. (D)

members.aol.com/bdfalvbb/

Der Filmverband informiert über Veranstaltungen, Filmernetz, Tips und Fragen.

Kultur, Kunst & Religion

Der wesentliche Entwicklungsschritt in der Menschheitsgeschichte war sicher nicht die Erfindung des Computers, sondern die Entwicklung der Kultur. Ein wesentlicher Bestandteil der Kultur ist die Kunst, Ausdruck und Sinnbild der kulturellen Entwicklung des Menschen. Heute finden sich unter dem Begriff Kunst und Kultur eine Vielzahl von Kunstbereichen und künstlerischen Stilrichtungen. Sie finden hier alte Kulturen, Architektur, Literatur, Kleinkunst und Kunst im allgemeinen, wie auch Theater, Museen, Schlösser, Burgen und Kultfiguren. Es werden die verwandten Themengebiete Religion, Weltkulturerbe, Weimar 99, Zauberei und Zirkus ebenso berücksichtigt wie Film, Funk und Fernsehen. Die größte Kunst ist es dabei, den Überblick zu behalten. Eine klare Trennung zwischen Noch-Kunst und Nicht-Mehr-Kunst ist dabei so gut wie unmöglich. Richten Sie sich doch einfach nach unserem Leitspruch „Kunst ist, was gefällt."

Thema	Seite	Weiterführende Linkseiten
Kunst,- Kultur- und Musikevents	530	www.focus.de/d/dr/dre/dre.htm

CultD (USA)

www.hammel.duesseldorf-online.de/

Online-Magazin für Kunst, Film, Webart und Texte aus der Subkultur mit Bildern, Shockwave und RealVideo. Teilweise sehr schräg und schwer nachvollziehbar.

Cultural Village of Europe (USA)

www.cultural-village.com/

Projekte, Veranstaltungsprogramm und Fotos zum „Cultural Village of Europe 99" in Wijk aan Zee und 11 weiteren europäischen Dörfern.

Dumont Kulturkalender (D)

buchverlag.dumont.de/kulturkal/index.asp

Kulturereignisse weltweit nach Ländern und Städten geordnet. Ausstellungen, Theater, Festivals, Kino, Klassik, Messen, Oper und andere.

Der zusätzliche Eventkalender zeigt auch Sport- und Vergnügungsveranstaltungen an.

Kulturserver Niedersachsen (USA) (D)

www.kulturserver.de/

Der Kulturserver ist ein offenes Projekt für alle Kulturinteressierte mit Terminen, Chat, Magazin und der Möglichkeit, sich über eine interaktive JavaScript-Oberfläche eine eigene Homepage auf dem Kulturserver einzurichten.

TraXXX Events (D)

www.focus.de/d/dr/dre/dre.htm

Täglich aktualisiert finden Sie hier Kunst-, Kultur- und Musikevents aus ganz Deutschland. Außerdem gibt es für verschiedene Veranstaltungen Tickets zu gewinnen.

City-Guide und Hotelführer.

Alte Kulturen

Thema	Seite	Weiterführende Linkseiten
Ancient World Web	530	www.julen.net/aw/
Griechische Antike	534	www.perseus.tufts.edu/

Ancient World Web (USA)

www.julen.net/aw/

Erstklassige Datenbank mit ausgesuchten Weblinks zu Alten Kulturen. Durchsuchbar nach Archäologie, Geschichte, Literatur , Kunst und mehr.

anhaus: arch_net (D)

www.snafu.de/~anhaus/arch_net/arch_net.html

Verschiedene Links auf Architekturbüros, Wettbewerbe und aktuelle Projekte.

Explore the Sacred Sites (USA)

www.sacredsites.com/explore.html

Fotos und Texte zu Heiligtümern alter Kulturen in Europa, Ägypten, Israel, Südostasien und Mittelamerika.

Götter des Himalaya (D)

www.tibet.at

Gut designte Site der Kunsthalle Leoben in Österreich. Ausstellung über die geheimnisvolle Welt des mystischen Tibets.

Ägypten

Ägyptische Königsgräber USA

www.friesian.com/notes/newking.htm

Chronologie der Königsgräber des neuen Reiches mit Grundrissen.

Ancient Egypt – Amenhotep USA

www.geocities.com/~amenhotep/

Ausführliche Informationen über Kultur, Kunst und Schrift im alten Ägypten. Zahlreiche weitere Links auf altägyptische Kultur und Kunst.

Ancient.Egypt USA

eyelid.ukonline.co.uk/ancient/egypt.htm

Kurzbeschreibungen und Fotos verschiedener Tempel und Pyramiden, Zeitleiste, Erklärung der Hieroglyphen sowie ein Bildschirmschoner und diverse Computerspiele mit altägyptischer Thematik.

Carters Tagebuch USA

www.ashmol.ox.ac.uk/gri/4sea1not.html

Howard Carters Tagebuch von der Entdeckung des Grabes des Tutanchamun.

CMCC – Mysteries of Egypt USA

www.civilization.ca/membrs/civiliz/egypt/egypte.html

Virtuelle Ausstellung ägyptischer Kultur mit zahlreichen Fotos, einem VRML-Modell des Grabes des Tutanchamun und QuickTime VR-Modellen verschiedener Grabfunde.

Egypt World USA

hyperion.advanced.org/15924/

Multimedia-Präsentation ägyptischer Kultur. In dieser interaktiven Welt können Sie selbst zum Pharao werden.

Giza Plateau Computer Model USA

www-oi.uchicago.edu/oi/dept/comp/giz/model/giza_model2.html

Eine Computergestützte Rekonstruktion des Plateaus von Gizeh mit Tempeln und Pyramiden.

Grab des Tutanchamun, das USA

www.nationalgeographic.com/egypt/

Geschichte der Entdeckung des Grabes des Tutanchamun. Originalaufnahmen und Texte multimedial präsentiert.

Great Pyramid, the (USA)

www.europa.com/edge/pyramid.html

Vermutungen über den Bau der großen Pyramiden von Gizeh.

Monumente in Ägypten (USA)

touregypt.net/monument.htm

Liste aller wichtigen Monumente in Ägypten mit Fotos und Beschreibungen.

Mysteries of Egypt (USA)

www.nationalgeographic.com/egypt/imax/

Szenen und RealVideoclips aus dem IMAX-Film Mystery of Egypt.

Mysterious Places – Egypt (USA)

www.mysteriousplaces.com/egypt.html

Fotos verschiedener ägyptischer Tempel

NOVA Online Adventure – Pyramids (USA)

www.pbs.org/wgbh/nova/pyramid/

Interaktives Erforschen einer Pyramide mit dem QuickTime VR-Modell. Gehen Sie in die Pyramide hinein bis in die Königskammer. Dazu eine Theorie über den Pyramidenbau und weitere Bilder.

Rolle der Frauen im alten Ägypten, die (USA)

www.umich.edu/~kelseydb/exhibits/womenandgender/title.html

Online-Ausstellung des Kelsey Museum of Archaeology über die Rolle der Frau im alten Ägypten.

Virtuelle Mumie, die (USA) (D)

www.uke.uni-hamburg.de/institute/imdm/idv/forschung/mumie/mumie.de.html

Lage für Lage haben die Ägypter vor über 3.000 Jahren ihre Toten in Tücher eingepackt, um sie zu konservieren. Heute wickeln Wissenschaftler die Überreste der gut erhaltenen Körper wieder aus – auch im Internet. Auf den Seiten der Universität Hamburg kann man sich über das Innenleben der Mumien in einer virtuellen Entdeckungsreise informieren.

Europäische Frühkulturen

Ancient Ways (USA)

www.weldwood.demon.co.uk/

Fotos und Texte zu Monumenten der Megalithkultur in England und Schottland.

Catalhöyük (USA)

www.smm.org/catal/

Virtuelle Tour mit QuickTime VR am Fundort einer der ältesten Städte der Welt in der Türkei.

Großsteingräber im Weser-Ems-Gebiet (D)

members.aol.com/weserems/megalith.html

QuickTime VR-Modelle von norddeutschen Großsteingräbern, dazu Fotos und weitere Informationen.

Keltenfürst (D)

www.hmwk.hessen.de/kultur/denkmalamt/html/keltenfuerst.html

Die Statue eines keltischen Fürsten aus dem 5. Jahrhundert v. Chr. vom Glauberg. 1994-1995 am Glauberg im Wetteraukreis entdeckt.

Menhire bei Carnac (USA) (D) (F)

www.ot-carnac.fr/eng/doc/menhir.htm
www.ot-carnac.fr/deu/doc/menhir.htm

Geschichte und Fotos der Menhire bei Carnac, aufgetürmte Steine aus dem 3. Jahrtausend v. Chr, die bekannten „Hinkelsteine".

Stonehenge

Archäometrie in Stonehenge (USA)

www.eng-h.gov.uk/stoneh/

Wissenschaftlicher Bericht über aktuelle Forschungsarbeiten des Ancient Monuments Laboratory in Stonehenge.

Earth Mysteries (USA)

witcombe.sbc.edu/emstonehenge.html

Geschichte von Stonehenge, Fotos, Versuch einer Rekonstruktion und ein allgemeiner Artikel über Druiden.

Mysterious Places – Stonehenge (USA)

www.mysteriousplaces.com/stonehenge/

Fotos und Texte über Stonehenge.

Save Stonehenge (USA)

britac3.britac.ac.uk/cba/cba/stone1.html

Maßnahmen zum Schutz von Stonehenge vor der benachbarten Autobahn und vor Touristen.

Stonehenge ... What were its ancient uses?? (USA)

home.earthlink.net/~shadowfax/sfstone.htm

Forschungsergebnisse und Gedanken über den ursprünglichen Zweck von Stonehenge mit zahlreichen Fotos.

Virtual Stonehenge (USA)

www.intel.com/cpc/explore/stonehenge/index.htm

Das VR-Modell von Stonehenge läßt sich mit dem Viscape-Plug-In durchwandern, das auf der gleichen Seite heruntergeladen werden kann.

Griechen

Ancient greek world (USA)

www.museum.upenn.edu/greek_world/intro.html

Das alltägliche Leben der alten Griechen, ihre Religion und ihre Wirtschaft beschreibt die Webseite des University of Pennsylvania Museums.

Perseus Project (USA)

www.perseus.tufts.edu/

Hervorragende Datenbank mit Links, Informationen und Bildern zur antiken griechischen Kultur.

Online-Übersetzer Englisch – Latein und Englisch – Griechisch.

Maya, Inka, Azteken

Andenexpedition (USA)

www.nationalgeographic.com/andes/

Multimedia-Präsentation einer Expedition in die Anden auf der Suche nach den Geheimnissen der Inka.

Virtuelle Atopsy der Eis-Jungfrau. Eine 1995 in den Anden entdeckte weibliche Inka-Mumie.

Archaeology of Teotihuacan (USA)

archaeology.la.asu.edu/vm/mesoam/teo/

Beschreibungen der Gebäude in Teotihuacan, Fotos, Lagepläne, Chronologie und Videosequenzen.

Chichén Itzá (USA)

www.mysteriousplaces.com/mayan/tourentrance.html

Geschichtlicher Hintergrund und zahlreiche Fotos der Tempelanlage von Chichén Itzá.

Maya Adventure (USA)

www.sci.mus.mn.us/sln/ma/

Interaktive Tour in Form eines Adventure-Spiels durch alte Mayamonumente. Mit Landkarten, Hintergrundinformationen und Fotos.

Maya Astronomy Page (USA)

www.astro.uva.nl/~michielb/maya/astro.html

Astronomie, Kalender, Schrift und Mathematik der Maya mit JavaScripts zur interaktiven Berechnung.

Maya Civilization (USA)

indy4.fdl.cc.mn.us/~isk/

Kultur, Zahlen, Sprache und viele Sagen der Maya zum Online-Lesen. Dazu Geographie, Astronomie, Medizin und Kochrezepte.

Mayan Culture (USA)

udgftp.cencar.udg.mx/ingles/precolombina/maya/mayasintro.html

Detaillierte Informationen; Fotos zur Architektur und Kultur der Maya.

Mittelamerikanische Archäologie Newsgroup (USA)

news://sci.archaeology.mesoamerican

Newsgroup über die Archäologie Mittelamerikas.

Museo del Templo Mayor (USA)

archaeology.la.asu.edu/vm/mesoam/tm/pages2/index2.htm

Das mexikanische Museum Museo del Templo Mayor beschreibt hier ausführlich die alte Kultur Mexikos.

Mystery of the Maya (USA)

www.civilization.ca/membrs/civiliz/maya/mminteng.html

Zahlreiche Fotos und Texte über die Mayakultur mit Zeitleiste und ausführlichem Glossar. Infos über die Produktion des IMAX-Films Mystery of the Maya.

Software für mittelamerikanische Archäologie (USA)

copan.bioz.unibas.ch/meso.htmlsoft

Hier finden Sie Kalender, Datenbanken und Fonts für die Arbeit im Bereich mittelamerikanische Archäologie.

Architektur

Thema	Seite	Weiterführende Linkseiten
Kunst- & Kultur-Links	536	kunst-und-kultur.de/
Architektur-Themen	536	www.clr.toronto.edu:1080/virtuallib/arch/info.html
Experimenteller Architekturserver	537	xarch.tu-graz.ac.at/
Wettbewerbsauslosungen	543	www.z-1.org/comp/icnlogo/

archINFORM (USA) (D)

www.archINFORM.de/

Datenbank mit über 8.000 gebauten und nicht gebauten Objekten verschiedener Architekten, nach verschiedenen Kriterien zu suchen.

Kunst und Kultur (D)

kunst-und-kultur.de/

Links zu Datenbanken über Museen in Deutschland sowie Künstler und Architekten im World Wide Web.

Monumentum (D)

www.monumentum.net/

Detaillierte Informationen über Denkmalschutz und Denkmalpflege in Deutschland. Österreich und in der Schweiz..

Virtual Library (USA)

www.clr.toronto.edu:1080/virtuallib/arch/info.html

Sehr ausführliche Datenbank mit Weblinks zu Architekturthemen.

Aktuelles

Archinet D (D)

www.archinet.de

Aktuelles aus der Architekturszene in Deutschland und auch weltweit. Dazu auch Informationen zu Architektur-Software und zu Hochschulen.

Archinet UK (USA)

www.archinet.co.uk/

Aktuelles englisches Architektur-Online-Magazin mit Berichten, Forum und Wettbewerbsauslobungen.

archiV (D)

www.workshop-archiv.de/

Kurzvorstellungen aktueller Architekturprojekte, Suchformulare für verschiedene Architekturdatenbanken und eine Architektenliste, die aber bei weitem nicht vollständig ist, da der Eintrag für die Architekten kostenpflichtig ist.

Design architecture (USA)

www.cornishproductions.com/

Aktuelles Online-Magazin zu Architektur und Design mit E-Mail-Newsletter. Vorstellung aktueller Projekte mit Fotos und RealVideo.

Nextroom (D)

www.nextroom.at/

Erstklassige Sammlung aktueller Presseberichte und Vorträgen aus verschiedenen deutschsprachigen Medien zu Architekturthemen.

Xarch (USA) (D)

xarch.tu-graz.ac.at/

Experimenteller Architekturserver mit aktuellen Ereignissen und Projekten, aber auch verschiedenen CAD- und Softwaretools.

Architekten

Biographie

Aalto, Alvar (USA)

192.102.40.8/aalto/

Das Alvar Aalto Museum präsentiert online das Leben und Werk des finnischen Architekten, dazu eine Präsentation des Museumsgebäudes und aktueller Sonderausstellungen.

Le Corbusier (USA)

www.tu-harburg.de/b/kuehn/lecorb.html

Ein kleiner Streifzug durch das Leben und Werk Le Corbusiers in Form einer virtuellen Ausstellung, die ständig erweitert wird.

Palladio's Italian Villas (USA)

www.boglewood.com/palladio/home.html

Leben und Werk des italienischen Architekten Andrea Palladio und eine Vorstellung von fünf seiner berühmtesten Villen.

Rohe, Mies van der (D)

student.merz-akademie.de/user/harald.scholz/miesrohe/pages/

Das Leben und Werk Mies van der Rohes in vielen umfangreichen Texten und erstklassigen Bildern.

Wright, Frank Lloyd (USA)

oprf.com/flw/

Virtueller Rundgang durch Oak Park, Illinois, wo Frank Lloyd Wright sehr viele Projekte verwirklicht hat. Einzelne Beschreibungen und Fotos der Gebäude.

Büros

Alsop and Störmer (USA)

www.alsopandstormer.com/

Projekte und Bilder aus dem Büro Alsop and Störmer (Library & Media Centre Peckham London, Scandinavian Seaways Terminal Hamburg, Canary Wharf Lifting Bridge, Bahnhof North Greenwich).

Behnisch und Partner (USA) (D)

www.behnisch.com/
www.behnisch.de/

Vorstellung aller Projekte (Olympiastadion München, LVA Lübeck, Landesgirokasse Stuttgart) und Wettbewerbserfolge des deutschen Büros Behnisch und Partner.

Eames, Charles (USA)

www.eamesoffice.com/

Präsentation des Lebens und Werks von Charles Eames mit zahlreichen Bildern und RealVideo.

Foster, Norman (USA)

www.fosterandpartners.com/

Eines der erfolgreichsten Architekturbüros der Welt, Sir Norman Foster and Partners. Liste aller Projekte (Commerzbank Frankfurt, Stansted Airport, Sainsbury Center, Hongkong Bank, Reichstag Berlin ...) mit Fotos und Beschreibungen, teilweise als QTVR und IPIX, sowie aktuelle Nachrichten.

gmp – von Gerkan, Marg + Partners (USA)

www.gmp-architekten.de/

Liste aller Projekte und Wettbewerbserfolge des Hamburger Büros gmp (Flughafen Berlin-Tegel, Europäisches Patentamt München, Neue Messe Leipzig). Nur in Englisch.

Grimshaw, Nicholas (USA)

frieda.art.uiuc.edu/artgd467/hersam/grimshaw/txt/ature.html

Vorstellung von Projekten (Waterloo Station, Financial Times ...) mit Fotos und Texten zu Material, Konstruktion und Beleuchtung.

HOK Webseite (USA)

www.hok.com/

Ausführliche Vorstellung der HOK-Büros weltweit mit Vorstellung einiger Projekte (Hong Kong Stadion, National Air and Space Museum). Veröffentlichungen und Demonstration verschiedener neuer Webtechnologien (Shockwave, Whip, VRML).

Meier, Richard (USA)

www.richardmeier.com/

Projektvorstellungen mit Fotos (Getty Center Los Angeles, Stadthalle Den Haag, US Courthouse New York) und Veröffentlichungen von Richard Meier.

Piano, Renzo (USA)

www.rpwf.org/

Vorstellung des Renzo Piano Building Workshops und seiner Projekte (Sony IMAX Berlin, Foundation Beyeler Basel, Centre Pompidou Paris) mit Texten, Bildern und ausfürlichen Daten.

Rogers, Richard (USA)

www.richardrogers.co.uk/

Vorstellung aller laufenden und ausgewählter abgeschlossenen Projekte (Millennium Dome, Lloyds London, debis Berlin, Terminal 5 Heathrow). Dazu Presseberichte, das Büroprofil und eine Liste von Veröffentlichungen.

Skidmore, Owings & Merrill (USA)

www.som.com/

Aktuelle Architekturpreise, Animationen, Vorstellung aktueller und fertiggestellter Projekte mit Fotos (Sears Tower, John Hancock Center Chicago, Pratt St. Baltimore).

Ausstellungen

Frankfurter Architekturmuseum (D)

www.frankfurter-museen.de/seiten/navigation/startseiten/architektur.htm

Das Architekturmuseum in Frankfurt beschreibt hier mit viel Text und wenig Bild vergangene, aktuelle und geplante Ausstellungen.

Mies van der Rohe Haus (USA) (D)

www.germangalleries.com/miesvanderrohehaus/miesvanderrohehaus1.html

Geschichte, Fotos und Grundrisse des Mies van der Rohe Hauses, Übersicht der Ausstellungen und Links auf deutsche Galerien und Künstler.

Werkbundausstellung (D)

www.archINFORM.de/stich/1212.htm

Kurzbeschreibung der Gebäude von der Werkbundausstellung 1914.

Kunst und Parlament (D)

www.bundestag.de/berlin/kunst/k_werke.htm

Die Ausstellung „Kunst und Parlament" bietet einen Überblick über sämtliche „Kunst-am-Bau"-Entwürfe für die drei Bauprojekte des Deutschen Bundestages im Spreebogenbereich.

Gebäude

Aachener Dom (USA) (D)

www.aachendom.de/

Architekturbeschreibung des Weltkulturdenkmals Aachener Dom, Ausstellung der Schatzkammer und das aktuelle Sanierungsprogramm.

Denkmalsdatenbank (D)

kunst-und-kultur.de/denkmal/

Datenbank mit wichtigen Baudenkmalen, im wesentlichen in Berlin, wird aber ständig erweitert.

Eiffel Tower Equation (USA)

wwwusers.imaginet.fr/~chouard/

Tolle Fotos vom Eiffelturm und die mathematische Gleichung, nach der die Kurve des Turms berechnet wurde.

Great Buildings (USA)

www.greatbuildings.com/

Diese große Gebäudedatenbank beinhaltet technische und architektonische Informationen zu zahlreichen wichtigen Gebäuden weltweit sowie Fotos, Grundrisse und teilweise auch 3-D-Modelle. Diese können mit DesignWorkshop interaktiv betrachtet werden, das hier kostenlos heruntergeladen werden kann.

Jubilee Line Extension (USA)

www.jle.lul.co.uk/

Neue U-Bahn-Linie in London. Alle neuen Bahnhöfe sind als bemerkenswerte 3-D-Visualisierung dargestellt, eine virtuelle Fahrt entlang der ganzen Linie ist als RealVideo möglich. Beschreibung der neuen Technik, aktuelle News zum Baufortschritt und Hintergrundbilder.

Kloster Maulbronn (USA) (D)

www.bawue.de/~wmwerner/maulbron/mb_tab_d.html

Sehr schöne Bilder vom Weltkulturerbe Kloster Maulbronn in Württemberg.

Kölner Dom (D)

www.koelner-dom.de/

Vorstellung des Kölner Domes mit Bildern und Texten, Veranstaltungskalender zur 750-Jahrfeier der Grundsteinlegung, Anekdoten, Zahlen und Fakten sowie einer Kurzvorstellung der Dombauhütte.

La Tour Eiffel (USA) (F)

www.tour-eiffel.fr/

Die offizielle Webseite des Eiffelturms berichtet ausführlich mit vielen Bildern über den Turm sowie über interessante Aktivitäten zur Jahrtausendwende auf der ganzen Welt.

Medieval Achitecture (USA)

www.pitt.edu/~medart/

Fotos, Pläne und Beschreibungen wichtiger Gebäude des Mittelalters in England und Frankreich. Dazu ein ausführliches Architekturglossar.

Millennium Dome (USA)

www.mirror.co.uk/cgi-bin/dome.htm

Eine Webcam filmt den Baufortschritt des Millennium Dome in London Greenwich.

Richtfest auf dem Millennium-Dome (D)

www.deutschland2000.de/events2000/greatbrit7.html

Bericht über das Richtfest auf dem Millennium-Dome in London mit Webcam und zahlreichen Infos über Silvesterfeiern.

State of the art (USA)

www.arch.at/

Restaurationsprojekte wichtiger Gebäude weltweit mit ausführlichen Beschreibungen und QuickTime VR-Panoramen.

Sydney Opera House (USA)

www.anzac.com/aust/nsw/soh.htm

Architekturbeschreibung und Fotos vom Opernhaus in Sydney.

Organisationen

American Institute of Architects (USA)

www.aiaonline.com/

Hier finden Sie als Bauherr amerikanische Architekten. Architekten finden hier Bücher, Software, Projekte, Produktinformationen und Stellenangebote.

Bauhaus Dessau (USA) (D)

www.bauhaus-dessau.de/

Überblick über die Veranstaltungen, Sammlungen, Ausstellungen und Werkstätten der Bauhaus-Stiftung in Dessau und das berühmte Bauhaus-Gebäude.

Bund Deutscher Innenarchitekten (D)

www.architekt.de/bdia/

Der Bund Deutscher Innenarchitekten bietet hier einen Bauherren-Service, Broschüren und weiteres Informationsmaterial.

RIBA (USA)

www.riba.net/

Das Royal Institute of British Architects zeigt verschiedene aktuelle Architekturprojekte englischer Architekten und vergibt den Stirling Preis, zuletzt an Norman Foster für das American Air Museum, Duxford Airfield.

Wettbewerbe

ACS-Preis (D)

preis.acs-show.com/gewinner.html

Hier können Sie jedes Jahr die Gewinnerarbeiten des ACS-Preises sehen.

BauNetz (D)

www.BauNetz.de/arch/_wettbewerbe/

Wettbewerbsauslobungen und aktuelle Ergebnisse. Eine Auswahl ist für jedermann verfügbar. Um alle Meldungen zu sehen, muß man sich zuerst kostenlos registrieren lassen.

Death by architecture (USA)

www.deathbyarch.com/

Internationale Wettbewerbsauslobungen, aktuelle Architektur, Stellenangebote und zahlreiche Links. Leider ist die Seite mit einer sehr störenden monotonen Musik unterlegt.

Deutscher Architekturpreis (D)

www.architekturpreis.de/

Der deutsche Architekturpreis, Auslobung, Jury und Preisträger der letzten Jahre.

International competition network (USA)

www.z-1.org/comp/icnlogo/

Links auf Wettbewerbsauslobungen in mehr als 21 Ländern. Aktuelle Meldungen und Wettbewerbsergebnisse.

Pritzker Architekturpreis (USA)

www.pritzkerprize.com/

Der höchst angesehene Preis für das Lebenswerk eines Architekten. Hier finden Sie Infos über die aktuelle Preisverleihung sowie die früheren Preisträger.

Wettbewerbe aktuell (D)

www.wettbewerbe-aktuell.de/

Die Architekturzeitschrift Wettbewerbe aktuell präsentiert online aktuelle Wettbewerbsausschreibungen für Architekten.

Fernsehen & Rundfunk

Thema	Seite	Weiterführende Linkseiten
5000 Radiosender	545	www.3nweb.com/
Radiosender weltweit	547	www.sunsetradio.com/

GEZ (D)

www.gez.de

Die Gebühreneinzugszentrale bietet hier unter dem Stichwort Service ein Berechnungsprogramm zur Rundfunkgebühr und eine Online-Anmeldung an.

Online-TV (D)

onlinetv.tvtoday.de/onlinetv/

Aktuelle Standbilder aller wichtigen Fernsehsender in deutschen Kabelangebot. Hier können Sie mit 10-sekündiger Verspätung online sehen, was gerade im Programm läuft.

Fernsehzeitschriften

rtv (D)

www.rtv.de/

TV-Programm, Ausführliche Datenbank, Tips. Fernsehprogramm und Online-Magazin zu den Themen: Reise, Computer, Unterhaltung, Erotik, Geld und Sport.

TV Hören und Sehen (D)

www.tv-hoeren-und-sehen.de/

Die Rubriken „Ein Foto und seine Geschichte" und „Humor mit Sepp Arnemann" aus der Zeitschrift erscheinen hier als Online-Archiv, aber kein Online-Fernsehprogramm.

TV Spielfilm (USA) (D)

www.tvspielfilm.de

Online-Angebot der Programmzeitschrift „TV-Spielfilm" mit aktuellen Filmkritiken und reichhaltigen Informationen rund um das TV- und Filmgeschäft.

Zahlreiche Links auf Chat- und Unterhaltungsseiten. Gewinnspiele, Erotisches und Kontaktanzeigen.

TV Today (D)

www.tvtoday.de/

Aktuelles Fernsehprogramm mit Tips zu verschiedenen Themen. „Was läuft jetzt?"

Links auf Suchmaschinen, Internettips und Gewinnspiele.

Nachrichten

Heute (D)

www.heute.de/

Ständig aktuelle Nachrichten. Die Titelseite ist personalisierbar, so daß man stets Nachrichten seiner persönlichen Interessenbereiche sieht. Nachrichten können auch per E-Mail täglich oder aktuell verschickt werden. Mit einem speziellen Plug-In sind die Nachrichten noch einfacher abrufbar.

Newsmaker (D)

www.newsmaker.de/

Das neue Nachrichtenmagazin auf SAT 1 Mit Kurzinfos über aktuelle Themen.

Sehenswerte Flash-Animation.

n-tv (D)

www.n-tv.de

Umfangreiches interaktives Nachrichten- und Serviceangebot, Börsen- und Wirtschaftsinformationen, Geldanlage- und Steuertips.

Pro7 News (D)

www.prosieben.de/news/

Aktuelle News zu verschiedenen Themen, teilweise auch als RealVideo. Jeden Tag eine Klick-Kurzumfrage.

RTL Nachrichten (D)

www.rtlnews.de/

Aktuelle Nachrichten nach Themen geordnet. Viele Meldungen und ein kompletter Newsflash auch als RealVideo. Der RTL-News-Helikopter filmt aus der Luft und überträgt die Bilder als RealVideo. Dazu auch Sportnachrichten, Börsendaten und der Wetterbericht.

Tagesschau (D)

www.tagesschau.de

Aktuelle Nachrichten der Tagesschau, der Tagesthemen und des Nachtmagazins. Viele Nachrichten liegen auch als RealVideo direkt abrufbar vor. Erstklassiges, klares Design.

Radio

104,6 RTL Berlin (D)

104.6rtl.com/

Meldungen und Infos zum aktuellen Programm jeden Tag.

Fotos von der Titanic official Movie Tour in Berlin.

3N Medialink (USA)

www.3nweb.com/

Links auf Webseiten von über 5.000 Radiosendern weltweit, die ein RealAudio-Programm anbieten.

Antenne (D)

www.antenne.com/

Aktuelle News, Nachrichten, Programm, Moderatorenfotos, Online-Spiele und Promotionartikel zum Verkauf.

Antenne Bayern (D)

www.antenne.de/

Antenne Bayern informiert online über Frequenzen, Moderatoren, Sendungen, Fun und Charts.

Broadcast (USA)

broadcast.com/

Hervorragendes Online-Magazin über die Radioszene in den Vereinigten Staaten. Mit vielen Links zu den besten Radiosendern in den USA.

Ding, das (D)

www.dasding.de/

Jugendsender in Baden Württemberg. Aktuelle News, Quiz und Webcam.

Galerie mit „Faxen des Tages" und Karikaturen.

Funcity (D)

www.ffnfuncity.de/

Interaktive Seite mit viel Spaß und Unterhaltung als virtuelle Stadt aufgemacht. Jeder Einwohner kann eine eigene Wohnung beziehen, sich mit anderen treffen und wenn man nicht mehr weiter weiß, einen Arzt rufen.

Hörspiel im Internet (D)

www.hoerspiel.de

Ein umfangreiches Angebot an über das Internet zu beziehende Hörspielkassetten. Von A wie Alf bis Z wie Zurück in die Zukunft.

Radio (USA) (D)

monviso2.alpcom.it/hamradio/index.html

Zwei Ingenieure der Universität Turin präsentieren alles über die Erfindung und die Erfinder des Rundfunks

Radio Bremen (D)

www.radiobremen.de

Radio Bremen bietet ein ausführliches Programm, Online-Shopping, plattdeutsche Nachrichten, RealAudio, Kultur, Literatur und Veranstaltungen.

Radio Klassik (D)

www.klassikradio.de

Ausschließlich klassische Musik. Programm, Moderatoren, Frequenzen, Hörbeispiele.

Der Köster Klassik Preis präsentiert von Klassik Radio und der Musikhochschule Hamburg, Nachwuchswettbewerb für junge Musiker.

RSH (D)

www.rsh.de/

Nach dem Vorbild von ffn bietet Radio Schleswig-Holstein auch eine Funcity an. Dazu gibt es hier das aktuelle Programm in Schleswig Holstein und Hamburg sowie einen Fanshop.

Sonix (D)

www.sonixradio.de/

Das erste deutsche Internetradio mit Musik und Charts als RealAudio, Partyberichten, Clubs, Veranstaltungen und Chat.

Sunset Radio (USA)

www.sunsetradio.com/

Eine der besten interaktiven Radio-Sites im Web. Mit nur einem Klick zu den besten Radioprogrammen aus 40 Ländern. Per RealAudio online abrufbar.

Sender

3sat (D)

www.3sat.de/

Ausführliche Webseiten zu den wichtigsten Magazinserien bei 3sat: Neues, Hitec, Kulturzeit.

ARD (D)

www.ard.de

Die ARD-Programmübersicht nach Themen. Vorschau auf Highlights für das ganze Jahr. Chats, Foren, Gewinnspiel, Desktop-Themen von Serien sowie viele RealVideo-Sequenzen.

Arte (D)

www.arte-tv.com/

TV-Programm der nächsten zwei Wochen, mit RealVideo-Vorschau, Diskussionsforen, Gewinnspiele und Buchtips zu arte-Sendungen. Anekdoten für jeden Tag der Woche.

Reichhaltige Datenbank mit Infos klassischer und zeitgenössischer Künstler

Deutsche Welle (USA) (D)

www.dwelle.de/

TV-Programm der deutschen Welle in Deutsch, Englisch, Russisch und Spanisch, Radioprogramm in 35 Sprachen.

DF1 (D)

www.df1.de/

Suchfunktion nach Themen und Zeiten über alle Kanäle des Pay-TV-Senders DF1. Persönlicher TV-Guide mit Programmen nach Sparten geordnet per E-Mail. Kostproben als RealVideo.

Kabel 1 (D)

www.kabel1.de/

Zahlreiche aktuelle Infos zu verschiedenen Themen, Texte zu aktuellen Serien. Spielzeiten werden automatisch in der Datenbank von Pro7 gesucht.

MDR (D)

www.mdr.de

Aktuelle Kurzberichte zu verschiedenen Themen, das Fernsehprogramm der nächsten zwei Tage und die Einschaltquoten von gestern.

MTV (D)

www.mtvhome.de/

Erstklassig durchdachte Webseite. Das aktuelle Programm, I-Clips, Gewinnspiele, News aus der Musikszene, Events, die aktuellen Charts, Shows und die Vorstellung aller MTV-VJs.

N3 (D)

www.ndrtv.de/

Das Programm der nächsten zwei Wochen, Links auf weitere ARD-Programme. Aktuelle Nachrichten und Flugdaten wichtiger norddeutscher Flughäfen.

Premiere (D)

www.premiere.de/

Kurzvorstellungen der aktuellen Prmiere-Filme mit Filmbesprechung, Fotos und QuickTime Previews

Diverse Online-Spiele.

Pro7 (D)

www.prosieben.de

Programmübersicht aller wichtigen deutschen Fernsehsender, nicht nur das eigene Programm. Programmvorschau mit allen Filmen und Serien. Dazu Chat, Gewinnspiele und News zu aktuellen Themen.

RTL (D)

www.rtl.de/

Programmvorschau, Serien, Chat, Shops mit verschiedenen Promotionartikeln (Bücher, Videos, Musik, Software), verschiedene Online-Spiele und Fotos schöner Frauen.

RTL2 (D)

www.rtl2.de/

Aktuelles Programm mit Kalender und Suchfunktion, Filmkurzkritiken, Magazinseiten zu den Serien und Erotikclips als RealVideo.

SAT.1 (D)

www.sat1.de

Infos über das aktuelle Programm und die Serien. Detaillierte Suchfunktion, mit der sich alle Serien und Wiederholungen in den nächsten Tagen finden lassen. Dazu kurze Inhaltsangaben der Sendungen.

Extra Star Trek Special mit Chat und Diskussionsboard.

Sender freies Berlin (D)

www.sfb.de

Klatsch rund um die Sendungen des SFB, aber keine Termine und Programme, dafür eine Webcam mit Blick über das ICC und den Funkturm.

Stern TV (D)

www.stern.de/sterntv/

Vorschau auf die nächste Stern-TV-Sendung sowie ein Stern-TV-Archiv.

TM3 (D)

www.tm3.de/

Aktuelles Programm, „Women-Web“ und Gewinnspiele.

Tips zu verschiedenen Themen, die Frauen interessieren: Gesundheit, Wellness, Beauty, Kochen, Haushalt.

VH-1 (D)

www.vh1.de/

Das Programm der Woche, verschiedene deutsche Musikcharts, aktuelle CD-Kritiken, Konzert- und Partyankündigungen, Chat, E-Mail und Gewinnspiele.

Viva (D)

vivaliebtdich.de

Interaktive Seiten, auf denen man sich zunächst anmelden muß. Danach gibt es das aktuelle Programm mit Videoclip-Spielplänen, dazu Bilder und Biographien der Moderatoren. Per E-Mail und Chat kann man mit ihnen direkt Kontakt aufnehmen.

VOX (D)

www.vox.de

Aktuelles Programm, ausführliche Hintergrundinformationen zu den Serien, Gewinnspiel und Online-Shop.

ZDF (D)

www.zdf.de/

Aktuelle Infos, das gesamte Programm der nächsten zwei Wochen. Chats, Foren und Online-Spiele (z. B. das Kybernetikspiel Ecopolicy von Frederic Vester).

International

BBC (USA)

www.bbc.co.uk

BBC-Nachrichten und Fernsehprogramm, dazu ein Nachrichtenticker. ein Active Channel und viele interessante Links.

Erstklassige Food- and Drink-Datenbank mit mehr als 150 fantastischen Rezepten sowie eine hervorragende Internetsuchmaschine

Bravo TV (USA)

bravo.co.uk/

Dieser britische Sender hat nichts mit der gleichnamigen Serie bei RTL2 zu tun. Hier finden Sie das Programm dieses Senders sowie ein paar Talkforen und Chatgruppen. Einige Videoclips können auch mit RealVideo oder Vivo Active online betrachtet werden.

CBS (USA)

www.cbs.com/navbar/home.html

Das aktuelle TV-Programm von CBS mit Bildern und Klatsch um die dort laufenden Serien.

CNN (USA)

www.cnn.com/

Ausführliche Berichte aus Politik, Wissenschaft, Wirtschaft und Sport. Video- und Audioarchive, Diskussionsgruppen, Chat und eine kostenlose E-Mail-Adresse.

Discovery Channel (USA)

www.discovery.com

Outdoor total! Ständig aktuelle Nachrichten zu verschiedenen Themen der Outdoor-Szene aus aller Welt. TV-Programm des Discovery Channels mit zusätzlichen Hintergrundinformationen sowie einer Live-Webcam.

Nehmen Sie an Expeditionen des Discovery Channels teil. Wie wärs mit einem Trip von Moskau bis ans Kaspische Meer?

NBC (USA)

www.nbc.com/

Infos zu den TV-Serien auf NBC, Nachrichten und Online-Gewinnspiele.

ORF (D)

www.orf.at/

Aktuelle Nachrichten und Magazinbeiträge, das TV-Programm der nächsten Tage. Vergangene Sendungen können (allerdings sehr teuer) auf Video bestellt werden.

RAI (USA)

www.rai.it/

Der italienische Fernsehsender RAI hat auch ein englischsprachiges Webangebot mit den Inhalten der wichtigsten Sendungen. Dazu gibt es verschiedene Videos, Poster und Logos zum Download.

Sci.Fi Channel Europe (USA)

www.scifi.com/sfeurope/

Ein Britischer Scinece-fiction-Sender beschreibt hier zahlreiche Science-fiction-Serien, deren Charaktere und die aktuellen Sendezeiten in England.

Sky (USA)

www.sky.co.uk/online/

Der britische Sender Sky TV informiert über das laufende Programm, die Serien und Filme. Dazu gibt es ein Kinderprogramm, aktuelle Schlagzeilen und Sportmeldungen sowie verschiedene Meinungsumfragen.

Travelchannel (USA)

www.travelchannel.com/travelhome.html

Das TV-Programm für Weltreisende bietet online Reiseberichte und Fotos, TV-Programme und Wettermeldungen.

In einer Datenbank kann man sich detaillierte Stadtplanausschnitte zu bestimmten Adressen in Großstädten anzeigen lassen.

TV Guide (USA)

www.tvguide.com/

Amerikanisches Fernsehmagazin online mit Fernsehprogramm, aktuellen News, Filmkritiken, Hitlisten und Online-Spielen.

Serien

Akte X (D)

www.sftv.ch/xfiles/

Mulder und Scully in Bestform. The X Files, die offizielle Webseite der Serie Akte X. Aktueller Newsletter, Episodenführer mit Kurzinhalten und Fotos, Personen, TV-Planer, aktuelle Berichte und Fanshop.

Immer dabei mit einem Abonnement der Akte X-Mailingliste-

Baywatch (USA) (D)

www.baywatch.com/

Episodenführer, Personen, Sendetermine in Amerika und eine lange Liste von Sendern weltweit, die Baywatch ausstrahlen. Fanforum und Promotionaktionen.

www.sat1.de/formate/baywatch/

Personen, Statistiken, Story, Chat und Online-Spiele.

Die zehn wichtigsten Regeln für Rettungsschwimmer.

Captain Future (D)

www.sat1.de/formate/cf/

Episodenführer, Personen und der Frag-Simon-Chat.

Cometron, ein Online-Shockwave-Spiel.

City Express (D)

www.cityexpress-online.de/

Vorschau auf die nächste Folge, Wiederholungstermine, Charaktere und Backstage-Berichte.

Dawson's Creek (USA)

www.dawsonscreek.com/

Die Personen und Geschichten der Serie Dawson's Creek mit Bildergalerie und Episodenführer mit Video- und Audioclips. Bei einem Gewinnspiel kann man eine Reise zum Set der Aufnahmen gewinnen.

Derrick (D)

www.zdf.de/filme_serien/derrick/

Hol schon mal den Wagen, Harry! Hier gibt's die Sendedaten aller Folgen, Personen, RealVideo-Ausschnitte, Statistiken und einen Rundgang durch Derricks Büro.

Emergency Room (USA)

virtuallot.warnerbros.com/cmp/drama/er/er.htm

Episodenführer, Bilder hinter den Kulissen, und Charaktere dieser Ärzteserie. Fotos, Videoclips, und aktuelle Meldungen.

Großstadtrevier (D)

www.das-erste.de/revier/

Vorschau auf die nächsten Sendungen, Charaktere, Autogrammkarten, Bilder zum Download und Titelmusik als RealAudio.

Gute Zeiten, Schlechte Zeiten (D)

www2.rtl.de/subsites/8/

Personen, Fotos, Backstage-Berichte, Chat, digitale E-Mail-Postkarten, Fanshop.

Online-Memory-Spiel.

Harald Schmidt Show (D)

www.schmidt.de/

Harald kommt online genauso gut wie im TV. Feiste Sprüche, Klatsch, Personen, Fanshop und Fun, Fun, Fun.

Online-Versteigerung diverser Gegenstände aus der Show.

Lindenstraße (D)

www.lindenstrasse.de

Krise bei Grieses – Berta will endlich unter die Haube! Klatsch und Tratsch aus der Lindenstraße mit Hintergrundinformationen und Fanshop.

Marienhof (D)

www.das-erste.de/marie/

Vorschau auf die Sendungen, Charaktere, Forum, Bilder, Webcam aus dem Studio. Statistik der Serie: Hochzeiten, Tote, neugeborene Kinder.

Melrose Place (USA) (D)

www.melroseplacetv.com/
www2.rtl.de/subsites/5000002/s_pages.hts

Episodenführer mit Inhaltsangaben aller Folgen, Bilder, Personen.

Versteigerung von Gegenständen aus der Serie für eine Wohltätigkeitsorganisation.

Neues – Die Computershow (D)

www.3sat.de/neues.htm

Gut recherchierte und ausführliche Infos aus der Computerszene sowie viele Links zu Unternehmen aus der Computerbranche. Das Design der Seite läßt jedoch zu wünschen übrig.

Nur die Liebe zählt (D)

www.sat1.de/formate/liebe/

Infos über die Show und wie man als Kandidat mitmachen kann. Videobotschaften und Rettungsaktionen für Beziehungsgeschädigte.

Kontaktanzeigen lesen und aufgeben.

Planetopia (D)

www.sat1.de/formate/planetopia/

Aktuelle Themen der nächsten Sendung mit Links auf Hintergrundinformationen. Archiv mit Themen aus älteren Sendungen.

Stargate (USA) (D)

www.rtl2.de/serien/stargate/main.cfm
www.stargate-sg1.com/

Episodenführer, Berichte von der Produktion, Personen, Sendezeiten.

Bildschirmschoner mit Stargate-Motiven.

Talkshows (D)

www.sat1.de/formate/talktime/

Hier finden Sie die bekannten Talkshows Sonja, Vera am Mittag und Jörg Pilawa. Themen, Chat, Backstage-Interview. Hier können Sie sich selbst zu bestimmten Themen als Gäste bewerben.

Online-Umfragen zu aktuellen Themen.

TV Today Serienvorschau (D)

www.tvtoday.de/tv/serien/serien.hbs

Vorschau auf die nächste Folge aller bekannten Serien mit Diskussionsforum „Lästerecke" zu jeder Serie.

Verbotene Liebe (D)

www.das-erste.de/liebe/

Vorschau auf die nächsten Sendungen, Charaktere, Forum, Bilder, Desktop-Themen, Audio- und Videoclips. Chat und Link auf verschiedene Fan-Seiten.

Wochenshow (D)

www.wochenshow.de/

Ingolf Lück, Brisko Schneider und Co. Hier präsentiert sich der SAT1-Quotenrenner mit vielen Videoclips aus den besten Sendungen.

Sport

DSF (D)

www.dsf.de/

Aktuelle Sportnachrichten und Berichterstattung. Nachrichtenarchive zu verschiedenen Sportarten. Formel 1 und Fußball als Live-Ticker.

Eurosport (USA)

www.eurosport.com/

Sportberichterstattung nach Sportarten sortiert. Übersicht über das aktuelle TV-Programm von Eurosport, nach Sportarten selektierbar. Jede Woche ein Online-Gewinnspiel.

Ran (USA)

www.ran.de/

Aktuelle Sportnachrichten zu verschiedenen Sportarten, Bundesligatermine, Online-Spiele und Chat.

Beim virtuellen Bundesliga-Aktienmarkt können Sie durch geschickte Spekulation viel (echtes) Geld gewinnen.

Sportschau (D)

www.sportschau.de/

Aktuelle Meldungen, nach Themen geordnet: Fußball, Tennis, Motorsport, Eishockey ...

Film

Thema	Seite	Weiterführende Linkseiten
Kurzfilme	558	www.kurzfilm.de/
Filmkritiken, Filmfestivals, Filmhersteller und Filmschulen	559	www.popcultures.com/film.htm
Monty Python	561	www.intriguing.com/mp/websites/
Filmfestivals	562	filmfestivals.com/
Offizielle Webseiten zu aktuellen Filmen	564	www.geocities.com/southbeach/pier/6188/

All Movie Guide (USA)

allmovie.com/

Datenbank zur Suche nach Filmen, Schauspielern und Regisseuren mit zahlreichen Querverweisen, Interviews und einem Filmglossar.

atlas international (USA) (D)

www.atlasfilm.com

atlas international Film GmbH München. Weltweiter Verkauf von Kinofilmen und Fernsehprogrammen.

Buenavista International (D)

www.movie.de

Der Filmhersteller Buenavista International stellt aktuelle Neuerscheinungen vor, dazu Klatsch, Gerüchte und Termine.

Cinemabilia (D)

www.cinemabilia.de/

Versand von Promotionartikeln sowie Bücher und Videos zu bekannten Filmen.

City of Horror (D)

splatter.webjump.com/

Wenn's gefällt – Schnittberichte zu Horrorfilmen, Bilder, indizierte und beschlagnahmte Filme unterlegt mit der Hintergrundmusik zu „Halloween I".

Filmlexikon (D)

www.kabel1.de/filmlexikon/

Das Filmlexikon von Kabel1 enthält Kurzbeschreibungen zahlreicher deutscher und internationaler Filme sowie ein Personenlexikon mit Darstellern und Regisseuren.

Film.de

www.film.de

Aktuelle Kino- und Fernsehfilme, Kritiken, Schauspielerbiographien und Gewinnspiel. Aktuelle Kinotrailer können Sie sich online per QuickTime-Unterstützung anschauen. Darunter „Star Wars" Episode 1, „Die Mumie" u. v. a. m.

Focus Filmarchiv (D)

focus.de/d/df/dfa/dfa.htm

Im Filmarchiv der Zeitschrift „Focus" finden Sie aktuelle Filmkritiken und Hintergrundberichte sowie eine Datenbank mit Texten über ältere Filme und Kurzinterviews mit den Hauptdarstellern.

Französische Kinos (F)

www.futura.qc.ca/1001/cinema.html

Links auf französischsprachige Internetseiten über Filme und Kinos.

Hielscher Filmproduktion (D)

www.hielscher.de/

Filmhersteller mit interessanter Flash-Webseite.

Internet Movie Database (USA) (D)

www.imdb.com/
german.imdb.com/

In dieser Datenbank finden Sie fast alle bekannten Filme und Schauspieler, Kurzbeschreibungen und Buchtips.

Kinonews (D)

www.kinonews.de/

Besprechnungen aller aktuellen Filme mit Interviews und Bildern. Dazu aktuelle News zu TV, Musik und Computer.

Kurzfilm Datenbank (D)

www.kurzfilm.de/

Links auf Kurzfilmfestivals und Hersteller. Dazu Kurzbeschreibungen bekannter deutscher Kurzfilme.

Landesfilmdienste (D)

www.landesfilmdienste.de/

Katalog der Landesfilmdienste in Deutschland.

MovieData (D)

www.moviedata.de

Aktuelle Filme mit Startdaten, teilweise auch Bildern und Kritiken.

Movieguide (D)

www.movieguide.de/

Eine gelungene Vorstellung neuer Kino- und Videofilme. Exklusive Filmkritiken und Spotlights zu aktuellen Kinofilmen.

Movieline (D)

www.movieline.de/

Filmdatenbank mit Schauspielern und deutschen Kinospielplänen. Dazu auch eine Datenbank mit Filmbüchern.

Moviemaker (USA)

www.moviemaker.com

Die Zeitschrift Moviemaker liefert in ihrem Online-Angebot Hintergrundberichte und Interviews aus der Filmindustrie.

Moviesounds (USA)

moviesounds.com/

Filmmusik zu verschiedenen Filmen als WAV-Dateien zum Download.

Moviething USA

moviething.com/

Filmkritiken, Biographien, Gewinnspiele, Chat, digitale E-Mail-Postkarten und eigene E-Mail-Adresse *@MovieLuver.com.*

Movie World Bottrop USA D

www.movieworld.de/

Tour durch Europas größten Filmpark, den Movieworld Park von Warner Brothers. Zahlreiche Bilder aus Filmen und Lageplan des Geländes.

Oscar USA

www.oscar.com/

And the Winner is ... Die offizielle Seite zur Oscar-Vergabe. Hier finden Sie alles über die Oscar-Verleihung, Filme und deren Darsteller sowie Blicke hinter die Kulissen des Geschäfts.

Sarah Zupko's Movie House USA

www.popcultures.com/film.htm

Filmkritiken, Filmfestivals, Filmhersteller und Schulen sowie zahlreiche weitere Links auf Filmdatenbanken.

Fanseiten

Plastic People Page USA

www.geocities.com/hollywood/7990/plastic.html

Eine Liste bekannter Schauspielerinnen mit den Ergebnissen ihrer Schönheitsoperationen. Von der Brustvergrößerung zur neuen Nasenspitze bis hin zum Lifting der Augenbrauen.

Arnold Schwarzenegger

Schwarzenegger, Arnold USA

www.schwarzenegger.com/

Und – Action! Arnold alias Terminator gibt sich Ehre. Hier finden Sie von der Biographie, Filmographie über Fun & Games bis hin zum Fitneßwochenende mit Arnold einfach alles über Ihren Star.

Charlie Chaplin

Chaplin, Charlie USA

www.autographics.com/chaplin.html

Biographie und Filmographie von Charlie Chaplin.

Cindy Crawford

Crawford, Cindy (USA)

cindy.com/

Die offizielle Seite von Cindy Crawford bietet zahlreiche Bilder, Texte, Infos, eine Fanmailbox und digitale Postkarten.

James Bond

Nobody does it better (D)

privat.schlund.de/b/bond/indexa.htm

Private Fanseite zu James Bond mit zahlreichen Informationen über die Darsteller, ihre Gegner, Mädchen und Autos.

James Dean

Dean, James (USA) (D)

www.jamesdean.com/
www.jamesdean.com/de/deindex.html

Biographie, Zitate, Filmographie und diverse Fotosammlungen zum Bestellen.

Jeri Ryan

Ryan, Jeri (USA)

www.jerilynn.com/

Fanclub, Chat, Biographie, Filmographie, Bilder, Sounds und RealVideo.

Kate Winslet

Winslet, Kate (USA)

www.kate-winslet.org/

Bilder, Biographie, Filmographie und diverse Software für echte Fans (Hintergrundbild, Newsticker und der Kate Winslet Fan Page Generator).

Leonardo DiCaprio

DiCaprio, Leonardo (USA)

www.leonardodicaprio.com/

Die offizielle Seite von Leonardo DiCaprio zeigt eine Biographie, aktuelle News und Bilder. Außerdem lassen sich diverse Fanartikel bestellen.

Monty Python

MontyPython.NET (USA)

www.montypython.net/

I like Chinese – Wahnsinn! Über 920 Sounds und 380 Python-Skripts und -Sketche zum Download. Alles über Graham Chapman, John Cleese, Terry Gilliam, Eric Idle, Terry Jones und Michael Palin, der wohl besten Komikertruppe dieses Jahrhunderts.

Und wenn das nicht genug ist, erfahren Sie noch alles über John Cleese's Megaerfolg „Fawlty Towers"!

Monty Python (D)

www.pythonline.com/

Total abgedreht! Die offizielle Monty Python-Webseite bietet beknackte Spiele, einen Chit Chat, Sketche, Python Plug-Ins, Verkauf von Fanartikeln sowie viele Links zu den besten Monty Python-Seiten weltweit.

Monty Python Web Sites (USA)

www.intriguing.com/mp/websites/

Die ultimative Linkseite zu den besten Fanpages zu Monty Python!

Monty Python's Flying Circus (USA)

bau2.uibk.ac.at/sg/python/monty.html

„And now for something completeley different!" Bilder und Texte zu allen Monty Python-Sketchen und -Filmen sowie die Biographien aller Mitglieder des Flying Circus.

Monty Python's Flying Circus Australia (USA)

www.stone-dead.asn.au/mainpage.htm

Spot the Loony – Die Python-Site aus Down Under! Infos zu Monty Python's TV-Serie, allen Filmen, Sketchen, Bildern, Sounds und ein verrücktes Python-Quiz.

Festivals

Berlinale (D)

www.berlinale.de/

Filmliste und Presseinformationen zur Berlinale. Alle Filme mit Inhaltsangaben. Hier können Sie auch direkt online eigene Filme anmelden.

Filmfest Cannes (USA)

www.cannes-fest.com/

Veranstaltungsprogramm, Interviews und Kurzbesprechungen der Filme auf den internationalen Filmfesten der letzten Jahre sowie eine Vorschau auf das kommende Festival. Alles leider nur in französischer Sprache.

Filmfestivals (USA)

filmfestivals.com/

Suchmaschine und Archiv mit allen Daten aktueller Filmfestivals und den Listen nominierter Filme.

Filme

Antz (D)

movies.uip.de/antz/

Die offizielle Homepage von Antz zeigt eine kurze Inhaltsbeschreibung und den Trailer als RealVideo, MPEG oder QuickTime.

Armageddon (USA)

movies.go.com/armageddon/

Die offizielle Seite mit Bildern aus dem Film und von hinter den Kulissen, Biographien der Darsteller und drei Online-Spielen zum Thema.

Asterix und Obelix (USA) (D)

www.asterix.tm.fr/lefilm/
www.kinotv.com/asterix/

Die offizielle Webseite des neuen Asterix-Films zeigt einige Fotos, eine Inhaltsangabe und die Charaktere des Films.

Bluesbrothers 2000 (D)

movies.uip.de/blues-brothers-2000/

Die Geschichte, Darsteller, Fotos, verschiedene RealVideo-Previews, Szenen aus der Produktion und viel Musik.

City of Angels (USA)

www.city-of-angels.com/

Bilder und Texte aus dem Film, Bilder von der Produktion, Videosequenzen und Soundtracks.

Deep Impact (D)

movies.uip.de/deep-impact/

Zum Thema passend: Bilder von Kometen, Meteoriten und Forschungsstationen. Dazu die Geschichte, Darsteller, Fotos, Hintergrundinfos aus der Produktion.

Disney (D)

www.disney.de/

Disney stellt hier aktuelle Filme vor, dazu die Kindersoftware von Disney Interactive und ein Malbuch sowie digitale Postkarten.

Event Horizon (D)

movies.uip.de/event_horizon/

Die offizielle Homepage stellt den Film interaktiv in Form einer Raumschiffkommandozentrale vor. Hier gibt es Bilder, Trailer und Texte mit Hintergrundinformationen.

Familiensache (USA) (D)

movies.uip.de/onetruething/
www.one-true-thing.com/

Die Geschichte, Darsteller, Fotos, RealVideo-Preview, Interviews und Kurzbiographien der wichtigsten Personen hinter den Kulissen.

Grease is still the word (D)

movies.uip.de/grease/

Trailer, Bilder, Desktop-Hintergründe; Quizspiel zum neuen Grease-Film.

Große Krabbeln, das (USA)

disney.go.com/disneypictures/bugslife/

Alles zu den Charakteren, dazu Desktop-Themen, Icons, Bildschirmschoner zum Herunterladen.

Independence Day (USA) (D)

www.foxfilm.de/filmtitel/independence_day/homepage.html
www.id4movie.com/

Inhalt, Darsteller und Bilder aus dem Film. Buttons und Hintergrundbilder zum Download. Auf der amerikanischen Seite gibt es interaktive Spiele zum Film.

Mann in der eisernen Maske, der (D)

movies.uip.de/manironmask/

Die Geschichte, Darsteller, Fotos, Trailer als RealVideo oder QuickTime und ein Gewinnspiel.

Marrakesch (USA) (D)

www.hideous-kinky.co.uk/
marrakesh-der-film.de/

Bilder, Schauspieler und Szenenfotos aus „Marrakesch". QuickTime Videoclips, Ausschnitte aus dem Soundtrack und Interviews.

Links auf das Filmlexikon und den Movieshop der International Movie Database.

Matrix, the (USA)

www.whatisthematrix.com

Science-fiction-Thriller „The Matrix".

Muppets from Space (USA)

www.muppetsfromspace.com/

Der neue Muppets-Film. Hier können Sie jetzt schon den Trailer als QuickTime-Movie herunterladen.

Payback (USA)

www.paybackmovie.com

Infos, Backstage-Bilder und Schauspieler des Films „Payback".

Online-Ballerspiel.

Pünktchen und Anton (D)

www.movie.de/bvi/puenktchen_und_anton/

Die Geschichte, Darsteller, Fotos, Pressestimmen, Produktionsnotizen und ein Trailer als AVI zum Download.

Seite an Seite (USA)

www.spe.sony.com/movies/stepmom/

Bilder, Videoclips und Berichte von der Produktion. Bestellmöglichkeit für T-Shirts und die Soundtrack-CD, digitale E-Mail-Postkarten. Interview mit dem Regisseurm, außerdem mit einer Expertin für Familienfragen, passend zum Filmthema.

Soldat James Ryan, der (D)

movies.uip.de/savingprivateryan/

Die offizielle Homepage zeigt eine kurze Inhaltsbeschreibung und den Trailer als RealVideo, MPEG oder QuickTime.

Sperrsitz (D)

www.geocities.com/southbeach/pier/6188/

Links auf die offiziellen Webseiten zu aktuellen Filmen, Studios und Produktionsfirmen, Kinocharts und Starttermine.

Titanic (USA)

www.titanicmovie.com/

Filme, Interviews, Biographien und Informationen hinter den Kulissen. Screensaver und Hintergrundbilder zum Download. Digitale E-Mail-Postkarten im Outfit eines alten Telegramms von der Titanic können online verschickt werden.

Titanic official Movie tour (D)

www.deutsche-entertainment.de/concert-concept/titanic/

Die Ausstellung über den erfolgreichsten Film aller Zeiten zeigt Originalrequisiten, die berühmte Treppe und die Kostüme von Jack und Rose sowie interaktive Installationen auf über 6.000 Quadratmetern.

Vergessene Welt: Jurassic Park (USA)

www.lost-world.com/

Fantastische Seite rund um Steven Spielbergs Jurassic Park. Texte, Bilder, Zeichnungen und erstklassige Java-Animationen mit beindruckender Geräuschekulisse aus Jurassic Park.

Filmkritik

cult film classics (D)

www.cyberm.de/film/

Kurzinhalt, Bilder und Kritiken zu zahllosen klassischen Kultfilmen und ihren Schauspielern.

Film-Dienst Lexikon (D)

www.film-dienst.de/lex/lex0.html

Kurzkritiken zu Filmen der letzten Jahre. Datenbank, um zu ermitteln, an welchem Ort der Film heute gerade läuft.

Filmen, Fehler in (USA)

german.imdb.com/sections/goofs/

Ellenlange alphabetisch sortierte Liste mit fatalen Fehlern aus den besten Filmen aller Zeiten.

Besonders lesenswert: die Anachronismen in „Titanic".

Filmkritiken (D)

sunsite.informatik.rwth-aachen.de/filme/

Wirklich gute Filmkritiken zu fast allen Filmen der letzten Jahre.

Moviedome (D)

members.aol.com/moviedome/

AOLs Moviedome bietet Kritiken zu aktuellen Kinofilmen und Klassikern, Filmcharts, Adressen und eine Movie-FAQ.

Filmmusik

Filmtracks

www.filmtracks.com/

Kritiken zu Soundtracks bekannter Filme, alles über deren Entstehung, Awards, Publikationen, Bilder und Audio-Previews.

IMAX

Boeing IMAX Theater (USA)

www.pacsci.org/public/imax/theater/index.html

Programm der IMAX-Filme und Lasershows im Boeing IMAX-Theater am Pacific Science Center in Seattle.

Cité des Sciences (USA)

www.cite-sciences.fr/

Programm des IMAX-Kinos und Planetariums im Technik- und Erlebniscenter Cité des Sciences et de l'Industrie in Paris, der einzigen europäischen Stadt mit zwei IMAX-Kinos.

Destination Cinema (USA)

www.imaxtheatre.com/

Programm und Sonderveranstaltungen der IMAX-Kinos in Niagara Falls, Grand Canyon, Hawaii und im National Geographic Theater.

Forum der Technik München (D)

www.fdt.de/

Programm des IMAX-Kinos, Planetarium und Lasershows im Forum der Technik am Deutschen Museum in München.

IMAX Berlin (D)

www.imax-berlin.de/

Programm des IMAX-Kinos am Potsdamer Platz mit Kurzbeschreibung der Filme.

IMAX Bochum/Düsseldorf (D)

www.imax-filmtheater.de/

Programm der IMAX-Kinos in Bochum und Düsseldorf mit Kurzbeschreibung der Filme. Hier finden Sie auch den aktuellen Planungsstand für zehn weitere IMAX-Kinos in Deutschland.

IMAX Corporation (USA)

www.imax.com/

Der Hersteller stellt die aktuellen IMAX-Filme und 3-D-Simulationen vor.

IMAX Sinsheim/Speyer (USA) (D)

www.technik-museum.de/
www.technik-museum.de/endex.html

Programm des IMAX-Kinos im Auto-Technik-Museum Sinsheim/Speyer. Beschreibung aller IMAX-Filme.

Liberty Science Center (USA)

www.lsc.org/exhibits/imax/imax1.html

Programm Kodak Omni Theater IMAX; Liberty Science Center New York.

Samuel P. Langley Theater (USA)

www.nasm.edu/nasmdocs/imax/imaxfilms.html

Programm des Samuel P. Langley Theater IMAX Kino am Smithsonian National Air and Space Museum.

Sheridan IMAX Dublin (USA)

www.dublinimax.ie/

Programm des IMAX-Kinos Dublin mit Beschreibung der englischen Originalfilme.

TEG's IMAX page (USA)

teg.net/imax/

Technische Informationen zu IMAX, Film-Liste, IMAX-Kinos weltweit.

Kinoprogramm

Cinema (D)

www.cinema.de

Das Online-Programm der Zeitschrift Cinema bietet eine Programmsuche aller Kinos in Deutschland mit Spielzeiten, Telefonnummern und Eintrittspreisen. Dazu kommen Fotoarchive und Filmbesprechungen.

Cinemaxx (D)

www.cinemaxx.de/

Programme, Filminformationen, Kartenbestellungen für Cinemaxx-Kinos.

CineNet (D)

www.kino.ch/

Das schweizerische Kinomagazin zeigt das Programm der wichtigsten schweizerischen Kinos.

Kinopolis (D)

www.kinopolis.de/

Kinoprogramm der Kinopolis-Kinos und Kurzvorstellungen zahlreicher aktueller und nicht mehr ganz aktueller Filme.

Omniplex (D)

www.omniplex.de/

Programm aller Omniplex-Kinos in Deutschland, dazu Vorschau und Filmkritiken.

Kleinkunst

Thema	Seite	Weiterführende Linkseiten
Artisten und Kleinkünstler	568	www.artisten.com/
Künstleradressen-Datenbank	568	www.fh-hannover.de/ab/home/hm/dbhome.htm
Veranstaltungen nach Künstlern	569	www.webstage.de/aindex.htm

Alleinunterhalter

Alleinunterhalter (D)

www.zauber.de/solo.htm

Adressenliste mit Alleinunterhaltern in Deutschland. Hier kann sich jeder Alleinunterhalter kostenlos eintragen.

Künstler

Artisten.com (D)

www.artisten.com/

Vorstellung verschiedener Artisten und Kleinkünstler. Hier können sich Akrobaten und Showkünstler eigene Seiten einrichten.

Bundesverband freier Theater (D)

www.th-net.de/buft/

Der Bundesverband freier Theater bietet eine Datenbank mit Adressen freier Theatergruppen und Kleinkünstler.

Künstleradressendatenbank (D)

www.fh-hannover.de/ab/home/hm/dbhome.htm

Von A Cappella über Kleinkunst bis hin zu Unterhaltungsmusik. Ausführliche Datenbank mit Künstleradressen verschiedener Kategorien.

Webstage (D)

www.webstage.de/aindex.htm

Künstlerdatenbank, in der man für Veranstaltungen jeder Art thematisch nach Künstlern suchen kann.

Zauber (D)

www.zauber.de/

Adressen von Künstlern aller Art, Veranstaltungsservice, Agenturen, Chat, Diskussionsforum und digitale Postkarten.

Schausteller

Deutscher Schaustellerbund (D)

www.schausteller-info.de/

Datenbank aller Volksfeste in Deutschland.

Schausteller in Deutschland (D)

www.schausteller.de/

Aktuelle Markttermine, Links auf Hersteller, Kleinanzeigen für Schausteller und Jobbörse.

Verein reisender Schausteller Ostfriesland e. V. (D)

home.t-online.de/home/schaustellerverein-leer/

Auf diesen Seiten finden Sie alles über ostfriesische Schausteller, Märkte, den Verein und eine Linkseite zu diversen Schaustellern und Schaustellerservern sowie Kleinanzeigen.

Veranstaltungsservice

Kunstpark Ost (D)

www.kunstpark.de

Wer ein Weekend in Müchen plant, sollte sich diese Seite anschauen.

Eine interaktive Map zeigt die hippsten Locations in und um München herum. Vom Akwarium über den Munich Beach Club bis hin zur Wiesnworld.

Lustspielhaus München (USA)

www.lustspielhaus.de/

Das komplette Programm des Lustspielhauses München inklusive interessanter Künstler-Portraits.

Schwabinger Festspielhaus (D)

www.schwabinger-festspielhaus.de/festspiel.htm

Schwabinger Festspielhaus München. Theater, Kleinkunst.

Kultfiguren

Thema	Seite	Weiterführende Linkseiten
Europäische Adelige	570	www.diana.de/b/b.htm?rubrik=3

Lara Croft

Lara Croft Spezial bei Online-Today (D)

www.online-today.de/online/lara/lara.hbs

Hier finden Sie alles über Lara Croft, von ihrer Rolle in Tomb Raider bis zu erotischen Fotos und Bildern von Mädchen, die Lara nachahmen.

Lara Forever (USA) (D)

www.geocities.com/hollywood/agency/7110/

Viele Bilder, Tips, Desktop-Themen und Tomb Raider-Patches.

Tomb Raider (USA) (D)

www.tombraider.de/
www.tombraider.com/

Die offizielle Seite des Spieleherstellers Eidos bietet einen Fanclub, Programme zum Selbstmachen von 3-D-Tombs und Kurzbiographien und Bilder der Lara-Models.

WittRaider (D)

ggw.biz.worms.de/wr/

Biographie von Lara, Interviews, Fotos, Online-Spiele und Downloads.

Monarchie

Datenbank der Prominenten Europas (D)

www.diana.de/b/b.htm?rubrik=3

Datenbank mit persönlichen Daten europäischer Adeliger.

Monarchie Newsgroup (USA)

news://alt.talk.royalty

Newsgroup der potentiellen Royals: Monarchie, Adel und Rittertum.

England

Althorp House (USA)

www.althorp-house.co.uk/

Geschichte und virtueller Rundgang mit Fotos und QuickTime VR durch Althorp House, den Familiensitz der Familie Spencer.

British Monarchy, the (USA)

www.royal.gov.uk/

Die offizielle Webseite des britischen Königshauses zeigt historische Informationen, Pressemeldungen und Fotos.

Diana's life in print (USA)

www.webgal.com/diana/

Bücher über das Leben und den Tod von Diana, Princess of Wales.

Prince of Wales, the (USA)

www.princeofwales.gov.uk/

Auf der offiziellen Webseite von Prince Charles finden Sie seine Reden, Fotos und Presseberichte über seine Wohltätigkeitsaktivitäten.

Royal London (USA)

▲ www.diana.co.uk/

Die Infosite für alle Fans der britischen Königsfamilie. Klatsch aus dem Hause der Royals. Jeden Tag mit einem neuen Aufmacher!

Touristen-Infos und Hotelbuchungen für London online

Liechtenstein

Fürstenhaus Liechtenstein (D)

www.firstlink.li/fuerst/

Geschichte der Liechtensteiner Fürstenfamilie und Kurzbiographien der amtierenden Fürsten.

Monaco

Stammbaum der Grimaldis (USA)

www.monaco.monte-carlo.mc/us/presentation/history/arbregene.html

Stammbaum der Grimaldi-Familie aus Monaco, zurückverfolgt bis ins elfte Jahrhundert.

Niederlande

Königshaus Oranien Nassau (D)

www.postbus51.nl/min_az/kh_duits/mitglieder_on.htm

Biographien aller Mitglieder des niederländischen Königshauses Oranien-Nassau.

Superman

Kryptonian Cybernet (USA)

www.kryptonian-cybernet.com

Und er bewahrt uns vor dem Bösen. Das Superman-Online-Magazin mit einer Superman-Comic-Bibliothek, einem Superman-Kalender, Links zu anderen Superman-Sites und mehr.

Superman Homepage (USA)

www.geocities.com/area51/vault/7771/index1.html

Bunte Fanseite mit allem, was der echte Superman-Fan braucht. FAQs, Links, viele Bilder und Sounds.

Superman Newsgroup (USA)

news://rec.arts.sf.superman

Newsgroup über Superman. Hier werden all Ihre Fragen zum Mann mit dem roten Umhang beantwortet.

Kunst

Thema	Seite	Weiterführende Linkseiten
Art Channel	573	logisearch.net/art/
Art-Pages	573	www.art-pages.com/
Kunstausstellungen	574	www.xart.de/go.htm
Kunstgalerien	576	www.galerie.de/
Kunstgalerien in Berlin	576	www.bvdg.de/berlin/
Bodypainting	580	members.aol.com/sentai/bp-links.htm

Art channel, www (USA) (D)

logisearch.net/art/

Fantastischer Suchindex über mehrere Suchmaschinen zu allem, was mit Kunst zu tun hat.

Art-Pages (USA) (D)

www.art-pages.com/

Adressen von Museen, Ausstellungen, Galerien, Künstlern, Künstlerbedarf usw.

Kunst Newsgroup (USA)

news://alt.arts

Newsgroup zu allgemeinen Themen aus der Kunstszene.

Kunstplan Hannover (D)

www.kunstplan-hannover.de/

Aktuelles Kunstmagazin aus Hannover mit Ausstellungen, Galerien, Museen, Kunstvereinen und Künstlerseiten.

Ausstellungen

artthing (USA)

www.artthing.de/

Verschiedene aktuelle Ausstellungen in Deutschland; Links auf Museen.

Institut für moderne Kunst (D)

www.moderne-kunst.org/

Bilder und Texte aus Ausstellungen des Instituts für moderne Kunst in Nürnberg und ein virtueller Ausstellungsraum.

Kunstausstellungen (USA) (D) (F)

www.xart.de/go.htm

Eine Auswahl der besten Seiten zum Thema Kunst im Internet.

Kunst-Halle (USA) (D)

www.kunst-halle.mda.de/

Kunstausstellungen, Künstler in Halle, virtuelle Ausstellungen, Projekte.

Kunstmesse Frankfurt (USA) (D)

www.artfrankfurt.de

Kunst- und Verkaufsmesse Frankfurt, Schwerpunkt: Kunst ab 60er Jahre.

Pier Walk (USA)

www.pierwalk.com/

Die größte jährliche Open-air-Skulpturenausstellung auf dem Navy Pier in Chicago stellt hier mit Fotos die Objekte des laufenden Jahres vor.

Documenta

Documenta (D)

www.documenta.de/

Die wichtigste zeitgenössische Kunstausstellung wird das nächste Mal im Sommer 2002 statfinden. Es gibt aber Berichte und Fotos der vergangenen Ausstellungen. Außerdem kann man Kataloge, Filme, Plakate und CD-ROMs bestellen.

Documenta Archiv (USA) (D) (F)

www.uni-kassel.de/bib/documenta/docum1d.htm

Vorstellung des Documenta-Archivs; Links auf weitere Seiten.

Design

Busstops (USA)

www.x-com.de/busstops/

Internationale Designer planten Bus- und Stadtbahnhaltestellen in Hannover. Hier sehen Sie die Ergebnisse und Kurzvorstellungen der Künstler.

Core Industrial Design Network (USA)

www.core77.com/

Online-Forum für Industrie-Design. Hier finden Sie aktuelle Ausstellungen und Projekte, aber auch Adressen von Firmen und Schulen sowie ein Diskussionsforum.

Internationales Design Zentrum (D)

www.idz.de/

Aktuelle Ausstellungen, Veranstaltungen, Seminare und Publikationen des Internationalen Design Zentrums Berlin.

Pop goes the plastic (USA)

sreilly.home.mindspring.com/

Katalog einer Ausstellung ästhetischer Kunststoffobjekte mit zahlreichen Bildern.

Fotografie

Ayumi's gallery (USA)

www.spacelab.net/~ozeki/real/real1.html

Umfangreiches Angebot künstlerischer Fotos New Yorker Wolkenkratzer.

Cardish, Daniel (USA)

www.kelvin.net/dcardish/

Dieser kanadische Fotograf wurde besonders bekannt durch seine schwarzweißen Mädchenfotos, die teilweise mit Infrarotfilmen gemacht wurden.

Farber, Robert (USA)

www.farber.com/

Hervorragend gestaltete Fotogalerie von Robert Farber Treten Sie ein und lassen Sie sich von den fantastischen Fotografien verzaubern.

Interaktiver Fotoworkshop für Mitglieder und Gäste.

Kicken Gallery (USA) (D)

www.kicken-gallery.com/

Virtueller Rundgang durch eine Galerie für künstlerische Fotografie. Dabei können die Fotos auch online betrachtet (und gekauft) werden.

Lomostock (USA)

www.lomo.com/

Riesiges Fotoarchiv zu verschiedenen Themen mit Kurztexten. Hier können Sie auch selbst Fotos einsenden.

Alle Bilder können als digitale Postkarten verschickt werden.

Mendelsohn, David (USA)

www.davidm.com/

Kommerzielle und private Fotogalerie von David Mendelsohn. Auch hier gilt: Eintreten und sich an den fantastischen Bildern berauschen.

NewYorkNoir (USA)

newyorknoir.com/

Umfangreiches Archiv mit künstlerischen Schwarzweißfotografien aus New York.

Popinger, Thomas (USA)

www.popinger.com/

Ein Fotograf zeigt Fotos zu verschiedenen Themengebieten mit einer interessanten multimedialen Java-Bedieneroberfläche. Unbedingt anschauen.

Galerien

Eye! Land (USA)

www.eyeseeyou.com/

Virtuelle Galerie mit Werken verschiedener Künstler. Sehr gut gemacht, man bewegt sich scheinbar wirklich durch die Räume.

Galerien online (USA) (D)

www.galerie.de/

Links auf verschiedene Kunstgalerien nach Städten, Namen oder den vertretenen Künstlern sortiert. Außerdem Adressen von Gutachtern.

Landesverband Berliner Galerien (D)

www.bvdg.de/berlin/

Übersicht mit Links auf alle Berliner Galerien und die vertretenen Künstler. Suchmaschine nach Kunstwerken und Ausstellungskalender.

Virtuelle

Art.com (USA)

www.art.com/

Virtuelle Kunstgalerie mit einem wirklich umfangreichen Angebot an Bildern aus dem Zeitraum von 1900 bis 1999. Weiterhin eine anregende Galerie für alle Freunde der Pin-Up-Art.

Kunst im Netz (D)

www.deepstorage.com/

Eine Gruppe internationaler Künstler stellt einen Querschnitt Ihrer Arbeiten in virtuellen Galerien aus. Zudem können verschiedene Werke online bestellt werden, oder nehmen Sie an den montalich stattfindenden Versteigerungen teil.

Bietet die Möglichkeit, online Kunstwerke zu erwerben.

Proarte (USA)

www.proarte.com/indexa.htm

Proarte ist ein internationales Zentrum für Künstler unterschiedlichster Richtungen mit virtueller Galerie, Diskussionsforum und Online-Verkauf.

ShopArt (USA) (D)

www.shopart.com/

Auch hier hat sich eine internationale Gruppe bildender Künstler im Internet zusammengefunden. Ein Ziel dieser Webseite ist es, nicht nur die Kunst, sondern auch die Menschen hinter der Kunst zu präsentieren. Besuchen Sie die virtuelle Galerie, oder nehmen Sie an der Online-Auktion teil.

Symbolic Sculpture (USA)

www.bangor.ac.uk/sculmath/image/main.htm

John Robertson zeigt hier seine symbolischen Metallskulpturen, die aus mathematisch geometrischen Formen bestehen.

United Arts (D)

shop.united-arts.de/default.htm

Galerie mit über 20.000 Kunstwerken zum Online-Betrachten nach Motiven sortiert und mit Biographien der Künstler. Alle Werke können als Kunstdruck und teilweise auch als Original online bestellt werden. Zum Beispiel gibt es hier Christos Originalentwürfe für die Reichstagsverhüllung zum Preis eines Einfamilienhauses.

Universal Arts (D)

www.universal-arts.de/

Virtuelle Galerie expressionistischer Malerei und audiovisueller Medienkunst. Weiterhin können Sie mittels einer Webcam einen Blick in das Studio und in die Küche der Produzenten werfen.

Graffiti

Browse Brothers (USA)

www.stl-group.net/~damage/home.htm

Eine gelungene Zusammenstellung verschiedenster Graffiti auf deutschen und niederländischen Zügen.

Endstation (USA)

www.graffiti.org/endstation/

Internationales Graffiti-Online-Magazin mit zahlreichen Bildern und Berichten über die Graffiti-Szene in Europa.

Farbteufel (USA) (D)

the.god.de/bomb/

Ansprechende Site einer Gruppe deutscher Sprayer mit vielen erstklassigen Graffities. Zudem besteht die Möglichkeit, sich regelmäßig über das Abonnement eines Newsletter über die Szene zu informieren.

Graf Café (USA)

www.grafcafe.com/

Graf Café ist eine internationale Graffiti-Kunst-Dokumentation mit Werken aus mehr als 59 Locations. Von den Vereinigten Staaten über Brasilien bis hin zur Schweiz.

Loomit (USA)

www.loomit.de/home.htm

Der Graffiti-Künstler Loomit zeigt Fotos seiner größten Werke.

Wer möchte, daß ihm Loomit eine Wand gestaltet, kann mit Ihm E-Mail-Kontakt aufnehmen.

New York City Graffiti @149st (USA)

www.AT149ST.com/

Ausführliche Liste New Yorker Graffiti-Künstler und ihrer wichtigsten Werke.

Writing on the Wall, the (USA)

www.graffiti.org/

Eine der sehenswertesten Graffiti-Seiten im Web. Hunderte, zum Teil wirklich sehenswerte Fotos von Graffiti in Amerika und Europa nach Städten sortiert. Weiterhin interessante Berichte aus der Szene und jede Menge heißer Links zu den besten Graffiti-Seiten im Internet.

Hochschulen

Art Institute of Chicago (USA)

www.artic.edu/

Studienprogramm der Kunsthochschule in Chicago auf küstlerisch wenig ansprechenden Seiten.

Fachhochschule für Design und Medien Hannover (D)

www.dm.fh-hannover.de/

Studienprogramm, aktuelle Projekte und Stellenbörse der Fachhochschule für Design und Medien in Hannover. Viel Info, aber wenig Design.

Hochschule der Bildenden Künste Saar (USA) (D)

www.hbks.uni-sb.de/

Aktuelle Informationen, das Vorlesungsverzeichnis und interessante Projekte einiger Studenten.

Hochschule der Künste Berlin (USA) (D)

www.hdk-berlin.de/

Studienprogramm der Hochschule der Künste Berlin und Vorstellung eines Multimediaprojekts zusammen mit einer großen Bank. Weiterhin bietet die Site ausführlilche Studieninformationen und Infos über die Zulassung zu den jeweiligen Studiengängen und Studenrichtungen.

Hochschule für bildende Künste Hamburg (USA) (D)

www.hfbk.uni-hamburg.de/

Aktuelle Projektvorstellungen der HFBK Hamburg. Zum Teil recht interessant.

Hochschule für Gestaltung Karlsruhe (D)

www.hfg-karlsruhe.de/

Studieninformationen, Projekte und Vorstellung des Medienkunstforums in Karlsruhe.

Kunsthochschule für Medien Köln

www.khm.uni-koeln.de/

Eine klare und gut konzipierte Seite mit allen Infos rund um die Kunsthochschule für Medien in Köln. Im Projektarchiv können Sie sich ausgewählte Projekte einiger Studenten anschauen. Ein Besuch lohnt sich.

Muthesius Hochschule für Kunst & Gestaltung Kiel (USA) (D)

www.muthesius.de/

Studieninformationen, Projekte, Ausstellungen und eine Webcam in der Hochschule.

Staatliche Akademie bildende Künste Stuttgart (USA) (D)

www.abk-stuttgart.de/

Studieninformationen, Projekte, Publikationen und Termine.

Körperkunst

Bodypainting (USA)

members.aol.com/sentai/bp-links.htm

Zahlreiche Links zu den verschiedenen Kategorien des Bodypaintings. Vom Facepainting bis hin zu Latex.

International Body Painting Contest (F)

www.6bears.com/fardel.html

Französischsprachige Site über den jährlich stattfindenden Bodypainting-Wettbewerb in Belgien.

Jannys.art (D)

www.snafu.de/~jannys.art/indexdeu.htm

Bilder über Bodypainting, Theaterschminken und One-Day-Tatoos, aktuelle Ereignisse, Künstlerporträts und Kleinanzeigen.

UV Body Art (USA)

people.netcom.co.uk/i.bell/bodyart/default.html

Seite zum Bodypainting mit UV-Licht reflektierenden Farben. Viele Fotos und eine FAQ.

Kunstgeschichte

Art-History (USA) (D)

www.arthistory.cc/index2.htm

Sehr gut gestaltete Seite über die Kunstgeschichte der USA mit vielen erstklassigen Bildern amerikanischer Künstler.

Damals (D)

www.damals.de/

Aktuelles Magazin für Kultur- und Kunstgeschichte. Online-Ausgabe mit einigen gekürzten Artikeln und einem ausführlichen Ausstellungskalender für Deutschland und die angrenzenden Länder.

Kalender mit den besten Ausstellungen des Monats.

Künstler

Absynnd (D)

kunst.freepage.de/absynnd/

Zwei Künstler stellen ihre Werke vor, darunter interaktive Kunstwerke und eine Hall of Fame mit 100 Karikaturen prominenter Personen.

Brock, Bazon (D)

www.uni-wuppertal.de/fb5-hofaue/brock/

Verschiedene Kunstprojekte von Bazon Brock, zum Beispiel eine Abhandlung über (Kitsch-)Objekte aus Museumsshops.

Christo und Jeanne-Claude (USA)

www.beakman.com/christo/

Die Verpackungskünstler Christo und Jeanne-Claude zeigen hier ihre Projekte.

Coupland, Douglas (USA)

www.coupland.com/

Fotos, Videos, Texte und Projekte von Douglas Coupland.

Escher (USA)

www.WorldOfEscher.com/

Skizzen, Zeichnungen und Texte des Mathematikers und Künstlers Maurits Cornelius Escher.

Online-Verkauf von T-Shirts im Gift Shop.

Escher, M. C. (USA)

www.erols.com/ziring/escher.htm

Biographie und viele Bilder mit Kommentaren oder Kurzbeschreibungen, außerdem zahlreiche weitere Links.

Kunst und Kultur Datenbank (D)

kunst-und-kultur.de/kuenstler/

Die Datenbank bildender Künstler und Architekten im Internet. Mit Lebensläufen, Literaturangaben und Ausstellungen.

Mythopoeia (USA)

www.myth.com/

Ausgezeichnete Texte und viele erstklassige Bilder mythischer Figuren.

Project Art (D)

www.ProGrafik.com/art/

Verschiedene Künstler präsentieren hier ihre Werke, teilweise Verkauf.

Malerei

Cezanne, Paul (USA)

www.ugrad.cs.jhu.edu/~baker/cezanne.html

Biographie, Bilder und Links zu Paul Cezanne.

Chagall, Marc (USA)

metalab.unc.edu/cjackson/chagall/

Bilder von Marc Chagall.

Dali, Salvador (USA)

members.xoom.com/daliweb/

Private Seite mit Hunderten von Dali-Bildern, teilweise mit Kunstkritiken, Biographie und Dali-Bildschirmschoner. Texte über Surrealismus und weitere Links.

Im Dali-Shop kann man Bücher, Poster, Videos und Dali-Parfüms kaufen.

Gemälde Newsgroup (USA)

news://alt.binaries.pictures.arts

Newsgroup mit Kunstbildern zeitgenössischer und klassischer Künstler.

Gogh, Vincent van (USA)

van-gogh.org

Eine gelungene und vor Infos strotzende Site zu Vincent van Gogh.

Briefe von Vincent van Gogh an seine Geschwister.

Haring, Keith (USA)

www.fortunecity.com/bennyhills/southpark/45/

Biographie und viele Bilder von Keith Haring.

Picasso, Pablo (USA)

www.tamu.edu/mocl/picasso/

Bilder und Lebenslauf von Pablo Picasso in einem virtuellen Museum. Links auf Bücher, Museen und Presseberichte.

Höhlenmalerei

Bilder aus zwei französischen Höhlen (USA)

www.hbschool.com/harcourtpages/justforkids/socialstudies/grade_6/unit_01/cavepaintings/cavepaintings.html

Thematisch geordnete Bilder aus den beiden französischen Höhlen Cosquer Grotto und Vallon-Pont d'Arc.

Höhlenmalerei (D)

members.tripod.com/~seilnacht/hoehlen.htm

Techniken, Farben und Zeitdatierungen der Höhlenmalerei.

Lascaux (USA) (F)

www.culture.fr/culture/arcnat/lascaux/fr/

Die Webseite des französischen Kulturministeriums zeigt in einer bemerkenswerten grafischen Aufmachung eine virtuelle Tour durch die Höhle von Lascaux mit ihren zahlreichen Malereien. Hier finden Sie auch die Erklärung, warum diese Höhle 1963 für die Öffentlichkeit geschlossen wurde.

Prähistorische Höhle Chauvets (D) (F)

www.france.diplomatie.fr/label_france/deutsch/sciences/chauvet/cha.html
www.diplomatie.fr/label_france/france/sciences/chauvet/cha.html

In der französischen Höhle Chauvets wurden die ältesten Höhlenmalereien der Welt entdeckt. Hier malte und gravierte bereits der Cro-Magnon-Mensch vor 31.000 Jahren mit einer nie geahnten Meisterschaft.

Multimedia

3D Expo (USA)

www.3dexpo.com/

Verschiedene 3-D-Bilder, die mit einem speziellen Plug-In und einer 3-D-Brille betrachtet werden können.

4Elements (USA) (D)

www.4elements.de/
www.4elements.de/indexd.html

Multimedia-Erlebnis zu den vier Elementen Feuer, Wasser, Luft und Erde.

Animago Award (D)

www.animago.com/

Der wichtigste 3-D-Wettbewerb in Deutschland, ausgeschrieben von Kinetix, Silicon Graphics und Digital Production. Hier finden Sie die Teilnahmebedingungen und Antragsformulare.

Bullseye Art (USA)

www.bullseyeart.com/

Absolute Klasse. Das ist wirklich interaktive Multimedia-Kunst. Nehmen Sie sich Zeit und erforschen Sie die Seite. Sie werden überrascht sein, was Sie alles finden. Lautsprecher einschalten nicht vergessen!

Computergarten (USA) (D)

www.onlinekunst.de/computergarten.htm

Fotos mit Hintergrundmusik, jeden Tag etwas Neues zum Geburtstag eines bekannten Künstlers.

Dellbrügge & De Moll (D)

hamburg-ersatz.trmd.de/

Multimedia-Kunstwerk über Wohnträume in Form eines virtuellen Hochhauses.

Eigenart (D)

www.eigenart.netfab.de/

Eigenart, ein audio-visuelles WWW-Kunstprojekt. Und – Sie können online mitmachen und Ihre Projekte in der Eigenart-Galerie austellen lassen.

European Media Art Festival (USA) (D)

www.emaf.de

Internationale Ausstellung von Film-, Video- und Computerinstallationen in Osnabrück. Informationen, Programm und Anmeldung für Teilnehmer.

EuroPrix (USA)

www.europrix.org/

Ausschreibung des Multimedia-Kunstwettbewerbes „EuroPrix". Weiterhin Veranstaltungen und jede Menge Information rund um den Multimedia-Kunstmarkt.

Great Animations (USA)

kultur-online.com/animation/

Wirklich sehenswerte, anspruchsvolle Animationen einer Gruppe diverser Künstler und Kunstrichtungen. Links zu weiteren Kunstseiten.

Imagina (USA) (F)

www.ina.fr/imagina/

Französischsprachige Seite über Computerkunst- und Multimediamesse in Monaco und Paris.

Licht und Schatten (D)

www.schatten.de

Sehenswerte Multimedia-Präsentation des Förderkreises Jugendwerk.

moreea.community (D)

moreea.com/

Absolute Klasse in Sachen Netzkunst! Vom literarischen Bilderbogen zu einem Netzliteraturprojekt mit offenem Ende bis hin zu Meadowland, grüne Impressionen in einer Glaskugel.

Prix Ars Electronica (USA) (D)

prixars.orf.at/

Ausschreibung des Multimedia-Kunstwettbewerbes „Prix Ars Electronica". Der österreichische Rundfunk lädt Wissenschaftler, Forscher und Entwickler zur Teilnahme am jährlichen Cyberarts-Wettbewerb ein.

Siggraph (USA)

www.siggraph.org/

Jährliche Veranstaltung zu Multimedia-Kunst und Computergrafik in Amerika. Hier wird einer der wichtigsten Preise für Computerkunst vergeben.

Spiegelei (D)

www.spiegelei.com/

Verschiedene Variationen zum Thema Spiegelei. Moderne Bildbearbeitungssoftware macht's möglich.

Zahlreiche Links zum Thema Comics.

Projekte

art.Atweb (USA) (D)

marban.at/artweb/

Nach dem Motto „Jeder ist ein Künstler" kann man hier nicht kommerziell seine eigenen künstlerischen Werke vorstellen.

Blaue Vulkan, der (D)

www.igadim.de/

Der blaue Vulkan soll eine überdimensionale Skulptur auf Lanzarote werden. Hier können Sie das Projekt verfolgen.

Columna (D)

www.columna.de/

Ein privates Online-Magazin stellt Bilder und Skulpturen junger rumänischer Künstler vor. Außerdem Berichte über Rumänien hier und heute. Sauberes, klares Design.

Rezensionen aktueller Computerbücher, Vorstellung ausgesuchter Rock-CDs aus den Siebzigern und eine Kurzbiographie von Jimi Hendrix.

Kinetic Sculpture Race (USA)

www.olympus.net/kinetic/

Das Kinetic Sculpture Race ist ein Rennen beweglicher Skulpturen, eine Kombination aus Kunst, Sport und Mechanik. Hier finden Sie Fotos, Termin und Teilnahmebedingungen.

Lichtinszenierungen am Hochofen (D)

home.t-online.de/home/0208990510/

Die Lichtinszenierung am Thyssen-Hochofen in Duisburg ist an jedem Wochenende mit Einbruch der Dämmerung für ca. Vier Stunden zu besichtigen. Viele Bilder und ein industriegeschichtlicher Führer.

Rhein in Flammen (D)

www.rhein-in-flammen.com/

Feuerwerksveranstaltungen am Rhein. Sowie Links zu Ausflugszielen und Weinfesten am Rhein.

Sandcastle Central (USA)

www.unlitter.com/sandcastle/

Zentrale Homepage der Sandburgbauer mit Fotogalerie, Wettbewerbsankündigungen, Tips und aktuellen News.

Unermeßlichkeit der Dinge, die (D)

www.virtualitas.com/finearts/zoo/

Installation von Raffael Rheinsberg auf den Oberlichtern der S-Bahnstation „Bahnhof Zoologischer Garten", Berlin.

Wrapped Trees (USA)

www.beakman.com/christo/wt/wt.html

Zahlreiche Bilder von Christos verpackten Bäumen der Fondation Beyeler in Riehen, Schweiz.

Reichstag

Christo MPEGs (USA)

www.mpeg1.de/christo/

MPEG-Videos und Bilder von der Reichstagsverhüllung in Berlin.

Film, der (D)

www.film-dienst.de/lex/c/christoandjeanneclaude.html

Kurzvorstellung des Films zur Reichstagsverhüllung von Christo und Jeanne-Claude.

Hier kann man suchen, wo der Film momentan zu sehen ist.

Reichstag – Album (D)

62.156.146.19/bz/ecken/reichstag/reichstagheute_2.htm

Chronik des Reichstags von der Verhüllung bis zum aktuellen Umbaufortschritt.

Wrapped Reichstag – An Insider's View (USA)

www.georgejr.com/july/sandkuhler.html

Iris Sandkuhler, Mitarbeiterin von Christo und Jeanne-Claude, berichtet über die Reichstagsverhüllung in Berlin.

Schneeskulpturen

Ice Art Championchips – Fairbanks (USA)

www.icealaska.com/

Hier kann man den Werdegang der Eisskulpturen bei den World Ice Art Championchips mitverfolgen, jeden Tag ein Bild, bis das Kunstwerk fertig ist. Kurzvorstellung der teilnehmenden Künstler, Teilnahmebedingungen und Anmeldung für das nächste Festival.

Ice sculpture Photo Gallery (USA)

▲ www.surfalaska.com/icefestival.html

Eine erstklassige Fotosammlung von Eisskulpturen der Ice-Festivals in Fairbanks, Alaska, sowie weitere Links zum Thema Eisbildhauerei.

Klicken Sie auf Surfalaska und schweben Sie durch das Land Ihrer Träume!

International Festival of Snow Ice Sculpture (USA)

www.psu.ru/perm/snow/

Internationaler Wettbewerb für Schneeskulpturen in Perm, Rußland. Hier gibt es Bilder, Pressemeldungen und eine Möglichkeit, sich für das nächste Jahr anzumelden.

International Snow sculpture Championships (USA)

www.sni.net/awaken/breck/breck-1.htm

Internationaler Wettbewerb für Schneeskulpturen in Brecken, Colorado. Hier können Sie die Plastiken der Teilnehmer des letzten Jahres bewundern.

Sapporo Snow Festival (USA)

www.aurora-net.or.jp/~snowfes/indexe.html

Internationaler Wettbewerb für Schneeskulpturen in Sapporo, Japan. Ausführliche Bildergalerie der Teilnehmer der letzten Jahre. Kurzanleitung zum Bau einer eigenen Schneeplastik. Viele Seiten leider nur auf japanisch.

Snow (USA)

www.niksula.cs.hut.fi/~mnikkane/

Hier lernen Sie alles Wissenswerte über den „Werkstoff" Schnee kennen. Bauen Sie professionelle Schneemänner und Schnee-Skulpturen.

Voyageur Winter Festival (USA)

www.ely.org/winterfest/

Veranstaltungsprogramm und Fotos vom Winter Festival in Ely, Minnesota, inkluse Hotelbuchung.

Alles, was Sie noch nicht über Wölfe wußten. Hier erfahren Sie es – willkommen im internationalen Wolf Center!

Restauratoren

Arbeitsgemeinschaft der Restauratoren (USA) (D) (F)

home.t-online.de/home/kossann.roger/adr.htm

Die Arbeitsgemeinschaft der Restauratoren stellt ihre Publikationen vor.

Literatur

Thema	Seite	Weiterführende Linkseiten
Bibliotheken in Deutschland und weltweit	589	www.biblio.tu-muenchen.de/bib/andere_bibliotheken.html
Europäische Nationalbibliotheken	590	www.bl.uk/gabriel/de/
Comics	593	www.comicfan.de/
Literatur-Links	597	www.swbv.uni-konstanz.de/olli/olli-dv.html
Satiriker & Satirikerinnen	599	homepages.munich.netsurf.de/helmut.sasse/satirik.html

Duden, der (D)

www.duden.de/

Amtliches Regelwerk des Duden, Texte und Meinungen zur Rechtschreibreform und eine alphabetische Wortliste mit den wichtigsten Änderungen.

Feuilleton (D)

www.sueddeutsche.de/aktuell/feuill_a.htm

Jeden Tag das aktuelle Feuilleton der Süddeutschen Zeitung.

Gesellschaft für deutsche Sprache (D)

www.geist.spacenet.de/gfds/verlag-D.html

Die Gesellschaft für deutsche Sprache veröffentlicht hier jedes Jahr die Wörter des Jahres und die beliebtesten Vornamen.

Ghost in the Machine (USA)

www.primenet.com/~aboo/ghost/

Wissenschaftliche Abhandlung über Geräusche und Technologie in der Literatur des 20. Jahrhunderts.

Liesmich (D)

www.liesmich.de/

Leseproben aus Neuerscheinungen verschiedener deutscher Verlage. Diskussionsforen für die Leser zu jedem Buch.

Literaturcafé (D)

www.literaturcafe.de/

Hier finden Sie Prosa, Lyrik, Diskussionsforum, Buchkritiken und zahlreiche Links zu deutschsprachiger Literatur.

Bibliotheken

Bayerische Staatsbibliothek (D)

www.bsb.badw-muenchen.de/

Bayerische Staatsbibliothek München. Katalog, Ausleihe, Recherche.

Bibliothek der TU München (USA) (D)

www.biblio.tu-muenchen.de

Technische Universität München. Online-Katalog, Aufsatz-Recherche.

Bibliotheken (USA) (D)

www.biblio.tu-muenchen.de/bib/andere_bibliotheken.html

Verweis zu Bibliotheken in München, Bayern, Deutschland und weltweit.

Bibliotheksverbund Bayern (D)

www-opac.bib-bvb.de

Verschiedene staatliche Bibliotheken in Bayern und die Bibliothek des Deutschen Alpenvereins.

Deutsche Bibliothek, die (USA) (D)

www.ddb.de/

Die offizielle Webseite der Deutschen Bibliothek bietet Online-Kataloge und aktuelle Informationen an sowie ein Verzeichnis der Standorte.

Documenta-Archiv (D)

www.kassel.de/kultur/html/museen-datenbank_7.html

Documenta-Archiv. Bedeutendste Spezialbibliothek Deutschlands zur Kunst des 20. Jahrhunderts.

Gabriel (USA) (D)

www.bl.uk/gabriel/de/
www.bl.uk/gabriel/en/

Gabriel ist der zentrale Gateway auf alle Europäischen Nationalbibliotheken. Von hier aus kommen Sie weiter, wenn Sie irgendwo in Europa etwas suchen. Eine virtuelle Ausstellung zeigt die Highlights verschiedener Bibliotheken, zum Beispiel die Originalhandschrift eines Mozart-Requiems in der österreichischen Nationalbibliothek.

Gemeinsamer Bibliotheksverbund (USA) (D)

www.gbv.de/

Der gemeinsame Bibliotheksverbund beinhaltet Online-Datenbanken der Bibliotheken in Bremen, Hamburg, Mecklenburg-Vorpommern, Niedersachsen, Sachsen-Anhalt, Schleswig-Holstein und Thüringen.

Geschichte der Bibliotheken (D)

biblio.unibe.ch/stub/vorl96/

Eine wissenschaftliche Abhandlung über die Geschichte der Bibliotheken. Über Schrift als Informationsträger, Bibliotheken in Mesopotamien und Ägypten, Klosterbibliotheken im Mittelalter bis hin zur Zukunft des Bibliothekswesens.

Library of Congress (USA)

www.loc.gov/

Die Bibliothek des amerikanischen Kongresses zeigt online Sonderausstellungen zu verschiedenen Themen und bietet eine Online-Katalogsuche an, die allerdings etwas langsam ist.

National Library of China (USA)

www.nlc.gov.cn/etext.htm

Die Nationalbibliothek von China ist mit über 20.000.000 Büchern die größte Bibliothek der Welt. Hier finden Sie außer Informationen über die Bibliothek auch eine ausführliche Sammlung bibliothekarischer Weblinks weltweit.

Buchhandel

abiszet (D)

www.a-zet.de/

Online-Buchbestellung mit den großen Datenbanken von VLB und KNO, dazu noch Bücher aus Frankreich, USA und Spanien sowie antiquarische Bücher und die Spiegel-Bestsellerliste. In einer virtuellen Buchhandlung gibt es Kurzvorstellungen verschiedener Bücher nach Kategorien sortiert.

Amazon (USA) (D)

www.amazon.com
www.amazon.de

Die größte Internetbuchhandlung liefert deutsche und amerikanische Bücher versandkostenfrei zum Originalpreis ins Haus. Das große Archiv ermöglicht eine Suche nach Titeln, Autoren oder Schlagwörtern. Zu jedem Buch gibt es eine Inhaltsangabe und die Möglichkeit, für Leser, Autoren oder Verlage, Kommentare zum Buch zu schreiben. Außerdem ständig aktualisierte Buchtips zu verschiedenen Kategorien und einen E-Mail-Newsletter. Im Stundentakt werden die Top 100 neu erstellt und angezeigt. Auf der deutschen Seite finden Sie etwa 1 Million Titel, auf der amerikanischen Seite 3 Millionen.

Boulevard (D)

www.boulevard.de/

Online-Buchhandlung mit der Datenbank von KNO. Hier gibt es außerdem ein Bücherquiz mit Gewinnspiel und einen elektronischen Ghostwriter für Liebesbrief-Mails sowie einen Fortsetzungsroman, der von Lesern weiter geschrieben wird.

Buch und Medien (D)

www.buchhandel.de/

Das Verzeichnis lieferbarer Bücher, Musikalien, Elektronischer Medien und Zeitschriften, das früher als mehrbändiges Werk in Buchhandlungen lag, ist jetzt im Internet verfügbar. Dazu auch eine Adreßdatenbank mit Buch- und Musikalienhändlern. Die Bücher können hier ausgewählt und dann über Buchhandlungen bestellt werden. Es gibt keine Inhaltsangaben, Rezensionen und Verkaufszahlen.

Buch.de (D)

www.buch.de/

Internetbuchhandlung mit etwa 800.000 deutschsprachigen und 4 Millionen englischsprachigen Buchtiteln. Dazu aktuelle News und Buchtips. Buch.de bietet eine interessante Werbemöglichkeit auf der eigenen Homepage.

Buchhandlung Dr. Claus Steiner (D)

www.buch-steiner.de/

Online-Buchhandlung, bei der man jedes Buch aus dem VLB-Katalog bestellen kann. Außerdem auch Bestell- und Suchmöglichkeiten in anderen Datenbanken.

Buchhandlung im Internet (D)

www.buecher.de

Internetbuchhandlung mit dem Libri-Katalog, liefert versandkostenfrei in die EU und die Schweiz. US-/UK-Bücher zum Originalpreis.

Digitale Bibliothek (D)

www.digitale-bibliothek.de/

Hier bekommen Sie zahlreiche klassische deutsche Literatur auf CD-ROM oder DVD (aber nicht ganz billig).

Libri (D)

www.libri.de

Buchbestelldienst der deutschen Buchhandlungen. Die bestellten Bücher werden meistens innerhalb von 24 Stunden in eine der Partnerbuchhandlungen Ihrer Wahl geschickt. Etwa 1 Million Bücher im Angebot. Aktuelle Bestsellerlisten und einen E-Mail-Newsletter.

Romantruhe (USA)

www.romantruhe.com/

Versand für Serienromane und Groschenheftchen, Science-fiction, Arztromane, und und und.

Seven Books (USA) (D)

www.seven-books.de/

Online-Buchbestellung mit den großen Datenbanken von VLB und KNO, dazu noch eine eigene Bücherliste mit einigen wenigen Kurzvorstellungen und die Bestsellerliste des „Spiegel".

Verzeichnis antiquarischer Bücher (D)

www.zvab.com/

Suche nach antiquarischen Büchern, Antiquariate, Kataloge und ein Schwarzes Brett für eigene Suchanfragen.

Comic

Argon Zark (USA)

www.zark.com/

Das Onlilne-Comic-Magazin Argon Zark bietet News über die aktuelle Comic-Szene, Links zu weiteren Comic-Sites und einige gut gemachte Dinosaurier-Cartoons.

Batman (D)

www.batman.de/

Willkommen in Gotham City! Hier findet der Fledermausfreund wirklich alles über Batman. Batman.de versteht sich als Forum und als Treffpunkt für alle Batman-Fans. Primär dreht sich alles um den Comic und das Who's Who der Charaktere.

Wer will, kann eine Batman-Zeichnung anfertigen und sie auf diesen Seiten veröffentlichen lassen.

Carlsen (D)

www.carlsen.de/

Dieser Verlag zeigt eine Liste mit Kurzinhalten aller seiner Comic-Hefte sowie aktuelle News und Gewinnspiele.

Comicfan.de (D)

www.comicfan.de/

Optimale Linkseite auf zahlreiche weitere Seiten von Comic-Serien und Verlagen mit Leserforum.

Comichaus (D)

www.comichaus.de/

Verschiedene Comics zum Online-Lesen, Comic-Award, Comic-Tauschbörse und ein eigener Comic-Editor zum Download, womit man seine eigenen Comics erstellen kann.

Deutsche MAD, das (D)

surf.to/madmag/

Alfred E. Neumann ist wieder da! Guit gemachte Fanseite mit aktuellen Infos, Newsletter und weiteren Fanclubs zum Kult-Magazin „MAD".

Disney Newsgroup (USA)

news://rec.arts.disney.misc

Allgemeine Disney-Newsgroup.

Geteilt – Vereint (D)

www.hdg.de/karikatur/

Sonderausstellung des Hauses der Geschichte in Bonn zum Thema 50 Jahre deutsche Frage in Karikaturen. Der Besuch lohnt sich!

Mit dem monatlichen „Michel"-Gewinnspiel

Mathematatische Comics (USA)

www.csun.edu/~hcmth014/comics.html

Comics über Mathematik, teilweise nur mit (geringer) mathematischer Grundbildung richtig witzig.

Perscheid, Martin – in den Abgrund (D)

abgrund.web.de/

Martin Perscheid zeigt hier jeden Tag einen neuen Comic, der auch als digitale Postkarte verschickt werden kann. Sofort anwählen und Postkarte verschicken!

Snoopy (D)

www.snoopy.com

Viele Peanuts Comics, digitale Postkarten und Fanshop.

Stein, Uli (D)

www.ulistein.de/

Verschiedene Bilder, Cartoons und eine Bücherliste von Uli Stein. Vorstellung des Uli Stein M(a)useums in Hannover und ein Bildschirmschoner zum Herunterladen.

Asterix

Asterix (D)

www.comedix.de/

Kennen Sie schon den römischen Druidenspion Nullnullsix? Nein, dann führt kein Weg an dieser Asterix-Site mehr vorbei. Lexikon zu Fachbegriffen und Charakteren aus Asterix, Informationen über den neuen Film, Texte aus Caesars „De Bello Gallico".

Inklusive Asterix-Quiz.

Deutsche Asterix-Quiz, das (D)

www.lyaeus.com/asterix.htm

Quiz nur für absolute Asterix-Kenner – nicht einfach!

Ehapa Verlag (D)

www.asterix.de/

Überblick über alle Asterix-Bände direkt vom Verlag sowie das weitere Verlagsprogramm: Disney, Lucky Luke, Winnih Puuh ...

Gedichte

Arme Poet, der (D)

www.r-w.de/poet/

Online-Magazin für Lyrik & Kurzprosa. Rezensionen und Bilder.

CMU Poetry Index (USA)

english-www.hss.cmu.edu/poetry/

Eine gelungene Auswahl englischer Gedichte sowie bissige Kommentare zum Poetry-Slam und Links zu irischen Autoren.

Gedichte (D)

www.gedichte.de/

Jeden Tag ein neues Gedicht, Gedichte für verschiedene Anläße von klassischen und auch völlig unbekannten Autoren.

Hier hat jeder die Möglichkeit, für 50 Mark selbst ein persönliches Grußgedicht zu verfassen, das dann 30 Tage lang auf der Grußseite einsehbar ist.

Gedichte Newsgroup (USA)

news://rec.arts.poems

Newsgroup mit Gedichten.

Goethe Bytes (D)

www.goethe-bytes.de/

Jeden Tag ein anderes Goethe-Gedicht, alle auch als RealAudio.

Poet's Corner (USA)

▲ **www.geocities.com/athens/acropolis/2012/poems/index.html**

Eine umfangreiche Sammlung von Gedichten britischer Autoren, News und Links.

Reimlexikon (D)

www.2sic.ch/2Rhyme/

Das Reimlexikon hilft jedem, der selbst ein Gedicht schreiben will (oder muß). Geben Sie eine Wortendung ein, und Sie bekommen eine Liste von sich darauf reimenden Wörtern.

Interaktiv

Cybertagebuch (USA) (D)

www.koblenz.de/kultur/tagebuch/

Tagebuch für jeden. Hier schreiben Leute ihre Gedanken auf, und jeder kann sie lesen.

... Und jeder kann mitschreiben.

Deutsche Texte Newsgroup (D)

news://cl.kultur.texte

Newsgroup mit selbstgeschriebenen deutschen Texten.

Dunkle Seite, die (D)

www.koelner.de/krimi/

Schreibwettbewerb für einen Krimi. Der Anfang und ein Teil der Fortsetzungen kann hier schon gelesen werden, ebenso die Teilnahmebedingungen des Wettbewerbes.

Generationenprojekt, das (D)

www.koeln.netsurf.de/~janulrich.hasecke/generationenprojekt/

Hier werden Texte zu allen Jahren von 1950 bis zum Jahr 2000 gesammelt. Mitmachen kann jeder. So entsteht eine Geschichtschronik von sehr persönlichen historischen Betrachtungen.

Grundlos (D)

www.minet.uni-jena.de/~shybyte/grundlos/frame.html

Geschichten zum Weiterschreiben. Hier kann jeder den Lauf der Geschichten bestimmen. Dazu einige Fotos und Musik.

Hesse, Hermann (USA)

www.mcl.ucsb.edu/hesse/

Informationen zu Hesse – Magazin und Journal, Veranstaltungen, Publikationen, Sekundärliteratur, audiovisuelle Medien, Museen, Galerien und Ausstellungen rund um den Schriftsteller.

Literaturparadies (D)

come.to/literaturparadies

Kurzgeschichten, Gedichte und ein Online-Forum von verschiedenen Autoren. Jeder kann selbst Texte einsenden und hier veröffentlichen.

Netzautoren (D)

www.berlinerzimmer.de/eliteratur/netzautoren/referat2.html

Wissenschaftliches Referat über neue Literaturformen im Internet.

Poetry Slam – Texte der Pop-Fraktion (D)

www.rowohlt.de/rowohlt/poetry/slam.htm

Rowohlt bietet hier jungen Schriftstellern die Möglichkeit, Texte zu veröffentlichen. Jeder kann sie lesen und bewerten.

Textgalerie (D)

www.textgalerie.de/

Texte verschiedener Autoren. Jeder kann selbst Texte einreichen. Das komplette Archiv kann auch zum Offline-Lesen heruntergeladen werden.

World of Words (USA) (D)

world-of-words.hypermart.net/

Hier können Sie selbst eigene Texte auf deutsch oder englisch veröffentlichen und die Texte anderer lesen.

Kurzgeschichten

Cybla (D)

www.cybla.de/

Kurzgeschichten verschiedener Autoren zum Online-Lesen.

Graf, Roger (USA) (D)

www.access.ch/rgraf

Literaturseite vom Krimiautor Roger Graf. Weiterhin bietet die Seite ein nicht ganz leichtes Krimi-Quiz, Kolumnen, einen Live-Chat, Fotos und Links zu anderen Krimiautoren.

Literaturwettbewerb (USA) (D)

www.pegasus98.de

Literatur im Internet. Literaturwettbewerb der Zeit, von IBM, der ARD und von Radio Bremen.

OLLi

www.swbv.uni-konstanz.de/olli/olli-dv.html

Olivers Links zur Literatur. Kurzgeschichten.

Park & Read (USA) (D)

www-public.rz.uni-duesseldorf.de/~zinner/parkreag.html

Europäisches Internetliteraturmagazin, das regelmäßig online Kurzgeschichten unbekannter Autoren in Deutsch, Englisch und Spanisch veröffentlicht.

Projekt "Null" (USA) (D)

www.dumontverlag.de/null

Literatur im Internetprojekt „Null“ vom Dumont-Verlag.

Literaturkritik

Bücher im Netz (D)

www.buecher-im-netz.com/

Zahlreiche Kritiken zu aktuellen deutschen Büchern.

Carpe Librum (D)

www.carpe.com/buch/

Buchkritiken zu deutschen und englisch/amerikanischen Büchern, größtenteils Sachbücher, Science-fiction und Krimis.

Leserattenseite, die (D)

www.os-net.de/~roeckener/

Zahlreiche Buchkritiken, Diskussionsforum und Biographien von Autoren.

Literatur im Deutschlandradio (D)

www.deutschlandradio.de/literatur/

Aktuelle Literaturkritiken aus dem Deutschlandradio und Autorenstimmen als RealAudio.

Märchen und Sagen

Brüder Grimm-Archiv (D)

www.kassel.de/kultur/html/museen-datenbank_3.html

Brüder Grimm-Archiv sowie interessantes und Sehenswertes in Kassel.

German Changeling Legends (USA)

www.pitt.edu/~dash/gerchange.html

Deutsche Spuk- und Teufelsgeschichten in englischer Sprache.

Graz erzählt (USA) (D)

www.graz.tales.org

Typographisch gut gestaltete Seite. Graz erzählt. Europas größtes Erzählkunstfestival mit den besten Erzählern der Welt aus elf Nationen.

Legende von Ivanhoe, die (USA)

www2.okstate.edu/people/wcross/ivanhoe.html

Die Legende von Ivanhoe (sehr lang, also speichern oder ausdrucken und offline lesen).

Online Medieval & Classical Library (USA)

sunsite.berkeley.edu/omacl/

Bibliothek mit klassischen Märchen und Sagen zum Online-Lesen. Von der Argonauten-Sage über die Geschichte des heiligen Grals bis hin zum Nibelungenlied u. v. a. m.

Zimmermann, Hans (D)

home.t-online.de/home/03581413454/hansz.htm

Texte klassischer Literatur und Sagen in Deutsch, Hebräisch, Griechisch, Lateinisch und Sanskrit.

Satire

Arme Anaphern! – Die Webkolumne (D)

www.fen.baynet.de/joerg.malsch/essay.html

Besorgniserregend besinnliche Wort- und Witzfetzen, Gedankenspiele, Essays, Sinniges von Schwach- bis Un-.

Dada Data (D)

www.hsl.com/dada/

Transelektrische Verse, Brainstorming und Assoziation. Ein Programm erstellt zufälligen Text. Witzig zu lesen, aber völlig sinnlos.

Grosse Satiriker/Innen (D)

homepages.munich.netsurf.de/helmut.sasse/satirik.html

Viele Links auf größtenteils deutschsprachige Satire-Seiten.

Höhepunkte der Übersetzung (D)

www-stz.dfki.uni-sb.de/~winter/lang/stilblueten-de.html

Die Style Bloom Collection – Stilblüten aus Übersetzungsfehlern.

Im Amt (D)

members.aol.com/bebraismus/im_amt/

Satirische Texte in Form von Hausmitteilungen und Verfügungen in Behörden.

Kalkofe über die Religion, Oliver (D)

www.freestuff.de/atheismus/fun/kalkofe.htm

Einer der großen Denker unserer Zeit äußert sich zum Thema Religion, über die Talkshow „Fliege", das Wort zum Sonntag und mehr.

Kalkofe, Oliver (D)

ourworld.compuserve.com/homepages/nils_bote/kalk_ndx.htm

Gesammelte Texte von Oliver Kalkofe aus dem ffn-Frühstyxradio und „TV-Spielfilm".

Komische Kunst (D)

www.kassel.de/kultur/html/museen-datenbank_5.html

CARICATURA, die Galerie für komische Kunst in Kassel.

Loriots heile Welt (D)

www.loriot.de/

Loriots offizielles Werkverzeichnis. Loriots Wuppertaler Herrenboutique – Verkauf von Merchandisingartikeln. Unter anderem Postkarten, Aufkleber, Kunstdrucke und mehr.

Digitale Gratis-Postkarten mit Loriot-Motiven.

Max Goldt Homepage, die (D)

www.cs.utah.edu/~gback/goldt/

Merkwürdigkeiten reihen sich zu einem überraschenden Durcheinander, fortwährende Mißverständnisse, an denen sich der Mensch aufrichtet. Auf Dauer ist das eben auch anstrengend.

Schandmännchen (D)

www.schandmaennchen.de/

Schandmännchen ist Deutschlands erste beste Satire-Site im Internet. Schandmännchen erscheint täglich und wird bei Gelegenheit aktualisiert.

Unmoralische, die (D)

www.freunde.imperium.de/gansel/

Geistiges und Geistreiches, Informatives und Polemisches, Sinnloses und Unsinniges. Über Lexika, die die Welt nicht braucht, über Kirche, Religion und Moral und die Chronik des Wahnsinns.

Unwort des Jahres, das (D)

www.unwort.de/

Hier finden Sie die Unwörter der letzten Jahre.

Zyn (D)

www.zyn.de/

Zyn, das deutsche Satiremagazin veröffentlicht einige Artikel online. Leser können ihr Urteil darüber abgeben.

Schriftsteller

Brecht, Bertolt (D)

brecht.informatik.fh-augsburg.de/

Texte über Bertolt Brecht von verschiedenen Prominenten, Veranstaltungsprogramm zu seinem 100. Geburtstag und ein virtueller 3-D-Raum (sehr lange Ladezeit).

Busch, Wilhelm (D)

home.t-online.de/home/jochen.schoepflin/

Leben und Werk von Wilhelm Busch, Links auf seine Werke im Internet, Verzeichnis von Wilhelm-Busch-Museen.

Heine, Heinrich (D)

heinrich-heine.com/

Karl Heinz Böhm liest Gedichte von Heinrich Heine. Weiterhin bietet die Seite Informationen zum Heinrich-Heine-Jahr 1997.

Hesse, Hermann (USA) (D)

philipp.buchmann.ch/grass1.htm

Werkverzeichnis, Sekundärliteratur, Museen, das Hermann-Hesse-Journal und jeden Monat ein neues Gedicht.

Zudem stößt man auf eine Arbeit über Günter Grass' Roman „Die Blechtrommel".

Hölderlin (USA) (D)

www.uni-tuebingen.de/deutsches-seminar/hoelder/
www.uni-tuebingen.de/deutsches-seminar/hoelder/english/index_e.html

Leben und Werk Friedrich Hölderlins. Zahlreiche Gedichte zum Online-Lesen mit Volltextsuche.

Huxley, Aldous (D)

www.huxley.de/

Textlastige Seite über das Leben und Werk Aldous Huxleys.

Kafka, Franz

yi.com/home/panjens/kafka2.html

Sehr gut gestaltete Seite! Kurzbiographie und bekannte Texte von Franz Kafka zum Download.

Download einiger Top ten-Hits der letzten 25 Jahre.

Karl May Stiftung (USA) (D)

www.karl-may-stiftung.de/

Biographie und Forschung über das Werk Karl Mays. Vorstellung des Karl-May-Museums in Radebeul, aktuelle Sonderausstellungen, Vorträge.

King, Stephen (D)

www.Matthias-Schemel.de/king.html

Biographie, Roman-Verzeichnis, Kurzgeschichten und aktuelle News zu Stephen King. Eine Originalkurzgeschichte können Sie als gescannte Bilddatei lesen.

Kleist, Heinrich von (USA)

www.kleist.org/

Das Kleist-Archiv liefert online Biographien, Volltexte von Kleists Werken und Termine von Vorträgen und Theateraufführungen.

LooP's Page (D)

philipp.buchmann.ch/main.htm

Biographien verschiedener bekannter Schriftsteller: B. Brecht, F. Dürrenmatt, H. Hesse, F. Kafka, I. Kant, M. Kundera, P. Süßkind und diverse literarische Abhandlungen.

Mann, Thomas (D)

www.tma.ethz.ch/

Jahresberichte und Publikationen aus dem Thomas-Mann-Archiv. Virtueller Rundgang durch das Thomas-Mann-Museum in Zürich und eine Biographie.

Rilke, Rainer Maria (D)

www.rilke.de/

Alle bekannten Gedichte und eine Biographie des Dichters Rainer Maria Rilke.

Shakespeare, William (USA) (D)

william-shakespeare.de/

Biographie, Werkverzeichnis, Forschung und ein Diskussionsforum. Außerdem fast alle Werke in deutscher Übersetzung und im englischen Original zum Download.

Storm, Theodor (D)

www.husum.de/storm/

Biographie und Textausschnitte von Theodor Storm, Bilder aus dem Theodor-Storm-Museum in Husum.

Tolkien, J. R. R. (D)

literatur.freepage.de/palantir/

Biographie und Werkverzeichnis mit Kurzbesprechungen der einzelnen Romane. Dazu zahlreiche Bilder von Tolkien.

Wells, H. G. (USA) (D)

www.geocities.com/area51/corridor/8282/wells_index.html

Kurzbiographie von H. G. Wells und der Text von „Krieg der Welten".

Texte zum Download

Electronic Text Center (USA) (D)

etext.lib.virginia.edu/

Texte aus verschiedenen Epochen in Englisch, Französisch, Deutsch, Latein, Chinesisch, Japanisch, Russisch, Griechisch, Hebräisch, Spanisch, Tibetisch und Isländisch. Zur Anzeige sind teilweise spezielle Fonts oder Plug-Ins erforderlich. Für die russischen Texte gibt es aber auch grafische Versionen der Texte als Bilddateien.

Frieling Verlag (D)

www.frieling.de/

Der Frieling Verlag bietet einen großen Teil seines Programms auch zum Online-Lesen an.

Internet Classics Archive, the (USA)

classics.mit.edu/

Klassische griechische und römische Literatur (Texte ins Englische übersetzt). Texte zum Online-Lesen oder Download.

Online medieval & classical library, the (USA)

sunsite.berkeley.edu/omacl/

Mittelalterliche Sagen aus verschiedenen Ländern zum online Lesen. Alle Texte können auch als ZIP-Datei heruntergeladen werden.

Online Originals (USA)

www.onlineoriginals.com/

Dieser Verlag bietet seine Buchtexte auch zum Verkauf als Datei für den PC oder den PalmPilot an. Leseproben gibt es kostenlos sowie jeden Monat auch ein komplettes Werk.

Projekt Gutenberg (USA) (D)

▲ **promo.net/pg/**
gutenberg.aol.de/

Sehr großes Literaturarchiv aller Epochen.

Museen

Thema	Seite	Weiterführende Linkseiten
Museen in Frankreich	604	www.futura.qc.ca/1001/histmusee.html
Museen in Deutschland	604	kunst-und-kultur.de/museum/
Gedenkstätten für NS-Opfer	606	www.dhm.de/ausstellungen/ns_gedenk/
Computermuseen	622	i.am/vmoc

Europolis (D)

www.europolis.com/

Suchsystem für Museen und Ausstellungen in Deutschland nach Stichworten.

Französische Museen (F)

www.futura.qc.ca/1001/histmusee.html

Links auf Internetseiten französischer Museen.

Museen im Internet (D)

www.dhm.de/links.html

Eine der ausführlichsten Link- und Adressensammlungen für Museen.

Museen in Deutschland (D)

kunst-und-kultur.de/museum/

Umfassende Datenbank mit Museen und Ausstellungen in Deutschland mit verschiedenen Suchkriterien, Kurzbeschreibungen der Museen und Bildern.

WebMuseen (D)

WebMuseen.de/

Interaktiver Museumsführer für Deutschland. Hier finden Sie über 4.000 Museen nach Regionen, Themen oder Stichworten geordnet.

Blues-Museum

Delta-Blues-Museum, das (D)

www.deltabluesmuseum.org/

Spazieren auf der John Lee Hooker Lane. Ein Muß für alle Blues-Fans. Das Delta-Blues-Museum in Clarksdale Mississippi.

Merchandise: CDs, Videos und Literatur über den Blues.

Freilichtmuseen

Bergbaulehrpfad (D)

www.datenautobahn.de/verein/aurora/lehrpfad.htm

Bergbaulehrpfad im Tal der Wilden Weißeritz.

Dinosaurierpark Münchehagen (USA) (D)

www.dino-park.de/

Naturdenkmal mit Saurierfährten und Freilichtmuseum mit Dinosauriermodellen.

Moormuseum Moordorf (D)

home.t-online.de/home/moormuseum_moordorf/

Lageplan, Fotos und Kurzbeschreibungen der Gebäude, Geschichte des Museums, Aktionstage und Grundlagen zur Entstehung von Mooren.

Museumsdorf Cloppenburg (D)

www3.museumsdorf.de/mdclp/

Das älteste deutsche Freilichtmuseum stellt hier einige der Gebäude vor, wie auch kleine Exponate. Dazu kommen Texte zum historischen Hintergrund und zu laufenden Forschungsprojekten.

Museumsdorf Düppel Berlin (USA) (D)

www.dueppel.net/

Das Museumsdorf Düppel ist ein Projekt experimenteller Archäologie. Hier wird alles möglichst genau nachgespielt, wie es damals gewesen sein könnte. Auf einem Lageplan können einzelne Gebäude angeklickt werden, von denen dann ein Bild mit genauer Beschreibung erscheint.

Römerpark Köngen (D)

www.koengen.de/default.asp?geschichte/inhalt.htm

Auf einem Lageplan des Römerparks kann man sich verschiedene Gebäude ansehen. Dazu eine Zeittafel der letzten vier Jahrtausende.

Römisches Freilichtmuseum Hechingen-Stein (USA) (D)

www.dhm.de/museen/stein/stein.html
www.dhm.de/museen/stein/stein_e.html

Virtueller Rundgang durch das Museum mit Lageplänen und Fotos der Gebäude.

Silberbergwerk (D)

www.datenautobahn.de/verein/aurora/bergwerk.htm

Das historisches Silberbergwerk Aurora-Erbstolln ist für Besucher geöffnet.

Gedenkstätten

Anne Frank Haus Amsterdam (USA)

www.annefrank.nl/

Virtueller Rundgang mit zahlreichen Bildern durch das Museum Anne Frank Haus in Amsterdam. Einige Auszüge aus dem Tagebuch kann man hier lesen.

BStU (D)

www.snafu.de/~bstu/

Der Bundesbeauftragte für die Unterlagen des Staatssicherheitsdienstes der ehemaligen DDR beschreibt im Internet, wie man an Informationen aus alten Stasi-Archiven kommen kann.

Gedenkstätte deutscher Widerstand (USA) (D)

www.gdw-berlin.de/

Raumpläne, Bilder und Texte aus dieser Berliner Gedenkstätte. Biographien wichtiger Personen und eine Literaturliste zum Thema Widerstand.

Gedenkstätte Haftanstalt Bautzen (D)

www.stsg.de/bautzen/baut01.htm

Texte und Bilder zur Geschichte der ehemaligen Haftanstalt Bautzen. Lageplan, Öffnungszeiten und Verkehrsverbindungen.

Gedenkstätte Haus der Wannseekonferenz (USA) (D)

www.brandenburg.de/land/mwfk/kultur/deutsch/gedenkst/bln/wannseed.html

In dem Haus, in dem 1942 die geschichtsträchtige Wannseekonferenz stattfand, wurde 50 Jahre später eine Gedenkstätte über die Judenverfolgung eingerichtet.

Gedenkstätten für NS-Opfer (D)

www.dhm.de/ausstellungen/ns_gedenk/

Karte aller Gedenkstätten für NS-Opfer in Deutschland. Von hier aus finden Sie weitere Informationen, Adressen und Veranstaltungen.

Holocaust Memorial Center (USA)

holocaustcenter.org

Das amerikanische Holocaust Memorial Center zeigt hier seine Exponate und Schriften.

Kyffhäuserdenkmal (D)

www.th-online.de/verbaende/kyffhaeuser-fvv/html/denkmal.html

Kyffhäuserdenkmal auf dem sagenumwobenen Kyffhäuserberg in Thüringen („Berg der Soldaten").

KZ-Gedenkstätte Bergen-Belsen (D)

www.politische-bildung.de/niedersachsen/toc.htmgedenk

Chronik des Kriegsgefangenen- und Konzentrationslagers, sowie Außenaufnahmen der Gedenkstätte Bergen-Belsen.

KZ-Gedenkstätte Bisingen (D)

www.lpb.bwue.de/gedenk/bisingen/

Texte über die Geschichte des Konzentrationslagers und Berichte von Überlebenden.

KZ-Gedenkstätte Breitenau (USA) (D)

www.guxhagen.net/gedenkstaette/

Texte über die Geschichte des Konzentrationslagers und aktuelle Ausstellungen in der Gedenkstätte.

KZ-Gedenkstätte Buchenwald (USA) (D)

www.buchenwald.de/
www.buchenwald.de/index-e.html

Texte, Chronik und Bilder zur Geschichte des Konzentrationslagers Buchenwald. Museen und Sonderveranstaltungen in der Gedenkstätte.

KZ-Gedenkstätte Dachau (USA) (D)

www.infospace.de/gedenkstaette/index.html
www.infospace.de/gedenkstaette/english/index.html

Texte, wenige Bilder und Lageplan der Gedenkstätte. Besucherinformationen und weitere Links.

KZ-Gedenkstätte Neuengamme (USA) (D)

www.hamburg.de/neuengamme/
www.hamburg.de/neuengamme/welcome.en.html

Ausstellungskonzept, Texte und Bilder zur KZ-Gedenkstätte Neuengamme und anderer Außenstellen in Hamburg.

Lenin Mausoleum (USA)

www.aha.ru/~mausoleu/

Das Lenin Mausoleum in Moskau zeigt zahlreiche Bilder, Texte (fast alle auf russisch) und RealAudio-Reden von Lenin.

Museum of Tolerance (USA)

www.wiesenthal.com/mot/index.html

Das Museum der Toleranz des Simon Wiesenthal Instituts in Los Angeles beschäftigt sich mit Rassismus und mit dem Holocaust.

Kunst

Ars Electronica (USA) (D)

www.aec.at/

Das Ars Electronica Center in Linz, ein Museum für Computerkunst, virtuelle Realität und neue Medien präsentiert hier einen Überblick über seine Ausstellung, die Architektur und weitere Aktivitäten.

Artcontent (D)

www.artcontent.de/

Webseite für verschiedene Museen in Köln (u. a. Wallraff-Richartz-Museum), Düsseldorf und Münster mit ausführlichen Beschreibungen und Bildern der Sammlungen. Links auf weitere Kunstmuseen in Deutschland.

Bauhaus Archiv (USA) (D)

www.bauhaus.de/

Das Bauhaus Archiv Berlin zeigt auf künstlerisch attraktiv gemachten Seiten verschiedene Exponate und einen Überblick über aktuelle Ausstellungen.

British Museum (USA)

www.british-museum.ac.uk/

Das British Museum in London zeigt einen Überblick über die Sammlungen und Vorankündigungen zu Ausstellungen, dazu Lageplan und Fotos.

Capella Sixtina (USA)

www.christusrex.org/www1/sistine/0-Tour.html

Hier finden Sie einen virtuellen Rundgang mit zahlreichen Bildern der sixtinischen Kapelle in Rom und Links auf Webseiten für christliche Pilger.

Centre Pompidou (USA) (F)

www.cnac-gp.fr/

Das Centre Pompidou in Paris beschreibt hier Ausstellungen und Veranstaltungen, dazu Online-Kunst im Internet. Zur Zeit können Sie hier auch etwas über den Umbau nachlesen, der Ende 1999 abgeschlossen sein soll.

Cincinnati Art Museum (USA)

www.cincinnatiartmuseum.com/

Virtueller Rundgang durch das Museum. Dabei gibt es zu den Bildern kurze Beschreibungen und thematisch passende Links.

Eremitage St. Peterburg (USA)

www.hermitage.ru/

Auf künstlerisch prägnante Weise präsentiert eines der bedeutendsten Kunstmuseen Europas einen Teil seiner riesigen Sammlung, dazu kunstgeschichtliche Texte und Grundrißpläne, eine Dokumentation zur Museumsgeschichte und zur aktuellen Forschung mit vielen Bildern.

Gemäldegalerie – Staatliche Museen Berlin (D)

www.smb.spk-berlin.de/sys/

Architektur und Bilder der Gemäldegalerie, ausführliche Beschreibung einiger Werke und ein interaktiver Gebäudegrundriß.

Getty Center (USA)

www.getty.edu/

Virtueller Rundgang durch das Getty Museum in Los Angeles. Ausstellungskalender, aktuelle Presseveröffentlichungen und eine architektonische Beschreibung der gesamten Anlage.

Guggenheim Museen (USA) (D)

www.guggenheim.org/

Die Guggenheim Museen in New York, Soho Berlin, Bilbao und Venedig zeigen einen Überblick über Sonderausstellungen und neue Exponate.

Hamburger Kunsthalle (USA) (D)

www.hamburger-kunsthalle.de/
www.hamburger-kunsthalle.de/frameset1/frame2.html

Beschreibung der Sammlungen und Sonderausstellungen sowie der Architektur des Gebäudes. Links auf weitere Hamburger Museen.

Haus der Kunst München (USA) (D)

www.hausderkunst.de/
www.hausderkunst.de/englisch/index.html

Aktuelle und vergangene Ausstellungen, leider nur sehr wenige Bilder. Kataloge können online bestellt werden.

Herzog Anton Ulrich Museum Braunschweig (D)

www.dhm.de/museen/haum/

Das älteste öffentlich zugängliche Kunstmuseum Deutschlands zeigt hier Grundrisse des Gebäudes und einzelne Objekte der Sammlungen und Ausstellungen sowie einen Veranstaltungskalender.

Kunst- und Ausstellungshalle der Bundesrepublik (USA) (D)

www.kah-bonn.de/

Ausstellungskalender mit Bildern der Exponate, Grundrisse, Webcam, digitale Postkarten und Chat.

Louvre (USA) (F)

mistral.culture.fr/louvre/

Ein virtueller Rundgang zeigt im QuickTime VR-Format die verschiedenen Räume des Louvre. Zur Orientierung in dem riesigen Gebäudekomplex werden auch Grundrisse mitgeliefert. Viele Exponate werden online mit Bild vorgestellt.

Montreal Museum of Decorative Arts (USA) (F)

www.madm.org/

Zahlreiche Fotos von Ausstellungsstücken des Kanadischen Design-Museums und ein virtuelles Museum mit VRML-Objekten.

Musée d'Orsay (USA) (F)

www.musexpo.com/english/orsay/
www.musexpo.com/france/orsay/

Das Orsay Museum in Paris, ein früherer Bahnhof, zeigt einige Bilder und gibt einen Einblick in seine Geschichte.

Museum Folkwang (D)

www.museum-folkwang.de/

Ausstellungskalender des Museum Folkwang in Essen. Leider keine Exponate.

Museum für Kunst und Gewerbe Hamburg (D)

www.mkg-hamburg.de/

Das Museum für Kunst und Gewerbe stellt online zahlreiche Exponate aus verschiedenen Epochen vor. Dazu kommt ein Ausstellungskalender mit Vorschau bis zum Anfang des Jahres 2000.

Museum Jean Tinguely Basel (USA) (D)

www2.tinguely.ch/
www2.tinguely.ch/default.engl.html

Ein paar Fotos von Exponaten, eine Kurzbiographie des Künstlers und einige Bilder über die Architektur dieses Museumsbaus von Mario Botta.

Museum of modern art New York (USA)

www.moma.org/

Aktuelle Ausstellungen, das ganze Gebäude als QuickTime VR-Modell, Projekte von Internet-Online-Kunst. Datenbank mit wissenschaftlichen Veröffentlichungen.

Museum Wiesbaden (D)

www.museum-wiesbaden.de

Das Museum Wiesbaden berichtet über seine Sammlungen und Sonderausstellungen. In einer Kunstdatenbank kann man Bilder nach dem Titel, dem Künstler oder dem Jahr suchen und online betrachten.

Neue Pinakothek München (D)

server.StMUKWK.bayern.de/kunst/museen/pinneu.html

Kurzbeschreibungen von Sonderausstellungen und Führungen. Leider keine Bilder.

Neues Museum Weserburg Bremen (USA) (D)

www.hs-bremen.de/weserburg/
www.hs-bremen.de/weserburg/mwe0.htm

Eines der größten Museen für Gegenwartskunst präsentiert sich hier mit einigen Fotos, einem Ausstellungskalender und Beschreibungen der Objekte, die hier größtenteils aus Privatsammlungen zusammengefaßt sind.

Staatsgalerie Stuttgart (D)

www.staatsgalerie.de/

Die Staatsgalerie Stuttgart zeigt hier zahlreiche Exponate der Sammlung online, außerdem Ankündigungen zu Sonderausstellungen. Dazu Bilder und Texte zur Architektur des Gebäudes und zum Architekten James Stirling.

Tate Gallery (USA)

www.tate.org.uk/

Die Tate Gallery zeigt hier eine Vorschau auf die kommenden Ausstellungen, dazu Kurzbeschreibungen der Sammlungen im Haupthaus in London sowie den Galerien in Liverpool und St. Ives. Hier kann man auch schon Entwürfe für einen Neubau sehen.

Uffizien Florenz (USA)

www.uffizi.firenze.it/

Dieses bekannte Kunstmuseum präsentiert sich mit einem Grundriß, in dem man die verschiedenen Räume betreten und sich die Bilder einzeln ansehen kann. QuickTime VR-Rundgänge durch einen Teil der Räume.

Victoria and Albert Museum London (USA)

www.vam.ac.uk/

Das Victoria and Albert Museum beschreibt hier einen Teil seiner ausgedehnten Sammlungen.

Werkbundarchiv (USA) (D)

www.werkbundarchiv-berlin.de/

Ausstellungsobjekte, Publikationen und Projekte des Werkbundarchives in Berlin.

Zentrum für Kunst und Mediendesign (USA) (D)

www.zkm.de

Das Zentrum für Kunst und Mediendesign in Karlsruhe stellt sein Museum vor und auch zahlreiche Medienprojekte online.

Museumseisenbahnen

Bayerisches Eisenbahnmuseum (D) (F)

privat.schlund.de/b/bem/

Vorstellung des bayerischen Eisenbahnmuseums sowie eine umfangreiche Bildergalerie historischer Lokomotiven.

Deutscher Eisenbahn-Verein (USA) (D)

ourworld.compuserve.com/homepages/dev_de/
ourworld.compuserve.com/homepages/dev_de/engmainp.htm

Fahrpläne, Sonderveranstaltungen, Fotos und Informationen über den Anschlußverkehr zur ältesten Museumseisenbahn Deutschlands in Bruchhausen-Vilsen.

Eisenbahnmuseum Bochum-Dahlhausen (D)

www.eisenbahnmuseum-bochum.de/

Fahrpläne, Sonderfahrten und Fotos der Museumseisenbahn und des Eisenbahnmuseums Bochum-Dahlhausen.

Dampfbahn Furka-Bergstrecke (USA) (D) (F)

www.net4u.ch/dfbfurka/

Fahrplan, aktuelle News, Fotos und technische Informationen der Dampfbahn auf der Furka-Bergstrecke in der Schweiz.

Feldbahnmuseum (D)

home.t-online.de/home/muehl.armin/mfm.htm

Münsterländischen Feldbahnmuseum mit vielen Links zu anderen Feldbahnmuseen.

Geesthachter Eisenbahn (D)

eisenbahn.geesthacht.de/

Bietet eine Streckenbeschreibung, Fahrplan, Sonderveranstaltungen und Fahrzeugpark der Geesthachter Eisenbahn.

Hannoversches Straßenbahnmuseum (USA) (D)

www.stud.uni-hannover.de/~menz/hsmframe.htm

Überblick über Fahrzeuge, Erweiterungen und Umbauten des Hannoverschen Straßenbahnmuseums.

Museumsbahnen am Schönberger Strand (D)

home.t-online.de/home/manfred-ruge/vvm.htm

Fahrpläne und Lageplan der Museumseisenbahn am Schönberger Strand. Dazu eine Liste mit technischen Daten aller Fahrzeuge.

National Railway Museum – London (USA)

www.nmsi.ac.uk/nrm/

Das National Railway Museum in London zeigt hier einen Überblick über seine Ausstellungen und Dampfzugfahrten.

Vulkan Express Brohltal Eisenbahn (D)

track.econ2.uni-bonn.de/vulkan/

Bietet eine Streckenbeschreibung, Fahrpläne und Reiseberichte vom Vulkan Express bei Brohl am Rhein.

Windbergbahn (USA) (D)

www.freital.de/windbergbahn/

Fahrpläne, Geschichte und Fahrzeuge der Windbergbahn nahe Dresden.

Sonstige

4711 Museum (USA) (D)

www.cologneweb.com/4711.htm

Das Muelhens Archiv in der Glockengasse 4711 in Köln informiert online über die Geschichte des „aqua mirabilis" (Wunderwasser).

Bismarck-Museum (D)

www.badkissingen.de/tourismus/kultur/index.html

Das Bismarck-Museum in Bad Kissingen stellt sich vor. Weiterhin führt ein Link nach Bad Kissingen und stellt die Attraktionen des Kurortes vor.

Daredevil Adventure, the (USA)

www.tourismniagara.com/imax/edge.htm

Museum der Daredevils an den Niagarafällen. Diese Leute versuchten mehr oder weniger erfolgreich, in einem Faß die Niagarafälle herunterzufallen.

Deutsches Bergbaumuseum (USA) (D)

www.bergbaumuseum.dmt.de/
www.bergbaumuseum.dmt.de/e/welcome.html

Überblick über das Deutsche Bergbaumuseum in Bochum und aktuelle Sonderausstellungen.

Deutsches Schiffahrtsmuseum (USA) (D) (F)

www.dsm.de/
www.dsm.de/dsm/edsm.htm

Das deutsche Schiffahrtsmuseum in Bremerhaven präsentiert seine verschiedenen Ausstellungsbereiche mit umfangreichem Bild- und Textmaterial. Dazu Ankündigungen von Veranstaltungen und Sonderausstellungen.

Erotikmuseum (D)

www.erotikmuseum.de/

Beate Uhses Erotikmuseum in Berlin zeigt im Internet diverse Bilder aus seiner Ausstellung. Dazu auch noch ein kostenpflichtiges Angebot.

Feuerschiff Amrumbank (D)

ourworld.compuserve.com/homepages/amrumbank/

Aktuelle Informationen, Technik und Bilder des Museumsfeuerschiffes Amrumbank im Hafen von Emden.

Houdini Museum (USA)

www.microserve.net/~magicusa/houdini.html

Das Houdini Museum widmet sich dem Leben und Werk dieses großen Zauberers. Hier finden Sie auch zahlreiche weitere Links auf Houdini-Seiten im Internet.

International Mothers Hall of Fame (USA)

www.imhof.org/

Planung eines internationalen Müttermuseums. Grundsteinlegung am Muttertag 1999, Eröffnung zur Jahrtausendwende. Hier können Sie dieses Projekt mitverfolgen und sich als Sponsor oder Sponsorin eintragen.

Krankenhausmuseum (D)

www.is-bremen.de/is-bremen/bremen/museen/krankenhausmuseum/is.html

Das Krankenhausmuseum in Bremen gibt einen Überblick über seine Sonderausstellungen, Veranstaltungen und Schulprojekte.

London Dungeon, the (USA)

www.southwark.gov.uk/tourism/attractions/london_dungeon/

Museum über Horror, Folter, Todesstrafe und Märtyrer, untergebracht in den Kellern des Bahnhofs London Bridge.

Museum der Arbeit (D)

www.museum-der-arbeit.de/

Das Museum der Arbeit in einem alten Hamburger Fabrikgebäude beschreibt, wie sich Leben und Arbeiten in den letzten 150 Jahren gewandelt haben. Dazu gehört als Außenstelle auch das Speicherstadtmuseum im Hafen.

Rieskratermuseum (D)

www.noerdlingen.de/html/rieskratermuseum.html

Rieskratermuseum Nördlingen. Geologisches Museum zum Meteoriteneinschlag in das Nördlinger Ries.

Schweinemuseum (D)

www.marena.com/schweine/homepage.html

Hier stellt sich das Sammler- und Glücksschweinmuseum vor.

Silberbergwerk Rammelsberg (D)

region.tu-clausthal.de/bbmr/

Informationen, Fotos und Sonderausstellungen zum Museumsbergwerk Rammelsberg im Harz. Das weit über 1.000 Jahre alte Erzbergwerk Rammelsberg wurde 1992 mit der zugehörigen Altstadt Goslars in die UNESCO-Liste des „Kultur- und Naturerbes der Welt" aufgenommen.

Spijöök (D)

home.t-online.de/home/menschenmuell/museum.htm

Spijöök, das Museum für Kuriositäten und Seemannslegenden in Varel beleuchtet Themen, wie: unsere germanischen Vorfahren, Varel als Zuflucht für Seeräuber, die Kontinentalsperre usw., aus einer etwas anderen Perspektive.

Surfing Museum (USA)

www.surfingmuseum.org/

Das internationale Surfing Museum in Huntington Beach, Kalifornien, zeigt hier einige seiner Ausstellungsstücke und Sonderausstellungen.

USS Nautilus (USA)

www.ussnautilus.org

Virtueller Rundgang mit zahlreichen Fotos durch das Museums-U-Boot USS Nautilus. Geschichte, Lageplan und touristische Informationen zum wirklichen Besuch des U-Bootes.

Technik

Aeronauticum Nordholz (D)

www.cux-info.de/sehenswert/aeronauticum/

Das deutsche Luftschiff- und Marinefliegermuseum stellt seine Flugzeuge vor und gibt einen Überblick über die Bauweise der Zeppeline.

Älteste Bahnhofsgebäude Deutschlands, das (D)

www.harzart.de/vienenburg/museum.htm

Die erste deutsche Staatseisenbahn führte von Braunschweig über Wolfenbüttel und Vienenburg nach Bad Harzburg. Hier finden Sie das älteste Bahnhofsgebäude Deutschlands, in dem heute eine große Modelleisenbahnanlage untergebracht ist.

American Computer Museum (USA)

www.compustory.com/

Das amerikanische Computermuseum zeigt Fotos verschiedener alter Computer sowie weitere Links auf andere Computermuseen.

Auto-Technik-Museum Sinsheim (USA) (D)

www.technik-museum.de/
www.technik-museum.de/endex.html

Das Auto-Technik-Museum gibt hier einen Überblick über aktuelle Ausstellungen, interaktive 3-D-Panoramabilder und das Programm des IMAX-Kinos.

Cité des sciences (USA)

www.cite-sciences.fr/

Ein Technik- und Erlebnis-Center in Paris stellt sich vor und bietet einige Online-Spiele an, dazu das Programm des IMAX-Kinos und Planetariums.

Computerspielemuseum (D)

www.computerspielemuseum.de/

Das Computer- und Videospielemuseum in Berlin zeigt hier Bilder und technische Daten seiner Ausstellungsstücke.

Deutsches Museum München (USA) (D)

www.deutsches-museum.de/
www.deutsches-museum.de/e_index.htm

Das deutsche Museum gibt einen Überblick über seine Sammlungen und zeigt einige Exponate multimedial aufbereitet als QuickTime oder interaktives JavaScript. Leider ist der Seitenaufbau so langsam, daß der gewünschte Effekt manchmal nicht zu erkennen ist.

Deutsches Technikmuseum Berlin (USA) (D)

www.dtmb.de/
www.dtmb.de/index_en.html

Virtueller Rundgang mit Lageplan des Museums, Vorankündigungen von Sonderausstellungen und ein Multimedia-Online-Angebot, das Ergebnis eines Wettbewerbs.

Exploratorium (USA)

www.exploratorium.edu/

Technisch-Naturwissenschaftliches Museum in San Francisco mit sehr gut gemachten Online-Ausstellungen zu verschiedenen Themen.

Fire Museum Network (USA)

firemuseumnetwork.org/

Übersicht über alle Feuerwehrmuseen weltweit.

Flugwerft Schleißheim (D)

www.deutsches-museum.de/zweig/werft/fws.htm

Flugwerft Schleißheim, Zweigmuseum des Deutschen Museums München. Sie erläutert die Geschichte der Luftfahrt, zeigt Flugzeuge und gewährt einen Blick in die Werkstatt.

Franklin Institute (USA)

sln.fi.edu/tfi/welcome.html

Das Franklin Institute Science Museum in Philadelphia zeigt verschiedene Sonderausstellungen online.

Kennedy Space Center (USA)

www.kennedyspacecenter.com/

Rundgang durch die Ausstellung im Visitor Complex der Raketenstartrampen in Cape Canaveral, Shuttle-Start Countdowns, IMAX-Programm, geplante Attraktionen und der Termin des nächsten Shuttle-Starts.

Liberty Science Center (USA)

www.lsc.org

Das Liberty Science Center, ein technisches Museum zum Mitmachen in New York, gibt hier einen Überblick über seine Aktivitäten und eine Vorschau auf Sonderausstellungen und das IMAX-Programm.

Memorial Museum of Cosmonautics, the (USA)

www.museum.ru/kosmonav/

Das Museum für Weltraumfahrt in Moskau zeigt im Internet einige Exponate und erläutert die Geschichte der sowjetischen bzw. russischen Raumfahrt.

Microsoft Museum (USA)

www.microsoft.com/mscorp/museum/home.asp

Microsoft stellt hier online sein Firmenmuseum vor, das sonst nur für Microsoft-Angehörige und zu speziellen Führungen zugänglich ist.

Millennium Point (USA)

beavis.cs.bham.ac.uk/html/millennium2/index.html

Neues Museumsprojekt für das nächste Jahrtausend in Birmingham. Hier können Sie die Planung mitverfolgen.

National Air and Space Museum (USA)

ceps.nasm.edu/nasmpage.html

Hier finden Sie Grundrisse des Museums mit genauer Beschreibung der Ausstellungen in den einzelnen Räumen. Ausführliche Dokumentation des amerikanischen Raumfahrtprogramms. Ankündigung von Sonderausstellungen und Programm des IMAX-Kinos.

New Metropolis (USA)

www.newmet.nl/

New Metropolis Science and Technology Museum Amsterdam. Vorstellung aller Projekte mit Java animiert und weitere detaillierte Infos aus dem Umfeld des Museums.

Nixdorf, Heinz – Museumsforum (D)

www.hnf.de/

Multimedia-Präsentation der Geschichte der Computertechnik und zukünftiger Entwicklungen. Aktuelle Sonderausstellungen, Veranstaltungen und Aktionen.

Ontario Science Center (USA)

www.osc.on.ca/

Das Ontario Science Center stellt einen Teil seiner Ausstellungsthemen in Form eines Vergnügungsparks mit Quizspielen und interaktiven Seiten vor.

Otto-Lilienthal-Museum (D)

home.t-online.de/home/lilienthalmuseum/index.htm

Das Otto-Lilienthal-Museum in Anklam zeigt einige seiner Exponate online sowie eine Biographie und zahlreiche Dokumente aus den Anfängen der Fliegerei.

Pacific Science Center (USA)

www.pacsci.org/

Programm der Ausstellungen, IMAX-Filme und Lasershows im Pacific Science Center in Seattle.

Panzermuseum Munster (USA) (D)

www.panzermuseum.com/

Das Panzermuseum Munster (Örtze) zeigt Fotos und technische Daten seiner Panzer (mit teilweise schlechten deutschen Übersetzungen) im Internet. Nichts für friedliebende Zeitgenossen.

Science Museum London (USA)

www.nmsi.ac.uk/

Das größte wissenschaftlich technische Museum in Europa gibt hier einen Überblick über seine verschiedenen Sammlungen sowie eine Vorschau auf Sonderausstellungen dieses Jahres. Ein spezielles Online-Museum bietet einige Themen mit modernen Medientechniken (QuickTime VR ...) für das Internet aufbereitet. Dazu kommt das Online-Angebot Science Week, ein wöchentliches Internetmagazin mit technischen und wissenschaftlichen Themen.

Siemens Forum (USA) (D)

www.siemens.de/siemensforum

Ausstellungen und Veranstaltungen in den Siemens Foren in Berlin, Erlangen, München, Klagenfurt, Linz, Mailand und Wien.

QTVR-Modell einer Büste von Werner von Siemens.

Stiftung zur Geschichte der Berliner Luftbrücke (USA) (D)

www.berlin-airlift.de/

Die Stiftung zur Geschichte der Berliner Luftbrücke zeigt hier ihre Flugzeuge, Flugpläne und Aktionen.

Tech, the (USA)

www.thetech.org

The Tech ist ein Technikmuseum zum Anfassen und Mitmachen in Kalifornien. Hier können Sie online einige Exponate betrachten, zum Beispiel die verschiedenen ausgestellten Roboter. Dazu das Programm des IMAX-Kinos.

Timex Uhrenmuseum (USA)

www.timexpo.com/

Planungskonzept für ein Timex Uhrenmuseum. Hier gibt es eine Timeline mit den Timex-Erfindungen und eine Wunschliste von Exponaten, die das Museum noch sucht.

Verkehrsmuseum Nürnberg (USA) (D)

www.dbmuseum.de/

Das Verkehrsmuseum Nürnberg zeigt zahlreiche Bilder und Videos aus unterschiedlichen Epochen des deutschen Eisenbahnverkehrs. Dazu Sonderveranstaltungen, ein Eisenbahnshop und weitere Links.

Zeppelin-Museum (D)

www.zeppelin-museum.de/

Überblick über die verschiedenen Ausstellungsbereiche, Vorschau auf Sonderausstellungen und ein sehenswertes Multimedia-Online-Programm „Zwischen Himmel und Hölle".

Virtuelle Ausstellungen

Antikensammlung (D)

www.phil.uni-erlangen.de/~p1altar/virtuelles_museum.html

Virtuelle Antikensammlung mit Gipsabgüssen und antiker Keramik.

Central Services (USA) (D)

www.central-services.de/museum/m_index.htm

Virtuelles Museum alltäglicher Gebrauchsgegenstände wie Bleistiftspitzer oder Toaster.

Clausthaler Mineralogische Sammlung, die (D)

www.tu-clausthal.de/mineral/

Virtuelle Ausstellung der Mineralogischen Sammlung der TU Clausthal mit zahlreichen Fotos und chemischen Beschreibungen von Mineralien.

Deutsches Museum Bonn (USA) (D)

www.deutsches-museum-bonn.de/

Deutsches Museum Bonn. Wissenschaft und Technik in Deutschland. Virtueller Rundgang.

Dresses for Humanity (USA)

www.princessdigowns.com/

Virtuelle Ausstellung der Kleider von Prinzessin Diana vor der Versteigerung mit Fotos und QuickTime VR. Zusätzlich gibts Infos über eine „Global Tour" der Ausstellung.

In einem „Gift Shop" kann man Geschenke rund um Diana kaufen.

Expo (USA)

metalab.unc.edu/expo/

Eine der größten virtuellen Ausstellungen im Internet mit alten Schriften und Informationen aus dem Vatikan, alten sowjetischen Archiven, der Entdeckung Amerikas und Schriftrollen vom Toten Meer.

Gauck-Behörde (USA) (D)

www.snafu.de/~bstu/1989/

Sammelstelle für die Unterlagen des Staatssicherheitsdienstes der ehemaligen DDR. Dokumente aus dem Jahr 1989 chronologisch geordnet.

Haus der Geschichte (USA) (D)

www.hdg.de/

Das Haus der Geschichte der Bundesrepublik Deutschland in Bonn stellt sich vor und zeigt auch virtuelle Ausstellungen im Internet mit VRML und Webcams.

Museum of Dead, Gone and Obsolete Computers, the (USA)

www.computingmuseum.com/

Historische Bilder und Dokumente zu (ur)alten Computern, zum Schwelgen in alten Erinnerungen. Hier finden Sie zum Beispiel den TRS-80, Amstrad CPC, Sinclair, Sharp MZ oder den Commodore PET.

Park antiker Architektur (USA)

adyton.phil.uni-erlangen.de/~p1altar/forschungsstation.html

Virtuelle Ausstellung und Rekonstruktion einer minoischen Stadt auf Kreta.

Roland Collection (USA)

www.roland-collection.com/

Dieses virtuelle Museum zeigt insgesamt über sieben Stunden RealVideo und MPEG über verschiedene Kunstthemen. Noch mehr Filme können als Videokassetten bestellt werden.

Roma Antiqua (D)

www.cellarius.de/

Virtueller Rundgang durch das antike Rom.

Schlüsselanhängermuseum (D)

www.objectfarm.org/~wolfgang/museum/

Das Schlüsselanhängermuseeum zeigt im Internet etwa 300 verschiedene Schlüsselanhänger und ihre Geschichte.

Synthesizermuseum (USA)

www.synthmuseum.com/

Das virtuelle Synthesizermuseum zeigt Fotos und technische Daten verschiedenster elektronischer Synthesizer.

U-Boot U2540 (D)

www.zeitraum.com/_submarine/

Virtueller Rundgang durch das U-Boot aus dem Technikmuseum Bremerhaven mit QTVR.

Virtual Museum of Computing (USA)

i.am/vmoc

Links auf zahlreiche Computermuseen, Sammlungen und historische Seiten der Hersteller.

Virtuelles Museum für Industriekultur (D)

www.industriekultur.de/

Museum für Industriekultur in Europa, hauptsächlich Deutschland, mit Links auf wichtige Organisationen und Industriedenkmäler.

WebMuseum (USA)

www.fhi-berlin.mpg.de/wm/

Eines der bekanntesten virtuellen Kunstmuseen mit Kunst von der Gotik bis heute. Zahlreiche Mirrors in der ganzen Welt.

Völkerkunde und Naturkunde

Ägyptisches Museum Kairo (USA)

www.powerup.com.au/~ancient/museum.htm

Das ägyptische Museum in Kairo zeigt zahlreiche Fotos seiner Exponate. Highlight ist sicher der Goldschatz aus dem Grab des Tutanchamun.

American Museum of Natural History (USA)

www.amnh.org/

Das weltbekannteste Naturkundemuseum zeigt Grundrisse und Fotos der verschiedenen Abteilungen, dazu Sonderausstellungen, das Programm des IMAX-Kinos und Berichte über aktuelle Forschungsexpeditionen.

Deutsches Salzmuseum (USA)

members.aol.com/salzmuseum/
members.aol.com/saltmuseum/

Texte und Bilder aus dem deutschen Salzmuseum in Lüneburg. Lageplan und Fotos vom Industriedenkmal Saline Lüneburg. Links auf Salzmuseen weltweit.

Fiji Museum (USA)

www.fijimuseum.org.fj/

Das Fiji Museum zeigt einen Überblick über seine Ausstellungen und Geschichte, dazu auch virtuelle Ausstellungen einzelner Abteilungen sowie Forschungsprojekte.

Hygienemuseum (D)

www.dhmd.de

Das Museum rund um den Menschen. Hier erfahren Sie alles über die biologischen, sozialen und kulturellen Aspekte des menschlichen Lebens.

Kreml Museum Moskau (USA)

www.kremlin.museum.ru/mus_mk.htm

Bilder der Gebäude im Moskauer Kreml, Ausstellungsverzeichnis und Vorstellung des UNESCO Internet-centre Projekts in Moskau.

Loch Ness Exhibition Centre (USA)

www.discover.lochness.co.uk/

Das Loch Ness Exhibition Centre in Drumnadrochit am Loch Ness zeigt aktuelle Wetter- und Forschungsberichte unterlegt mit der Loch Ness Enigma Music als RealAudio. Dazu Streaming Video Übertragungen und Webcams am Loch Ness.

Museum für Völkerkunde Hamburg (D)

www.hamburg.de/museum-fuer-voelkerkunde/

Überblick über die verschiedenen Ausstellungsbereiche mit Fotos, Sonderaktionen und Veranstaltungsprogramm.

National History Museum London (USA)

www.nhm.ac.uk/

Überblick über die Ausstellungen und aktuelle Forschungsprojekte. Dazu ein detailliertes Multimedia-Angebot mit VR-Modellen und Animationen.

Naturmuseum Bern (USA)

www-nmbe.unibe.ch

Naturgeschichtliches Museum Bern/Schweiz (NMBE).

Neanderthal Museum (USA) (D)

www.neanderthal.de/
www.neanderthal.de/e_thal/fs_1.htm

Virtueller Rundgang durch das Museum, historische Informationen, Beschreibung der Museumsarchitektur und ein Bildarchiv.

Römisch-Germanisches Museum Köln (D)

www.museenkoeln.de/rgm/index.html

Überblick über die Sammlung und die Außenstellen (Praetorium, Römischer Abwasserkanal, Judenbad) des Museums, einige Fotos und Ankündigung von Veranstaltungen.

Übersee-Museum (D)

www.bremen.de/info/uebersee/

Das Bremer Überseemuseum präsentiert zahlreiche Exponate mit Fotos nach Kontinenten geordnet, sowie Lagepläne der verschiedenen Ausstellungsbereiche.

Musik

Thema	Seite	Weiterführende Linkseiten
Blues-Musiker	625	www.blueflamecafe.com/
Deutsche Folkgruppen	626	www.folk.de/
Mozartbiographien	628	www.mozart.at/main.htm
MP3 Musik ...	631	chartsteam.de/m-s-borg.html
...	631	chartsteam.de/m-s-mf.html
...	631	www.nedernet.nl/~dendulk/mp3city/
...	632	www.algonet.se/~carl-mar/mp3/mp3.htm
...	632	www.rioport.com/
Fanclubs	634	www.musicfanclubs.org/
Internationale Musik Charts	643	www.lanet.lv/misc/charts/
Heavy Metal	644	www.rocknetwork.com/
Schlagersänger	645	www.intercord.com/homepage/start.htm

Olga (USA)

www.olga.net/

Datenbank mit Gitarrengriffen vieler bekannter Musikstücke verschiedener Stilrichtungen (Klassik, Country, Jazz, Pop ...)

Tourkalender, der (D)

www.mano.de/tourcldr/

Tourkalender mit Festivals, Popkonzerten, Klassik und Musicals.

Möglichkeit, Tickets zu erwerben; außerdem kann man bei einem wöchentlichem Gewinnspiel eine CD gewinnen.

Tvmovie (D)

music.tvmovie.de/musik/

Suchmaschine zu Musiksendungen im Fernsehen.

Blues

Blue Flame Cafe, the (D)

www.blueflamecafe.com/

Fantastische Linkseite zur Creme de la Creme der Blues-Musik. Klick it!

Folk

Ann Arbor Folk Festival (USA)

www.umich.edu/~mevents/events/meo-aaff.html

Programm und Kurzvorstellungen der Teilnehmer am jährlichen Ann Arbor Folk Festival in Michigan mit RealAudio-Previews.

Bardentreffen (D)

www.bardentreffen.de/

Programm des Nürnberger Bardentreffens mit Vorstellung der einzelnen Gruppen, Lageplan, RealAudio Previews und Webcam während der Veranstaltung.

Champlain Valley Folk Festival (USA)

www.cvfest.together.com/

Programm, Künstler und Kartenvorbestellung für das Folk Festival in Burlington, USA, mit Lageplan von Yahoo!.

Folk.de (D)

www.folk.de/

Online-Verzeichnis norddeutscher Folkgruppen und Einzelinterpreten. Folkmusikinstrumente, Folknoten und Videos, Zubehör. Umfangreiche Notendatenbank.

Newport Folk Festival (USA)

www.newportfolk.com/

Programm des Newport Folk Festivals und Fotos vom letzten Jahr.

Philadelphia Folk Festival (USA)

www.folkfest.org/

Programm, Anmeldung und Teilnahmebedingungen für das Philadelphia Folk Festival, dazu Audioclips der Gruppen vom letzten Jahr.

Hochschulen

Hochschule für Musik Aachen (USA) (D)

www.mhs-aachen.de/

Studienprogramm, Veranstaltungen und Wettbewerbe.

Hochschule für Musik Hans Eisler Berlin (USA) (D)

www.hfm-berlin.de/

Studienprogramm, Aufnahmebedingungen und Veranstaltungen.

Hochschule für Musik Köln (USA) (D)

www.mhs-koeln.de/

Studienprogramm, Veranstaltungen und Wettbewerbe.

Hochschule für Musik Wuppertal (USA) (D)

www.mhs-wuppertal.de/

Studienprogramm, Veranstaltungen und Wettbewerbe.

Universität für Musik und darstellende Kunst Wien (USA) (D)

www.mhsw.ac.at/

Studienprogramm, Veranstaltungen und Wettbewerbe, aktuelle Infos, Geschichte, Aufnahmebedingungen und Publikationen.

Klassik

All Classical Guide (USA)

allclassical.com/

Datenbank zur Suche klassischer Komponisten, ihrer Werke und Interpreten. Teilweise können die Stücke auch angehört werden.

Beethoven-Stiftung (D)

www.beethoven.de/

Die Beethoven-Stiftung veröffentlicht Biographien und Literatur und veranstaltet Konzerte.

Brandenburgische Sommerkonzerte (D)

www.brandenburgische-sommerkonzerte.de/

Programm, Kompositionswettbewerb und Denkmalpflegeprojekte im Rahmen der brandenburgischen Sommerkonzerte.

Edinburgh Harp Festival (USA)

www.scotweb.co.uk/music/harpfest/

Programm des Edinburgh Harp Festival mit Kurzvorstellungen der Teilnehmer.

Klassik Newsgroup (D)

news://de.rec.music.klassik

Newsgroup zu klassischer Musik.

Klassik Online (USA)

www.klassik.com/

Hintergrundinformationen zu klassischer Musik mit RealAudio-Beispielen. Musikbücher und Fernsehprogramm zum Thema.

Klassik-Radio (D)

www.klassikradio.de

Klassik-Radio. Programmvorschau und Informationen, nur klassische Musik. CD-Tips mit RealAudio-Previews.

Mozart (USA) (D)

www.mozart.at/main.htm
www.mozart.at/main_e.htm

Jede Menge Links auf verschiedene Mozartbiographien.

Schleswig-Holsein Musik Festival (USA) (F)

www.shmf.de/

Schleswig-Holstein Musik Festival. Schwerpunkt Frankreich. 11.7. – 29.8.1999

Tschaikowsky, Peter Iljitsch (D)

www.swb.de/personal/icicle/tschaikowsky.html

Kurzbiographie und Bild.

Konzerte

Antaris Festival (USA) (D)

ourworld.compuserve.com/homepages/antaris_project/

Fotos und Berichte der Antaris Festivals in der Nähe von Berlin.

Bachwoche Ansbach (USA) (D)

www.BachwocheAnsbach.de

Bachwoche Ansbach, 30.7. – 8.8.1999.

Beethoven-Fest (USA) (D)

www.beethovenfest-bonn.de/

Internationales Beethovenfest Bonn, 4.9. – 10.10.1999.

Carinthischer Sommer (USA)

www.CarinthischerSommer.at/

30 Jahre Carinthischer Sommer. Jubiläumsveranstaltungen in Ossiach und Villach mit Kirchenoper, Festkonzerten und Theateraufführungen, 2.7. – 29.8.1999.

Concert Poster (USA)

www.concertposter.com/

Online-Shop für Konzertplakate.

Donaueschinger Musiktage (USA) (D)

www.donaueschingen.de/

Donaueschinger Musiktage. Internationalen Musiktage für zeitgenössische Tonkunst, 15. – 17.10.1999.

Dresdner Musikfestspiele (D)

www.musikfestspiele.com/

Dresdner Musikfestspiele. Titelthema „Spanien", 21.5.1999 - 6.6.1999.

Fest Alte Musik (USA) (D)

www.tiscover.com/fest-alte-musik

Innsbrucker Festwochen der alten Musik, 6.7. - 29.8.1999.

FestvalGuide (D)

www.openair.de/

Festivalkalender für Deutschland und das übrige Europa.

FUGATO (USA)

www.bad-homburg.de/de/fugato/index.html

3. FUGATO - Internat. Orgelfestival Bad Homburg, 23.9. - 3.10.1999.

Händelfestspiele Halle (D)

www.haendelfestspiele.halle.de

Händelfestspiele in Halle/Saale, 4.6. - 13.6.1999.

Haydn-Tage (USA)

www.haydnfestival.at

11. Internationale Haydn-Tage, 9. - 19.9.1999.

Kissinger Sommer (USA)

www.Kissingersommer.de

14. Kissinger Sommer. Internationales Musikfestival, 18.6. - 18.7.1999.

Musica Bayreuth, 38. (USA) (D)

www.musica-bayreuth.de

38. Musica Bayreuth, Orchester- und Kammerkonzerte, 1.5. - 9.5.1999.

Musikland (D)

www.musikland.de/

Konzertdatenbank, in der man nach Namen, Ort oder Datum Konzerttermine in Deutschland finden kann. Dazu meistens auch eine Kontakttelefonnummer.

Rock am Ring (D)

www.rock-am-ring.de/

Das größte deutsche Open-air-Festival auf dem Nürburgring. Hier finden Sie das aktuelle Programm und Berichte aus den vergangenen Jahren.

Link zum Ticketservice für verschiedene Rock- und Pop-Konzerte.

Schönberger Musiksommer (D)

www.schoenberg-online.de/schoems/indexsm.htm

Schönberger Musiksommer vom 22.6. – 18.9.1999. Von der traditionellen Kirchenmusik bis in die Grenzbereiche des Jazz.

Sommerkonzerte, 10. (D)

www.sommerkonzerte.de

10. Sommerkonzerte zwischen Donau und Altmühl in Zusammenarbeit mit dem Bayerischen Rundfunk, 12.6. – 29.7.1999.

Strauß, Johann (USA) (D) (F)

www.johann-strauss.coburg.de

Johann Strauß in Coburg.

Konzerthallen

Carnegie Hall (USA)

www.carnegiehall.org/

Virtueller Rundgang durch die Carnegie Hall in New Yourk mit RealAudio, dazu das aktuelle Konzertprogramm.

Festspielhaus Baden-Baden (D)

www.festspielhaus.de

Festspielhaus Baden-Baden in Zusammenarbeit mit dem SWR. Konzert, Oper, Ballett.

Konzert- und Kongresshalle Bamberg (D)

www.konzerthalle.bamberg.de/

Veranstaltungsprogramm, Lageplan und weitere Infos über die Konzerthalle Bamberg.

Konzerthalle im Bagno (D)

www.steinfurt-net.com/bagnohalle/

Programm und Geschichte dieser Konzerthalle im Münsterland, einer der größten freistehenden Konzerthallen Europas.

Kritiken

Hinter-Net (D)

www.hinternet.de/

Die kulturelle Frittenbude am Rande der Datenautobahn bietet zahlreiche Kritiken zu Konzerten und aktuellen Platten, Cartoons, Texte, Klatsch und Nonsens.

Klassik-Akzente (USA) (D)

www.klassikakzente.de

Magazin der Deutschen Grammophon.

Klassik-Open (USA) (D)

www.klassikopen.de/forum/fo-frame.htm

Musik-Shop von Klassik-Open.

Online Musik Magazin (D)

www.omm.de/

Kritiken zu aktuellen Operninszenierungen, klassischen Konzerten, CDs.

Rondo-Magazin (D)

www.rondomagazin.de

„Rondo-Magazin", Deutschlands größtes Klassik- und Jazz-Magazin.

MP3

Borg (D)

chartsteam.de/m-s-borg.html

Suchmaschine für MP3-Musik auf FTP-Servern.

Incitement MP3-Archiv (USA)

www.incitement.com/mp3.htm

Aktuelle MP3-Musik zum Download (nur relativ wenige Titel).

Lycos MP3 Search (USA)

mp3.lycos.com/

Suchmaschine auf MP3-FTP-Servern, Software und Infos.

Mediafind (D)

chartsteam.de/m-s-mf.html

Suchmaschine für MP3-Musik auf FTP-Servern. Dahinter verbirgt sich die früher unter dem Namen Chaos bekannte Suchmaschine. Findet auch MP2, MPG und MPEG.

MP3 (USA)

www.mp3.com/

Kostenlose, lizenzfreie MP3-Musik

MP3 City (USA)

www.nedernet.nl/~dendulk/mp3city/

Fast alles zum Thema MP3. Links auf zahlreiche MP3-Suchmaschinen, Musikarchive, Softwareutilities und viele WinAmp Skins.

MP3 Underground (USA)

www.algonet.se/~carl-mar/mp3/mp3.htm

Links auf MP3-Musik auf verschiedenen anderen Servern.

mp3.box (USA)

mp3.box.sk/

Suchmaschine auf MP3-FTP-Servern, Software und Infos.

MP3-World (USA) (D)

www.mp3-world.net/

Aktuelle News, Tips und Software zu MP3.

Music4free (USA)

www.music4free.com/

MP3-Musik von unbekannten Gruppen sowie Links auf die Homepages.

Razor's MP3'z (USA)

start.at/razor/

Links auf MP3-Musik auf verschiedenen anderen Servern.

Rio Player (USA) (D)

www.diamondmm.com/products/current/rio.cfm
www.diamondmm.de/ger/products/rio/index.htm

Der Rio Player ist eines der verbreitetsten portablen MP3-Abspielgeräte.

RioPort (USA)

www.rioport.com/

Viele Links auf lizenzfreie MP3-Musik und Software.

Super Fast MP3s (USA)

fast.village21.com/super

Anbieter von MP3-Musik und Konvertern.

WinAmp (USA)

www.winamp.com/

WinAmp ist das bekannteste Abspielprogramm für MP3-Musik. Hunderte von Skins geben dem Programm ein individuelles Aussehen.

Plattenfirmen

A&M Records (USA)

www.amrecords.com/

Tourdaten, Homepages verschiedener Sänger und Gruppen, Online-Spiele und Mailingliste.

Arista (USA)

www.aristarec.com/

Links auf Künstlerseiten mit Diskographien, Jukebox mit RealAudio- und RealVideo-Previews.

BMG Ariola (D)

www.bmg.de

BMG Ariola stellt in Form eines Online-Magazins alle Interpreten vor mit Tourdaten, Diskographie und Musikproben aus den aktuellen Alben. Dazu der übliche Klatsch und Tratsch, Online-Chat und Werbung.

Emi Electrola (D)

www.emimusic.de/

Aktuelle News, Diskographien und Vorstellung der Alben aller Künstler bei EMI.

Polydor (USA) (D)

www.polydor.com/

Aktuelle News und Vorstellungen der Sänger und Gruppen.

www.polydor.de

Kurzbeschreibung der aktuellen CDs und Biographien, Tourdaten und RealAudio-Previews.

Sony Music (USA) (D)

www.music.sony.com/
www.sonymusic.de/

Vorstellung aller Platten mit Bestellmöglichkeit, Videoclips, Künstlerseiten, Tourneedaten, Musikbeispiele als RealAudio.

Sub Pop (USA)

www.subpop.com/

Diskographien, Tourdaten, Künstlerseiten mit Fotos und Online-Shop.

Populär

Billboard Music Awards (USA)

www.billboard-online.com/musicawards/

Die Preisträger der Billboard Music Awards.

Deutschrock Online Shop (D)

www.deutschrock.de/

Fanshop zu Deutschrockbands, Lara Croft und Chaos Computer Club.

Forschungszentrum populäre Musik (D)

www2.hu-berlin.de/inside/fpm/

Das Forschungszentrum populäre Musik der Humboldt Universität Berlin veröffentlicht hier wissenschaftliche Abhandlungen über Pop-/Rock-Musik.

Go on (D)

www.go-on.de/

Der deutschsprachige Musikkanal mit aktuellen Infos, CD-Tests, Charts, Tourdaten, Forum und Chat.

Grammy Awards (USA)

www.grammy.com/

Nominierungen, Preisträger, Audio, Video, Fotos und Berichte von den Grammy-Verleihungen.

Hiphop Rap Sprachkultur (D)

www.pons.de/erleb/hiphop/

Texte, Lexikon, Fotos und Interviews aus der Hiphop-Rap-Szene.

Intro (D)

intro.de/

Das Musikmagazin Intro bietet online aktuelle CD-Vorstellungen und Konzerttermine.

Ministry of Sound (USA)

www.ministryofsound.co.uk/

Zahlreiche Soundclips und Infos aus der britischen Clubszene.

Music Fan Clubs Organization (USA)

www.musicfanclubs.org/

Links auf Fanclubs und offizielle Seiten vieler verschiedener Bands und Musiker.

Planetsound (D)

planetsound.de/

Online-Musikmagazin mit aktuellen News und Tourdaten.

Soundz (USA)

www.soundz.com/

Englisches Online-Musikmagazin mit Texten, Bildern, Interviews und hierzulande weitgehend unbekannten Bands.

Streamland (USA)

www.streamland.com/

Kostenlose Musikvideos (RealVideo) in voller Länge, keine Previews.

Bands

Abba (USA)

www.polydor.com/polydor/artists/abba/

Biographie und Liste aller Alben mit Ausschnitten als WAV oder MOV.

Ace of Base (USA)

www.aristarec.com/aristaweb/aceofbase/

Videos, Fotos und Musik als RealAudio oder WAV. Links auf einen Fanclub mit Chat, Musik und Bildern aller CDs.

Adams, Bryan (USA)

www.bryanadams.com/

Tourdaten, Fanshop, Liedtexte, Audio- und Videoclips (Previews). Backstage-Informationen nur für zahlende Fanclubmitglieder verfügbar.

Aerosmith (USA)

▲ www.aerosmith.com/

Willkommen im Aero Dome! Die offizielle Webseite von Aerosmith in grafisch aufwendiger Aufmachung mit Biographien, RealAudio und dem offiziellen Fanclub.

Ärzte, die (D)

www.deutschrock.de/die_beste_band_der_welt/

Diskographie, Klatsch und Tratsch rund um die Ärzte.

Backstreet Boys (USA)

backstreetboys.com/

Biographien, Videoclips, Fotos, Chat, Forum, Fanshop und Links auf Fanclubs.

BAP (D)

www.emimusic.de/artists/bap-online/content.html

Tourneedaten, Diskographie, News, Kontakt, Beschreibung des aktuellen Albums mit RealAudio-Musik.

Bee Gees (USA)

www.beegees.net/

Tourdaten, Biographie, Liedanfänge des aktuellen Albums als RealAudio sowie Links auf Fanseiten über den Bee Gees-Webring.

Black Sabbath (USA)

www.black-sabbath.com

Die offizielle Black-Sabbath-Webseite mit Diskographie, Texten, vielen Fotos, Interviews, Chat und RealAudio- und WAV-Previews aus dem aktuellen Reunion-Album. Unbedingt reinhören!

Bläck Fööss (D)

194.121.235.55/foeoess/

Diskographie, aktuelle News und Plattenbestellung der Kölner Band Bläck Fööss.

Blondie (USA)

www.blondie.net/

Die offizielle Blondie-Site mit Biographien, Fotos, Liedertexten, Videoclips und Fanshop.

Bowie, David (USA)

www.davidbowie.com/

Aktuelle News, Biographie, Texte, Gemälde und Screensaver. Weitere interne Informationen im BowieNet gebührenpflichtig.

Cher (USA)

www.cher.com/

Aktuelle News, Fotos, RealAudio-Previews und Online-Shop.

Cherry, Neneh (USA)

the-raft.com/nenehcherry/

Diskographie, Audio- und Videoclips.

Clapton, Eric (USA)

www.polydor.com/polydor/flash/artists/clapton/

Biographie und Liste aller Alben mit Ausschnitten als WAV oder MOV.

Cole, Paula (USA)

www.wbr.com/paulacole/

Diskographie, Fotos, Fanforum, Videoclips und RealAudio-Musik.

Crash Test Dummies (USA)

www.aristarec.com/aristaweb/crashtestdummies/

Videos, Fotos und Musik als RealAudio oder WAV. Kritiken zu aktuellen CDs und Auftritten.

Crow, Sheryl (USA)

www.amrecords.com/artists/sherylcrow/

Tourdaten, Biographie, Fanforum, Liedanfänge des aktuellen Albums teilweise als RealAudio oder RealVideo.

Dion, Celine (USA) (F)

www.celineonline.com/

Biographie, aktuelle News, Tourneedaten, Fotos, Backstage-Videos, Interviews, Liedertexte und RealAudio und WAV-Clips auf einer optisch ansprechenden Seite.

Element of Crime (D)

www.element-of-crime.de/

Torneedaten, Fotos, Biographien und ein paar RealAudio-Lieder einer leider wenig bekannten deutschen Band.

Falco (USA) (D)

www.bmg.co.at/falco/

Geschichte, Diskographie mit RealAudio-Previews, Bilder, Desktop-Hintergründe und Nachrufe auf einen der bekanntesten österreichischen Sänger.

Fantastischen Vier, die (D)

www.diefantastischenvier.de/

Texte, Biographien, Fotos, Tourdaten und Links auf die persönlichen Seiten der Vier mit weiteren Informationen.

Fool's Garden (USA) (D)

www.fools-garden.de/

Aktuelle News, Biographien, Tourdaten, Fanshop, Diskographie und Liedertexte.

Fury in the slaughterhouse (D)

www.fury.de/

Aktuelle News, Diskographie, Tourdaten, Fotos, Links auf Fanclub und Fanseiten und ein regelmäßiger aktueller Newsletter.

Gallagher, Rory (D)

www.rory.de/

Tribute für den ersten irischen Rock-Star. Eine informationsgeladene Seite mit wirklich allem Wissenwerten über den Ausnahmemusiker von der grünen Insel. Viele Links zu weiteren Gallagher-Sites.

Genesis (USA)

www.genesis-web.com/

Videoarchiv, Texte, Interviews und zahlreiche Erinnerungen von Fans und Beteiligten in einer Datenbank mit Suchfunktion.

Grönemeyer (D)

www.groenemeyer.de/

Tourneedaten, Fotos, Interview, Fanshop und Diskographie.

Hendrix, Jimi (USA)

www.jimi-hendrix.com/

The Jimi Hendrix Experience interaktiv! Die offizielle Jimi-Hendrix-Webseite mit Biographie, Diskographie und zahlreichen RealAudio-Previews.

Horn, Guildo (D)

www.guildo-horn.com/

Konzerttermine, News und Infos über seinen neuen Film, dazu ein Fanshop, Chat und Kontaktmöglichkeit.

Houston, Whitney (USA)

www.aristarec.com/aristaweb/whitneyhouston/

Videos, Fotos und Musik als RealAudio oder WAV. Tourneedaten, News und Berichte.

Inchtabokatables (D)

www.inchtabokatables.com/

Tourneedaten, Fotos, QuickTime-Videos mit Musik, „Foto-Love-Story".

Jackson, Janet (USA)

www.janet-jackson.com/

Videos, Fotos und RealAudio-Musik. Tourneedaten, News und Chat auf einer Seite mit vielen ansprechenden Shockwave-Effekten.

Jackson, Michael (USA)

www.sonymusic.com/artists/michaeljackson/main.html

Die offizielle Seite von Michael Jackson liefert aktuelle Informationen und Videoclips, alles grafisch sehr aufwendig.

Kraftwerk (D)

www.kraftwerk.com/

Tourdaten, Videoclips und grphische Spielereien.

Kunze, Heinz Rudolf (D)

www.heinzrudolfkunze.de/

Konzerttermine, Diskographie, Literaturliste, Kontaktadressen und seine philosophisch-kritischen Liedtexte zum Nachlesen auf einer grafisch professionell gemachten Webseite.

Leningrad Cowboys (USA)

www.leningradcowboys.fi/main.html

Fotos, MPEG-Videoclips, Tourneedaten, Fanshop, Cartoons, Online-Spiel, digitale Grußkarten und die Leningrad Cowboys Vodka History.

Lennox, Annie (USA)

www.aristarec.com/aristaweb/annielennox/

Fotos und Musik als RealAudio oder WAV, aktuelle Infos zur Reunion der Eurythmics und eine Diskographie.

Les Horribles Cernettes (USA)

sgvenus.cern.ch/musiclub/cernettes/

Die Mädchenband aus dem Forschungszentrum CERN, in dem das Internet begründet wurde. Alle ihre Lieder finden Sie hier als Text, MP3 und RealAudio. Außerdem ist hier das erste Bild zu sehen, das jemals im Internet präsentiert wurde (1992).

Madonna (USA)

www.wbr.com/madonna/

Die aktuelle CD mit RealAudio-Preview, Texte, Bilder und RealAudio aus Evita. Fanforum und Link zum offiziellen Madonna-Fanclub.

Mae, Vanessa (USA)

vanessa-mae.org/

Aktuelle Infos, Bilder und Konzerttermine.

McLachlan, Sarah (USA)

www.sarahmclachlan.com/

Biographie, News, das neue Album als WAV/Liquid Audio; Tourdaten.

Metallica (USA)

www.metallica.com/

Die offizielle Metallica-Site mit aktuellen Infos über das Bandgeschehen und den neusten Tourdaten.

Morrison, Van (USA)

www.polydor.com/polydor/flash/artists/morrison/

Biographie mit Timeline, Tourneedaten, Liedtexte, teilweise auch als RealAudio oder WAV-Datei und ein Online-Gewinnspiel.

Motörhead (USA)

www.imotorhead.com/

Tourdaten, Diskographie, Interviews und Fotos. Und – Lemmy steht zum Online-Interview für Euch bereit!

Neigel, Jule (D)

www.jule-neigel-band.de/

Tourdaten, Berichte, Fotos und das aktuelle Album.

Nena (D)

www.nena.de/

Konzerttermine, News, Fotos und Kontaktmöglichkeit zu Nena, die sich nach Jahren wieder gemeldet hat und neue sowie die geliebten alten Lieder singt. Dazu fast alle Songtexte und eine Auswahl der Lieder als RealAudio (voll ausgespielt, keine Previews).

Nordenstam, Stina (USA)

intimate.org/stina/

Eine noch relativ unbekannte schwedische Sängerin stellt ihr aktuelles Album mit RealAudio-Clips der Liedanfänge vor. Dazu Fotos und Liedtexte.

Nova, Heather (USA)

heathernova.com/

Tourdaten, Fotos, Diskographie mit RealAudio- und WAV-Previews. Fanforum und Links auf private Fanseiten.

Orinoko (USA)

www.orinoko.net/

Biographie, RealAudio-Previews und Vorstellung der aktuellen CD.

Pink Floyd (USA)

www.azstarnet.com/~sudol/floydian_daze.html

Diskographie, zahlreiche Fotos, Texte und Gitarrengriffe.

Presley, Elvis (USA)

elvis-presley.com

Der King lebt in der offiziellen Graceland Site Die absolute Mega-Information über den hüftschwingenden King des Rock 'n' Roll.

Pogues, the (USA)

www.pogues.com/

Aktuelle News, Diskographie sowie WAV-Dateien und Fotos.

Public Enemy (USA)

www.public-enemy.com/

Diese Band bietet ihr aktuelles Album als MP3 zum Download an, dazu verschiedene Videos, Interviews, News und eigene E-Mail-Adressen *@public-enemy.com*.

Queen (USA)

queen-fip.com/

Fotos, Videoclips (Preview), Hintergrundinfos von Produktionen, Biographien, Fanshop, Diskographie, Plattencover und grafisch aufwendige Bildschirmschoner zum Download.

R.E.M. (USA)

www2.s-gimb.lj.edus.si/peter/69/star69.html

Infos; RealAudio-Musik, voll ausgespielte Lieder und Live-Auftritte.

Scorpions (USA) (D)

www.the-scorpions.com/

Das aktuelle Album der Scorpions, Interviews, alle Liedtexte, Fotos und Videoclips, Fanforum, Chat und eigene E-Mail-Adressen *@the-scorpions.com*.

Stiff Little Fingers (USA)

www.slf.com/

Diskographie, Texte, Interviews und Tourdaten.

Reiser, Rio (D)

www.sonymusic.de/rioreiser/

Diskographie, Biographie, Fotos und Vorstellung des gemeinnützigen Vereins Rio-Reiser-Haus.

Spicegirls (USA)

channel3.vmg.co.uk/spicegirls/

Musik, Videoclips, Online-Spiele, Bildschirmschoner und aktuelle News.

Stansfield, Lisa (USA)

www.aristarec.com/aristaweb/lisastansfield/

Videos, Fotos und Musik als RealAudio oder WAV, aktuelle Infos und Diskographie.

Sting (USA)

www.amrecords.com/artists/stingpolice/

Liedtexte aller Alben und ein paar Videoclips.

Stones Net (USA) (D)

www.stones.net

Alles rund um die Rolling Stones. Fotos, Diskographien, Videos, Links und mehr.

Supertramp (USA)

www.supertramp.com/

Die offizielle Webseite von Supertramp zeigt Konzertberichte, komplette Songtexte und Audio-Previews.

Swans (USA)

www.swans.pair.com/

Texte, Fotos und Diskographie.

Tarkan (D)

www.tarkan.de/

Der neue türkische Popstar stellt sich vor, mit Fotos, Tourneedaten und Songtexten auf türkisch und deutsch.

Tic Tac Toe, Sara (D)

www.sara-ttt.de/

Aktuelle News zu Sara und Tic Tac Toe, Interviews als WAV-Dateien und Liedertexte, Audio- und Videoclips, Hindergrundbilder, E-Mail-Flirtline und QuickTime VR-Modell des Studios zum neuen Video „Froschkönig".

Tocotronic (D)

www.tocotronic.de/

News, Fotos, Diskographie und Kontaktmöglichkeit zu Tocotronic.

Toten Hosen, die (USA) (D)

www.tote-hosen.de/

Aktuelle Infos, Diskographie, Tourdaten, Geschichte und Texte über Tourneen und das Leben.

Who, the (USA)

www.thewho.net/

Biographien der Bandmitglieder, Diskographie, Fotos zahlreicher Konzerte, Gitarrengriffe, Videoclips und Links auf Fanseiten.

Vega, Suzanne (USA)

www.amrecords.com/artists/suzannevega/

Tourdaten und Liedtexte in Englisch und auch in andere gängige Sprachen übersetzt. Liedanfänge können als RealAudio angespielt werden.

www.vega.net/

Zahlreiche Fotos, Texte und Interviews und ihr aktuelles Album als MP3.

Witt, Joachim (D)

www.sonymusic.de/witt/

Diskographie, Liedertexte, Tourdaten und RealAudio-Previews aus der Zeit nach dem „goldenen Reiter".

Charts

Billboard (USA)

www.billboard.com/

Aktuelle News und die offiziellen Billboard Charts mit RealAudio, WAV und MP3-Musik (Ausschnitte).

Charts All Over the World (USA)

www.lanet.lv/misc/charts/

Links auf Musik-Charts in verschiedenen Ländern.

Chartstream (D)

chartsteam.de/

Verschiedene deutsche und internationale Charts, Kritiken zu aktuellen CDs mit RealAudio-Previews.

Saturn Top ten (D)

www.saturn.de/f-charts.html

Die Saturn Top ten zum Reinhören mit Links auf andere Charts weltweit.

Yahoo Charts (USA)

la.yahoo.com/external/static/music_chart

Verschiedene amerikanische und europäische Charts.

Datenbank

All Music Guide (USA)

www.allmusic.com/

Datenbank zur Suche nach Alben, Künstlern und einzelnen Liedtiteln. Zahlreiche Querverweise.

Atomic Pop (USA)

www.atomicpop.com/

Amerikanischer CD-Versand mit großer Datenbank internationaler Bands, Diskographien und RealAudio-Previews.

digitallmusic (D)

db.allmusic.de/

Datenbank mit Konzerten, Musikern, Konzertfotos und CDs. Für Musiker auch Labels, Komponisten, Organisationen ...

Internet Underground Music Archive (USA)

www.iuma.com/iuma/

Datenbank mit unbekannten Undergroundbands nach Namen oder Regionen sortiert. Dazu kurze Beispiele als Audioclips.

Laut – der Musikkanal (D)

www.laut.de/

Deutschsprachiges Online-Musikmagazin. Aktuelle CDs, Kurzportäts verschiedener Bands, News, Lexikon, Forum, Chat.

Rock Network (D)

www.rocknetwork.com/

Aktuelle News und zahlreiche Links zu Heavy Metal.

Rockpalast (D)

www.rockpalast.de/

Konzerttermine, Chats, Backstage-Fotos, RealAudio-Beispiele aus dem WDR Rockpalast und von den teilnehmenden Bands.

Ultimate Band List (USA)

www.ubl.com/

Hunderte von Links auf Fanseiten sortiert nach Bands und Personen.

Newcomer

Lennon, John – Förderpreis (D)

www.john-lennon-foerderpreis.de/

Siegerbands und Presseberichte des Nachwuchs-Awards: John-Lennon-Förderpreis.

Music Net (D)

www.music-net.de/

Links auf unbekannte deutsche Bands, CD- und Konzert-Kritiken, Termine, Flohmarkt.

Musikplaza (D)

www.musikplaza.de/

Das Musikerforum mit den Internet-Talent-Charts und RealAudio-Previews.

Online Musik (D)

www.onlinemusik.de/

Newcomerbands stellen sich mit RealAudio und Auftrittsterminen vor.

Ticktack (USA)

ticktack.net/

Underground-Charts zum Mitwählen und Anhören (RealAudio), teilweise sehr schräg, aber auch interessante Newcomer.

Schlager

Arbeitsgemeinschaft Deutscher Schlager (D)

www.ads-schlager.de/

Die Arbeitsgemeinschaft deutscher Schlager vergibt jährlich den ADS-Medienpreis für schlagerfreundliche Fernseh- und Rundfunksender.

Deutsche Schlager-Charts (D)

www.deutsche-schlager-charts.de/

Die offiziellen deutschen Schlager-Charts für Alben und Singles.

Fräulein Kikis klingende Schlagerparade (D)

www.geocities.com/vienna/4200/

Zahlreiche Texte deutscher Schlager, teilweise mit Musik.

Intercord (USA) (D)

www.intercord.com/homepage/start.htm

Auswahl von Schlagersängern.

Jürgens, Udo (D)

www.udojuergens.de/start.htm

News, Tourdaten, CD-Bestellmöglichkeiten, Liedertexte, MIDIsik, Notenhefte.

Nicole (D)

www.pziegler.de/nic.htm

Infos über die aktuelle CD, Chat, digitale Postkarten, Tourneedaten und Autogrammkarten der Schlagersängerin Nicole.

Zwei kleine Online-Spiele zu Nicole.

Schlagertexte (D)

www.ginko.de/user/alex.p/schlager.htm

Über 450 Texte deutscher Schlager, teilweise mit Gitarrenakkorden.

Szene

German-Gothic.net (D)

www.german-gothic.net/

Deutsche Gothic-Szene: Musik, Forum, Grußkarten & Homepage-Wizard.

Love Parade (USA) (D)

www.loveparade.de/

Fotos, mehrere Stunden RealVideo-Clips, Musik und Webcams von der Love Parade in Berlin.

Street Parade (USA) (D) (F)

www.street-parade.ch/

Das schweizerische Gegenstück zur Berliner Love Parade.

T.R.A.N.C.E. (USA)

www.trance.org/

Techno-MP3-Musik, Veranstaltungen und zahlreiche Links.

Techno (D)

www.techno.de/

Aktuelle News, Partytermine, Chat und weitere Links in die Techno-Szene.

Techno.net (D)

www.techno.net

Techno-Veranstaltungen in Deutschland, im wesentlichen in Berlin.

Religion

Thema	Seite	Weiterführende Linkseiten
Atheisten	647	nav.webring.com/cgi-bin/navcgi?ring=wda;list
Buddhistischer-Webring	648	www.webring.org/cgi-bin/webring?ring=dhamma;list
Christlicher Internetguide	649	www.hurra.de/de/jesus/
Christliche Suchmaschine	649	www.jesus.de
Katholische Homepages	657	www.nrw-online.de/kmw/kath.htm
Hinduismus	662	www.hindunet.org/
Islamische Organisationen in Europa	663	islam-pure.de/
Islamische Suchmaschine	663	www.musalman.net/
Jüdische Gemeinden in Deutschland	664	www.juden.de/
Okkultismus	664	www.avatarsearch.com/

Atheismus

American Atheists (USA)

www.atheists.org/

Organisation für die Grundrechte der amerikanischen Atheisten und für die absolute Trennung von Kirche und Staat.

Atheismus Online (USA) (D)

www.freestuff.de/atheismus/

Texte über die großen Religionen und Sekten, Zitate, Literatur und Chat über Atheismus. Viele weitere Links.

Webring (D)

nav.webring.com/cgi-bin/navcgi?ring=wda;list

Umfangreiche Linkseite deutschsprachiger Atheisten.

Buddhismus

Buddhanet (USA)

www.buddhanet.net/

Meditationen, buddhistische Kunst, Online-Magazin, zahlreiche buddhistische Texte im PDF-Format, eine Kinderseite und weitere Links.

Buddhismus-Lexikon (D)

member.aol.com/thatagata/inhalt/lexika.html

Lexikon über den Buddhismus. Zahlreiche Zitate, Legenden und Weisheiten.

Buddhismus Newsgroup (USA)

news://alt.religion.buddhism

Newsgroup zu Buddhismus als Religion und Philosophie.

Dhammaring (D)

www.webring.org/cgi-bin/webring?ring=dhamma;list

Ein buddhistischer Webring in deutscher Sprache bietet Zugriff auf verschiedene deutschsprachige Webseiten mit buddhistischen Themen.

Engagierter Buddhismus (D)

www.buddhanetz.net/

Interreligiöser Dialog. Das internationale Netzwerk engagierter Buddhisten bietet zahlreiche Texte in deutscher und englischer Sprache sowie Fotos und Links auf Webseiten buddhistisch geprägter Länder.

Karma Triyana Dharmachakra (USA)

www.kagyu.org/

Aktuelle Nachrichten und viele Informationen über den Tibetischen Buddhismus und den Bau des nordamerikanischen Klosters für den 17. Karmapa.

Om Mani Padme Hum (D)

www.ommanipadmehum.de/

Texte zum heiligen Mantra und eine Biographie Buddhas.

Pali Kanon des Theraváda Buddhismus, der (D)

www.palikanon.com/

Buddhistische Lehrsätze in deutscher Sprache und weitere Links auf buddhistische Literatur.

Seine Heiligkeit, der Karmapa (USA)

www.karmapa.com/

Diese Seite zeigt die Biographie des 16. Karmapa und beschreibt die Aktivitäten des zur Zeit amtierenden 17. Karmapa.

Shunyata (D)

member.aol.com/chenresig/shunyata.html

Texte und Weisheiten verschiedener buddhistischer Lehrer.

Tibetan Studies Press Office (USA) (D)

www.tibet-internal.com/

Pressemeldungen, Texte, Bilder und RealVideoclips über Tibet, Buddhismus und den Dalai Lama.

Christentum

Christian Science Monitor (USA)

csmonitor.com/

Aktuelles Nachrichtenmagazin eines christlichen Verlags, das aber auch Nachrichten bringt, die nichts mit dem Thema Kirche zu tun haben.

Christliche Religion Newsgroup (USA)

news://alt.religion.christian

Allgemeine Newsgroup über die christlichen Religionen.

Christlicher Internetguide (D)

www.hurra.de/de/jesus/

Suchmaschine für christliche Themen im Internet.

Links auf weitere Suchmaschinen.

Jesus.de (D)

www.jesus.de

Suchmaschine für christliche Internetangebote, aufgemacht wie die großen Suchmaschinenen, mit verschiedenen Kategorien, Suchoptionen und einer personalisierbaren Startseite.

Kirche 2000 (D)

www.deutschland2000.de/millennium-park/kircheindex.html

Aktuelle Meldungen der Kirchen zur Jahrtausendwende. Christen in aller Welt feiern den Geburtstag von Jesus Christus, Israel öffnet seine heiligen Stätten, christliche Organisationen wettern gegen Baby-Boom.

Kirche und EXPO 2000 (D)

www.expo-kirche.de/

Vorstellung des Programms der evangelischen und katholischen Kirche auf der EXPO 2000. Hier können Sie sich jetzt schon den christlichen Pavillon ansehen.

Leviathan.net (USA) (F)

deutsch.leviatan.net/
francais.leviatan.net/

Webkatalog und Suchmaschine zu christlichen Themen mit aktuellem E-Mail-Newsletter.

Unmoralische, die (D)

www.freunde.imperium.de/gansel/bibel.htm

Ein humorvoller Versuch, biblische Wunder zu erklären. Aber – beachten Sie die Warnung zu Beginn der Seite!

Bibel

bibli.com (USA)

bibli.com

Christlicher Buch- und Medienshop im Internet für Religion-Kultur-Theologie; mit Buchempfehlungen, Videos und CDs, Geschenktips.

Preisausschreiben, Kunden können Bücher selbst rezensieren.

Bibelprophezeihungen Newsgroup (USA)

news://alt.bible.prophecy

Newsgroup mit Bibelprophezeihungen.

Bible Gateway (USA) (D)

bible.gospelcom.net/

Suchmaschine für Bibelstellen in verschiedenen Sprachen.

FFD-Gebetsnetz (D)

ourworld.compuserve.com/homepages/gerpraynet/

Fromme Christen rufen per E-Mail und Fax monatlich zum Gebet für das Land auf und versorgen „Fürbitter mit Gebetsstrategien".

Luther Bibel (D)

bibel.cid.net/

Die Bibel zum Online-Lesen, mit Querverweisen. Kleiner Glaubenskurs: „Wie wird man Christ?"

Multimedia-Bibel (D)

www.ktf.uni-passau.de/bibel/frame.html

Bibeldeutung, Bibel und Kultur und zahlreiche Links auf exegetische Schriften zu verschiedenen Kapiteln der Bibel.

Newsgroup mit Bibeldiskussionen (USA)

news://alt.christnet.bible

Newsgroup mit Bibeldiskussionen und Bibelforschung.

Qumran – Die Rollen vom Toten Meer (D)

www.ktf.uni-passau.de/bibel/qumran.html

Geschichte der Qumran-Funde, mit Textübersetzungen und weiteren Links zur Bibelwissenschaft.

Evangelisch

Bayerische evangelische Landeskirche (D)

www.epv.de/

Aktuelle Informationen der Bayerischen Landeskirche und des evangelischen Pressedienstes.

Online-Bibelkreis und Fragen per E-Mail an zwei Online-Pfarrer.

Bremische evangelische Landeskirche (D)

www.bremen.de/info/bek/

Die Kirchengemeinden in Bremen, wichtige Adressen, diakonisches Werk, Tageseinrichtungen für Kinder und Informationen über das neue Forum Kirche, das mehrere gesamtkirchliche Einrichtungen beherbergt.

Dike (D)

www.dike.de/

Informations- und Kommunikationssystem der evangelischen Kirche Hessen-Nassau. Hier finden Sie Informationen über Aktivitäten und Gemeinden in dieser Region.

Dogmen.de (D)

www.dogmen.de/

Bissig satirisches Zeitgeistmagazin des Gemeindejugendwerks Norddeutschland im Bund evangelisch-freikirchlicher Gemeinden.

ERF (D)

www.erf.de/

Der Evangeliums-Rundfunk, ein christlicher Radio- und Fernsehsender zeigt einen Programmüberblick und bietet mit RealAudio ein eigenes Online-Programm an.

Evangelisch reformierte Kirche (D)

www.reformiert.de/

Die evangelisch reformierte Kirche stellt sich mit aktuellen Meldungen, Geschichte, Merkmalen und Bekenntnissen vor. Dazu gibt es eine Adressenliste aller Gemeinden.

Evangelische Kirche der schlesischen Oberlausitz (D)

www.inf-gr.htw-zittau.de/eksol/eksol.htm

Adressen und christliche Texte aus dem Dreiländereck Deutschland, Tschechien, Polen.

Evangelische Kirche in Deutschland (USA) (D)

www.ekd.de/

Offizielle Seite der evangelischen Kirche in Deutschland, der Dachorganisation der unabhängigen einzelnen deutschen evangelischen Landeskirchen. Aktuelle Meldungen und Pressetexte. Die wichtigsten können auch per E-Mail abonniert werden. Außerdem gibt es Gebetstexte, die Tageslosung, Predigten, Vorträge und die 95 Thesen Martin Luthers online zu lesen sowie Online-Quizspiele.

Evangelische Kirche in Hessen Nassau (D)

www.ekhn.de/

Aktuelle Meldungen, Gemeinden und Veranstaltungen mit einer Übersichtskarte.

Pfarrer online: Stellungnahmen zu aktuellen politischen Ereignissen und weitere Links.

Evangelische Kirche Kurhessen-Waldeck (D)

www.ekkw.de/

Aktuelle Meldungen, Gemeinden, Veranstaltungen und Nachdenkliches. Psalmengalerie und Cartoons.

Rundgang über die Documenta in Kassel mit christlichen Gedanken.

Evangelische Landeskirche Baden (D)

www.ekiba.de/

Kirchen, Personen und Einrichtungen in Baden, theologische Texte zu aktuellen Themen, Interviews und Diskussionen.

Evangelische Landeskirche Braunschweig (D)

www.luth-braunschweig.de/

Aktuelle Informationen der Landeskirche Braunschweig und die Aktion „Offene Kirche".

Evangelische Landeskirche Hannover (D)

www.evlka.de/

Landeskirchliche Einrichtungen, Diakonie, Weiterbildung, Jugendarbeit und Gemeinden.

Das Wort zum Monat mit Bibeltext und Meditation.

Evangelische Landeskirche im Rheinland (D)

www.ekir.de/

Aktuelle Themen, Diakonie, Termine, Kulturveranstaltungen und Adressen. Multimediale Andacht sowie interaktiver Terminkalender.

Kurzkritiken zu aktuellen Filmen und externer Link zum Kulturkalender Rheinland-Pfalz.

Evangelische Landeskirche in Berlin-Brandenburg (D)

www.ekibb.com/

Einrichtungen und Veranstaltungen in den Kirchen Berlins und Brandenburgs.

Eine Entdeckungstour durch Berliner Citykirchen mit Stadtrundgang und Architekturführer.

Evangelische Landeskirche in der Pfalz (D)

www.evpfalz.de/

Adressen der Kirchengemeinden und zentralen Einrichtungen. Wochenspruch, Bibeltexte, Abendgedanken, Jahreslosung.

Sieben Schritte zur eigenen Homepage.

Evangelische Landeskirche Oldenburg (D)

www.ev-kirche-oldenburg.de/

Aktuelle Informationen und Texte sowie ein Veranstaltungsprogramm.

Informationen zur kirchlichen Trauung.

Evangelische Landeskirche Thüringen (D)

ourworld.compuserve.com/homepages/landeskirchenamteisenach/

Pressemitteilungen, Geschichte und Diakonie.

Kurze Präsentation des Lutherhauses in Eisenach.

Evangelische Landeskirche Westfalen (USA) (D)

www.ekvw.de/

Veranstaltungen, Diskussionsforum, Adressen und freie Pfarrerstellen.

Virtueller Rundgang durch die 33 Kirchenkreise mit Fotos und Architekturführer.

Evangelische Landeskirche Württemberg (D)

www.elk-wue.de/

Aktuelle Informationen, kirchliche Einrichtungen, Gemeindeadressen, Diakonie und Texte zum Nachdenken.

Tips zum Natur- und Artenschutz entsprechend der Jahreszeit.

Evangelische Kirche der Kirchenprovinz Sachsen (D)

www.ekd.de/kps/welcome.htm

Seite der Evangelischen Kirche in Sachsen mit aktuellen Nachrichten.

Hinweise zu Tourismusmöglichkeiten – Luther-Orte in der Region.

Evangelische Zeitung (D)

www.evlka.de/extern/ez/

Artikel und Kurzmeldungen zu verschiedenen Themen, nicht nur über Kirche.

Evangelischer Kirchentag (USA) (D)

www.kirchentag.de/

Informationen, Veranstaltungsprogramm und Online-Anmeldung für die jedes zweite Jahr stattfindende Großveranstaltung, 1999 in Stuttgart. Berichte vom letzten Kirchentag 1997 in Leipzig.

Evangelischer Pressedient (D)

www.epd.de/

Der evangelische Pressedienst bietet hier Texte, Bilder und aktuelle Meldungen online an.

Evangeliumsnetz (D)

www.evangelium.de/

Geschichten, Diskussionsforen, Themen der Weltmission und jeden Tag eine Tageslosung.

EZW (D)

www.ekd.de/ezw/welcome.html

Die Evangelische Zentralstelle für Weltanschauungsfragen (EZW) ist eine Einrichtung der Evangelischen Kirche in Deutschland (EKD) mit dem Auftrag, religiöse, weltanschauliche und geistige Strömungen der Zeit zu beobachten und zu beurteilen. Hier können Sie einige Texte zu aktuellen Strömungen lesen und herunterladen.

Gottesdienst über den Wolken (USA) (D)

www.fliegender-gottesdienst.de/

Der christliche Pilotenverband bietet zum Kirchentag in Stuttgart einen Flug mit Gottesdienst von Berlin nach Stuttgart an. Hier können Sie online ein Ticket buchen.

Kindergottesdienst (D)

members.aol.com/kigoev

Förderverein Kindergottesdienst e. V. in der Evangelischen Landeskirche Baden.

Lippische Landeskirche (D)

www.lippische-landeskirche.de/

Aktuelle Meldungen, Diakonie, Ökumene, Initiativen, Bildungs- und Freizeitangebot. Adressen aller Gemeinden mit Übersichtskarte.

Losungen (USA) (D)

www.losung.de/de/
www.losung.de/gb/

Freewareprogramm, das jeden Tag eine Tageslosung zeigt. In verschiedenen Versionen verfügbar: DOS, Windows, OS/2, Linux, HTML, Bildschirmschoner, JavaScript Ticker, PalmPilot, Psion, Macintosh und Atari.

Luther, Martin (USA) (D)

www.luther.de/

Projekt der Lutherstadt Wittenberg mit Informationen über Luther und seine Zeit; auch mit Verweisen auf aktuelle kulturelle Ereignisse und Termine der Stadt.

Virtuelle Führung durch das größte reformationsgeschichtliche Museum der Welt.

Lutherisch-christliche Newsgroup (USA)

news://alt.religion.christian.lutheran

Newsgroup über Lutherisch-christliche Kirchen.

Lutherischer Weltbund (USA) (D)

www.lutheranworld.org/

Informationen aus den evangelischen Kirchen aus der ganzen Welt, Berichte von Konferenzen und über Enwicklungshilfe.

Nordelbische Landeskirche (D)

www.nordelbien.de/

Aktuelle Meldungen der nordelbischen evangelischen Landeskirche.

Diskussionsforum zu aktuellen Aktionen.

Theologe, der (D)

home.t-online.de/home/theologe/theologe01.htm

Online-Magazin mit Texten und Interviews zur Geschichte und Gegenwart des lutherischen Glaubens. Will der evangelischen und katholischen Kirche Mißbrauch der ursprünglichen Botschaft Jesu Christi nachweisen.

Theologische Literaturzeitung (D)

www.thlz.de/

Die theologische Literaturzeitung veröffentlicht die Artikel der letzten drei Jahre auch online im Internet. Nach verschiedenen Suchkriterien läßt sich hier leicht das Gewünschte finden.

Katholisch

Arme Schulschwestern (USA) (D)

www.schulschwestern.de/
www.ssnd.org/

Die Armen Schulschwestern bieten durch das Programm „Missionarin auf Zeit" jungen Frauen die Möglichkeit, in einem ca. einjährigen Auslandsaufenthalt die Not der Armen kennenzulernen und mit den Betroffenen nach Verbesserungsmöglichkeiten zu suchen.

Augustinerorden (D)

www.augustiner.de/

Geschichte, Lebensform, Aufgaben und die Ordensregel der Augustiner in Deutschland.

Benediktinerinnenorden (D)

home.t-online.de/home/missions-benediktinerinnen/

Aktuelle Meldungen, Missionsarbeit und Bildungsangebote der Benediktinerinnen.

Catholic Information Center (USA)

www.catholic.net/

Streng katholischer Informationsdienst mit Informationen über den Papst, Mutter Maria, „heiligen" Missionen der UN und weiteren Links auf katholische Seiten.

Catholic Information Network (USA)

www.cin.org/

Aktuelle päbstliche Dekrete, „Urbi et Orbi"-Segen und andere wichtige katholische Veröffentlichungen. Direktübertragungen wichtiger katholischer Veranstaltungen weltweit.

Christlichen Katakomben von Rom, die (USA) (D) (F)

www.catacombe.roma.it/

Geschichte und religiöser Hintergrund der Katakomben von San Callisto, außerdem Texte über Christenverfolgung und Märtyrer.

Datenautobahnkirche (D)

www.autobahnkirche.de/

VRML-Modell einer Kirche auf der Datenautobahn. Herausgegeben von der katholischen Glaubensinformation. Zahlreiche Informationen zu Glaubensfragen.

Links zu anderen, auch internationalen, katholischen Adressen.

Deutscher Orden (USA) (D)

www.dtorden.or.at/

Geschichte, Ordensstruktur und heutige Projekte des Deutschen Ordens.

Museum des Deutschen Ordens im Schloß von Bad Mergentheim

Dominikanerorden (D)

dominikaner.orden.de/

Aktuelle Meldungen, Berichte aus Missionsgebieten und den Bildungseinrichtungen des Dominikanerordens.

Franziskaner Orden (D)

www.franziskaner.de/

Nachrichten und Selbstvorstellung der Franziskaner. Das „Kloster zum Mitleben" in Eggenfelden bietet Interessierten die Möglichkeit, eine Woche bei den Franziskanern zu verbringen.

Franziskanerinnenorden (D)

franziskanerinnen-gengenbach.de/

Vorstellung der Franziskanerinnen im Kloster Gengenbach. Informationen über Seminarangebote und Exerzitien/Besinnungstage.

Gemeinschaft vom heiligen Josef (D)

www.stjosef.at/

Eine konservative katholische Gruppe aus Österreich präsentiert hier ein Lexikon der christlichen Moral. Alle Dokumente des 2. Vatikanischen Konzils.

Möglichkeit, Radio Vatikan auf deutsch zu hören.

Kapuzinerorden (D)

www.kapuziner.de/

Aktuelles Veranstaltungsprogramm und Selbstvorstellung der Kapuziner.

Karmeliten Orden (D)

karmeliten.orden.de/

Klöster, Exerziten- und Bildungshäuser der Karmeliten in Deutschland.

„Wir beten für Sie" – Gebetsanliegen per E-Mail.

Katholische Homepages (D)

www.nrw-online.de/kmw/kath.htm

Zahlreiche Links zu katholischen Fakultäten und Hochschulen, Hochschulgemeinden, Diözesen, Organisationen und Verbänden. Auch europäische und internationale katholische Links.

Stellt Predigtanregungen zur Verfügung.

Katholische Kirche (D)

www.katholische-kirche.de/

Zentrales Internetangebot der katholischen Kirche in Deutschland: Aktuelles, Infos zu Kirche online und zur Frage „Was ist katholisch?"

Dokumente zum Download, Lexikon.

Katholische Newsgroup (USA)

news://alt.religion.christian.roman-catholic

Newsgroup zu katholischer Religion.

Katholisches Deutschland (D)

www.kath.de/

Aktuelle Meldungen aus der katholischen Kirche.

Kiliani (D)

kiliani.de/

Internetprovider im Bereich der katholischen Kirchen. Hier finden Sie auch zahlreiche Links auf verschiedenste katholische Organisationen.

Ordensgemeinschaften in Deutschland (D)

www.orden.de/

Informationen und aktuelle Meldungen der katholischen Orden. Hier finden Sie auch eine Liste der Webseiten der verschiedenen Orden.

Papstbesuch 1996, der (D)

www.kath.de/pjp/

Ansprachen und Seligsprechungen beim Papstbesuch 1996 in Deutschland.

Santa Susanna (USA)

www.santasusanna.org/

Die amerikanische katholische Gemeinde in Rom stellt ihre Kirche und ihre Kunstschätze vor.

Hier können Sie online Tickets für Papstaudienzen reservieren.

Steyler Missionare (D)

steyler.de/

Nachrichten, Veranstaltungen und Bildungsstätten der Steyler Missionare und Missionsschwestern.

Vatikan, der (USA) (D)

www.vatican.va/

Informationsangebot des Vatikans und der vatikanischen Museen. Anprachen, Schreiben und Biographie des Papstes.

Esoterik

Aquasoft OnLive (D)

www.aquasoft.de

Interaktive Webseite mit Tarot, Horoskop, Biorhythmus, Runen, Partnertest usw.

Esoterik-Forum (D)

www.esoterik-forum.de/

News und Berichte, Anbieter, Produkte, Veranstaltungen und Tagungszentren zu esoterischen Themen.

Esoterik-Shareware (D)

ourworld.compuserve.com/homepages/bitstream/eso_d.htm

Shareware zu Astrologie, Biorhythmus, Physiognomik und Chirologie.

Lichtinfo (D)

www.lichtinfo.net/

Texte zu verschiedenen Themen der Esoterik: Reiki, Channeling, Astrologie, Kinesiologie, Aura Soma, Earth Changes, Meditation und ein Diskussionsforum.

Mehr als nur leben (D)

www.start.at/leben

Buchtips, Meditationen, esoterische Artikel und jede Woche ein Spruch.

Astrologie

Astrologie-Glossar (D)

members.teleweb.at/lipautz/astro2.html

Begriffserklärungen zur Astrologie und Erklärung der Tierkreiszeichen.

Astrologie Newsgroup (USA)

news://alt.astrology

Newsgroup zur Astrologie.

Astrologix (D)

www.astrologix.de/

Einführung in die Astrologie, Glossar, Geschichte, Medizin und viel Astrologie-Software zum Download.

Astrowoche (D)

www.astrowoche.de/

Die Zeitschrift „Astro-Woche" erklärt Fachbegriffe, berechnet online Ihren Biorhytmus und stellt einen Partnertest sowie ein China-Horoskop zur Verfügung. Außerdem kann man sich jeden Tag sein Horoskop per E-Mail zustellen lassen.

Chinesische Horoskop, das (D)

www.jat.de/chin/

Erklärung des Charakters der chinesischen Tierkreiszeichen.

Fireball Astro-Guide (D)

astroguide.fireball.de/

Hier können Sie sich Tageshoroskope, Flirthoroskope, Aszendenten und Biorhythmus kostenlos online berechnen lassen. Ein Formular zum Berechnen des Horoskopes kann als HTML-Code in die eigene Homepage eingebaut werden. Dazu Astro-Wissen, E-Mail-Flirt und zahlreiche weitere Links.

Französische Astrologie (F)

www.futura.qc.ca/1001/astrologie.html

Links auf französischsprachige Internetseiten über Astrologie.

Free Horoscope (USA)

www.freehoroscopes.net/

Jeden Tag kostenlos ein Horoskop auf der Webseite oder per E-Mail.

Mic's Astropage (D)

members.aol.com/mic175/astropage/map.htm

Charakter der verschiedenen klassischen Tierkreiszeichen.

Online Today – Horoskop 99 (D)

www.online-today.de/online/?item=horoskop/home.hbs

Online Today berechnet online kostenlos Tages- und Monatshoroskope. Dazu Erklärungstexte und weitere Links.

Tarot

Aquatic Tarot (USA) (D)

www.geocities.com/paris/9119/

Liste der Tarotkarten mit Bildern.

astate's TarotWeb (USA)

home1.pacific.net.sg/~mun_hon/tarot/tarot.htm

Beschreibung verschiedener Tarot-Decks, Tips, FAQs und ein Beispiel für eine Auslage und Deutung.

Learning Tarot Online (USA)

www2.dgsys.com/~bunning/top.html

Ausführlicher Online-Tarotkurs mit Bildern verschiedener Tarotkartensätze.

Tarot – Geschichte, System und Befragung (D)

members.myworld.at/tarot/

Ausführliche Erklärung des Tarotspiels, der verschiedenen Karten und Legearten.

Tarot by Tammy (USA)

www.geocities.com/area51/lair/4685/

Fachbegriffe zu Tarot und anderen Kartenweissagungen, Diskussionsforum, Bilder verschiedener Tarot-Decks. Leider sehr viele lästige Werbeeinblendungen.

Tarot Newsgroup (USA)

news://alt.tarot

Newsgroup zu Tarot.

Weissagungen

Dritte Weltkrieg, der (D)

www.hp.europe.de/derdritteweltkrieg/

Verschiedene Texte zu Weissagungen von Nostradamus, Irlmaier oder dem Bibel-Code. Krisenherde der Welt und die Weissagung des dritten Weltkrieges.

Nostradamus (D)

www.alien.de/nostradamus/

Die Weissagungen des Nostradamus und daraus abgeleitete Entschlüsselungen.

Nostradamus Toolkit (USA)

www.amae.com/

Multimedia-Browser durch die Weissagungen des Nostradamus. Hier kann man nach Regionen, Worten, Zahlen oder den vier Elementen Textstellen aus den Weissagungen suchen.

Feiertage

Bewegliche Feiertage 1700-2199 (D)

www.uni-bamberg.de/~ba1lw1/fkal.html

Hier finden Sie die beweglichen Feiertage Ostern, Himmelfahrt, Pfingsten und Fronleichnam in den Jahren 1700-2199, dazu einen Berechnungsalgorithmus.

Happy Xmas (D)

www.openmedia.de/christmas/

Weihnachtsbräuche und Geschiten aus aller Welt.

Keltische Jahreskreis, der (D)

www.geocities.com/rainforest/9584/hain.htm

Feiertage nach dem keltischen Jahreskreis.

Liturgische Jahr, das (D)

www.kath.de/kurs/litjahr/

Beschreibung aller Feiertage aus der Sicht der katholischen Kirche.

Hinduismus

Götter im Hinduismus (USA)

www.hindunet.org/god/

Texte und Bilder der verschiedenen Hindu-Gottheiten.

Hindu Newsgroup (USA)

news://alt.religion.hindu

Newsgroup über den hinduistischen Glauben.

Hindu.org (USA)

www.hindu.org/

Zahlreiche Links auf Tempel, philosophische und gesundheitliche Texte des Hinduismus.

Hinduismus: Mythen und Fakten (USA)

www.ee.memphis.edu/~sreedhar/upanisad/frames/hinduism.html

Einführung in die Denkweise und die Ideale des Hinduismus.

Hindunet (USA)

www.hindunet.org/

Suchmaschine & Webkatalog mit Hinduismus-Themen; Hindu-Kalender.

Sanskrit (USA)

www.samskrita-bharati.org/

Indische Bewegung, um die alte Kultursprache Sanskrit wieder aufleben zu lassen.

TempleNet (USA)

www.indiantemples.com/

Fotos und Beschreibungen aller indischen Hindu-Tempel, dazu einige Legenden und Mythen um bekannte Tempel.

Islam

Astronomy for Islam (USA)

moonsighting.com/home.html

Astronomische Informationen, Karten zur Mondsichtbarkeit, Islamischer Kalender, Regeln zur Datumskonvertierung, weitere Islamische Links und ein paar mathematische Spielereien.

Ausführliche Abhandlung über den Islam (D)

einzelhandel.freepage.de/ulrich_dierssen/islam.htm

Der Islam aus der Sicht eines überzeugten Christen. Sachliche Auseinandersetzung ohne Polemik.

Convert to Islam (USA)

www.convertstoislam.org/

Die Seite für alle, die zum Islam übertreten möchten.

Islam – Ergebung in den Willen Gottes (D)

home.t-online.de/home/luckytours/islam.htm

Glaubensgrundsätze und Lehre des Islam.

Seite eines ägyptischen Reiseveranstalters mit deutschem Partner (Lackytours) mit Reisetips und Buchungsmöglichkeiten.

Islam Online (D)

www.islam.de/

Islam Online ist ein Informationsservice des Zentralrates der Muslime in Deutschland (ZMD). Bekanntmachungen des Diwan, Moscheeführer mit Deutschlandkarte, islamische Feiertage und Informationen über den Tag der offenen Moschee.

IslamiCity (USA)

www.islam.org/

Alles über den Islam, RealVideo, Virtuelle Moschee, Korantexte, Datenbanken, Bilder, Chat, Mediencenter und weitere Links.

Islamische Newsgroup (USA)

news://alt.religion.islam

Newsgroup über den Islam.

Islamische Organisationen in Europa (USA) (D)

islam-pure.de/

Links auf verschiedene islamische Organisationen in Europa.

Koran, der (USA) (D)

www.orst.edu/groups/msa/quran/index_g.html
www.orst.edu/groups/msa/quran/index.html

Der Koran auf deutsch, englisch, französisch, niederländisch und spanisch übersetzt.

Musalman (USA)

www.musalman.net/

Suchmaschine und Webindex für islamische Themen.

Judentum

Chabad Lubawitsch (USA) (D)

www.chabad.org/
www.chabad-de.net/

Eine Bewegung überzeugter Juden informiert über ihren Glauben, ihre Arbeit und Ansprechpartner in verschiedenen Ländern.

Gesellschaft für Christlich-Jüdische Zusammenarbeit (USA) (D)

come.to/cjz_marburg/

Die Gesellschaft für Christlich-Jüdische Zusammenarbeit bietet hier einige Texte und Bilder sowie das aktuelle Veranstaltungsprogramm.

haGalil onLine (USA) (D)

www.hagalil.com/

Aktuelle Berichte über jüdisches Leben und Glauben, Sprachkurse für Hebräisch und Jiddisch, jüdischer Kalender, Musik und Reisetips nach Israel.

Jüdische Gemeinden in Deutschland (D)

www.synagoge.de/

Landkarte mit jüdischen Gemeinden in Deutschland.

KosherSupermarket (USA)

www.koshersupermarket.com/

Online-Supermarkt für Lebensmittel, die den Richtlinien des jüdischen Glaubens entsprechen.

Newsgroup über jüdische Kultur (USA)

news://soc.culture.jewish

Newsgroup über jüdische Kultur.

Juden.de (D)

www.juden.de/

Viele Links auf jüdische Gemeinden und Einrichtungen in Deutschland und weltweit.

Naturreligionen

Avatarsearch (USA)

www.avatarsearch.com/

Suchmaschine für Okkultismus im Internet.

European Celtic Community (D)

www.summerlands.com/crossroads/euro-celts/

Informationen über keltische Geschichte in Europa, traditionelle Feste und den keltischen Baumkreis.

Hexensprüche Newsgroup (USA)

news://alt.paranormal.spells.hexes

Newsgroup mit Hexensprüchen.

Magische Elemente (D)

sata.net/gwydian/wasser/elemente.htm

Ursprünge und Grundlagen des Vier-Elemente-Modells: Feuer, Wasser, Luft und Erde.

Rabenclan (D)

www.rabenclan.de/

Der Rabenclan, „Verein von Heiden für Heiden". Sehen sich in der Tradition alter vorchristlicher Naturreligionen. Veranstaltungskalender.

Shrine of the forgotten Goddesses (USA)

www.geocities.com/athens/oracle/5038/

Alles über mehr oder weniger bekannte Göttinnen alter Kulturen – Freia, Huldra, aber auch Göttinnen der Indianer und Ägypter. Mit ansprechender Musik unterlegt, aber leider ständig neue Geocities-Werbebanner.

Paganismus

Hag und Hexe (D)

www.klammeraffe.org/~hagundhexe/

Online-Ausgabe der Zeitschrift für Schamanismus, Magie und Naturreligion.

Orden der Kraft (D)

www.geocities.com/rainforest/9584/bruderschaft.htm

Der Orden der Kraft ist der Zusammenschluß aller keltischen Priesterinnen und Priester, die aus überlieferten Familientraditionen kommen.

Pagan Federation, the (USA)

www.paganfed.demon.co.uk/

Eine internationale nordisch-keltische spirituelle Gruppe stellt den Paganismus vor sowie alte Bräuche und Veranstaltungen zum Haloween.

Witches' Voice, the (USA)

www.witchvox.com/

Aktivitäten heutiger neo-paganischer Gruppen mit wöchentlichen News.

Sekten

Aufklärungsgemeinschaft über Scientology (D)

charlies-playhouse.ch/scientology/web_site/netscape/index.htm

Kritische Auseinandersetzung mit Scientology von einem Ehemaligen mit vielen Fakten, Diskussionsforum und Glossar.

Ehemalige Zeugen Jehovas berichten (D)

www.planet-interkom.de/nastel/

Ein ehemaliger Zeuge Jehova berichtet über seine Erfahrungen und den Ausstieg.

Der Ehemalige ist gleichzeitig Fan von Eurodisney Paris und informiert detailliert über den Park und die Unterkunftmöglichkeiten.

exZJ InfoLink (D)

www.sewolf.com/infolink/

Der Informationsdienst des Netzwerks ehemaliger Zeugen Jehovas sammelt Berichte über das Leben innerhalb dieser Sekte, Politik, Mißbrauch und Verbrechen.

Heilsarmee (USA) (D)

heilsarmee.de/
www.salvationarmy.org/

Die Heilsarmee beschreibt ihre militärisch organisierte Wohlfahrtsarbeit in der Online-Ausgabe ihrer Zeitschrift „Der Kriegsruf".

Jesus Freaks (USA) (D)

www.jesusfreaks.com/

Die Jesus Freaks, eine Jugendsekte, präsentieren sich hier, im Gegensatz zu den meisten anderen Sekten, auf grafisch sehr interessanten Seiten mit einem VRML-„Bekehrzimmer".

Kirche Jesu Christi der Heiligen der letzten Tage (USA) (D)

www.lds.org/
www.lds.org/de/main.html

Hinter diesem Namen verbirgt sich die weltweite Organisation der Mormonen. Die Webseite beschreibt die Glaubensgrundsätze und Familienstruktur.

Kritische Beobachtung des Universellen Lebens (D)

www.michelrieth.de/ulsekte.htm

Die Sekte Universelles Leben hat sich hauptsächlich in der Gegend um Würzburg angesiedelt. Eine kleine Gemeinde informiert.

Kultinfo (D)

www.kultinfo.org/

Das elektronische Sektenarchiv liefert einige elektronische Bücher (HLP-Format) zum Download, die objektiv bis kritisch über bekannte und neue Sekten berichten.

Lexikon zu religiösen und weltanschaulichen Gemeinschaften (D)

www.ref.ch/zh/infoksr/register.html

Alphabetisches Lexikon mit Texten zu weltanschaulichen Gemeinschaften, christlichen und asiatischen Sekten und deren Führern.

Moonies, the (USA)

www.sonic.net/sentinel/1earth4.html

Kritische Texte über die Mun-Sekte.

Mormonen (D)

www.mormonen.de/

Die Mormonen erklären hier ihre Lehre, ihre Zeremonien und ihren Glauben, Berichte von Mormonen und die deutsche Übersetzung des Buches Mormon.

Neuapostolische Kirche International (USA) (D)

www.nak.org/
www.nak.org/home-gb.html

Die neuapostolische Kirche beschreibt in mehreren Sprachen ihre Sakramente, ihr Glaubensbekenntnis und ihr Selbstverständnis, dazu das „Wort zum Monat“ und weitere Links.

Newsgroup der Zeugen Jehovas (USA)

news://alt.religion.jehovahs-witn

Newsgroup der Zeugen Jehovas

Quäker Newsgroup (USA)

news://soc.religion.quaker

Newsgroup der Quäker.

Religio (USA) (D)

www.religio.de/

Das elektronische Informationssystem über Sekten, neue religiöse und ideologische Gemeinschaften und Psychogruppen verfügt über eine Stichwortsuche in einem sehr großen Textarchiv. Hier finden Sie fast alles.

Scientology (USA) (D)

europe.scientology.org/
german.europe.scientology.org/

Selbstdarstellung der Scientology mit Persönlichkeitstest und Bestellmöglichkeiten für Informationspakete sowie Kurzbeschreibung des neuen Scientology-Films „Orientierung".

Scientology Newsgroup (USA) (D)

news://de.soc.weltanschauung.scientology
news://alt.religion.scientology

Newsgroup zu Scientology. Hier finden Sie sowohl Kritiker als auch Scientologen.

Scientology-Webring (USA)

www.webring.org/cgi-bin/webring?ring=clams&list

In diesem Webring finden Sie diverse, meist kritische Seiten zu Scientology.

Sekten, Bürger beobachten (D)

members.aol.com/bbsaktuell/

Die Initiative will angesichts der massiven Zunahme von Sekten alle Auswirkungen dieser Organisationen aus kritischer Distanz beobachten. BBS widmet sich schwerpunktmäßig der Neuoffenbarungsbewegung Universelles Leben (UL).

Universelles Leben (USA) (D)

www.universelles-leben.org/en/
www.universelles-leben.org/de/

Die Sekte Universelles Leben stellt sich hier vor, einige Bücher zum Download, Veranstaltungen, News und RealAudio-Sendungen.

Vereinigungskirche (USA) (D)

unification.org/
www.ettl.co.at/uc/german/

Die Vereinigungskirche, auch Mun-Sekte genannt, beschreibt hier ihre Geschichte, Tradition und Theologie.

Xenu Remailer (USA)

www.magna.com.au/~zed/remailer.html

Der Xenu Remailer ist ein Programm, das speziell dafür geschrieben wurde, sich in den Scientology-Newsgroups anonym äußern zu können.

Zeugen Jehovas (USA) (D)

www.watchtower.org/
www.watchtower.org/languages/deutsch/index.html

Die offizielle „Wachturm"-Seite der Zeugen Jehovas schreibt über die Ansichten der Zeugen Jehovas zu verschiedenen Themen aus Gesellschaft, Wissenschaft und Politik.

Schlösser, Burgen, Mittelalter

Burgen

British Castles (USA)

www.iei.net/~seanw/

Hervorragende Fotografien englischer Burgen.

Burg Eltz (USA) (D)

www.burg-eltz.de/
www.burg-eltz.de/e_index.html

Virtueller Rundgang durch die Burg Eltz und ihre Geschichte mit zahlreichen Bildern.

Burg Hohenzollern (D)

www.hohenzollern.de/

Texte und ein paar Bilder von der Burg Hohenzollern.

Burg Reichenstein (USA)

www.caltim.com/reichenstein/

Ausführliche Beschreibung der Burg Reichenstein bei Bingen am Rhein (aber nur in englischer Sprache).

Castles and Palaces of Poland (USA)

www.poland.net/castles/

Kurzbeschreibungen und Fotos polnischer Burgen und Schlösser.

Castles of Britain (USA)

www.castles-of-britain.com/

Zahlreiche Fotos englischer Burgen. Jeden Monat eine ausführliche Beschreibung einer Burg. Texte über den Bau von Burgen und das damalige Leben, Grundrisse, Glossar und Geschichten über Burggespenster.

Castles on the Web (USA)

www.castlesontheweb.com/

Suchmaschine für Burgen, englisches Glossar mit Fachbegriffen. Texte und Literaturempfehlungen über Burgen, Kirchen, Heraldik und alte Waffen.

Deutsche Burgenvereinigung (D)

www.burgen.org/

Die deutsche Burgenvereinigung zeigt und beschreibt hier sehenswerte Burgen in Deutschland.

Haunted Mansions Around the World (USA)

people.ce.mediaone.net/zmt/index2.html

Burgen und Schlösser, auf denen Geister, Untote oder Gespenster gesichtet wurden.

Highlander Ghost Page (USA)

wkweb4.cableinet.co.uk/the.reaper/page1.html

Fotos und Geschichten von schottischen und englischen Burgen, auf denen es angeblich spukt.

Wer will, kann bei „John's Music Quiz" seine Kenntnisse über Schlager aus den 60er, 70er, 80er und 90er Jahren sowie über Liebeslieder und Tanzmusik testen.

Hradschin Prag (USA)

sunsite.mff.cuni.cz/prague/sightseeing/prazsky_hrad.html

Beschreibung und Bilder vom Hradschin und anderen wichtigen Gebäuden in Prag.

Peel Castle (USA)

www.isle-of-man.com/heritage/sites/peel-castle/index.htm

Virtueller Rundgang mit RealAudio und Fotos durch das Peel Castle auf der St. Patrick's Isle in der irischen See.

Welsh Castle Tours (USA)

vi.uh.edu/pages/castlepage.html

Zahlreiche Fotos von Burgen aus Wales.

Mittelalter

Basics of Heraldic Design and Terminology, the (USA)

www2.okstate.edu/people/wcross/heraldry.html

Ausführliche Wappenkunde und weitere Links auf Mittelalter-Seiten.

Camelot International (USA)

www.camelotintl.com/

Historische Informationen über das Mittelalter in England, die Burgen, Personen und Heraldik. Camelot International ist eigentlich ein Reiseveranstalter, der auf diese Weise das Interesse am alten England wecken möchte.

Chivalry and Knighthood Information Center (USA)

members.tripod.com/~baron91/

Verschiedene Texte und weitere Links über das Rittertum bis in die heutige Zeit.

Douglas Clan (USA)

www.cyberhighway.net/~cutter/cdsna/

Die Geschichte des schottischen Douglas Clans, ihre Burgen, Wappen, Stoffe und ihr Stammbaum.

Genealogie, Heraldik und Geschichte (D)

www.geocities.com/colosseum/1959/

Einführung in die Wappenkunde und weitere Links zu Burgen und heraldischen Webseiten.

Internet Medieval Sourcebook (USA)

www.fordham.edu/halsall/sbook.html

Texte, Landkarten, Bilder und wissenschaftliche Quellen zur mittelalterlichen Kultur.

Knighthood, Chivalry & Tournaments (USA)

www.chronique.com/

Verschiedene Texte und Glossare zum Ritterleben im Mittelalter, im Wesentlichen aus England. Bilder verschiedener Rüstungen und Waffen, die teilweise auch zum Verkauf angeboten werden.

Medieval Domestic Life (USA)

www.millersv.edu/~english/homepage/duncan/medfem/domestic.html

Texte über das zivile Leben im Mittelalter.

Quest, the (USA)

www.uidaho.edu/student_orgs/arthurian_legend/welcome.html

Datenbank mit Texten, Fakten und Bildern zur Artussage und zum Mittelalter im allgemeinen.

Tempus vivit! (D)

www.tempus-vivit.net/

Veranstalter, Akteure und Vereine für mittelalterliche Spektakel.

Welfen, die (D)

www.welfen.de

Geschichte der Welfen bis in die heutige Zeit und ihre Schlösser.

Welfenburg (D)

www.welfenburg.de/

Private Seite einer Mittelaltergruppe mit 3-D-Modell einer Welfenburg, mittelalterliche Veranstaltungen, Geschichte und Kultur.

Online Reference Book for Medieva 1 Studies (USA)

orb.rhodes.edu/

Hier kann man sich als Wissenschaftler wie auch als Laie anhand zahlreicher Materialien über das Mittelalter informieren.

Mittelalter, Ritter und Heraldik

Heraldica (USA)

www.heraldica.org/

Glossar, FAQs und Atlas zur Heraldik sowie weitere interessante Links.

Heraldik Newsgroup (USA)

news://rec.heraldry

Newsgroup über Heraldik.

Schloßmuseen

Japanische Schlösser (USA)

www.magi.com/~ttoyooka/oshiro/

Fotos, Kurzbeschreibungen und die original japanischen Namen verschiedener Schlösser in Japan.

Neuschwanstein, Linderhof, Herrenchiemsee (USA) (D)

www.bavaria.com/travel/neuschwanstein_ge.html
www.bavaria.com/travel/neuschwanstein_us.html

Kurzbeschreibungen und Fotos der bayerischen Königsschlösser. Online-Souvenirladen mit König-Ludwig-Artikeln.

Schloß Jever (D)

www3.schlossmuseum.de/smjever/

Zahlreiche Fotos, Ankündigungen von Ausstellungen, Konzerten und Benefizveranstaltungen und eine Liste von Publikationen.

Schloß Murnau (USA) (D)

www.lrz-muenchen.de/~kl921aa/www/index.html
www.lrz-muenchen.de/~kl921aa/www/index2.html

Virtueller Rundgang durch das Schloß. Ankündigungen von Sonderausstellungen. Bestellmöglichkeit für Literatur und Ausstellungskataloge.

Schloß Pyrmont (D)

members.aol.com/badpyrmont/kultur/museumd.htm

Geschichte, Literaturliste und Sonderausstellungen im Schloß Bad Pyrmont.

Schlösser Ludwigslust, Schwerin und Güstrow (D)

www.museum-schwerin.de/

Geschichte, Bilder, Ausstellungen der drei Schlösser, die unter der Verwaltung des Museums Schwerin stehen.

Skanska slott och herresäten (USA)

www.algonet.se/~sylve_a/slott.htm

Ausführliche Beschreibungen und Fotos schwedischer Schlösser und Herrensitze (Texte leider nur auf schwedisch).

Staatliche Schlösser und Gärten in Baden-Württemberg (USA) (D)

www.schloesser-magazin.de/
www.schloesser-magazin.de/eng/index.htm

Geschichte und Bilder verschiedener Schlösser in Baden-Württemberg, Ausflugstips, Literatur und Veranstaltungskalender. Mietbare Räume können nach verschiedenen Kriterien in einer Datenbank gesucht werden.

Hier kann man an einem Gewinnspiel teilnehmen.

Science-fiction

Thema	Seite	Weiterführende Linkseiten
Star Trek Fanseiten	675	www.webring.org/cgi-bin/webring?ring=enterprise&list
Star Trek Seiten	676	www.sfacademy.de/coolsites/startrek.htm
Star Trek von der humorigen Seite	677	www.go2net.com/internet/useless/useless/trek.html
Voyager Fanseiten	678	www.geocities.com/area51/chamber/2434/ring.html

Allgemeine Science-fiction-Newsgroup (USA)

news://rec.arts.sf.misc

Science-fiction-Newsgroup zu allgemeinen Themen des Genres.

Amateur Science-fiction-Collection (D)

www.eics.com/mico/

Verschiedene Science-fiction-Texte von Amateurautoren zum Download und Offline-Lesen.

Fantastische Nachrichten (D)

www.phantastik.de/

Aktuelle Nachrichten aus der Science-fiction/Fantasy-Szene, Vorschau auf neue Romanausgaben und Fernsehserien.

FAW Infodienst (D)

yi.com/home/faw/

Online-Magazin zu Science-fiction-Literatur und -Filmen.

Paradoxon (D)

paradoxon.notrix.de/

Homepage der parallelen Dimensionen. Hier geht es um Alternativgeschichte, was wäre wenn ...

Rhodan, Perry (USA) (D)

www.Perry-Rhodan.net/

Titelbilder, Biographien der Personen, Technische Datenblätter, FAQs und Fanshop zu den Perry-Rhodan-Heften.

Science-fiction-Autoren-Newsgroup (USA)

news://rec.arts.sf.composition

Newsgroup für Autoren von Science-fiction-Literatur.

Wissenschaftliche Science-fiction-Newsgroup (USA)

news://rec.arts.sf.science

Newsgroup über die wissenschaftlichen Hintergründe in Science-fiction.

Star Trek

Alpha Quadrant-Webring (USA)

www.webring.org/cgi-bin/webring?ring=star_trek_ring;list

Webring mit etwa 200 Seiten privater Star Trek-Fans.

BBC Online Startrek (USA)

www.bbc.co.uk

Ständig neue Hintergrundinformationen zu den verschiedenen Star Trek-Serien, sowie die Sendezeiten bei BBC.

Deep Space Nine Beta (D)

www.dsbeta.de/

Interaktives Rollenspiel auf einer Raumstation nahe Betazed. Dazu ausführliche Datenbanken über Völker, Planeten, Technik und eine Liste aller Filme und Episoden.

Deutsche aktuelle Star Trek Newsgroup (D)

news://de.rec.sf.startrek.aktuell

Newsgroup über die aktuell ausgestrahlten Star Trek-Folgen.

Deutsche Sternenflotte (D)

www.sternenflotte.de/

Interaktiver Server zum Mitmachen und Mitspielen in der deutschen Sternenflotte.

EnterpriseWebring (USA)

www.webring.org/cgi-bin/webring?ring=enterprise&list

Der Enterprise-Webring verweist auf mehrere hundert Star Trek-Fanseiten.

Physics of StarTrek, the (USA)

www.newscientist.com/nsplus/insight/startrek/startrek.html

Diskussionsforum über die physikalischen Grundlagen von Star Trek.

Science of StarTrek, the (USA)

ssdoo.gsfc.nasa.gov/education/just_for_fun/startrek.html

Private Seite eines NASA-Mitarbeiters, auf der er sich über die wissenschaftlichen Grundlagen, Möglichkeiten und Fiktionen von Star Trek ausläßt.

Star Trek – The final Frontier (USA)

www.stratec.ca/startrek/

Ausführliche Texte über alle Personen, auch Nebenrollen, der verschiedenen Episoden. Texte über Star Trek-Technik und Wissenschaft, Politik, Essen, Völker und Planeten. Inhaltliche Beschreibungen aller Episoden und Filme. Dazu zahlreiche weitere Links.

Star Trek Buch Universum (D)

members.aol.com/tobe1701/

Bücherlisten und Kurzkritiken zu vielen Star Trek-Büchern. Einfaches Personenlexikon und weitere Informationen zu Voyager.

Star Trek Coolsites (D)

www.sfacademy.de/coolsites/startrek.htm

Links auf viele Star Trek-Seiten mit Kurzbeschreibung und Wertung.

Star Trek Synchronsprecher (D)

www.st-synchron.com/synchron.htm

Liste der deutschen Synchronsprecher zu den Star Trek-Schauspielern. Teilweise mit Bildern und Audiosequenzen.

Starbase 1 (USA)

starbase-1.com/

Süßigkeiten, Kaffee und anderes Eßbares im Star Trek-Design

Starbase 4-7-2 (D)

privat.schlund.de/starbase472/

Ausführliches Lexikon zu Personen, Technik und Völkern. Genaue Beschreibung der Schiffe. Kurzinhalt aller Episoden.

Starfleet Secret Service (D)

members.xoom.com/captnick/

Hier entsteht ein Romanprojekt Starfleet Secret Service, zu dem noch Autoren gesucht werden. Dazu eine Filmkritik, Bilder und weitere Informationen zum neuen Film „Der Aufstand" (Star Trek IX).

Startrek Continuum (USA)

www.startrek.com/

Die offizielle Seite des Filmherstellers Paramount gibt ausführliche Informationen zu allen Serien, Filmen und Charakteren. Inhaltsbeschreibung, Video und Bild zu jeder Episode.

StarTrek-Fanclub (D)

stce.de/

Großer deutscher Star Trek-Fanclub. Aktuelle Film- und Buchkritiken sowie weiteres Fanmaterial.

StarTrek-Forum (D)

www.st-forum.de/

Fanclub mit Liste aller Episoden und viel Fanmaterial, Trekkie-Treffen, Bilder. Schiebepuzzle und Quizspiel.

Startrek Multimedia (D)

www.muehlheim.de/~dkoetter/

Java-Spiele, Bilder und ein Design-Wettbewerb für eine Star Trek-Uhr.

Sternenflottenakademie (D)

www.sfacademy.de/

Zahlreiche Fotos, Trailer, Bildschirmschoner, Desktop-Themen, kleingonische TrueType-Fonts zum Download. Liste aller Episoden mit deutschen und englischen Titeln, Nummer und Sternzeit. Kurzbesprechungen der Star Trek-Bücher und Filme. Dazu zahlreiche weitere Links.

Thorsten Heims Star Trek Homepage (D)

home.t-online.de/home/thorsten.heim/home.html

Große Bildergalerie, Kurzinhalte der einzelnen Episoden, Informationen über die Sendungen bei SAT1. Aktuelle News und Gerüchte. Verschiedene Episoden-Guides zum Download.

TrekNet (D)

home.t-online.de/home/srichert/

Deutschsprachige Seite mit Personendatenbank und Inhaltsbeschreibungen aller Episoden mit den aktuellen SAT1-Sendezeiten.

TrekWeb (USA)

trekweb.com/

Inhalte der verschiedenen Episoden, Live-Chat, Bücherlisten.

Useless Pages (USA)

www.go2net.com/internet/useless/useless/trek.html

Links auf Seiten, die Star Trek nicht als ernsten Kult, sondern eher lustig auffassen.

Deep Space 9

Maximum Defiant (USA)

www.maximumdefiant.com

Kurzbiographien der Crew, Filmsequenzen, Sounds und zahlreiche Bilder. Technische Daten und Hintergrundinformationen, Schemapläne des Schiffes.

The Next Generation

Star Trek: The Next generation (USA)

www.ugcs.caltech.edu/st-tng/

Inhalte der verschiedenen TNG-Episoden. Biographien der Hauptpersonen und ihrer Darsteller, einige Fotos, Fakten und eine ausführliche Timeline der gesamten Next-Generation-Serie.

Voyager

U.S.S. Voyager (USA)

www.ncc74656.com/

Biographien und Fotos der Voyager-Crew, auch Nebenrollen. Grundrisse der verschiedenen Decks, Diskussionsforen, Datenbank aller Aliens aus dem Delta Quadranten, Chronologie aller Shuttle-Missionen.

Voyager-Spiele (D)

www.playground.de/themen/voyager/

Verschiedene Online-Spiele zu Star Trek Voyager

Voyager-Webring (USA)

www.geocities.com/area51/chamber/2434/ring.html

Webring mit Fanseiten speziell zu Voyager.

Star Wars

B&E Starwars Factory (USA)

www.geocities.com/area51/cavern/6436/

Biographien und Bilder der Star Wars-Charaktere, Sound aus den Filmen und wietere Links.

Rod's Starwars Page (USA)

members.tripod.com/~RodneyT/index.html

Buchkritiken, Bilder und einige Videosequenzen zum Download.

Star Wars 3D Models (USA)

www.gerf.org/~nixon/

3-D-Modelle von Star Wars-Schiffen und -Fahrzeugen im 3DS-Format zur Bearbeitung mit 3-D- und CAD-Programmen.

Star Wars Database (USA)

www.swdatabase.com/

Informationen über die Episoden, Charaktere und den Kult rund um Star Wars (Spiele, Comics ...), Bilder und Chatraum.

Star Wars Official Site (USA)

www.starwars.com/

Die offizielle Star Wars Seite von Lucas Arts. Hier finden Sie aktuelle News, Infos über alle Episoden, Personen, Aliens und Technik sowie viele Bilder.

Star Wars Timeline (USA)

funnelweb.utcc.utk.edu/~mjustice/starwars.html

Zeitleiste aller wichtigen Ereignisse bei Star Wars.

Star Wars Newsgroup (USA)

news://alt.fan.starwars

Newsgroup für Star Wars-Fans

Star Wars Special (D)

www.cinema.de/starwars/

Alles über den neuen Star Wars Film „The Phantom Menace" mit Gewinnspiel für eine Reise zur Premiere in San Francisco.

TheForce Net (USA)

www.theforce.net/

Star Wars-News, Bücher, Spiele, Sammelartikel, technische Texte über die Schiffe und Fahrzeuge, Biographie der Crewmitglieder, Trailer zum Download.

Useless Pages (USA)

www.go2net.com/internet/useless/useless/starwars.html

Links auf Seiten, die Star Wars nicht als ernsten Kult, sondern eher lustig auffassen.

Theater

Thema	Seite	Weiterführende Linkseiten
Theater Paradies	681	www.hfph.mwn.de/~chwolf/theaterparadies_deutschland.html
Deutsche Theater	681	www.hansen-creativ.com/theatron/
Comedy und Kabarett-veranstaltungen	683	comedychannel.de/
Kabarett	683	www.burgtheater.de/kabalink.htm
Musicals	684	www.musical.de

backstage.org (D)

backstage.org/

Aktuelle Meldungen aus dem Theater- und Veranstaltungsbereich.

Hier gibts unter den Meldungen auch mal ein Stellenangebot im Theaterbereich zu entdecken.

Deutscher Bühnenverein (D)

www.buehnenverein.de/

Beim deutschen Bühnenverein finden Sie Adressen und Links auf die meisten wichtigen Theater in Deutschland.

Theater Newsgroup (USA)

news://rec.arts.theatre.misc

Newsgroup über alle Formen des Theaters.

Theater-Akademie (D)

www.staatstheater.bayern.de/akademie/akademie/akademie1.htm

Die Theater-Akademie in München stellt sich vor.

Theater-Paradies Deutschland (D)

www.hfph.mwn.de/~chwolf/theaterparadies_deutschland.html

Sehr ausführliche Link- und Adresssenammlung von Theatern, Kabaretts, Tanztheatern, Verlagen, Zeitschriften und Institutionen.

Theatro (D)

rzaix530.rz.uni-leipzig.de/~dramat/theatro.htm

Der Text dieses Theaterprojekts wird von verschiedenen Autoren im Internet geschrieben und von Schauspielern der Hochschule für Musik und Theater aufgeführt.

Interaktiv: Sie können an dem Text mitschreiben.

Theatron (D)

www.hansen-creativ.com/theatron/

Links auf zahlreiche bekannte deutsche Theater.

Festivals

Berliner Festspiele (D)

www.berlinerfestspiele.de/

Programm des Berliner Theatertreffens und der Jugendwettbewerbe 1999 und 2000.

Programm der Filmfestspiele, Musik-Biennale und des Jazzfestes.

Bregenzer Festspiele (USA) (D)

www.bregenzerfestspiele.com/

Ausführliche Beschreibungen aller Stücke, die auf der Bregenzer Festspielbühne gespielt werden, Fotos vergangener Aufführungen und eine Webcam, die ständig die Seebühne filmt.

Burgfestspiele Jagsthausen (D)

www.jagsthausen.de

50. Burgfestspiele Jagsthausen, 17.6. – 22.8.1999.

Drachenstich (USA) (D) (F)

www.drachenstich.de/

Der Drachenstich ist ein jährliches Theaterspektakel um eine alte Sage in Furth im Wald. Hier finden Sie Bilder und Berichte der letzten Jahre und ein Java-Online-Spiel.

Faust-Festspiele Kronach (D)

www.faust-festspiele.de/

Spielplan, aktuelle News und Ensemble der Faust-Festspiele dieses Jahr und Fotos vom letzten Jahr.

Festspiele Schloß Neersen (D)

www.willich.net/festspiele-neersen/

Festspiele Schloß Neersen bei Willich. Schauspiel und Märchen, 3.6. – 19.8.1999.

Festspielsommer Weissenburg (D)

www.stadt-weissenburg.de/

Festspielsommer im Bergwaldtheater Weissenburg/Bayern. Opern, Operetten, Musicals.

Internationales Sommertheater Festival Hamburg (USA) (D)

www.sommertheater.org/

Programm und Fotos vom Internationalen Sommertheater Festival mit Ankündigungen und Ticketvorverkauf für das kommende Festival.

Karl-May-Spiele (USA) (D)

www.karl-may-spiele.de

Karl-May-Spiele in Bad Segeberg/Freilichttheater, 19.6. – 29.8.1999.

Klangbogen Wien (USA) (D)

www.magwien.gv.at/musik/klangbogen/

Klangbogen Wien: Oper, Operette, Konzert.

Luisenburg-Festspiele (D)

www.wunsiedel.de/kultur/luisen/index.htm

Luisenburg-Festspiele in Wunsiedel. Überdachte Naturbühne. Schauspiel, 8.6. – 24.8.1999.

Meistertrunk (USA) (D)

www.meistertrunk.rothenburg.de/

Historisches Festspiel in Rothenburg ob der Tauber.

Opernfestspiele München (USA) (D)

www.festspiel-plus-heimat.de

Opernfestspiele München. Thema: „Heimat".

Richard Wagner Festspiele Bayreuth (D)

www.festspiele.de/

Programm und Kartenvorbestellung für die jeden Sommer stattfindenden Festspiele. Die Karten müssen spätestens im Herbst vorher bestellt werden, da sonst alle Veranstaltungen ausverkauft sind. Dazu weitere Links zu Richard Wagner.

Rossini Opera Festival (USA)

www.rossinioperafestival.it/

Rossini Opera Festival in Pesaro/Italien, 7.8. - 22.8.1999.

Ruhrfestspiele (D)

www.ruhrfestspiele.de/

9. Europäisches Festival der Ruhrfestspiele Recklinghausen, 1.5. - 13.6.1999.

Ruhrfestspiele Recklinghausen (D)

www.ruhrfestspiele.de/

Veranstaltungsprogramm und Kalender mit Kurzbeschreibung aller Stücke. Online-Kartenbestellmöglichkeit.

Salzburger Festspiele (USA) (D)

www.salzburgfestival.at

Salzburger Festspiele 24.7. - 29.8.1999. Konzert, Oper, Theater in der Felsenreitschule und im Mozarteum.

www.salzburg.com/festspiele/

Programm und Kartenvorbestellung für die Salzburger Festspiele (die Preise sind in österreichischen Schilling, aber trotzdem sehr hoch).

Zürcher Festspiele (USA) (D)

www.zuercher-festspiele.ch

Zürcher Festspiele mit Konzerten, Schauspiel, Kunstausstellungen und der Faszination „Tango“. 25.6. - 18.7.1999.

Kabarett

Comedy Channel (D)

comedychannel.de/

Aktuelle Comedy und Kabarettveranstaltungen sowie Film und Fernsehsendungen mit Comedy-Inhalten.

Kabarett in Deutschland, Österreich & der Schweiz (D)

www.burgtheater.de/kabalink.htm

Links auf KabarettistInnen von Academixer bis Siggi Zimmerschied.

Wühlmäuse, die (D)

www.infront.de/wühlmäuse/

Das Kabarett-Theater in Berlin von Dieter Hallervorden. Spielplan, Programm, Kartenvorverkauf.

Musical

Deutsches Theater München (USA) (D)

www.deutsches-theater.de

Deutsches Theater München: Oper, Kabarett, Musical, Fasching.

Musical World (D)

www.musical.de

Stella Musical World: „Starlight-Express", „Cats", „Phantom der Oper", „Miss Saigon", „Les Miserables", „Joseph", „Der Glöckner von Notre Dame".

Musical Newsgroup (USA)

news://rec.arts.theatre.musicals

Newsgroup über Musicals und Musiktheater.

Reallyuseful (USA)

www.reallyuseful.com/

Die Marketingfirma von Andrew Lloyd Webber beschreibt hier seine Musicals („Cats", „Starlight Express", „Jesus Christ Superstar", „Phantom der Oper", „Joseph" ...) mit RealAudio-Previews und Ticketbestellung.

Rent (D)

www.rent-musical.de/

Fotos, Videoclips und Musik aus dem Musical „Rent". Presseberichte und Ticketbestellungen für die Veranstaltungen in Düsseldorf.

Stella Musical World (USA) (D)

www.musical.de/

Musicalprogramm der Stella Musical World mit Texten und Bildern, Ticketbestellsystem, Reisekomplettangeboten und Fanshop.

Stomp (USA)

www.stomponline.com/

Das Broadway-Stück „Stomp", das im Sommer 1999 auch in Berlin, Leipzig und Stuttgart zu sehen sein wird, stellt sich hier schon einmal lautstark vor. Tickets können online bestellt werden.

Webber, Andrew Lloyd (USA)

dbase.t3media.com/scripts/alw/asktour.idc

Datenbank, in der alle Spielorte und Termine der Musicals von Andrew Lloyd Webber zu finden sind. Dazu Kurzbeschreibungen der Musicals.

Oper

Deutsche Oper Berlin (D)

www.deutsche-oper.berlin.de/

Spielplan, Kartenbestellung, Abonnements und aktuelle Informationen.

Gärtnerplatz-Theater (D)

www.staatstheater.bayern.de/gaertner/welcome.htm

Gärtnerplatz-Theater München. Spielpläne.

Hamburgische Staatsoper (D)

www.hamburgische-staatsoper.de/

Spielplan, Gastspiele und Kartenverkauf.

Komische Oper (D)

www.komische-oper-berlin.de/

Spielplan, Premieren, Kurzinhalt der Stücke aus dem Repertoire und Kartenvorbestellung.

Ludwigsburger Schloßfestspiele (D)

www.ludwigsburg.de

Ludwigsburger Schloßfestspiele, 4.6. – 18.9.1999, neben Konzerten auch Tanztheater.

Oper Nürnberg (D)

www.oper.nuernberg.de/

Die Nürnberger Oper beschreibt hier ausführlich die verschiedenen Aufführungen, Ballette und Konzerte. Dazu gibt es Fotos und Programmhefte als PDF-Datei. Kartenbestellung per E-Mail.

Opern Newsgroup (USA)

news://rec.music.opera

Newsgroup über Opern und Opernhäuser.

Ring der Nibelungen, der (D)

wwwcip.rus.uni-stuttgart.de/~phy11733/wagner/ring.html

Kurzbeschreibung und komplettes Textbuch (sehr lang).

Sommerfestspiele Xanten (D)

www.xanten.de/

17. Sommerfestspiele 1999 im archäologischen Park Xanaten, 23.6. – 22.8.1999.

Staatsoper und Staatsballet Bayern (USA)

www.staatstheater.bayern.de/staatsoper

Informationen über beide Institutionen sowie aktuelle Spielpläne und ein Besuch in der musikalischen Akademie.

Theater-Akademie.

Wiener Staatsoper (USA) (D)

www.oebthv.gv.at/stopvop/rstop.htm

Spielplan und Kartenverkauf der Wiener Staatsoper.

Puppentheater

Augsburger Puppenkiste (D)

www.puppenkiste.com/

Programm, Tourneedaten, Geschichte, Shop und Backstage-Informationen der Augsburger Puppenkiste.

Figurine (D)

www.hansen-creativ.com/figurine/puppenth.htm

Berichte und Bilder über Puppentheater, Puppenspielverbände und Museen. Zahlreiche weitere Links.

Puppenspiel online (D)

www.geocities.com/broadway/2827/

Das Online-Magazin übers Puppenspiel und Figurentheater mit Infos über einzelne Theater, Vereine und Verbände, Aus- und Fortbildungsangebote sowie Versicherungsmöglichkeiten für Puppenspieler.

Puppenspiel-Online (D)

www.geocities.com/broadway/2827/

Das Magazin übers Puppenspiel und Figurentheater. Puppenspiel-Geschichte, Adressen, Links, Literatur und Verbände.

Puppetry Homepage, the (USA)

www.sagecraft.com/puppetty/

Alles rund ums Puppenspiel: Liste von Puppenspielorganisationen weltweit, Festivals, Theater, Infos zu Herstellung und Spiel und mehr.

Verband Deutsche Puppentheater (D)

www.vdp-ev.de/

Verschiedene Puppentheater und Inszenierungen sind über eine Datenbank zu finden, außerdem ein Bericht über eine Ausstellung „Fantasiegestalten" und Informationen für Berufsanfänger.

Spielpläne

Nationaltheater Mannheim (D)

mannheim.nationaltheater.de/

Spielpläne, Kartenbestellsystem und zahlreiche Hintergrundinformationen aus dem Nationaltheater Mannheim.

Ohnsorg-Theater (D)

www.ohnsorg.de/

Spielpläne, Vorschau und Beschreibung der Stücke mit Fotos aus dem Hamburger Ohnsorg-Theater.

Renaissance-Theater Berlin (USA) (D)

www.renaissance-theater.de/

Das Rennaisance-Theater Berlin zeigt seinen Spielplan und eine Kurzvorstellung der Stücke. Beim Kartenbestellsystem können Sie sich Sitzplätze aussuchen und von diesen in einem virtuellen Theaterraum den Blick auf die Bühne sehen.

Schmidt's Tivoli (D)

www.schmidts.de/

Das bekannte Theater auf der Reeperbahn in Hamburg stellt sein Programm mit Texten und Fotos vor. Karten können online reserviert werden.

Thalia Theater (D)

www.thalia-theater.de/

Aktuelle Meldungen, Spielplan, Kartenbestellung online, Sitzpläne und Online-Diskussionsforum des Thalia Theaters und des Theaters in der Kunsthalle Hamburg.

Ticketservice

CTS – Computer Ticket Service (D)

www.cts.de/

Ticketbestellung für Konzerte, Musicals, Sport, auch Zirkus, Varieté und Volksmusik mit einer Stichwortsuche.

Eintrittskarte (D)

www.eintrittskarte.de/

Ticketbestellung für Konzerte (auch Klassik, Varieté und Opern) in Deutschland, London, Paris, Salzburg und Wien. Die Karten müssen im Reisebüro abgeholt werden und werden nicht direkt zugeschickt.

Euroticket (D)

www.euroticket.de/

Ticketbestellung mit Suchmaschine nach Orten oder Namen, Tourneedaten und einem Link auf den Bahnserver, um direkte Fahrmöglichkeiten zur Veranstaltung zu suchen.

München Ticket (D)

www.muenchenticket.de

Theater- und Konzert-Spielpläne und Kartenvorverkauf für München und Bayern.

Suchmaschine für Veranstaltungen.

Ticket Direkt (D)

www.veranstaltungen.com

Hier gibt's Eintrittskarten für beinahe alle Musicals, die in Deutschland für volle Häuser sorgen.

Ticketpool (D)

www.ticketpool.de/

Ticketbestellung für Konzerte, Musicals, Sport mit einer Suchmaschine, die Veranstaltungen findet, die sonst nicht in der Angebotsliste stehen.

Ticket-Tour (USA) (D)

www.ticket-tour.com/
www.ticket-tour.de/

Ticketbestellung für Konzerte, Formel 1, Tennis und Musicals weltweit (aber nicht überall).

Ticketworld (USA) (D)

www.ticketworld.de/

Ticketversand für Konzerte, Musicals, Messen, Ausstellungen, Boxen, Autorennen und andere Veranstaltungen in ganz Deutschland. News aus der Musikszene, Vorschau und Fanshop.

tix-online.com (USA) (D) (F)

www.tix-online.com

Noch etwas mühsamer Weg zu Events in Thüringen, Nordbayern und Sachsen. Nur ein regionales Angebot, aber ein freundlicher Service.

Weimar 1999

Bergen, Norwegen (USA)

www.bergen-guide.com/

Hier stellt sich die Kulturhauptstadt des nächsten Jahres vor. Bergen in Norwegen, Kulturhauptstadt Europa 2000.

Stiftung Weimarer Klassik (USA) (D) (F)

www.weimar-klassik.de/

Die Stiftung Weimarer Klassik betreut Museen, Gärten und Literaturarchive sowie Veranstaltungen im Rahmen der Kulturhauptstadt.

Hier finden Sie auch Stadtpläne und eine Zimmervermittlung für die Kulturhauptstadt.

TraXXX (D)

focus.de/d/dr/drt/drt03/drt03.htm

TraXXX-Sonderseiten zur Kulturhauptstadt 1999 mit touristischen Informationen, allen Events und Spielstätten.

Weimar – Kulturhauptstadt Europas (USA) (D)

www.weimar1999.de/

Die Kulturhauptstadt Europas 1999 stellt ihr Programm vor. Dazu gehören verschiedene Veranstaltungen, Festivals und Bauprojekte.

Weimar 99 (USA) (D)

www.weimar.de/

Der offizielle Webserver der Stadt informiert über Kultur, Tourismus, Bildung und Freizeit in Weimar.

VRML-Modelle vom Theaterplatz und eine Webcam.

Weltkulturerbe

Kinderseite (USA)

www.unesco.org/whc/nwhc/pages/kids/main.htm

Kinderseite der UNESCO über das Weltkulturerbe. Spiele und Berichte von Kindern.

QuickTime VR-Panorama im Gang zur Grabkammer der großen Pyramide von Gizeh.

Kloster Maulbronn (USA) (F)

www.maulbronn.de/deutsch/start.htm

Kloster Maulbronn. Bilder und Geschichte.

Rote Liste, die (USA) (D) (F)

www.unesco.org/whc/danglist.htm
www.unesco.de/info/rotlist.htm

Die sogenannte Rote Liste der besonders gefährdeten Denkmäler.

UNESCO-Liste des Weltkulturerbes (USA)

www.cco.caltech.edu/~salmon/world.heritage.html

Liste aller Objekte des Weltkulturerbes mit Beschreibungen und weiteren Links.

UNESCO Weltkulturerbe (D)

www.unesco.de/info/we.htm

Vorstellung der UNESCO-Weltkulturerbe-Stätten

Weltkulturerbe in Deutschland (D)

www.heilbronn-franken.de/welterbe/seite1.htm

Ausführliche Vorstellung und Fotos der 20 Objekte des Weltkulturerbes in Deutschland.

World Heritage (USA) (F)

www.unesco.org/whc/nwhc/pages/home/pages/homepage.htm

UNESCO-Aktionen und News zum Weltkulturerbe. Alle Objekte des Weltkulturerbes mit Beschreibung, virtuelle Touren, Reiseberichte, gefährdete Objekte.

Der offizielle Text der Konvention von 1972 zum Schutz des Weltkulturerbes in Englisch, Französisch, Spanisch, Russisch und Arabisch.

Zauberei

Thema	Seite	Weiterführende Linkseiten
Zauberei total	690	www.allmagicguide.com/
Zauberer und Zaubertricks	691	www.daimi.aau.dk/~zytnia/eg.html

All Magic Guide (USA)

www.allmagicguide.com/

Hunderte von Links auf alles, was mit Magie und Zauberei zu tun hat.

Copperfield, David (USA)

www.dcopperfield.com/

Die offizielle Seite von David Copperfield zeigt Fotos und Texte von Copperfields bekannten Illusionen, Tourtermine, Chat, Videoclips und das Online-Shockwave-Spiel Deathsaw Challenge.

Geller, Uri (USA)

www.urigeller.com/

Die offizielle Webseite von Uri Geller zeigt eine Webcam seines Wohnzimmers, Bücher über ihn, Presseberichte, Bilder, wissenschaftliche Reaktionen und ein Online-Spiel.

International Brotherhood of Magicians (USA)

www.magician.org/

Die offizielle Homepage der Internationalen Bruderschaft der Zauberer bringt aktuelle Informationen über deren Arbeit, Mitgliedschaft und regionale Gruppen.

Karten- und Münztricks (USA)

www.geocities.com/timessquare/4608/

Hier finden Sie ein paar Karten- und Münztricks zum Nachmachen.

Magic Page, the (USA)

www.daimi.aau.dk/~zytnia/eg.html

Zahlreiche Links auf Seiten von Zauberern, Zauberläden und Magazinen.

Magie des David Copperfield, die (D)

born.physik.uni-osnabrueck.de/yh/intro.html

Versuch, die Tricks des David Copperfield zu entschlüsseln.

Siegfried and Roy (USA)

www.sarmoti.com/index.html

Bilder aus der Zaubershow von Siegfried and Roy, dazu Online-Spiele.

Topit – Magazin für Zauberkünstler (D)

www.topitmagic.de/

Das Magazin für Zauberkünstler liefert ständig aktuelle Nachrichten, Veranstaltungen und Buchtips über Zauberei.

Zaubertricks entschlüsselt (D)

www.snafu.de/~tilman/zauber/

Mögliche Entschlüsselungen für bekannte Zaubertricks.

Zirkusse

A&M Veress (USA)

www.veress.se/

Promotion, Casting und Vermittlungsagentur. Links und eigene Informationen über Zirkusse, Festivals, Artisten und Attraktionen.

Circus Krone (USA) (D)

www.circus-krone.de/

Das aktuelle Programm und die Tourneedaten des größten Zirkus in Europa. Hintergrundinformationen mit Fotos von den Artisten, den Tieren, dem Krone-Bau in München und dem Zirkuszelt.

Circus Roncalli (D)

www.roncalli.de/

Hier finden Sie das aktuelle Programm, aktuelle Nachrichten und die Tourneedaten, sowie Infos zu und Fotos von den Artisten, dem Roncalli-Bau, dem Museum und dem Winterquartier.

Circusfestival Enschede (USA) (D)

www.circusfestival.com/

Zahlreiche Fotos der letzten Circusfestivals in Enschede und Ankündigungen für das kommende Festival.

Circuswelt (USA) (D)

www.circuswelt.com/

Datenbank mit Circus-Tourneeplänen, Adressen, Festivalterminen und anderen Themen rund um den Zirkus. Hier finden Sie auch Listen der Preisträger aller Monte Carlo Circusfestivals.

Cirque du soleil (USA) (D)

www.cirquedusoleil.com/

Aktuelle Nachrichten, Tourneedaten für die nächsten Jahre und ein Blick hinter die Kulissen dieses weltweit arbeitenden Zirkus.

Moskauer Staatszirkus (USA)

www.moscowstatecircus.co.uk/

Vorstellung der Artisten und Tourneedaten des Moskauer Staatszirkus.

Zirkuskunst Newsgroup (USA)

news://alt.circus.arts

Newsgroup über Zirkuskunst.

Reisen & Verkehr

Wenn einer eine Reise tut, dann kann er was erzählen. Damit Sie vor Reiseantritt schon alle notwendigen Informationen zum Reisen parat haben, bietet das Internet zu allen Themen des Reisens und der Fortbewegung Informatives und Wissenswertes. Gegliedert haben wir die Informationen unter anderem in die Bereiche Abenteuerreisen, Alternativreisen, Studienreisen, Ferien auf dem Lande, Kreuzfahrten, Weltreisen und Reiseveranstalter. Der Bereich Verkehr gliedert sich in Fahrpläne, Flugpläne, Routenplaner sowie Land- und Straßenkarten. Außerdem stehen Ihnen Informationen zu Land und Leuten in den Themengebieten Länder, Reisewetter, Sprachen, Literatur & Zeitschriften, Online-Magazine und Internationale Veranstaltungen zur Verfügung. Und damit Sie dann auch ein Dach über den Kopf bekommen, gibt es noch die Rubrik Unterkünfte. Viel Spaß beim Schweifen in die Ferne, und sei es mit dem Finger auf der Landkarte im WWW.

Abenteuerreisen

Africa Adventure (USA) (D)

www.africa-adventure.de/

Adrette, übersichtlich strukturierte Seite. Reiseinformationscenter für das südliche Afrika. Hier finden Sie verschiedene Veranstalter für Abenteuertouren, Tauchen, Abseilen, Klettern, Fallschirmspringen, Bungee-Jumping, Rafting und Powerkites. Außerdem finden Sie Länderinfos, Landkarten und Immobilienangebote. Leider spärlich bebildert.

Incredible Adventures (USA)

www.incredible-adventures.com

Sie suchen das Außergewöhnliche – die etwas andere Reisevergnügung? Hier sind Sie richtig! Dieser Veranstalter bietet Flüge mit russischen Kampfjets, Tiefseetauchfahrten, Flüge mit Schwerelosigkeit, Rallyes und in Zukunft auch Weltraumflüge an. Oder wie wär's mit einer Weltreise im Zug oder einer Ballonfahrt über der Sahara? Bilder und Beschreibungen machen Lust auf mehr.

Outdoor Online (D)

www.outdoor-online.de/

Internetmagazin zum Thema Outdoor und Offroad. Aktuelle News, Veranstaltungen und Termine für Offroader und Motorradfahrer (Treffen, Messen, Rennen), z. T. auch für Trucker. Der Auftritt bietet außerdem ein Diskussionsforum und zahlreiche Literaturtips. Adressensammlung zu Clubs und Reiseveranstaltern. Die Gestaltung läßt Appetithappen leider vermissen – insgesamt eher zweckmäig als abenteuerlich.

Alternativreisen

Reisen auf Frachtern (D)

home.t-online.de/home/0824590060/hsr000.htm

Gewiß auch kein alltägliches Reiseerlebnis: Odysse-Kreuzfahrt bietet Mitfahrten auf internationalen Frachtern in jedem Teil der Erde. Die Seite präsentiert Kurzbeschreibungen und Preise, leider keine Bilder.

Arbeitsaufenthalte

Goldwaschen (USA) (D) (F)

www.goldwaschen.ch

Für alle, die bereits dem Goldrausch verfallen sind oder es bald vorhaben – Goldwaschen in Deutschland, Österreich und der Schweiz. Alles über Methoden, Standorte, Werkzeuge. Adressensammlung von Organisationen und Fachverlagen.

IJGD (USA) (D)

www.ijgd.de/

Internationale Jugendgemeinschaftsdienste: Workcamps, Auslandsaufenthalte, Freizeiten, freiwilliges soziales Jahr. Bietet gute Orientierung und handliche Suchfunktionen

OneWorld-Jobs (D)

www.oneworld-jobs.org/

Job-Angebote und Informationen über Workcamps, internationale Entwicklungshilfeeinsätze und andere freiwillige internationale Dienste, medizinische Dienste und Praktika. Hauptsächlich für junge Leute. Ansprechender Auftritt mit klarer Informationsstruktur.

Zeltlager

Zeltlager (D)

www.zeltlager.de/

Informationen über verschiedene Zeltlager in Norddeutschland. Die Adresse bietet außerdem Links auf Webseiten mit Spielen für Zeltlager und ein Chatforum.

Fahrpläne

Thema	Seite	Weiterführende Linkseiten
Historische Bahnen & Strecken	703	www.muenster.de/~amuehl/links5.htm
Internationale Stadtbahnpläne	709	pavel.physics.sunysb.edu/rr/maps.html

Bahnreisen

Bahn-Newsgroups (USA) (D)

news://misc.transport.rail.europe
news://de.etc.bahn.eisenbahn

Newsgroup zu Bahnreisen, Fahrplänen und sonstigen Bahnthemen.

Bahnpässe in Europa (D)

privat.schlund.de/k/kochan/pages/reisen.htm

Knappe Übersicht über Bahnpreisvergünstigungen in Europa.

Blue Train, the (USA)

www.bluetrain.co.za/

Wer Fahrpläne, Fotos und Informationen über den bekannten Luxuszug in Südafrika sucht, kann hier fündig werden. Nicht die schnellste Seite, aber luxuriös gestaltet und intuitiv zu bedienen. Dazu praktische Reisetips und detaillierte Fahrpläne.

Deutscher Eisenbahn-Verein (USA) (D)

ourworld.compuserve.com/homepages/dev_de/
ourworld.compuserve.com/homepages/dev_de/engmainp.htm

Fahrpläne, Sonderveranstaltungen, Fotos und Informationen über den Anschlußverkehr zur ältesten Museumseisenbahn Deutschlands in Bruchhausen-Vilsen. Etwas hausbackenes Design. Zahlreiche Links zu anderen Vereinen und Museen.

European Railway Server (USA)

mercurio.iet.unipi.it/home.html

Bilder und Reiseberichte von europäischen Bahnen und sehr viele weitere Links zu Bahnen, Bahnreisen und Fahrplänen. Zugriff recht langsam.

Eurotunnel (USA) (F)

www.eurotunnel.co.uk/
www.eurotunnel.fr/

Informationen über die Autoverladung im Eurotunnel von Frankreich nach England. Online-Buchungen möglich.

Geesthachter Eisenbahn (D)

eisenbahn.geesthacht.de/

Die Arbeitsgemeinschaft Geesthachter Eisenbahn e. V. stellt sich vor. Streckenbeschreibung, Fahrplan, Sonderveranstaltungen und Fahrzeugpark der Geesthachter Eisenbahn. Vielleicht möchten Sie ja mal von einer alten, kleinen Dampflok von Bergedorf über Geesthacht nach Krümmel gezogen werden ...

Initiative Bahnreisende für besseren Service (D)

oase-shareware.org/bahn/

Die Initiative möchte mit diesem Angebot auf die Mißstände bei der Deutschen Bahn AG aufmerksam machen und Betroffene dazu anregen, selbst aktiv zu werden.

InterRail (USA) (D) (F)

interrail.net/

Kleine, aber feine (und viel besuchte) Seite mit InterRail-Reiseberichten, Länderinformationen, sehenswerten Strecken, Ausrüstungstips, Mailing-Liste, Treffbörse.

Reisepartner-Kontaktbörse.

Nostalgie-Express (D)

www.cmn.de/nostalgie-express/welcome.htm

Die Site stellt ein Angebot vor für eine exklusive Dampfzugfahrt auf der Route von Goethes „Italienischer Reise" von Frankfurt nach Rom, inklusive Besichtigungsprogramm.

Fotos und technische Daten der Lokomotiven und Wagen.

Nostalgiezüge (D)

focus.de/d/dr/drt/drto/drtoa/drtoa.htm

Es gibt sie noch, die Nostalgiezüge wie anno dazumal. Vom Al Andalus Espreso bis zum Venice-Simplon-Orient-Express werden Reisen rund um die Erde mit der Bahn angeboten. Kurzbeschreibungen der bekanntesten Luxuszüge. Gewinnen Sie eine Milennium-Traumreise auf eine Insel nahe der Datumsgrenze, oder holen Sie sich News und Tips für Business-Travel und Urlaub. Auch das weltweite Reisewetter (bis vier Tage im voraus) ist am Start.

Schwedische Inlandsbahn (USA) (D)

www.ief.se/

Bahnpauschalreisen mit einer Kultbahn – der Schwedischen Inlandbahn. Aber Sie können auch mit dem Auto der schwedischen Inlandstraße folgen. Hierzu gibt es Pauschalangebote ebenso wie individuelle Vorschläge und Adressen für Informationen und Übernachtungsmöglichkeiten. Außerdem erhalten Sie erste Informationen, Daten und Bilder zu Landschaft, Sehenswürdigkeiten und Kultur.

Train and Travel (USA)

www.train-travel.com/

Hier wird eine Weltumrundung mit der Bahn in 40 Tagen angeboten. Zwar teuer, aber man sieht viel. Die Reise geht durch Skandinavien, Rußland, Australien, USA und Kanada.

Train Chartering (USA)

www.train-chartering.co.uk/

Hier können Sie für große Gruppen oder spezielle Anlässe ganze Züge chartern. Bis hin zu „Directors Saloons für außerordentlich wichtige Reisende". Aber auch eine Guppenreise mit bis zu 770 Personen im Eurostar ist im Angebot.

Vulkan Express Brohltal Eisenbahn (D)

track.econ2.uni-bonn.de/vulkan/

Vorstellung des Vulkan Express bei Brohl am Rhein: Streckenbeschreibung, Fahrpläne und Reiseberichte, Übersichtskarten, Sonderfahrten und – Stellenangebote.

Busreisen

Deutsche Touring (D)

www.deutsche-touring.com/

Europäische Überlandbuslinien der Deutschen Touring. Fahrpläne und Beschreibungen zu Städtereisen und Informationen z. B. zu Bustypen und Ausstattung.

Linienbusse auf Malta (USA)

www.maltanet.net/pta/

Auf der schönen Insel Malta, aber kein Auto? Hilfe naht mit einem Fahrplan der Linienbusse auf Malta.

Deutsche Bahn

Autoreisezug (D)

www.autozug.de

Fahrplan und Preise der Autoreisezüge nicht nur nach Sylt und quer durch Deutschland, sondern z. B. an die französische Adriaküste.

DB Fahrplan (D)

bahn.hafas.de/

Der komplette Fahrplan der Deutschen Bahn mit einer sehr nützlichen interaktiven Suchanfrage: Sie geben Abfahrts- und Ankunftsort ein und erhalten eine individuelle Verbindungsübersicht mit Zwischenstopps und Preisen, auf Wunsch auch eine Grafik Ihrer Route.

Deutsche Bahn (D)

www.bahn.de/

Komplette Palette der Informationen über die Deutsche Bahn: Von touristischen Informationen über berufliche Möglichkeiten bei der Bahn. Im „Bahn-Shop" kann man Reisezubehör ordern.

International

Australien (USA)

www.railpage.org.au/tt/

Fahrplan der staatlichen Eisenbahn in Australien.

Belgien (USA) (D) (F)

www.b-rail.be/

Fahrplan der staatlichen Eisenbahn in Belgien sowie der internationalen Verbindungen: Eurostar, Thalys, TGV mit Online-Buchung.

CD – Tschechische Bahnen (USA) (D)

idos.datis.cdrail.cz/

Fahrplan der Tschechischen Eisenbahnen mit interaktiver Suchanfrage.

CFR – Rumänien (USA)

www.cfr.ro/defeng.htm

Recht schwerfällige Handhabung, und auch das Styling ist nicht eben elegant. Fahrplan der staatlichen Eisenbahn in Rumänien mit interaktiver Suchanfrage.

DSB – Dänemark

www.dsb.dk/

Fahrplan und Auskünfte der Dänischen Staatsbahnen – nur auf dänisch.

Estland (USA)

www.hotline.ee/rong/

Neben dem Fahrplan der staatlichen Eisenbahn gibt's eine recht originell, aber wenig übersichtlich gestaltete Präsentation touristischer und kultureller Informationen zu einigen Städten Estlands.

Eurostar (USA)

www.eurostar.com/

Sowohl werbeträchtige als auch informative Page über die Eurostar-Kanaltunnelzüge. Fahrpläne und Preise werden ebenso geliefert wie ausführliche Beschreibungen der verschiedenen Services und Übersichtskarten der Strecken.

Fotos & QTVR-Präsentationen der Bahnhöfe und Wageninnenräume.

FS – Italien (USA) (D) (F)

www.fs-on-line.com/

Der Internetauftritt der italienischen Staatsbahn bietet neben den obligatorischen Fahrplänen eine gut funktionierende interaktive Verbindungsanfrage. Darüber hinaus können Sie zu regionalen Reise- und Touristikbüros verzwegen.

Großbritannien (USA)

www.railtrack.co.uk/travel/

Gemeinsamer Fahrplan der privatisierten Bahnen in Großbritannien. Auch hier gehört die interaktive Verbindungssuche zum Standard.

HZ – Kroatien (USA)

www.tel.hr/hz/abfaht.htm

Abfahrtspläne und Ankunftspläne in den wichtigsten Städten.

Iarnród Éireann – Irland (USA)

www.irishrail.ie/

Interaktiv zu bedienender Fahrplan der Eisenbahn in Irland.

Litauen (USA)

www.latnet.lv/touristinfo/train.htm

Abfahrtspläne und Ankunftspläne in den wichtigsten Städten.

Luxemburg (F)

www.cfl.lu/

Informationen über das Liniennetz und den neuen Taktfahrplan in Luxemburg.

MAV – Ungarn (USA) (D)

elvira.mavinformatika.hu/

Fahrplan der ungarischen staatlichen Eisenbahn.

Niederlande (USA)

www.ovr.nl/cgi-bin/ovi/vraag

Fahrpläne der Niederlande: Bahn, Busse, Schiffslinien, U- und Straßenbahnen. Daneben aktueller Straßenverkehrsservice.

NSB – Norwegen (USA)

www.nsb.no/

Fahrplan der norwegischen Staatsbahn. Hier bekommt man immerhin zusätzlich einige Reiseinformationen und ein bißchen Foto-Sightseeing.

ÖBB – Österreich (D)

www.oebb.at/

Fahrplanabfrage und Newsticker der Österreichischen Bundesbahn.

PKP – Polen (USA)

walden.mo.net/~jdobek/pkprozklad.html
www.pkp.com.pl/

Fahrplan der polnischen Staatsbahn von einem externen Anbieter, offizielle WWW-Seiten der Bahn nur in Polnisch.

Polen (USA)

www.explore-poland.pl/ptl/4.htm

Fahrpläne der Bahnen, Busse und Fähren in Polen.

Links auf Autovermietungen und Taxis.

Renfe – Spanien

www.renfe.es/hir/

Fahrplan der spanischen Eisenbahn – nur auf spanisch.

Rußland (USA)

pavel.physics.sunysb.edu:8080/5/

Fahrplan der Bahnen in Rußland, den Staaten der GUS und dem Baltikum.

Schweiz (USA) (D)

www.sbb.ch/pv/

Sauber gestalteter Fahrplan der Schweizer Bundesbahn und der Privatbahnen, mit FAQ.

SJ – Schweden (USA)

www.samtrafiken.se/

Fahrplan der Bahnen und Busse in Schweden.

Slovenien (USA)

www1.k2.net/kristof/slozel/

Fahrplan der staatlichen Eisenbahn in Slovenien.

SNCF – Frankreich (USA) (F)

www.sncf.fr/

Fahrplan der staatlichen französischen Eisenbahnen

Thalys (USA) (D) (F)

www.thalys.com/

Fahrplan, Tarife und Sonderangebote der Europäischen Hochgeschwindigkeitszüge Thalys zwischen Düsseldorf, Brüssel, Paris, Oostende und Amsterdam. News über zukünftige Projekte des Thalys.

Informationen zum Disneyland bei Paris mit einem eigenen Thalys-Bahnhof.

Transsibirische Eisenbahn (USA) (D)

www.travel-service-asia.de/fplan.htm
www.travel-service-asia.de/fplane.htm

Für viele immer noch ein lang gehegter Jugendtraum: Mit der Transsibirischen Eisenbahn von Moskau nach Wladiwostok. Hier finden Sie wenigstens schon einmal den Fahrplan dieser und anderer Routen, die der schwäbische Travel Service Asia anbietet. Leider gibt's keine Karten, immerhin aber tagesaktuelles Wetter, Devisenkurse und eine FAQ.

Fotoimpressionen von der Strecke und FAQs.

USA – Amtrak (USA)

reservations.amtrak.com/

Fahrplan der staatlichen Bahngesellschaft Amtrak in den USA.

VIA – Canada (USA) (F)

www.viarail.ca/

Fahrplan, Preise, Bilder und weitere Informationen der VIA Railway quer durch Kanada.

VR – Finnland (USA)

www.vr.fi/heo/english/heo.htm

Fahrplan der staatlichen Bahn in Finnland.

ZSR – Slovakei (USA) (D)

www.zsr.sk/

Fahrplan der staatlichen Bahnen in der Slovakei.

Privatbahnen

Bayerisches Eisenbahnmuseum (D)

privat.schlund.de/b/bem/

Bayerisches Eisenbahnmuseum Nördlingen.

Dampfbahn Furka-Bergstrecke (USA) (D) (F)

www.net4u.ch/dfbfurka/

Fahrplan, aktuelle News, Fotos und technische Informationen der Dampfbahn auf der Furka-Bergstrecke in der Schweiz.

Deutscher Eisenbahn Verein e. V. (D)

home.t-online.de/home/ulrich.grunert/asendorf.htm

Fahrplan der ersten Museumsbahn Deutschlands auf der Strecke Bruchhausen-Vilsen-Asendorf mit Normalspuranschlußverkehr nach Eystrup.

Digitale E-Mail-Postkarten.

Privatbahnen (USA) (D) (F)

www.muenster.de/~amuehl/links5.htm

Riesige Linkliste für Privat- und Museumsbahnen, Eisenbahnmuseen und alle Themen zur Eisenbahn.

Schmalspurlexikon Schweiz (USA) (D) (F)

www.uni-essen.de/~hnr00a/schweiz

Schmalspurlexikon über alle Bahnen der Schweiz. Wegen der vielen guten Bilder z. T. lange Ladezeiten. Es lohnt sich aber!

Schiffslinien

Amrum, Föhr und Halligen (D)

wdr-wyk.de/

Fahrplan der Linienschiffe nach Amrum, Föhr und auf die Halligen und Bahnzubringerfahrpläne der nordfriesischen Verkehrsbetriebe.

Angler-Reisen (D)

www.ttline.de

Reisen per Schiff nach Schweden von Travemünde oder Rostock. Informationen über die Schiffe und touristische Programme.

Borkum (D)

www.ag-ems.de/

Fahrplan der Linienschiffe von Borkum nach Emden, Eemshaven und Helgoland; Fahrplan der Borkumer Inselbahn; Flugplan ab Emden.

Brittany Ferries (USA)

www.brittany-ferries.com/

Hier gibt es immerhin etwas mehr als „dröge" Fahrpläne verschiedener Schiffslinien von England nach Frankreich: Vorstellung der Flotte, Hotels, Sonderangebote und Shopping.

Color-Line Fähren nach Norwegen (D)

www.color-line.de

Fahrpläne der Fähren nach Norwegen (Kiel-Oslo und ab Dänemark); befördern auch Wohnmobile und Caravangespanne.

Elbe City Jet (D)

www.elbe-city-jet.city-map.de/

Fahrplan der Hochgeschwindigkeitsschiffslinie Hamburg-Blankenese-Lühe-Stade.

FRS (D)

www.frs.de

Fahrplan zahlreicher Schiffslinien auf der Ostsee, Elbe und nach Helgoland.

Links auf weitere Reedereien und Fahrpläne auf der Nord-/Ostsee.

Greek Ferries (USA)

www.greekferries.gr/

Sonne, Sand und Mittelmeer! Fähren zwischen den griechischen Inseln und internationaler Linienverkehr nach Griechenland. Ein Info-Teil zu Griechenland und ca. 50 seiner Inseln lädt schon mal zum Träumen ein.

Helsinki-Tallin (D)

www-ger.njl.fi/

Fahrplan der Hochgeschwindigkeitsschiffslinie Helsinki-Tallin mit Online-Buchungsmöglichkeit.

Stadtpläne von Helsinki und Tallin.

Hoverspeed (USA)

www.hoverspeed.co.uk/

Hoverspeed- und Seacat-Hochgeschwindigkeitsverkehr über den Kanal nach England. Fahrplan und Tarife.

Juist/Norderney (D)

www.reederei-frisia.de/

Fahrpläne der Linienschiffe nach Juist und Norderney sowie Flugpläne auf die Inseln. Wetter-Webcam und zahlreiche Informationen über die Inseln.

Loreley-Linie (D)

www.loreleytal.com/rheinschiff/

Tagesausflüge mit dem Schiff auf dem Rhein und Fahrten zu besonderen Anlässen. Auf der Site finden Sie auch einige Links zu anliegenden Regionen, inkl. Sehenswürdigkeiten, Weinfesten, Hotels.

Norderney (D)

www.norderney-staatsbad.de

Fahrplan der Schiffe nach Norderney.

P & O (USA)

www.posl.com/

Kanalfähren Dover – Calais. Schiffe, Shopping, Fahrpläne und Tarife. Tips für „Pendler" wie für Day-Tripper sowie zu Versicherungen.

Rømø-Sylt-Linie (D)

www.roemoe-sylt-linie.com/

Fahrplan der dänischen Autofähren zwischen den Inseln Sylt und Rømø.

Scandinavian Seaways (USA) (D)

www.scandinavian-seaways.de/
www.scansea.com/

Fahrpläne von Hamburg und Holland nach England und Schottland, sowie Kopenhagen bis Oslo. Technische Daten, Deckspläne und Bilder von den Schiffen.

Schiffskorso zur Nacht der tausend Feuer (D)

www.loreleytal.com/oberwesel/touristinfos/schiffskorso/

Online-Buchung für Schiffskarten. Über 50 Sonderschiffe erwarten die zahlreichen Gäste, um am 11. September 1999 das nächtliche Feuerspektakel vom Rhein aus zu bewundern.

Silja Line (USA)

www.silja.com/

Fahrpläne auf den Ostseelinien Rostock – Helsinki – Stockholm – Turku – Tallin. Technische Daten der Schiffe mit Kabinenplänen.

Städte

Baden-Württemberg (USA) (D)

www.efa-bw.de/

Nahverkehrsfahrplan für Stuttgart und Baden-Württemberg.

Bayern (USA) (D)

www.bayerninfo.de/efa/h_efa.htm

Fahrplan der Schnellbahnen und Nahverkehrslinien in München, Nürnberg, Augsburg und einigen anderen bayerischen Städten.

Berlin (D)

www.hundert6.de/whm_bahn.htm

Stündlich aktualisierte Abfahrtspläne der großen Berliner Bahnhöfe. Aktuelle Fahrplanänderungen durch die Großbaustellen in Berlin werden hier auch angezeigt. Das Berliner Radio HUNDERT,6 bietet einen Newsservice mit Wirtschafts-und Verbrauchertips, Wetterkarte und Blick vom Funkhaus.

Links auf touristische Informationen (z. B. „Wohin in Berlin?").

www.bvg.de/

Fahrplan der Berliner U- und S-Bahn mit Streckennetzplan. Angebote für Berlin-Rundfahrten.

Bildschirmschoner und Videoclips der Berliner U- und Straßenbahn.

Bremen (D)

www.vbn.de/

Fahrplan des Verkehrsverbundes Bremen/Niedersachsen und auch der angrenzenden DB-Strecken.

Touristische Informationen auf einer interaktiven Landkarte.

Busse und Bahnen (D)

www.busse-und-bahnen.de/

Links auf Fahrplanauskunftssysteme verschiedener deutscher Großstädte und weitere Informationen über den öffentlichen Nahverkehr.

Chemnitz (D)

www.in-chemnitz.de/cvag/i

Fahrplan der Straßenbahnen und Busse in Chemnitz mit Liniennetzplan.

Dresden/Meißen (D)

www.nahverkehr.sachsen.de/homepage_z-voe/auskunft.htm

Fahrplan der Bahnen und Busse im Verkehrsverbund Oberelbe (Dresden, Meißen, Pirna, Kamenz, Hoyerswerda).

Elektronische Fahrplanauskunft (USA) (D) (F)

www.efa.de/

Elektronisches Auskunftssystem verschiedener Verkehrsverbünde. Fahrplanauskunft sogar auf lateinisch!

Bildschirmschoner zum Download, der den aktuellen Fahrplan Ihrer nächsten Haltestelle anzeigt. Pilotprojekt für Hannover, in Zukunft auch für weitere Städte.

Fahrplan Stadtwerke Wien (D)

www.wiennet.at/efa/

Weit mehr als nur die Fahrplanauskunft der Stadt Wien. Von hier aus gelangt man dank gut gebündelter Verzweigungen ruck, zuck zu praktisch allen einschlägigen Anlaufstellen in Wien: Tourismus, Kulturelles, Bildungs- und Gesundheitswesen, Veranstalter, Medien etc. Elektronischer Stadtplan mit Adreßsuche, kürzesten Verbindungen, Notfall-Adressen.

Frankfurt (Main) (D)

www.rmv.de/

Nicht nur die Schnellbahnen im Rhein-Main-Verkehrsverbund Frankfurt kommen hier zu ihrem Recht. Infos rund um den Frankfurter Flughafen, aktuelle Verkehrsmeldungen und Routenplanung für Autofahrer warten auf den Abruf. Außerdem informiert der Rhein-Main-Verkehrsverbund über Ausflugsziele, Messen, Sport, Unterkunft sowie diverse Verleihdienste.

Görlitz/Bautzen (D)

www.nahverkehr.sachsen.de/homepage_zvon/auskunft.htm

Fahrplan der Bahnen und Busse im Verkehrsverbund Oberlausitz/Niederschlesien (Bautzen, Görlitz, Zittau).

Hamburg (D)

www.hvv.de/

Schnellbahn-Fahrplan/Tarifauskunft im Verkehrsverbund Hamburg.

Hannover (D)

www.efa.de/gvh_set.htm

Fahrplan des Großraumverkehrs Hannover mit Linienplänen (auch als PDF) und aktuellen Fahrplanänderungen sowie Meldungen bei Betriebsstörungen.

Touristische Informationen über Hannover und Frauen-Nachttaxi-Service. Persönlicher Reiseassistent über D2- oder E-Plus-Handy.

Helsinki (USA)

www.hel.fi/hkl/english/aikataulut/

Fahrpläne der U-Bahn, der Straßenbahn, der Busse, lokaler Züge und der Fähren in Helsinki.

Karlsruhe (D)

www.karlsruhe.de/kvv/

Fahrplan des Karlsruher Verkehrsverbundes.

Kassel (D)

www.kvg.de/kvg/

Fahrplan der Busse und Straßenbahnen in Kassel.

Köln/Bonn (D)

www.vrsinfo.de/

Fahrplan, Preise und Service der Schnellbahnen im Verkehrsverbund Rhein/Sieg mit Streckennetzplan und Taschenfahrplänen zum Ausdrucken.

London (USA)

www.londontransport.co.uk/

Linienpläne und Haltestellenverzeichnisse der Londoner U-Bahn und Buslinien. Da die Züge in dichtem Takt fahren, sind keine eigenen Fahrpläne nötig.

Mannheim/Ludwigshafen (D)

www.vrn.de/

Fahrplan der Schnellbahnen im Verkehrsverbund Rhein-Neckar mit Streckennetzplan.

Kultur- und Reisetips zur Region Mannheim, Ludwigshafen, Heidelberg, Worms.

Moskau (USA)

www.sheremetyevo-airport.ru/images/metro.gif
www.moscowcity.com/subwaymaplarge.gif

Liniennetz der Moskauer U-Bahn mit englischen oder russischen Stationsbezeichnungen.

München (USA) (D)

www.mvv-muenchen.de/

Fahrplan der Bahnen und Busse im Münchener Verkehrsverbund. Schnellbahn- und Straßenbahnnetzpläne zum Download.

Links auf Fahrplaninformationsdienste anderer Verkehrsverbünde.

Nahverkehr/Public Transport (USA) (D)

www.lokomotive.de/nahverkehr/pt.htm

Übersicht über innerstädtische Schnellbahnnetze in vielen Städten der Welt, teilweise mit Linienplänen.

New York (USA)

www.mta.nyc.ny.us/

Fahrpläne der New Yorker U-Bahn und des regionalen Bahn- und Busverkehrs mit Liniennetzplänen.

Rom (USA)

www.roma2000.it/zi_trasp.html

Liniennetzplan und schematischer Fahrplan der U-Bahn in Rom. Leider keine Fahrpläne, dafür Telefonnummern der dortigen Taxiunternehmen.

Ruhrgebiet (D)

www.vrr.de/

Fahrplan der Schnellbahnen im Verkehrsverbund Rhein-Ruhr mit Schnellbahnlinienplan und Linienplänen einzelner Städte, auch als PDF zum Download. Termine für Open-Air-Veranstaltungen, Straßenfeste und Messen.

Saarbrücken (D)

www.kvs.de/

Nahverkehrsfahrplan für das Saarland.

St. Petersburg (USA)

www.metro.spb.ru/

Die U-Bahn in St. Petersburg ist zwar nicht so berühmt wie die in Moskau, aber ebenso sehenswert. Auf den Webseiten finden Sie viele Fotos der alten und restaurierten Bahnhöfe.

Stadtbahnpläne (USA)

pavel.physics.sunysb.edu/rr/maps.html

Links auf über 300 Stadtbahn-, U- und S-Bahnpläne auf der ganzen Welt.

Subway Navigator (USA) (F)

metro.ratp.fr:10001/bin/cities/english
metro.ratp.fr:10001/bin/cities/french

Routenplaner für die öffentlichen Verkehrsmittel in zahlreichen Großstädten auf der ganzen Welt. Geschätzte Fahrzeiten und Linienpläne. Grafisch nicht aufregend, dafür um so nützlicher!

Wuppertaler Schwebebahn (USA) (D)

www.uni-wuppertal.de/wuppertal/schweebahn.html

Wuppertaler Schwebebahn: geschichtliche Darstellung.

www.eurobrief.de/schwebbahn/index.htm

Wuppertaler Schwebebahn: Geschichte, technische und betriebliche Daten, viele Bilder und eine Webcam.

www.wsw-online.de/_frames/schwebebahn/aktuell_f.html

Der WSW informiert über Hergang und Stand der Dinge nach dem tragischen Unglück vom 12.4.1999.

Ferien auf dem Lande

Bauernhofurlaub (USA) (D)

www.tiscover.com/steiermark-bauernhofurlaub

Urlaub auf dem Bauernhof: 400 Bauernhöfe in der Steiermark und im übrigen Österreich.

Familiennester (D)

www.familiennester.at

Steirische Familiennester Steiermark/Österreich, Gasthöfe, Bauernhöfe, Kinderferien.

Kreisjugendring (D)

www.kjr.de/service/f_service.htm

Sommerfeienspaß für Kinder in Fürstenfeldbruck und Serviceangebote für Organisationen der Jugendarbeit und deren Mitarbeiter.

Urlaub auf dem Bauernhof (D)

www.farmholidays.com

Ferien auf österreichischen Bauernhöfen verschiedener Kategorien.

Flugpläne

Airtracker (USA) (D) (F)

www.airtracker.com/

Informationen über Flugplanänderungen, Verspätungen und Gatewechsel als SMS-Nachricht direkt aufs Handy.

Flugplan.de (D)

www.flugplan.de/

Beschreibung eines unabhängigen internationalen Flugplans auf CD-ROM nach dem HAFAS-System. Neutrale Angaben über die besten Verbindungen weltweit.

Fluggesellschaften

ABSH-Reisen (D)

home.t-online.de/home/werner.stadtkowitz/

Flugreisen für Sportpiloten zu Zielen in der ganzen Welt.

Aer Lingus (USA)

www.aerlingus.ie/

Die größte Fluggesellschaft Irlands. Flugplan, Frequent Flyer Informationen, Sonderangebote und Telefonnummern weltweit.

Aeroflot (USA)

www.aeroflot.org/

Internationale russische Fluggesellschaft, eine der größten Fluggesellschaften der Welt. Flugplan, aktuelle Meldungen, technische Daten und Sitzpläne der Flugzeuge, Terminalpläne vom internationalen Flughafen Moskau Scheremetjewo 2, Verzeichnis der Depandancen in aller Welt. Viele und detaillierte Informationen zu Reisebestimmungen, News, Historie – dementsprechend streckenweise etwas textlastig.

Aerolloyd (D)

www.aerolloyd.de/

Informationen über die Flugzeuge dieser deutschen Charter-Fluggesellschaft, die in erster Linie einschlägige Urlaubsziele anfliegt. Interaktiver Flugplan, Last-Minute-Angebote.

Air Canada (USA) (F)

www.aircanada.ca/

Die große kanadische Fluggesellschaft bietet eine reichhaltige Palette an Informationen – gründlich, aber nicht zu ausufernd. Flugplan, Online-Buchung, Terminal-Informationen aller angeflogenen Flughäfen, Online-Flugverfolgung mit Verspätungen. Reise- und Visainformationen. Leider überzeugt die Übersichtlichkeit nicht ganz.

Air China (USA)

www.airchina.com.cn/english/

Staatliche chinesische Fluggesellschaft. Flugplan, aktuelle Fluginformationen an und ab Peking, Bilder und Schemazeichnungen der Flugzeuge.

Air Dolomiti (USA)

www.airdolomiti.it

Air Dolomiti, Partner der Lufthansa. Flugpläne und Online-Buchung.

Air France (F)

www.airfrance.fr/

Natürlich gibt es auch hier einen Flugplan, daneben dürfen bei den Franzosen Sonderseiten über die Concorde nicht fehlen. Anhand eines internationalen Veranstaltungskalenders kann man sich schon mal im voraus über kulturelle Ereignisse wie Feste, Ausstellungen und Konzerte am Zielort informieren. Leider präsentieren sich Ausstattung und Gestaltung etwas bieder.

Air India (USA)

www.airindia.com/

Die internationale indische Fluggesellschaft präsentiert sich aufgeräumt und mit einer geradezu liebevoll gestalteten Seite, die alerdings auch ein wenig langsam ist. Flugplan, Frequent Flyer Informationen, Flugzeuge mit Sitzplänen, Online-Flugverfolgung mit Verspätungen, Katalog des Bordshops – alles gut zu finden. Kurios: Sie können per E-Mail der indischen Cricket-Nationalmannschaft beste Wünsche für die 99er Weltmeistershaft zukommen lassen.

Air Malta (USA)

www.airmalta.com/

Staatliche Fluggesellschaft auf Malta. Flugplan, Frequent Flyer Informationen, Flugzeuge, Sonderangebote.

Alitalia (USA)

www.alitalia.it/english/

Staatliche italienische Fluggesellschaft. Flugplan, aktuelle Meldungen und touristische Informationen. Die Seite bietet auch Links zu Alitalia-Partnern in aller Welt. Leider gestaltet sich die Suche etwas umständlich.

Austrian Airline (USA)

www.aua.com/

Touristische und kulturelle Informationen über Wien und Österreich. Der Flugplan der österreichischen Fluggesellschaft Austrian Airlines bietet sehr funktionale Interaktivitäten und ist intuitiv bedienbar. Wer zu Last-Minute-Angeboten oder zu Lauda-Air verzweigen will, wird hier ebenfalls fündig.

Balair (USA) (D)

www.balair.ch

Balair Schweizer Ferienfluggesellschaft

British Airways (USA) (D) (F)

www.british-airways.com/

Flugplan, Sonderangebote, Frequent-Flyer-Informationen. Daneben biete die Briten ausführliche Informationen über die Londoner Flughäfen Heathrow und Gatwick (Verkehrsanbindung, Check-In-Infos

u. ä.). Ein lesenswerter Reiseführer für London informiert natürlich auch über das tagesaktuelle Wetter an der Themse.

Multimedia-Präsentation über die Concorde mit Online-Spiel.

Cathay Pacific (USA) (D)

www.cathaypacific.de/
www.cathaypacific.com/

Der wohlgeordnete Auftritt der staatlichen Fluggesellschaft in Hongkong läßt kaum Fragen aufkommen. Flugplan(er), Sitzpläne der Flugzeuge, Sonderangebote: Alles Wesentliche hat der Kunde schnell und übersichtlich im Zugriff .

Informativer wie auch sehr unterhaltsamer Asien-Knigge über asiatische Verhaltensweisen und Eigenarten.

Condor (D)

www.condor.de/

So solle eine attraktive wie zweckmäßige Seite für die Urlaubsplanung aussehen. Die Navigation geschieht traumwandlerisch (für Detailversessene auch mit Such-Index), und was zu sehen gibt es auch. Condor-Fluginfos mit Online-Buchung, Topangeboten, ausführlichen Daten der Flugzeuge, Sitzplänen, Geschichte. Außerdem Hyperlinks zu Regionen und Fernzielen

Bildschirmschoner, QTVR-Präsentationen, Java-Kalender, Zeitzonen und 24-Stunden-Webcam auf Gran Canaria.

Continental Airlines (USA)

www.continental.com/

Flugplan, Tarife, aktuelle News und Streckenkarten der internationalen Fluggesellschaft Continental Airlines. Auch Online-Reservierung und Such-Inex sind geboten.

Delta Airlines (USA)

www.delta-air.com/

Flugplan, Online-Buchung, Preise, Technische Informationen über Flugzeuge und Flughäfen.

Online-Flugverfolgungssystem, das aktuelle Verspätungen, Abflugs- und Ankunftszeiten übermittelt.

Deutsche BA (D)

www.deutsche-ba.de/

Flugplan, Online-Buchung, technische Daten und künstlerische Gestaltung der Flugzeuge, Informationen über Bus- und Bahnverbindungen zu den großen deutschen Flughäfen. Man hat alle Tarife gut im Überblick.

Online-Gewinnspiele und ein Deutsche BA-Screensaver.

El Al (USA)

www.elal.co.il/

Staatliche israelische Fluggesellschaft. Flugplan, Online-Buchung, Sonderangebote, Streckenkarten. Ankunfts- und Abflugpläne auf dem internationalen israelischen Flughafen Ben Gurion (nur auf hebräisch). Es gibt zwar aauch einige hilfreiche Hinweie für Israel-Reisende, die Informationen über Land und Leute sind aber etwas spärlich. Wer mehr wissen möchte, verzweigt auf die ergiebigen „Israel Pages".

Eurowings (USA) (D)

www.eurowings.de/

Flugplan, Online-Buchung, Tarife, Sonderangebote, touristische Informationen und Buchungsmöglichkeiten für ganze Flugzeuge und Sonderflüge.

Finnair (USA)

www.finnair.com/

Staatliche finnische Fluggesellschaft. Flugplan, Tarife, Terminalpläne des Flughafens Helsinki.

Alle Flüge „Non Smoking" außer nach Japan.

Hapag Lloyd (USA) (D)

www.hapag-lloyd.de/

Flugpläne, Buchung, Länderinfos, Last-Minute-Angebote, Bordshop und Informationen über die Flugzeuge und Umweltschutzaktivitäten von Hapag-Lloyd. Es gibt zudem eine breite Palette seetouristischer Angebote von der Flußreise bis zur Keuzfahrt. Prägnante Benutzerführung, die niemanden in einer Informationsflut unergehen läßt.

Informationen über die anderen Geschäftsbereiche von Hapag-Lloyd: Containerspedition und Reederei.

Iberia (USA)

www.iberia.com/ingles/home.html

Staatliche spanische Fluggesellschaft. Flugplan, Online-Buchung, Tarife, Last-Minute-Angebote, Sonderangebote, technische Daten und Sitzpläne der Flugzeuge. Leider weder sehr inspirierend noch besonders straff strukturiert.

KLM (USA)

en.nederland.klm.com/

Flugplan zum Download, Online-Reservierung, Sonderangebote, Frequent Flyer Service. Alles da, aber eben nur das Übliche und auch eher trocken präsentiert.

Gesundheitstips zum Fliegen.

Lauda Air (USA) (D)

www.laudaair.com/

Flugplan, Online-Buchung, aktuelle News, Länder- und Städteinformationen, Bildschirmschoner zum Download.

Alle Flüge für Nichtraucher. Boeing 777 Multimedia-Präsentation.

LOT (USA) (F)

www.lot.com/

Staatliche polnische Fluggesellschaft. Flugplan, Online-Buchung, Tarife, Online-Flugverfolgung mit Verspätungen. Technische Daten und Sitzpläne der Flugzeuge.

LTU (USA) (D)

www.ltu.de/
www.ltu.com/

Deutschlands größter Ferienflieger zeigt sich unerwartet zugeknöpft, will heißen: etwas nüchtern. Dafür wird man sehr intuitiv und mit wenig Tipparbeit durch die Fluginformation geführt. Ansonsten: Flugplan, Online-Buchung, Spezialtarife, Online-Versteigerung von Last-Minute-Angeboten.

3-D-IPIX-Panorama einer LTU-Boeing 767.

Lufthansa (USA) (D)

▲ www.lufthansa.de/
www.lufthansa.com/

Der Kranich läßt auch im Internet nicht die Flügel hängen. Die gediegene Profisite birgt keine Überraschungen, bietet aber alles, was der Fluginfo-Junkie so braucht: Flugplan, Online-Buchung (in fünf Schritten zu Ihrem Ticket), Reiseshop, Miles and More, Sonderangebote. Hier sind selbst die technischen Seiten ansehnlich.

Aktuelle Ankunfts- und Abflugpläne der Lufthansa-Flüge und ihrer Partnerunternehmen auf allen großen Flughäfen der Welt.

Qantas (USA)

www.qantas.com.au/

Die größte Fluggesellschaft in Australien stellt hier ihr Anggebot vor, allerdings mit einem etwas suchintensiven Auftritt. Wie üblich gibt's Flugplan, Online-Buchung und aktuelle News.

Aktuelle Ankunfts- und Abflugpläne der Qantas-Flüge und ihrer Partnerunternehmen auf allen großen Flughäfen der Welt.

Ryanair (USA)

www.ryanair.ie/

Irische Fluggesellschaft mit preisgünstigen Tarifen vom europäischen Kontinent auf die britischen Inseln und innerhalb der britischen Inseln. Flugpläne, Preisinformationen, Sonderangebote und Fähren.

Sabena (USA)

www.sabena.be/

Flugplan (auch als PDF zum Download), Online-Buchung. Informationen über Technik, Catering und Fracht.

Alle Flüge „Non Smoking".

SAS (USA)

www.sas.se/

Gemeinsame staatliche Fluggesellschaft von Schweden, Norwegen und Dänemark. Aktuelle Nachrichten, Flugplan online und zum Download, Online-Flugverfolgung, Reservierung, Bordshop-Katalog.

Swissair (USA)

www.swissair.ch/

Die hauseigene Online-Broschüre der Schweizer Fluggesellschaft verfügt über Flugpläne und eine Möglichkeit zur Online-Buchung. Daneben hält sie Informationen über die Schweiz, einen News-Ticker der „Neuen Zürcher Zeitung" und Links zu zahlreichen Online-Kameras in der Schweiz bereit.

Liste aller Airport-Codes. Alle Flüge „Non Smoking".

Thai Airways (USA)

www.thaiair.com/

Staatliche Fluggesellschaft Thailands. Flugplan und reichhaltige touristische Informationen.

TWA (USA)

www.twa.com/

Flugplan, Online-Buchung, aktuelle News, Länder- und Städteinformationen, Streckenkarten und Flughafeninformationen aller Flughäfen, die TWA weltweit anfliegt.

United Airlines (USA)

www.ual.com/

Online-Reservierung, internationale Flughafeninformationen (mit Grafiken), Streckenkarten, Sitzpläne und Fotos der Flugzeuge einer der größten Fluggesellschaften der Welt, auf deren Site die Orientierung allerdings etwas Mühe bereitet. Zoombare Übersichtskarten und Stadtpläne aus vielen Regionen in aller Welt.

Terminalpläne aller großen amerikanischen Flughäfen.

Spezialflüge

Finow Air Service (D)

www.htb.de/fly-fas/

Geschäftsflüge und Eiltransporte innerhalb Europas ab dem Flughafen Finow bei Berlin.

Flughafeninfo

Airport-Codes (USA)

www.quantum.de/cgi-bin/welcome/zahlen/airport-int.html

Internationale Airport-Codes weltweit.

Airspeed (D)

www.airspeed.de/

Flughafeninformationen für Piloten mit Übersichtskarte und Sonnenauf- und Untergangszeiten.

Flughäfen in England (USA)

www.baa.co.uk/

Gemeinsame Webseite der großen Flughäfen in England. Hier finden Sie Flugpläne, dauernd aktualisierte Ankunftspläne, Terminalinformationen, touristische Tips und Informationen zu Bahnverbindungen zu den Flughäfen.

Flughäfen

Amsterdam (USA)

www.schiphol.nl/

Aktuelle Ankunfts- und Abflugpläne mit Flugverfolgungssystem, das Verspätungen anzeigt. Flugpläne, ausführliche Terminalpläne, Shopping, Reisebüros, Fotos, Wetterbericht. Fahrplan der nationalen und internationalen Züge zum Flughafen.

VRML-Modell des Flughafens.

Berlin (D)

www.berlin-airport.de/

Aktuelle Informationen, Terminalpläne und Verkehrsanbindung der Berliner Flughäfen Tegel, Tempelhof und Schönefeld. Spezielle Rubriken zum Thema Luftfracht sowie für Sportflieger. Der etwas verquere Eröffnungsbildschirm täuscht: Alle Informationen sind wohlgeordnet und leicht zugänglich.

Bremen (D)

www.airport-bremen.de/

Ständig aktualisierte Ankunfts- und Abflugtafeln. Wochenflugplan für Linien- und Charterflüge. Aktuelle Meldungen, Fotos, Daten und wichtige Telefonnummern am Flughafen.

Brüssel (USA)

www.brusselsairport.be/

Aktuelle Ankunfts- und Abflugpläne. Interaktiver Führer durch den Terminal.

Dresden (USA) (D)

www.dresden-airport.de/

Flugplan, aktuelle Meldungen, Terminalpläne und Fluggesellschaften mit Airline-Codes.

Dublin (USA)

www.dublin-airport.com/

Aktuelle Ankunfts- und Abflugpläne. Aktuelle Meldungen, Terminalpläne, Umgebungsplan, Infos zu anderen irischen Flughäfen.

Düsseldorf (USA) (D)

www.duesseldorf-international.de/

Ständig aktualisierte Ankunfts- und Abflugtafeln. Detaillierte interaktive Übersichtsgrafiken für die Suche nach Terminals, Gates, Duty Free, Shops und anderen Einrichtungen sowie Verkehrsverbindungen (mit Ca.-Angaben für Taxi-Tarife zu bestimmten Zielregionen). Aktuelle Meldungen, Zahlen, Fakten und Fotos.

Flughäfen in Amerika (USA)

www.thetrip.com/content/airport/index/

Meist nicht allzu detailliert, aber zur Orientierung sicher hilfreich: Terminalpläne und Umgebungskarten aller amerikanischen Großflughäfen.

Frankfurt (USA) (D)

www.frankfurt-airport.de/

Ständig aktualisierte Ankunfts- und Abflugtafeln. Flugpläne, aktuelle Meldungen, Veranstaltungen, Shopping, Terminalpläne und Fluggesellschaften mit Airline-Codes und Nummern der Check-In-Schalter.

Hahn (D)

www.hahn-airport.de/

Flugplan des Flughafens Hahn bei Koblenz.

Hamburg (D)

www.ham.airport.de/

Ständig aktualisierte Ankunfts- und Abflugtafeln. Interaktiver Rundgang durch den Flughafen Hamburg, aktuelle News, Terminals, Reisecenter und Shoppingmeile mit vielen Bildern.

Liste der Airline-Codes.

Hannover (USA) (D)

www.flughafen.hannover.de/

Ständig aktualisierte Ankunfts- und Abflugtafeln. Flugplan, aktuelle Reiseangebote, interaktive Terminalpläne und aktuelle Umbauprojekte zur Expo 2000.

QuickTime VR-Panoramen von verschiedenen Punkten auf dem Flughafen.

Hongkong (USA)

www.hkairport.com/

Terminalpläne, Schnellbahn zum Flughafen, Fotos, Besucherinformationen und wichtige Telefonnummern.

Keflavik – Island (USA)

www.randburg.com/airport/

Internationaler Flughafen auf Island. Aktuelle Ankunfts- und Abflugpläne. Shopping und Besucherinformationen.

Links auf touristische Informationen zu Island.

Köln-Bonn (USA) (D)

▲ **www.airport-cgn.de/**

Ständig aktualisierte Ankunfts- und Abflugtafeln. Last-Minute-Angebote, Saison-Flugplan, aktuelle Meldungen, Daten und Zahlen, Terminalpläne, Fluggesellschaften mit Telefonnummern. Die Seite besticht durch komfortable Bedienung.

Kopenhagen (USA)

www.cph.dk/

Aktuelle Ankunfts- und Abflugpläne. Wetterberichte, Terminalpläne, Shopping und Besucherinformationen.

QTVR-Panoramen von mehreren Punkten im Flughafen aus.

Leipzig/Halle (USA) (D)

www.leipzig-halle-airport.de/

Flugplan, aktuelle Meldungen, Terminalpläne und Fluggesellschaften mit Airline-Codes.

Malta (USA)

www.maltairport.com/

Aktuelle Ankunfts- und Abflugpläne. Statistiken, Heliport auf Gozo.

Moskau Scheremejevo (USA)

www.sheremetyevo-airport.ru/

Flugplan, Fluggesellschaften mit Airline-Codes und Telefonnummern, Terminalpläne, U-Bahnverbindung, Fotos, touristische Informationen.

Offizielle Kurzbezeichnungen internationaler Flugzeugtypen.

München (D)

www.munich-airport.de/

Auch hier werden die ständig aktualisierten Ankunfts- und Abflugtafeln angezeigt. Ebenso stehen Saisonflugplan, Infos zu Verkehrsanbindungen und viele Orientierungstafeln zur Vrfügung. Ein Veranstaltungskalender, reichlich Zahlen und Fakten sowie wichtige Adressen vervollständigen diese etwas spartanisch designte Site.

QTVR-Panoramablick über das Flughafengelände.

Münster-Osnabrück (USA) (D)

www.flughafen-fmo.de/

Ständig aktualisierte Ankunfts- und Abflugtafeln. Linien- und Ferienflugplan. Aktuelle News, Last-Minute und Fluggesellschaften.

Oslo (USA)

www.osl.no/english/

Aktuelle Ankunfts- und Abflugpläne. Bahnverbindung zum Flughafen, Wetterbericht und Besucherinformationen.

Paris (USA) (F)

www.adp.fr/

Die Navigation ist leider etwas unerfreulich bei dieser ansonsten recht ergiebigen Präsentation der beiden Flughäfen von Paris, Charles de Gaulle und Orly. Aktuelle Ankunfts- und Abflugpläne, Bahn- und Busanschluß, Shopping und Besucherinformationen.

Piloteninformationen (USA) (D)

www.german-airports.de/

IATA-Codes, Piloteninfos, Werften und Flugschulen zu allen wichtigen deutschen Flughäfen.

Rom (USA)

www.adr.it/en/

Aktuelle Ankunfts- und Abflugpläne der beiden Flughäfen in Rom. Terminalpläne, wichtige Telefonnummern, Bahn-, Metro- und Busverbindungen. Wenig Begeisterung wecken die Übersichtspläne sowie Bebilderung und Gestaltung. Auch die Hintergrundinformationen fallen für Weltstadt-Airports recht mager aus.

Singapur (USA)

www.changi.airport.com.sg/

Aktuelle Abflug- und Ankunftspläne, Flugplandatenbank, Besucherinformation, Shopping.

Tokio – Narita (USA)

www.narita-airport.or.jp/

Aktuelle Abflug- und Ankunftspläne, Bahn- und Busverbindungen, Terminalpläne, Shopping, Zollformalitäten, Pflanzen- und Tierquarantäne.

Wien (USA) (D)

www.viennaairport.com/

Aktuelle Ankunfts- und Abflugpläne. Bahnfahrplan zum Flughafen, aktuelle Staumeldungen von der Flughafenautobahn.

Regional

Bielefeld (USA) (D)

www.flugplatz-bielefeld.de/

Fotos, Flugplatzdaten, Anflugkarte, Vermittlung von Geschäftsreiseflügen und Ballonfahrten.

Bremerhaven (D)

www.seestadt-bremerhaven.de/luneort/

Technische Daten und wichtige Telefonnummern des Flugplatzes Bremerhaven.

Dortmund (D)

www.flughafen-dortmund.de/

Flugplan und Telefonnummern der Fluggesellschaften am Flughafen Dortmund.

Friedrichshafen (D)

www.fly-away.de/

Ständig aktualisierte Ankunfts- und Abflugtafeln. Telefonnummern der Fluggesellschaften.

Hof-Plauen (D)

www.airport-hof.de/

Ständig aktualisierte Ankunfts- und Abflugtafeln. Technische Daten und aktuelle News.

Webcam auf dem Flughafenvorfeld.

Kiel (USA) (D)

www.airport-kiel.de/

Flugplan, Ballonfahrten und Rundflüge ab Kiel.

Lübeck (USA) (D)

www.flughafen-luebeck.de/

Charterflüge, Tourismus, Rundflüge, Flugschulen und Ballonfahrten.

Nürnberg (USA) (D)

www.flughafen-nuernberg.de/

Flugplan, Terminalübersichtsplan, Reisebüros und Fluggesellschaften.

Paderborn-Lippstadt (USA) (D)

www.Flughafen-Paderborn-Lippstadt.de/

Flugplan, Reisebüros und Fluggesellschaften.

Saarbrücken (USA) (D) (F)

www.flughafen-saarbruecken.de/

Ständig aktualisierte Ankunfts- und Abflugtafeln. Flugplan, Übersichtsplan und Telefonnummern.

Last-Minute

Air Travel Service (D)

www.1airtravel.com/

Online-Flugdatenbank zur Bestellung von Linienflügen, Last-Minute-Angeboten, Fernreisen und Studentenflügen. Wen einige Werbebanner und die etwas hobbymäßige Gestaltung nicht stören, der kann hier Flüge verscchiedener Airlines ebenso buchen Mietwagen in den USA.

Offline-Datenbank zum Download.

Airtravel (D)

www.airtravel.de/

Billigflüge und Studentenflüge weltweit mit Online-Buchung. Möglich sind aber auch Buchungen für Hotels, Mietwagen, Reiseversicherungen sowie Rundreisen.

Bestellung internationaler Studentenausweise (ISIC).

ASA Travel (D)

www.asa-travel.de/

Online-Flugbuchung mit Sondertarifen, auch Linienflüge, Leihwagen, Hotels.

Billigflüge, Flugprofi (D)

www.Flugprofi.com

Billigflüge mit über 700 Fluggesellschaften und großer Online-Datenbank zur Tarifauswahl und Verfügbarkeitsabfrage.

Billigflüge, Follow-Me (D)

www.followme.de

Billigflüge mit ausführlicher Flugdatenbank und Online-Buchungsmöglichkeit.

BOP Reiseservice (D)

home.t-online.de/home/0824590060/bop08.htm

Aktuelle Billigflugangebote weltweit und Städtetouren.

Check-in Tours (D)

www.check-intours.de/

Der Reise-Riese TUI unterhält hier eine Restplatzbörse, bietet aber auch Linienflüge, Studentenflüge, Fly and Drive, Städtereisen und einen Online-Katalog.

Online-Preisvergleich mit der Tourmaster-Datenbank.

Condor Last-Minute (D)

www.condor.purespace.de/

Aktuelle Last-Minute-Angebote von Condor (erst vier Wochen vor Abflug abfragbar). Detaillierte Datenbank mit aktuellen Verfügbarkeitsinformationen.

Miles & More-Angebote.

Discount Flug (D)

www.discount-flug.de/

Billigflugangebote und IATA-Tarife mit Online-Buchung für Last-Minnute-Angebote über eine „Such- und Buchungsmaschine".

Flight Consult (D)

Flight-Consult.com/

Zielgerichtete Abfrage in an eine Datenbank mit Billigflügen, Sonderangebote, weltweit über 600.000 Flugtarife.

Adressen internationaler Fremdenverkehrsämter in Deutschland.

Flug.de (D)

www.flug.de/

Flüge online buchen: Billigflüge und Linienflüge weltweit sowie Last-Minute. Das „Reise E-Zine" von Reader's Digest berichtet von Reiseerlebnissen aus aller Welt.

Flugcontact Mannheim (D)

www.flugcontact.com/mannheim/

Flieg- und Spar-Tarife und Condor-Charterflüge, aktuelle Last-Minute-Angebote. Ankunfts- und Abflugzeiten der wichtigsten deutschen Flughäfen und Verzweigungen zu verschiedenen Wetterdiensten.

Motorrad-Vermietungsangebote.

Fly@AOL (D)

www.flyaol.de/

Hier sollte eigentlich jeder fündig werden:. Last-Minute-Flugdatenbank mit 60.000 täglich aktualisierten Angeboten und Linienflugtarifen von über 60 Gesellschaften zu mehr als 900 Destinationen! Eine Hilfefunktion springt ein, um Suchvarianten vorzuschlagen, wenn zum Beispiel das gewählte Ziel von einem bestimmten Abflughafen aus nicht erreicht werden kann.

L'tur (D)

www.ltur.de/

Wie wollen Sie Urlaub machen? Allein, zu zweit, nur schnell ein paar Tage in die Sonne, mit oder ohne Unterkunft buchen, oder interessiert Sie der Knüller des Tages? Hier können Sie sich zielorientiert und pragmatisch zu spezifischen Angeboten durchklicken. Eine Hotelbeschreibung mit Bild hilft dann bei der Entscheidung. Aktuelle Last-Minute-Flüge, auch per E-Mail-Newsletter mit Flugplan und Buchungsanfrage.

Mc Flight (D)

www.mcflight.de

Vermittlung billiger Linienflüge; Tarifauskunft und Online-Buchung. Condor-Komplettangebot.

Reiseshop (D)

www.buy-fly.de/

Last-Minute-Restplatzdatenbank, Billigflüge von 700 Fluggesellschaften auf 20.000 Routen. 6.200 Angebote für private Ferienhäuser in Skandinavien.

Hotel- und Musicalführer mit Übersichtskarten online.

Skyways (D)

www.skyways.de/

Viele aktuelle Billigflüge mit Online-Reservierungs- und Buchungsmöglichkeit.

Travel Overland (D)

www.travel-overland.de

Billige Flugreisen weltweit mit aktueller Datenbankabfrage und Online-Buchung, auch Pauschalreisen und Round-The-World Tickets.

Bei Online-Buchung entfällt die Buchungsgebühr.

Internationale Veranstaltungen

Thema	Seite	Weiterführende Linkseiten
Reiseangebote zum Jahrtausendwechsel	727	www.countdown2000.de/reisen/

Congress-Reisen (D)

www.congress-reisen.de

Congress-Reisen Fröhlich veranstaltet in Zusammenarbeit mit Lufthansa Reisen zu internationalen Kongressen und Messen.

IGA 2003 (D)

www.rostock.de/stadt/wirtschaft/iga.asp

Im Jahr 2003 wird die Internationale Gartenbauausstellung in Rostock stattfinden. Diese Großveranstaltung läuft alle zehn Jahre in einer deutschen Stadt.

Oktoberfest (D)

▲ **www.muenchen-tourist.de/deutsch/oktoberfest/muenchen-oktoberfest-einleitung.htm**

Die bayerische Landeshauptstadt informiert über das Oktoberfest München: Rahmenprogramm, Öffnungszeiten, Geschichte, Festhallen, Videos und eine „Wiesn-Statistik“ (nah – wieviel Bier wird hier wohl so getrunken?).

Vietentours (D)

www.vietentours.com/

Dieser Reiseveranstalter bietet Reisen zu internationalen Großereignissen, Formel-1-Rennen (hier kann man sich schon mal Streckenbeschreibungen und -pläne ansehen), Fußballeuropameisterschaft, Olympische Spiele 2000 und Fußball-WM 2002, Silvester 1999. Die Seite ist allerdings zum Teil noch im Aufbau.

Expo 2000

Expo 2000 (USA) (D) (F)

▲ **www.expo2000.de/deutsch/**

„Mensch, Natur, Technik – Eine neue Welt entsteht.“ So lautet das Leitthema der nächsten Weltausstellung. Und eine neue Welt entsteht zur Zeit auch auf dem Ausstellungsgelände: Am 1. Juni 2000 ist Eröffnung!

Wie es dort jetzt aussieht, kann man z. B. per Webcam unter dieser Adresse begutachten. Die offizielle Webseite der Expo 2000 bietet aber vor allem reichhaltiges Material zur Vorabinformation. Die teilnehmenden Länder und Organisationen werden ebenso vorgestellt wie das vielfältige Veranstaltungsprogramm. Alles reichhaltig bebildert, versteht sich. Zudem läßt sich mit Hilfe der Verkehrswege-Beschreibungen schon mal die Anreise planen.

Expo 2000 Kinderquiz (D)

www.expo2000.de/deutsch/kinderexpo/index_ke_quiz.html

Fragen zu Gott und der Welt für Kinder, mit Gewinnen im Expo-Design.

EXPO 2000 Korrespondenzregion Sachsen-Anhalt (D)

www.expo2000-sachsen-anhalt.de/

Expo-Projekte in der Region Sachsen-Anhalt.

Regenwaldhaus (USA) (D)

www.geo.de/projekt/expo/regenwaldhaus/

Regenwaldhaus auf der Expo 2000. Architektur, Konzept, Entstehungsgeschichte.

Jahr-2000-Silvester

24 ZeitzonenParty (D)

www.vietentours.com/silveste.htm

Reiseangebote zur 24-Zeitzonen-Party in Düsseldorf. Oder vielleicht doch weiterklicken(-fliegen) zur Silvester-Party nach Las Vegas, Bangkok, Sidney oder Paris?

Australien, Neuseeland, Südafrika (D)

www.tourconsult.com/specials/2000/zweitausend_uebersicht.htm

Silvesterparty im Hafen von Sydney, in Christchurch, Neuseeland oder im Pilanesberg Nationalpark in Südafrika.

Check-in Tours (D)

www.check-intours.de/data/millennium.idc

Angebot mit verschiedenen Millennium-Events auf der ganzen Welt.

Concorde (F)

www.an2000.fr/year2000/reve/defaultm.htm

Einige exklusivere Touren, nicht nur zum Jahrtausendwechsel: Wie wär's z. B. mit einem Concordeflug über die Datumsgrenze von Honolulu nach Hongkong oder einer Arktis-Expedition ...?

Countdown 2000 (D)

www.countdown2000.de/reisen/

Links auf verschiedene Reiseangebote zum Jahrtausendwechsel.

Flugzeugträger U.S.S. Lexington/Texas (D)

www.dertour.de/dertour/topangebote/silvestercarrier.htm

Ab 5.000 DM gibt es eine exklusive Silvestergala auf dem Flugzeugträger U.S.S. Lexington vor der Küste von Corpus Christi in Texas.

German Christmas (USA) (D)

www.german-christmas.com/

Deutsches Weihnachten und Silvester für amerikanische Touristen auf Burgen am Rhein.

Gisborne, Neuseeland (USA)

www.gisborne2000.org.nz/

Gisborne in Neuseeland ist die erste Stadt, in der im Jahr 2000 die Sonne aufgeht. Hier finden Sie einen Countdown-Ticker und Informationen über Veranstaltungen zum Jahr 2000.

Niagara (USA)

www.fallsview.com/pages/passport2000/

Millennium-Party an den Niagarafällen mit zahlreichen Attraktionen.

Webcam mit Blick auf die Niagarafälle.

Silvester 2000 Neuwied (D)

www.neuwied.de/silvester.htm

Riesenfete in Neuwied zu Silvester 2000.

Kreuzfahrten

Cunard-Linie (USA) (D)

www.cunardline.com

Die Cunard-Linie bietet an Bord der „Queen Elizabeth" höchsten Komfort und Luxus.

Kreuzfahrten, die neuen Trends (D)

focus.de/d/dr/dru/dru31/dru31.htm

Neue Trends, Last-Minute-Börse, Tips für Kreuzfahrt-Anfänger. Im Angebot findet man ein breites Spektrum vom „Rave-Törn" über die „Mörder-Reise" bis zum Luxusliner

Oldtimer-Kreuzfahrten (D)

home.t-online.de/home/0824590060/odyssee.htm

Oldtimer-Kreuzfahrten auf klassischen Segelschiffen im Mittelmeer. Infos, Bilder und Pläne der Schiffe.

Kuren

Kurorte

Bad Wildungen (D)

www.Bad-Wildungen.de

Der Kurort Bad Wildungen Lädt zu einem Stadtrundgang ein und macht Europas größten Kurpark schmackhaft. Reichhaltige und bebilderte Informationen zu Kur uund Tourismus.

Kur- und Badehotel Bad Füssing (D)

www.Ludwig-Thoma-de

Kur- und Badehotel Ludwig Thoma, Bad Füssing, Thermalbad, Physiotherapie, Kosmetikstudio, behindertengerecht.

Thalassotherapie an Frankreichs Atlantikküste (USA) (F)

www.la-baule-fr.com

Thalassotherapiezentren auf der Halbinsel von Guérande an der französischen Atlantikküste. Hier finden sich aber auch viele Angaben von allgemeinem touristischen Interesse.

Thalasso-Zentrum und Schönheitsfarm (D)

www.concordia-hotel.de

Das Kur- und Sporthotel Concordia in Oberstaufen bietet die Original-Schrothkur und Thalasso-Therapie an.

Mutter-und-Kind-Reisen

Ginas Babyhotel (USA) (D)

www.kinderhotels.com/ginas-babyhotel

Ginas Baby- und Kinder-Erlebnisclubhotel am Faaker See/Österreich.

Müttergenesungswerk (D)

www.muettergenesungswerk.de/

Die Elly-Heuss-Knapp-Stiftung informiert Sie über Kuren für Mütter und Kinder: Der Weg zur Kur, Kinderbetreuung während der Abwesenheit, Links zu den Themen Familie, Gesundheit sowie zu Trägerverbänden.

Wellness

Beautyfarmen (D)

www.beautyfarm.org/

Verband der Beautyfarmen und Wellness-Hotels in Deutschland e. V. mit Online-Buchungsmöglichkeit.

IKDReisen (D)

www.ikd-tours.com

Erholungsbedürftige läßt die Datenbank für Wellness-Urlaub der IKDReisen München nicht im Dunkeln; Fitneßferien, Ayurveda-Reisen u. a. m.

Schönheitsfarmen (D)

www.beautyfarm.de/haaser

Nicht nur erholsam, sondern auch verschönernd: Urlaub auf einer Schönheitsfarmen, Ferienservice Haaser Tutzing. Wellness-Urlaub auf Mallorca.

Land- & Straßenkarten

Bibliotheksverbund Bayern (D)

www-opac.bib-bvb.de

Hier gibt es in der Bibliothek des Deutschen Alpenvereins 60.000 Bände, 3.800 Karten für Bergsteiger, 1.200 Expeditionsberichte.

Verkehrskalender (D)

www.bmvbw.de

Hier finden Sie einen Ferienverkehrskalender und aktuelle Angaben zu Baustellen auf deutschen Autobahnen. Außerdem noch viele andere Publikationen des des Verkehrsministeriums zu Bau- und Verkehrswesen.

Länder und Regionen

Salzburger Land (USA)

www.salzburg.com/salzbugerland

Das Salzburger Land, ein kleines Paradies. Urlaubs- und regionale Informationen, Veranstaltungen in Stadt und Land (auch tagesaktuell), Online-Ausgabe der „Salzburger Nachrichten".

TraXXX Reiseratgeber (D)

focus.de/d/dr/dru/dru20/dru20.htm

Der Reiseratgeber von „FOCUS online" informiert sehr ergiebig über alle beliebten Reiseländer der Welt. Mit weltweiten Flügen, Hotels, Geschäftsreisen, Städteführern, Reisewetterbericht und Kulturereignissen.

Gesundheitstips, Impfungen, Weltzeituhr.

World Factbook, the (USA)

www.odci.gov/cia/publications/factbook/

Das World Factbook des CIA ist eines der ausführlichsten Online-Länderlexika im Internet. Sie fliegen auf die Bahamas und wollen sich etwas eingehender über die Verhältnisse in Ihrem Reiseland ins Bild setzen? Sie müssen ein Referat über Nepal vorbereiten und suchen Wissenswertes über Bevölkerung und Wirtschaft? Hier finden Sie jedes Land der Erde mit einer Landkarte und allen wichtigen Daten.

Einreisebestimmungen

Konsularischer Service und Visa-Informationen (USA) (D) (F)

www.auswaertiges-amt.de/5_laende/

Praktisches und Politisches: Länder- und Reiseinformationen, Adressen der deutschen Auslandsvertretungen; daneben liefert das Auswärtige Amt massenhaft Material, Presseinformationen und aktuelle Politiker-Reden zu allen Bereichen deutscher Außenpolitik.

Reisepaß, wenn der Paß fehlt (D)

focus.de/d/dr/dra/dras/drast/drastd/drastd.htm

Papiere verloren oder geklaut? Paß vergessen und zu spät bemerkt? Was tun, wenn am Flughafen der Paß fehlt? Hier können Sie sich für den Fall der Fälle schon mal im voraus Rat holen.

Visum Service (D)

www.visumservice.de/

Agentur, die Visa und Ersatzpässe besorgt.

Inseln

Trauminsel (D)

www.TrauminselReisen.de

Ein Spezialist für die Inseln des Indischen Ozeans: Seychellen, Mauritius, Madagaskar, Réunion, Komoren, Bali, Lombok, Malediven. Katalogmäßige Präsentation von Hotels und Bungalows.

Azoren (USA)

www.geocities.com/thetropics/2140/azores.html

Die offizielle Internetpräsentation der Azoren informiert über Tourismus, Gastronomie, Geographie, Flora, Fauna, Kunst und Veranstaltungen.

Link auf NASA-Fotos von den Azoren.

Bornholm (USA) (D)

www.bornholminfo.dk/

Sehenswürdigkeiten, Geschichte, Kunst, Kultur und Sport auf Bornholm. Landkarte, Radwege, wichtige Adressen und Unterkünfte.

Färöer Inseln (USA)

www.tourist.fo/

Touristikzentrale der 18 Färöer Inseln. Fotos, Reisetips und Newsletter.

Kreta (USA)

www.forthnet.gr/stigmes/

Lifestyle-Magazin aus Kreta. Wer längere Wartezeiten und liebloses Design in Kauf nimmt, findet unter „Destination Greece" immerhin Adressen von Hotels und Campingplätzen.

Malta (USA)

▲ **www.fred.net/malta/**

Hunderte von Links zu allem, was es auf Malta gibt, nicht nur Tourismus, sondern auch Archäologie, Universität, Regierung, Industrie.

www.visitmalta.com/

Die nationale Tourismus-Organisation auf Malta informiert über Geschichte, Geographie, Hotels, Sport und Veranstaltungen.

Norderney (D)

www.Norderney-Staatsbad.de

Strandluft, Stadtluft, Dünenklima, Nordseegischt – durchatmen auf Norderney. Inseltelegramm, aktuelle News, Fotos und Mailingliste.

Schiffsfahrpläne, Erklärungen zu Sturmstärken und Tidenhub sowie freie Zivildienststellen.

Teneriffa (USA)

➡ **www.tenerifeguide.com/**

Tourismus, Workshops, Festivals, Whalewatching, Gastronomie, Shopping, Reiseunternehmen und sportliche Aktivitäten auf Teneriffa. Mit Fotogalerie zu Walen und Delphinen.

Zypern (USA)

www.trncwashdc.org/

Tourismusinformationen für die türkische Republik Nordzypern. Geographie, Kultur, Museen, Hotels, Fluginformationen.

www.cyprustourism.org/

Die offizielle Tourismusorganisation auf Zypern. Sehenswürdigkeiten und Reisetips für den südlichen Teil von Zypern.

Nationalparks

Amerikanische Nationalparks (USA)

www.nps.gov/

Übersichtsseite mit allen amerikanischen Nationalparks. Von hier aus finden Sie sehr ausführliche Informationen über die einzelnen Parks und zu Reisevorbereitungen und Reservierungen.

Deutsche Nationalparks (WWF) (D)

www.wwf.de/c_kampagnen/c_nationalparke/c_nationalparke_start.html

Der World Wildlife Fund veranstaltet Exkursionen, Wanderungen und Bootstouren in deutschen Nationalparks, bringt aktuelle Meldungen über die und informiert über seine Aktivitäten.

Deutschlands Nationalparks (D)

www.greenchannel.com/fnnpe/deutsch/natpark.html

Die Föderation der Natur- und Nationalparks Europas liefert kurze Fakten aller deutschen Nationalparks. Schmökern Sie im Magazin, oder lassen Sie sich zu einer virtuellen Reise einladen.

Dolomiten

www.dolomitipark.it/

Der Nationalpark Dolomiten in Italien. Flora, Fauna, Geologie und Sehenswürdigkeiten, alles nur in italienischer Sprache.

Europarc Federation (USA) (D)

www.europarc.org/

Europarc ist ein Zusammenschluß von Großschutzgebieten und Nationalparks in Deutschland, Großbritannien, Spanien, Jugoslawien und Italien. Hier finden Sie auch Daten der Nationalparks dieser Länder.

Italienische Nationalparks (USA)

www.parks.it/eindex.html

Alle Nationalparks in Italien und regional geschützte Naturreservate sind hier vertreten mit ausführlichen Seiten über die einzelnen Parks.

Zahlreiche QTVR-Panoramen verschiedener Nationalparks.

Nationalpark Harz (USA) (D) (F)

www.harzart.de/nationalpark/national.htm

Der Nationalpark Harz zeigt hier einige Bilder und Informationen, unter anderem über die Iberger Tropfsteinhöhle, eine der bekanntesten Schauhöhlen Deutschlands sowie eine Webcam mit Wetterbericht vom Brocken und ein Überblick über die Ausstellungen im Nationalparkhaus Torfhaus.

Nationalpark Hohe Tauern (USA) (D)

www.npht.sbg.ac.at/

Besucherinformationen, Infrastruktur und Forschungsprojekte im Nationalpark Hohe Tauern in Österreich.

www.salzburg.com/nationalpark-hohetauern-tourismus

Die Ferienregion Nationalpark Hohe Tauern in Österreich informiert über ihren Erlebniswert. Inklusive Reisebüroangeboten, Veranstaltungskalender. E-Mail-Anfrageservice zu Urlaubsangeboten für Körperbehinderte.

Nationalparkinseln am Great Barrier Reef (USA)

www2.eis.net.au/~nqtds/infocomm/1overv1.html

Kleine Inseln am Great Barrier Reef an der Australischen Ostküste wurden zum Nationalpark erklärt, um das davor befindliche Riff zu schützen. Infos, touristisch relevante Adressen, schöne Luftaufnahmen der Region, FAQ.

Nationalparks in Costa Rica (USA)

www.sig.net/~amt/parks.htm

In Costa Rica gibt es zahlreiche Nationalparks, die hier alle vorgestellt werden. Mit Fotos und Hotelinformationen.

Nationalparks in Kanada (USA) (F)

parkscanada.pch.gc.ca/

Die Nationalparks in Kanada, Pressemitteilungen, Nationalparkplan zum Download. Nationale historische Stätten und Gebäude.

Nationalparks Worldwide (USA)

▲ **hum.amu.edu.pl/~zbzw/ph/pnp/swiat.htm**

Linkseite mit Nationalparks in Afrika, Amerika, Asien, Europa und der Antarktis.

Online-Spiel über die polnischen Nationalparks.

Nordost-Grönland (USA)

home4.inet.tele.dk/petersm/album.html

Der größte Nationalpark der Welt: Nordost-Grönland. Private Seite mit sehr vielen Fotos.

Österreichische Naturparks (D)

www.naturparke.at

Übersicht aller Naturparks in Österreich. Informationen, Veranstaltungen und Publikationen.

Tanjung Puting Nationalpark (USA)

www.ns.net/orangutan/tanjung_puting1.html

Der Tanjung Puting Nationalpark ist besonders bekannt geworden durch die dort in freier Wildbahn lebenden Orang-Utans.

Wattenmeer (USA)

library.advanced.org/11776/

Biologie, Geologie und Ökologie des Wattenmeeres, die Gezeiten und die Evolution werden hier mit vielen Bildern erklärt.

Ägypten

Ägypten (USA)

touregypt.net/

Die offiziellen Webseiten des Ministeriums für Tourismus in Ägypten. Hier finden Sie alles über touristische Sehenswürdigkeiten von den antiken Stätten bis zu den Tauchgebieten am Roten Meer.

Andorra

Andorra (USA) (F)

www.turisme.ad/

Das Tourismusministerium in Andorra wirbt mit Landkarten, Fotos, Kultur, Sport und Shopping-Infos für das kleine Land in den Pyrenäen.

Baltikum

Baltics Worldwide, the (USA)

www.balticsww.com/

Online-Magazin über Estland, Lettland und Litauen. Mit vielen thematisch sortierten Links zu Tourismus, Entertainment, Neuigkeiten und Gesellschaft.

Estland (USA) (D) (F)

www.tourism.ee/

Die Tourismuszentrale in Estland informiert über Land und Leute, Sehenswürdigkeiten und Einreisebestimmungen.

Lettland (USA)

www.latnet.lv/

Tourismus, Kultur, Industrie, Wissenschaft, Nachrichten, Wetter, Sport, Reisetips und Landkarten zu Lettland.

Litauen (USA)

www.online.lt/travel.htm

Reisetips für Litauen, Städte, Unterkünfte, Kultur, Nationalparks, Zoll- und Visabestimmungen, Flugplan, Bahn- und Busfahrplan.

Belgien

Belgien (USA)

www.trabel.com/

Touristen-Info: Kultur, Hotels, Reisetips, Veranstaltungen, Fluglinien.

Links auf die Vergnügungsparks in Belgien.

Visit Belgium (USA)

www.visitbelgium.com./

Das belgische Touristenbüro in Amerika informiert sehr ausführlich über alle Sehenswürdigkeiten, Unterkünfte und die Anreise nach Belgien.

Bulgarien

Bulgarien (USA)

www.bulgaria.com/

Die offizielle Webseite des bulgarischen Tourismusbüros. Hier finden Sie Informationen zu Hotels, Reisebüros, Fluggesellschaften, Museen und einen Wetterbericht.

China

China (USA) (D)

www.chinalink.de/

Informationen, Links zu Kultur, Sprache, Handel; Reisen nach China.

Dänemark

Dänemark (USA)

www.interknowledge.com/denmark/

Allgemeine Informationen, Sehenswürdigkeiten, Veranstaltungen, Bahn- und Fluginfos, Unterkünfte und regionale Informationen.

Deutschland

Deutsche Zentrale für Tourismus (USA) (D)

www.germany-tourism.de/

Die Deutsche Zentrale für Tourismus berichtet über international interessante Veranstaltungen in Deutschland, offizielle Reiseinformationen und die wichtigsten deutschen Städte, Ferienregionen, Sehenswertes. Nicht gerade eine Abenteuerseite, aber recht informativ.

entry.de (D)

www.entry.de/

Informationssystem zur Suche von Webservern mit lokalen Informationen auf einer Deutschlandkarte.

England

England Seiten (D)

www.england-seiten.de/

Reiseberichte, Fotos und Informationen über Grafschaften, Städte und Nationalparks in England. Die sympathische private Seite gibt Tourtips (auch für Radler) und vermittelt Erfahrungswissen.

Finnland

Travel in Finland (USA)

www.travel.fi/int/

Kultur, Abenteuer, Sehenswürdigkeiten und Tourismus in Finnland.

Welcome to Finland (USA) (D) (F)

www.publiscan.fi/

Online-Magazin über Regionen, Kultur, Bildung und Sport in Finnland.

Frankreich

Aquitanien – Médoc (USA) (F)

www.tourisme.fr

Das offizielle Fremdenverkehrsamt gibt touristische Informationen über zahlreiche Orte in Frankreich und auf Korsika.

Französisches Kulturministerium (USA) (F)

www.culture.gouv.fr/

Das französische Ministerium für Kultur informiert über Sehenswürdigkeiten und Veranstaltungen und kulturelle Einrichtungen in Frankreich.

Fremdenverkehrsamt Aquitanien (F)

www.cr-aquitaine.fr/tourisme

Regionales Tourismusbüro von Aquitanien/Atlantik.

Fremdenverkehrsamt Cap Ferret (USA) (D) (F)

www.lege-capferret.com

Halbinsel Lège-Cap Ferret zwischen Atlantik und dem Becken von Arcachon in Südfrankreich.

Fremdenverkehrsamt Deux-Sèvres (F)

www.tourisme-deux-sevres.com/

Fremdenverkehrsamt Deux-Sèvres an der Atlantikküste im Südwesten von Frankreich mit Hotel- und Restaurant-Empfehlungen.

Fremdenverkehrsamt Halbinsel Guérande (USA) (F)

www.la-baule.fr/

Fremdenverkehrsamt Halbinsel Guérande an der französischen Atlantikküste mit Hotel- und Restaurant-Empfehlungen.

Fremdenverkehrsamt La Rochelle – Frankreich (USA) (F)

www.ville-LaRochelle.fr/

Fremdenverkehrsamt La Rochelle, Charente-Maritim, französische Atlantikküste. Informationen über ein Elektroauto-Projekt, Jachthäfen und Sonderveranstaltungen zur Jahrtausendwende.

Fremdenverkehrsamt Lacanau/Médoc (USA) (F)

www.lacanau.com

Strand, Surfen, Segeln, drei Golfplätze der französischen Atlantikküste.

Urlaub in der Normandie (USA) (D) (F)

www.normandy-tourism.org

Fremdenverkehrsamt der Normandie, allgemeine Informationen, Hotel, Restaurants, Küche, Gärten und eine Übersichtskarte.

Urlaub in Frankreich (USA) (F)

www.maison-de-la-france.com

Französisches Fremdenverkehrsamt mit ausführlichen Infos über Frankreich, Unterkünfte, Regionen, Aktivitäten und Verkehr. Viele praxisnahe Tips zu landesüblichen Gepflogenheiten, Gesetzen und Umgangsformen.

Friesland

Friesland (D)

www.friesland.org/indexd.htm

Segeljachten, Hausboote, Camping in Friesland. Ausflugsziele, Hotels, Bootsschulen, Wetterbericht und allerlei touristische Informationen. Die Karten verschaffen nur grobe Übersichten.

Holland

Holland (USA)

www.visitholland.com/

Tourismus, Kultur, Baden Ferienangebote, Wassersport und Fahrradfahren in Holland. Außerdem läßt sich von hier aus der Besuch kultureller Veranstaltungen inklusive Anreise planen.

Irland

Irland (USA) (D)

www.irland-ferien.de
www.ireland.travel.ie

Lohnenswert: Die irische Fremdenverkehrszentrale mit Informationen über die grüne Insel. Hier stellen viele Reiseveranstalter ihre Irland-spezifischen Angebote vor. Dabei ist von Angelreisen über Rad- und Bootstouren bis zum gemieteten Campingbus alles vertreten. Aber auch Individualreisende kommen auf ihre Kosten.

Irisches Tourismusbüro (USA)

www.ireland.travel.ie/

Offizielle Webseite des irischen Tourismusbüros. Sehenswürdigkeiten, Veranstaltungen, Fotos, Reisetips und Routenplaner.
Monatlicher Wettbewerb für Online-Geschichtenschreiber. Denken Sie sich eine Geschichte zu Irland aus, und Sie können eine Reise gewinnen.

Island

Daily News from Iceland (USA)

www.icenews.is/daily1.html

Aktuelle Online-Tageszeitung aus Island mit Berichten, Landkarte, Wettermeldungen und Umtauschkursen.

Island (USA)

www.goiceland.org/

Land und Leute, Geschichte, Sehenswürdigkeiten und Veranstaltungen in Island. Offizielle Webseite der isländischen Tourismusorganisation in Amerika.

Italien

Italien (USA)

www.itwg.com/

Touristische Informationen über Italien, Landkarten, Städte, Fahrpläne, Hotels. Alles nach Regionen und Städten bzw. Interessen sortiert. Viele Fotos, auch von Hotels. Zahlreiche Links zu regionalen Seiten.

Lago di Garda (USA) (D) (F)

www.lagodigarda.it/

Alles rund um den Gardasee: Adressen, Hotels, Campingplätze, Museen, Gastronomie, Sport, Bilder, Veranstaltungen, Badewasserqualität und Ratschläge für Feinschmecker. Links zu Schulen und Universitäten der Umgebung.

Kroatien

Fremdenverkehrsamt Istrien (USA) (D)

www.istra.com

Fremdenverkehrsverband der Region Istrien gibt Informationen über Hotels, Ferienwohnungen, Campingplätze und Immobilien sowie aktuelle Sonderangebote. Mit reizvoller Fotogallerie.

Liechtenstein

Liechtenstein (USA) (D)

www.news.li/

Tourismus, Kultur und Business in Liechtenstein.

www.vaterland.li/

Online-Magazin mit aktuellen Meldungen, Sport- und Wetterberichten.

Fahrplanauskunft der Schweizer Bundesbahn (für Liechtenstein).

Martinique

Urlaub auf Martinique (USA) (F)

www.martinique.org

Fremdenverkehrsamt Martinique; allgemeine Informationen, Hotels, Ferienwohnungen, Sightseeing, Festivalkalender und Gewinnspiel.

Monaco

Monaco/Monte Carlo (USA) (F)

www.monaco.monte-carlo.mc/

Reisetips, Geschichte, Geographie, Veranstaltungen, Gastronomie.

Formalitäten zum Wohnen und Investieren in Monaco.

Nordirland

Nordirland (USA)

www.interknowledge.com/northern-ireland/

Offizielle Webseite des nordirischen Tourismusbüros. Reisetips, Unterkünfte, Sport, Natur, Veranstaltungen, Gastronomie und regionale Informationen.

Norwegen

Norwegen (USA) (D)

www.tourist.no/
www.norwegeninfo.com/

Ob Fischen oder Skifahren, ein Trip ans Nordkap oder Familienurlaub – die Tourismusseiten von Norwegen geben Reisetips zu Unterkunft, Aktivitäten, Anreise, Schiffslinien, Verkehrsrecht u. v. m.

Norwegische Bergwelt (USA)

www.willassen.no/guide/

Ausführliche Informationen über die norwegische Bergwelt, Touren und eine Datenbank mit Unterkünften.

Österreich

Kärnten (USA) (D)

www.tiscover.com/vifaos

Alle Informationen über Kärnten in Österreich. Neben Infos von allgemeinem und touristischem Interesse gibt's stets Neuigkeiten über anstehende Highlights, zum Beispiel ein Harley-Davidson-Treffen oder ein Mountainbike-Downhill-Rennen.

Tiscover (USA) (D)

www.tiscover.com

Reise- und Hotelinformationssystem für Österreich, einschließlich Buchungen. Wetterberichte für Berg- und Wassersportler, aktueller Verkehrsbericht.

Zell am See (D)

www.esr.gold.at

Europa-Sportregion Zell am See – Kaprun mit ausführlicher Zimmersuchmöglichkeit nach verschiedenen Kategorien.

Ostsee

Ostsee-Magazin (D)

www.ostsee-net.de/

Online-Ostsee-Magazin mit Hotel- und Pensionsliste, Golfplätzen, Wetterbericht, Branchenführer und Ausflugstips.

Polen

Polen (USA)

www.explore-poland.pl/

Sehenswürdigkeiten, Städte, Burgen, Natur, Reisetips für den Grenzübergang, Essen, Kommunikation, Verkehr und Unterkunft. Hotelführer und zahlreiche Links.

Kurzer polnischer Sprachführer mit Übersetzungen in alle anderen europäischen Sprachen.

Portugal

Portugal – Links (USA)

www.well.com/user/ideamen/portugal.html

Große Kollektion von Homepages über Portugal, in Englisch und Portugiesisch, auch über Gastronomie, Musik und Sport in Portugal.

Portugal-Link-Übersicht (USA) (D)

www.uni-mainz.de/~lustig/bookport.htm

Sehr umfangreiche Linkliste über Portugal mit deutschen oder portugiesischen Kommentaren.

Rumänien

Rumänien (USA) (D) (F)

www.turism.ro/

Die offiziellen Tourismusseiten von Rumänien. Verschiedene Urlaubsgebiete in Rumänien, Landkarte und Reisetips.

Rußland

Rußland (USA)

www.russiatoday.com/

Der Name ist Programm – Russia Today ist ein tagesaktuelles Online-Nachrichtenmagazin über Rußland. Ständig aktualisierte Meldungen und zahlreiche Links.

Schottland

Llanfairpwll... (USA)

llanfairpwllgwyngyllgogerychwyrndrobwllllantysiliogogogoch.co.uk/

Irgendwo in Schottland befindet sich der Ort mit dem längsten Namen der Welt. Hier können Sie sich den Namen auch vorsprechen lassen (sehr fremdartig!).

Scottish Highlands Explorer (USA)

www.cali.co.uk/highexp/

Online-Magazin über Schottland mit Landkarten und Tourismusinformationen Links zu weiteren Schottland-Pages im Web.

Schwarzwald

Schwarzwald (D)

www.sbo.de/

Ferienorte, Hotels, Gaststätten, Ferienwohnungen, Sport, Radtouren, Museen und Schneebericht aus dem Schwarzwald.

Schweden

Schweden (USA)

www.interknowledge.com/sweden/

Aktuelle News, Lifestyle und Klatsch. Geschichte, Tradition, Kultur, Sehenswürdigkeiten, Gastronomie und Unterkünfte auf der offiziellen Webseite einer schwedischen Tourismusorganisation.

Schweiz

Schweizferien (USA)

www.schweizferien.ch

Sommerferien mit der Familie, Wellness, Wintersport, Paragliding, Bergsteigen oder Urlaub im Sport-Dorf. Alles über das Ferienland Schweiz. Zahlreiche Links auf Seiten zu den Themen Kultur, Sport, Reise, Verkehr, Transport, Wetter.

Zermatt (USA) (D)

www.zermatt.ch/

Allgemeine Informationen des Tourismusbüros in Zermatt. Anreise, Unterkünfte, Kultur, Skischulen, Veranstaltungen und Schneelagebericht.

Spanien

Costa Daurada Spanien (USA)

www.costa-daurada.net/

Campingplätze, Hotels, Restaurants und Diskotheken an der Costa Daurada in Spanien.

Spanien (USA)

tuspain.com/

Tourismus, Lifestyle, Geschichte, Kultur, Museen und aktuelle News aus Spanien.

Informationen zum Immobilienkauf in Spanien für Ausländer und Infos zum Studentenaustausch.

Spanisches Fremdenverkehrsamt (USA) (D) (F)

www.tourspain.es/turespai/marcoi.htm
www.tourspain.es/aleman/marcoa.htm

Der Infopool des spanischen Fremdenverkehrsamts mit Angeboten von Touristeninformationsbüros, Reiseveranstaltern, Links zu weiteren Websites und Tips zu Devisen und Wetter.

Skandinavien

Skandinavien (USA)

www.goscandinavia.com/

Enthält allgemeine Informationen und eine Landkarte von Skandinavien sowie Links auf Webseiten der Länder Dänemark, Finnland, Island, Norwegen und Schweden.

Südafrika

Südafrika (USA)

www.places.co.za/

Dieses touristische und kulturelle Informationssystem über Südafrika hält nützliche Adressen, Tips und Angebote für Pauschalurlauber ebenso wie für kulturell Interessierte und Abenteuerreisende bereit.

Südtirol

Reisen in Südtirol (D)

www.algund.com

Ein Tourismusbüro in Algund im Meraner Land mit Angeboten von Hotels, Pensionen und Ferienwohnugen.

Tschechische Republik

Tschechische Republik (USA)

www.czech.cz

Allgemeine Informationen über die Tschechische Republik: Kultur, Politik, Wirtschaft, Tourismus, Kulturprogramme, Kunstausstellungen, Sprachkurse, Bibliotheken.

Ukraine

Ukraine (USA)

www.geocities.com/thetropics/2550/guide_fr.html

Virtueller Reiseführer mit vielen ausführlichen Informationen über die Städte der Ukraine, Tourbeschreibungen und Reiseberichte. Leider viele Werbeeinblendungen.

Ungarn

Ungarn (USA)

hudir.hungary.com/

Suchmaschine und Internetkatalog in Ungarn. Hier finden Sie Informationen zu Tourismus, Kultur, Politik, Sport und anderen Themen.

Weißrußland

Weißrußland (USA)

www.belarusguide.com/

Das Tourismusbüro Weißrußlands informiert über Kultur, Politik, Städte und Geschichte.

Wörterbuch der weißrussischen Sprache und Informationen über verseuchte Gebiete nach der Tschernobyl-Katastrophe.

Weltzeituhr

Weltzeituhr (D)

www.weltzeituhr.com/

Geographische Informationen zu vielen Ländern der Erde mit aktueller Zeit und landeseigenen Feiertagen.

Sprachen

Babelfish (USA) (D) (F)

babelfish.altavista.com/

Online-Übersetzung kompletter Sätze vom Englischen ins Deutsche, Französische, Italienische, Portugiesische, Spanische und umgekehrt.

Leo Englisch-Übersetzer (USA) (D)

dict.leo.org/dict/

Übersetzungen aus dem Englischen ins Deutsche und umgekehrt. Liefert zu gesuchten Vokabeln auch zahlreiche Redewendungen.

Russisch (USA)

www.best.com/~nessus/rintro/

Schnellkurs Russisch mit dem russischen Alphabet und Sprachausgabe.

Servus Englisch-Übersetzer (USA) (D)

cron.servus.at

Übersetzungen englisch-deutsch und deutsch-englisch.

Travlang Übersetzungshilfe online (USA) (D) (F)

www.travlang.com/languages/

Wichtige Vokabeln und Redewendungen in wenigen Stunden lernen. Mehr als 40 Sprachen von Afrikaans über Friesisch, Hindi bis Zulu.

Travlang Urlaubs-Übersetzer (USA) (D) (F)

dictionaries.travlang.com

Übersetzungen online vom Deutschen ins Englische, Holländische, Französische, Italienische, Portugiesische, Africaans und einige weitere Sprachen.

Städte

Deutsche Städte im Internet (D)

www.staedtetag-nw.de/kommon/staedte.htm

Links auf die offiziellen Webseiten von über 450 deutschen Städten.

Osteuropäische Städte (USA) (D)

www.inyourpocket.com/

Online-Reiseführer für einige Städte in Osteuropa: Vilnius, Kaunas, Klaipeda, Riga, Tallinn, Narva, Minsk, Kaliningrad, Bukarest und Transylvanien, teilweise auch auf deutsch.

Für die Reise kann auch eine gedruckte Ausgabe bestellt werden.

Portugiesische Städte (USA)

www.yahoo.com/regional/countries/portugal/cities

Diese Seite führt direkt zu 53 portugiesischen Städten.

USA Citylink (USA)

www.usacitylink.com/

Links auf Informationen zu allen amerikanischen Großstädten. Viele Service-Links, z. B. für Buchungen.

Amsterdam

Amsterdam (USA)

www.amsterdam.nl/

Offizielle Webseite der Stadt Amsterdam. Tourismus, Geschichte, wichtige Gebäude und ein Atlas von Amsterdam mit vielen Adressen touristischen Informationen und statistischen Ausgaben. Ausführliches Hotelverzeichnis aller Preisklassen. Reich bebilderte Stadttour.

Amsterdam Hotspots (USA)

www.amsterdamhotspots.nl/

Online-Magazin mit aktuellen Veranstaltungstips in Amsterdam, Stadtplan, Museen, Gastronomie und Rotlichtviertel.

Bad Homburg

Bad Homburg v. d. H. (D)

www.bad-homburg.de/de/stadtplan/index.html

Interaktiver Stadtplan von Bad Homburg vor der Höhe.

Bergen

Bergen, Norwegen (USA)

www.bergen-guide.com/

Die Kulturhauptstadt Europa 2000 stellt sich vor. Tourismus, Hotels, Gastronomie, Sehenswürdigkeiten, Museen und Stadtpläne, Kalender, Konsulate.

Berlin

Berlin (D)

www.berlin.de/cgi-bin/neu/webobjects/sis.woa/

Berlin.de gibt umfassend und vielseitig Auskunft über die Stadt an der Spree. Hier haben Tourismus, Kultur und Freizeit ebenso ihren Platz wie Bürgerforum und politische, geschichtliche und wirtschaftliche Themen oder ein Branchenbuch.

www.zitty.de/

Das aktuelle Online-Magazin über Berlin mit Terminen und Szene-Tips.

Kalender mit Terminen für jeden Tag.

Florenz

Florenz (USA)

english.firenze.net/

Touristeninformationen, offizielle Stellen, Galerien, Kunst und Kultur, Theater, Kirchen, Sport, Kino, Diskos, Restaurants, Hotels, Cafés, Transport und Verkehr, Online-Magazine.

QTVR-Panoramabilder von Sehenswürdigkeiten.

Hannover

Hannover (USA) (D) (F)

www.hannover.de/

Informationssystem von Hannover mit Veranstaltungs- und Stadtinformationen. Kultur, Freizeit, Wohnen, Umwelt, Messen.

VRML-Modelle von Gebäuden und Plätzen in Hannover.

NaNaNet (D)

www.nananet.de/

Infoserver für Kultur, Kunst, Bildung, Soziales und Umwelt in Hannover.

Helsinki

Helsinki (D)

www.hel.fi/

Touristeninformation, Geschichte, Sehenswürdigkeiten, Veranstaltungen und Stadtplan.

Kiel

Kiel (D)

www.kiel.de/

Die nächste Kieler Woche kommt bestimmt ... Aber auch in Sachen Kultur und Erholung hat die Landeshauptstadt von Schleswig-Holstein einiges zu bieten. QuickTime-Panorama, Stadtplan mit Straßenindex.

Kopenhagen

Kopenhagen (USA)

copenhagen.now.dk/

Sehenswürdigkeiten, Gastronomie, Museen und Kulturveranstaltungen in Kopenhagen. Daneben erfahren Sie Neues über Zahlungsverkehr, Klima, Öffnungszeiten, Verleihservice und was man als Urlauber oder Business-Reisender sonst so braucht.

Lissabon

Lissabon (USA)

www.eunet.pt/lisboa/i/lisboa.html

Sehenswürdigkeiten, Gastronomie, Museen, Stadtplan, Fotos und wichtige Adressen in Lissabon sowie ein Hotelverzeichnis für alle Kategorien.

London

Britannia: London (USA)

britannia.com/travel/london/

Etwas gruselig gestaltetes Internet-Online-Magazin über London mit Sehenswürdigkeiten, Restaurants, Hotels und vielen Links. Von hier aus kann man auch Flüge und Hotels buchen oder Autos mieten.

Big City London Guides (USA)

www.bigcity.co.uk/

Stadtführer zu verschiedenen Themen: Museen, Sehenswürdigkeiten, Parks, Kneipen, Hotels. In erster Linie allerdings als kulinarische Orientierungshilfe konzipiert.

Beware! – Better safe than sorry: Was man in London lieber nicht tun sollte.

Haunted London (USA)

www.btinternet.com/~wcti/london.html

Hotels und Pubs in London, in denen es spukt. Verschiedene Geistergeschichten und Links auf andere Spuk-Orte in England.

LondonNet (USA)

www.londonnet.co.uk/

Sehenswürdigkeiten, Shopping, Hotels, Veranstaltungen in London.

Galerie der wichtigsten Gebäude in London.

Virtual London (USA)

www.a-london-guide.co.uk/

Aktuelle Meldungen aus London und eine Webcam, aber auch Informationen zu touristischen Attraktionen, Museen, Theatern, Veranstaltungen und Shopping. Dazu gibt es (nicht sehr ausführlich, aber informativ!) Tips für Anreise und Aufenthalt.

Luxemburg

Luxemburg (USA)

www.luxembourg-city.lu/touristinfo/

Reisetips, Sehenswürdigkeiten, Hotels, Restaurants, interaktiver Stadtplan und wichtige Adressen in Luxemburg.

Madrid

Madrid (USA)

malika.iem.csic.es/~grant/madi.html

Tourismus, Museen, Freizeit, Sport, Reisetips und viele Links zu Madrid – von Banken, Bildung, Botschaften bis Wein, Wetter, Wintersport. Die wichtigsten Links sind kurz kommentiert.

Montreal

Montreal auf dem Titanic-Trip (D)

focus.de/d/dr/drt/drto/drtob/drtob.htm

In Montreal liegen zahlreiche Titanic-Passagiere begraben. Ein Stadtrundgang anhand der Titanic-Geschichte.

Moskau

Moskau (USA)

www.moscowcity.com/

Die offizielle Seite des nationalen Touristenbüros. Interessante und schön gemachte Site mit bebilderten Artikeln zu einigen Sehenswürdigkeiten wie Kreml und Roter Platz. Rundgang durch Moskau, Museen, Theater, Hotels, Sehenswürdigkeiten, Veranstaltungen, Reisetips für den Zoll, Visa, U-Bahn, Telefonieren und Geldumtausch.

München

München (USA) (D)

www.muenchen.de

Die bayerische Landeshauptstadt erfreut mit einem reichhaltigen, gut sortierten und übersichtlichen Informationspool mit vielen Links. Interessant für Einheimische wie für Touristen.

Paris

Paris

www.uwefreund.com/paris/

Sehr umfangreicher Reiseführer zur Seine-Metropole, der aber über eine gut strukturierte Verzweigung und Volltexsuche verfügt. Zweckmäßig sind die vielen thematisch sortierten Adressen zu den Bereichen Ausgehen, Shopping und Kultur. Zudem gibt's viele praktische Verhaltenstips. Für Bildungshungrige: Ausführliche Darstellungen bieten reichlich Lesestoff, aber auch Bildmaterial. Kaum ein Aspekt des Lebens in Paris, seiner Kultur, Geschichte, Bauten und Kuriositäten bleibt unberücksichtigt. Einziger Wermutstropfen: Hoteltips stehen derzeit noch nicht zur Verfügung.

Prag

Prag (USA)

www.prague.fm/

Handliches Online-Magazin mit Empfehlungen zu Gastronomie, Kultur, Kino-Programm und Hotels in Prag.

Rom

Rom (USA)

www.roma2000.it/

Kultur, Museen, Architektur, Hotels, Restaurants, Shopping, Adressen von Institutionen. Viele Grafiken, tendiert aber etwas zur Unleserlichkeit. Veranstaltungskalender leider nicht sehr aktuell.

www.travel.it/roma/rome.html

Ein Führer für Reise und Sightseeing: Touristeninformation, Stadtrundfahrten, Unterkunft, Sehenswürdigkeiten, Museen, Kunstausstellungen.

Rothenburg

Rothenburg (USA) (D)

www.rothenburg.de/

Rothenburg ob der Tauber. Informationen über die mittelalterliche Stadt.

Salzburg

Salzburg (USA) (D)

www.salzburginfo.at/

Salzburg präsentiert sich hier als „Bühne der Welt" – kulturelle Events bilden denn auch einen Schwerpunkt dieser Seite. Hier sind Online-

Bestellungen unter anderem für zahlreiche Festspiele (Musik, Theater) möglich. Des weiteren gibt's Infos zu Tourismus, Hotels, Restaurants und Einkaufen in Salzburg.

St. Petersburg

St. Petersburg (USA)

www.spb.ru/

Kultur, Business, Unterhaltung und Tourismus. Stadtplan, Webcam und zahlreiche Links zum Beispiel zu Medien, teilweise allerdings nur auf russisch.

Stadtpläne

Excite Maps (USA)

www.city.net/maps/

Stadtpläne wichtiger Länder, Regionen und Großstädte, teilweise klick- und zoombar. Auch historische Karten, allerdings von recht unterschiedlicher Qualität.

Stadtplandienst (USA) (D)

www.stadtplandienst.de/

Straßen- und Postleitzahlsuche für Berlin, Hamburg, Düsseldorf und München.

Straßburg (USA) (D) (F)

www.strasbourg.com/map/index.html

Hinter dieser Adresse verbirgt sich ein Stadtplan von Straßburg mit Suchmöglichkeiten für Unterkunft, Sehenswürdigkeiten, kulturelle Einrichtungen und Parkmöglichkeiten.

Virtual Cities Directory (USA)

www.intoronto.com/cities/home.html

Verzeichnis von Städten mit VRML-Stadtplänen in Europa und Übersee.

Wien

Wien, Stadtplan (D)

www.wiennet.at/efa/

Stadtplan Wien mit einer Suchfunktion, Straßen, Fahrrad, öffentliche Verkehrsmittel.

Wien online (D)

www.magwien.gv.at/

Der Webservice der Stadt Wien. Von hier aus gelangt man dank gut gebündelter Verzweigungen ruck, zuck zu praktisch allen einschlägigen

Anlaufstellen in Wien: Tourismus, Kulturelles, Bildungs- und Gesundheitswesen, Veranstalter, Medien, elektronischer Stadtplan mit Adreßsuche und kürzesten Verbindungen, Notfall-Adressen, Fahrplanauskunft der Stadt Wien.

Treffpunkte

EurAide (USA) (D)

www.euraide.de

EurAide, eine europäische Service-Organisation für Reisende mit Bahninformationen und Billigtarifen.

Volksgruppen

Auf nach Bayern (D)

aufnachbayern.de

Freizeittips und Reiseangebote finden sich auf dieser privaten Homepage, die sich zwar etwas Link-lastig zeigt, aber dafür auch mit einigen Insider-Tips aufwarten kann. Nicht zuletzt Humoriges über Land und Leute in Bayern.

Wechselkurse

The Currency $ite (USA) (D) (F)

www.oanda.com/

Aktuelle Wechselkurse täglich aktualisiert, Online-Währungsrechner in mehreren Sprachen, aktuelle Meldungen und Tabellen. Wechselkurstabellen für unterwegs ausdruckbar.

Währungsrechner-Service für Webmaster zum Einbau in die eigene Webseite.

Literatur & Zeitschriften

ADAC (D)

www.adac.de

Online-Ausgabe der Hauszeitschrift des ADAC mit Reisetips (z. B. Reise- und Verkehrsrecht im Ausland), Verkehrsinfo (aktuelle Staumeldungen, Verkehrsprognose) und Reisewetter. Praxisnah sind auch die Technik-Tips und Hilfen zu Recht und Versicherung. Einige Services stehen allerdings nur Mitgliedern zur Verfügung.

Freizeitmagazin Caravaning (D)

www.caravaning-online.de

Zeitschrift für Caravaning und Camping mit Gebrauchtwagenmarkt.

Aktuelle Reisenachrichten online.

GEO (USA) (D)

www.geosaison.de

GEO-Saison, das Reisemagazin der Zeitschrift GEO, sollte Reiselustigen immer eine Surftour wert sein. Abwechslungsreich und dennoch glasklar gestaltet, sind hier Bild-, Grafik- und Textbeiträge versammelt, die dem Print-Magazin nicht nachstehn. Dabei umfaßt das Spkektrum die Überblicksinformation ebenso wie die eingehende Erörterung. Zudem gibt es jede Menge Adressen, einen praxisnahen Reiseratgeber, jede Woche aktuelle Reise-News und Links zu Webcams in aller Welt.

Polyglott (D)

www.polyglott.de

Polyglott stellt hier seine Reise- und Sprachführer vor, bietet darüber hnaus aber auch eine Connection zum Online-Reisemagazin „Travel Channel" u. a. mit Pauschal- und Last-Minute-Angeboten.

Online-Magazine

Thema	Seite	Weiterführende Linkseiten
Weltweite Online-Reisemagazine ...	754	www.City.Net/
...	754	www.fernweh.com/
...	755	www.traxxx.de/
Reisenachrichten und City-Guides	755	excite.de.netscape.com/reise/

Airport (D)

cops.cinetic.de/flug/airport/

Online-Reisemagazin von Reader's Digest. Ständig aktuelle Reisetips.

Jede Woche ein Kurzbericht aus einem anderen Land.

City.Net (USA)

www.city.net/

Weltweites Online-Reisemagazin mit aktuellen Tips, Chat, Landkarten und Billigflügen. Von einer Weltkarte aus zoomt man sich zum Zielgebiet und erhält umgehend aktuelle Angebote und News aus der Region.

Suchmaschine für Reisen.

Fernweh (USA) (D)

www.fernweh.com/

Hier gibt's fast alles. Online-Magazin rund ums „Fernweh": Anders Reisen, Vorbereitung, Flugbuchung, Angebote für junge Leute, Abenteuer, Sicherheit, Länder- und Städteinfos, Suchmaschinen, Last-Minute und und und ...

Frankreich-Seiten (D)

home.allgaeu.org/mstockha/

Da hat sich aber einer Mühe gegeben mit seiner Linksammlung zu Frankreich. Engagiert gemacht, mit zahlreichen Tips und wirklich nützlichen Links, die auch Freunde der Individualreise zufriedenstellen.

Geographia (USA)

www.geographia.com/

Online-Reisemagazin für die ganze Welt mit vielen Reisetips und Fotos zu verschiedenen Ländern. Hier finden Sie auch einige offizielle Seiten von Tourismusbüros.

Lonely Planet (USA)

www.lonelyplanet.com/

Täglich aktualisiertes Online-Magazin mit Reiseberichten, Tips und vielen Links weltweit. Geographische, geschichtliche und touristische Informationen über alle Länder der Welt. Durchaus nicht nur kommerziell ausgerichtet.

Tips zu englischsprachigen Reiseführern.

Netcenter (D)

excite.de.netscape.com/reise/

Reisenachrichten, City-Guides für Deutschland und Europa, Hotelsuche, Währungsrechner.

TraXXX Reisen (D)

www.traxxx.de/

Vielseitiges Reisemagazin von „FOCUS online" mit weltweiten Flügen, Hotels, Geschäftsreisen, Städteführer, Reisewetterbericht und Kulturereignissen.

Täglich aktuelle Wetterberichte und Wechselkurse.

Trip, the (USA)

www.thetrip.com/

Online Reisemagazin für Amerika. Flug- und Hotelbuchung, Währungsrechner, Reisemagazin und Shoppingangebote.

Fluginformationssystem mit automatischer Benachrichtigung, wenn ein Flug gelandet ist.

Urlaub.de (D)

www.urlaub.de/

Noch ein Online-Urlaubsmagazin mit aktuellen Reisetips, Wetterbericht, Flugbuchung, Bahnauskunft, Ferienwohnungen, Urlaubskatalogen.

USA Today Travel Guide (USA)

usatoday.com/life/travel/ltfront.htm

Amerikanisches Reisemagazin mit aktuellen Reisetips, Hotelbuchung, Flugdatenbanken.

Der bekannte „10 Great"-Index: die zehn besten Hotels, Badeorte, Neujahrsfeten, Skischulen, Frittenbuden ... in Amerika.

Reiseveranstalter

Regional

Australien, Neuseland, Südsee (D)

www.pacific-travel-house.com

Reisen nach Australien, Neuseeland, Hawaii und in die Südsee.

Mitfahrzentrale (D)

www.mitfahrzentrale.de

Mitfahrzentrale hauptsächlich für das Bundesgebiet (europaweit im Aufbau).

Norwegen-Reisen (D)

www.norwegenreisen.com

Familien-, Angelurlaub, Autorundreisen. Private Ferienhäuser in Norwegen. Die Seite verfügt auch über Verzweigungen zu großen Fährlinien und zeigt Sonderangebote des aktuellen Monats.

Olimar (USA) (D)

www.olimar.de

Der Marktführer in Deutschland für Portugalreisen, Toscana, Kapverdische Inseln zeigt hier hauptsächlich einige Kurzfrist-Angebote.

Interaktiver Golfplatz-Guide.

Asien

Airways Travel (D)

www.airways-travel.com/

Reiseveranstalter für Südostasien (Malaysia, Indonesien, Philippinen, Hongkong, Vietnam), Flugpreise und Online-Buchung.

Redstar (USA)

www.russianet.ru/~redstar/

Reisen nach Rußland, in die Mongolei und nach China; Abenteuerreisen, Transsibirische Eisenbahn, Individualreisen und Visabeschaffung.

Mongolei und Transsibirien (USA) (D)

www.Travel-Service-Asia.de

Neben den Routen der legendären Transsibirischen Eisenbahn stellt der Travel Service Asia Reisen in die Mongolei, Laos, Vietnam, Kambodscha vor.

Azoren

Check-in Reisen (D)

www.check-in-reisen.de/

Spezialist für Reisen auf die Azoren, Madeira, Porto Santo und Portugal.

China

China-Reisen (D)

www.china-reisen.de/

Aktuelle News aus China, Spezialreiseprogramme, Flugpreise und Last-Minute-Angebote.

Mittelmeer

Sardinien, Sizilien, Elba, Ischia (D)

www.sard.de/

Der Sard Reisedienst vermittelt Reisen und Ferienhäuser auf den Mittelmeerinseln. Komplettangebote für Bade- und Aktivurlaub.

Sizilien

Sicilian.net (USA)

www.sicilian.net/

Gemeinsame Webseite verschiedener Reiseveranstalter und anderer touristischer und gastronomischer Anbieter auf Sizilien mit Fotos und Online-Buchung.

Webcam am Ätna.

Weltweit

Angeln international (D)

www.internationale-angelreisen.de

Sportfischerei in Florida und auf den Kanaren.

Club Med (D)

www.club-med.de

Club-Urlaub mit den Spezialisten Club Med, Robinson und Aldiana, außerdem Kreuzfahrten.

DERTOUR (D)

www.dertour.de/

Aktuelle Preislisten zu weltweiten Zielen und Kataloganforderung vom Reiseveranstalter DERTOUR.

Lufthansa per L'tur (D)

www.ltur.de

Hier können Sie sich zielorientiert und pragmatisch zu spezifischen Angeboten durchklicken. Eine Hotelbeschreibung mit Bild hilft dann bei der Entscheidung. Aktuelle Last-Minute-Flüge, auch per E-Mail-Newsletter mit Flugplan und Buchungsanfrage.

Die billigsten Lufthansa-Flüge. Stündlich aktualisierte Auswahl an Städtereisen. Über 60 Ziele.

Reiseservice (D)

www.reiseservice.de/

Gut gemachtes und aufgeäumtes Reisebüro im Internet. Hier können Sie Reisen, Flüge und Unterkünfte weltweit von verschiedenen Anbietern online buchen. Gut sortierte Links zu Reisebüros und -veranstaltern (auch Spezialreisen oder Last-Minute), Fremdenverkehrsämtern, Freizeitparks, Ticketservice, Reisemagazinen (auch regional), viele Tips.

Die Links sind durchweg gut kommentiert.

Wolters Reisen (D)

www.wolters-reisen.de/

Ein Spezialist für Erlebnisreisen in den Norden. Aktuelle Sonderangebote und Katalogbestellmöglichkeit.

Reisewetter

CNN (USA)

www.cnn.com/weather/

Wettervorhersage für die wichtigen Städte der ganzen Welt, mit Wetterkarten und Satellitenfotos. Für die USA: Allergiereport und UV-Index. Sturmwarnungen für Atlantik und Pazifik.

Deutscher Wetterdienst (D)

www.dwd.de/forecasts/deufrm.htm

Das aktuelle Deutschlandwetter mit Wetterkarte und Vorhersagen. Wetterflug-Animation und 3-D-Citywetter für Berlin und Frankfurt. Detailliert, übersichtlich, schnell.

Donnerwetter (D)

www.donnerwetter.de/

Deutschland-, Regional- und Reisewetter, Pollenflug, Straßenzustand, Satellitenbilder, Wettergrußkarten, astronomische Daten und Links zu Live-Kameras in ganz Deutschland. Aktuelle Wetterberichte auch als E-Mail.

Meteomedia (D)

www.meteomedia.ch/

Wetterbericht für die Schweiz und die Bodenseeregion.

Netscape (USA)

weather.netscape.com/

Personalisierbarer Wetterbericht für die eigene Startseite. Satellitenbilder, Radarbilder, historisches Wetter.

Paperball (D)

www.paperball.de/wetter/wetter.html

Zweimal täglich aktualisierte Wettervorhersage für die deutschen Großstädte und Inseln.

Reisewetter (D)

www.dwd.de/forecasts/reifrm.htm

Die Reisewettervorhersage für Europa und wichtige Städte auf der ganzen Welt vom deutschen Wetterdienst.

Traxxx Reisewetter, Focus (D)

focus.de/d/dr/drw/drw.htm

Wettervorhersagen weltweit, Tips gegen UV-Strahlung, Infos zu Lawinen, Wirbelstürmen, Erdbeben.

Weather & Climate (USA)

grads.iges.org/pix/

Wettervorhersagen mit Temperaturkarten für die ganze Welt sowie El-Nino-Vorhersagen.

Weather.com (USA)

www.weather.com/

Wettervorhersagen für Amerika und den Rest der Welt, Funk- und Biowetter sowie aktuelle Meldungen und Katastrophenberichte. Einheitenumrechner von Celsius in Fahrenheit und zurück.

Weatherpost (USA)

weatherpost.com/

Wettervorhersagen für 3.600 Städte weltweit. Satellitenbilder, historisches und internationales Wetter.

Wetter.de (D)

www.wetter.de/

Wettervorhersage für Deutschland, Österreich und die Schweiz mit Lokalwetter nach Postleitzahlgebieten.

Wetterleuchten (D)

www.wetterleuchten.de

Aktuelle Wettervorhersagen, Wetterkarte, Reisewetter, Astro-Wetter, Pollenflug, Satellitenbilder und ein Meteorologie-Glossar.

Wetternews (D)

www.wetternews.de/

Aktuelles Deutschlandwetter, Wintersportwetter, Alpenstraßenbericht, Hochwasserinfos, Pollenflug, UV-Prognose und Satellitenbilder.

WetterOnline (D)

www.wetteronline.de/

Aktuelles Wetter, Vorhersagen, Rückblick, Klima, Niederschläge, Wind, Wassertemperaturen, Segelwetter und Satellitenbilder weltweit.

Regional

Deutscher Alpenverein (D)

www.alpenverein.de/pages/wetter.htm

Ausführlicher Wetter- und Lawinenbericht mit Satellitenbild für die gesamte Alpenregion.

Schneelagen

Lawinenwarndienst der Schweiz (D)

www.slf.ch

Lawinenwarndienst der Schweiz in Davos.

Lawinenwarndienst Tirol (D)

www.lawine.at

Lawinenwarndienste für Vorarlberg, Salzburg, Kärnten, Oberösterreich und die Steiermark. Dreitagesentwicklung der wichtigsten Wetterwerte im Drei-Stunden-Rhythmus.

Schnee und Lawinen (USA) (D) (F)

www.slf.ch/slf/avalanche/avalanche.thml

Aktuelle Schnee- und Lawineninformationen der Schweiz.

Routenplaner

Autobahnbaustellen (D)

www.bmv.de/bab/

Das Bundesverkehrsministerium informiert: aktuelle Liste aller Autobahnbaustellen mit Autobahnlandkarte und Ferienverkehrskalender für Deutschland.

DeLorme CyberMaps (USA)

www.delorme.com/cybermaps/route.asp

Routenplaner für die amerikanischen Highways. Anzeige in Kilometern oder Meilen.

Falk Routenplaner (D)

www2.netcenter.falk-online.de/routing/

Routenplaner mit Zwischenstationen innerhalb Deutschlands für Autofahrer. Je nach Straßentyp können unterschiedliche Geschwindigkeiten eingeplant werden. Wer einen Weltatlas sucht, wird ebenfalls fündig.

GPS (D)

www.gps-nav.de

Alles über Satellitennavigation: GPS GmbH Gräfelfing. GPS-Module, elektronische Kartentische, Routenplanungssoftware für GPS-Geräte.

iTI (USA) (D) (F)

www.iti.fr

Reise-Routenplaner.

Lycos Road Maps (USA)

roadmaps.lycos.com/

Hier können Sie einen beliebigen Ort weltweit finden, in Großstädten sogar nach Straßennamen suchen. Es wird eine Landkarte angezeigt, auf der auch die Funktionen Zoom und Pan möglich sind.

Reiseplaner (D)

www.reiseplanung.de/
www.cas-software.de/

Hier bekommen Sie einen Reiseplaner mit ausführlich kommentierten Links zu praktisch allen reiserelevanten Stichwörtern und zahllosen einschlägigen Anbietern der Branche. Daneben aktuelle Tips, Staumeldungen und weltweite Wetterberichte.

Routenplaner Schweiz (USA) (D) (F)

momo.magnet.ch/cgi-bin/finaroute-de

Online-Routenplaner für die Schweiz mit grafischer Darstellung und der Möglichkeit, jeweils die schnellste und die kürzeste Variante anzuzeigen.

Web.de (D)

route.web.de/

Europaweiter Online-Routenplaner mit Vektordarstellung oder Falk-Kartenmaterial. Optimierung nach der kürzesten Fahrzeit oder Wegstrecke.

Sportreisen

Hotel Greif (USA) (D)

www.hotel-greif.com

Hotel Greif Vinschgau/Südtirol. Wanderwochen, Nichtraucher, Vollwertkost nach Dr. Bruker, baubiologisch renoviert.

Hydro Bike Reisebericht (D)

www.spiderweb.ch/ferien/

Reisebericht einer Hydro Bike (Tretboot) Tour von über 100 km über schweizerische Seen.

Alpintourismus

Alpenverein (D)

www.sharelook.de/freizeit/sport/verein/dav.html

Hier finden Sie die Linkliste der Sektionen des Deutschen Alpenvereins.

Alpinschule Innsbruck (D)

www.asi.at

Wanderreisen in den Europäischen Alpen, USA, Kanada und auf verschiedenen Mittelmeerinseln, außerdem Schlittenhundetouren im Winter.

Beyond.fr (USA)

www.beyond.fr/sports/climbing.html

Hier sind Kletterfreunde in ihrem Element. Seite mit Klettertips an der französischen Riviera. Erfahrungsberichte und Kontaktadressen zu Outdoor- und Indoorclimbing

Deutscher Alpenverein (D)

www.alpenverein.de

Allgemeines über den Alpintourismus, einschließlich Bergwandern, Erholung und Sport, mit ausführlichem Alpenwetterbericht und Satellitenbild. Der Verein berichtet hier auch über sein Engagement in Sachen Naturschutz und wirbt um Unterstützung.

Ski&More (D)

www.skiandmore.de

Umfassende Informationen über Skigebiete in Europa und weltweit zu Pisten und Liften, Wetter, Schnee, Hotels und Unterkünfte.

Bootstouren

Bootsferien in Frankreich (USA) (D) (F)

www.nicols.com

Hier werden Ferien an Bord komfortabler Hausboote in den schönsten Regionen von Frankreich und Deutschland beworben (Schwerin – Lübz – Malchow – Neustrelitz). Inklusive Vorstellung der Boote und Reservierungsmöglichkeit.

Bootstouren um Galapagos (USA) (D)

home.t-online.de/home/andisimo/galapago.htm
www.andisimo.com/galapago.html

Bootstouren und Bootsvermietung rund um Galapagos. Die allgemeinen Informationen und die Inselbeschreibungen offenbaren einige praktische Ratschläge, sind aber recht knapp gehalten und nicht bebildert.

Hausboot Urlaub (D)

focus.de/d/dr/dru/dru35/dru35a/dru35a.htm

Top-Reiseziele für den Hausboot-Urlaub in Europa: Deutschland, Niederlande, Frankreich, England, Irland. Mit Buchungstips und Anbieteradressen.

Hausbootferien in Frankreich (USA) (D) (F)

www.rive-de-france.tm.fr

Diese Seite empfiehlt Hausbootferien in ganz Frankreich (ohne Schifffahrtserlaubnis); hier findet man Landkarten, Detailbeschreibungen und Zeichnungen der Boote.

www.Hausbootferien.de

Hausbootferien in ganz Frankreich sowie in einigen Teilen Spaniens, Belgiens, Portugals und Italiens.

Fahrrad

Ferien und Radeln in Bayern (USA) (D)

www.radwandern.com/

Ferien und Radeln in Bayerns schönsten Landschaften: Chiemgau, Chiemsee und Berchtesgadener Land mit Radwegen ins Salzburger Land.

Land Bayern (D)

www.bayerninfo.de

BayernInfo hat auch ein Herz für Radler: Stadtkarten von München und Nürnberg, Radkarten, Links für Radler, Tourvorschläge für Bayern und Schwaben und eine Liste der Fahrradwege der Region.

Natours (USA) (D)

natours.de

Ob in Mecklenburg, in Andalusien oder auf Korsika: Radtouren europaweit, aber auch Trecking-, Kanu-, Segel-, Ski- und Fernresen.

Radtouren in Österreich (USA)

www.tcs.co.at

Viele Vorschläge für Radtouren in Österreich mit Detailbeschreibungen undKontaktadressen.

Safaris

Angler-Reisen (D)

www.fischernetz.com/andree

Wem die heimischen Gewässer zu trübe geworden sind, der kann hier Angelreisen nach Irland, Norwegen oder Spanien buchen. Ist das Fernweh noch größer, stehen auch Kanada, Kenia oder der Jemen auf dem Programm.

bateleurtravel.de (D)

bateleurtravel.de/reisehin.htm

Wie wär's z. B. mit einer Milennium-Safari in Namibia oder Botswana? Erlebnisreise-Veranstalter Penduka hat dies und ähnliches im Programm

Hochseeangeln (USA) (D)

www.Elida.fishing.dk/

Hochseeangeln rund um Dänemark. Ein- und Mehrtagestouren.

Hundeschlittenrennen (USA)

www.fjallraven.se/en/poladv98/

Alljährlich kann man sich bei diesem Veranstalter für ein Hundeschlittenrennen in Schweden bewerben. Auf dieser Website gibt es Berichte von den Rennen der letzten zwei Jahre und zwei kleine QuickTime-Videos.

Kaokohimba Safaris (USA) (D)

www.natron.net/tour/kaoko/himbad.htm

Kaokohimba Safaris ist seit sieben Jahren auf den entlegenen Nordwesten Namibias spezialisiert. Hier stellen sich zahlreiche Anbieter aus allen touristischen Branchen vor. Schöne Seite mit vielen ebensolchen Bildern.

Ondese Safaris (USA) (D)

www.natron.net/tour/ondese/ondese.htm

Reiseveranstalter für Safaris in Namibia, Südafrika und Simbabwe.

Reiseberatung Kenia, Olaf Fey (USA) (D)

www.ostafrika.de/4.htm

Die Agentur Ketty Tours ist einer der führenden Safariveranstalter des Landes Kenia. Im Angebot sind auch Flug-Safaris.

Segeltouren

Barbarella (USA) (D)

www.sports.privateweb.at/yachtcharter/barbarella_yachtcharter.htm
www.embamed.com/embamed/yachtcharter_engl.htm

Fällt Ihnen die Decke auf den Kopf? Vielleicht hilft ein Segeltörn durch die Karibik mit der „Barbarella" – freilich nicht ganz billig.

BeGo Yachtcharter (D)

www.bego-yachtcharter.de/

Segel- und Motoryachtcharter in ganz Europa, Mitsegeln in der Karibik.

BeringSeaTours (D)

www.seatours.com/

Aktivurlaub mal anders: Segeltouren mit einem Hochseekatamaran in der Karibik, inklusive Tauchen, Rafting, Surfen, Paragliding ...

Crew-Börse (USA) (D)

www.wetweb.de/crew-boerse/

Mitseglervermittlung in und um Europa, Last-Minute-Angebote, Bootscharter. Ausbildungtörns, Karten und nautisches Zubehör.

DMC Reisen (D)

www.dmcreisen.de/

Bei diesem breiten Spektrum sollte man fündig werden: Hausboote, Mitsegeldatenbank, Yachtcharter weltweit, Flotillensegeln oder eine Sonderreise zum America's Cup 2000.

Eignergemeinschaft Ostsee (D)

www.ego-online.de/

Yachtcharter in der Ostsee und im Mittelmeer mit Last-Minute-Angeboten und Bootsgrundrissen.

Fischkopf e. V. (D)

www.fischkopf.net/segeln/

Ein Segelverein bietet günstig Törns durch die westliche Ostsee und die dänische Südsee auf einer Hochseeyacht an.

Mitsegler Agentur (D)

www.mitsegler-agentur.com/

Diese Agentur vermittelt Mitsegler auf dem Mittelmeer, Karibik und Thailand. Bilder der Segelschiffe und Tourpläne.

Nordlicht Yachting (D)

www.fortunecity.de/lindenpark/karajan/66/

Segelreisen auf klassischen Schiffen.

Mitsommernachtstörn von Kappeln nach Stockholm, Fantasy-Live-Rollenspiel auf dem Großsegler „Ninive", Segelreise zum Rockfestival in Roskilde/Dänemark, Silvester 1999 auf der Elbe vor Hamburg.

Segelurlaub.de (D)

www.segelurlaub.de/

Segelbootcharter im Mittelmeer. Buntgemischte, aber sympathische Page mit nützlichen Infos für jeden Törn, diversen Newsgroups für Segler und Nicht-Segler, Links zu Segelmagazinen und Vereinen, Tips zur Berichterstattung in den Medien und reichlich Humor.

Windjammer

Adventure Sailing (D)

www.windjammer.de/

Ein Vermittler von Touren in nordeuropäischen Gewässern auf vier Großseglern. Kurzinfos, Routen, Preise.

Windjammersegeln (D)

focus.de/d/dr/drt/drta/drtad/drtad.htm

Segeln wie auf der „Bounty" – Kontakte und Kurzinfos verschiedener Anbieter von Segeltouren auf Windjammern.

Tauchreisen

Dive Info (D)

www.dive-info.com/

Aktuelle Last-Minute-Angebote für Tauchreisen weltweit. Reiseveranstalter, Boote und Hotels für Taucher. Neugierig machen auch die vielen Links zum Thema Tauchen: Unterwasserfotografie, Ausbildung, Ausrüstung, private Homepages etc.

PADI Travel Network (USA)

www.padi.com/ptn/

Reiseangebote und Informationen des internationalen Tauchschulverbands PADI.

Red Sea virtual Diving Center (USA)

touregypt.net/vdc/

Tauchplätze, Tauchbasen, Wracks und Bilder von Fischen im roten Meer auf den Webseiten des ägyptischen Ministeriums für Tourismus.

Reiseberichte (D)

www.muc.de/~villing/report.html

Wer sich lieber an authentische Erfahrungen hält als an die Versprechen der Werbung, findet hier zahlreiche Reiseberichte aus vielen Tauchgebieten weltweit. Produktiv für Tauchfreunde wird sicher auch das Stöbern in den Links sein.

Sprachen

Übersetzung

Online-Wörterbücher (USA)

INFO:

www.facstaff.bucknell.edu/rbeard/diction.html

Vielseitig und hilfreich: Online-Wörterbücher in 160 verschiedenen Sprachen. Zur Verfügung stehen auch Synonymwörterbücher, Online-Grammatiken und ethymologische Wörterbücher sowie Lexika zu Dialekten.

Übersetzungshilfe online (USA) (D) (F)

www.travlang.com/languages/

Wichtige Vokabeln und Redewendungen in wenigen Stunden lernen. Mehr als 40 Sprachen von Afrikaans über Friesisch, Hindi bis Zulu.

Studienreisen

DolmenTours (D)

www.humantouch.de/ht2/dolmen/

Geomantische Studienreisen nach Südengland und Irland. Termine und Reiseberichte.

Zegrahm DeepSea Voyages (USA)

www.deepseavoyages.com/

Diese Firma unternimmt (sehr kostspielige) touristische Fahrten in die Tiefsee bis zum Wrack der Titanic.

Konzertreisen

Reiseshop (D)

www.reiseshop.de/

Reisen zu den erfolgreichsten Musicals in Deutschland („Phantom der Oper", „Cats", „Starlight Express", „Joseph" ...) mit Saalplänen und Kartenbuchung.

Hotelführer und Billigflüge.

Kultur

Kreativurlaub im Künstlerdorf (D)

www.campo-altissimo.com

Toscana & Griechenland: Bildhauerei in Marmor und Malerei in einer Sommerschule.

Kultur-, Erlebnis- und Studienreisen (D)

www.trekkingreisen.ch/kulturerlebnisstudienreisen.html

Kultur- Erlebnis- und Studienreisen: Zentrale für Trekking- und Studienreisen, ausgesuchte Links der Top-Kulturreiseveranstalter. Grafisch mies, inhaltlich klasse.

Meridian Reisen (D)

www.meridian.de/home.html

Hier werden Seminare und Studienreisen der besseren Kategorie geboten. Teilweise unter Führung ehemaliger ARD-Korrespondenten!

Steirische Festspiele (D)

www.styriarte.com/

Styriarte 99 – die steirischen Festspiele in Graz locken mit hochkarätigen klassischen Konzerten.

Studiosus (D)

www.studiosus.de

Andere Länder und Menschen erleben mit Studiosus-Reisen. Kurzvorstellungen der Reiseleiter und Texte über die Philosophie, die Welt zu bereisen, ohne fremde Kulturen zu stören.

Wikinger Reisen (D)

www.wikinger-reisen.de

Kultur und Natur aktiv erleben – weltweit, Trekkingtouren, Fahrrad- und Autoreisen.

Pilgerfahrten

Altötting (D)

www.kath.de/bistum/osnabrueck/1/1-8/1-8-8.html

Die Diözesanpilgerstelle Osnabrück organisiert Pilgerreisen mit Zielen von Altötting bis Jerusalem.

Biblische Reisen (D)

www.biblische-reisen.de

Biblische Reisen, ein ökumenisches Unternehmen zusammen mit der Evangelischen Bibelgesellschaft, organisiert z. B. Gruppenreisen in den nahen Osten.

Kreis der Freunde Roms (D)

home.t-online.de/home/kreis-der-freunde-roms/

Hier werden spezielle Programme für ökumenische Pilger- und Studienreisen im Gebiet des ehemaligen Imperium Romanum angeboten, in dem sich die Stätten unserer christlichen Tradition befinden.

Land of Jesus, the (USA)

www.theholyland.co.il/

Aktionen für Pilger im heiligen Land. Verkauf verschiedener Kultgegenstände vom Baum bis zum Stück Land in Bethlehem.

Pilgerfahrt (D)

www.kath.de/schoenstatt/19970520.htm

Pilger- und Studienfahrt nach Istanbul und Nizäa.

Pilgerreisen (D)

www.pilgerreisen.de

Bayerisches Pilgerbüro: Pilgerreisen und Wallfahrten nach Lourdes, Fatima, und zu Heiligtümern in Deutschland, der Schweiz, Österreich, Polen, Ungarn, der Tschechischen Republik und dem Heilige Land.

Unterwegs sein (USA) (D)

www.unterwegssein.ch

Unterwegs sein auf Pilgerwegen in der Schweiz, zum Beispiel der Jacobsweg durch das Berner Oberland.

Lourdes

Rosenkranzsingen (USA) (F)

www.lourdes-france.com/gb/gbchapel.htm
www.lourdes-france.com/fr/frchapel.htm

Täglich live direkt aus Lourdes ab 15.30 Uhr ein Rosenkranzsingen. Außerhalb dieser Zeiten hören Sie eine Aufzeichnung von Radio Notre Dame.

Lourdes (offizielle Seite) (USA) (F)

www.lourdes-france.com/

Die offizielle Webseite des Wallfahrtsortes Lourdes. Veranstaltungen, Bild der Madonna und Text der Verkündigung sowie weitere Texte.

Pilgern nach Lourdes (D)

www.kath.de/bistum/speyer/lourdes/louanmel.htm

Pilgersonderzug nach Lourdes vom Bistum Speyer.

Sprachreisen

Europartner Reisen (D)

www.europartner-reisen.de

Über 20 Jahre Sprachreisen für Erwachsene und Jugendliche: Großbritannien, Irland, Frankreich, Malta und USA.

Sprach- und Studienreisen (D)

www.language.de/iSt

Internationale Sprach- und Studienreisen für Schüler, Studenten, Privat- und Geshäftsleute.

Sprachreisen für Erwachsene und Schüler (D)

www.iska.de

Über 25 Jahre ISKA-Sprachreisen für Erwachsene und Schüler nach England, Frankreich und Malta.

Steinfels Sprachreisen (D)

www.steinfels.de

Fremdsprachen im Ausland lernen: Dr. Steinfels-Reisen. Fünf Sprachen, 13 Länder mit Online-Buchung.

Unterkünfte

Camping

Alpen-Caravanpark in Klais (D)

www.camping-tennsee.de

Campingplatz in Klais/Krün in den Bayerischen Alpen mit Online-Reservierungssystem.

Camping Campo Felice Lago Maggiore (USA) (D)

www.campofelice.ch

Sehr gut ausgestatteter Campingplatz am Lago Maggiore.

Camping Costa Daurada (USA) (D) (F)

www.playamontroig.com

Camping und Bungalow Park Playa Montroig (Tarragone) Spanien.

Camping in Aquitanien (USA) (D) (F)

www.campings-aquitaine.com/

Allgemeine Informationen über Camping in Aquitanien/Frankreich mit Übersichtskarten.

Camping in Kärnten (USA) (D)

www.burgstaller.co.at/burgstaller

Komfort-Campingplatz in Döbriach/Kärnten; u. a. mit Reitkursen. Leider mit nervtötender Musik unterlegt.

Camping Web (USA) (D) (F)

www.campingweb.com/

Campingführer für Deutschland, noch im Aufbau, bis jetzt sind erst wenige Campingplätze verzeichnet, auf die man von einer klickbaren Landkarte aus zugreift.

Ferienanlage an der Adria (D)

www.alfa.it/s.francesco/

Ferienanlage an der Adria, Caorle/Venezia. Auch Ferienwohnungen, Schwimmbäder und Chalets.

VDWH Wohnwagen- und Wohnmobil-Infodienst (D)

www.vdwh.de

Der Verband Deutscher Wohnwagenhersteller liefert Tips zum Urlaub mit dem Caravan und eine Liste aller wichtigen europäischen Hersteller.

Clubs

Club Aldiana (D)

www.club-aldiana.de/

Beschreibung und Fotos aller Clubs, Sportaktivitäten und Events.

Mit einem Online-Spiel.

Club Med (USA)

www.club-med.com/

Katalogmäßige Beschreibung und Fotos aller Clubs, Events mit Online-Buchung.

Shockwave-Online-Spiel, mit dem man eine Woche Cluburlaub gewinnen kann.

Cluburlaub (D)

www.club-urlaub.de/

Spezialreisebüro für Cluburlaub. Robinson, Club-Aldiana, RIU-Hotels, Club-Med, mit Vorstellung der einzelnen Clubs sowie des AIDA-Clubschiffs. Sonderangebote und Online-Buchung.

Gewinnspiel um Reisegutscheine.

Robinson Club (D)

www.robinson-club.com/

Einladung zum Robinson-Abenteuer – nur nicht ganz so einsam. Beschreibung und Fotos aller Clubs, Events, Online-Newsletter und Online-Buchung.

Reiseinformationen für das jeweilige Land.

Ferienwohnungen

Casa Mazotti – Urlaub in der Toscana (USA) (D)

www.casamazzoni.it

Urlaub für Individualisten. Toscanische Küche, in deutscher Sprache mit Online-Buchung.

Cherdo Armoric (D)

www.cherdo.com

Umfangreiche Auswahl an typischen Landhäusern, Ferienhäusern, Ferienwohnungen und Ferienanlagen in Frankreich, Spanien, Portugal, Italien, Kalifornien und Florida.

Cultura (D)

www.cultura-online.de/

Ruhe und Erholung abeits von Lärm und Hektik – dafür muß man nicht bis ans Ende der Welt reisen. Cultura vermietet Villen und alte Bauernhäuser für den Urlaub in der Toskana, Umbrien, Ligurien oder auf Elba.

Ferien am Krakower See (D)

www.twfg.de/kol

Ferien, Baden und Angeln im Luftkurgebiet Krakower See in Mecklenburg-Vorpommern.

Ferienhäuser auf den Azoren (D)

www.check-in-reisen.de/

Herrenhäuser, Landhäuser und Ferienwohnungen auf den Azoren und auf Madeira.

Vermittlung von Mietwagen auf den Azoren und auf Madeira.

Ferienhäuser in Finnlandv (D)

www.kolumbus.fi/finntrip

Private Ferienhäuser mit eigenem Strand, Ruderboot und Sauna in Finnland.

Ferienhäuser in Norwegen (D)

www.feinle.de/

Aufenthalt in Ferienhäusern in Südnorwegen von einer deutschen Agentur vermittelt. Im Sommer ein Angelfestival.

Ferienhäuser und -wohnungen in Frankfreich (D)

www.lotze.de

Vermittlung von Ferienhäusern und Ferienwohnungen in den schönsten Landschaften Frankreichs.

Fewo (D)

www.fewo.com/

Datenbank mit zahlreichen Ferienwohnungen und Häusern weltweit.

Fincas auf Mallorca (D)

www.fincaservice.de/

Auswahl an Fincas und Villen auf Mallorca mit Kurzbeschreibung und Fotos.

La Palma (D)

www.lapalma.de/

Ferienhäuser auf La Palma mit ausführlichen Beschreibungen, Fotos und Online-Buchungsanfrage.

Steiner (D)

www.steinerferien.de/

Ferienhäuser und Villen auf den Balearen und in Florida.

Sucasa (D)

www.sucasa.de/

Ferienhäuser und Villen in Frankreich, Portugal, Spanien.

Toscana Landhäuser (D)

www.toskana.de/

Ferienhäuser in der Toskana mit Online-Anfrage und Buchungsmöglichkeit.

Urlaub in Europa (USA) (D) (F)

www.urlaub-in-europa.org/

Datenbank mit Ferienhäusern, Wohnungen, Immobilien und Ferien auf dem Bauernhof in Europa.

Hotels

Derag Hotels (D)

www.deraghotels.de/

Nobelhotels in deutschen Großstädten mit Online-Reservierungssystem und Zimmerplänen.

Event Hotel AG (D)

www.eventhotels.com/

Holiday-Inn und Best-Western-Hotels in Deutschland. Mit Übersichtskarte und Online-Reservierungsanfrage.

Glocknerhof in Österreich (USA) (D) (F)

www.homeshop.at/glocknerhof/

Erlebnisbad und Langlauf, hoteleigenes Fischrevier an der Drau in Österreich.

Haunted Hotels (USA)

home.freeuk.net/whiterabbit/whiterabbit1.html

Alles über Hotels, in denen es spukt! Geistergeschichten und Hintergrundberichte, aber auch etwas Eigenwerbung – britisch-augenzwinkernd.

Hilton (USA)

www.interconti.com/

Ausführliche Informationen über alle Hilton Hotels und Hotelschiffe weltweit mit Fotos, Lageplänen, Raumangebot und Online-Buchung.

Sonderangebote als Newsletter per E-Mail oder direkt auf der Webseite.

ibis-Hotel (USA) (D)

www.ibis-hotel.de

Ibis-Hotels in Deutschland stellen sich vor. Hotelführer mit Online-Buchung.

Inter-Continental (USA)

www.interconti.com/

Präsentation aller Inter-Continental-Hotels weltweit mit Fotos, Lageplänen, Raumangebot und Online-Buchung. Viele Seiten auch in den jeweiligen Landessprachen.

Ständig wechselnde Sonderangebote.

Maritim (USA) (D) (F)

www.maritim.de/

Maritim Hotels in Deutschland, auf Teneriffa und Mauritius mit Kurzbeschreibung, Fotos und Anfahrtsplänen.

Monatlich wechselndes Gewinnspiel.

Marriott (USA)

www.marriott.com/

Datenbank aller Marriott, Ritz und Renaissance Hotels weltweit. Mit Fotos, touristischen Informationen, Lageplan, Raumprogramm und Online-Buchung.

Mövenpick (USA) (D)

www.moevenpick.com/

Landkarte und Datenbank aller Mövenpick Hotels und Restaurants weltweit. Mit Fotos, touristischen Informationen, Landkarten und Online-Buchung. Teilweise QTVR-Panoramabilder der Hotels.

Online-Währungsumrechner.

Novotel (USA) (D) (F)

www.novotel.de

Informationen und Buchungen für Novotels.

Parco San Marco (USA) (D)

www.parco-san-marco.com

Der Parco San Marco Resort-Hotelpark liegt am Luganer See.

RIU (USA) (D) (F)

www.riu-hotels.com/
www.ibacom.es/riuhotels/german/

RIU-Hotels in den wichtigsten Urlaubsgebieten weltweit. Hotelbeschreibungen und touristische Informationen.

Shangri-La-Nobelhotels in Ostasien (USA)

www.Shangri-la.com

Shangri-La-Hotels in Bangkok, China, Hongkong, Singapur, Malaysia und Indonesien. Online-Reservierungsanfrage und QTVR-Präsentationen der Hotels.

Sheraton (USA)

www.sheraton.com/

Ausführliche Informationen über alle Sheraton Hotels und Hotelschiffe weltweit mit Fotos, Lageplänen, Raumangebot und Online-Buchung.

Ständig wechselnde Sonderangebote.

Sheraton Fallsview Niagara (USA)

www.fallsview.com/

Fallsview Hotel an den Niagarafällen mit interaktiven Rundgängen durch verschiedene Bereiche des Hotels.

Webcam mit Blick auf die Niagarafälle.

Small Luxury Hotels of the World (USA)

www.slh.com/

Die „Small Luxury Hotels of the World" haben auf der ganzen Welt kleine exklusive Hotels. Alle Hotels sind hier beschrieben und können online gebucht werden.

Tophotels Worldwide (USA)

www.tophotels.com

Für den etwas anspruchsvolleren Gast: Adressen von Tophotels auf der ganzen Welt. Die Auswahl ist allerdings begrenzt.

Bayern

360-Grad-Ansichten (USA) (D)

62.140.15.92/index.htm?referer=

Hotels in Bayern mit 360-Grad-Panorama-Ansichten. Geliefert werden auch entsprechende Fotos und Impressionen.

Hotel Gruben (USA) (D)

home.t-online.de/home/hotel-gruben

Das erste Bike-Hotel im Allgäu lädt ein nach Oberstdorf. Auf dem sportlichen Programm stehen auch Gleitschirmfliegen, Kajak und Klettern.

Sporthotel Sonnenhof, Grafenau (D)

www.sonnenhof-grafenau.de

Sport- und Konferenzhotel in Grafenau im Bayerischen Wald.

Italien

Funggas Hof in Südtirol (D)

www.profi.it/funggas/

Das Hotel mit dem besonderen Flair in Naturns im Meraner Land, mit Preisen und Zimmerplänen.

Genießer- & Wanderhotel Preidlhof in Naturns (D)

www.preidlhof.it

Eine Welt zum Träumen und Genießen.

Live-Wetter-Kamera, Panoramablick und aktuelle Tagesspeisekarte.

Hotel Burggräfler Hof in Meran/Obermais (USA) (D) (F)

www.burghof.suedtirol.net/

Eines der attraktivsten Genießer-Hotels in Südtirol mit Preisen und Zimmerplänen.

Hotel Gnaid im Meraner Land (D)

www.gnaid.it

Panoramahotel in Gnaid in Südtirol mit Zimmerplänen, Preislisten und Sonderangeboten.

Sporthotel Obereggen, Dolomiten (USA) (D)

www.obereggen.it

Sporthotel in Obereggen, Südtirol, Dolomiten mit Preislisten, Sonderangeboten und Online-Anfrage.

Traumhotel Lindenhof in Naturns/Meran (D)

www.lindenhof.it

Das Leben genießen – in aller Ruhe! Naturns im Meraner Land. Hier gibt es auch Last-Minute-Angebote.

Norwegen

Angeln in Südnorwegen (USA) (D) (F)

www.korshamn.com/

Informationen über Angelaufenthalte in Südnorwegen.

Österreich

Cordial (USA) (D)

www.cordial.co.at

Cordial Ferienclub AG Linz Österreich. Mehrere Hotels in den Alpen, Kooperationsangebote weltweit.

Dorfhotel (USA) (D)

www.dorfhotel.com

Viersternedorfhotel am Ossiacher See/Österreich.

Hotel Salzburgerhof, Zell am See (USA) (D)

www.salzburgerhof.at

Wellness-Oase im Sportparadies Zell am See mit Online-Übersicht über freie Zimmer und Buchungsmöglichkeit.

Posthotel Achenkirch/Tirol (D)

www.posthotel.at

Sport- und Freizeithotel in den Tiroler Bergen mit Online-Buchungsmöglichkeit.

Sporthotel Alpina (USA) (D)

www.sporthotel.alpina.at

Vital- und Wellness-Resort in Gerlos, Zillertal mit Online-Buchungsmöglichkeit.

Sporthotel Igls (D)

www.sporthotel-igls.com/

Sporthotel Igls bei Innsbruck.

Sport-Vital-Hotel Theresa im Zillertal (USA) (D)

www.sporthotel-theresa.co.at

„Genießerhotel" in Zell im Zillertal mit Online-Anfrage und Buchungssystem.

Regelmäßige Gewinnspiele.

Tiscover (USA) (D)

www.tiscover.at/

Hotelinformations- und Buchungssystem für Österreich mit touristischen News, Wetterberichten und verschiedenen Webcams.

Schweiz

Hotel und Restaurant La Rocca Ascona (D)

www.la-rocca.ch

Hotel mit Blick auf den Lago Maggiore und die Brissage-Inseln in Porto Ronco/Ascona. Preisliste und Sonderangebote.

Spanien

Adolfo da Quinta (D)

www.adolfo-da-quinta.de/

Adolfo da Quinta, Algarve. Landhotel am Meer mit Golfakademie.

Verzeichnisse

All Hotels on the Web (USA)

www.all-hotels.com/

Datenbank mit zahlreichen Hotels weltweit, über eine interaktive Landkarte zu steuern. Einige Hotels mit Links auf Homepages oder direkter Online-Buchung.

Chambres! (USA) (D)

www.hotelreservierung.com/

Hotelreservierung und Tagungsreservierung in Deutschland, Frankreich, Großbritannien, Italien, Niederlande und Österreich.

eHotel (USA) (D) (F)

www.ehotel.de/

Online-Reservierungssystem für 51.000 Hotels weltweit.

European castle (USA) (D)

www.european-castle-hotels.com/

European Castle – Hotels in europäischen Burgen und Schlössern. Mit Übersichtskarte und Online-Buchung.

European Hotel Directory (USA) (D) (F)

www.cd-hotel.com/

Hotelverzeichnis mit 70.000 europäischen Hotels.

Hotel Reservation Service (USA) (D) (F)

www.hrs.de/

Über 30.000 Hotels weltweit online reservierbar. Mit Hotelbeschreibungen, Fotos, Lageplänen. Angezeigt werden nur freie und direkt buchbare Hotels.

Hotel-ami (USA) (D) (F)

www.hotel-ami.de/index.html

Hoteldatenbank mit 20.000 Hotels und Pensionen in Deutschland. Ausführliche Suchmöglichkeit, viele Treffer.

Hotels auf Burgen und Schlössern (USA) (D)

www.rhinecastles.com/

Burghotels und Restaurants in Festungen, Palästen, Mühlen und Herrenhäusern am Mittelrhein in Deutschland.

Hotels im Web (D)

www.hotels.im-web.de/

Hotelführer für Berlin, Mecklenburg-Vorpommern, Brandenburg und Sachsen.

Auch Vermittlung von Privatzimmern.

Mitsubishi Motors Hotelführer (D)

www.ehf.de/

Einer der größten Hotelführer für Europa im Internet. Ausführliche Auswahlmöglichkeiten.

Die Suchmaschine berücksichtigt zahlreiche Sonderwünsche. Der Hotelführer ist auch als CD-ROM zum Offline-Suchen erhältlich.

Pensionen Online (D)

www.pensionen-online.de/

Datenbank mit Pensionen und Gasthöfen in Deutschland. Die Suche ist über die Landkarte, den Ortsnamen oder die Postleitzahl möglich.

Quality Reservations (USA) (D)

www.qr-hotels.com/

Online-Reservierungssystem für über 70 Hotels der Oberklasse in Deutschland und Österreich.

Reservierungszentrale Deutschland (USA) (D) (F)

www.hotelreservationsystem.com/

Online-Reservierungssystem für mehrere hundert Hotels, Motels, Tagungscenter, Jugendherbergen und Privatzimmer.

Jugendherbergen

An Óige (USA)

www.irelandyha.org/

Landkarte und Datenbank aller Jugendherbergen in Irland mit Informationen, Anfahrtsplänen und Preisen.

Centrale des Auberges de Jeunesse Luxembourgeoises (USA) (D) (F)

www.youthhostels.lu/

Landkarte und Datenbank aller Jugendherbergen in Luxemburg mit Informationen, Fotos und Preisen.

Danhostel (USA) (D)

www.danhostel.dk/

Landkarte und Datenbank aller dänischen Jugendherbergen mit Fotos, ausführlichen Informationen, Anfahrtsplänen und Preisen.

Liste der Sehenswürdigkeiten in Dänemark und eventueller Rabatte für Jugendherbergsgäste.

Federation Unie des Auberges de Jeunesse (USA) (F)

www.fuaj.org/

Interaktive Landkarte mit Datenbank aller französischen Jugendherbergen mit Fotos.

International Youth Hostel Federation (USA) (D) (F)

www.iyhf.org/

Der Internationale Jugendherbergsverband veröffentlicht hier Kontaktadressen und E-Mail-Adressen aller angeschlossenen Jugendherbergsverbände weltweit. Angeschlossen ist auch ein internationales Buchungsnetz.

Nederlandse Jeugdherberg Centrale (USA)

www.njhc.org/

Landkarte und Datenbank aller holländischen Jugendherbergen mit Fotos und touristischen Informationen.

Schweizer Jugendherbergen (USA) (D) (F)

www.youthhostel.ch/

Landkarte und Datenbank aller Jugendherbergen in der Schweiz mit touristischen Informationen, Fotos und Preisen.

Youth Hostel Association England & Wales (USA)

www.yha.org.uk/

Datenbank mit Jugendherbergen und angeschlossenen Campingplätzen. Ausführliche Informationen zu jedem Haus.

Mitwohnzentralen

Homecompany (D)

www.homecompany.de/

Verband der Mitwohnzentralen. Hier finden Sie kurzzeitige und langzeitige Vermietungsangebote, auch Messewohnungen und befristete Vermietungen während der Expo 2000.

invito (USA) (D)

www.invito.de/

Weltweites Projekt der EXPO 2000 in Hannover, vermittelt Gäste der Weltausstellung an private Gastgeber.

Ring Europäischer Mitwohnzentralen (USA) (D)

www.mitwohnzentrale.de/

Liste europäischer Mitwohnzentralen mit Links, Telefonnummern und E-Mail-Adressen.

Wohnungstausch

Apollo Tauschurlaub (USA) (D)

www.sima.dk/haneys/
www.sima.dk/haneys/indexde.htm

Das Verkehrsbüro Apollo bietet Vermittlung von Wohnungstauschferien für Familien, Ehepaare und Studenten, aus der ganzen Welt an.

Holiday Service (D)

www.holiday-service.de/

Internationaler Anbieter von Tauschwohnungen für kostenlosen Urlaub.

Homelink (USA) (D) (F)

www.homelink.org/

Datenbank mit Häusern und Wohnungen für den Tauschurlaub. Bilder und Daten zu den meisten Häusern.

Weltreisen

Australien-, Neuseeland-, Südsee-Reisen (D)

www.tourconsult.com

Australien, Neuseeland, Südliches Afrika, Südsee, Mauretanien, mit Sonderangeboten zum Jahrtausend-Silvester und E-Mail-Newsletter.

Reisehinweise des Auswärtigen Amts (D)

focus.de/d/dr/dr01/dr01.htm

Focus veröffentlicht hier ständig aktualisiert die offiziellen Reisehinweise des Auswärtigen Amts für alle Länder der Welt.

Sahara-Info (D)

www.sahara-info.ch/

Ausführliche Infos über verschiedene Reiseländer in der Sahara: Fahrzeuge, Ausrüstung und Literatur. Sehenswert für Sahara-Reisende mit Interesse an Satellitennavigation ist die Rubrik zu GPS.

Gesundheit

Impfungen (D)

www.tkz.fh-worms.de/tii/tips/health/welche.html

Welche Impfungen braucht man für welches Urlaubsland? Empfohlene Impfungen für verschiedene Regionen.

Kondomkauf im Ausland (D)

focus.de/d/dr/dru/drus/drus06/drus06.htm

Beim Kondomkauf im Ausland ist Vorsicht angebracht.

Übersetzungstabelle: Was Kondom auf „ausländisch" heißt, und wo man die Dinger kriegt.

Rauchzeichen (D)

focus.de/d/dr/dru/dru15/dru15.htm

Immer mehr Staaten führen Anti-Raucher-Gesetze ein. Hier erfahren Sie, wie diese ausgelegt werden.

Leider sehr raucherfreundlich geschrieben.

Robert-Koch-Institut (D)

www.rki.de/infekt/steckbrf/stbr.htm

Die hohe Zahl der Fernreisen bringt es mit sich, daß im Ausland Krankheiten erworben und mit nach Hause zurückgebracht werden, die in Deutschland nur selten oder überhaupt nicht vorkommen. Die neu zusammengestellten Informationen sollen den Ärzten, die mit diesen Krankheitsbildern nicht vertraut sind, als erste Hinweise dienen und den schnellen Kontakt zu fachkundigen Ansprechpartnern ermöglichen.

Tropenkrankheiten (D)

focus.de/d/dr/dru/dru14/dru14.htm

Steckbriefe seltener Virusinfektionen aus den Tropen.

Adressen von Tropeninstituten und reisemedizinischen Zentren.

Reiseberichte

1001 Reiseberichte (D)

members.xoom.com/_xoom/wbv/berichte/berichte.htm

1.001 Reiseberichte in deutscher Sprache aus allen Ländern der Welt in einem Webring mit Suchdatenbank nach Kontinenten.

Wahl des besten Reiseberichtes mit Gewinnspiel.

Gedeckte Brücken (USA) (D) (F)

william-king.www.drexel.edu/top/bridge/cb1.html

Gedeckte Brücken in Pennsylvania.

Personal Experiences (USA)

www.pi.se/~orbit/pers.html

Reiseberichte von vielen verschiedenen Leuten aus verschiedenen Kontinenten.

Reiseberichte (USA) (D)

twenj.com/travelzine.htm

Private Reiseberichte aus der Schweiz, Slowenien, Italien, Portugal und Griechenland.

Sahara Reiseberichte (D)

www.sahara-info.ch/lander/core_laender.htm

Verschiedene Reiseberichte und Tourenvorschläge durch die Sahara.

Shopping im Internet

Und ist der Handel noch so klein, so bringt er mehr als Arbeit ein. Damit dem so sein kann, müssen die Waren auf dem internationalen Basar feilgeboten werden. Der größte Markt der Erde ist inzwischen das Internet geworden, auf dem alles dargeboten wird, von dem der Mensch so meint, daß Frau, Mann und Kind es gebrauchen könnnen. Zusammengefaßt in so unterschiedliche Themenbereiche wie Alkohol, Blumen, Bücher, CDs, Flohmarkt und Juwelen bietet sich dem Suchenden die gesamte Palette der Ge- und Verbrauchsgüter dar. Es gibt Preisagenturen, Versteigerungen, Kleinanzeigen, Fabrikverkauf und Warenhäuser, wie auch Telefonanbieter, Restaurants, Genießen, Geschenkartikel, Juwelen und die Kinderabteilung. Und auf die, denen der Mammon denn allzu schnöde ist, wartet der Bereich Kostenlos.

Alkohol

Bier

Alt online (USA) (D)

www.schloesser.de

Beispielhafter Webauftritt der Schlösser Brauerei aus Düsseldorf. Bier-Einsteiger aber auch fortgeschrittene Genießer sollten sich unbedingt das lustige Bierlexikon anschauen. Sportlich wird's mit der Vorstellung von Rhein Fire Düsseldorf und der Düsseldorfer EG.

Veranstaltungskalender und Vorstellung diverser Szene-Treffs in der Rheinmetropole Düsseldorf. Im Gewinnspiel winkt als Preis das Schlösser Alt Sommer-Set!

Beck's (D)

www.becks.de/

Brauerei Beck's mit Sponsoring verschiedener Künstler und Musiker.

Fußballnachrichten und Online-Künstlerwettbewerb. Verschiedene Gewinnspiele und ein Bildschirmschoner zum Download.

Beer Hunter, the (USA)

www.beerhunter.com

Auf Michael Jackson`s Bierseite erfahren Sie alles rund um den Gerstensaft. Von der Bier-Kultur über die unterschiedlichen Geschmacksrichtungen bis hin zu einer umfangreichen Bier FAQ.

Besuchen Sie den Bier Club und gehen Sie auf die Michael Jackson World Beer Tour!

Beer Square (USA)

ion.le.ac.uk/~mar5/beergame.html

Lassen Sie sich überraschen und spielen Sie auf der nächsten Party Beer Square. Alles, was Sie zum Spiel benötigen, erfahren Sie hier.

Bier aus Deutschland (USA) (D)

www.bier.de/

Die deutschen Top ten der Biere mit den beliebtesten Biermarken. Geschichte, Marken, Sorten, Lexikon und der vollständige Originaltext des deutschen Reinheitsgebots.

Beamish Irish Stout (USA)

www.beamish.ie

Die Beamish Irish-Stout Seite neu designt - unbedingt bookmarken!

Best Belgian Beers (USA)

www.bestbelgianbeers.com

Hier erfahren Sie alles über große belgische Biere. Wenn Sie noch nicht auf den Geschmack gekommen sind, hilft Ihnen die Seite, daß für Ihren Geschmack ideale Bier zu finden.

Spielen Sie das Bier Fan Quiz oder planen Sie eine Besuch in Brüssel. Die schönsten Cafes finden Sie auf dieser Seite.

Biercity (USA) (D)

www.biercity.de

Die Seite lädt Sie zu einer Exkursion durch deutsche Hausbrauereien mit einer besonderen Tradition ein. Sie erfahren alles über die Bierspezialitäten der Städte Düsseldorf, München, Leipzig, Köln, Hamburg, Frankfurt, Dortmund und Berlin.

Bevor Sie sich in eine der Hausbrauereien zurückziehen, sollten Sie sich unbedingt die Sehenswürdigkeiten o. a. Städte anschauen.

Binding (USA) (D)

www.binding.de

Diese Seite vereint die Biermarken Binding Lager, Clausthaler, Schöfferhofer, Radeberger, Binding Ice-Bier, Erbacher Brauhaus und Allgäuer Brauhaus. Sammler erstklassiger Fotos Ihrer Lieblingsmarke kommen im Foto-Archiv voll auf Ihre Kosten.

Bitburger (USA) (D)

www.bitburger.de

Bitte ein Bit, diese Seite ist ein Hit! Neben den konventionellen Informationen rund um das Traditionsbier aus der Eifel werden Sie hier mit Zusatznutzen erschlagen.

Unter anderem erfahren Sie alles über die deutsche Fußball-Nationalelf und die Fußball-Weltmeisterschaft, Basketballfreunde erhalten detaillierte Infos über alle Top Teams, und obendrein erhalten Sie noch einen tollen Bildschirmschoner.

Budweiser (USA)

www.budvar.cz

Tolle Seite der tchechischen Traditionsbrauerei. Neben aktuellen und historischen Informationen rund um die Brauerei bietet sich auch hier ein Besuch im Budweiser Budvar´s Online-Shop an.

Highlight der Seite sind die historischen Postkarten, die Sie per Mail an Ihre Freunde verschicken können.

Budweiser – US (USA)

www.budweiser.com

Nicht zu verwechseln mit dem tchechischen Budweiser! Bevor Sie in die Budweiser-Welt eintreten, werden Sie zur Eingabe Ihres Geburtsdatums aufgefordert. Neben der ausführlichen Vorstellung der Brauerei gibt es jede Menge Infos rund um den US-Profi-Sport und vieles andere mehr.

Frank & Louie Screensver – Absolut irrer Bildschirmschoner! Weiterhin gibt es jede Menge digitaler Postkarten. Click it!

Coors (USA)

www.coorsjobs.com

Hier heißt Sie die amerikanische Coors Brauerei willkommen. Sofern Sie einen interessanten Job in den Vereinigten Staaten suchen, sollten Sie sich unbedingt das umfangreiche Angebot der Brauerei ansehen.

Diebels online (D)

www.diebels.de

Neben einem Rundgang durch die Diebels-Brauerei besuchen Sie unbedingt den gut sortierten Diebels Online-Shop mit den Kategorien Sports Line, Life Line und Classic Line.

Spielen Sie mit mit beim Diebels Adventure. Es werden sowohl eine Online als auch eine Offline-Version zur Verfügung gestellt. Installieren Sie vor dem Start des Adventures das Shockwave Plug-In.

Flensburger (D)

www.flensburger.de

Die nördlichste Brauerei Deutschlands wartet mit einem geckigen Online-Kino auf, das Sie sich anschauen sollten. Im Online-Shop der Flensburger erhalten Sie nette Produkte rund um das Kultbier aus dem hohen Norden.

Frankenheim (D)

www.frankenheim.de

Die Neusser Frankenheim Brauerei bietet in ihrem Web-Basar die Möglichkeit, kostenlos Kleinanzeigen aufzugeben. Weiterhin gibt es aktuelle Veranstaltungshinweise im Großraum Düsseldorf und Köln sowie einen Online-Shop mit Trinkgefäßen, Zapfzubehör, Wirtezubehör und diversen Präsenten.

Sie suchen eine Partner oder eine Partnerin? Dann versuchen Sie`s mit einem Blinddate auf der Frankenheim-Seite!

Fürstenberg (USA) (D)

www.fuerstenberg.de

Die Fürstenberg Brauerei präsentiert sich mit einem informativen Internetauftritt. Jede Menge Infos rund um den Gerstensaft plus Gewinnspiel,

Grolsch (USA)

www.grolsch.com
www.grolsch.nl

Schöne Seite der niederländischen Grolsch Brauerei. Hier gibt es vor allem ein reichhaltiges Angebot toller Bildschirmschoner und natürlich den obligatorischen Online-Shop mit Werbeartikeln.

Auf der Movie-Seite gibt es detaillierte Infos zu vielen aktuellen Kinofilmen.

Guinness (USA)

www.guinness.ie/

Eine der besten Bierseiten im Web. Nach dem Genuß einiger Half Pints geht es mit dem Pub-Finder auf große Zechtour durch die besten Pubs der Insel. Unbedingt anklicken!

Super-Bildschirmschoner, Icons, Bilder und Online-Spiele.

Heineken (USA)

www.heineken.nl/

Willkommen im internationalen Heineken Imperium. Die niederländische Traditionsbrauerei hat sich wirklich was einfallen lassen. Doch sehen Sie selbst!

Wenn Sie während Ihrer Reisen auf das geliebte Heineken nicht verzichten wollen, finden Sie hier die besten Heineken-Bars weltweit sowie das Online-Spiel „The Quest". Last but not least bietet Heineken noch einen virtuellen Postcard-Service an.

Jever (D)

www.jever.de/

Geschichte der Jever Brauerei, QTVR-Rundgang durchs Brauhaus, Sponsoring von Beachvolleyball-Veranstaltungen, Snowboard und STW-Cup.

Friesische Hochzeit am 9.9.99 im Brauereimuseum Jever.

Österreichischer Bier-Führer (USA)

www.lib.uchicago.edu/keith-cgi-bin/austria/beer

Private Site eines US-amerikanischen Bierfreunds mit detaillierten Informationen über Brauereien in Österreich.

Paulaner (D)

www.paulaner.de/

Jo mei, a Paulaner is fei! Wer mehr will, als sich nur zuzuschütten, kann sich im Paulaner Bierlexikon und der Paulaner Bierchronik über die Herstellung und die Geschichte des Bieres informieren.

Pilsner Urquell (USA)

www.pilsner-urquell.cz

Da läuft einem das Wasser im Munde zusammen. Pilsfreunde finden hier Fakten, Amüsantes und Geschichten rund um das erste Pils der Welt. Zudem bietet die tchechische Version der Seite viele touristische Tips aus dem Lande Pan Tau's.

Auf dem Pilsner Urquell Pinboard finden Szenegänger erstklassige Tips zu Events aus den Urquell-Metropolen. Zudem können Sie nette Online-Grußkarten mit Pilsner Urquell versenden.

Real Beer Page (USA)

www.realbeer.com

Beer, sweet beer! Auf dieser amerikanischen Seite erfahren Sie alles, was Sie über Bier wissen wollen. Viele Links zu bekannten Brauerein weltweit.

Schöfferhofer Weizen (D)

www.schoefferhofer.de

Auf das richtige Glas kommt es an. Hier lernt der potentielle Weizenbiertrinker, wie er sein Weizen fachgerecht einschenkt.

Tuborg (USA) (D)

www.tuborg.de

Die Superwebseite des durstigen Mannes! Tolle Animationen und ein Online-Shop mit Produkten der Kategorien Party, Cult, Office und Sport. Neben netten Werbeartikeln befinden sich auch Euro-Rechner, Nokia

Handys und Regenschirme im Angebot. Im Action-Center erfahren Sie alles über aktuelle Events wie Scad-Diving, Sandboarding und Zorbing!

Schauen Sie mit der versteckten Kamera hinter die Tuborg-Kulissen, oder überprüfen Sie Ihren Alkoholpegel mit dem Online-Alkoholtester! Im Tuborg-Gewinnspiel können Sie Eintrittskarten für die erfolgreichsten Musicals der Welt gewinnen.

Veltins (D)

www.veltins.de

Nicht nur das Bier ist hier frisch, sondern auch die Seite der Veltins Brauerei. Im Veltins-Shop können Sie sich mit Artikeln rund um die Themen Freizeit, Formel 1 und Schalke 04 eindecken.

Worldwide Biershop (D)

www.biershop.de

Das Haus der 131 Biere! Neben den vielen Bierangeboten finden Sie hier jede Menge Produkte, die das Herz des Bierfreundes höher schlagen lassen. Bierposter, Bier-Präsente u. m.

Zeltbräu (D)

www.zeltbraeu.de

Zwar etwas altbacken aber – Hopfen und Malz, Gott erhalt's. Setzen Sie sich an den Zeltbräu-Stammtisch, oder besuchen Sie doch mal den Bierflohmarkt. Zu gewinnen gibt's auch was.

Spirituosen

Armagnac – Calvados – Cognac (D)

www.calvados.de/

Edle Brände aus Frankreich. Ein wunderbarer Shop, der den guten Geschmack perfekt bedient.

Bacardi (USA) (D)

www.bacardi.com

Tolles Design, das die lange Ladezeit der Seite rechtfertigt. Mit dem Bacardi Navigator schippern Sie sicher durch die Welt des Zuckerrohrschnapses.

Ballantines (D)

www.ballantines.de/

Alles über Whisky, Mix-Rezepte, Bericht vom Whisky Cocktail Wettbewerb und ein Online-Shockwave-Gewinnspiel.

Blackadder International (USA)

www.blackadder.com

Die Autoren des Whisky-Führers „The Malt Whisky File", John Lamond und Robin Tucek, versorgen Whiskyfreunde per Internet mit raren, hochprozentigen Malts und jeder Menge Informationen.

Johnnie Walker (D)

www.johnniewalker.de/

Johnnie Walker präsentiert hier ein Gewinnspiel mit täglich neuen krimi-ähnlichen Fragen, aber recht einfachen Antworten.

Whiskymania club (USA)

www.whisky.de/

Fehlt noch der passende Whiskey im Schrank? Oder der passende Gesprächspartner zum Thema Wiskey? Oder wollen Sie sich in Sachen Whiskey weiterbilden? Sehen Sie hier!

Whisky Store, the (USA) (D)

www.whitehawk.com/whisky

Ein Mekka für Whisky-Genießer und -Sammler. Neben erstklassigen Malts und Blends hält die Webpage von Theresia Lüning viele Informationen, Fotos von 90 Brennereien und aktuelle News bereit.

Wein

Deutsche Weine (D)

www.weine.de

Der deutsche Wein-Server! Alles Wissenswerte über die deutschen Weine mit Wein-Lexikon und einem Gewinnspiel.

Gallo (D)

www.ejgallo.de

Die Site für hochwertige Weine aus Kalifornien. Natürlich gibt es auch hier einen informativen Weinführer und Bezugsquellen.

HAWESKO (D)

www.hawesko.de

Ein kundenfreundliches Wein- und Sektkontor mit einem Präsentservice, Schnäppchenmarkt, Accessoires und natürlich einem Fach-ABC.

Rosso & Bianco (D)

www.chloro.com/rosso

Ein weltumspannendes Angebot hochwertiger Weine. Im Wein-Forum können Sie an Diskussionen teilnehmen oder Infos rund um den Traubensaft abrufen.

Wein aus Franken (D)

www.regioweb.de/gwf/gwf-home.html

In vino veritas – die Homepage von GWF ist wahrhaftig eine der besten Weinsites – doch schauen Sie selbst!

Weinkontor Übersee (D)

www.weinkontor.com

Edle Tropfen aus aller Welt. Hier wird Dienstleistung noch groß geschrieben. Falls Sie Ihren Lieblingswein aus dem letzten Urlaub vermissen, können Sie Ihn über das Weinkontor suchen lassen.

Blumen

1-800 Flowers (USA)

www.1800flowers.com

Internationales Blumenversandhaus – teuer, aber gut!

Blumenpost (D)

www.blumenpost.de

Verhältnismäßig preiswerter Anbieter floraler Grüße per Internet.

Fleurop (D)

www.fleurop.de

In und aus 140 Ländern der Welt können Blumengrüße über Fleurop versandt werden. Geschmack und ein ebensolcher Service haben ihren Preis.

Flora Studio Berlin (D)

www.berlin-info.de/flora-studio

Circa 350 Textilpflanzen, wie Ficus- und Bambusbäume oder Palmen und Kakteen, können online bestellt werden.

Florito Flowerpost (D)

www.florito.de

Sag's durch die Blume. Blumenversand der netteren Art.

Garten Quelle (D)

www.quelle.de

Das Versandhaus Quelle bietet zwar nicht die schönste, dafür aber die günstigste Möglichkeit im Web, Blumengrüße zu versenden.

Bücher

@udiobook store (D)

www.karrieresprung.de

Hörbücher fürs mittlere Management. Sach- und Lachgeschichten für Führungskräfte.

abiszet (D)

www.a-zet.de/

Online-Buchbestellung mit den großen Datenbanken von VLB und KNO, dazu noch Bücher aus Frankreich, den USA und aus Spanien sowie antiquarische Bücher und die Spiegel-Bestsellerliste. In einer virtuellen Buchhandlung gibt es Kurzvorstellungen verschiedener Bücher nach Kategorien sortiert.

Addison Wesley Online-Shop (D)

www.addison-wesley.de/

Der bekannte Fachverlag für Computerliteratur glänzt auch im Internet. Gewünschte Titel können per Rubrikübersicht, Autorenliste oder Stichwortsuche gefunden und direkt online bestellt werden.

Altberliner Verlag (D)

www.altberliner.de

Kinderbuchverlag mit Tradition. Der 1945 in der DDR gegründete Verlag, der 1993 privatisiert wurde, bietet Bücher für alle, von 2 bis 85 Jahren, zum Verkauf. Der Schwerpunkt liegt bei Kinderbüchern, die einen Großteil des Sortiments ausmachen.

Amazon (USA) (D)

www.amazon.com
www.amazon.de

Größte Internetbuchhandlung liefert deutsche und amerikanische Bücher versandkostenfrei zum Originalpreis ins Haus. Das große Archiv ermöglicht eine Suche nach Titeln, Autoren oder Schlagwörtern. Zu jedem Buch gibt es eine Inhaltsangabe und die Möglichkeit, für Leser, Autoren oder Verlage, Kommentare zum Buch zu schreiben. Außerdem ständig aktualisierte Buchtips zu verschiedenen Kategorien und ein E-Mail-Newsletter. Im Stundentakt werden die Top 100 neu erstellt und angezeigt. Auf der deutschen Seite finden Sie etwa 1 Million Titel, auf der amerikanischen Seite 3 Millionen.

Antiquariat Paul Hennings (D)

www.antiquariat-hennings.de/

Raketenartige Lieferzeiten und ein gar nicht antiquiertes Angebot sorgen für ideale Shoppingbedingungen.

Arium Antiquariat (USA) (D)

www.atriumantiquariat.com

Ein umfangreiches Archiv alter Bücher. Wer gemütlich offline stöbern möchte, der kann sich das Katalog-Archiv per FTP-Download auf den heimischen PC holen. Die richtig edlen Raritäten finden sich übrigens, mit Bild präsentiert, in der Vitrine.

auslese – Die Buchhandlung (USA) (D) (F)

www.auslese.com

Nicht die Elite in der Optik, aber auserlesen im Service.

Barnes and Noble (USA) (D) (F)

www.barnesandnoble.com

Einer der ganz Großen, mit etwas geringerer Auswahl. Aber sehr internationaler Auftritt!

Beste, das (D)

www.dasbeste.de

Das Beste von Reader's Digest im virtuellen Dorf. Der traditionsreiche Verlag Das Beste entwickelt sich zum Allround-Medienunternehmen. Der Internetauftritt gefällt durch sein modernes Design und die vielfältigen Inhalte.

Bonner Comic Laden (D)

www.comicshop.de/

Ein geschliffenes Angebot, am Shoppingservice kann aber noch gefeilt werden. Der Webauftritt wirkt wie gewollt, aber nicht gekonnt.

Book Serve (USA)

www.bookserve.com/

Viel hilft viel! Je mehr man bestellt, desto günstiger wird die Sache. Literaturversand mit tollem Preis-Leistungs-Verhältnis.

Book Shelf, the (USA)

www.thebookshelf.com/

Kleines Antiquariat in Paris, Illinois. Buchshop für preisbewußte Leser englischsprachiger Literatur.

Book Stacks (USA)

www.books.com/

Klares Design und lukrative Preise.

Boulevard (D)

www.boulevard.de/

Online-Buchhandlung mit der Datenbank von KNO. Hier gibt es außerdem ein Bücherquiz mit Gewinnspiel und einen elektronischen Ghostwriter für Liebesbrief-Mails und ein Fortsetzungsroman, der von Lesern weiter geschrieben wird.

Bouvier – Gonski (D)

www.books.de/

Buchhandlung mit kulturellem Rahmenangebot.

BPV – online (D)

www.bpv-online.de/

Versandhandel mit riesigem Angebot. Top-Büchersite mit klarem Design sowie umfangreichem und aufmerksamem Service.

Buch und Medien (D)

www.buchhandel.de/

Das Verzeichnis lieferbarer Bücher, Musikalien, elektronischer Medien und Zeitschriften, das früher als mehrbändiges Werk in Buchhandlungen lag, ist jetzt im Internet verfügbar. Dazu auch eine Adressdatenbank mit Buch- und Musikalienhändlern. Die Bücher können hier ausgewählt und dann über Buchhandlungen bestellt werden. Es gibt keine Inhaltsangaben, Rezensionen und Verkaufszahlen.

Buch.de (D)

www.buch.de/

Internetbuchhandlung mit etwa 800.000 deutschsprachigen und 4 Millionen englischsprachigen Buchtiteln. Dazu aktuelle News und Buchtips. Buch.de bietet eine interessannte Werbemöglichkeit auf der eigenen Homepage.

Bücher.de (D)

www.buecher.de/

Laut eigenen Angaben ist buecher.de Deutschlands größter konzernunabängiger Internetbuchladen. Mit mehr als 1.000.000 Büchern, CD-ROMs und Videos, darunter mehr als 500.000 englischsprachige Titel, bietet der Bookshop ein komplettes Angebot.

US-/UK-Bücher zum Originalpreis.

Bücherwurm (D)

www.buecherwurm.de/

Der Buchladen bei Metronet. Hier finden Sie neben einem umfangreichen Buchangebot auch Hörbücher, Software, Computerspiele und Videos.

Buchhandlung Dr. Claus Steiner (D)

www.buch-steiner.de/

Online-Buchhandlung, bei der man jedes Buch aus dem VLB-Katalog bestellen kann. Außerdem auch Bestell- und Suchmöglichkeiten in anderen Datenbanken.

Comicladen (D)

www.comicladen.de/comicladen/home

Klassiker der Strichmännchenkultur und entsprechendes Zubehör. In gepflegtem Ambiente gibt es Buntes aus der Welt der Comics.

DATA BECKER Onlineshop (USA) (D)

www.data-becker.de

Die Seite begrüßt Sie mit einer Übersicht der neuen Produkte aus dem Hause DATA BECKER und führt Sie durch das gesamte Software-, Buch-, und Zeitschriftenangebot des Verlages. Wollen Sie auf Linux umsteigen, oder haben Sie Fragen zu Office 2000? Hier bestellen Sie erstklassige Software und Computerbücher versandkostenfrei, sicher und bequem!

Digitale Bibliothek (D)

www.digitale-bibliothek.de/

Hier bekommen Sie zahlreiche klassische deutsche Literatur auf CD-ROM oder DVD (aber nicht ganz billig).

dtv (D)

www.dtv.de

Nach einer etwas längeren Ladezeit der Startseite surfen Sie durch das gut sortierte Angebot des dtv Taschenbuch-Verlags. Suchfunktion im Verlagskatalog.

Falk online (D)

www.falk-verlag.de

Mit Plan zum Ziel. Falk-Stadtpläne mit dem ultimativen Faltpatent können Reisende nun auch online kaufen: von A wie Aachen bis Z wie Zwischenahn.

Hanser (D)

www.hanser.de

Hervorragender Webauftritt des Hanser Verlags. In dieser klar strukturierten Seite macht die Recherche nach Büchern, Fachzeitschriften und aktuellen Presseberichten richtig Spaß.

Haufe (D)

www.haufe.de

Fachbücher direkt vom Verlag. Die Fachbuchhandlung Haufe liefert Software und Bücher zu den Bereichen Computer, Wirtschaft und Recht.

Kaiser Versandbuchhandlung (USA) (D)

www.mail-order-kaiser.de

Schnäppchen Hitliste und viele Sonderangebote. Bücher, Videos und CDs per Online-Order.

KNO und K&V (D)

www.buchkatalog.de

Online-Bestellung beim Buchhändler an der Ecke. Die Großhändler KNO und K&V haben stets 275.000 Buchtitel auf Lager. Bestellt wird bei einem Buchhändler vor Ort!

Komma Book (D)

www.kommabook.de/www.kommabook.de/

Massen von Büchern, Videos und CDs. Mit mehr als 1.000.000 hör-, seh- und lesbaren Titeln in deutscher und englischer Sprache spielt dieser Cybershop sicher in der Online-Oberliga mit.

Lehmanns Fachbuchhandlung (D)

www.lehmanns.de

Großes Angebot an Spezialbüchern aus dem In- und Ausland. Ein guter Service für Wissenschaftler und Studenten – besonders jene der Medizin.

Libri (D)

www.libri.de

Buchbestelldienst der deutschen Buchhandlungen. Die bestellten Bücher werden meistens innerhalb von 24 Stunden in eine der Partnerbuchhandlungen Ihrer Wahl geschickt. Etwa 1 Million Bücher im Angebot. Aktuelle Bestsellerlisten und ein E-Mail-Newsletter.

Lübbe (D)

www.luebbe.de

Verlagsgruppe Lübbe. Bastei-Lübbe-Taschenbücher, BLT, Ehrenwirth. Suche im Gesamtverzeichnis.

mvg-Verlag (D)

www.mvg-verlag.de

Das Programm des mvg-Verlags sowie Presseberichte und eine spezielle Seite für Buchhändler.

Romantruhe (D)

www.romantruhe.com/

Keiner kennt Sie, aber alle wissen um das Schicksal der vom Stationsarzt betrogenen Schwester Sylvia bescheid! Versand für Serienromane und Groschenheftchen, Science-fiction, Arztromane ...

Rowohlt Verlag (D)

www.rowohlt.de/

Shoppingadresse nicht nur für Paperbacks. Ein gelungener Online–Auftritt eines renommierten Verlags.

Seven Books (USA) (D)

www.seven-books.de/

Online-Buchbestellung mit den großen Datenbanken von VLB und KNO, dazu noch eine eigene Bücherliste mit einigen wenigen Kurzvorstellungen und die Bestsellerliste des „Spiegel".

Shop@Mania (USA)

www.anotheruniverse.com/store/categories/comics.asp

Päng, Boff, Zonk, Arrgghh!! Dies ist die ultimative Comicsite. Comicfreunde werden an dieser Site ihre helle Freude haben. Die Auswahl an Heften, Toys, Games und sonstigen Merchandisingartikeln ist groß und so kunterbunt präsentiert, daß Super- oder Batman-Fans definitiv in einen Kaufrausch verfallen.

SmartBooks (D)

www.netzmarkt.de/smartbooks

Schweizer Fachbuchverlag mit Online-Vertrieb. Der rundum gelungene Webauftritt und ein Topservice sind richtungsweisend für Online-Shopping.

Telebuch (D)

www.telebuch.de

Mega-Bookseller aus Deutschland. Einer der besten Online-Bücherdienste, dank guter Suchfunktionen und schneller, versandkostenfreier Lieferung.

Verzeichnis antiquarischer Bücher (D)

www.zvab.com/

Suche nach antiquarischen Büchern, Antiquariate, Kataloge und ein Schwarzes Brett für eigene Suchanfragen.

Wirtschaftsantiquariat Martina Berg (D)

www.martinaberg.com

Reicher Fundus für Sammler, Historiker und Wirtschaftswissenschaftler. Wer historische Geldscheine und Wertpapiere, antiquarische Bücher oder Fabrikbilder von der Jahrhundertwende sammelt, ist im Wirtschaftsantiquariat Martina Berg an der richtigen Adresse.

YPS (D)

www.yps.de

Comic mit Unterhaltungswert. YPS – der Mega-Spaß für Kinder und Kind-Gebliebene. Mit Spannung warten Comicfreunde auf den Gimmick der Woche.

Zweitausendeins Versand (D)

www.zweitausendeins.de

Zweitausendeins ist Kult! Suchen Sie hervorragende Bücher oder Audio-CDs aus den Bereichen Blues, Country, Folk, Jazz, Klassik, Pop oder Rock zu ultimativen Last-Minute-Preisen? Dann setzen Sie einen Bookmark auf diese Adresse!

CDs und Video

@lphamusic (D)

www.alphamusic.de

Megastore im virtuellen Raum. Fantastisches Angebot, gute Benutzerführung.

CD–Billig (D)

www.cd-billig.de

Hits zum Schnäppchenpreis. Faire Preise, guter Service.

Cdnow (USA)

www.cdnow.com

Preisgünstige Unterhaltung aus den USA. Bei CDnow funktioniert die Suche nach Songtiteln, Labeln, Interpreten oder Platten ganz ausgezeichnet.

Cdwonder (D)

www.cdwonder.de

Ein solider Shop für Musikfans. CDs und Bücher rund um die Musik.

Cellophane Square (USA)

www.cellophane.com

Gebraucht-CDs aus Übersee. Relativ günstiger Umschlagplatz für CDs aus zweiter Hand.

Cyber CD (D)

www.cybercd.de

Deutsches Musik-Versandhaus. Bei CyberCD können 60.000 CDs online bestellt werden, das Import-CD-Archiv umfaßt sogar 400.000 Titel.

Deshima (D)

www.deshima.de

Unter dieser Adresse können Sie online aus über 1.800 Musiktiteln Ihre eigene CD zusammenstellen. Wenn Ihr Computer mit Netscape 4.0, dem Internet Explorer 4.0 und RealAudio ausgerüstet ist, lassen sich Ausschnitte aus den einzelnen Songs vorher anhören.

Emusicdaily (USA)

www.emusicdaily.com/

Independent-CDs ohne Ende. Ein guter Shop für den speziellen Geschmack.

JPC Schallplatten Versandhandelsgesellschaft mbH (D)

www.jpc.de

Deutscher Musikshop im Internet. Ein Mekka für den Musikfan. Über 133.000 Jazz-, Pop- und Klassik-CDs und -DVDs warten bei JPC Schallplatten auf musikbegeisterte Käuferscharen.

La Scala (USA)

lascala.milano.it/

Eine kleine Schatztruhe für Opernfans.

Mass Music (USA)

www.mass-music.com

CDs aus Amerika zu niedrigen Transportkosten. Unbedingt die Sonderangebote „On Sale" kaufen. Dann lohnt sich's wirklich!

Mediacity (USA)

web.mcy.de

Bei Mediacity werden die CDs, das richtige Plug-In vorausgesetzt, audiovisuell vorgestellt. Nicht die Menge macht hier die Musik, sondern die abseits vom Mainstream vorgestellten Bands.

Medienparadies (D)

www.Medienparadies.de

Das Programm des Medienversenders der Bertelsmann Buch AG umfaßt neben Büchern, CDs und Videos auch Freizeitartikel und Haushaltszubehör. Lesen, Hören, Sehen – hier gibt's den Stoff dafür.

Music Boulevard (USA)

www.musicblvd.com

Plattenladen mit großem Angebot und gutem Service. Klangproben und tolle Sonderaktionen machen das Einkaufen zum Vergnügen.

Pentagonmusik (USA)

pentagonmusic.com

Noch ein Musikversender im Internet. Topaktuell, gute Preise, sehr guter Service.

Sub Pop Records (USA)

www.subpop.com/

Plattenlabel mit Online-Shop. Live fast die young, order Sub Pop records.

Tower Records (USA)

www.towerrecords.com/

MCs, CDs und Vinyl aus den USA zu Niedrigpreisen.

Weltbild (D)

www.weltbild.de

Zeitschriften, Bücher, CDs, Videos und Software, die ganze Bandbreite moderner Medien kann on- und offline bestellt werden. Solides Shoppingangebot mit günstigen Preisen.

Zweitausendeins Versand (D)

www.zweitausendeins.de

Zweitausendeins ist Kult! Suchen Sie hervorragende Bücher oder Audio-CDs aus den Bereichen Blues, Country, Folk, Jazz, Klassik, Pop oder Rock zu ultimativen Last-Minute-Preisen, dann setzen Sie einen Bookmark auf diese Adresse!

Film

Cinemabilia (D)

www.cinemabilia.de

Videos, Filmplakate, Soundtracks, Merchandisingprodukte und vieles mehr warten auf den Cineasten.

Filmexpress (D)

www.filmexpress.de

„Der Schakal" mit Bruce Willis, oder „Star Trek 9" – hier kommen Cineasten voll auf ihre Kosten.

Design & Kult

Alles von und mit Werner (D)

www.werner.de

Bölkstoff!! He, laß mal noch ne Buddel Flens rüberwachsen, Alter! Alles von, mit und um Werner!

Concert Poster (USA)

www.concertposter.com

Die Megavielfalt des Angebots erfreut das Auge. Poster, Poster und nochmal Poster ...

deepstorage (D)

www.deepstorage.com

Hier gibt es Kunst online, nicht Online-Kunst.

Einstürzende Neubauten (D)

www.icf.de/en/home.html

Neubauten Intershop – Bargeld für Blixa. KULT!

Historischer Filmservice (D)

www.historischer-filmservice.de

Der historische Filmservice ist die Schatzkiste für alle Fans alter Zelluloid-Streifen!

Karoviertel (D)

www.karoviertel.de

Beinahe kultige Frotteekissen für alle Couch-Potatoes und Sofa-Schmusezeiten.

Kauf-Rausch.de (D)

www.kauf-rausch.de

Es lebe der Kitsch! Lavalampen, aufblasbare Möbel und andere geschmackvolle Einrichtungsgegenstände. Ein greller Shop für entsprechende Wohnungen. Grau raus – Farbe rein!

Klang & Stille (USA) (D)

www.klang-stille.de

Wer sich für fernöstliche Lebensweisen und Lebensweisheiten interessiert, bei dem dürfte Webshopping Anklang finden.

Langnese (D)

www.langnese.de/

Hier gibt es nicht nur Eis am Stil, sondern auch grelle Fanartikel rund um die Eismarke mit Herz.

Markus Brandes Autographs (D)

www.autogramme.com/

Autogramme von Kunst bis Sport. Eine umfangreiche Site für Autogrammsammler und -Jäger.

Milano (D)

www.milano.de

„Licht ist Leidenschaft", das beweist Milano mit einer hervorragend gestalteten Homepage.

Net Luck City (D)

www.lucky-strike-originals.de

Hier macht das Online-Shoppen richtig Spaß. Gehen Sie auf Einkaufstour im 3-D-Format und füllen Sie Ihren Einkaufskorb mit Uncle Sams Kultware aus den vergangen 50 Jahren. Wie wär's mit einem Zippo oder mit einem US-Toaster aus den Fünfzigern? Shoppen im 3-D-Format. Lucky-Strike!

Nostalgische Blechschilder (USA) (D)

www.nostalgic-art.com/

Nicht nur für Nostalgiker. Diese Seite wartet mit einer gelungen Auswahl von Reklameschildern verganger Tage auf.

Phantomask (USA) (D)

www.phantomask.de

Hier kommt das Grauen! Monstermäßige Masken. Ein monströser Spaß für die ganze Familie.

RTL Shop (D)

www.rtl.de/shop

Solider Service des Entertainment–Senders. Unterhaltung pur: Online und im TV.

Sovietski Collection (USA)

www9.electriciti.com/cgi-bin/sovietski.storefront

Spionageausrüstungen von KGB–Agenten, Raumanzüge der MIR-Besatzung oder handgearbeitete Kaviar- oder Teeservices. Sovietski Collection verscherbelt die Relikte einer vergangenen Epoche.

Warehouse (USA)

www.warehouse.de

Das Warehouse hat sich auf den Verkauf von Zippo-Feuerzeugen spezialisiert.

X Store, the (USA)

www.thexstore.com

Die zahlreichen Anhänger der US-Kultfernsehserie „The X-Files" (Akte X) werden hier glücklich: The X Store birgt die wahrscheinlich größte Auswahl an X-File-Merchandisingprodukten im Web.

Fabrikverkauf

Abwerk (D)

www.abwerk.de

Schnäppchen vom Fließband. Denn auch im Netz ordern Sie auf dieser Site direkt von der Fabrik: vom Art-déco-Tisch bis hin zu Clogs oder Babywiege.

Factory-Outlets (D)

www.prosieben.de/trend/1998/09/22/fac/

Die besten Adressen für den Fabrikverkauf nach Kategorien geordnet auf einer Deutschlandkarte.

Kopierer-Welt (D)

www.kopierer-welt.de/

Billigangebote für Fotokopierer, diverse Restposten und Fabrikverkauf.

Fahrrad

Bicycles Online (D)

www.bicycles-ag.de

Alles rund ums Fahrrad. Diese übersichtlich gestaltete Seite präsentiert Radzubehör von A bis Z.

Bike o'bello (USA) (D)

www.bike-o-bello.bike.de

Heute fährt man nicht mehr nur einfach Rad um des Fahrens Willen. Man will schließlich auch gesehen werden. Hier gibt es die passenden Outfits für trendbewußte Biker.

Bikeshop (D)

www.bike-shop.de

Der Bikeshop hat ein Angebot der Extraklasse an hochwertigen Fahrrädern und Komponenten. Reinschauen!

Brügelmann (D)

www.bruegelmann.de

Auch hier wird Dienstleistung groß geschrieben. Brügelmann ist der Fahrradversand mit Spitzenservice.

Busch & Müller (USA) (D) (F)

www.bumm.de

Damit Sie auch des Nachts sicher fahren, gibt es auf dieser Seite die entsprechenden Fahrradbeleuchtungen.

Fahrradhandel (D)

www.getnet.de/kgb-fahrradhandel

Konventionelle Fahrräder, Falträder, Hochräder und Fahrradteile aus Holz für den Bioradler!

Jeantex (D)

www.jeantex.de

Radfahren ist in! Jeantex Bikewear Bietet ebenfalls Fahrradkleidung für trendbewußte Radler an.

Kryptonite (D)

www.grofa.com

Hier haben Fahrraddiebe keine Chance – Kryptonite-Fahrradschlösser.

Last Minute Bikes (D)

www.last-minute-bike.de/

Der Drahtesel-Laden für die etwas gehobeneren Ansprüche.

Liegerad (D)

www.liegerad.com

Hersteller von Liegerädern und anderen HPVs, Online-Kleinanzeigen neuer und gebrauchter Liegeräder.

Nilspalm (D)

www.nilspalm.de
www.radius-liegeraeder.de

Voll im Trend! Nilspalm vertreibt Liegeräder aller Kategorien.

Ortlieb (USA) (D)

www.ortlieb.de

Fahrradzubehör – bei Ortlieb gibt es Trinkflaschen und Radtaschen.

VauDe (D)

www.vauDe.de

Wer auch im Regen gerne radelt, findet auf dieser Seite wasserdichte Fahrradtaschen.

Winora (D)

www.winora.de

Qualitativ hochwertige Fahrräder bietet Winora-Staiger GmbH, Schweinfurt, an.

Wolfskin (D)

www.wolfskin.de

Die Wolfskin-Seite für alle Outdoor-Freaks. Neben einem reichhaltigen Angebot an Outdoor-Equipement gibt es hier auch Fahrrad-Packtaschen für alle Mountain-Biker.

XS-Laden (D)

www.xsladen.de

Nicht ganz billige Zweiräder mit Motor- oder Fußantrieb. Wer will, kann hier sein Zweirad auch tunen lassen.

Flohmärkte

Flohmarkttermine (D)

www.flohmarkttermine.de/

Floh- und Trödelmarkttermine für ganz Deutschland inklusive Telefonnummern der Veranstalter.

Trödelmarkttermine (D)

www.troedelmarkttermine.de/

Umfangreiche Datenbank mit den Terminen von Flohmärkten und Trödelmärkten in Deutschland. Weiterhin interessante Infos über die Markt-Szenerie.

Hier besteht die Möglichkeit, kostenlose Kleinanzeigen zu schalten!

Genießen

Kaffee

Classic-Caffee (D)

www.scope-net.de/classic-caffee.htm

Hochwertige Kaffeemaschinen und entsprechende Software. Luxuriöse Espressomaschinen werden dem Auge gleich neben aromatisierten und reinen Kaffeesorten präsentiert.

Jacobs (D)

www.jacobs.de

Erstklassige Seite der Firma Jacobs Kaffee! Hier erfahren Sie alles Wissenswerte rund um die braune Bohne. Im Jacobs Shop finden Sie Sorten von Pijao, über Cerrado brazil bis hin zu Thika Kenya.

Kaffee (USA)

www.coffeescience.org/

Die National Coffee Association aus Amerika informiert über Kaffee, verschiedene Sorten, gesundheitliche Wirkungen und aktuelle Studien.

Tchibo (D)

www.tchibo-versand.de

Wer denkt, bei Tchibo handelt es sich nur um Kaffee, der liegt falsch. Zu supergünstigen Preisen findet der Verbraucher im Tchibo-Laden jede Woche eine neue Angebotspalette. Von Federkernmatratzen und anderen Schlafzimmerutensilien bis hin zu Kunsthandwerken aus Mecklenburg-Vorpommern. Und – Kaffee gibt es auch!

Süßigkeiten

Chocolate-Corner (USA)

www.shoppingplace.com/index.html

Lust auf Schokolade und ein Tässchen Mokka?? Dann müssen Sie hier unbedingt reinschauen.

Gummibärchen (D)

www.eckweiler.de/index.htm

Kleine, süße Gummisachen, nicht nur zum Essen. Vielmehr geht es hier auch um den Ursprung der Bärchen bis hin zur Tiefenpsychologie des Gummibärchens.

Lebkuchen Schmidt (USA) (D)

www.lebkuchen-schmidt.de/

Süße Leckereien für schwache Stunden. Sowohl nationaler als auch internationaler Online-Shop.

Milka (D)

www.milka.de

Schokoladenkultur, aus Unterhaltung pur und Merchandiseprodukten nur. Reinschauen und ab zum Einsammeln der lila Geschenke!

Ritter Sport (D)

www.ritter-sport.de

Die professionelle Website informiert über die Firmengeschichte, die Produkte und die Kakaobohne, dem Rohstoff Nummer eins für eine gute Schokolade.

Suchard (USA) (D) (F)

www.suchard.ch

Suchard und Toblerone gehören zusammen. Hier können Sie Ihren Freunden online eine Toblerone schicken. Weiterhin schokoladige Rezepte und Schoko-News.

Download eines coolen Bildschirmschoners für Win 3.x, 9x oder NT 4.

Tee

Frank Frankens Teehandlung (D)

franken.shonline.de/home.html

On- und Offline-Teehandlung in Oldenburg. Hier gibt es fast alle Teesorten, die das Herz des Teetrinkers begehrt. Weiterhin Literatur zu Tee, diverses Teegebäck u. m.

Teeladen, der (D)

www.der-teeladen.de/

Im Teeladen gibt es alles, was der Teegenießer benötigt: Teesorten aus aller Welt, Teemischungen und Infos zu den Anbaugebieten.

TopQualiTea (USA) (D)

www.topqualitea.com/

Fairer Tee direkt von der Plantage zum Nutzen der dortigen Bauern. Weiterhin Infos von biologischem und/oder Demeter-Anbau sowie die Vorstellung sozialer Projekte in den Teeregionen

Geschenkartikel

Bahnshop (D)

www.bahnshop.de

Shop der Deutschen Bahn AG. Accessoires, Geschenkartikel, Andenken, Repliken rund um die Bahn.

Charlotte (D)

www.charlotte.de

Kreative Site mit Schmuck zum Selbstbasteln.

Italien Online Shop (D)

www.internetto.de

Eine gelungene Auswahl rund um die italienische Küche. Angefangen von erstklassigen Espressomaschinen über Wein, Grappa, Balsamico bis hin zu eingelegten Köstlichkeiten und Buchtips für alle Freunde der italienischen Küche.

The Store (D)

www.the-store.de

Sie wissen noch nicht, was Sie Ihren Freunden zum Geburtstag schenken sollen? Kein Problem, denn hier finden Sie das passende Geschenk für fast jeden Anlaß. Das Angebot beginnt bereits m it Artikeln für unter 30 Mark. Wie wär`s mit einem Edelstahl-Kellnermesser, oder darf es vielleicht ein trendiger City-Rucksack ein?

Timeworld (D)

www.timeworld.com

Ob analog oder digital, viele angesagte Produkte von Casio, Citizen, Head und anderen Markenherstellern gibt's online zwischen 5 und 15 Prozent unterm Ladenpreis.

Ültje (D)

www.ueltje.de

Fanartikel für Knabberfreunde.

Und ein Online-Flipper ist in Vorbereitung. Also, immer wieder mal vorbeischauen!

Wiedemann Kerzen (USA) (D)

www.kerzen.com/
www.kerzen.de/

Hersteller von Kerzen. Produktübersicht, Messetermine und Online-Shop.

Sehenswerte Flash-Animation.

International

Irish Shop (D)

www.Irish-Shop.de

Im Irish Shop kann der vom Einkaufsstreß geplagte Nutzer sich entspannt zurücklehnen und in aller Ruhe auf die Grüne Insel entführen lassen. Zwar nur mit Artikeln von dort, aber immerhin.

Jamaikathings.com (USA)

www.jamaicathings.com

Scharfe Sachen aus der Karibik. Man bekommt hier neben Kaffee, Videos und Büchern die Trikots der Reggae-Boyz, Jamaikas Nationalkickern, heiße Rhythmen auf CD und scharfe Saucen.

Duty-free

Duty Free Campaign (USA)

www.dutyfree-europe.com/

Kampagne gegen die geplante Abschaffung des zollfreien Einkaufs in Europa. Zahlreiche Presseberichte über die aktuelle Diskussion.

Duty-free (USA)

www.duty-free.com/

Duty-free-Shops weltweit auf Flughäfen, Schiffen und an Grenzbahnhöfen.

Links auf Großflughäfen weltweit.

Gegen die Abschaffung des zollfreien Einkaufs (D)

home.t-online.de/home/a.janke/dutyfree.htm

Recht so! Diese Seite gegen die Abschaffung des zollfreien Einkaufs auf Schiffen verdient Unterstützung.

Juwelen

Art of Gold (D)

www.art-of-gold.com

Perfekter Online-Schmuckversand. Erstklassige Bedingungen. Hier liegen Sie goldrichtig.

Intergems (USA) (D)

www.intergems.com

Exklusive Schmuckstücke zu entsprechenden Preisen. Eine Site für besondere Stunden.

Schmuckversand (D)

www.schmuckversand.de

Geschmeide und Zeitmesser. Ein solides Angebot mit guten Lieferbedingungen.

Kinder

Fun online (D)

www.funonline.de

Bücher, Comics und Filme für Kinder, nichts Anspruchsvolles. Dazu Links auf Hersteller von Klamotten und Junk food.

Jim Henson Company, the (USA)

www.henson.com

Die beste Familienunterhaltung der Welt. Supergut, superschnell und superspaßig. Ein Renner unter den Online-Stores. Figuren und Fanartikel aus der Sesamstraße und der Muppet-Show.

Spielshop, der (D)

www.spielshop.de/

Hier können Sie Kinderkram online kaufen. Aussuchen, einpacken, abschicken – das alles übernimmt das Spielzeugparadies. Kinderleicht.

Kleinanzeigen

Automobile.de (D)

www.automobile.de/

Diese Site bietet einen kostenlosen Kleinanzeigenmarkt und Links rund ums Auto: Hersteller, Versicherungen, Zeitschriften, Autovermietungen, Radarfallen, Bußgelder und Autobahngebühren.

Discover (D)

www.discover.de/

„Musik und mehr" verspricht dieses E-Zine und bietet neben CD-Kritiken, Interviews, Band-Infos und Tourdaten auch ein Chatcafé und einen virtuellen Kleinanzeigenmarkt.

Heisse Draht, der (D)

www.dhd.de/

Kostenlose Kleinanzeigendatenbank mit bis zu 250.000 Kleinanzeigen aus ganz Deutschland.

Internet Flohmarkt (D)

kauf.de/

Kleinanzeigen für Ansichtskarten, Bücher, Briefmarken, Schallplatten, CDs, Geldscheine und Münzen.

IQ-Anzeigenmarkt (D)

www.iqanzeigen.de/iqt.hbs

Private und gewerbliche Annoncen – ein kostenloser Service von „TV Today".

Kostenlose Kleinanzeigen (USA) (D)

www.kostenlos.de/zeitungen/

Der absolute Oberhammer der Kleinanzeigenseiten. Wahnsinn! Und jede Woche ein neues Gewinnspiel mit Superpreisen.

Online-Kleinanzeigen in Österreich (USA)

flohmarkt.kleine.at/

Zahlreiche österreichische Kleinanzeigen nach verschiedenen Kategorien geordnet.

Segel.de (D)

www.segel.de/

Maritime Werbeplattform mit umfassender Zusammenstellung kommerzieller und privater Angebote. Surfen Sie durch News, das Branchenbuch, den Kleinanzeigenmarkt, eine Segler-Pinnwand, Clubs und Wetter-Info-Dienste.

Kosmetik

Beauty Net (USA)

www.beautynet.com/

Bietet Ihnen umfassende Hilfe in allen Beauty- und Styling-Fragen – von Profis! Wöchentliche Beauty-Tips, Beauty-Chat, Beauty-FAQ.

Beautyfarm (D)

www.beautyfarm.de/haaser

Informations- und Buchungszentrale für Beauty-Urlauber!

Douglas (D)

www.douglas.de

Douglas bietet jede Menge Tips für den unbeschwerte Strandaufenthalte sowie die Möglichkeit, über Geschenkgutschein bequem von zu Hause oder über Internet zu bestellen.

Frei-Öl (D)

www.frei-oel.de

Testen Sie Ihren Hauttyp und beachten Sie die vielen Pflegetips auf dieser Seite.

Frei-Öl-Bildschirmschoner zum Download.

Hair and Fashion Shop (D)

www.stylingworld.de/

Der „Hair and Fashion Shop“ hat es sich zur Aufgabe gemacht, männliches und weibliches Kopfhaar zu verwöhnen.

Henkel (USA) (D)

www.henkel.de

Megamäßiger Webauftritt der Henkelwerke. Alles über Kosmetik, Waschmittel, Klebstoffe und mehr.

o.b. (D)

www.ob-online.de

Wieder ein erstklassiger Webauftritt eines deutschen Unternehmens. Hier geht es nicht nur um die Regel – aber schauen Sie doch einfach mal rein.

Mit dem o.b.-Menstruationskalender erhalten Sie eine genaue Übersicht über die Dauer Ihrer Regel und Ihres Menstruationszyklus. Weiterhin finden Sie hier sehr gute Tips rund um das Internet!

Plastische Chirurgie (D)

www.klinik-degerloch.com

Klinik für Plastische Chirurgie in Degerloch/Stuttgart. Kosmetische Gesichtschirurgie, Brustkorrekturen, Lasertherapie, Faltenbehandlung, Endoskopie.

VDS (D)

www.schoenheitsfarm.de

Wäre dies nicht ein Geschenk für die Dame des Hauses? Ein Beauty-Wochenende auf der VDS-Schönheitsfarm Isola della Bellezza Waldeck. Link zu weiteren Beauty-Reisen.

Vitalitas (D)

www.privatklinik-vitalitas.de

Privatklinik Vitalitas Neustadt. Schönheitsoperationen, plastische Chirurgie.

Yoursalon (USA)

www.yoursalon.com/

Haben Sie Probleme mit Ihrem Haar oder Ihrer Frisur? – Hier wird Ihnen eine professionelle Haarberatung geboten!

Kostenlos

Free site, the (USA)

www.thefreesite.com/

Freeware, kostenloser Webspace, digitale Postkarten, Chat, Gewinnspiele und kostenlose Warenmuster verschiedener Produkte.

Kostenlos.de (USA) (D)

www.kostenlos.de/

Kommentierte und aktualisierte Links auf alles, was es im Internet kostenlos gibt (vorranig deutschsprachig, aber auch international): Software, Klamotten, Spiele, Magazine, Kataloge, Tools für Webmaster ...

Nulltarif.de (D)

www.nulltarif.de/

Nulltarif.de ist ein Verzeichnis kostenloser Dienste im Internet. Yesss!

Top 25 Free Stuff (USA)

www.top-25.com/freestuff/

Die besten Internetseiten mit kostenlosem Angebot, nach Zugriffszahlen aktualisiert.

Z.Z.Z. (USA)

www.aceent.com/zzz/

Links auf alles, was es im Internet kostenlos gibt: Software, Klamotten, Spiele, Magazine, Kataloge, Tools für Webmaster ...

Malls

Acces Market Square (USA)

amsquare.com

Kleidung, Bücher, Reise: Alles unter einem Dach. Nicht jeder angeschlossene Laden bringt's.

Buy it OnLine (USA)

www.buyitonline.com

Der ideale Startpunkt für den virtuellen Einkaufsbummel. Umfangreiche amerikanische Shopping-Linksite.

Eccom (USA)

www.eccom.com/

Zusammenschluß europäischer Webanbieter. Shopping ohne Grenzen.

Goodbuy – Die Internetapotheke (D)

www.goodbuy.de

Wohlgeordnet und sachlich geht es in dieser Apotheke zu. In apothekerischem Weiß kommt schon die Website daher und mit einem Klick hat man auch schwarz auf weiß, was bei anderen Anbietern oft erst nach stundenlangem Suchen auffindbar ist.

Internet Mall (USA)

www.internet-mall.com

Das größte Interneteinkaufszentrum der Welt. Große Auswahl, hoher Servicestandard. Rundum empfehlenswert.

Internet Plaza (USA)

storefront.xor.com

Ein virtueller Einkaufsbummel in Plaza Town. Die komfortable Suchfunktion der Mall überzeugt voll.

My shop (D)

www.my-shop.de

Top, ein innovatives Beispiel für Electronic Commerce.

Online Center (D)

online-center.de

Ein Einkaufs- und Erlebniscenter. Bietet neben dem Einkauf auch eine nette Kontaktbörse.

Shoppers Universe (USA)

shoppersuniverse.com

Viele britische Geschäfte unter einem Dach. Leider wird in Pfund abgerechnet.

Shopping 24 (D)

www.shopping24.de

Der Otto-Konzern hat, gemeinsam mit zwölf Fremdfirmen, die Pforten der virtuellen Mall „Shopping 24" geöffnet. Komfortable deutsche Internet-Mall.

Shopping-Online (D)

www.shopping-online.de

Schmuck, Lebensmittel, Büromöbel, Reisen, CDs, Klamotten ... All das und noch mehr gibt es in diesem virtuellen Shoppingcenter zu kaufen. Langweilig im Design, aber zweckdienlich in der Aufteilung.

Virtual Shopping in Italy (USA)

www.visit.it/

Einkaufen in Italien ohne Stau am Brenner. Ob Souvenirs aus dem Vatikanshop, italienischer Wein, Parfüm oder die Villa an der Adria, in dieser Mall findet sich für jeden Geldbeutel das Richtige.

Wild–East (D)

www.wild-east.de

Eine Ladenpassage mit Angeboten aus den neuen Bundesländern. Etwas Rügen-lastig und mit kleinen Servicemängeln behaftet, aber sehr nett.

Möbel

Artemide (USA) (D)

www.artemide.de

Artemide. Edle Beleuchtungskörper im Italo-Design.

Brühl (USA) (D)

www.bruehlsippold.de

Sitzmöbel der Extraklasse und News aus der internationalen Möbelbranche.

Dränert (USA) (D)

www.draenert.de/

News aus dem Club- und Eßtischbereich, Stühle und Artefakte.

Garpa (D)

www.garpa.de

Alles über Garten- und Park-Einrichtungen sowie 148 Seiten inspirierende Ideen für die Gartengestaltung.

Hülsta (D)

www.huelsta.de

Die Hülsta-Seite bietet Wohninnovationen für das 21. Jahrhundert. Exklusives Wohnen, junges Wohnen, erholsames Schlafen und einen Informations-Service.

Lechner (D)

www.lechner.ag

Lechner Rothenburg o. T. Führender Konfektionär von Küchenarbeitsplatten.

ligne roset (D)

www.ligne-roset.de

Design und Lebensart! Hochwertige Möbelprodukte online bestellen.

Rolf Benz (USA) (D)

www.rolf-benz.de

Edle Wohneinrichtungen werden interaktiv präsentiert. Hier können Sie sich selbst ein Sofa mit verschiedenen Stoffen beziehen.

usm (USA) (D)

www.usm.ch/

Absolut professioneller Webauftritt der Firma USM. Informieren Sie sich über hochwertige Einrichtungssysteme, oder lassen Sie sich einfach nur inspirieren!

Mode

Accessoires Online World (USA) (D)

www.aow.de

Die Site der Lederwarenbranche bietet Ihnen ein umfassendes Angebot modischer Accessoires und aktuelle Produktinfos. Von City-Rucksäcken über modische Damenhandtaschen bis hin zu Shopping Bags. Eine Händlersuchmaschine führt Sie direkt zum Accessoires-Händler in Ihrer Nähe.

Avon (USA)

avon.avon.com/showpage.asp?thepage=homepage1

Online-Shop und Infos des weltweit wohl erfolgreichsten Kosmetik-Hauses.

Benetton (USA)

www.benetton.com/

Überblick über die Produkte, das Magazin „Colors", Plakatwerbung.

Bruno Banani (USA)

www.brunobanani.com

Bruno Banani-Wäsche ist in und diese Seite erst recht. Nachdem Sie sich das passende Outfit im Bruno Banani Online-Shop besorgt haben, geht es ab in das Adventureland. Hier erfahren Sie alles über die Tour of Truth, 10.000 Kilometer durch Afrika. Oder informieren Sie sich über die Bruno Banani Bungy Tour 1999.

Viele Links zu weiteren interessante Online-Stores und jede Menge Szene-Adressen aus Amsterdam.

Designer City (USA)

www.designercity.com/

Der Modeinteressierte findet hier ein Magazin mit allem, was ihn interessieren sollte.

Donna Karan (USA)

www.donnakaran.com/

Die US-Designerin präsentiert sich auch im Internet so edel wie ihre Mode: „... weil die Kommunikation zwischen Frauen für mich das absolut Wesentliche ist."

Fashion Net (USA)

www.fashion.net

Tägliches Online-Magazin zu Mode und Schönheit, Live-Chat und Links auf zahlreiche Online-Shops für Mode, Kosmetik und Schmuck.

Fashionangel (USA)

www.fashionangel.com/

Hier werden die besten Modesites im Internet augezeichnet und natürlich sind auch die entsprechenden Links zu finden.

fashionmall.com (USA)

www.fashionmall.com/

Direkt aus New York werden Ihnen hier die neusten Trends der Modewelt präsentiert.

Hugo Boss (USA)

www.hugo.com/

Hugo Boss macht nicht nur excellente Mode, sondern auch eine gut gemachte Webseite mit vielen Highlights. Shockwave erforderlich!

Lacoste (USA) (F)

www.lacoste.fr/

Die Marke mit dem Krokodil. Im Internet finden Sie das Produktangebot und weitere Infos zu dem Unternehmen.

Lands' End (USA) (D)

www.landsend.com

Qualität wird großgeschrieben bei Lands' End. Alle angebotenen Kleidungsstücke sind aus besten Materialien gefertigt (Kaschmirwolle oder britische Wolle, Baumwolle, Leinen ...). Ob Outdoor-Kleidung, Anzüge, Hemden oder Pullover, hier findet die ganze Familie ein neues Outfit zu günstigen Preisen.

Levi's Firmeninfos (USA)

www.levistrauss.com/

Informationen über die Firma Levi Strauss, Pressemeldungen und wohltätige Organisationen, an denen das Unternehmen beteiligt ist.

Levi's Jeans (USA)

www.eu.levi.com/

Die Site definiert gewissermaßen die Begriffe „hip" und „young". Vorstellung der Levi's Jeans mit QuickTime VR. Hier können Sie unterschiedliche Typen und Paßformen auswählen.

Außerdem gibt es ein interaktives Online-Spiel.

Made in italy (USA)

www.made-in-italy.com/fashion/fm.htm

Dieses Webangebot ist spezialisiert auf die interessante Mode aus Italien – gut gemacht.

Nice to meet you! (D)

www.nicetomeetyou.de/

Wäsche und Dessous für Frauen und Männer. Der Online-Shop Nice to meet you präsentiert ausgesuchte Markenunterwäsche und Dessous sowie Bademode auf einem gelungenen Webserver. Das Angebot gliedert sich in bequeme, elegante und sportliche Dessous beziehungsweise Wäsche.

Schwab (D)

www.schwabversand.de

Mode für Sie, für Ihn, drunter und drüber, für Kids und überhaupt: Auf dieser Site kann man nicht nur Klamotten kaufen. Die interaktive Farb- und Typberatung hilft jenen, die immer schon unsicher waren, welche Farbe zu ihrer Augenfarbe paßt.

Skiny (D)

www.skiny.com

Unterwäsche für Sie und Ihn sowie eine Liste aller Skiny-Händler.

Hier gibt es ein exklusives Poster mit Naomi und Postkartensets.

Store-Company (D)

www.store-company.de

Alles von Underware bis zu Club-Fashion.

Yves Saint Laurent (USA)

194.3.103.249/ysl/index2.html

Informationen zur der neusten Kollektion und Videos seiner aktuellen Modeshows.

Boutiquen

Red or Dead (USA)

www.redordead.co.uk

Englische Boutique mit Kultstatus! Überraschungen inklusive – mehr wird nicht verraten ...

Damen

Amore – Amor – More ! (D)

www.media-point.de/s/cu/home.htm

Dessous für die Dame mit „weiblicheren" Formen ...

Belle Dessous (USA)

www.belle-dessous.com/

Online-Fachgeschäft für schöne und hochwertige Dessous. Versandkostenfreie Lieferung und volles Rückgaberecht!

Herren

Herrenausstatter.de (D)

www.herrenausstatter.de/shop/kombi_detail.html

Höherwertige Produkte führender Herrenausstatter werden zum Kauf angeboten.

Krawatte online (D)

www.krawatte.de

Korrekte Bedienung eher konservativer Einkäufer. Klassische Kulturstricke für Jedermann.

Magazine

Cosmopolitan (USA)

www.cosmomag.com/

Das weltbekannte internationale Lifestyle- und Modemagazin ist auch im Internet professionell dabei.

Elle international (USA)

www.elle.com/

Das bekannte Mode-Magazin bietet jede Menge Fashion- und Styling-Tips und Neuigkeiten.

Hypermode (USA)

www.hypermode.com/

Vierteljährliches E-Zine zu allen moderelevanten Themen mit spaßigen Features (wie der interaktiven Modestrecke).

Lumiere (USA)

www.lumiere.com/index.page.html

Modernes Mode- und Lifestyle-Magazin mit gut gemachten „schönen" Artikeln.

Schuhe

FinnComfort (USA) (D) (F)

www.finncomfort.de

Hier finden Sie Schuhe zum Wohlfühlen. Zudem detaillierte Informationen rund um den Fuß und den Schuh.

Goertz Schuhhäuser (D)

www.goertz-schuhe.de/

Hervorragende Seite! Hippe Schuhmode, das flotte Design, der schnelle Bildaufbau und die einfache Online-Bestellmöglichkeit richten sich zielgruppengerecht an die jüngere Generation. Besonderer Hit: Mit der Kundenkarte VIF (very important feet) gibts in allen Görtz-Filialen 3 % Rabatt auf jedes Paar Schuhe.

IsoMed GmbH (D)

isomed.simplenet.com

Diabetiker- und Gesundheitsschuhe aus dem Internet. Übersichtliche Seite, gute Bestellformulare, 10 % Rabatt auf Online-Bestellungen!

Salamander (D)

www.salamander.de

Schuhkauf mit Spaß. Wer auch am Fuß stets auf dem letzten Stand der Dinge sein möchte, kann sich die aktuellsten Modelle auf den Schirm holen und gleich online einen Händler in seiner Nähe suchen.

Schuhe machen größer (D)

www.bertulli.com

Auch Humphrey Bogart hätte sie getragen. Bertulli-Schuhe machen Sie um 7 bis 10 cm größer.

Stockings

Caroline B. (USA)

www.caroline-b.com

Schöne Seite zum Kauf von edlen Strümpfen. Gute Beschreibung der Artikel.

Preisagenturen

Preis-Agentur (D)

www.preis-agentur.de/

Billig und vor allem überlegt einkaufen! Dann sind hier richtig. Preisrecherche, Schnäppchen, Fabrikverkäufe.

Preisagentur Jaus (D)

www.nrwo.com/bonin/index.htm

Clevere Schnäppchenjäger ermitteln den günstigsten Preis. Die Preisagentur Jaus ist in eine Marktlücke gesprungen. Sie wirbt mit Ersparnissen von 5 bis 40 Prozent, wenn man ihr den Auftrag gibt, einen gewünschten Artikel zu suchen.

Preisagenturen (D)

www.preisagenturen.de/

Viele Links und Infos zu Preisagenturen in Deutschland.

Restaurants

Thema	Seite	Weiterführende Linkseiten
Gaststätten und Restaurants in Deutschland	826	www.dino-online.de/seiten/go13cg.htm
Diskotheken in Deutschland ...	826	www.disco-net.de/
...	827	www.nightlife.de/
Diskotheken und Clubs in Deutschland, Österreich und Schweiz	827	dir.web.de/freizeit/disko+&+clubs/
Kneipen und Cafés in Deutschland	827	dir.web.de/freizeit/essen+&+trinken/kneipen+&+cafes/

A la Carte (D)

klocke-verlag.de/a-la-carte/

Die Zeitschrift „A la Carte" bietet online eine Datenbank mit Hunderten von Restaurants in Deutschland und auf Mallorca, sowie ständig aktuelle Tips.

Brillat Savarin-Junior-Club (USA) (D)

www.bsjc.org/

Der Brillat Savarin-Junior-Club, „die Trendscouts" der Gastronomie, präsentiert gastronomische Trends und Links.

Dehoga (D)

www.dehoga-info.de/

Ausführlicher Restaurant- und Hotelführer des Deutschen Hotel- und Gaststättenverbands mit detaillierten Suchmöglichkeiten, bis jetzt nur für Niedersachsen.

Eat Germany (USA) (D)

www.eat-germany.net/

Restaurantführer für Deutschland. Kritiken & Wertungen der Besucher.

Gastronomie Unternehmen (D)

www.dino-online.de/seiten/go13cg.htm

Gaststätten verschiedener Klassen in Deutschland. Wer's hier nicht findet, findet's nirgendwo.

Internet Restaurantführer (USA) (D)

www.restaurantfuehrer.com/

Internetrestaurantführer für Deutschland. Bis jetzt erst für wenige Landkreise in Deutschland.

Marcellino's (D)

www.prosieben.de/marcellinos/

Restaurantführer mit vielen Einträgen in Deutschland, Wien, Zürich und auf Mallorca. Ausführliche Bewertung, Spezialitäten, Öffnungszeiten, Adresse und Telefonnummer.

Besucher können ihre Meinung über die Restaurants online abgeben.

Varta Hotel- und Restaurantführer (D)

www.varta-guide.de/

Hotelsuche, Restaurantsuche und Gemeindesuche – Der bekannte Varta Führer jetzt auch als Online-Datenbank.

Vereinigung Umweltbewußte Gastronomie (D) (F)

www.gastro-umwelt.ch/

Die Vereinigung Umweltbewußte Gastronomie empfiehlt Gaststätten und Hotels, die umweltbewußt arbeiten und biologische Küche anbieten.

Web.de Gaststätten und Restaurants (D)

dir.web.de/freizeit/essen+&+trinken/gaststätten+&+restaurants/

Gaststätten und Restaurants in Deutschland nach Postleitzahlgebieten geordnet.

Disko & Bars

Disco Pl@net (D)

www.disco-net.de/

Sehr gut gemachte Seite für alle potentiellen Disco-Gänger. Links auf zahlreiche Diskotheken in Deutschland sowie Szene-News, Charts, Talk und DJs.

Nightlife (D)

www.nightlife.de/

Links auf Diskotheken in allen deutschen Großstädten, nach Städten sortiert.

Web.de Disco & Clubs (D)

dir.web.de/freizeit/disco+&+clubs/

Diskos & Clubs in Deutschland, Österreich, Schweiz und Italien nach Postleitzahlen sortiert.

Edel-Restaurants

Restaurant Wielandshöhe (D)

www.wielandshoehe.com

Restaurant Wielandshöhe in Stuttgart. Edel und teuer. Bei dieser Seite läuft einem das Wasser im Munde zusammen. Wie wärs mit Carpaccio vom Zaininger Rind mit Artischoken?

Kneipen

Biergarten am Chinesischen Turm (USA) (D)

www.chinaturm.de

Restaurant und Biergarten am Chinesischen Turm im Englischen Garten in München.

Erlebnisbrauereien (D)

www.hausbrauerei.de/

Erlebnis- und Gasthaus-Brauereien in Deutschland. Also Leute – nichts wie hin zur Brauerei-Besichtung. Wir bestehen auf Weiterbildung!

Hofbräuhaus München (USA) (D)

www.hofbraeuhaus.de

Hofbräuhaus München. Mit Rundumsicht in der Schwemme und Live-Musik.

Irish Pubs Germany (USA) (D)

www.ipgc.de/

Na endlich! Adressen (fast) aller Irish Pubs in Deutschland und im angrenzenden Ausland.

Schöne Bildschirmschoner und Desktop-Themen zum Download.

Web.de Kneipen & Cafés (D)

dir.web.de/freizeit/essen+&+trinken/kneipen+&+cafes/

Kneipen & Cafés in Deutschland nach Postleitzahlgebieten geordnet.

Schnellrestaurants

Burger King (D)

www.burgerking.de/

Restaurantführer durch alle Burger King Restaurants in Deutschland, aktuelle Neueröffnungen, Speisekarte und Unterhaltungsprogramm.

Kochlöffel (D)

www.kochloeffel.de/

Aktuelle Pressemeldungen, Online-Spiele und digitale Postkarten zum Versenden in die gnaze Welt. Oder klönen Sie doch einfach im Kochlöffel-Chat.

Hier erhalten Sie wertvolle Tips zur kostenlosen E-Mail.

McDonald's (USA) (D)

www.mcdonalds.de
www.mcdonalds.com/

Fast-Food all over the world. Das Schnellrestaurant McDonald's bietet Infos und Service rund um den runden Fleischball. Besuchen Sie auch die McDonald's Erlebniswelt und die Kid-Seite!

Telefonanbieter

Thema	Seite	Weiterführende Linkseiten
Wegweiser im Tarifdschungel	832	www.teltarif.de/

Handys

D2 privat (USA) (D)

www.d2privat.de/

Telefone, Handy-Börse, Netzabdeckung, International Roaming.

Software für SMS-Nachrichten an D2-Handys zum Download.

e-plus (D)

www.eplus.de/

Telefone, Tarife, FAQs, Netzabdeckung auf interaktiver Karte und aktuelle Meldungen.

Software für SMS-Nachrichten an e-plus-Handys zum Download.

Ericsson (USA) (D)

www.ericsson.com/
www.ericsson.de/

Technische Daten und Fotos aller Ericsson-Handys.

Handy-Infos (D)

www.handy-infos.de/

Handy-Marktübersicht, aktuelle Infos, Handy-Börse.

Software für SMS-Nachrichten an Pager zum Download.

Nokia (USA) (D)

www.nokia.com

Hier präsentiert sich die Firma Nokia in Bestform. Erstklassige Information über den aktuellen Stand und aktuelle Entwicklungen im Bereich der Telekommunikation. Download des Nokia WAP Toolkit.

Siemens-Handy SL 10 (USA)

www.beinspired.com

Hier sehen Sie das neuste Siemens-Handy SL 10. Verschicken Sie digitale Postkarten mit verschiedenen Fotomotiven.

T-D1 (USA) (D) (F)

www.telekom.de/angebot/mobilkunden/

Die aktuellen Telefone im Telekom-Angebot und alle Telekom-Tarife im Überblick.

Private Festnetzbetreiber

Regulierungsbehörde für Telekommunikation und Post (USA) (D)

www.regtp.de/

Die Regulierungsbehörde für Telekommunikation und Post informiert über die Zuweisung von besonderen Rufnummern und Vorwahlen (0800, 0700, 010xx ...).

Vollständige Liste aller privaten Netzbetreiber und ihrer Vorwahlnummern.

Anbieter

01051 (D)

www.01051.com/

01051 ist mit 9 Pf/Min. rund um die Uhr ins Festnetz tagsüber der günstigste Anbieter.

Einwählnummer: 01051

3U (D)

www.uuu.de/

Tarifübersicht auch für Auslandstarife mit Download der Auslandstariflisten als PDF.

Einwählnummer: 01078

Arcor (D)

www.arcor.de/

Tarife, Servicenummern und Kundenservice von Arcor. Hier können Sie sich auch eine 0700-Wunschrufnummer bestellen. Ein Tarifrechner rechnet anhand Ihrer Telefonrechnung die mögliche Ersparnis gegenüber Arcor aus.

Einwählnummer: 01070

diAx (USA)

www.diax.ch

Schweizer Telekommunikations-Unternehmen.

Esprit (USA) (D)

www.esprittelecom.de/

Tarife und Tabellen zum Download.

Einwählnummer: 01040

GTS Westcom (USA) (D)

www.westcom.de/

Tarife und Informationen für Geschäftskunden.

Einwählnummer: 01085

MobilCom (D)

www.mobilcom.de/

Tarife fürs Telefonieren, Mobilfunk und Internet.

Einwählnummer: 01019

o.tel.o (USA) (D)

www.o-tel-o.de/

Tarife fürs Telefonieren und Internet sowie aktuelle Informationen über 0700-Wunschrufnummern.

Einwählnummer: 01011

Talkline (D)

www.talkline.de/

Tarife fürs Telefonieren, Mobilfunk und Internet. Auskunft und 0700-Wunschrufnummer.

Einwähl nummer: 01050

TelDaFax (USA) (D)

www.teldafax.de/

Tarife fürs Telefonieren, Mobilfunk und Internet.

Einwählnummer: 01030 – Hier gibt es einen kostenlosen SMS- und Faxdienst.

Telekom (USA) (D) (F)

www.telekom.de/

Alle Tarife des ehemaligen Monopolisten mit Tarifrechner zum Download.

Einwählnummer: 01033

Telepassport (USA) (D)

www.telepassport.de/

Tarife und Lexikon fürs Telefonieren, Mobilfunk und Internet mit Online-Tarifrechner.

Einwählnummer: 01024 – Kostenlose E-Mail-Adresse und digitale Postkarten.

Viag Interkom (D)

www.viaginterkom.de/

Tarife für Telefonieren, Mobilfunk und Internet.

Einwählnummer: 01090

Tarifübersichten

Billig telefonieren – Auswahl (D)

www.online.de/home/lars.botz/telindex.htm

Aktuelle Meldungen und verschiedene Tabellen.

Billiger Telefonieren (D)

www.billiger-telefonieren.de/

Ständig aktualisierte Tabellen, die in einer Datenbank offline betrachtet werden können. Auch eine Online-Abfrage und eine Version zum Ausdrucken.

Preise für Auskunftsdienste und Internet-by-Call.

Cheabit (D)

www.cheabit.com/

Verschiedene Tabellen mit ausführlichem Tarifvergleich online oder als XLS-Tabelle. Nachrichten zum Telefonieren, Freecall und Webhosting.

Liste aller Freecall-Anbieter.

Preiswert telefonieren (D)

www.preiswert-telefonieren.de/

Aktuelle Meldungen und verschiedene Tabellen.

Verschiedene interessante Software rund ums Telefonieren und eine große Linksammlung.

Stern Tarifdschungelübersicht (USA) (D)

www.stern.de/computer/callguide/anbieter/

Alle Anbieter nach Kategorien geordnet, Links, Tarife, Wissenswertes, aktuelle Meldungen.

Telefontarife 1999 (D)

telefon.notrix.de

Verschiedene Tabellen mit ausführlichem Tarifvergleich.

Telekommunikation (USA)

www.connect-online.de/cnc/newsbote/home.asp

News rund um die Telekommunikation.

teltarif.de (D)

www.teltarif.de/

Alle Anbieter, jede noch so kleine Einzelheit – Wahnsinn ! teltarif.de – Ihr Wegweiser im Tarifdschungel.

Telefonanlagen

Comicom (D)

www.comicom.de/shop

Wer Heim oder Büro in eine hochmoderne Sprechzentrale verwandeln will, kann hier Telefonanlagen mit bis zu 20 Nebenstellen, PC-Karten und Zubehör für die moderne Art des verdrahteten Austauschs erstehen.

Matthias Helm Kommunikationstechnik (D)

www.online-regional.de/anbieter/shop1/

Auf der Homepage von Matthias Helm gibt es Telefone, Anrufbeantworter, Faxgeräte und Mobilfunkzubehör zu Super-Sonderpreisen. Für fortgeschrittene Telefonisten im Büro sind auch Telefonanlagen mit mehreren Nebenstellen im Angebot zu finden.

Unterhaltungselektronik

Autoelektronik 834

Bang & Olufsen (USA) (D)

www.bang-olufsen.com

Edles von Bang & Olufsen. Hochwertige Hi-Fi-Anlagen.

CableWorld (D)

www.CableWorld.de

Für Computer und Netzwerke, für Musik, Hi-Fi und Video und auch für Telefon und ISDN scheint jedes erdenkliche Kabel vorrätig zu sein.

Conrad Elektronik (D)

www.conrad.de

Mehr als 30.000 Produkte vom Lötkolben bis zum Autoradio. Der Schwerpunkt liegt auf Computer und Elektronik. Eine der besten Adressen für Technik-Einkäufe.

Heimann – Hits (D)

www.heimann-hits.de

Versand von Unterhaltungselektronik.

Lautsprecher von Quadral (USA) (D)

www.quadral.com

Technische Daten der Quadral-Lautsprecher und ein Gewinnspiel.

Media Markt (D)

www.mediamarkt.de

Markante Präsentation des großen Elektromarktes. Die feuerrote Site des großen Elektro- und Medienmarktes ist genauso auffällig wie die günstigen Angebote.

TECHNIKdirekt (D)

www.wfv.de

Über 10.000 Artikel von der Kamera bis zum Computer. TECHNIKdirekt ist der Riese unter den technischen Versandhäusern im Netz. Mehr als 10.000 Artikel hat der Würzburger Fotoversand seiner Kundschaft zu bieten. Übersichtliche Suchfunktionen garantieren schnelle Erfolge.

Autoelektronik

Autoradio (D)

www.autoradioland.de

Autoradioland über 50mal in Deutschland.

Versteigerungen

Alando (D)

www.alando.de/

Online-Versteigerungen nach Kategorien geordnet mit Spielwaren, verschiedenen Sammelartikeln, Sportgeräten, Elektronik ...

Auktionsindex (D)

auktionsindex.de/

Der deutsche Suchindex für Auktionen und Online-Auktionen. Umfassend, kompetent.

MediaSell (D)

www.mediasell.de/

Das Online-Auktionshaus für Computer und Zubehör.

QXL Online-Auktionshaus (USA) (D) (F)

www.qxl.de/

Alles, was in den Bereichen PC, Reise, Haushalt, Sport und Geschenke ersteigert werden kann, ist bei QXL vertreten.

Ricardo.de (D)

www.ricardo.de/index_start.phtml

Bringen Sie Ihre eigenen Angebote zur Auktion ins Web! Oder ersteigern Sie etwas von anderen. Die Auktionsseite des Stern-Magazins.

Wer bietet mehr (D)

www.werbietetmehr.de/

Live-Auktionen im Internet.

Bücher & Manuskripte

Reiss & Sohn – Wertvolle Bücher und Kunst (USA) (D)

www.reiss-sohn.de

Dieses Buch- und Kunstantiquariat in Königstein/Taunus beschreibt die Highlights der nächsten Auktion.

Kunst & Antiquitäten

Kunst- und Antiquitäten-Auktion im Allgäu (D)

www.allgaeuer-auktionshaus.de

Das Allgäuer Auktionshaus in Kempten zeigt hier die aktuellen Versteigerungsfolgen und Kurzbeschreibungen der Highlights.

Neumeister (D)

www.neumeister.com

Auktionshaus Neumeister München. Gemälde, Skulpturen, Möbel, Kunstgewerbe.

Villa Grisebach Auktionen (USA) (D)

www.villa-grisebach.de

Villa Grisebach Auktionen in Berlin zeigt die teuersten Objekte der letzten Jahre und die Termine der nächsten Auktionen.

Münzen

Ritter (D)

www.muenzen-ritter.de

Münzhandlung Ritter Düsseldorf. Antike Münzen, Sammlerstücke.

Warenhäuser

Baby-Walz (USA) (D)

www.baby-walz.com

Ob ein solider Sportbuggy oder ein Kombi-Kinderwagen, Stubenwagen oder Kinderbett – das aktuelle Online-Sortiment bei Baby-Walz beschränkt sich im wesentlichen auf das Transportzubehör für den Nachwuchs. Familienfreundliches Einkaufen – ohne Hektik und Streß.

Bader – Katalogversand (D)

www.bader.de/

Internetseite des Versandhauses Bader aus Pforzheim mit über 6.000 Angeboten online! Mit mehreren europäischen Zugangsseiten.

Bonprix (D)

www.shopping24.de/

TeleCD, der Pergamon-Buchversand, Sport-Scheck, Heine, Otto,Travel Overland, die comdirect-Bank ... 13 Shops auf einen Klick gibt's in dieser virtuellen Shoppingmall, ohne Ladenschluß, Tütenschleppen und Kassenschlangen.

Brinkmann (D)

www.brinkmann.de

Europas größtes technisches Kaufhaus. Großes Sortiment, prima Service, nur die Ladezeiten der Site sind noch zum Gähnen.

Büro 98, das (D)

www.dasbuero.de

Aus 15.000 Markenartikeln können gewerbliche Nutzer im Online-Katalog „Das Büro 98" wählen. In der Suchfunktion einfach Produktgruppe, Stichwort oder Marke eingeben; Suche starten und schon erhält man eine bebilderte Liste der gewünschten Artikel.

C & A (D)

www.C-und-A.de

Internetpräsenz des Modehauses C & A.

City 24 (D)

www.city24.de/

Shopping-Mall nach amerikanischem Vorbild.

Conley's (USA)

www.conleys.de

Ein etwas anderes Warenhaus ... Exquisite Freizeitmode und ein fairer Service sind den Preis wert. Deutsche Benutzerführung!

Designers Direct (USA)

www.DesignersDirect.com/

Kaufhaus mit exklusivem Angebot zu fairen Preisen.

Enforcer Pülz GmbH (D)

www.enforcer.de

Das Enforcer-Team richtet sich mit seinem Angebot in erster Line an Behörden und Security-Fachleute. Der engagierte Hobby-Ermittler kann ebenfalls Kunde werden und hat die Wahl zwischen Einsatzbekleidung, Schlagstöcken, Holstern, Handschellen und Fachliteratur.

Eurostore (D)

www.eurostore.net

Der Eurostore führt in seinem umfangreichen Online-Sortiment Büroartikel, Druckerzubehör, Monitorfilter und Software. Dank der schnörkellosen Präsentation ist das gewünschte Produkt, falls vorhanden, schnell gefunden. Ein guter Service, aber eher das Sortiment fürs High-Tech-Büro.

First-Shop (D)

www.first-shop.de/

Bringdienst (Bestellsystem fürs Internet), zunächst Tee, Whiskey, Computer und Tauchklamotten, vielleicht mal mehr??

Garden Eden, the (USA) (D)

www.7thsense.com/xxl/start.htm

Große Kaufhäuser steht für Masse, kleine Läden dagegen für Klasse. The Garden Eden ist daher das erste virtuelle Kaufhaus Deutschlands, das seinem Namen Ehre macht. Zwar teilweise noch im Aufbau begriffen, ist doch schon abzusehen, was hier entsteht. Ein Konglomerat spezialisierter Online-Shops, deren Angebot und Design endlich den Möglichkeiten des Mediums und zugleich den ästhetischen Ansprüchen seiner User gerecht wird.

Hanfhaus (D)

www.hanfhaus.de

Die Vision des Hanfhauses lautet Die „Zukunft aus der Pflanze". Cannabis sativa ist der biologische Rohstoff für eine schier endlose, dabei qualitativ hochwertige Produktpalette. Im Online-Katalog finden sich Stoffe, Papier, Nahrungsmittel, Medizinalbedarf, Haut- und Holzpflegemittel – alles aus ökologisch angebautem Hanf.

Happy Büro (USA)

www.happybuero.de/

Im virtuellen Schreibwarenladen gibt es Bürozubehör zu Dauertiefstpreisen. Ob Druckerzubehör, Computerbedarf, Schreibtischaccessoires, Schreibgeräte oder Bindesysteme – alles, was die Arbeit im Büro erleichtert, kann in übersichtlichen Rubriken gefunden werden. Online-Versandhaus mit Komfort.

Intelligente Einkaufs Quelle (D)

www.ieq.de

Ein gutes Angebot an guten Marken. Alles für den Haushalt.

Katalog Kiosk (D)

www.katalog-kiosk.de/

Datenbank mit Katalogen zu verschiedenen Themen. Die meisten Kataloge können hier auch direkt angefordert werden.

Kaufwas (D)

kaufwas.com

Das junge Team zeigt Mut zu schrillen Farben. Dem Motto „Schön ist, was gefällt" folgt auch die Produktpalette des Online-Kaufhauses.

Gewinnspiele.

Knife Shop, the (USA) (D)

www.knifeshop.com

Ob Messer, Schwert, Bogen oder Armbrust, der „Knife Shop" hat jede Menge scharfer Klingen im Angebot.

Ladenstadt, die (D)

www.ladenstadt.de/

Shoppen online – in der virtuellen Ladenstadt. Wer gerne einkauft, ohne einkaufen zu gehen, ist hier genau an der richtigen Adresse. Die virtuelle Einkaufsstraße bietet 29 Shops und insgesamt über 20.000 Artikel, die der User problemlos von zu Hause aus bestellen kann.

Le Shop (USA) (D) (F)

www.le-shop.ch/

Online-Lebensmittelsupermarkt in der Schweiz. Liefert auch Kosmetik, Geschenkartikel, Tiere, Pflanzen, Haushalts- und Büroartikel.

Minicado (D)

www.babywelt.de/

Baby- und Kinderkleidung.

Moderne Hausfrau, die (USA) (D)

www.walz.de

Walz, Bad Waldsee: Baby-Artikel, etwas für den Haushalt und allerlei aus dem Katalog.

My world – Karstadt (USA)

www.my-world.de

Virtuelles Karstadt-Kaufhaus mit 200.000 Produkten und Dienstleistungen. Karstadt-Sport oder Neckermann-Reisen, Büro & Co., die Spielzeugkiste oder Bank 24: In Karstadts My-world haben sich verschiedene Anbieter zusammengefunden. Ein Klick genügt, um die entsprechende Kaufhausabteilung zu erreichen.

Neckermann (D)

www.neckermann.de

Gute Seite mit allem, was das Herz begehrt. Alles prima – wenn da nur nicht dieser langwierige Online-Bestellvorgang wäre. Mehrfache Hin-und-her-Bestätigungen machen diese simple Tätigkeit zum Nervenkiller.

Netzmarkt (D)

www.netzmarkt.de/

Das virtuelle Kaufhaus bietet in acht Stockwerken die unterschiedlichsten Angebote von Mode, Computerzubehör über Reisen bis zu Büroartikeln. Bei Kleinbestellungen zu teuer.

Otto Versand (D)

www.otto.de

Umfangreiches Angebot und prima Dienstleistung des Katalog-Riesen. Über 20.000 Artikel mit Abbildungen und Beschreibung und 100.000 nicht näher beschriebene Katalogartikel warten auf den Otto-Online-Shopper.

Primus Online (D)

www.metronet.de

Online-Provider mit breitem Warenangebot. Ein bunter Marktplatz mit unterschiedlichen Anbietern steckt hinter dieser Adresse. Vom Hamburger Sekt- und Weinkontor über Kaufhof, Horten und Signal-Versicherungen bis zum Schnäppchenmarkt bei Vobis reicht die umfangreiche Palette.

Quelle (D)

www.quelle.de/

Freizeit, Mode, Sport und Technik – das umfangreiche Angebot des gewichtigen Quelle-Katalogs findet sich auch online. Sogar ein Blumenversand ist dabei (siehe Blumen). „Easy Shopping per Internet" verspricht die Homepage und hält, was sie verspricht.

QXL (D)

www.qxl.de

High-Tech unterm Hammer. QXL, das nach eigenen Angaben größte Internetauktionshaus Europas, startet ein deutsches Angebot.

Schneider – Werbegeschenke (D)

www.schneider.de

Werbegeschenke online. Wirb oder stirb – Schneider online hilft beim Überleben.

Shop!de (D)

www.shop.de

13.000 Läden - ein bißchen Zeit müssen Sie für diesen XXL-Konsumtempel allerdings schon mitbringen. Dafür gibt es aber auch alles, was zum Leben nötig ist: Computer, Lebensmittel, Klamotten, Werkzeug, CDs, Schmuck und sogar Tiere.

Shoppingcenter (USA) (D)

shoppingcenter.emb.net/emb/

Shoppingmall am Bodensee. Alle Branchen, mit Kreditkarte.

Shoppingservice (D)

www.shoppingservice.com

So macht Einkaufen im Netz Spaß. Internetshopping von seiner besten Seite: Es stehen Links zu fast allen Bereichen bereit. Von Immobilien über Bücher und Software bis hin zu Antiquitäten und Schmuck reicht die große Palette.

Sport-Schuster (D)

www.sport-schuster.my-shop.de

Sport-Schuster München. Alles für den Sport.

Tchibo (D)

www.tchibo.de

Der Tchibo-Shop auch im Internet.

Versandhaus.de (D)

www.versandhaus.de

Über 1.400 Markenartikel aus dem Lebensmittel- und Non-food-Bereich umfaßt das Angebot von Versandhaus.de. Ab einem Mindestbestellwert von 125 Mark kann man sich das Taschenschleppen und Parkplatzsuchen sparen und sich die Ware nach Hause liefern lassen.

Virtuelles Optikhaus (D)

www.bennewitz.com/

Bis auf einen zuverlässigen Sehtest und eine prompt geputzte Brille bietet das Virtuelle Optikhaus wirklich alles, was zur besseren Sicht beiträgt. Diese Site lohnt sich auch für Unbebrillte.

Yelloweb Shopping Center (D)

www.yweb.com/shopping/mall-de.html

Diese Page lädt den Surfer zu einem Bummel durch die Mall ein. Hier gibt es beinahe alles, was man zum Leben braucht: Bücher, Computer, Kleidung, Kosmetika, Lebensmittel, Luxusartikel – sogar für die Wohnungseinrichtung ist gesorgt.

Zeitschriften

Linkliste Medien (USA) (D)

www.faircar.de/faircar/links/medien/linkliste_medien.htm

Sehr gute Seite mit vielen Verweisen auf Printmedien.

Tageszeitungen weltweit (USA)

www.webwombat.com.au/intercom/newsprs/index.htm

Links zu über 3.550 Tageszeitungen weltweit. Von A wie Afghanistan bis Z wie Zimbabwe! Weiterhin finden Sie im Webwonbat die besten internationalen Magazine.

Umfangreiche Links zu internationalen Telefonverzeichnissen

Zeitschrift.de (D)

www.zeitschrift.de/

Gigantische Seite mit Links zu fast allen deutschsprachigen Zeitschriften.

Zeitung.de (D)

www.zeitung.de/

Liste sämtlicher Zeitungen (überregional und regional), die ein Online-Angebot haben.

Wirtschaft, Finanzen & Politik

So wie Waren im Internet gehandelt werden, sind inzwischen auch Waren- und Finanzdienstleistungen im weltweiten Angebot. Sie finden hier Agenturen und Auskunftssysteme, Banken, Börsen, Behörden, Immobilien und Finanzdienstleitungen, Edelmetallbroker und Versicherungen sowie Energieversorger, Messen, Politik, staatliche Förderungen und Steuern. Da Wirtschaft von wirtschaften kommt, gibt es in diesem Bereich zwar keine Gastwirtschaften, aber die Landwirtschaft. Außerdem finden Sie wichtige Links zu Magazinen und Zeitschriften zum Thema Software und Versteigerungen.

Agenturen

Consulting

Andersen Consulting (USA) (D)

www.ac.com

Andersen Consulting, die Seite mit täglich aktuellen Berichten aus der internationalen Wirtschaft.

Fotos

APA – Österreichische Presseagentur (D)

www.apa.co.at/

Non-Stop internationale Nachrichten in Wort und Bild auf der Seite der österreichischen Presseagentur.

dpa – Deutsche Presse-Agentur GmbH (USA) (D) (F)

www.dpa.de/

Einer der am meist frequentierten Mediendienste im deutschsprachigen Internetraum. Rund um die Uhr megaaktuelle Nachrichten in Wort, Bild und seit kurzem auch im Audio-Format abrufbar.

Models

Boss Models (USA)

www.bossmodels.com/

Internationale Modelagentur mit Zentralen in New York, London, Kapstadt und Miami.Die Seite bietet ein umfangreiches Repertoir erstklassiger Fotografien und betreibt die Akquisition von Models auch per E-Mail.

Online-Verkauf des Original Boss Model T-Shirts.

Elite (USA) (F)

www.elitemodel.com/

Elite Model Management, die größte weltweit arbeitende Modelagentur. Mit sehr schönen Fotos und Daten bekannter internationaler Topmodels.

Eine Auswahl der Fotografien kann auch als digitale Postkarten verschickt werden.

Models (USA)

www.dino-online.de/worldsbest/seiten/hi15pm.htm

Das Highlight dieser Seite ist die Vorstellung aller bekannten internationalen Supermodels. Weiterhin zeigt die Seite hochwertige Fotografien bekannter Models und bietet eine gelungene Auswahl an Links in die Model-Szene.

Models Magazine (USA)

www.models.co.uk/

Ein englisches Model-Online-Magazin mit einem Kleinanzeigenforum für Fotografen und zur Zeit beschäftigungsloser Models.

Viele Links auf Beautyfarmen und Schönheitschirurgen.

Supermodel Dossier, The (USA)

www.toptown.com/dorms/grendel/

Viele Fotos, Daten und Produktionen bekannter Models. Gut sortierte Linksammlung und Adressen der großen Agenturen in New York, London und Paris.

Werbung

Computerkunst (D)

www.computerkunst.de/

Agentur für Computervisualisierung, Webdesign, CAD und Erstellung von Programmdokumentationen und Fachtexten.

cream WAG! (D)

www.cream-wag.com

cream WAG! creativ marketing, Agentur für Neue Medien Schwetzingen.

Cybernet (D)

www.cybernet.de

Cybernet, Werbe- und Internetagentur mit sehenswerten Webseiten.

Eye4U (D)

www.eye4u.com/

Die Seite einer innovativen Internetagentur mit einer durchaus bemerkenswerter Flash-Animation auf der Eingangsseite.

Media diSain (D)

www.disain.de/

Internetwerbeagentur in ansprechendem „Disain" mit einer gelungenen Vorstellung diverser Referenzseiten.

Links auf zahlreiche deutsche Webcams.

MultiMediaArts (D)

homepages.emsnet.de/~mma/

Produktion interaktiver CD-ROMs für Präsentationen, Schulungen, 3-D-Computeranimationen, Visualisierungen, Videodigitalisierung sowie Web- und Homepages.

Sparks (D)

www.sparks.de

Die Sparks Advertising Werbeagentur in München mit Werbung für Computer, Kapitalanlagen, Banken, Immobilien, Touristik und Verlage an.

Verlagsservice Sing (D)

www.sing-vs.de/

Leserservice von Computer & Co, PC-Welt und anderen Zeitschriften. Agentur für Verlagsservice und Datenerfassung.

Aus- und Weiterbildung

Thema	Seite	Weiterführende Linkseiten
Fernlehrgänge	848	www.berufsbildung.de/forum/fern/db.htm
College Home Pages	850	www.mit.edu:8001/people/cdemello/geog.html

Thema	Seite	Weiterführende Linkseiten
Europäische Universitäten	850	www.rewi.hu-berlin.de/internet/uniseu.html
Fachhochschulen	852	www.sharelook.de/bildung/fachhochschule.html
Hochschulkompaß	851	www.hochschulkompass.hrk.de/
Universitäten weltweit	852	www.sharelook.de/bildung/universitaeten.html
Berufsverbände	853	www.sharelook.de/wirtschaft/organisationen/ berufsverbaendegesundheit.html
Bildungssoftware	853	www.sharelook.de/bildung/bildungssoftware.html

Ausland

Carl-Duisberg-Gesellschaft (USA) (D)

www.cdg.de

Gemeinnützige Organisation für internationale Weiterbildung, nicht nur für Akademiker.

DAAD (USA) (D) (F)

www.daad.de

Deutscher Akademischer Austauschdienst. Informationen über das Studieren und Forschen im Ausland.

Berufsakademien

Allfinanz Akademie (D)

www.allfinanzakademie.de

Allfinanzakademie Hamburg in Zusammenarbeit mit Manchester Business School und FernUniversität Hagen. Schwerpunkt Finanzmanagement. Lehrpläne, Hausarbeiten und Abgabetermine werden für Studierende hier online bekanntgegeben.

Ausbildungswerk der Wohnungswirtschaft (D)

www.Ausbildungswerk.de

Institut der Wohnungsunternehmen für Fernunterricht in Bochum. Ausbildung zum Kaufmann in der Grundstücks- und Wohnungswirtschaft und andere Ausbildungsgänge.

Berufsakademie Stuttgart (D)

www.ba-stuttgart.de

Aufbausstudium zum Immobilienökonom (ADI). Akademie der Immobilienwirtschaft an der Berufsakademie Stuttgart. Außerdem Studiengänge in den Bereichen Technik, Wirtschaft und Sozialwesen.

bfw (D)

www.bfw.de/

Das aktuelle Kursangebot des Berufsfortbildungswerk, die gemeinnützige Bildungseinrichtung des Deutschen Gewerkschaftsbundes

Fortbildung im Bereich neue Medien (USA) (D) (F)

www.akademie.de

Dieses Fort- und Weiterbildungsinstitut bietet staatlich geförderte Kurse an, speziell im Bereich neue Medien.

Haus der Technik (D)

www.hdt-essen.de

Weiterbildungsstudium zum Fachingenieur (HDT) für Facility Management an der HDT-Akademie Essen. Datenbank und E-Mail-Newsletter mit aktuellen Kursen.

Internationales Institut für Facility Management (D)

www.heuer-dialog.de/dialog/ifm/

Diplomstudium zum Bachelor of Facility Management beim Internationalen Institut für Facility Management, Düsseldorf.

Lehrinstitut Holzwirtschaft (USA) (D)

www.lhk.de

Lehrinstitut der Holzwirtschaft und Kunststofftechnik e. V. in Rosenheim.

Pietrulla (D)

www.Pietrulla.de

Heidelberger Berufsfachschule für Kosmetik – Pietrulla.

Bildungspolitik

Bildungspolitik (D)

www.bildungspolitik.de

Aktuelle Informationen zum Thema Bildung in Hessen, Konzepte zur Verbesserung von Bildung, Lehre und Forschung, ein Diskussionsforum.

Bundesministerium für Bildung (D)

www.bmbf.de/

Bundesministerium für Bildung und Forschung; Arbeitsfelder, Initiativen, Veröffentlichungen.

Fernunterricht

Akad Learnline (D)

www.akad.de/

Verschiedene Fernlehrgänge mit vielen Musterlektionen und einem Quizspiel.

BTB-Bildungswerk (D)

www.naturemed.de

BTB-Bildungswerk Remscheid. Ausbildung zum Heilpraktiker, Tierheilpraktiker, in Psychotherapie, Heilpflanzenkunde und Homöopathie.

Fernlehrgänge (USA) (D) FRA

www.berufsbildung.de/forum/fern/index.htm

Umfangreiche Datenbank zum Fernunterricht und Fernstudium. Desweiteren bietet die Seite gute Infos für alle Berufsanfänger und Arbeitssuchenden.

Gesetze, Urteile und Literatur zu den Themen Ausbildung, Arbeitsmarkt, Arbeitsrecht, Arbeitslosigkeit und Bildung.

FernUniversität Hagen (USA) (D)

www.fernuni-hagen.de

Detaillierte Informationen rund um die Studiengänge Elektrotechnik, Erziehungs-, Sozial- und Geisteswissenschaften, Informatik, Mathematik, Rechtswissenschaft und Wirtschaftswissenschaft.

Fortbildung (D)

www.esbnet.com

Fortbildungskurse für die Bereiche Technik, Wirtschaft und Telekommunikation

Freie Universität Berlin (D)

www.wstv.fu-berlin.de

Weiterbildendes Studium Technischer Vertrieb Freie Universität Berlin. Master of Business Marketing.

Immobilien-Institut (D)

www.immobilien-institut.com

Das IMI-Immobilieninstistut, Nürnberg, bietet ein Internetstudium zum Immobilienrecht und Immobilienfachwirt an.

Studiengemeinschaft Darmstadt (D)

www.sgd.de

SGD Studiengemeinschaft Darmstadt. Schulabschluß, Sprachen, PC, Betriebswirtschaft, Steno, Maschinenschreiben, Werbung, CAD.

Finanzielle Unterstützung

BAföG (D)

www.bafoeg.bmbf.de

Offizielle Fassung des Bundesministeriums für Bildung und Forschung des Bundesausbildungsförderungsgesetzes (BAföG).

BAföG (D)

www.uni-duesseldorf.de/www/bafoegamt

Studentenwerk Düsseldorf, Amt für Ausbildungsförderung. Hier findet der angehende Student Erste Hilfe beim Ausfüllen von BAföG-Anträgen.

Hochschulen

Chancen.net (D)

www.chancen.net/

Der Informationsdienst für Studium, Schule und Beruf von der Frankfurter Allgemeinen. Link zum F.A.Z. Stellenmarkt. Der Hochschulservice bietet einen BAföG-Check, eine Studienplatzbörse und einen Praktikums-Index an.

Top-Events für Berufseinsteiger!

College and University Home Pages (USA)

www.mit.edu:8001/people/cdemello/geog.html

Hier finden Sie zahlreiche Links auf Hochschulen und Universitäten weltweit. In Deutschland ist die Liste allerdings nicht besonders vollständig.

DAAD (D)

www2.daad.de

Der Deutsche Akademische Austauschdienst informiert über das Studieren und Forschen im Ausland und über die Förderung ausländischer Studenten in Deutschland.

Deutsches Studentenwerk (D)

www.studentenwerke.de

Der Dachverband aller 62 Studentenwerke informiert über BAföG, Wohnmöglichkeiten und Versicherungsfragen und stellt außerdem die Adressen der Studentenwerke zur Verfügung.

Europäische Universitäten (USA) (D) (F)

www.rewi.hu-berlin.de/internet/uniseu.html

Die juristische Fakultät der Humboldt-Universität Berlin bietet alle europäischen Universitäten, geordnet nach Ländern.

Fachhochschule Biberach (D)

www.fh-biberach.de

Fachhochschule Biberach. Studiengang Projektmanagement (Bau), Bauwesen, Architektur und Wirtschaft.

Fachhochschule Nürtingen (D)

www.fh-nuertingen.de

Fachhochschule Nürtingen. Hochschule für Wirtschaft, Landwirtschaft und Landespflege. Standorte in Nürtingen und Geislingen/Steige.

Fachhochschule Technik und Wirtschaft Berlin (D)

www.fhtw-berlin.de/

Fachhochschule für Technik und Wirtschaft (FHTW) Berlin mit Studieninformationen sowie Berichten aus Forschung und Entwicklung.

Fachhochschulen (USA) (D) (F)

www.sharelook.de/bildung/fachhochschule.html

Das umfangreiche Verzeichnis aller Fachhochschulen in Deutschland, Österreich und in der Schweiz.

FH-Harz (D)

www.fh-harz.de/

Hochschule für angewandte Wissenschaften im Harz.

Interessante Informationen aus dem Umfeld der Hochschule. Wie wärs mit einer Fahrt der Harzer Schmalspurbahn?

Freie Universität Berlin (USA) (D)

www.fu-berlin.de

Die Seite der freien Universität Berlin mit dem Verzeichnis aller Fachbereiche.

HIS (USA) (D)

www.his.de

Hochschulinformationssystem (HIS). Unterstützung der Deutschen Hochschulen bei ihrer Verwaltung.

Hochschule Anhalt (D)

www.fh-anhalt.de/

Hochschule Anhalt, Hochschule für angewandte Wissenschaften: Standorte in Bernburg, Dessau und Köthen.

Hochschule Bremerhaven (D)

www.hs-bremerhaven.de/

Hochschule Bremerhaven. Informatik, Lebensmitteltechnologie, Fertigungstechnik, BWL, Transportwesen und Logistik.

CD-Server mit Zugriffsmöglichkeit auf interessante Info-CDs.

Hochschulkompaß (USA) (D)

www.hochschulkompass.hrk.de/

Das Informationsangebot der Hochschulrektorenkonferenz mit einer Liste aller deutscher Hochschulen mit Studienangeboten und Webseiten, Studienberatungsstellen und akademischer Auslandsämter.

IUP (USA) (D)

www.iup.edu

Alle wichtigen Informationen zur Indiana University of Pennsylvania USA.

Einladung zum Picknick in den Oak Grooves.

Studentenwohnungsbörse (D)

www.snet.de/wohnungsboerse/

Auf Wohnungssuche? Hier ist die Studentenwohnungsbörse des Sparkassenverbands.

Studieren.de (D)

www.studieren.de

Informationen über Studiengänge und Hochschulen in Deutschland, inklusive Suchmaschine, Stellenangebote und Veranstaltungskalender.

Uni Bielefeld (USA) (D)

www.ibs.uni-bielefeld.de/

Universität Bielefeld, Institut für Bevölkerungforschung und Sozialpolitik. Forschungsgebiete, -berichte, Projekte und Publikationen.

Link zur Public Health-Plattform.

Uni Erlangen-Nürnberg (USA) (D)

www.uni-erlangen.de/

Die Universität Erlangen-Nürnberg zeigt sich von ihrer besten Seite. Hier finden Sie einfach alles Wissenswerte über die Hochschule Links zu vielen Studentenseiten!

Links auf verschiedene Informationen zum Jahr-2000-Problem.

Uni Münster (USA) (D) (F)

www.uni-muenster.de/

Die Universität Münster im Internet mit Links zu weiteren Hochschulen in Münster

Links auf andere Hochschulen in Münster: Fachhochschule, Hochschule für Musik, Katholische FH, Kunstakademie und Philosophisch-Theologische Hochschule.

Universitäten weltweit (USA) (D) (F)

www.sharelook.de/bildung/universitaeten.html

Hervorragende Linkseite aller deutschen, europäischen und vieler außereuropäischen Universitäten. Nach Ländern geordnet.

Nachschlagewerke

Unicum (D)

www.unicum.de

„Unicum", das Magazin für Studenten; „Unicum Beruf", das Magazin für Einstieg und Aufstieg.

Organisationen

Bach Akademie (USA) (D)

www.bachakademie.de/

Internationale Bachakademie Stuttgart mit Links zu weitern europäischen Musikakademien

Berufsverbände (D)

www.sharelook.de/wirtschaft/organisationen/berufsverbaendegesundheit.html

Umfangreiche Linkliste zu Berufsverbänden im Gesundheitssektor.

Deutsche Gesellschaft für Personalführung (D)

www.dgfp.de

Deutsche Gesellschaft für Personalführung mit einer Online-Datenbank für Personalmanagement.

REFA (D)

www.refa.de

REFA-Verband für Arbeitsgestaltung, Betriebsorganisation und Unternehmensentwicklung. Vielfältiges Angebot.

TÜV-Akademie (D)

www.tuev-rheinland.de/akademie/

Die TÜV-Akademie Rheinland, Köln, bietet verschiedene Seminare mit anerkannten Abschlüssen an.

Private Weiterbildung

Bildungssoftware (D)

www.sharelook.de/bildung/bildungssoftware.html

Lernsoftware für Kinder, Jugendliche und Erwachsene. Mathematik, Sprachen, Vokabeltrainer, Physik, Grammatik, Musik, Computer.

DAA – Fortbildung für Angestellte (D)

www.daa-bw.de

Praxisorientierte Lehrgänge- und Weiterbildungsmaßnahmen für Angestellte und den entsprechenden Förderungsmöglichkeiten.

Heilpraktikerausbildung (D)

www.paracelsus.de

Paracelsus-Schulen 70mal in Europa: Hier finden Sie detaillierte Informationen über die Ausbildung zum Heilpraktiker/psychologischen Berater. Weiterhin werden Lehrpläne und Veranstaltungstermine angeboten.

Heilpraktikerausbildung (D)

www.zfn.de

Zentrum für Naturheilkunde: Grundlegende Hinweise zur Ausbildung zum Heilpraktiker, Ernährungsberater; heilkundliche Psychotherapie, Feng Shui und Radiästhesie.

Institut für Lernsysteme (D)

www.ils.de

Sehr viele Fernstudienkurse und Weiterbildung für Firmenmitarbeiter. Im Angebot befinden sich Schulabschlüsse, Fremdsprachen, Allgemeinbildung, Kreativlehrgänge, Technik und EDV.

Studiengemeinschaft Darmstadt (D)

www.sgd.de

Ein wirklich reichhaltiges Angebot unterschidelichster Fernlehrgänge mit staatlich anerkannten Abschlüssen.

Schulwesen

Bundesverwaltungsamt (D)

www.auslandsschulwesen.de/

Bundesverwaltungsamt – Zentralstelle für das Auslandsschulwesen mit einer Sitemap, einem Verzeichnis der Auslandsschulen und Stellenangeboten.

Niedersächsischer Bildungsserver (D)

nibis.ni.schule.de/

Niedersächsisches Landesinstitut für Fortbildung und Weiterbildung im Schulwesen und Medienpädagogik (NLI).

Seminare & Training

Akademie Führen und Verkaufen (D)

www.va-akademie.de

VA – Akademie für Führen und Verkaufen Sulzbach. Angeboten werden unter anderem Seminare in Sachen Kommunikation und Kooperation für Führungskräfte.

Berliner Fachseminare (D)

www.Fachseminare.de

Berliner Fachseminare, Tagungen und Kongresse zu aktuellen Themen aus Recht, Wirtschaft und Steuern.

Computrain Software-Seminare (D)

www.computrain.de

Seminare für Microsoft Windows und einer umfangreichen Palette gängiger Anwendungsprogramme.

Fortbildung – online (D)

www.fortbildung-online.de

Weiterbildungsangebote für Führungskräfte mit einer großen Datenbank mit Bildungsträgern.

ISM (USA) (D)

www.ism-edu.de

ISM – International School of Management Dortmund.

Personalrecht 1999 Beck Verlag (D)

www.beck.de

Top-Aktuelles zu den Arbeits- und Sozialrechtsreformen 1999, das Seminar zum Küttner-Personalbuch.

Train The Coach (D)

www.vermeulen.cc

Vermeulen & Partner in München. Train the Coach für Manager und Berater.

VDI-Bildungswerk (D)

www.vdi.de/bw

Das komplette Seminarangebot des VDI-Bildungswerks.

Die Seminardatenbank kann auch zum Offline-Lesen heruntergeladen werden.

Wohnungseigentumsforum (D)

www.ISL-WEF.com

ISL Unternehmensbetreuungsgesellschaft: Seminare und Weiterbildungsangebote für die qualifizierte Fachverwaltung von Wohnungseigentum und Miethäusern.

Sprachen

Dialog Sprachkurse für Führungskräfte (USA) (D) (F)

www.dialog.de

Intensivkurse, Bildungsurlaub, Dialogkurse, Executive-Programm, Sprachtraining für Führungskräfte. Sieben Sprachen und 20 Länder.

Euro-Sprachreisen (D)

www.eso.de

Euro-Sprachreisen mit acht Sprachen in 20 Ländern. Erwachsene, Fach- und Führungskräfte.

inlingua – Englisch im Beruf (USA) (D)

www.inlingua-germany.de/

Inlingua-Sprachkurse mit Online-Einstufungstest.

Sprachreisen (USA) (D)

www.rlc.co.uk/

Richard Language College. Sprachkurse jeder Art für Schüler und Erwachsene. Englisch.

Unterrichtsmaterial

Alpha Lernmittel (D)

members.aol.com/alpha8833/homepage.htm

Alpha-Superlearning & Suggestopädie, Lehrbücher, Folien, Mindmapping.

Ernst Klett Verlag (D)

www.KLETTWBS.de

Klett WBS München. Hier finden Sie detaillierte Informationen zu Personal- und Organisationsentwicklung und Weiterbilsdungskurse für Akademiker.

Herdt-Verlag (D)

www.herdt.de

Herdt Verlag GmbH Nackenheim. Bildungsmedien, Seminarunterlagen, Trainermaterial, Lernprogramme (Demos im Internet).

Auskunftssysteme

Mailinglisten (USA) (D)

www.lisde.de/home.html

Ein nahezu unüberschaubarer Spezialkatalog mit über 1.100 Mailinganbietern.

Fremdwörterbücher

English-Wörterbücher (USA) (D)

www.forwiss.uni-passau.de/~ramsch/bookmarks/english.html

Englisch-Wörterbücher aller Art. Und anderssprachige Wörterbücher: Finnisch, Französisch, Japanisch, Maori, Provenzialisch, Russisch, Schwäbisch, Slovenisch, Tschechisch und Ungarisch.

Sowie Links zu vielen anderen Spezialwörterbüchern. Zum Beispiel The New Hacker's Dictionary.

Langenscheidts Fremdwörterbuch (USA) (D)

www.langenscheidt.aol.de/

Langenscheidts Fremdwörterbuch online. Das Online-Fremdwörterbuch hilft Ihnen, Fremdwörter zu verstehen und richtig einzusetzen.

Newsletter (D)

www.webdata.de/nl-main.html

Hier wird jede Woche wird ein anderer Newsletter vorgestellt. Lassen Sie sich überraschen!

Wer liefert was? (USA) (D) (F)

web.wlwonline.de/

Datenbank mit 238.500 Firmen aus zehn Ländern: A, B, CH, CZ, D, HR, L, NL, SI, SK und zusätzlich 51.500 exportorientierte Firmen aus: F, GB, I.

Kalender

Hundertjähriger Kalender für das Jahr 1999 (D)

altmuehltal.de/hundert.htm

Der „Hundertjährige Kalender" für das Jahr 1999 mit allen wichtigen Wetterdaten.

Yahoo! Calendar (D)

calendar.yahoo.com/

Der Yahoo!-Online-Terminplaner und Kalender.

Es besteht die Möglichkeit, diesen mit dem PalmPilot zu synchronisieren.

Wirtschaftsdaten

Deutsches Institut für Wirtschaft (D)

www.diw-berlin.de/

DIW-Wochenberichte, Vierteljahrshefte zur Wirtschaftsforschung, Konjunkturpolitik und Forschungsergebnisse.

Genios Wirtschaftsdatenbanken (D)

www.genios.de

Recherche zu Immobilien-Themen, Firmen und Brancheninformationen in rund 500 Datenbanken. Aber Achtung – gebührenpflichtig!

Wallstreet-Online (USA) (D)

www.wallstreet-online.de/

Megaaktuelle Finanzinformationen mit dem Schwerpunkt Wall Street für alle Anleger, die sich in erster Linie für US-Aktien interessieren.

Banken

Arvest (USA)

www.arvest.com

Der Finanzverbund zahlreicher amerikanischer Banken.

Bank 24 (D)

www.bank24.de

Einfach nur genial. Mehr Bank braucht wirklich kein Mensch. Die Kontoführung ist während des ersten Jahres kostenlos!

Bayerische Landesbank (USA) (D)

www.bayernlb.de

Wohnungsbaufinanzierung für Privatkunden durch die Landesbank; Immobilien, Infos für Großkunden und Investoren.

BfG Bank AG (D)

www.bfg.de

BfG Bank Internetbanking, gebührenfreies Girokonto, aktuelle News rund um den Euro, viele gut erläuterte Angebote für potentielle Anleger, erstklassiges Design.

Bundesaufsichtsamt für das Kreditwesen (D)

www.bakred.de

Aktuelle Bekanntmachungen, Verlautbarungen und Rundschreiben vom Bundesaufsichtsamt für das Kreditwesen Berlin.

Zahlreiche Veröffentlichungen über das Jahr-2000-Problem bei Banken.

Bundesverband deutscher Banken (D)

www.bdb.de

Bundesverband deutscher Banken. Die Seite informiert über alle Privatbanken, Banken und Öffentlichkeit und stellt News zur Verfügung.

Euro-Rechner und Jahr-2000-Informationen. Und – eine umfangreiche Datenbank mit Wirtschaftsinformationen!

Citibank (D)

www.citibank.de

Internetbanking, aktuelle Angebote für Anleger, kundennahes Design. Hier macht die Money-Info Spaß!

Comdirect (D)

www.comdirect.de

Internetbanking inklusive einer Guided Tour mit den wichtigsten Fragen rund um das Internetbanking. Startet sofort mit aktuellen Wirtschaftsdaten.

Commerzbank (D)

www.commerzbank.de

Commerzbank Online-Banking. Sie möchten sich informieren, wie Sie Ihr Traumhaus finanzieren wollen? Hier finden Sie detaillierte Informationen zur Baufinanzierung.

Ein Euro-Rechner und natürlich Jahr-2000-Informationen.

Deutsche Bank (D)

www.deutsche-bank.de

Kundennähe wird hier großgeschrieben. Erstklassige und verständliche Infos zu fast allen Fragen der Geldanlage.

Ermitteln Sie mit Netto-Lohn-Rechner Ihr reines Netto.

DG Bank (D)

www.dgbank.de

DG-Bank, Deutsche Genossenschaftsbank AG Frankfurt. Viele detaillierte Börseninfos!

VRML-Modell der neuen DG-Bank in Berlin und PC-Lernprogramme!

Eurohypo (D)

www.eurohypo.de

Eurohypo AG, Europäische Hypothekenbank der Deutschen Bank mit aktuellen Kreditkonditionen.

Und selbstverständlich einem Euro-Rechner.

HypoVereinsbank (D)

www.hypovereinsbank.de

Hypotheken und Vereinsbank, München. Online-Banking und personalisierbare Startseite.

Auch hier finden Sie einen Euro-Rechner und Jahr-2000-Informationen.

Postbank (D)

www.postbank.de/

Postbank Online-Banking, Sparen, gebührenfreies Girokonto, diverse Kreditinformationen, Baufinanzierung mit der Postbank.

Online-Kreditberechnung für unterschiedliche Konditionen.

Private Kredite (D)

www.quelle-bank.de

Preiswerte und schnelle Kredite mit AutoCash, Bar- und Verfügungskrediten, gebührenfreies Konto mit Zinsen.

Das persönliche Kreditlimit kann online berechnet werden.

Santander Direktbank (D)

www.santander.de

Persönlicher Kredit von der Santander Direkt Bank kann direkt online berechnet werden, verschiedene Kreditkarten und Anlagemöglichkeiten. Wichtige Wechselkurse im direkten Zugriff.

Sparkasse (USA) (D)

www.sparkasse.de

Verzeichnis aller Sparkassen in Deutschland, Sparkassenfonds, Landesbanken, Fragen zum Jahr-2000-Problem, zum Euro und zur Eurocard.

Planspiel Börse und eine Studentenwohnungsbörse.

Süddeutsche Bodencreditbank (USA) (D)

www.suedboden.de

Die Süddeutsche Bodencreditbank informiert über Kredite und Immobilienkäufe mit einer Online-Kreditanfrage.

Anlageberatung

Bankhaus Ellwanger & Geiger (D)

www.privatbank.de

Bankhaus Ellwanger & Geiger, Stuttgart. Detaillierte Informationen zu Kapitalanlagen, Vermögensverwaltung und Steueroptimierung.

BHF-Bank (D)

www.bhf-bank.com

BHF-Bank. Viel Wissenswertes zu Themen wie Anlageberatung, Vermögensverwaltung, Fonds, Leasing, Innovativkapital, Außenhandels-Beratung.

Deutsche Pfandbrief Bank (USA) (D)

www.bauboden.de/

Deutsche Pfandbriefbank. Vielfältiges Serviceangebot rund um die Immobilie.

Helaba (USA) (D)

www.helaba.de

Helaba Landesbank Hessen-Thüringen Girozentrale Frankfurt/Erfurt, mit aktuellen Geldanlagetips.

Ausführliche Informationen zum Euro und zum Jahr 2000.

Julius Bär (USA) (D)

www.juliusbaer.com

Julius Bär, internationale Privatbank mit institutioneller Vermögensverwaltung.

Oppenheim jr. & Cie. (D)

www.oppenheim.de

Privatbankiers Sal. Oppenheim jr. & Cie. München. Alles über das Bankhaus sowie ein Überblick über das gesamte Leistungsspektrum der Bank. Und ein historischer Rückblick auf das Unternehmen.

WGZ-Bank (D)

www.wgz-bank.de

WGZ-Bank Zentralbank und Geschäftsbank. Management-Buy-Out, Management-Buy-In, Finanzierung von Wachstumsinvestitionen.

Europa-Wetterkarte.

Baufinanzierung

Berlin Hyp (USA) (D)

www.BerlinHyp.de

Berliner Hypothekenbank. Finanzierung von Wohn- und Gewerbebauten in ganz Deutschland.

Virtuelles Museum mit VRML.

BHW (D)

www.bhw.de/

BHW Dispo plus, der Baufinanzierer, Bausparen, Giro, Festgeld.

Deutsche Hypothekenbank (D)

www.deutschehyp.de

Grundlegende Informationen über die Deutsche Hypothekenbank Frankfurt-Hamburg.

Online-Rechner für Kreditbelastung und ein Online-Spiel.

WL Bank (D)

www.wl-bank.de

Sehr schöne Startseite! WL-Bank, Westfälische Landschaft Bodenkreditbank AG. Hypopartner im genossenschaftlichen Finanzverbund. Hier gibt es alles Wissenswerte zu Finanzierungen, Konditionen und den Produkten der Bank.

Online-Finanzierungsrechner und interaktive Bankensuche!

Württemberger Hypo (USA) (D) (F)

www.wuertt-hyp.de

Württemberger Hypo mit einer Software zur Baufinanzierung.

Kunst- und Kulturstiftung und ein eigener Denkmalschutzpreis.

Devisenmarkt

AFB (USA) (F)

www.afb.fr

Association Française des Banques (AFB) Paris. Französischer Bankenverband.

Banco de Portugal (USA)

www.bportugal.pt

Banco de Portugal in Lissabon/Portugal.

Abbildungen und ausführliche Beschreibung aller portugiesischen Geldscheine.

Bank Austria (D)

www.bankaustria.com

Bank Austria AG Wien. Online-Banking, Immobilien, aktuelle Devisenkurse.

Crédit Suisse (USA)

www.csg.ch

Crédit Suisse Group, Zürich. Die Bank berichtet ausführlich über Ihre Jahr-2000-Umstellung.

Creditanstalt (USA) (D)

www.creditanstalt.co.at

Creditanstalt AG Wien mit Infos rund um den Euro sowie zu Börsen und Märkten.

Jede Woche ein Quizspiel.

Kredietbank (D) (F)

www.kb.be

Kredietbank Head Office in Brüssel/Belgien. Leider sind die meisten Seiten nur auf holländisch.

Euro

Euro-Informationsdatenbank der Sparkassen (D)

www.dsgv.de/dsgv/ewwu.nsf

Die besten Informationen zum Euro im Internet: Umstellung von Girokonten, EC-Karten, Bargeld, Kapitalanlagen, Wertpapieren.

Euro Wechselkurse (USA)

www.europa.eu.int/comm/dg02/xeurd.htm

Hier finden Sie die amtlichen Kurse des Euro, täglich aktualisiert.

Euro-Seite des Europaparlaments (USA) (D) (F)

www1.europarl.eu.int/dg3/euro/site/4linksde.htm

Die Euro-Seite des Europaparlaments zeigt Bilder aller Euro-Scheine und Münzen.

Fakten zum Euro (D)

europa.eu.int/euro/html/home3.html?lang=3

Die offiziellen Euro-Informationen der Europäischen Kommission.

Bilder aller Münzen und Scheine, Euro-Symbol und Euro-Rechner.

KBC Bank (D) (F)

www.kbc.be/euro/

Euro-Chronologie, Euro-Lexikon, Banknoten, Münzen und länderspezifische Informationen.

Auch hier wieder ein Euro-Rechner.

Stadtsparkasse München (D)

www.sskm.de

Stadtsparkasse München, Informationen zum Euro, Abbildungen aller Euro-Scheine und Münzen.

Euro-Rechner

Bundesverband deutscher Banken (D)

www.bdb.de/

Bundesverband deutscher Banken. Euro-Rechner mit zahlreichen europäischen Währungen.

Commerzbank (D)

www.commerzbank.de/bin/writeframe.pl?/euro/rechner/download.htm

Erstklassiger Euro-Rechner zum Download und Offline-Arbeiten.

Demos (D)

www.demos.de/

Der Euro-Rechner von Demos rechnet in einem eigenen Fenster einen beliebigen DM-Betrag in Euro oder umgekehrt um. Dabei verwendet er farbenfrohe Buttons zum Eingeben der Ziffern.

Eurohypo (D)

www.eurohypo.de

Ausführliche Pfandbrief-Informationen und ein einfacher Euro-Rechner.

Europäische Kommission (USA) (D) (F)

europa.eu.int/eurobirth/

Der offizielle Euro-Rechner der europäischen Kommission.

Handelsblatt (D)

www.handelsblatt.de/

Der Euro-Rechner des Handelsblatts rechnet in einem eigenen Fenster einen beliebigen DM-Betrag in Euro oder umgekehrt um.

HypoVereinsbank (D)

www.hypovereinsbank.de

Euro-Rechner mit verschiedenen europäischen Währungen.

KBC Bank (D) (F)

www.kbc.be/euro/

Euro-Rechner mit Abbildungen der Banknoten und Münzen. Ein Betrag wird gleichzeitig in mehrere europäische Währungen umgerechnet.

Risikokapital

Astro Power (USA) (D)

www.astropower.com

Astropower USA unterstützt Kunden und Unternehmer bei Sonnenenergieprojekten.

BAND (USA) (D)

www.business-angels.de

Das Business Angels Network Deutschland (BAND) will private Gründungsunterstützung leisten.

BVK (USA) (D)

www.bvk-ev.de

Der Bundesverband Deutscher Kapitalbeteiligungsgesellschaften (BVK) schafft Rahmenbedingungen für Beteiligungskapital in Deutschland.

KfW (USA) (D)

www.kfw.de

Die Kreditanstalt für Wiederaufbau stellt Förderkreditprogramme für die Deutsche Wirtschaft zur Verfügung.

SAM (USA) (D)

www.samswiss.ch

Sustainable Asset Management Zürich. Investiert nach nachhaltigen Erfolgskriterien.

SPG Nachhaltigkeit (USA) (D)

www.sustainable.ch

Sustainable Performance Group. Investmentgesellschaft für Pioniere und Gründer.

Wechselkurse

Currency $ite, the (USA) (D) (F)

www.oanda.com/

Aktuelle Wechselkurse täglich aktualisiert, Online-Währungsrechner in mehreren Sprachen, aktuelle Meldungen und Tabellen. Wechselkurstabellen für unterwegs ausdruckbar.

Währungsrechnerservice für Webmaster zum Einbau in Webseiten.

Yahoo Deutschland Finanzen: Wechselkurse (USA)

finanzen.yahoo.de/forex.html

Die Wechselkurse können abgerufen werden.

Behörden

Thema	Seite	Weiterführende Linkseiten
Internationale & nationale Polizeilinks ...	868	www.officer.com
...	869	privat.swol.de/danielratzel/polizei.htm
...	869	www.kpb-schwelm.de/orgs/kpb/gesucht/f1.htm

Anwälte

Deutscher Anwalt Verein (D)

www.recht-und-verkehr.de/

Die Arbeitsgemeinschaft Verkehrsrecht ist mit ihren etwa 4.000 Mitgliedern die größte Vereinigung von Spezialisten innerhalb des Deutschen Anwaltvereins.

Mit dem Anwaltsuchdienst finden Sie den Anwalt in Ihrer Nähe. Infos rund ums Auto!

Marktplatz Recht (D)

www.marktplatz-recht.de

Anwaltssuche und Kurzporträts von Anwälten; Rechtssprechstunde.

Justiz und Gericht

Anti-Drogen-Kommission (USA)

www.usdoj.gov/dea/

Drug Enforcement Administration (DEA) – U.S. Department of Justice; Seiten der Anti-Drogen-Kommission des US-Justizministeriums mit Publikationen, Statistiken, Programmen zur Drogenbekämpfung, Fahndung.

Europäischer Gerichtshof (D)

europa.eu.int/cj/de/index.htm

Gerichtshof der Europäischen Gemeinschaften; aktuelle Urteile im Volltext mit Suchfunktion.

Souvenirs aus der Gerichtsmedizin (USA) (D)

www.polizei-web.net/polizei_ger/polizei_ger_artikel/gerichtsmedizin/gerichtsmedizin.htm

Ja, das müssen Sie sich anschauen! Der Internetsouvenirshop der gerichtsmedizinischen Abteilung in Los Angeles. Vor Anwahl des URLs bitte auf einen nüchternen Magen achten.

Polizei

Bundesgrenzschutz (D)

www.bundesgrenzschutz.de/

Der Bundesgrenzschutz beschreibt seine Aufgaben und gibt wirklich erstklassige Tips für Auslandsreisen.

Bundeskriminalamt (D)

www.bka.de

Das Bundeskriminalamt in Wiesbaden (BKA) fahndet auch übers Internet. Neben allgemeinen Infos bietet die Seite Kriminalitätslageberichte, eine polizeiliche Kriminalstatistik, Stellenangebote und die aktuellen Pressemitteilungen.

Chicago Police Department (USA)

www.ci.chi.il.us/communitypolicing

Im Chicago Police Department sind Sie sicher aufgehoben. Hier können Sie alles nachlesen, was sich so im Underground von Chicago abspielt.

FBI (USA)

www.fbi.gov

Die Seite des Federal Bureau of Investigation, der amerikanischen Bundeskriminalpolizei. Es werden u. a. Bilder der meistgesuchten Verbrecher der USA veröffentlicht Spannender als ein Fernseh-Krimi.

Gewerkschaft der Polizei (D)

www.gdp.org/

Informationen, Satzung und Gruppen der Gewerkschaft der Polizei.

International Police Association (D)

www.ipa-deutschland.de/homepage.htm

Die deutsche Sektion der IPA (International Police Association) informiert ausführlich über ihre Arbeit.

Landeskriminalamt Nordrhein-Westfalen (D)

www.lka.nrw.de

Das Landeskriminalamt Nordrhein-Westfalen war der Vorreiter. Es war die erste deutsche Polizeibehörde mit einem Internetangebot.

Landeskriminalamt Thüringen (D)

www.th-online.de/lka/

Das Landeskriminalamt Thüringen (LKA) im Internet.

Hier erfährt man Wissenswertes über die Phantombilderstellung.

Metropolitan Toronto Police (USA)

www.mtps.on.ca/

Metropolitan Toronto Police Service, Kanada. Von einer Opferhilfe, einer Kinderecke, einem Museum, Kriminalstatisken bis hin zu einem Geschenkeshop; hier ist die Polizei Ihr Freund und Helfer.

New York City Police Department (USA)

www.ci.nyc.ny.us/html/nypd/home.html

NYPD-blue – New York City Police Department, fast besser als die gleichnamige TV-Serie. Gehen Sie mit den Cops auf virtuelle Streife durch den Big Apple. Umfangreiche Linksammlung zu fast allen Polizeidienststellen in den Staaten.

Police Officer's Internet Directory (USA)

www.officer.com

The Police Officer's Internet Directory – Dieses Verzeichnis enthält riesige Listen mit Verweisen zu Polizei und Verbrechensbekämpfung weltweit.

Polizei Basel (D)

www.polizei-bs.ch/

Die Kantonspolizei Basel wirbt um neue Kollegen und veröffentlicht ein Statistik gesuchter Verbrecher und vermißter Personen.

Polizei Bayern (D)

polizei.bayern.de

Seit Ende 1996 fahndet die Bayrische Polizei auch im Internet nach Tätern und bittet um Mithilfe bei der Identitätsklärung unbekannter Toter. Weiterhin gibt es Sicherheitshinweise.

Polizei Düsseldorf (D)

www.polizei.nrw.de/duesseldorf/welcome.htm

Polizei Düsseldorf, die schönste deutsche Polizeiseite, bietet nicht nur Informationen zum Polizeialltag, sondern die Düsseldorfer beweisen auch viel Humor. Weiter so!

Polizei England (USA)

www.police.uk

Die Polizei und Organisationen in Großbritannien mit interaktiver Map der Police-Force-Regionen.

Polizei-Links (D)

privat.swol.de/danielratzel/polizei.htm

Gut sortierte Links auf Polizeiseiten weltweit.

Polizei Lüneburg (D)

www.polizei-lg.de

Bezirksregierung Lüneburg, Niedersachsen. Die Lüneburger Polizei informiert auf gut gemachten Seiten, u. a. auch über „Castor"-Transporte.

Polizei Luxemburg (F)

www.pt.lu/provider/police/

Police du Grand-Duché de Luxembourg – Die Seiten der Polizei in Luxemburg sind mit lustigen Illustrationen versehen.

Polizei Niedersachsen (D)

www.polizei.niedersachsen.de/

Herzlich Willkommen bei der Polizei Niedersachsen. Mit Links zu verschiedenen Polizeieinrichtungen in Niedersachsen. Hier wird nach dem Nestle-Erpresser gefahndet.

Polizei Nordrhein-Westfalen (D)

www.polizei.nrw.de/

Informationen über die Organisation, die Behörden und die Einrichtungen der nordrhein-westfälischen Polizei.

Polizei online (D)

www.polizei-online.de/

Polizeiclub im Internet mit geschlossener Mailingliste und Tauschbörse für Versetzungen von Polizeibeamten.

Polizei Schwelm (D)

www.kpb-schwelm.de/orgs/kpb/gesucht/f1.htm

Polizei Schwelm online: Fahndungen – Dienststellen – Vorbeugung – Links zu Polizeidienststellen.

Royal Canadian Mountain Police (USA) (F)

www.rcmp-grc.gc.ca/

Willkommen bei den Mounties! Die Royal Canadian Mountain Police gibt sich die Ehre. Hier finden Sie die Aktivitäten der Rotröcke.

Scotland Yard (USA)

www.met.police.uk/

Offizielle Webseite der Metropolitan Police in London, Scotland Yard mit aktuellen Fahndungsaufrufen und verschiedenen Tips zur Sicherheit und für Notrufe.

Singapore Police Force (USA)

www.spinet.gov.sg/

Die Seite der Singapore Police Force ist so sauber wie die Stadt selbst. Mit Sound und Flash-Animationen untermalt gibt die Singapore Police Force ein gelungenes Stelldichein im Internet.

Verbrechen und Verbrecher

Alcatraz (USA)

www.nps.gov/
www.nps.gov/alcatraz/

The National Park Service – Welcome to Alcatraz Island. Die Geschichte der Gefängnisinsel, auf der 29 Jahre lang Schwerverbrecher gefangengehalten wurden, inklusive „Inseltour".

Quizspiel und QTVR-Panoramen.

Die Chronik der dümmsten Gauner und Ganoven (USA) (D)

www.freunde.imperium.de/gansel/kriminal.htm

Kriminaltango, das müssen Sie sich unbedingt anschauen: Die Chronik der dümmsten Gauner und Ganoven.

Dumme Verbrecher (D)

members.vienna.at/decker/texte/wahr/dummeverbrecher.htm

Dummheit schützt vor Strafe nicht – So dumm können Verbrecher sein!

Electric chair, the (USA)

www.theelectricchair.com/

„The most shocking site of the web" behaupten die Seitenmacher. Die Geschichte des elektrischen Stuhls mit Film und Interview des Designers der Hinrichtungseinrichtung in Sing Sing.

Nichts für schwache Nerven – zum Teil äußerst brutal.

Jack the Ripper (USA)

www.execpc.com/~pauer/fromhell.html

A guide and study of the comic from Hell and the lore surrounding the Jack the Ripper case. Auf den Spuren von „Jack the Ripper" mit anklickbarem Stadtplan und Dokumentation der Ereignisse um 1880. Mit Gänsehautgarantie!

United States Postal Inspection Service (USA)

www.usps.gov/websites/depart/inspect

United States Postal Inspection Service: Der amerikanische Postdienst warnt vor Kundenbetrug.

Wells Fargo (USA)

wellsfargo.com/wanted/

Auf den Seiten der Wells-Fargo-Bank wird u. a. nach Gesetzesbrechern gefahndet.

World's Most Wanted, the (USA)

www.MostWanted.orgwww.mostwanted.org/

„The world's most wanted", eine umfangreiche Liste von Verbrechern, die von der internationalen Polizei gesucht werden.

Börse

Thema	Seite	Weiterführende Linkseiten
Börsenmagazin	871	www.brutto.de/

Brutto.de (D)

www.brutto.de/

Online-Magazin mit Links zu Börsen, Aktien und Rentenmarkt.

Aktuelle Kurve des DAX.

Sparkasse (D)

www.sparkasse.de

Das Planspiel Börse der deutschen Sparkassen.

Aktien

BAV (D)

www.bav-aktienhandel.de

BAV Börsenmakler & Beteiligungs AG München.

Bloomberg (USA) (D)

www.bloomberg.com/markets/europe.html
www.bloomberg.com/ger/markets/europe.html

Hier finden Sie die wichtigsten Weltaktienindizes.

Solarstrom (USA) (D)

www.SolarstromAG.de

Solarstrom AG. Europas erste Solarstrom-Aktien, gelistet im Freiverkehr an der Börse München.

T-Aktie (D)

www.dtag.de/untern/inv_relations/

Aktienforum der Deutschen Telekom für die T-Aktien.

Broker

Consors Discount-Broker (D)

www.consors.de

Online-Broking, Aktienindizes und Kursabfragen aller Aktien. Neukunden erhalten eine Consors-Aktie geschenkt.

DINO – Unternehmen – Broker (D)

www.dino-online.de/seiten/go13cbwh.htm

Eine detaillierte Liste von Brokerfirmen und Informationen rund ums Geldanlegen.

Charts & Kurse

Business-Channel (USA) (D)

www.business-channel.de

Diese Seite läßt für Business-Leute keine Infos aus. Hier erhalten Sie ausführlich alle Informationen rund um die Börse, Finanzen, Immobilien, Job & Karriere, Politik & Wirtschaft und vieles andere mehr!

Und dem ultimativen Anlagetip der Woche! Konservativ wie auch spekulativ!

DINO-Börseninformationsdienst (D)

www.dino-online.de/stockwatch/

Börseninformationsdienst: DINO-Online präsentiert Ihnen in Zusammenarbeit mit StockWatch aktuelle Informationen.

Gruppe Deutsche Börse (USA) (D)

www.exchange.de

Die Gruppe Deutsche Börse bietet alle Informationen über die Börse.

Homepage der Gruppe Deutsche Börse (USA) (D)

www.exchange.de/

Neuigkeiten, Jobbörse, Publikationen und Linkcollection.

Wallstreet-Online (USA) (D)

www.wallstreet-online.de/

Aktuelle Finanzinformationen mit dem Schwerpunkt Wall Street für Anleger, die sich für US-Aktien interessieren.

Investment

Alger Fund Online (USA)

www.algerfund.com

The Alger Fund. Aktienfonds speziell aus den USA.

Difa (D)

www.difa.de

DIFA Hamburg, Informationen über deutsche Immobilien-Fonds.

Gewerbe-Immobilien in Deutschland und Großbritannien.

Dresdner Bank Investment (D)

www.dit.de

Deutscher Investment Trust, Gesellschaft für Wertpapieranlagen mbH Frankfurt. Mit dem DIT-DIREKT-Service-Angebot können Sie Käufe und Verkäufe von Investmentanteilen direkt über das Internet abwickeln.

DWS (USA) (D)

www.dws.de

DWS, Deutsche Gesellschaft für Wertpapiersparen mbH Frankfurt.

Ein interaktiver Fonds-Finder sucht einen passenden Fond.

Fidelity (USA) (D)

www.fid-intl.com
www.fidelity.de/

Fidelity international mit interaktivem Depotservice.

Fonds Laden (D)

www.Fonds-Laden.de

Fonds Laden München. Unabhängiges Beratungszentrum für Investment- und Beteiligungsfonds.

Gamax Broker Pool (D)

www.gamax.de

Gamax Finanzdienste Vermittlungs-GmbH Leverkusen. Gamax Broker Pool, Internationale Renten-, Währungs- und Investment Fonds.

HWAG-Wertpapierhandelshaus (D)

www.follow-up-market.hwag.de

Zweitmarktbörse der Hanseatischen Wertpapierhandels AG. Börse für geschlossene Fonds, Immobilienfonds, Leasingfonds und Schiffsbeteiligungen.

INCAM AG (D)

www.incam.de

INCAM Innovatives Capital-Management. Fonds-Sparplan mit Top-Investmentfonds.

Nordinvest (D)

www.nordinvest.de

Nordinvest, Norddeutsche Investment Gesellschaft mbH Hamburg mit verschiedenen europäischen Aktien- und Rentenfonds.

Parvest (USA) (D) (F)

www.parvest.com

Parvest Fondsmarketing Frankfurt. Aktuelle Anteilspreise aller Fonds. In nahezu allen europäischen Sprachen.

Sparkassen-Fonds (D)

www.deka.de

Mit der Anwendung FondsCharts der DGZ,·DekaBank wird Ihnen die Möglichkeit geboten, sich einen Überblick über die Performance aller Sparkassen-Fonds zu verschaffen. Hierzu erhalten Sie für jeden Fonds detaillierte Informationen, wie Renditenberechnungen, Ausschüttungstermine, Kursverläufe und vieles mehr. Von hier aus haben Sie auch Zugriff auf das bekannte Börsensimulationsspiel der Sparkasse.

Zürich Invest (D)

www.zuerich-invest.de

Zürich Investmentgesellschaft mbH Frankfurt: aktuelle Preise und Wertentwicklung. Invest-Aktien in Europa und dem Mittleren Osten.

Catering

Airest (USA) (D)

www.airest.com/

Airline-Catering-Unternehmen, das auch exklusive Gastronomie für Partys und Veranstaltungen anbietet.

Apetito (D)

www.apetito.de/

Catering-Unternehmen für Veranstaltungen sowie Betriebe, Kliniken, Senioreneinrichtungen, Kindertagesstätten und Schulen.

Aramark (USA) (D)

www.aramark.de/
www.aramark.com/

Das größte weltweit tätige Catering-Unternehmen betreibt unter anderem auch das bekannte Edelrestaurant Windows 25 im Japan Center Frankfurt.

Hier finden Sie auch einige internationale Kochrezepte.

Catering Systeme (D)

www.catering-systeme.de/

Hier werden mobile Küchensysteme, Bars und Theken für Großveranstaltungen angeboten.

Enomoto Sushi-Catering (D)

www.sushi-catering.de/

Japanisches Catering-Unternehmen in Hamburg, das Sushi für Veranstaltungen und in einem Hamburger Japan-Restaurant anbietet.

Finest Food Catering (D)

www.branchen-on-line.de/ffc2001/index.html

Planen Sie eine Großveranstaltung? Suchen Sie die geeignete Catering-Firma? Hier bekommen Sie bundesweit vom Essen über das Personal, den Transferservice und das Sicherheitspersonal für die VIPs alles, was Sie brauchen.

Lobster (D)

lobster-party.de/

Bundesweit tätiges Catering-Unternehmen für Gourmetbuffets auf Messen und Veranstaltungen.

Die Online-Speisekarten können als Anregung für eigene Gourmetbuffets verwendet werden.

Edelmetalle

Allgemeine Gold- und Silberscheideanstalt AG (D)

www.allgemeine-gold.de/kurse/index.html

Hier bekommen Sie die aktuellen Edelmetallkurse.

Edelmetalle (D)

www.finanza.com/metalle.htm

Ankaufkurse der Edelmetalle und Edelmetall- und Rohstoff-Optionen.

Energieversorger

Hastra im Internet (D)

www.hastra.de/

Alles Wissenswerte über Strom, Wärme, Abwasser, Wasser und Erdgas.

MVV (D)

www.mvv.de

MVV Energie AG Mannheim. Strom, Trinkwasser, Gas, Fernwärme, Entsorgung, Telekommunikation, ÖNV, Consulting, Dienstleistungen.

Webcam vom Mannheimer Wasserturm.

RWE Energie AG (USA) (D)

www.rweenergie.de/

Informationen des Energieversorgers RWE Energie AG. Hier gibt es nicht nur Energie!

Sondern auch jede Menge Fun mit den Spielen „Memory" und „Powerklauer" sowie einem Energie-Rätsel und einem herunterladbaren „Powerklauer"-Bildschirmschoner!

VEBA AG (D)

www.veba.de/home.frame

Hier können Sie Wissenwertes über die Veba AG abrufen.

Finanzdienstleistungen

AWD Finanzoptimierer (D)

www.awd.de

Unabhängige Finanzberatung für Geldanlage, Vorsorge und Steuerersparnis.

Castor Kapital (D)

www.castor-kapital.de

Castor Kapital Finanzanlagenvermittlung Hamburg. Speziell Schiffsbeteiligungen.

Deutsche Vermögensberatung (D)

www.dvag.de

Deutsche Vermögensberatung AG Frankfurt. Haben Sie genügend Geld für den Ruhestand, nutzen Sie Ihre staatlichen Prämien auch voll aus, profitieren Sie von Steuerbegünstigungen? Nein – dann werfen Sie einen Blick auf diese Seite.

Doba-Ansparfonds (D)

www.doba.de

DOBA-Ansparfonds für Sachwertrente und Rendite.

Fidelity Investments (D)

www.fidelity.de/euro

Aktuelle Nachrichten aus den Anlagemärkten der ganzen Welt. Alles über die Einführung des Euro und die Fidelity Europa-Fondspalette. Die Seite verspricht, Anlageentscheidungen leicht zu machen.

FWU (USA)

www.FWU-PREMinvest.de

FWU Finanz- und Wirtschaftsberatung München. Fondsgebundene Lebensversicherung, FWU-Plan.

G.E.V. (D)

www.g-e-v.de

Deutsche Gesellschaft für Kapitalmarkt-Emissionen und Plazierungskoordination AG Frankfurt.

G.U.B.-Rating (D)

www.gub-analyse.de

Gesellschaft für Unternehmensanalyse und Beteiligungsmanagement Hamburg. Analyse und Rating von geschlossenen Fonds.

Hier finden Sie zudem eine Bewertung aktueller Fonds.

HBT Fondszentrum (D)

www.hbt-de.com

HBT Generalvertretung Deutschland der AGIA. Fonds-Vermittlung, Zweitmarkt und Immobilien.

IMMORENT (D)

www.IMMORENT.de

Immorent Gifhorn. Kapitalanlagen, Realimmobilien, Immobilienfonds, Vertriebsreisen nach Südafrika.

Innovatio (D)

www.innovatio-allfinanz.de

Innovatio Allfinanz & Immobilien Franchise System AG Heilbronn.

L & A (D)

www.la-gmbh.de

L & A Gesellschaft für Vermögensbildung, Finanzierungs- und Wirtschaftsberatung mbH Grünwald.

Micropal (USA)

www.micropal.com

Micropal International. Wertentwicklung der Fonds, Vermittlung europäischer, südafrikanischer und Offshore-Fonts.

Norddeutsche Vermögen (D)

www.norddeutsche.de

Norddeutsche Vermögen Hamburg. Schiffsinvestitionen, Beteiligungen an Schiffsfonds.

RWS-Aktienfond (D)

www.rws.de

RWS Vermögensplanung Hannover. Aktienfonds-Veritas und Investmentpolice.

Treuhand Union (USA) (D)

www.btu-wahl.de

BTU Treuhand Union Dr. Wahl & Partner GmbH Wirtschaftsprüfergesellschaft.

UBG Kapitalanlagen (D)

www.ubg-leonberg.de

UBG Unternehmensgruppe: Projektentwicklung, Kapitalanlagen, Anteilszweitmarkt im Zukunftsmarkt Seniorenimmobilien.

Beteiligungen

Fibeg Gruppe-Aufbau (D)

www.fibeg.de

Fibeg-Gruppe Ludwigshafen. R.A.P.-Rentenvermögen-Ausbau-Programm.

Hainzl KG

www.hainzl.de

Ullrich Hainzl Hamburg. Schiffsbeteiligung an MS E. R. Copenhagen und MS E. R. Santiago, dazu geförderter Wohnungsbau und Beteiligung an Seniorenimmobilien.

Schreiber Vermögensverwaltung (D)

www.schreiber-vermoegensverwaltung.de/

Schreiber Vermögensverwaltung Ingolstadt. Vermögensverwaltung und stille Beteiligung.

Telemania (D)

www.telemania.de

Vertriebspartner für die Vermittlung von stillen Gesellschaftern in der Telekommunikation Brasiliens.

Windkraftfonds (D)

www.bobikiewicz.com

Das Grüne Emissionshaus Freiburg bietet die Beteiligung an Windkraftfonds.

Windparkprojekte (D)

www.ventus-gruppe.de

Ventus Finanzconsulting GmbH Wiesbaden. Beteiligung an Windparkprojekten.

Immobilien

Thema	Seite	Weiterführende Linkseiten
Immobiliensuche weltweit	881	www.estate-wizard.com/

Thema	Seite	Weiterführende Linkseiten
Immobilien in Deutschland ...	882	www.bellnet.com/suchen/wirtschaft/immobilien/de.htm
Architekten	883	www.tel.de/s/a/architekten.htm
Fraunhofer Informations-zentrum	888	www.irb.fhg.de
Hausverwaltung in Deutschland	888	bellnet.com/suchen/wirtschaft/immobilien/hausverw_de.htm
Sachverständige	890	bellnet.com/suchen/wirtschaft/dienst/sachverstaendiger.html
Studenten-wohnheime	893	www.sharelook.de/bildung/studium/wohnheime.html

Allbank (D)

www.allbank.de

Die Allbank und DSK-Bank, bieten hier Spar-, Kredit- und Baufinanzierungsrechner.

Agenturen

Amperland – Immobilien in München und Umgebung (D)

www.amperland.de

Sie möchten Ihren Standort nach München verlegen? Hier finden Sie aktuelle Immobilien in und um München herum.

Marktbericht Wohnimmobilien (D)

www.rdm-bayern.de

Aktuelle News, Herbstmarktbericht, aber keine Immobilien zu kaufen beim RDM Landesverband Bayern.

Ring deutscher Makler (D)

www.rdm.de/

In einer Immobiliendatenbank für ganz Deutschland finden Sie Tausende von zu verkaufenden Häusern, Wohnungen, Grundstücken und Gewerbeobjekten.

VDM-Makler (D)

www.vdm.de/

Datenbank mit Immobilien zum Verkauf in verschiedenen Kategorien. „Grundbesitz", die bundesweit erscheinende Fachzeitschrift der VDM-Makler und Hausverwalter.

Ankauf/Verkauf

Data Concept (D)

www.immowelt.de

Data Concept Immowelt. Datenbank mit Häusern, Wohnungen und Gewerbeimmobilien zum Verkauf.

Auch Vermietungsangebote.

Estate Wizard (USA) (D) (F)

www.estate-wizard.com/

Online-Formular für An- und Verkauf, das automatisch weltweit an Makler weitergeleitet wird.

Immobilien in Deutschland (bellnet) (D)

www.bellnet.com/suchen/wirtschaft/immobilien/de.htm

Sehr umfangreiche Linksammlung über Immobilienangebote und Immobilienmakler.

Immobilien Index Deutschland (USA) (D)

www.ireg.de/immobilien.htm

Gute Auswahlmöglichkeiten, aber die Seite ist noch im Aufbau.

Immobilienanzeigen (D)

db.pipeline.de/ia/pz/ias/immoankauf.html

Übersichtliche Suchmöglichkeit für Immobilien mit vielen Auswahlkriterien.

Immobilien-Service Fenner (D)

is-fenner.de/ankauf.html

Relativ viele Fotoanzeigen und die Möglichkeit, selbst zu inserieren.

Immopool (USA) (D)

www.immopool.de/

Sehr viele Angebote mit detaillierten Auswahlmöglichkeiten.

IVP AG (D)

www.IVP-AG.com/

Immobilienangebote in Deutschland, Spanien, Portugal und Amerika sowie die Möglichkeit, eigene Immobilien anzubieten.

Kramer-Immobilien (D)

www.kus-immobilien.de/

Immobilienangebote in Spanien und Deutschland. Diese Seite befindet sich noch im Aufbau, ist aber bereits gelungen aufbereitet.

Messe für Wohnimmobilien (D)

www.immofair-muenchen.de/

IMMOFAIR – Immobilienmesse für Eigentumswohnungen, Eigenheime, Anlageobjekte im In- und Ausland und Baufinanzierung im Oktober 1999 in München.

Nord-Immo (D)

www.nord-immo.de/

Datenbank mit exklusiven Immobilien, Bauern- und Herrenhäusern in Norddeutschland.

Sonnleitner Holzhäuser (D)

www.sonnleitner.de/

Sonnleitner-Musterhauspark für Holzfertighäuser mit Bauherrenzentrum in Niederbayern.

Zapf (D)

www.zapf-bayreuth.de

Schlüsselfertige Häuser und Massiv-Betongaragen.

Architekten

Architekten (D)

www.tel.de/s/a/architekten.htm

Umfangreiche Linksammlung zum Thema Architekten.

Architektendatenbank (D)

www.architektenweb.de/

Gute Suchmöglichkeit nach Architekten mit Auswahl der Fachrichtung, einzelner Schwerpunkte und Orte.

Architekten-Datenbank (D)

www.architekten.baunetz.de/

Umfangreiche Architekten-Datenbank mit guten Einschränkungsmöglichkeiten zur Suche von bestimmten Architekten.

Architekten-Netz (D)

www.ai-d.de/

Hier finden Sie in Kürze Architekten und Innenarchitekten, die sich und ihre Projekte im Internet vorstellen.

Bauzeitung (D)

www.db.bauzeitung.de/

In der Bauzeitung finden Sie alles rund um die eigenen vier Wände. Sowie einen Kalender, Jobs und Praktika, wertvolle Infos und mehr.

Über die db-CAD-Datenbank können Sie die Fähigkeiten und Eigenschaften von CAD-Programmen übersichtlich abrufen!

Bauträger

ABM Bauträger (D)

home.t-online.de/home/abm-bautraeger/

Bauträger und Ingenieubüro mit langjähriger Erfahrung.

Arche Naturhaus (D) (F)

www.arche-bau.de/

Häuser im Einklang mit der Natur mit einer guten Beschreibung der einzelnen ökologischen Gesichtspunkte.

Bast-Bau (D)

www.bast-bau.de/

Immobilien als Kapitalanlage, zur Selbstnutzung und Mietwohnungen.

Bayerische Hausbau (D)

www.bhg.de

Lebens(t)räume mit Zukunft durch die Bayerische Hausbau, nicht nur in Bayern, sondern in ganz Deutschland.

Demos (D)

www.demos.de

Demos, ein Bauträger in Berlin, Leipzig und München bietet eine Datenbank zum Online-Suchen nach Wohnungen und Häusern. Außerdem ein Euro-Rechner.

Derag (USA) (D)

www.derag.de

Häuser und Eigentumswohnungen in München und Umgebung durch Derag.

Fertighäuser (D)

www.schwoerer.de/

Virtuelle Rundgänge durch Fertighäuser (mit NPS-Video-Plug-In), Online-Bauberatung.

Grundlach (D)

www.gundlach-bau.de/

Bauträger mit guter Beschreibung seiner Projekte und der Umgebung.

Hanse-Haus (D)

www.hanse-haus.de/

Individuelles Planen und Bauen eines Hauses. Hier finden Sie verschiedene Musterhaustypen mit Grundrissen.

Hebel (USA) (D)

www.hebelhaus.de

Schlüsselfertige Häuser mit Grundrissen und teilweise QTVR-Präsentationen.

Hochtief (D)

www.hochtief.de/

Aktuelle Großobjekte von Hochtief, Wohnsiedlungen, Mehrfamilienhäuser und Bürobauten.

Hochtief stellt hier seine wichtigsten Projekte vor: Abu Simbel, Messeturm Frankfurt, Commerzbank, Öresund-Brücke und andere.

Holzhaus (USA) (D) (F)

www.fouchs.de

Veränderbares Holzfertighaus mit Grundrissen und QTVR-Präsentationen.

Honka Holzblockhäuser (USA) (D) (F)

www.Honka.de/
www.honka.com

Weltweit größter Hersteller von Holzblockhäusern.

Nassauische Heimstätte (D)

www.naheimst.de

Nassauische Heimstätte, Frankfurt stellt aktuelle und geplante Immobilienprojekte vor, mit Grundrissen, Schnitten und Lageplänen.

Ritter Bauträger GmbH (D)

immobilien.im-internet.de/ritter/

Bauträger mit alternativen Hausbautechniken. Einsatz baubiologischer Materialien, Umsetzung energie- und solartechnischer Aspekte, Gestalten von offenen und flexiblen Grundrissen und Links zu diversen Projekten.

Schöndorfer (D)

schoendorfer.de/

Bau- und Umwelttechnik, Dolomitwerk, Kieswerk, Planungsgesellschaft.

Süba Bau Aktiengesellschaft (D)

www.sueba.de

Häuser und Eigentumswohnungen in allen großen Städten Deutschlands durch Süba Bauen und Wohnen. Hier finden Sie Grundrisse und Ansichten der Standardhaustypen.

UBG Rendite-Immobilien (D)

www.ubg-leonberg.de

UBG Unternehmensgruppe: Kapitalanlagen, Rendigeimmobilien, Projektentwicklung und Immobilienverwaltung.

Bauwirtschaft

Baulexikon (D)

www.bauen.com/bauen/lexikon/lexikon2.htm

Baulexikon mit Datenbankabfrage zu vielen Themen rund um den Eigenheimbau.

Baumaterial Kalksandstein (D)

www.kalksandstein.de/

Kalksandstein-Bauberatung mit ausführlichem Lexikon, 3-D-Detailzeichnungen und dem Bauwerk des Monats.

Baumaterial Ziegel (D)

www.ziegel.com/
www.ziegel.de/

Wertbeständigkeit durch Ziegel. Infos zum Niedrigenergiehaus, Liste von Ziegeleien und Vorstellung des Ziegel- und Kalkmuseums in Winzer bei Passau.

Baumaterial Ziegeldecke (D)

www.ziegeldecke.de/

Informationen der Arbeitsgemeinschaft Ziegeldecke im Bundesverband der Ziegelindustrie.

Datenbanken

Förderdatenbank des Wirtschaftsministeriums (D)

www.bmwi.de/foerderdb/

Alle Förderprogramme des Bundes und der Länder in einer Datenbank. Durch verschiedene Suchangebote findet man hier wirklich alles, was es an Fördermöglichkeiten so gibt. Sehr gut!

Immobilien Bazar (D)

www.immobazar.at/

Jeden Mittwch ab 14 Uhr aktualisiert finden Sie hier Immobilien aus ganz Österreich! Weiterhin besteht die Möglichkeit, Inserate aufzugeben.

Immobilien-Börse (D)

www.mietgesuche.de/

Immobilien-Datenbank mit guten Auswahlmöglichkeiten.

Suche-Immobilien (D)

suche-immobilien.de/

Mit über 70.000 Angeboten.

Denkmalpflege

Altbau- und Denkmalpflege (D)

home.t-online.de/home/konrad-fischer/

Hervorragende Informationssammlung zum Thema Altbau, u. a. mit Planungs- und Finanzierungstips. Informationen zur fachgerechten Sanierung.

Denkmalpflege Fachverlag (USA) (D)

denkmalpflege.com/

Gute Seite zum Thema Denkmalschutz mit z. B. Denkmalschutzgesetzen deutscher Bundesländer und der Denkmalbehörden in Deutschland, Österreich und der Schweiz.

Denkmalpflege im Saarland (D)

www.uni-sb.de/z.eubr/ub/denkmal/denkmal2.htm

Staatliches Konservatoramt im Saarland. Berichte und Liste verkäuflicher Denkmäler.

Denkmalpflege in Baden-Württemberg (USA) (D)

www.bawue.de/~wmwerner

Denkmalschutz in Baden-Württemberg mit vielen Informationen zu Behörden, Gesetzen, Ausgrabungen, Weltkulturerbe.

Denkmalpflege in Hessen (D)

www.hmwk.hessen.de/kultur/denkmalamt/index.html

Landesamt für Denkmalpflege Hessen. UNESCO-Weltkulturerbe Kloster Lorsch und Gruppe Messel.

Denkmalpflegebehörden (USA) (D) (F)

www.uni-tuebingen.de/uni/afj/adramt.html

Denkmalpflegebehörden in Deutschland, Österreich und der Schweiz; Adressen im Bereich Ur- und Frühgeschichte.

Deutsche Stiftung Denkmalschutz (D)

www.denkmalschutz.de

Deutsche Stiftung Denkmalschutz. Hilfe bei der Pflege und Restaurierung von schutzwürdigen Objekten. Tag des offenen Denkmals: 12.9.1999.

Fraunhofer-Informationszentrum (D)

www.irb.fhg.de

Fraunhofer-Informationszentrum Raum und Bau. Fakten-, Volltext- und Literaturdatenbanken zur Denkmalpflege.

Monumentum (D)

www.monumentum.net/steuerung/s-link.htm

Riesige Linkliste zur Denkmalpflege und zu Flurdenkmalen.

Links zu Menhiren, Steinkreisen, Felsbildern, Archäologie und Höhlenkunde.

Eigentums- & Hausverwaltung

Hausverwaltung in Deutschland (D)

bellnet.com/suchen/wirtschaft/immobilien/hausverw_de.htm

Umfangreiche Linksammlung zu Hausverwaltungen in ganz Deutschland.

Hoppe, Mario (D)

www.verwaltungen.de

Hausverwaltung und Unternehmungsberatung.

Gebäudetechnik

FH-Gebäudetechnik (USA) (D)

www.fhs-pi.asn-bgld.ac.at/

Homepage des FH-Studiums der Gebäudetechnik in Pinkafeld.

Gebäudetechnik (USA) (D)

www.gbt.ch/

Kostenloser Online-Informationsdienst für Gebäudetechnik: mit umfangreicher Linksammlung zum Thema.

Haus- und Wohnungstüren (D)

www.biffar.de

Alles über Haus- und Wohnungstüren.

Hausenergie (D)

www.haus.de/sprungstelle

Energieinfos rund ums Haus. 10.000 Dachdecker online, das ABC des preiswerten Bauens, clevere Planungsideen, beliebte Kübelpflanzen u. m. Sie sehen ein breit gefächertes Spektrum.

Last but not least steht Ihnen ein interaktiver Baukostenrchner zur Verfügung!

HL-Technik AG (D)

www.hl-technik.de/

Systemhaus für ökologisches Bauen und technische Innovationen. Mit wechselnden aktuellen Themen.

Keramag (USA) (D)

www.keramag.com

Badezimmereinrichtung mit Objektkatalog und Einrichtungsbeispielen.

Kunststoff-Fenster (D)

www.internorm.com

Sicherheit und Dämmung von Kunststofffenstern.

Mürlepartner (D)

www.muerlepartner.de/

Gut gegliederte Homepage eines Ingenieurbüros für Gebäudetechnik.

Prosafety (D)

www.prosafety.de

Prosafety will mit seinem Sortiment Gaunern das Leben schwermachen. Alarmanlagen für Haus und Hof, Elektroschocker, Wegfahrsperren und Reisesafes sollen dem Sicherheitsbedürfnis vieler Menschen Rechnung tragen. Das Online-Angebot könnte größer sein, der Service stimmt.

Steiner Reinigungsgeräte (D)

www.reinigungsgeraete.com

Spezialgeräte und -maschinen für die professionelle Glas- und Unterhaltsreinigung.

Tüv Akademie (D)

www.tuev-akd.de/

Technische Lehrgänge und Seminare zu den Themen: Verkehr, Fahrzeug, Anlagentechnik, Umwelttechnik, Arbeitssicherheit, Bautechnik, Elektrotechnik, Gebäudetechnik, Maschinen und Gebrauchsgüter.

Villeroy und Boch (USA) (D) (F)

www.villeroy-boch.com

Einrichtungen für außergewöhnliche Bäder.

Gebäudetechnik & Modernisierung

Bayerngas (D)

www.bayerngas.de/

Energie sparen, die Umwelt schonen mit Erdgasbrennwerttechnik.

Viessmann Brennwerttechnik (D)

www.viessmann.de/

Energie sparen mit neuer Viessmann-Heiztechnik, Energieberatung per E-Mail-Formular.

Übersicht über die Förderprogramme der Bundesländer.

Gewerbeimmobilien

Eureal (USA) (D)

www.eureal.de/

EUREAL: Vermittlung von individuellen, bedürfnisorientierten Büro- und Gewerbeflächen in Berlin, Düsseldorf, Frankfurt und Hamburg.

Eigentumswohnungen an Bord des Luxusschiffes Residensea (bis zu 300 m²).

Gutachter & Sachverständige

GEWOS (USA) (D)

www.gewos.de

GEWOS – Institut für Stadt-, Regional- und Wohnforschung GmbH Hamburg. Immobilien-Consulting und Standortbewertung.

Gutachter & Sachverständige (D)

www.sharelook.de/wirtschaft/unternehmen/immobilien/gutachter_und_sachverstaendige.html

Eine gut sortierte Linksammlung von Gutachtern und Sachverständigen.

Sachverständige (D)

bellnet.com/suchen/wirtschaft/dienst/sachverstaendiger.html

Umfangreiche Linksammlung von Sachverständigen.

Wertermittlung (D)

www.klitzsch.de/html/lars_klitzsch_-_homepage.html

Unternehmen für die Wertermittlung von Immobilien mit der Möglichkeit, ein Formular herunterzuladen, an dem anhand der eingetragenen Daten nun durch Fotos vom betreffenden Objekt eine Wertermittlung durchgeführt wird.

Wertermittlungsforum (D)

www.wertermittlungsforum.de

Wertermittlungsforum für Bewertungssachverständige.

Wertgutachten (D)

www.wertgutachten.de/frame.htm

Gut gegliederte Homepage für Wertgutachten mit guter Beschreibung der Gutachten,

Immobilien-Fonds

Westdeutsche Immobilienbank (D)

www.immobilienbank.de

Westdeutsche Immobilienbank: Projektentwicklung, Finanzierung im In- und Ausland, Investmentfonds.

Internationale Immobilien

ABD Agentur (USA)

www.abd.de/immobilien/

Immobilienagentur mit Immobilien in Deutschland, Griechenland, Italien, Mallorca, Spanien, Portugal.

Estate Net (USA) (D) (F)

www.estate.net

EstateNet ist eine der größten Immobilienzeitungen im Internet mit einer Rechtsdatenbank zum Bau-, Miet- und Maklerrecht, zu Architekten und zur Steuer.

Online-Datenbank zu zu verkaufenden Immobilien weltweit.

Mesa – Ferienhäuser am Mittelmeer (USA)

www.mesa.com.tr

Verkauf von Mittelmeerhäusern und Ferienwohnungen in der Türkei.

Toscana Landhäuser (D)

www.toskana.de/

Ferienhäuser, Landhäuser, Burgen und Schlösser in der Toskana zum Verkauf mit Beschreibung, Fotos und Preisen.

Mitwohnzentralen

Digitale Mitwohnzentrale (D)

gemp.schlund.de/zentral.htm

Datenbank mit „Suche/biete" und der Möglichkeit, Anzeigen aufzugeben.

Ring Europäscher Mitwohnzentralen (USA) (D)

www.mitwohnzentrale.de/suche.html

Europaweite Suchmöglichkeit. Hier finden Sie bestimmt eine passende Bleibe!

Verband der Mitwohnzentralen (D)

www.homecompany.de/

Umfangreiche Datenbank, die vom unmöbilierten Messezimmer bis zur möblierten Wohnung reicht. Gute Suchmöglichkeiten.

Sanierung & Modernisierung

Colfirmit (D)

www.colfirmit.de

Colfirmit. Spezialbaustoffe zur Sanierung von Fachwerk, Fassaden, Natursteinmauerwerk.

Kulba (D)

www.kulba.de

Kulba Ansbach. Chemikalien für die Sanierung. Holzschutzmittel, Bautenfarben, Natursteinreinigung.

Treuhand

Halter Immobilien & Treuhand AG (D)

www.halter-immo.ch/deutsch/aerger_i.htm

Hier wird unter anderem auch Hilfe bei Ärger mit Immobilien angeboten.

Noetzli Immobilien Treuhand AG (D)

www.forum.ch:81/administrator/ordner.htf?KNR=115&F=D&P=8&C=2

Schweizer Immobilien Treuhand AG.

Real Treuhand Immobilien GmbH (D)

www.raiffeisen.at/rbgooe/treuhand/treuhand.htm

Immobilienvermittlung, Immobilienprojetentwicklung/-prüfung, Bauorganisation.

Rechtsgrundlagen der Bestandsimmobilie (D)

www.heinicke.rechsanwaelte.de

Rechtsanwalt mit Schwerpunkt Architekten-, Ingenieur- und Baurecht.

Versteigerungen

Deutsche Grundstücksauktionen AG (D)

www.immobilien-auktionen.de

Berliner Gundstücksauktionen. Deutschlands größten Grundstücksauktionshaus mit den Terminen der nächsten Auktionen.

ImmoZV (D)

www.immozv.de/

Zwangsversteigerungen von Immobilien, Schiffen, Luftfahrzeugen, Bodenschätzen.

Inforunner (D)

www.inforunner.de/wirtschaft/immobilien.htm

Zwangsversteigerung: Die Amtsgerichtstermine der nächsten 30 Tage mit allen wichtigen Daten zum Objekt.

ZV-Immobilien (D)

www.zv-immobilien.de/

Hier finden Sie auszugsweise einige Renditeobjekte, die im Bankenauftrag bundesweit vertrieben werden.

Zwangsimmobilien (D)

www.zwangsimmobilien.de/

Gut aufbereitete Seite, die auch internationale Immobilien enthält.

Wohnungsmarkt

Studentenwohnheime (USA) (D)

www.sharelook.de/bildung/studium/wohnheime.html

Studentenwohnheime in Deutschland und Österreich.

Wohnungsmarkt (D)

www.wohnungs-markt.com/

Wohnungsangebote und Gesuche mit der Möglichkeit, eine eigene Anzeige aufzugeben.

Wohnungswirtschaftliches Informationsforum (D)

www.wowi.de

Informationsforum mit Wohnungsangeboten, Immobilienbörsen, öffentliche Förderung, Mietentwicklung, Verbänden und Weiterbildung für Vermieter.

Zeitschriften & Online-Magazine

Bauwissen im Internet (D)

www.bauen.com/

Online-Magazin über Bauen, Sanieren, Haus und Garten, Baufinanzierung und Baulexikon.

Bellevue (D)

www.bellevue.de/

Die internationale Immobilienzeitung mit megaheißen Online-Angeboten. Wie wärs mit einem kleinen Ferienhäuschen in Spanien oder einem Domnizil an der norwegischen Küste. Hier werden Sie bestimmt fündig, und das zu akzeptablen Bedingungen.

Immobilien- und Maklersuche online.

Deutsche Bauzeitung (D)

db.bauzeitung.de/

Online-Ausgabe für Architekten und Bauingenieure, mit Jobbörse, Informationen zum Studium, zu Wettbewerben und mehr.

Immobilienzeitung (D)

www.immobilien-zeitung.de/

Immobilienzeigung: Fachzeitung für die Immobilienwirtschaft mit Online-Bookshop und einigen Artikeln aus der aktuellen Ausgabe.

Online-Bookshop.

Immobilienzeitung im Internet (USA) (D) (F)

www.estate.net

EstateNet ist eine der größten Immobilienzeitungen im Internet mit einer Rechtsdatenbank.

Online-Datenbank mit zu verkaufenden Immobilien weltweit.

Informationen rund um das Haus (D)

www.haus.de

Täglich wechselnde Themen: Öko-Haus, aktuelle Baupreise, Umzug, Preistrends für Häuser und Wohnungen usw.

Jobvermittlungen

Jobs (USA) (D)

www.infoside.de/lwh/

Umfangreiche Links mit Suchmaschinen zur Jobvermittlung.

Jobsuche (D)

jobsuche.de/

Jobsuche mit Job-Finder nach verschiedenen Kriterien. Per E-Mail werden Jobangebote zu diesen Kriterien regelmäßig zugeschickt.

Konsul Personalberatung (D)

www.konsul-pb.de/

Konsul Personalberatungs GmbH. Vermittlungen für die Wirtschaft.

Arbeitsämter

Arbeitsamt (D)

www.arbeitsamt.de/

Die offizielle Webseite der Arbeitsämter mit dem Stelleninformationsdienst. Leider gestaltet sich die Stellensuch etwas träge.

Au pair

Au pair in den USA (D)

www.europartner-reisen.de

Au-pair-Programm in den USA mit Sprache & Reise von Europartner.

Au pair aus der Slowakei (D)

www.aupair.sk/uvod_nem.html

Au-pair-Vermittlung aus der Slowakei. Deutsch, englisch, slowenisch.

OneWorld Jobs (D)

www.oneworld-jobs.org/

Internationale Au-pair-Stellen und Entwicklungshilfeeinsätze.

Computer & Internet

Computerjobs (D)

www.computerjobs.de/

Stellenangebote und Gesuche in den Bereichen: Beratung, Entwicklung, Service, Publishing, Marketing, Management, Telekommunikation und Verlage.

DV-Job (USA) (D)

www.dv-job.de/
www.dv-job.ch/

Datenbank mit mehreren tausend offenen Stellen in der Computerbranche.

E.M.S AG (USA) (D)

www.emsag.ch

E.M.S. Engeneering Management Selektion AG Bern. Stellenvermittlung.

Künstlervermittlung

Schaufenster für Kreative (D)

www.dasauge.de

Kreative aus allen Branchen stellen sich und ihre digitalen Arbeitsproben vor.

Stellenbörsen

CHL Personalwerbung (D)

www.chl-frankfurt.de

CHL Personalwerbung; Spezialisten für erfolgreiches Personalmarketing. Hier finden Arbeitgeber eventuell geeignetes Personal besser als beim Arbeitsamt. Sie finden auch Stellenangebote und einen Chiffre-Service.

Existenzgründer – Franchise-net (D)

www.franchise-net.de

Informationssystem für Existenzgründer. Adressenpool mit über 800 Franchisegebern. Wöchentlicher E-Mail-Newsletter.

Jobware (USA) (D)

www.jobware.de/
www.jobware.net/

Weltweite Stellenangebote für qualifizierten Nachwuchs und berufserfahrene Fach- und Führungskräfte nach Firmen, Branchen oder Funktionsbereichen zu sortieren.

Zeit-Stellenmarkt (D)

www.jobs.zeit.de/abo.html

Individuell zugeschnittene Stellenangebote via E-Mail aus der Zeit.

Zeitarbeit (D)

www.medial.de

Medial Personalmanagement München. Lizenzierte private Personalvermittlung. Arbeitnehmerüberlassung (Zeitarbeit) und Personalvermittlung.

Zeitpersonal

Amadeus (D)

www.AmadeusAG.de

Amadeus AG für Zeitarbeit und Arbeitsvermittlung.

FiRe (D)

www.FiRe.de

FiRe AG: Zeitpersonalvervice und Zeitmanagement im Finanz- und Rechnungswesen.

Schausteller in Deutschland (D)

www.schausteller.de/

Jobbörse für Schausteller auf Volksfesten.

Landwirtschaft

Thema	Seite	Weiterführende Linkseiten
Bauernhof Net	897	www.bauernhof.net/index1.htm
Ökologische Landwirtschaft	898	www.agrar.de/infothek/oekolandbau.htm

Bauernhof.net

www.bauernhof.net/index1.htm

Landwirtschaft zum Anfassen, Kuhlexikon, Schweinelexikon und Pflanzenlexikon.

Bayerischer Landwirtschaftsverlag (D)

www.blv.de/

Das komplette Angebot an Büchern und Zeitschriften aus dem BLV-Verlag.

Link auf die Technikbörse mit Online-Kleinanzeigen für landwirtschaftliche Geräte.

Bundesministerium für Ernährung, Landwirtschaft und Forsten (D)

www.bml.de/

Das Bundesministerium für Ernährung, Landwirtschaft und Forsten informiert im Internet.

Deutsche Landwirtschaftsgesellschaft (D)

www.dlg-frankfurt.de/

Die Deutsche Landwirtschaftsgesellschaft bietet viele Informationen.

Deutscher Bauernverband (D)

www.bauernverband.de/fr_top.asp

Presseservice und viele Infos zu Agrarthemen sowie Online-Angebote für Urlaub auf dem Bauernhof.

Einkaufen auf dem Bauernhof: Hier finden Sie den Bauern-Shop in Ihrer Nähe!

Deutsches Agrarinformationsnetz (D)

www.dainet.de/

Datenbank mit Informationen in der Ernährungs-, Land- und Forstwirtschaft.

Informationsforum Fischerei mit Informationen zur Meeresbewirtschaftung, zum Fischtransport und zu Fischarten.

Ökologische Landwirtschaft

argragMEGA – Online-Magazin (USA) (D)

www.agrar-net.com/mega/

Interaktives Online-Magazin für den Agrarbereich.

Ökologische Landwirtschaft (USA)

www.agrar.de/infothek/oekolandbau.htm

Hier finden Sie einige Links, die sich mit ökologischer Landwirtschaft befassen.

Viehzucht

Bauernhof.net (D)

www.bauernhof.net/index1.htm

Landwirtschaft zum Anfassen, Kuhstallbesichtigung und Geburt eines Kalbes sowie Tiere auf dem Bauernhof.

Informationsdienst für Tierfreunde (USA)

www.vet.de/cgi-bin/finddoc.cgi

Durch Eingabe der Postleitzahl können Sie einen Tierarzt in Ihrer Nähe ermitteln.

Schweinezucht (D)

www.schweine.de/

Cotsworld Platinum Jungsau und Titan, der streßstabile Pietrain-Eber – Schweinezucht in Lemgo. Für alle Landwirte und Schweinezüchter eine wirkliche Top-Seite. Für Außenstehende skurril mit hohem Funfaktor.

Magazine & Zeitschriften

Thema	Seite	Weiterführende Linkseiten
Cash – Finanzmagazin	899	www.cash-online.de
Kostenoptimierung	900	www.kosten.de/
Suchmaschine	900	www.metagrid.de

Archiv Süddeutsche Zeitung und FAZ (D)

www.compuserve.de/bc_archive

Suchmaske mit erweiterten Funktionen zur Recherche u. a. in den Archiven der Süddeutschen Zeitung und der FAZ, bei CompuServe.

Bloomberg (USA) (D)

www.bloomberg.com/ger/
www.bloomberg.com/

Wirtschaftsnachrichten für Banker, Broker und Bosse, auch im Web-TV.

Cash (D)

www.cash-online.de

Online-Ausgabe der Zeitschrift Cash – Marktplatz der Kapitalanlage: Banken, Versicherungen, Investmentfonds, Vertriebsgesellschaften, Produktanbieter.

Erich Schmidt Verlag (D)

www.erich-schmidt-verlag.de

Verschiedene Zeitschriften zu wirtschaftlichen und rechtlichen Themen.

Hamburger Abendblatt (D)

www.abendblatt.de/contents/ha/root/service/html/mailing/mail_index.htm

Überregionale und regionale Nachrichten im Abo vom Hamburger Abendblatt.

Handelsblatt (D)

www.handelsblatt.de

Deutsche und internationale Wirtschaftsnachrichten, aktuelle Aktienindizes.

Natürlich auch hier ein Euro-Rechner.

Haufe Verlag (D)

www.haufe.de

Wirtschaftliche Veröffentlichungen, Gesetze und Arbeitshilfen.

Der Haufe Verlag bietet online aktuelle Meldungen aus der Wirtschaft, von Immobilien und aus der Computerbranche.

Immobilien (D)

www.IM-MAGAZIN.de

Immobilien-Magazin. Zahlen und Fakten zu Immobilien mit einigen aktuellen Meldungen.

Kosten.de (D)

www.kosten.de/

Online-Magazin über Kostenoptimierung mit Links auf Kostenloses, Schnäppchen, Finanzen, Banken, Großhandel, Unternehmensberatung.

Manager-Magazin (D)

www.manager-magazin.de

Manager-Magazin. Wirtschaft aus erster Hand. Jeden Freitag ab 12 Uhr aktuelle Artikel.

Online-Börsenspiel.

Metagrid (USA) (D)

www.metagrid.de/

Suchmaschine und Internetkatalog mit über 7.000 Zeitungen und Magazinen.

Persönliche Tageszeitung (D)

www.paperboy.net

Ihre persönliche Tageszeitung, zusammengestellt nach frei definierbaren Stichwörtern aus über 240 Nachrichtenquellen.

Private Geldanleger (D)

www.dm-online.de

Erstklassiger und vor allem verständlicher Service für private Geldanleger des DM-Online-Magazins Unbedingt reinschauen, wenn Sie nicht wissen, was Sie mit Ihrem Geld anfangen sollen.

Rhein Zeitung (D)

www.rhein-zeitung.de/newsletter

Die Top-News des Tages, zusammengefaßt in einer Mail.

Wirtschaftsnachrichten (D)

www.wiwo.de/wwkiosk/newsletter.htm

Wirtschaftsnachrichten der Zeitschrift „Wirtschaftswoche"

Zeitschrift für Human Resource Management (D)

www.bachem-verlagsgruppe.de

Die Zeitschriften „Personal", „Der Arbeitgeber" und andere aus dem Wirtschaftsverlag Bachem. Links auf zahlreiche wirtschaftswissenschaftliche Veröffentlichungen.

Messen

Thema	Seite	Weiterführende Linkseiten
Messen und Kongresse	904	www.wuv-gmbh.de

Baufach (USA) (D)

www.baufach.de

Baufach 99. Bau-Fachmesse Leipzig, 20. - 24.10.1999.

CeBit (USA) (D)

www.cebit.de/

Die größte Computermesse der Welt jedes Jahr in Hannover.

CeBit Home (USA) (D)

www.messe.de/ch00/

PC, TV, Video, Multimedia-Erlebnismesse alle zwei Jahre in Hannover. Im Jahr 2000 wegen der Expo nach Leipzig verlegt.

Deutscher Wirtschaftskongreß (USA) (D)

www.ofw.de

OFW – Organisationsforum Wirtschaftskongreß. Weltweit größter von Studenten organisierter Kongreß über Wirtschaft.

Embedded Systems (USA)

www.embedded-systems.de

Embedded Systems Nürnberg, Messe und Kongreß.

Eurobike (USA) (D)

www.messe-fn.de

Internationale Fahrradmesse Friedrichshafen.

European Banking 99 (USA) (D)

www.eurobanktech.com

Internationale Fachmesse mit Fachkongress „European Banking 99 Technology Fair" Frankfurt, 26. – 28.10.99.

Hannover Messe (USA) (D)

www.hannovermesse.de

Hannover Messe, die wichtigste jährlich stattfindende Industriemesse der Welt.

IFMA (USA) (D)

www.koelnmesse.de/ifma

Weltmesse für Fahrräder vom Designer-Bike bis zum Kinderrad.

Immobilienmesse (USA) (D)

www.immobilienmesse-leipzig.de

Immobilienmesse Leipzig, 18. – 20.9.1999.

Links auf weitere Baumessen in Leipzig.

Infobase (USA) (D)

www.infobase.de

Infobase 99. Internationale Messe für Information und Kommunikation Frankfurt.

Interhospital (USA) (D)

www.interhospital.de

Interhospital mit Interfab in Hannover, Deutscher Krankenhaustag.

International Property Market (USA) (F)

www.mipim.com

MIPIM Immobilienmarkt-Messe in Cannes.

Internationale Handwerksmesse (USA) (D)

www.ihm.online.de

Internationale Handwerksmesse München.

Jagd Messe (USA) (D)

www.jagenundfischen.de/

Internationale Informations- und Verkaufsausstellung Jagen und Fischen in der Neuen Messe München.

JEP Ltd. (USA) (D)

www.eva.hi-ho.ne.jp/jep-mhm

JEP Ltd. Jokohama. Vertretung der Messe München in Japan.

Kallmann (USA)

www.munichfairs-usa.com

Kallmann Associates Inc. Waldwick New Jersey. Vertretung der Messe München in den USA.

Köln Messe (USA) (D)

www.koelnmesse.de

Kölner Messeinformationen: Internationale Möbelmesse, Internationale Süßwarenmesse, Domotechnica, Popcomm, Photokina, Orgatec.

M.O.C. (USA) (D)

www.moc-muenchen.de

M.O.C. München Order- und Veranstaltungscenter.

Mecon (USA)

www.mecon.de

MECON 99. Fachkongreß für digitale Medienproduktion Köln.

Messe Düsseldorf (USA) (D)

www.messe-duesseldorf.de/

Messen in Düsseldorf, Service für Besucher, Aussteller und Presse, Geländeplan, Links auf Hotels und Fahrpläne.

Messe Hannover (USA) (D)

www.messe.de

Hannover Messe: CeBit, Industriemesse und andere. Alle Messetermine.

Messe München (USA) (D)

www.messe-muenchen.de

Messe München GmbH. Alle Messetermine: Systems, Ispo, Bau.

Messe Offenburg (USA) (D) (F)

www.messeoffenburg.de

Messe Offenburg: ORFA, Comunica, Badische Weinmesse, EuroCheval, Oberrhein Messe u. a.

Messe Salzburg (USA) (D)

www.reedexpo.at

Weihnachtswelt, ÖMS, Smart Automation Austria, Austrobau Salzburg. Internationale Fachmesse für Bauen, Energiesparen, Wohnen, Schwimmbadtechnik und Immobilien.

Messe Sinsheim (D)

www.messe-sinsheim.de/

ATE-Fachmesse für Automobilentwicklung in Sinsheim, Car & Sound, Faszination Modellbau.

Messe Straßburg (USA) (D) (F)

www.strabourg.com

Internationale Messe Straßburg.

Messe Stuttgart (USA) (D)

www.messe-stuttgart.de

Messe Stuttgart: Wirtschaft trifft Wissenschaft, CAT, Bocuse d'Or.

Messen und Kongresse (D)

www.wuv-gmbh.de

Veranstaltungen der Werbe-/Vertriebsgesellschaft Deutsche Apotheker.

Online Business (D)

www.onlinebusiness.de

Online Business Leipzig, Essen und Nürnberg 99. Messe mit Schwerpunkt E-Business.

Spielwarenmesse Nürnberg (USA) (D)

www.toyfair.de/

Internationale Spielwarenmesse jedes Jahr in Nürnberg, nur für Fachpublikum. Hier finden Sie Informationen für Aussteller, Besucher und Fachpresse.

Start – Die Existenzgründermesse (D)

www.start-messe.de/

START – die Existenzgründermesse für Deutschland in Nürnberg, Hamburg, Leipzig und Essen.

Unilink (USA)

www.unilinkfairs.com

Unilink Toronto, kanadischer Messeveranstalter. Vertretung der Messe München in Kanada.

Van Ekeris Expo (USA)

www.vanekeris.nl

Van Ekeris Expo Service B.V. Vertretung der Messe München in den Niederlanden.

Wiesbadener Trendtage für Banken (D)

www.iir-germany.com/bak99

I.I.R.-Kongreß, Bankentrends für das dritte Jahrtausend.

Politik

Thema	Seite	Weiterführende Linkseiten
Fluglärm	910	www.fluglaerm.de
International Associations	910	www.ufcna.com/assoINT.html
Noise Pollution Clearinghouse	910	www.nonoise.org/resource/trans/air/airport.htm
Arbeitssicherheit	913	members.aol.com/madr1901/index.html
Juristische Links	913	www.jura.uni-sb.de/internet/
GEO-Projekte	922	www.geo.de/projekt/

Landeszentralen für politische Bildung (D)

www.politische-bildung.de/

Ausführliche Informationen über die deutsche Geschichte und die verschiedenen Bundesländer mit zahlreichen Links.

Agenda 21

Agenda 21, die (D)

www.politische-bildung.de/niedersachsen/t7.htm

Die Agenda 21 oder allgemein verständlicher ausgedrückt das „Aktionsprogramm für das 21. Jahrhundert" bedeutet, daß sich sowohl Industriestaaten als auch Entwicklungsländer unter Berücksichtigung ihrer unterschiedlichen Ausgangspositionen auf das Leitbild einer globalen „nachhaltigen" Entwicklung verständigt haben.

Agenda 21, Text der (D)

www.bmu.de/infos/download/b_agenda21.htm

Der vollständige Text der Agenda 21 zum Download.

Lokale Agenda (D)

www.politische-bildung.de/niedersachsen/t7a.htm

Neben den verschiedenen Aktionsfeldern, wie sie in den 40 Kapiteln zum Ausdruck kommen, hat die Agenda 21 auch zeitliche Vorgaben formuliert, nach denen bis spätestens 1996 weltweit lokale Agenda-Konzepte beschlossen werden sollten. Für Deutschland lagen solche Beschlüsse am Ende des Jahres 1996 noch nicht vor.

Lokale Agenda in Hannover (D)

webserver.comlink.org/agenda21/

Umsetzung der Agenda 21 in Hannover.

Lokale Agenda in Karlsruhe (D)

www.karlsruhe.de/umwelt/agenda/agenda.htm

Agenda-Projekte und -Arbeitskreise in Karlsruhe.

Lokale Agenda in Stuttgart (D)

www.gaia.de/la21/

Veranstaltungen und Visionen zur Agenda 21 in Stuttgart.

Lokale Agenda in Tübingen (D)

agenda21.ggi.uni-tuebingen.de/

Der Tübinger Agenda-Server mit Infos und Links.

Aktuelle Weltpolitik

Politik digital (D)

www.politik-digital.de/

Online-Magazin zur aktuellen politischen Lage, auch als wöchentlicher E-Mail-Newsletter. Politische Online-Aktionen und Abstimmungen.

Reuters online (D)

www.dino-online.de/dino-news/

Rund um die Uhr Weltnachrichten der Nachrichtenagentur Reuters.

Seite 1 (D)

seite1.web.de/

Täglich aktuelles Online-Magazin mit Politiknachrichten, Wetterbericht, Lottozahlen und Sportmeldungen.

Süddeutsche Zeitung (D)

www.sueddeutsche.de/politik/

Süddeutsche Zeitung München. Deutschlands große Tageszeitung bietet hier online aktuelle politische Nachrichten.

Aktuelle Nachrichten per E-Mail und ein Wetterbericht.

Antiatombewegung

Frieden 2000 (USA) (D) (F)

www.paix2000.org

Eine mit viel Mühe und Herzblut gestaltete Seite zur Antiatom- und Friedensbewegung.

Verhütung des Atomkriegs USA D F

ourworld.compuserve.com/homepages/richterpeill/ippnvhh.htm

Internationale Ärzte für die Verhütung des Atomkriegs, Ärzte in sozialer Verantwortung, Hamburg.

www.ippnw.de

Internationale Ärzte für die Verhütung des Atomkriegs, Ärzte in sozialer Verantwortung.

Bundesämter

BStU D

www.snafu.de/~bstu/

BStU – der Bundesbeauftragte für die Unterlagen des Staatssicherheitsdienstes der ehemaligen DDR, die Gauck-Behörde.

Bundesamt für Naturschutz USA D

www.bfn.de

BFN: Das Bundesamt für Naturschutz.

Text der Neuregelung im Artenschutzrecht für Einfuhr und Ausfuhr gefährdeter Arten.

Bundesamt für Seeschiffahrt und Hydrographie USA D

www.bsh.de/

Das BSH – Bundesamt für Seeschiffahrt und Hydrographie – bringt u. a. Wasserstandsvorhersagen und Gezeitentabellen.

Bundesamt für Strahlenschutz D

www.bfs.de/

Bundesamt für Strahlenschutz. Aktuelle UV- und Gammdosisdaten. Die Folgen von Tschernobyl sind in Bayern noch messbar.

Bundesaufsichtsamt für das Versicherungswesen D

www.bav-bund.de/

Bundesaufsichtsamt für das Versicherungswesen. Das BAV führt die Aufsicht über die deutschen Versicherungsunternehmen.

Bundesinstitut für Bevölkerungsforschung USA D F

home.t-online.de/home/bib-2499/

BiB – Bundesinstitut für Bevölkerungsforschung, ein Institut beim Statistischen Bundesamt. Bericht über die demographische Lage in Deutschland.

Deutsches Patentamt (D)

www.deutsches-patentamt.de/

Deutsches Patentamt – Thema Patente, Informationen zum Amt.

Kraftfahrt Bundesamt Flensburg (D)

www.kba.de

Auskünfte aus dem Verkehrszentralregister und zentralen Fahrzeugregister, Statistiken und weitere Berichte rund ums Auto.

Hier können Sie Antragsformulare für den Punktestand aus dem Verkehrszentralregister (VZR) anfordern.

Luftfahrt-Bundesamt (D)

www.lba.de/

Das Luftfahrt-Bundesamt sorgt als Oberbehörde des Bundesministeriums für Verkehr für die sichere Durchführung eines Fluges, lange bevor dieser beginnt.

Sicherheit in der Informationstechnik (USA) (D)

www.cert.dfn.de/

Bundesamt für Sicherheit in der Informationstechnik. Die Zertifizierungsinstanz für das Deutsche Forschungsnetz. Hier erhalten Sie persönliche Zertifikate für PGP-Schlüssel.

Statistisches Bundesamt (USA) (D)

www.statistik-bund.de/

Das Statistische Bundesamt in Wiesbaden bietet Zahlen und Fakten an.

Umweltbundesamt (USA) (D)

www.umweltbundesamt.de/

Umweltbundesamt – Verantwortlich für den Schutz der Umwelt und den Schutz des Menschen vor schädlichen Umwelteinflüssen (in deutscher und englischer Sprache).

Verfassungsschutz (D)

www.verfassungsschutz.de/

Das Bundesamt für Verfassungsschutz – mit Verfassungsschutzberichten, Infos zu Scientology und Rechtsextremismus.

Computerspiel über den Verfassungsschutz.

Bürgerinitiativen

Bürgerbewegung Berlin-Brandenburg (D)

www.buergerbewegung.de/index.htm

Bürgerbewegung Berlin-Brandenburg. Gegen den Großflughafen Berlin-Schönefeld.

Fluglärm (USA) (D)

www.fluglaerm.de

Bundesvereinigung gegen Fluglärm e. V. (BVF). Sehr umfangreiche Linkliste zu allem, was mit (Flug-)Lärm zu tun hat

IBF (D)

www.straubing.baynet.de/~g.holzapfel.ibf.htm

Interessengemeinschaft Bayerischer Fluglärminitiativen (IBF).

International Associations (USA) (D)

www.ufcna.com/assoINT.html

International Associations. Umfangreiche Linkliste zu Vereinigungen gegen den Fluglärm, weltweit.

NPC (USA) (D)

www.nonoise.org/resource/trans/air/airport.htm

Noise Pollution Clearinghouse (NPC). Umfangreiche Linkliste zu Vereinigungen gegen den Fluglärm, weltweit.

Tierversuchsgegner (D)

www.tierrechte.de/animal2000

Tierversuchsgegner Bayern e. V. in München.

Europa

Charter der europäischen Sozialistinnen, die (USA)

www.europarl.eu.int/pes/de/working/equal/charter.htm

Frauenrechte sind Menschenrechte, Zusammenschluß europäischer Frauenrechtlerinnen.

Europäische Union (USA) (D) (F)

www.europa.eu.int/

Europäische Union. Rat, Gerichtshof, Rechnungshof und übrige Organisationen.

Euro-Datenbank Frauen in Führungspositionen (USA)

www.db-decision.de/default.htm

Datenbank für Frauen in der europäischen Politik.

Europaparlament (USA) (D) (F)

www.europarl.eu.int/

Veröffentlichungen und Institutionen des Europaparlaments in nahezu allen europäischen Sprachen!

Rat der Gemeinden und Regionen Europas (D)

www.rgre.de/

Veröffentlichungen, Aufgaben und Unterorganisationen.

Länder

Belgische Abgeordnetenkammer (USA) (D) (F)

www.lachambre.be/

Grundlagen der belgischen Verfassung, Besuchsmöglichkeiten in der belgischen Kammer.

Belgische Verfassung (USA) (D) (F)

www.fed-parl.be/

Die belgische Verfassung, in mehrere Sprachen übersetzt.

Belgischer Senat (USA) (F)

www.senate.be/

Aufgaben und Veröffentlichungen des belgischen Senats.

Dänisches Folketing (USA)

www.folketinget.dk/

Gesetzgebung und Parteien in Dänemark. Politik und Veröffentlichungen.

Europaparlament (USA) (D) (F)

www.europarl.eu.int/font/el/defaulte.htm

Das Europäische Parlament. Der Font für die griechische Darstellung kann installiert werden.

Finnland – Eduskunta (USA) (F)

www.eduskunta.fi/

Das finnische Parlament: statistische Daten, Fakten, Abgeordnete.

Frankreich – Nationalversammlung (USA) (D) (F)

www.assemblee-nationale.fr

Organisation, Sitzverteilung und Aufgaben der französischen Nationalversammlung.

Die französische Verfassung im Original und übersetzt.

Frankreich – Senat (USA) (F)

www.senat.fr/

Aufgaben des Senats, Liste der Mitglieder, Geschichte und Architektur des Senatsgebäudes.

Großbritannien (USA)

www.parliament.uk/

Aktuelle Meldungen, Abgeordnete und Wahlergebnisse aus dem House of Commons und Veröffentlichungen aus Debatten des House of Lords.

Irisches Parlament (USA)

www.irlgov.ie/

Die beiden irischen Parlamentshäuser Dáil Éireann (Repräsentantenhaus) und Seanad Éireann (Senat). Protokolle der Parlamentsdebatten der letzten Jahre, aktuelle Tagesordnungen und Veröffentlichungen.

Italienisches Parlament (USA)

www.camera.it/

Tagesordnungen, Veröffentlichungen und Beschlüsse des italienischen Parlaments mit RealVideo-Übertragungen von Sitzungen.

Luxemburg (USA) (F)

www.chd.lu/

Veröffentlichungen, Abgeordnete und Parteien im luxemburgischen Parlament.

Niederlande (USA) (D) (F)

www.parlement.nl/

Aufgaben und Organisation der beiden Kammern des niederländischen Parlaments. Die meisten Informationen nur auf holländisch, aber auch deutsche, englische und französische Seiten.

Portugal (USA) (F)

www.parlamento.pt/

Sitzungen, Abgeordnete und Aktivitäten des portugiesischen Parlaments.

Schweden – Reichstag (USA)

www.riksdagen.se/

Tagesordnungen aktueller Sitzungen, Abgeordnete und Veröffentlichungen aus dem schwedischen Reichstag.

Senat – Spanien (USA)

www.senado.es/

Geschichte und Veröffentlichungen des spanischen Senats.

Spanien – Kongress

www.congreso.es/

Informationen über den spanischen Kongress – nur auf spanisch.

Gesetze

Arbeitssicherheit (D)

members.aol.com/madr1901/index.html

Arbeitsmedizinischer und sicherheitstechnischer Dienst Rüsselsheim. Links zu Gesetzestexten zur Arbeitssicherheit, zum Arbeitsschutzgesetz, zur Gefahrstoffverordnung.

Datenbank des Bundestages (D)

dip.bundestag.de

Deutscher Bundestag – Datenbanken, in denen u. a. Gesetzesvorhaben zu finden sind.

Forum deutsches Recht (D)

www.recht.de/

Forum deutsches Recht – Diskussionsforen, Neuigkeiten, Kommentare, Urteile, nicht nur für Anwälte, sondern auch für interessierte Laien.

Gesetzestexte Beck Verlag (D)

www.beck.de

Der Verlag C. H. Beck liefert aktuelle Gesetzestexte und Kommentare.

Grundgesetz (D)

www.bundestag.de/gesetze/gg/gg_inh.htm

Der vollständige Text des deutschen Grundgesetzes.

Juristische Links (USA) (D)

www.jura.uni-sb.de/internet/

Links zu juristischen Informationen, weltweit.

Law & Order (USA) (D)

www.freunde.imperium.de/gansel/law.htm

Die ungewöhnlichsten Gesetze und Paragraphen aus Amerika.

Mieterbund (D)

www.mieterbund.de

Der Deutsche Mieterbund – Ob Mieter oder Vermieter: Mietrecht von A bis Z, dazu Themen und Urteile.

Rechtstips (D)

www.sakowski.de

Infos zur aktuellen Rechtsprechung. Tips und Hinweise zur Suche nach weiteren juristischen Informationen im Internet.

Umwelt online (D)

www.umwelt-online.de/

Umwelt- und Arbeitsschutz, Anlagensicherheit, Anlagentechnik, aktuelles Umweltrecht: Gesetze, Verordnungen, Verwaltungsvorschriften, technische Regeln.

Verlag Recht und Praxis (D)

www.vrp.de

Aktuelle Fachzeitschrift für Juristen und Steuerberater aus dem Verlag Recht und Praxis.

Gremien

Baden-Württembergischer Landtag (D)

www.landtag-bw.de/

Aktuelle Meldungen, Personen, Gremien, Abgeordnete und Sitzungstermine mit Tagesordnungen.

Bayerische Staatskanzlei (USA) (D) (F)

www.bayern.de/

Politik und Statistik in Bayern, Tourismus, Landwirtschaft, Ausbildung.

Bayerischer Landtag (D)

www.bayern.landtag.de

Informationen aus dem Bayerischen Landtag, Tagesordnungen der Sitzungen, Abgeordnete und Gremien.

Bayerischer Senat (D)

www.bayerischersenat.de/

Rechte, Aufgaben und Zusammensetzung des bayerischen Senats. Aktuelle Beschlüsse und Reden.

Berliner Abgeordnetenhaus (D)

www.parlament-berlin.de/

Fraktionen, Abgeordnete, Sitzungstermine, Besucherdienst.

Live-Übertragungen aktueller Sitzungen.

Brandenburg – Landtag (D)

www.landtag.brandenburg.de/

Pressemitteilungen, Abgeordnete, Ausstellungen, Parlamentspapiere.

Erklärung des Petitionsrechts und der Volksinitiativen, Volksbegehren und Volksentscheide.

Bremische Bürgerschaft (D)

www.bremen.de/info/buergerschaft/

Aktuelle Meldungen, Termine, Abgeordnete, Fraktionen, Tagesordnungen.

Ausführliche Erklärung des Petitionsverfahrens.

Bundesrat (D)

www.bundesrat.de/

Aktuelle Meldungen, Personen, Daten, Fakten, Besucherdienst, Mailingliste und Sitzungstermine.

Bundesregierung (D)

www.bund.de/

Das Internetangebot der Bundesregierung. Hier finden Sie auch Informationen des Bundespresseamts.

Bundestag (USA) (D)

www.bundestag.de/

Aktuelle Meldungen, statistische Datenbanken, Informationen über das neue Reichstagsgebäude und den Umzug von Bonn nach Berlin.

RealVideo-Live-Übertragungen von Bundestagssitzungen.

Deutscher Landkreistag (D)

www.landkreistag.de/

Der Deutsche Landkreistag (DLT) vertritt als kommunaler Spitzenverband die Interessen der deutschen Kreise auf Bundesebene.

Deutscher Städte- und Gemeindebund (D)

www.dstgb.de/

Aufgaben, Kommunalforen und Mitgliedsorganisationen des Deutschen Städte- und Gemeindebundes.

Deutscher Städtetag (D)

www.staedtetag.de

Aufgaben, Organisation und Arbeit des Deutschen Städtetages. Liste aller Mitgliedsstädte mit Einwohnerzahlen.

Hamburger Bürgerschaft (D)

www.hamburg.de/stadtpol/brgschft/

Aufgaben, Termine, Abgeordnete, Ausschüsse, Sitzverteilung, Tagesordnungen, Statistik.

Ausgewählte Gesetzestexte zum Download als PDF.

Hessischer Landtag (D)

www.landtag.hessen.de/

Aktuelle Meldungen, Termine, Abgeordnete, Fraktionen, Tagesordnungen.

Diverse Gesetzestexte zum Online-Lesen.

Mecklenburg-Vorpommern – Landtag (D)

www.landtag-mv.de/

Termine, Sitzverteilung, Besucherdienst, Veröffentlichungen und Sitzungsprotokolle.

Niedersächsischer Landtag (USA) (D)

www.landtag-niedersachsen.de/

Aktuelle Meldungen, Termine, Abgeordnete, Pressemeldungen, Ausstellungen.

Diverse Gesetzestexte zum Online-Lesen.

Nordrhein-Westfalen – Landtag (D)

www.landtag.nrw.de/

Sitzungstermine, Tagesordnungen, Protokolle, Sitzverteilung, Fraktionen. Datenbank der Abgeordneten mit Geburtstagen.

Diverse Gesetzestexte zum Online-Lesen.

Österreichisches Parlament (USA) (D)

www.parlinkom.gv.at/

Sitzungstermine, Sitzverteilung und Geschichte des österreichischen Parlaments mit Bildern.

Rheinland-Pfalz – Landtag (D)

www.landtag.rlp.de/landtag/

Aktuelle öffentliche kulturelle Veranstaltungen, Statistiken, Abgeordnete nach Wahlkreisen, Besucherdienst.

Live-Berichterstattung von Debatten.

Saarland – Landtag (D)

www.jura.uni-sb.de/landtag-saar/

Sitzungstermine, Tagesordnungen, Protokolle, Fraktionen, Sitzordnung, wichtige Reden und Veröffentlichungen, Wahlergebnisse der letzten Wahlen.

Erklärung des Petitionsrechtes und Vorstellung der Mitglieder des Petitionsausschusses.

Sachsen-Anhalt – Landtag (D)

www.landtag.sachsen-anhalt.de/

Sitzungstermine, Veranstaltungen, Ausstellungen, Gremien, Fraktionen, Besucherdienst.

Sächsischer Landtag (USA) (D) (F)

www.sachsen.de/deutsch/buerger/landtag/
www.sachsen.de/english/buerger/parliament/

Tagesordnungen, Pressemitteilungen, Veranstaltungen. Interaktiver Sitzplan mit Vorstellung der Abgeordneten.

Schleswig-Holsteinischer Landtag (D)

www.sh-landtag.de/

Sitzungstermine, Veröffentlichungen, Abgeordnete, Besucherdienst und tolle Links in die Welt der nationalen und internationalen Politik.

Informationen über aktuelle Ausstellungen und Stellenausschreibung.

Schweizer Bundesversammlung (USA) (D) (F)

www.parlament.ch/

Aktuelle Tagesordnungen und Abstimmungsergebnisse, wichtige Reden und Veröffentlichungen, Abgeordnete und Parteien.

Links auf die schweizerischen Gremien, Behörden, Städte und Gemeinden.

Thüringer Landtag (D)

www.thueringen.de/landtag/homepage.htm

Fraktionen, Ausschüsse und Abgeordnete, letztes Wahlergebnis.

Internationaler Handel

Außenhandelskammern der Bundesrepublik Deutschland (D)

www.ahk-germany.de/ahk.htm

Liste der Auslandshandelskammern der Bundesrepublik Deutschland.

Deutsch-Arabische Handelskammer (D)

www.gerarcham.com

Deutsch-Arabische Handelskammer Kairo.

Deutsch-Chilenische Handelskammer (D)

www.ahk.net/chambers/cl/

Deutsch-Chilenische Handelskammer Santiago de Chile.

„Gelbe Seiten" für Geschäftskontakte nach Chile.

Deutsch-Indonesiche Handelskammer (USA)

www.io.com/ekonid

Deutsch-Indonesische Handelskammer Jakarta.

Kostenloser Fax to E-Mail-Service.

Deutsch-Polnische Handelskammer (D)

www.pniph.com.pl

Deutsch-Polnische Handelskammer Warschau, Vertretung der Münchner Messegesellschaft in Polen.

Europäische Handelskammer der Philippinen (USA)

www.eccp.com

Europäische Handelskammer der Philippinen, Makati City.

Italienisches Institut für Außenhandel (D)

www.ice.it/estero/germania

Italienisches Institut für Außenhandel Berlin/Rom.

Viele Infos über Italien.

Militär

Bundeswehr (D)

www.bundeswehr.de/

Aktuelle Meldungen, Public Relations und Pressekonferenzen mit Real-Video-Berichten vom NATO-Einsatz im Kosovo. Umfangreiche Vorstellung möglicher Berufsaussichten in der Bundeswehr und Infos über die Sicherheitspolitik.

Landminen (USA) (D) (F)

www.handicap-international.org/deutsch/landminen.html

Handicap International ist einer der sechs Initiatoren der internationalen Kampagne für ein weltweites Verbot von Landminen, die 1997 den Friedensnobelpreis erhielt.

www.lonelyplanet.com/austcare/index.htm

Aktion gegen Landminen.

NATO (USA) (F)

www.nato.int/

Täglich aktualisierte Kriegsberichte, Landkarten, Fotos von NATO-Flugzeugen und anderem militärischen Material.

NATO.org (USA)

www.nato.org/

Humanitäre Organisation gegen den NATO-Angriff im Kosovo.

Österreichisches Militärstrafgesetz (D)

zoom.mediaweb.at/zoom_397/milstg.html

Nach wie vor beendet – trotz rückläufiger Tendenz in den Jahren 1994 und 1995 – etwa jeder hundertste Soldat seinen Präsenzdienst mit einer gerichtlichen Verurteilung. Doch nicht der Militärdienst an sich macht aus Soldaten Verbrecher, sondern die Wehrpflicht.

Reservisten

Reservistenkameradschaft (D)

www.user.pce.de/a.terner/rk/index.htm

Verband der Reservisten der Deutschen Bundeswehr.

Ministerien

Bayerisches Staatsministerium für Arbeit, Sozial ... (D)

www.stmas.bayern.de/

Bayerisches Staatsministerium für Arbeit, Sozialordnung, Familie, Frauen und Gesundheit.

Bundesbauministerium (USA) (D) (F)

www.baunetz.de/baunetz/6orga/baumini/start/start1_de.htm

Aktuelle Infos über den Berlin-Umzug, Bonn-Ausgleich, Eigenheimförderung und Gesetze.

Die „Zeitreise Spreebogen" zeigt den Baufortschritt am Spreebogen in Panoramabildern.

www.bmbau.bund.de/

Bundesministerium für Raumordnung, Bauwesen und Städtebau; Informationen über den Regierungsumzug, Gesetze und Vorschriften, Publikationen, eine Zeitreise durch den Spreebogen.

Bundesfinanzministerium (D)

www.bundesfinanzministerium.de/

Infos zu Steuerreform, Euro, Briefmarken, Münzen und Fachtexte.

Bundesgesundheitsministerium (D)

www.bmgesundheit.de/

Bundesministerium für Gesundheit; Informationsmaterial zur gesetzlichen Krankenversicherung, zu Gesundheitsberufen, Arzneimitteln und Medizinprodukten, Lebensmitteln und Verbraucherschutz.

Bundesministerium der Justiz (USA) (D) (F)

www.bmj.bund.de/

Bundesministerium der Justiz; der Minister, die Staatssekretäre, Adressen, Arbeitsschwerpunkte.

Bundesministerium des Innern (D)

www.bmi.bund.de/

Bundesministerium des Innern; der Minister, die Staatssekretäre, Arbeitsschwerpunkte, der aktuelle Verfassungsschutzbericht.

Bundesministerium für Arbeit (USA) (D) (F)

www.bma.de/

Bundesministerium für Arbeit und Sozialordnung; Informationen zur sozialen Sicherung: Broschüren, Statistiken, CD-ROMs, Disketten (deutsch/englisch/französisch).

Bundesministerium für Bildung (D)

www.bmbf.de/

Bundesministerium für Bildung und Forschung; Arbeitsfelder, Initiativen, Veröffentlichungen.

Bundesministerium für Familie (D)

www.bmfsfj.de/

Bundesministerium für Familie, Senioren, Frauen und Jugend; Aufgaben und Organisation, Veranstaltungen, Adressen, Links, Zivildienst.

Bundesministerium für Verkehr (USA) (D)

www.bmv.de/

Bundesministerium für Verkehr. Aktuelle Themen, Publikationen, Presseinformationen, Verkehrskalender.

Bundesministerium für Wirtschaft (D)

www.bmwi.de/

Bundesministerium für Wirtschaft; aktuelle Publikationen, Messen, Veranstaltungen, Projekte.

Bundesstelle für Flugunfalluntersuchung (D)

www.bfu-web.de/

BFU – Bundesstelle für Flugunfalluntersuchung. Eine Bundesoberbehörde im Geschäftsbereich des Bundesministeriums für Verkehr.

Bundesumweltministerium (D)

www.bmu.de/

Bundesministerium für Umwelt, Naturschutz und Reaktorsicherheit; Umweltpolitik in Deutschland, Klimaschutz, Ökologie & Ökonomie.

Deutscher Wetterdienst (D)

www.dwd.de/

DWD – Deutscher Wetterdienst. Der Dienst ist zuständig für die Wetterbeobachtung, die Überwachung der Radioaktivität in der Atmosphäre und anderes mehr.

Ministerium für Frauen, Jugend, Familie und Gesundheit NRW (D)

www.mgfm.nrw.de/

Ministerium für Frauen, Jugend, Familie und Gesundheit in NRW.

Niedersächsisches Ministerium für Frauen, Arbeit und Soziales (D)

www.niedersachsen.de/ms_mfas7a1.htm

Niedersächsisches Ministerium für Frauen, Arbeit und Soziales.

Wirtschaftsministerium (USA)

www.bmz.de/

Bundesministerium für wirtschaftliche Zusammenarbeit und Entwicklung; Informationen zur deutschen Entwicklungshilfe, Pressemitteilungen, Infothek.

Organisationen

amnesty international (USA) (D) (F)

www.amnesty.org

Amnesty international. Internationale Seite.

www.amnesty.de

Amnesty international. Deutsche Sektion.

KfW (USA) (D)

www.kfw.ded_kfw/fz/f_fz.htm

Kreditanstalt für Wiederaufbau. In der finanziellen Zusammenarbeit der Bundesrepublik Deutschland mit Entwicklungsländern finanziert die KfW Investitionen und projektbezogene Beratungsleistungen.

Robin Wood (USA) (D)

www.umwelt.org/robin-wood

Robin Wood e. V. stellt neben vielen Aktivitäten auch das neue Robin Wood-Magazin vor.

Gartenmöbelkampagne in Zusammenarbeit mit BAUHAUS.

Rotary International (USA)

www.rotary.org/

Rotary International. Gutes Design, jedoch zu Lasten der Ladezeit der Seite.

Rotary-Club (USA) (D)

www.rotary.de/ifpd/

Deutsche Sektion der Rotarier.

Save Motherhood (USA)

www.safemotherhood.org/

Internationale Organisation für sichere Mutterschaft, gegen Kinder- und Müttersterblichkeit etc.

Terre des hommes (D)

www.tdh.de

Terres de hommes. Internationale Kinderhilfsorganisation. Diverse Texte und Veröffentlichungen zum Download.

World Health Organisation (D)

www.who.org/

Weltgesundheitsorganisation (WHO).

Entwicklungshilfe

Entwicklungspolitik (USA) (D)

www.bmz.de/

Das Bundesministerium für wirtschaftliche Zusammenarbeit informiert über Entwicklungshilfe.

Entwicklungszusammenarbeit (D)

www.paritaet.org/bengo/

Beratungsstelle für private Träger in der Entwicklungszusammenarbeit.

GEO-Projekte (USA) (D)

www.geo.de/projekt/

GEO-Projekte zur internationalen Entwicklungshilfe.

Gesellschaft Medizin in Afrika (USA) (D)

ourworld.compuserve.com/homepages/amrefgermany/

Gesellschaft für Medizin und Forschung in Afrika.

Hungerhilfe (USA) (D)

www.rotary.org/programs/hunger/index.htm

Rotarierhilfsprojekt gegen weltweiten Hunger.

Landesentwicklung (USA) (D)

www.dse.de/

Deutsche Stiftung für internationale Entwicklung (DSE).

Weltbevölkerung (USA) (D)

www.dsw-online.de/

Deutsche Stiftung Weltbevölkerung. Infothek mit den Zielen der Stiftung, Finanzen sowie Spenden und Helfer. Weiterhin gibt es aktuelle Veranstaltungshinweise eien Newsletter und die Vorstellung diverser Projekte in Afrika, Asien, Lateinamerika, Europa und Deutschland.

Viele Links zu internationalen Partnern und Forschungs-Organisationen.

Welthungerhilfe (USA) (D)

www.welthungerhilfe.de/

Hier erfahren Sie alles über die internationalen Projekte der Welthungerhilfe. Zudem gibt es detaillierte Informationen, Materialmappen, Tagungsberichte, Kinder-Wandzeitungen u. m.

Online können attraktive Poster und Videos für Unterricht und Bildung bestellt werden.

Entwicklungspolitik (D)

www.venro.org/

Verband Entwicklungspolitik Deutscher Nichtregierungsorganisationen e. V. (VENRO).

Gewerkschaften

DAG (D)

www.dag.de/

Informationsseite der Deutsche Angestellten-Gewerkschaft.

Deutsche Postgewerkschaft (D)

www.dpg-hv.de/

Reine Informationsseite der Deutschen Postgewerkschaft.

DGB (USA) (D) (F)

www.dgb.de/

Aktuelle Meldungen, Arbeitsschwerpunkte und Infomaterial vom Deutschen Gewerkschaftsbund.

Schwerpunktthema: Mobbing.

GdED (D)

www.gded.de/

Gewerkschaft der Eisenbahner Deutschlands. Aktuelle Mitglilederinformationen und Berichte über die Menschen in der GdED.

GEW (D)

www.gew.de/

Gewerkschaft Erziehung und Wissenschaft mit Material für Funktionärinnen und Funktionären, GEW-Anschriften und Literaturtips.

Gewerkschaft der Polizei (D)

www.gdp.org/

Gewerkschaft der Polizei mit Satzung, Pressestelle, Leistungen und Rechtsschutz.

ghk (D)

www.ghk.de/

Gewerkschaft Holz und Kunststoff. Gut gemachte Dokumnetation über das Tischlerhandwerk und Links zu anderen Gewerkschaften im Internet sowie Daten und Fakten.

HBV (D)

www.hbv.org/

Gewerkschaft Handel, Banken und Versicherungen. Gut strukturierte Seite mit Informationen rund um die HBV.

IG Bau (USA) (D)

www.igbau.de/

Mit dem Aufmacher: Mitglieder werben Mitglieder! Sonst gibt es eine Infobroschüre und eine ausdruckbare Beitrittserklärung.

Gewinnspiel mit tollen Preisen, wie z. B. ein zweiwöchige Reise nach Sydney!

IG Bergbau, Chemie, Energie (D)

www.igbce.de/

Klare, übersichtliche Seite mit kompakten Infos über die derzeitigen Aktivitäten. Wer Mitglied werden will, findet in der Offensive 2000 gute Gründe.

IG Medien (D)

www.igmedien.de/

IG Medien, Druck und Papier, Publizistik und Kunst. Eine wirklich infoschwere Seite mit Berichten zu Rechts- und Tariffragen, Ausbildung und Qualifikation. Zudem gibt es diverse Links zu den Themen Medien, Kultur, Bildung.

IG Metall (D)

www.igmetall.de/

Eine wirkliche Top-Seite mit einem hervorragenden Angebot. Hier findet der Metaller auf fast alle Fragen kompetente Antworten. Was tun bei Kündigungen? Tarifverträge im Detail.

Hier gibt es einen SAP-Erfahrungsaustausch und weitere interessante Foren.

ÖTV (D)

www.oetv.de/

Die Gewerkschaft Öffentliche Dienste, Transport und Verkehr stellt ihre Leistungen in kompakter Form vor.

Parteien

Bündnis 90/Die Grünen (D)

www.gruene.de

Bündnis 90/Die Grünen mit aktuellen Meldungen aus der Bundes- und Europapolitik, Wahlprogramm und Online-Diskussionsforen.

CDU (USA) (D)

www.cdu.de

Die CDU präsentiert Newsticker, Pressemeldungen, Online-Diskussionsforen und im Magazinstil aufgemachte Meldungen und Berichte aus Wirtschaft und Politik.

Schlußkurse der DAX-Werte und aktueller Nachrichtenticker.

CSU (D)

www.csu.de

Gut designter Auftritt der CSU. Pressemeldungen , Mitgliederwerbung, Stichworte, Kommunalpolitisches und weitere Links.

Newsflash der CSU mit aktuellen politischen Themen und ein Gewinnspiel.

FDP (D)

www.fdp.de/

Das F.D.P.-Programm mit Aktuellem und Online-Diskussionsforen.

SPD (USA) (D)

www.spd.de

Die SPD zeigt Pressemeldungen, Parteiprogramm, Informationen zur Europawahl, Videos, Sounds, Fotos von Politikern sowie Mitgliederwerbung.

Die Zukunft der SPD: Thesenpapier zum Download. Bauen Sie sich eine SPD-Seite mit dem SPD Webbaukasten. Absolute Spitze.

Rassismus

BARI (D)

www.dock4.de/bari

Büro antirassistischer Initiativen.

Bigi Kroeteo (USA) (D)

www.puk.de/bk

Bigi Kroetoe: europäisches Antirassismus-Projekt aus Deutschland, Polen, Finnland, Frankreich und den Niederlanden.

ImmiGrün (D)

www.gruene.de/immigruen

ImmiGrün e. V. Bündnis der neuen InländerInnen. Förderung einer multikulturellen, zivilen und ökologischen Gesellschaft.

Rassismusforschung (D)

www.uni-marburg.de/dir

Dokumentations- und Informationszentrum für Rassismusforschung an der Universität Marburg.

Software

Aparis Software (USA)

www.aparis.de

Aparis Software GmbH Radolfszell. 6-Spalten-Buchhaltung für den Mittelstand.

Buchhaltungssoftware (D)

www.franzis.de

Buchhaltungssoftware Clarina Profi 2.0 und Personal Profi aus dem Franzis-Verlag. Demoversionen zum Download.

CPU Finanzsoftware (D)

www.bauspar.de

Ein Hersteller von Finanzsoftware für Internet- und SB-Banking belegt diesen Domainnamen und hat nichts mit Bausparen zu tun.

Speditionen & Logistik

Deutscher Paketdienst (USA) (D) (F)

www.dpd.de/

Deutscher Paketdienst (DPD) mit Sendungsverfolgung online im Internet. Dafür benötigen Sie nur die Paketscheinnummer. Außerdem finden Sie hier online das nächste DPD-Depot.

German Parcel (D)

www.germanparcel.de/

German Parcel mit Sendungsverfolgung online im Internet. Dafür benötigen Sie nur die Paketscheinnummer. Außerdem finden Sie hier online das nächste Depot und den Paketshop. Ausführliche Informationen über Retourenservice, Verpackungsboxen, internationale Zustellung.

Bildschirmschoner zum Download.

ITG (USA) (D)

www.itg.de

ITG GmbH. Internationale Spedition mit Sendungsverfolgung über Traxon und Ibis.

Post (USA) (D)

www.postag.de/

Alle Tarife und Maße der Deutschen Post sowie Postleitzahlen. Frachtverfolgung und spezielle Software für Geschäftskunden. Informationen zum Postversand in verschiedene Länder.

Gewinnspiel, großes Fotoarchiv und E-Mail-Postkarten.

United Parcel Service (USA) (D) (F)

www.ups.com/
www.ups.com/europe/de/gerindex.html

United Parcel Service (UPS) mit Sendungsverfolgung online im Internet. Dafür benötigen Sie nur die Kontrollnummer des Barcodeaufklebers.

Kostenberechnungsprogramm zum Download.

Staatliche Förderungen

Arbeitnehmersparzulage (D)

www.haus.de/sprungstelle

Alle Informationen zu der Arbeitnehmersparzulage.

Cordis (USA) (D) (F)

www.strasbourg.com/europe/index.html

Übersicht über die Förderungsmöglichkeiten durch die Europäische Union.

Eigenheimförderung (D)

www.baunetz.de/baunetz/6orga/baumini/start/f5_d.htm

Verschiedene Texte zur Eigenheimförderung vom Bundesbauministerium und der Kreditanstalt für Wiederaufbau.

Ergas (D)

www.erdgasonline.de/

Erdgas-Online. Suchmaschine für Förderungen nach Postleitzahlen geordnet.

Förderdatenbank des BMWi (D)

db.bmwi.de/

Die Förderdatenbank des Bundes informiert über die aktuellen Förderprogramme des Bundes, der Länder und der EU für die gewerbliche Wirtschaft. Sie enthält die vollständigen Richtlinientexte sowie zusätzliche Informationen.

Staatliche Förderungen (D)

www.paritaet.org/bengo/4/index.htm

Förderquellen und Kooperationen in der Entwicklungszusammenarbeit und Bildungs- und Öffentlichkeitsarbeit.

Steuer

Capital (D)

www.capital.de/steuern

Capital Leser-Service Hamburg. Software für die Steuererklärung zum Download und Steuertips.

Steuer und Finanzen (D)

www.beutler-online.de

Rundbrief mit Kommentaren und Hinweisen zu den Themen Steuern und Finanzen von einer Steuerberatungsgesellschaft.

Steuertips (D)

www.business-channel.de/bch/politik/index.html

Steuerinformationen direkt aus Bonn.

Versicherungen

Condor Versicherungen (D)

www.condor-versicherungen.de

Condor Versicherungen für Kfz, Haftpflicht, Hausrat, Unfall und andere.

Allgemeine Tips zu Versicherungen, zum Straßenverkehr, zu Steuern und Baufinanzierung.

DEVK (D)

www.devk.de

DEVK-Versicherungen, Kfz-, Haftpflicht-, Hausrat-, Kranken-, Leben-, Rechtsschutz- und Unfallversicherung.

Europäische (USA) (D)

www.erv.de

Europäische Reiseversicherungs AG.

Europa-Versicherung (D)

www.europa.de

Risiko- und Kapitallebensversicherungen, Rentenversicherung mit Online-Rechnern für Kfz- und Lebensversicherung.

FFSA (USA) (F)

www.ffsa.fr
www.ffsa.com/

FFSA Paris. Französischer Versicherungsverband.

Gutingia Lebensversicherungen (D)

www.gutingia.de

Gutingia Versicherungsvertrieb der Göttinger Gruppe.

Sponsor des VfB Stuttgart. Hier finden Sie auch Fußball-Infos.

HDI-Lebensversicherungen (D)

www.hdi-direkt.de

Risikolebensversicherung mit Nichtrauchertarif, Online-Berechnung für Auto- und Rentenversicherung.

Iduna Nova (D)

www.iduna-nova.de

Iduna Nova Hamburg mit Online-Berechnung der Hausratsversicherungssumme.

Gewinnspiele.

Rentenberechnung (D)

www.bma.de

CD-ROM für die Berechnung der staatlichen Rente.

SunDirect Versicherung (D)

www.sundirect.de

Haftplicht- und Vollkaskoversicherung mit Online-Preisberechnung sowie private Unfallversicherung.

SwissLife (USA) (D)

www.swisslife.de

Schweizerische Rentenanstalt SwissLife. Lebensversicherungen.

Tela (USA) (D)

www.tela.de
www.tela.de/d/int/

Tela München. Versicherung für technische Anlagen, Elektronik in Gewerbe, Industrie und Haushalt mit Online-Schadensanzeige.

Tusculum (D)

www.INMANDATIS.com

Tusculum – in Mandatis GmbH Hamburg. Versicherungen für Ferienimmobilien.

Versicherungsgalerie (D)

members.aon.at/versicherungsgalerie/

Versicherungsgalerie Ges. mbH. Bergheim/Salzburg, Versicherungsvergleich und Preisrecherchen.

Versteigerungen

Holzsubmissionen (USA) (D)

www.wertholz.de

Holzsubmissionen in Deutschland und international.

ImmoZV (D)

www.immozv.de/

Zwangsversteigerungen von Salzabbau- und Brandweinrechten sowie Immobilien, Schiffen, Luftfahrzeugen.

Industrieanlagen (USA) (D)

www.angermann.de/

Versteigerung von Industrieanlagen, Produktionseinrichtungen und kompletten Fabriken.

Wissenschaft & Technik

Back to the roots. Das Internet ist im Bereich Wissenschaft und Forschung entstanden, und dieser Bereich macht auch heute noch einen ganz wesentlichen Teil des Internet aus. Vor allem wenn es um die Weiterentwicklung und Neuentwicklung von Standards, Methoden und Verfahren im Internet geht. Hier geht es auch um Menschen, berühmte Wissenschaftler im Internet. Aufgegliedert in die Themengebiete Biologie, Chemie, Mathematik, Medizin, Physik, Technik & Ingenieurwesen sowie Weltraumforschung kommen Sie der Wissenschaft näher. Außerdem gibt es Bereiche zu den Themen Erfindungen, Forschungseinrichtungen, Geistes-, Geo- und Grenzwissenschaften sowie Hochschulen. Abgeschlossen wird dieser Themenkomplex von den Links der Wissenschaftsnachrichten.

Berühmte Wissenschaftler

Thema	Seite	Weiterführende Linkseiten
Einstein, Albert	932	www.westegg.com/einstein/

Aristoteles (USA)

www-groups.dcs.st-and.ac.uk/~history/mathematicians/aristotle.html

Einer der bedeutendsten Philosophen, Mathematiker, Physiker und Logiker der Antike.

Biographien berühmter Mathematiker (USA)

www-groups.dcs.st-andrews.ac.uk/~history/

Biographien berühmter Mathematiker von der Antike bis heute. Hier finden Sie auch die Biographien derer, die auf den bekannten Metallplatten am Eiffelturm stehen.

Bohr, Niels (USA)

www.glue.umd.edu/~enola/dvel/bohr.html

Dänischer Atomphysiker, der das nach ihm benannte Atommodell begründete.

Curie, Marie (USA)

curie.che.virginia.edu/scientist/curie.html

Die berühmteste Frau in der Physik, die für ihre Entdeckung in der Radiologie als einzige Frau in der Geschichte zweimal einen Nobelpreis bekam.

Einstein, Albert (USA) (D)

www.comfort.de/galerie/

Ausgezeichnete Fotogalerie über Albert Einstein.

www.westegg.com/einstein/

Zahlreiche Links auf Biographien, Fotos und wissenschaftliche Seiten zu Albert Einstein.

www.nobel.se/laureates/physics-1921-1-bio.html

Kurzbiographie von Albert Einstein.

Mit einer allgemeinen Timeline von 1833 bis heute.

Euklid (USA)

www-groups.dcs.st-and.ac.uk/~history/mathematicians/euclid.html

Wichtiger Mathematiker der Antike. Begründer der euklidischen Geometrie.

Fermi, Enrico (USA)

www.glue.umd.edu/~enola/dvel/fermi.html

Italienischer Atomphysiker und Nobelpreisträger von 1938.

Franklin, Benjamin (USA)

sln.fi.edu/franklin/rotten.html

Leben und Werk des Wissenschaftlers, Erfinders, Staatsmannes und Musikers Benjamin Franklin.

Galilei, Galileo (USA)

es.rice.edu/es/humsoc/galileo/

Leben und Werk des Astronomen Galileo Galilei mit Originaltexten, Landkarten und einer Zeitleiste.

www.mpiwg-berlin.mpg.de/galileo_prototype/

Originalschriften von Galileo Galilei ins Englische übersetzt.

Gauss, Carl Friedrich (USA)

www-groups.dcs.st-and.ac.uk/~history/mathematicians/gauss.html

Der Mann auf dem 10-Mark-Schein gewann wichtige Erkenntnisse über Primzahlen und Statistik, u. a. die nach ihm benannte Gausssche Kurve.

Guglielmo Marconi (USA)

monviso2.alpcom.it/hamradio/titolo4.html

Die Lebensgeschichte des Erfinders des Radios mit vielen alten Fotos.

Indische Wissenschaftler (USA)

www.acsu.buffalo.edu/~gupta/biography.html

Indische Wissenschaftler sind hierzulande wenig bekannt. Einige von ihnen haben jedoch Wissenschaftsgeschichte geschrieben, wie zum Beispiel der Physiknobelpreisträger von 1930, Chandrasekhara Venkata Raman. Hier finden Sie Kurzbiographien verschiedener indischer Wissenschaftler.

Irrtümer berühmter Persönlichkeiten (D)

www.freunde.imperium.de/gansel/irrtum.htm

Niederlagen und Irrtümer berühmter Persönlichkeiten. Niederlagen des Marketings. Historische Personen – gründlich mißverstanden. Kaum noch auszumerzende Irrtümer.

Isaac Newton (USA)

www.newtonia.freeserve.co.uk/

Leben und Werk des berühmten Physikers Isaac Newton. Hier finden Sie auch die Anekdote mit dem herunterfallenden Apfel.

Kepler, Johannes (USA)

es.rice.edu/es/humsoc/galileo/catalog/files/kepler.html

Berühmter deutscher Astronom des 17. Jahrhunderts und wesentlicher Kopf bei der Kalenderreform.

Kopernikus, Nikolaus (USA)

www-groups.dcs.st-and.ac.uk/~history/mathematicians/copernicus.html

Kopernikus machte die Entdeckung populär, daß sich die Erde um die Sonne dreht und nicht umgekehrt.

Ludwig Boltzmann (USA)

www-groups.dcs.st-and.ac.uk/~history/mathematicians/boltzmann.html

Österreichischer Grundlagenphysiker, der die nach ihm benannte Boltzmann-Konstante definiert hat.

Maxwell, James C. (USA)

www-groups.dcs.st-and.ac.uk/~history/mathematicians/maxwell.html

Englischer Physiker des 19. Jahrhunderts. Hier finden Sie auch Informationen zu seinem Haus in Edinburgh und zu seinen Veröffentlichungen.

Pascal, Blaise (USA)

www-groups.dcs.st-and.ac.uk/~history/mathematicians/pascal.html

Berühmter französischer Mathematiker, nach dem heute die Programmiersprache Pascal benannt ist.

Planck, Max (USA)

www-groups.dcs.st-and.ac.uk/~history/mathematicians/planck.html

Einer der berühmtesten deutschen Physiker auf dem Gebiet der Quantenmechanik, Nobelpreisträger von 1918, Vorsitzender der Kaiser-Wilhelm-Gesellschaft, die später nach ihm in Max-Planck-Gesellschaft umbenannt wurde.

www.nobel.se/laureates/physics-1918.html

Max Plancks Nobelpreisrede von 1918.

Tesla, Nikola (USA)

www.virtualtheater.com/tesla-bio.html

Autobiographie von Nikola Tesla und Texte über seine Arbeiten.

Biologie

Thema	Seite	Weiterführende Linkseiten
Biologische Ausstellungen	935	www.ucmp.berkeley.edu/collections/other.html
Biologische Institute	947	www.unifr.ch/environ
Primatenforschung	950	www.primate.wisc.edu/pin/

Allgemeine Biologie Newsgroup (USA)

news://alt.biology

Newsgroup über Biologie im allgemeinen.

Biologische Ausstellungen (USA)

www.ucmp.berkeley.edu/collections/other.html

Links auf Ausstellungen und Museen zu verschiedenen Themengebieten der Biologie.

Biology Factoids (USA)

library.advanced.org/11771/english/hi/biology/factoids.shtml

Interessante Fakten aus der Biologie, wie z. B. daß ein Spinnenfaden fünfmal stabiler ist als ein Stahlfaden gleicher Dicke.

Darwinismus (USA) (D)

www.rrz.uni-hamburg.de/biologie/b_online/d36/36b.htm

Die Arbeiten von Charles Darwin zur Evolutionstheorie mit seinen Originaltexten.

GO Wissen Online (D)

www.g-o.de/

Online-Magazin rund um das Thema Biologie. Aktuelle Veranstaltungshinweise und eine tolle Fotogalerie runden das umfangreiche Angebot dieser Seite ab.

Mit einer Weltbevölkerungsuhr, einem erstklassigen Wetterbericht und einem TV-Programmsucher für wissenschaftliche Sendungen.

Systematik Newsgroup (USA)

news://sci.bio.systematics

Newsgroup über biologische Systematik und den Lebensbaum (Klassifizierung verschiedener Arten, Familien und Stämme).

Tropenbiologie Newsgroup (USA)

news://bionet.biology.tropical

Newsgroup über die Biologie der Tropen.

Wissenschaftliche Biologie (USA)

news://sci.bio.misc

Newsgroup über verschiedene Themen der wissenschaftlichen Biologie.

Biologie der Urzeit

Cambrian Explosion (USA)

users.aol.com/kbclark/cambrian/

Ein einschneidendes Ereignis in der Geschichte des Lebens war die explosionsartige Vermehrung der Arten im Kambrium. Wie sich die Wissenschaft diesen einmaligen Vorgang vorstellt, was ihn ausgeslöst hat und was seine Folgen waren, kann man in dieser virtuellen Ausstellung erfahren.

Dann's Dinosaur Reconstructions (USA)

www.geocities.com/capecanaveral/4459/

Bilder und ausführliche Beschreibungen verschiedener Dinosaurier mit ihren Fundorten.

Dino Land (USA)

www.geocities.com/capecanaveral/galaxy/8152/

Viele Informationen, Bilder und Interviews mit Wissenschaftlern zum Thema Dinosaurier.

Dinosauria (USA)

www.dinosauria.com/

Fotogalerie mit verschiedenen Bildern von Versteinerungen und Rekonstruktionen, dazu Literatur- und Linkliste.

Dinosauria, the (USA)

www.ucmp.berkeley.edu/diapsids/dinosaur.html

Nach dem Motto „Truth is stranger than fiction" finden Sie hier viele Fakten und Links über Dinosaurier sowie Hinweise auf Ausstellungen und frühere Dinosaurierentdeckungen in Amerika.

Dinosaurierfährten Münchehagen (USA) (D) (F)

www.dino-park.de/

In Münchehagen sind Originalfährten von Dinosauriern zu sehen. Drumherum finden Sie heute ein bekanntes Dinosaurier-Freilichtmuseen.

Giganotosaurus (USA)

www.giganotosaurus.com/

Giganotosaurus soll der größte freischfressende Dinosaurier gewesen sein, größer als Tyrannosaurus Rex.

Rocky Road to modern Palaeontology, the (USA)

www.turnpike.net/~mscott/

Falls Sie schon immer Zweifel hatten, wenn Paläontologen mit nur wenigen Bruchstücken von Fossilien, die Gestalt eines ehemaligen Erdbewohners rekonstruieren und dann auch noch felsenfest davon überzeugt sind, daß Sie recht haben, dann finden Ihre Bedenken auf diesen Seiten reichlich Nahrung. Hier sind einige spektakuläre Irrtümer aus der Paläontologie mit vielen Bildern zusammengestellt.

Virtual Reality Fossils (USA)

www.nhm.ac.uk/museum/tempexhib/vrml/

Das Natural History Museum in London präsentiert hier Fossilien zum dreidimensionalen Betrachten im VRML-Format.

ZoomDinosaurs (USA)

www.ZoomDinosaurs.com/

Ausführliches Dinosaurierlexikon (sehr bunt), mit Cartoons und Mythen.

Radiokarbon

Centre de datation par le radiocarbone (USA) (F)

www.univ-lyon1.fr//carbon14/

Hinweise, was zu beachten ist, wenn man mit der Radiokarbonmethode an einem französischen Institut eine Probe testen lassen möchte.

Isotopendatierungslabor (D)

www.geowiss.uni-hamburg.de/geo/i-boden/tt14c.htm

Das Isotopendatierungslabor der Universität Hamburg bestimmt durch radioaktiven Zerfall das Alter kohlenstoffhaltiger Materialien.

Radiokarbon (USA)

c14.sci.waikato.ac.nz/webinfo/

Mit Hilfe der Radiokarbonmethode kann man über den Zerfall des radioaktiven Kohlenstoffisotops C14 das Alter fossiler Funde bestimmen. Hier erfahren Sie, wie das funktioniert.

Botanik

Botanik Newsgroup (USA)

news://sci.bio.botany

Wissenschaftliche Botanik Newsgroup.

Gesellschaft für Fleischfressende Pflanzen (USA) (D)

www.gfp.org/

Die Gesellschaft für fleichfressende Pflanzen stellt einige wichtige Arten vor, leider ohne Bilder, Tips zur Kultur und zur Vermehrung, dazu ein Veranstaltungsprogramm.

Giftpflanzen (USA)

res.agr.ca/brd/poisonpl/

Informationssystem über giftige Pflanzen und ihre Wirkung.

Gräser Newsgroup (USA)

news://bionet.biology.grasses

Newsgroup über Gras, Torf und andere Gewächse dieser Art.

Pflanzen für die Zukunft (USA)

www.scs.leeds.ac.uk/pfaf/

Forschungsprojekte über die Kultivierung neuer Nutzpflanzenarten für verschiedene Zwecke.

Photosynthese Newsgroup (USA)

news://bionet.photosynthesis

Newsgroup über die Photosyntheseforschung.

Poisonous Plants (USA)

www.ansci.cornell.edu/plants/plants.html

Fotos von Giftpflanzen und weitere Links auf Datenbanken mit Giftpflanzen.

Purity of the sacred lotus (USA)

www.botanik.uni-bonn.de/biodiv/planta.htm

Forschungsprojekt über Oberflächen, die nicht verschmutzen, vorgeschlagen für den Deutschen Zukunftspreis.

Seeds of Life (USA)

versicolores.ca/seedsoflife/ehome.html

Fortpflanzung durch Samen, ausführlich beschrieben mit zahlreichen Bildern.

Systematik der Pflanzen (USA)

www.euronet.nl/users/mbleeker/index_e.html

Systematik der Pflanzen mit ihren wissenschaftlichen Namen, Fotos und weiteren Links.

Mit Diashow und einem Quiz.

Virtual Cell (USA)

ampere.scale.uiuc.edu/~m-lexa/cell/cell.html

Auf diesen Seiten kann man sich in Bildern, Texten und Videos durch eine typische Pflanzenzelle klicken. Durch die Kombination von Text und Bild wird deutlich, was sich hinter der Zellwand verbirgt.

World Conservation Monitoring Centre (USA)

www.wcmc.org.uk/

Das World Conservation Monitoring Centre liefert Informationen über bedrohte Arten und verschiedene Datenbanken, in denen bedrohte und ausgestorbene Pflanzen gefunden werden können.

Botanische Gärten

Arnold Arboretum,the

www.arboretum.harvard.edu/

Das Arboretum der Harvard University stellt seine Sonderausstellungen und den allgemeinen Pflanzenbestand vor.

Boerner Botanical Gardens (USA)

www.uwm.edu/dept/biology/boerner/

Beschreibung des botanischen Gartens und eine Liste der dort gezüchteten Rosen.

Botanischer Garten Berlin (USA) (D)

www.bgbm.fu-berlin.de/bgbm/

Virtueller Rundgang mit Lageplan, Pflanzenbeschreibungen und einigen Fotos.

Botanischer Garten Bonn (USA) (D) (F)

www.botanik.uni-bonn.de/botgart/home.htm

Virtueller Rundgang mit Lageplan, Pflanzenbeschreibungen und wenigen Fotos.

Dawes Arboretum (USA)

www.dawesarb.org/

Lageplan, Pflanzenliste und ein paar Fotos aus dem Botanischen Garten in Jacksontown, Ohio.

New York Botanical Garden (USA)

www.nybg.org/

Rundgang mit vielen Pflanzenfotos durch den Botanischen Garten New York.

Uni Fribourg (USA) (D) (F)

www.unifr.ch/plantbio/bota/garden.html

Botanischer Garten der Universität Fribourg/Schweiz.

Orchideen

Orchid House (USA)

retirees.uwaterloo.ca:80/~jerry/orchids/

Alles über Orchideen. Namen, Aussprache, künstliche Belichtung, FAQs, Diskussionsforum und weitere Links.

Orchid Photo Page (USA) (D) (F)

www.orchidworks.com/
www.orchidworks.com/orchids/german.htm

Jede Menge Fotos von Orchideen.

B-Waffen

Anthrax Sensor (USA)

www.gene.com/ae/wn/sua12/anthrax298.html

Prototyp eines Sensors zum Aufspüren von Anthrax.

Bioterrorismus (USA)

www.cdc.gov/epo/mmwr/preview/mmwrhtml/00056353.htm

Amerikanische Warnungen und Berichte über Terrorismus mit biologischen Waffen.

Www.newscientist.com/nsplus/insight/bioterrorism/bioarmageddon.html

Szenarien über terroristische Anthrax-Angriffe.

National Security Chem-Bio Line (USA)

www.chem-bio.com/

Amerikanische Datenbank mit Texten und FAQs zum Verhalten bei terroristischen Angriffen mit B- und C-Waffen.

Genetik

Conceiving a clone (USA)

library.advanced.org/24355/

Aktuelle Forschung und Diskussionen über das Klonen von Lebewesen.

Designer genes (USA)

library.advanced.org/18258/

Informationen über Genetik und Bioengineering sowie Geschichten und interaktive Abstimmungen über das Klonen von Menschen.

Genetic Engineering and Cloning (USA)

library.advanced.org/19697/

Grundlagen der Genetik und Informationen zu gentechnischen Verfahren, Kloning-Methoden und Forschungsprojekten. Dazu Denkanstöße über die moralische Vertretbarkeit und ein Diskussionsforum mit den Erstellern dieser Seite.

Kloning Technologie Newsgroup (USA)

news://alt.bio.technology.cloning

Newsgroup über Klontechniken und Klonen allgemein.

MendelWeb (USA) (D)

www-hpcc.astro.washington.edu/mirrors/mendelweb/
www-hpcc.astro.washington.edu/mirrors/mendelweb/mwgertext.html

Hier finden Sie die Grundlagen der klassischen Genetik nach Georg Mendel und auch seinen Originaltext „Versuche über Pflanzen-Hybriden“.

Timeline (USA)

www.esp.org/timeline/

Eine Zeitleiste der klassischen Genetik mit entsprechenden weltgeschichtlichen Daten zum direkten Vergleich.

Meereskunde

Alg@line (USA)

www2.fimr.fi/algaline/algaline.htm

Datenbank zu Plankton von einem finnischen Forschungsinstitut mit vielen mikroskopischen Bildern.

Black Smokers (USA)

www.amnhonline.org/expeditions/blacksmokers/black_smokers.html

Um die Unterwasservulkane an den ozeanischen Rücken versammeln sich bizarre Lebensgemeinschaften. Das „American Museum of Natural History Expedition" klärt über die Welt der Black Smokers auf.

Cephalopoden (USA)

is.dal.ca/~ceph/tcp/

Im allgemeinen Sprachgebrauch sind sie als Tintenfische oder Kopffüßler bekannt. Die Cephalopoden eignen sich nicht nur zum Verzehr, sondern haben auch eine faszinierende Biologie. Es seien hier nur ihre einzigartigen Augen und ihre erstaunlich hohe Intelligenz erwähnt.

Fischerei Newsgroup (USA)

news://sci.bio.fisheries

Newsgroup über Fischbiologie und Fischereiwissenschaft.

Haie (D)

www.germany.net/teilnehmer/100/186279/

Ganz im Gegensatz zu manch schaurigem Klischee sind Haie keine blutrünstigen Bestien, sondern hochspezialisierte Lebewesen mit erstaunlichen Fähigkeiten. Hier erfahren Sie alles über die verschiedenen Arten, ihre Verhaltensweisen und ihre Anatomie und sehen viele Fotos.

Hai-Stiftung (USA) (D)

www.hai.ch/

Warum es gerade in der Schweiz, einem Land ohne Meeresküste, eine Hai-Stiftung gibt, leuchtet nicht direkt ein. Die hier vorhandene Datenbank verschiedener Haiarten ist aber sehr ausführlich.

Ocean Planet (USA)

seawifs.gsfc.nasa.gov/ocean_planet.html

Virtueller Rundgang durch eine Wanderausstellung des Smithsonian Instituts zur Meeresforschung mit zahlreichen Fotos von Ausstellungsobjekten.

Ocean98 (USA) (F)

www.ocean98.org/

Diese offizielle Seite der Vereinten Nationen beschreibt verschiedene Projekte und Aktionen, die zum internationalen Jahr der Ozeane 1998 gestartet wurden und teilweise bis heute noch nicht abgeschlossen sind. Außerdem gibt es hier ein meereskundliches Lexikon, einen Bildschirmschoner und noch mehr Interessantes.

Mit Bildschirmschoner zum Downloaden.

Quallen (USA)

www.aquarium.org/jellies/

Das amerikanische Oregon Coast Aquarium zeigt mit einer Webcam aktuelle Bilder seiner Quallen, dazu Informationen über das Leben von Quallen.

SeaWorld Animal Resources (USA)

www.seaworld.org/infobook.html

Ein amerikanisches Großaquarium zeigt online ein ausführliches Artenlexikon mit verschiedenen Fischen, Walen und Korallen.

Tiefseebiologie Newsgroup (USA)

news://bionet.biology.deepsea

Newsgroup über die Biologie der Tiefsee.

Unterwassermeßsystem (D)

www.geo.de/wissen/97/12/wanzenOzean.html

Mit einem neuen Unterwassermeßsystem ist die Einhaltung des Kernwaffenteststoppvertrags zu überwachen.

Riffe

Coral Reef Alliance (USA)

www.coral.org/

Eine Gesellschaft zum Schutz der Korallenriffe zeigt zahlreiche Bilder und die Termine einer Wanderausstellung zum Schutz der Riffe.

Great Barrier Reef (USA)

www.ozramp.net.au/~senani/barrier.htm

Das Great Barrier Reef an der australischen Ostküste ist eines der berühmtesten Korallenriffe der Welt. Hier finden Sie Fotos und Warnungen vor der Zerstörung des Riffs.

Jura-Riff Park (USA) (D)

www.palaeo.de/edu/jrp/

Biologische und geologische Informationen über die Riffe aus der Jurazeit, die heute nicht mehr im Wasser liegen.

Korallenriffe und Mangroven auf der Welt (USA)

www.wcmc.org.uk/marine/data/coral_mangrove/

Landkarten, ökologische und meereskundliche Informationen über alle Korallenriffe und Mangrovenwälder auf der Welt. Außerdem erfahren Sie hier einiges über die Zerstörung der Riffe durch Touristen.

Reef Education Network (USA)

www.reef.edu.au/

Informationen und Bilder über die Ökologie und Lebensformen an einem Koarallenriff mit ausführlichem Glossar. Auf einem persönlichen Notizblock kann man seine Lieblingsbilder und Texte aus dem Reef Education Network sammeln und zu einer eigenen Präsentation zusammenstellen.

Reef Resource Page (USA)

www.ualberta.ca/~pblancho/

Einzelne Lektionen über die Geologie, Biologie und Ökologie der Korallenriffe. Diese zu den artenreichsten Lebensräumen der Erde gehörenden Wunder der Natur sind leider stark durch Umweltverschmutzung bedroht.

Riffsterben (USA)

www.odysseyexpeditions.org/coralbleaching.htm

Wissenschafliche Abhandlung über das Riffsterben.

Wale

African Marine Mammals (USA)

elfnet1a.elfi.com/csiafrica.html

Klassifizierung und Artenbeschreibung der Meeressäugetiere vor den Küsten Afrikas.

Dolphins – The oracles of the sea (USA)

library.advanced.org/17963/index-1.shtml

Fotos, Diagramme und Texte über die Entwicklung, die Anatomie, das Leben und die Intelligenz von Delphinen.

Greenpeace Walkampagne (USA) (D)

www.greenpeace.org/~comms/cbio/whales.html

Informationen und Fotos über die Greenpeace Kampagne zum Schutz der Wale und zum Stop des kommerziellen Walfangs.

Moss Landing Marine Laboratories (USA)

color.mlml.calstate.edu:80/www/slewth/

Dieses kalifornische Forschungslabor trainiert Seelöwen auf das Filmen von Walen.

Virtual Whales (USA)

www.cs.sfu.ca/research/projects/whales/

Forschungsprojekt zur Visualisierung von Walen und ihrem Fütterverhalten mit Animationen, gerenderten Bildern und VRML-Objekten.

Whale Watching auf den Azoren (USA)

www.ciberacores.pt/talassa/menwhale.html

Die Whale Watching-Basis auf den Azoren informiert über ethische und ökologische Aspekte des Whale Watchings.

Informationen über das Walmuseum auf den Azoren.

WhaleNet (USA) (D) (F)

whale.wheelock.edu/
whale.wheelock.edu/german/welcome_german.html

Anschauliche Erklärungen und viele Bilder über Walforschung und Beobachtung, Auswertung von Satellitendaten und Karten.

Whales on the Net (USA)

whales.magna.com.au/home.html

Aktuelle News und Fotos von Walen, Informationen über Whale Watching und Aktionsaufrufe gegen den Walfang.

Whale Watching mit Seelöwen (D)

www.geo.de/wissen/98/02/paparazziwasser.html

Seelöwen sollen Wale in natürlicher Umgebung filmen und so deren Lebensweise enträtseln helfen.

Mikrobiologie

Big Picture Book of Viruses, the (USA)

www.tulane.edu:80/~dmsander/big_virology/bvhomepage.html

Ausführlicher Katalog aller bekannten Viren mit elektronenmikroskopischen Bildern.

Blackout syndrome, the (USA)

www.gene.com/ae/tbs/

Mikrobiologische Kriminalgeschichte.

Cells Alive (USA)

www.cellsalive.com/

Mikrobiologische Vorgänge werden hier multimedial erklärt.

Fundamentals of Microbiology (USA)

www.wsu.edu/~hurlbert/pages/101hmpg.html

Online-Tutorial zur Mikrobiologie.

Hidden Killers (USA)

library.advanced.org/23054/

Profile der bekanntesten Viren, Abwehrsysteme im menschlichen Körper, ein Virusglossar und ein Adventurespiel mit RealVideo.

Microbiology (USA)

www.suite101.com/welcome.cfm/microbiology

Aktuelle Meldungen und Diskussionen aus der mikrobiologischen Forschung mit vielen weiteren Links.

Mikrobiologie Newsgroup (USA)

news://sci.bio.microbiology

Newsgroup über Mikrobiologie, Pilze, Algen und andere Mikroorganismen.

Virologie Newsgroup (USA)

news://bionet.virology

Newsgroup über Virenforschung.

Virus Visualizations (USA)

www.bocklabs.wisc.edu/virusviztop.html

Gerenderte Bilder und Animationen visualisieren Viren und Bakteriophagen, die hier nicht mehr gefährlich aussehen, sondern sogar eine gewisse Schönheit haben.

Zellbiologie (USA) (D)

www.cells.de/

Fotos, Videos und Animationen zur Biologie von Zellen.

Zellbiologie Newsgroup (USA)

news://bionet.cellbiol

Newsgroup über Zellbiologie.

Ökologie

Ecology Communications (USA)

www.ecology.com/

Texte, Bilder und Informationen über verschiedene Ökologie-Themen.

EcoNews Africa (USA)

www.web.net/~econews/

Eine afrikanische Ökologieorganisation berichtet über die aktuellen globalen Umweltprobleme aus der Sicht afrikanischer Länder.

Environmental Science & Engineering (USA)

www.esemag.com/

Dieses Umwelt- und Wissenschaftsmagazin veröffentlicht auch regelmäßig einige Artikel online.

National Organic Program (USA)

www.ams.usda.gov/nop/

Die Ökologiedebatte in den USA mit verschiedenen Veröffentlichungen und Petitionsbriefen zum Ausdrucken und Unterschreiben.

Ökologie Newsgroup (USA)

news://sci.bio.ecology

Newsgroup über wissenschaftliche Ökologie.

Satellitenbilder von Umweltveränderungen (USA)

www.usgs.gov/earthshots/

Auf Satellitenbildern lassen sich weitreichende Umweltveränderungen wie auch Katastrophen, z. B. Tschernobyl, der Ausbruch des Mt. St. Helens oder die Ölquellenbrände im Golfkrieg, mitverfolgen.

Saurer Regen (USA)

qlink.queensu.ca/~4lrm4/

Woher kommt der saure Regen und wie wirkt er sich aus. Alles das finden Sie hier erklärt.

True Values (USA)

library.advanced.org/16571/

Denkanstöße und Fotos zum Schutz des natürlichen Erbes der Welt.

Umwelt Newsgroup (USA)

news://sci.environment

Newsgroup über Umweltschutz-Wissenschaft.

Umweltdatenbank Hessen (D)

www.herasum.de/

Datenbank mit Meßwerten. Aktuelle Berichte zur Umwelt in Hessen.

Uni Fribourg (USA) (D) (F)

www.unifr.ch/environ

Universität Fribourg/Schweiz. Umweltwissenschaften mit vielen Links zu anderen Instituten.

World Wildlife Fund (USA) (D) (F)

www.wwf.org/
www.wwf.de/

Der World Wildlife Fund, WWF, ist eine der wichtigsten Organisationen zum Schutz bedrohter Tierwelt. Hier finden Sie ständig aktuelle Informationen und viele Bilder aus allen Ländern der Welt.

Zoologie

Africam (USA)

africam.com/

Verschiedene Webcams nehmen wichtige Wasserplätze in afrikanischen Nationalparks auf. Hier ist oft Großwild zu sehen.

Amphibian Embryology Tutorial (USA)

worms.zoology.wisc.edu/frogs/welcome.html

Von der befruchteten Eizelle bis zur fertigen Kaulquappe es ist ein langer Weg. Welche Hürden der embryonalen Entwicklung ein Amphibium überspringen muß und welche Kniffe die Natur hierzu anwendet, verdeutlicht in hervorragenden Bildern und verständlichen Texten Jeff Hardin vom Department of Zoology der University of Wisconsin mit seinem Amphibian Embryology Tutorial.

Amphibien und Reptilien Newsgroup (USA)

news://sci.bio.herp

Newsgroup über die Biologie von Amphibien und Reptilien.

Animal Bytes (USA)

www.seaworld.org/animal%5Fbytes/animal_bytes.html

Virtueller Zoo auf den Seiten eines amerikanischen Vergnügungsparks. Vom Alligator bis zum Walroß kann man hier die unterschiedlichsten Tiere betrachten und Wissenswertes über ihre Biologie erfahren.

Australian Animal Archiv (USA)

matilda.aaa.com.au/a_z/

Lexikon der australischen Tierwelt.

Endangered Species (USA)

eelink.net/endspp/

Informationen aller Art über bedrohte Tierarten mit zahlreichen weiteren Links.

Giant Pandas (USA)

www.geocities.com/rainforest/vines/2695/

Geschichte und Lebensweise der seltenen großen Pandas, Fotos und ein echtes Panda-Brüllen als Audio-Datei.

Giftige Tiere (D)

imsdd.meb.uni-bonn.de/giftzentrale/tieridx.html

Die Informationszentrale gegen Vergiftungen in Bonn informiert hier mit Fotos über Giftschlangen und andere giftige Tiere.

Krokodile (USA)

crocodilian.com/

Alles über die 23 verschiedenen Korokodilarten, mit genauen biologischen Bezeichnungen, Verbreitungsgebieten und Lebensweise. Eine Datenbank über Krokodile und ein Versuch zur Entschlüsselung der Krokodilsprache mit Audio-Dateien.

Rote Liste (USA)

www.wcmc.org.uk/species/animals/

Die Rote Liste bedrohter Tierarten als Datenbank zur Online-Abfrage.

Tapir Galerie (USA)

www.tapirback.com/tapirgal/

Halb Elefant, halb Schwein – so kommen die Tapire daher. Auf diesen Seiten kann man sich sowohl von ihrer Einmaligkeit als auch von ihrer Eignung zu kuriosen Bildern überzeugen.

Wilderei (USA)

abcnews.go.com/sections/world/poaching/poaching_intro.html

Multimediale Informationen über Wilderei und deren Auswirkungen auf den Großwildbestand, mit vielen Fotos und RealVideo.

Wild-Eyed Alaska (USA)

www.hhmi.org/alaska/

RealVideo-Präsentationen der Vogel- und Unterwasserwelt Alaskas.

Affen

Afrikanische Primaten (USA)

www.indiana.edu/~primate/primates.html

Die wichtigsten Affenarten in Afrika mit Fotos und Sound. Dazu Informationen über Vegetation, Nationalparks und Forschungsinstitute in Zentralafrika.

Amerikanische Primatengesellschaft (USA)

www.asp.org/

Die Amerikanische Primatengesellschaft informiert über Forschungsprojekte und den Schutz bedrohter Primatenarten.

Gorilla-Fotos (USA)

photo.net/zoo/apes.html

Verschiedene gute Fotos von Gorillas.

Gorillas (USA)

www.selu.com/~bio/gorilla/

Alles über Gorillas, ihre natürliche Verbreitung, ihre Lebensweise und viele Fotos.

Great Ape Project (USA)

arrs.envirolink.org/gap/gaphome.html

Das Great Ape Projekt ist eine radikale aber einfache Idee, die großen Menschenaffen zu schützen. Hier wird gefordert, diesen „nicht-menschlichen" Lebewesen in der Gesellschaft den gleichen moralischen und rechtlichen Schutz einzuräumen, den sonst nur Menschen haben.

International Primate Protection League (USA)

www.ippl.org/

Die internationale Liga zum Schutz der Primaten zeigt zahlreiche Fotos und aktuelle Meldungen bei auffälligen Verstößen gegen den Artenschutz.

Lemuren (USA)

www.kingston.ac.uk/~mu_s454/godric/lemgall.html

Fotos von Lemuren auf Madagaskar und weitere Links auf Lemuren-Seiten und den Lemuren-Webring.

Orang Utan Foundation international (USA)

www.orangutan.org/

Die Organisation zum Schutz der Orang-Utans zeigt Fotos, Verbreitungskarten und Informationen über den Tanjung Puting Nationalpark, in den Orang-Utans in freier Wildbahn leben.

Orang Utans (USA)

www.indobiz.com/tourism/orang.htm

Ein indonesischer Online-Nachrichtendienst informiert hier über die Orang-Utans mit einigen Fotos und vielen gut kommentierten weiteren Links.

Primate Info Net (USA)

www.primate.wisc.edu/pin/

Dieses Informationsnetz liefert wissenschaftliche Informationen und Links zur Primatenforschung.

Primatenzentrum der Duke University (USA)

www.duke.edu/web/primate/

Das Primatenzentrum der Duke University ist eines der führenden Forschungsinstitute auf der Welt für Affen und Lemuren.

Insekten

American Mosquito control association (USA)

klab.agsci.colostate.edu/

Informationen und Publikationen zu Moskitos und der von ihnen ausgehenden Gefahr.

Insekten (D)

members.aon.at/s.pfeiffer/insekten.htm

Private Seite mit Wissenswertem über verschiedene Insektengattungen.

Käfer, Meister der Evolution (D)

www.geo.de/wissen/98/11/meisterevolution.html

Mit mehr als 330.000 bekannten Arten bilden Käfer die größte aller Tier- und Pflanzenordnungen.

Rekorde der Insekten (USA)

gnv.ifas.ufl.edu/~tjw/recbk.htm

Rekorde aus der Welt der Insekten, der schnellste Flug, die kleinsten Eier, die kürzeste Vermehrungsrate usw.

Schmetterlinge Newsgroup (USA)

news://sci.bio.entomology.lepidoptera

Newsgroup über Schmetterlinge und Motten.

Vogelkunde

Forschungsberichte zur Ornithologie (USA) (D)

www.rz.uni-frankfurt.de/dog/forschung.html

Aktuelle Forschungsberichte und Forschungsprojekte der Ornithologie.

Migratory Bird Research (USA)

www.mbr.nbs.gov/

Vogellexikon und Bestimmungshilfe, im wesentlichen zu Vögeln aus Nord- und Zentralamerika. Außerdem ein Forschungsprojekt über den Vogelzug am Patuxent Wildlife Research Center.

Vogelkunde (USA) (D)

www.rz.uni-frankfurt.de/dog/

Die Deutsche Ornithologische Gesellschaft veröffentlicht Forschungsberichte und stellt ihre aktuellen Projekte vor. Weiterhin gibt es Links zum Journal für Ornithologie und zum Magazin „Die Vogelwarte".

Chemie

Thema	Seite	Weiterführende Linkseiten
Datenbanken	953	www.chemie.de/~knecht/
Cemische Institute in Deutschland	954	www.shef.ac.uk/~chem/chemdex/university-de.html

Abkürzungen chemischer Verbindungen (USA) (D)

www.chemie.fu-berlin.de/cgi-bin/abbscomp

Datenbank mit Abkürzungen chemischer Verbindungen.

Allgemeine Chemie Newsgroup (USA)

news://sci.chem

Allgemeine Newsgroup über Chemie.

Chemcenter (USA)

www.chemcenter.org/

Chemische Datenbanken, Suchmaschine, Bibliotheken, Stellenangebote und viele Links von der American Chemical Society.

Chemistry Index (USA)

www.claessen.net/chemistry/

Datenbanken, Bücher und Software zu Themen aus der Chemie.

Enzymklassifikation und E-Nummern (D)

www.labworx.de/

E-Nummern der Lebensmittelzusatzstoffe und Enzymklassifikation nach wissenschaftlichem IUPAC-Standard.

Experiment des Monats (D)

www.chemie.uni-ulm.de/experiment/

Jeden Monat findet man auf dieser Seite ein Experiment aus der Chemie. Kurz wird dessen wissenschaftlicher Hintergrund beleuchtet und eine Anleitung zur Durchführung des Versuchs sowie eine Liste der notwendigen Materialien gegeben.

GDCh – Gesellschaft Deutscher Chemiker (D)

www.gdch.de/fachgrup/geschich.htm

Die Fachgruppe Geschichte der Chemie ist eine von 19 Fachgruppen der Gesellschaft Deutscher Chemiker (GDCh).

Homepage für Chemiker (USA) (D)

www.chemie.de/~knecht/

Gut sortierte Links zu Datenbanken, zur chemischen Industrie, Nachrichten aus der Wissenschaft, Newsgroups, Online-Programme, Software, usw.

IUPAC Nomenklatur Organischer Chemie (USA)

www.acdlabs.com/iupac/nomenclature/

Nomenklatur organischer Verbindungen. Hier kann man auch nachlesen, wie eine neu entdeckte oder synthetisierte Substanz korrekt zu benennen ist.

Lebensmittelzusatzstoffe (D)

www.chemie.uni-bonn.de/oc/ak_br/people/rot/e-nummer.html

Liste der E-Nummern, der sich dahinter verbergenden Substanz, ihrer Verwendung und bekannter schädlicher Wirkungen.

Molecular Expressions (USA)

micro.magnet.fsu.edu/

Viele mikroskopische Fotos von chemischen Substanzen, Mineralien und pharmazeutischen Produkten.

Molekulargewicht Rechner (USA)

www.chemie.fu-berlin.de/cgi-bin/molform

Hier finden Sie ein Programm, das online das Molekulargewicht aus einer Summenformel berechnet.

Organic Compounds Database (USA)

www.colby.edu/chemistry/cmp/cmp.html

Datenbank, in der man organische Substanzen nach bestimmten Eigenschaften oder Summenformeln suchen kann.

World of Materials (USA)

www-dmse.mit.edu/wom/

Dieses chemische Lexikon teilt die Materialien in vier Klassen ein, Metalle, Keramik, Halbleiter und Polymere. Zu jeder dieser Gruppen gibt es spezielle Informationen.

Forschung

Analytische Chemie Newsgroup (USA)

news://sci.chem.analytical

Newsgroup über analytische Chemie.

Chemische Institute in Deutschland (USA)

www.shef.ac.uk/~chem/chemdex/university-de.html

Übersicht der deutschen Hochschulen mit chemischen Instituten.

Fraunhofer Institut für Chemische Technologie (USA) (D)

www.ict.fhg.de/

Das Fraunhofer Institut für Chemische Technologie in Karlsruhe stellt aktuelle Forschungsprojekte vor.

Institut für Wasserchemie (D)

www.tu-dresden.de/fghhihc/hydrochemie.html

Hier finden Sie wasserchemische Forschungsergebnisse.

Laborgeräte Newsgroup (USA)

news://sci.chem.labware

Newsgroup über Laborgeräte und Ausstattung.

Gefahrstoffe

Gefahrensymbole (D)

www.chemie.de/~knecht/sicherheit/index.phtml

Alle Gefahrensymbole, Kennzeichnungen, Rettungssymbole und Verbotszeichen als GIF und WMF zum Download.

Gefahrensymbole und Gefahreneigenschaften (D)

www.chemie.fu-berlin.de/chemistry/safety/gef_sym.html

Gefahrensymbole und Gefahreneigenschaften nach der Gefahrstoffverordnung von 1993.

Gefahrstoffverordnung (D)

www.umwelt-online.de/recht/gefstoff/gefahrst.vo/gfv_ges.htm

Der vollständige Text der Gefahrstoffverordnung von 1993.

HazDat-Datenbank (USA)

www.atsdr.cdc.gov/hazdat.html

Datenbank über gefährliche Stoffe, wie sie wirken, was sie bewirken und was bei einer Kontamination zu tun ist.

Informationszentrale gegen Vergiftungen (D)

www.meb.uni-bonn.de/giftzentrale/

Hier finden Sie Erste-Hilfe-Informationen bei Vergiftungen aller Art, ein Verzeichnis der Lebensmittelzusatzstoffe, Beschreibungen giftiger Tiere und Pflanzen sowie ein ausführliches Sicherheitslexikon.

Sicherheitsdaten von Chemikalien (D)

www.chemie.fu-berlin.de/chemistry/safety/chemsafety.html

Datenbank mit Gefahrenhinweisen, Transportrichtlinien etc. von gefährlichen Stoffen.

ToxFAQ (USA)

www.atsdr.cdc.gov/toxfaq.html

Gefahrstoffdatenbank der Agency for Toxic Substances and Disease Registry. Zu jeder Substanz gibt es die Strukturformel als GIF-Bild oder als 3-D-Struktur, allgemeine Informationen, Auswirkungen der Substanz auf die Umwelt und die Gesundheit, Möglichkeiten, wie man selbst mit der Substanz in Berührung kommt, ob die Substanz krebserzeugend ist und evtl. medizinische Tests, um die Substanz im Körper nachzuweisen.

C-Kampfstoffe

Chemical Warfare (CW) Agents (USA)

www.mitretek.org/offer/energy/cw_page/cwagent.html

Liste bekannter C-Kampfstoffe mit Strukturformeln, ausführlicher Beschreibung, chemischen Daten und Dekontaminationsinformationen.

Chemical Weapons Information Page (USA)

www.ftmc-marine.army.mil/nbc/chemical/chemical_weapons_information_pag.htm

Hier informiert die amerikanische Marine über C-Kampfstoffe, ihre Klassifizierung und Wirkungsweise sowie über die Standorte der amerikanischen C-Waffen.

Kampfgifte (USA)

www.apgea.army.mil/rda/erdec/risk/safety/msds/index.html

Sicherheitsdatenblätter, Wirkungsweise und Herstellerangaben amerikanischer C-Kampfstoffe auf einem Server des U.S.-Militärs.

Programm for chemical demilitarisation (USA)

www-pmcd.apgea.army.mil/

Amerikanisches Programm zur Abrüstung von Chemiewaffen.

Industrie

Bayer (USA) (D)

www.bayer.de/

Eine der größten deutschen Chemiefirmen stellt sich hier vor. Unter dem Stichwort „Faszination Technik" wird der Nutzen moderner Entwicklungen der Bayer-Forschung den Leuten nähergebracht.

Hier gibt es auch ein Online-Spiel, einen Bildschirmschoner und Informationen über den von Bayer gesponsorten Fußballverein Bayer-Leverkusen

Chemical online (USA)

www.chemicalonline.com/

Amerikanisches Online-Magazin für die chemische Industrie.

Chemie der Farben Newsgroup (USA)

news://sci.chem.coatings

Newsgroup über die Chemie der Farbenherstellung.

Hoechst (USA) (D)

www.hoechst.de/
www.hoechst.de/english/

Das Life Science Forum der Chemiewerke Hoechst bringt Multimedia-Präsentationen zu verschiedenen aktuellen Wissenschaftsthemen. Hier finden Sie z. B. einen Bericht über den Astronauten John Glenn, der mit 77 Jahren ein zweites Mal ins All flog.

Hoffmann-La Roche (USA) (D) (F)

www.roche.com/
www.roche-pharma.ch/

Aktuelle News aus dem Chemie-Pharma-Konzern Hoffman-La Roche, der durch das Seveso-Unglück traurige Berühmtheit erlangte.

Technische Chemie Newsgroup (USA)

news://sci.engr.chem

Newsgroup über technische Chemie und Chemieingenieurwesen.

Kunststoffe

Kraft aus Kunststoff (D)

www.geo.de/wissen/97/03/kraftkunststoff.html

Forscher haben eine Hochleistungsbatterie aus Plastik entwickelt.

Kunststoffrecycling (D)

www.geo.de/wissen/97/08/jungbrunnenkunststoffe.html

Wissenschaftler haben ein Verfahren entwickelt, mit dem Kunststoff aus Abfällen umweltfreundlich zurückzugewinnen ist.

Polymere (USA) (F)

www.psrc.usm.edu/macrog/

In Form eines virtuellen Museums wird hier die Herstellung und Verwendung von Polymeren beschrieben. Dazu kommt die chemische Zusammensetzung mit Formeln und Molekülmodellen.

Polymere Newsgroup (USA)

news://sci.polymers

Newsgroup über Polymertechnik und Forschung.

Polymers (USA)

www.polymers.com/

Das zentrale Informationssystem der amerikanischen Kunststoffindustrie bietet jede Menge Links auf verschiedenste Informationen zum Thema Kunststoff, Hersteller, Anwendung und Verfahren.

Mineralien

Athena Mineralogy (USA)

un2sg4.unige.ch/athena/mineral/mineral.html

Mineraliendatenbank mit chemischen Summenformeln nach Kategorien geordnet und einige Fotos.

Clausthaler Mineralogische Sammlung, die (D)

www.tu-clausthal.de/mineral/

Virtuelle Ausstellung der Mineralogischen Sammlung der TU Clausthal mit zahlreichen Fotos und chemischen Beschreibungen von Mineralien.

Crystal Gallery (USA)

www.halcyon.com/nemain/

Zahlreiche Fotos von Mineralien und Tips zum Fotografieren von Kristallen.

Edelsteinstollen (D)

www.idar-oberstein.de/tourist/denkmal/stkberg.htm

Edelsteinminen des Steinkaulenberges bei Idar-Oberstein. Zur Besichtigung freigegeben.

Kristallographie Newsgroup (USA)

news://sci.techniques.xtallography

Newsgroup über Kristallographie.

Mineral Gallery, the (USA)

mineral.galleries.com/

Ein amerikanischer Mineralienhändler bietet hier eine große Auswahl an Mineralien zum Verkauf an, mit Fotos und ausführlichen chemischen Beschreibungen.

Mineralogie Newsgroup (USA)

news://sci.geo.mineralogy

Newsgroup über Mineralogie.

Molekülmodelle

Chemist's Art Gallery (USA)

www.csc.fi/lul/chem/graphics.html

Animationen und gerenderte Bilder zeigen den künstlerischen Reiz chemischer Moleküle. Eine Seite des wissenschaftlichen Rechenzentrums in Finnland.

ChemOffice (USA)

www.camsoft.com/plugins/

Software zur Darstellung chemischer Formeln als Plug-In für Netscape.

MathMol (USA)

www.nyu.edu/pages/mathmol/

Tips zur Erstellung dreidimensionaler Molekülmodelle, viele Bilder und verschiedene Public-Domain-Software.

Rendertechniken zur Moleküldarstellung (USA) (F)

scsg9.unige.ch/fln/eng/toc.html
scsg9.unige.ch/fln/tabmat.html

Mathematisch physikalische Erklärung verschiedener Rendertechnologien zur dreidimensionalen Darstellung von Molekülmodellen.

Visualisierung chemischer Moleküle (USA)

sgich1.unifr.ch/lecture/menu/menu.html

Ausführliche Darstellung/Sammlung von Molekülen und Animationen in 3-D. Außerdem werden alle Plug-Ins zur Moleküldarstellung beschrieben und die einzelnen Darstellungstechniken exakt aufgezeigt.

VRML-Molekülmodelle (USA)

www2.ccc.uni-erlangen.de/services/vrmlcreator/index.html

Mit diesem Programm können Sie online aus chemischen Formeln VRML-Objekte erstellen und diese dann dreidimensional betrachten. Das Programm liest auch die Datenformate gängiger Chemie-Software ein.

VRML-Darstellung von Molekülen (USA)

193.49.43.3/dif/3D_crystals.html

Tips zur VRML-Darstellung von Molekülen und Links auf VRML-Molekülobjekte.

Periodensystem

Chemicool (USA)

www-tech.mit.edu/chemicool/

Periodensystem mit ausführlichen Daten zu jedem Element.

Nuklidtabelle (USA)

hpngp01.kaeri.re.kr/con/

Verzeichnis aller bekannten Nuklide. Gute Grafiken zur Lebendauer der Nuklide und gute Suchmöglichkeiten.

Periodensystem (D)

hrz.uni-paderborn.de/~q52964/pse_1.21d/main.html

Einfaches Periodensystem auf HTML-Basis mit allen wichtigen Elementdaten und Isotopentabellen.

Periodensystem der Elemente (USA)

www.webelements.com/

Periodensystem mit ausführlichen Daten zu jedem Element.

Rutherford Lexikon der Elemente (D)

www.uniterra.de/rutherford/

Periodensystem der Elemente mit einem ausführlichen Lexikon der Elemente und der Atomtheorie. Software zum Download.

Virtual Chemistry Center (USA)

www-sci.lib.uci.edu/hsg/gradchemistry.html

Dieses virtuelle Chemielabor liefert alle Informationen, die ein Chemiker braucht, Periodensysteme, Stoffkataloge und verschiedene Berechnungsprogramme.

Erfindungen

Erfinderbuch (D)

www1.stuttgart.netsurf.de/~ap/

Einige Erfindungen und Regeln fürs Erfinden vom Hersteller des „Erfinderbuches".

Gutenberg (USA) (D)

www.gutenberg.de

Unter anderem Lehrreiches über die Erfindung des Buchdrucks.

Jugend forscht (D)

www.jugend-forscht.de

Jugend forscht. Alle Informationen über den Wettbewerb.

National Inventors Hall of Fame (USA)

www.invent.org/

Hier kann jeder berühmte Erfinder für die „Hall of Fame" vorgeschlagen werden. Ein Gremium wählt die besten aus und veröffentlicht sie hier mit einer ausführlichen Beschreibung ihres Werks.

Patentamt (USA) (D)

www.patent-und-markenamt.de

Sie sind Erfinder? Dann sind Sie auf dieser Seite richtig. Hier finden Sie wertvolle Infos für Einsteiger, Verfahren zu Schutzrechten, diverse Veröffentlichungen und eine umfangreiche Sammlung themenorientierter Links.

Telefon (USA) (D)

repo-nt.tcc.virginia.edu/classes/tcc315/resources/alm/telephone/telephone.html

Geschichte des Telefons. Die University of Virginia vermittelt ein umfassendes Bild von der wichtigsten Kommunikationshilfe unserer Zeit.

Wissenschaft in der griechischen Antike (USA)

www.perseus.tufts.edu/greekscience/

In der griechischen Antike wurden einige, für unser heutiges Leben entscheidende Entdeckungen und Erfindungen gemacht. Hier finden Sie alles von Thales bis Euklid sowie weitere Links auf die Wissenschaftsgeschichte der Antike.

Patente

Deutsches Patentamt (D)

www.deutsches-patentamt.de/

Das deutsche Patentamt beschreibt recht anschaulich das Verfahren, ein Patent zu beantragen.

Europäisches Patentamt (USA) (D) (F)

www.european-patent-office.org/epo/

Neben den allgemeinen Infos finden Sie hier alle Patentinfo Zentren, können Sich über Kurse und Seminare informieren, diverse Unterlagen für Anmelder werden Ihnen online zur Verfügung gestellt und Sie bekommen ausführliche Hinweise zu den Patentinformationsprodukten.

Patentinformationsdienst (D)

www.depanet.de/

Datenbank mit Patentveröffentlichungen und Erfindungen sowohl national als auch international. Zudem gibt es eine Recherche-Möglichkeit in der japanischen Patent-Datenbank.

Patent-Monitor (D)

patent-monitor.ch/

Hier gibt es alles für die erfolgreiche Patentrecherche. Infos über aktuelle Patente. Bestellservice für Patentschriften, Schulungen und Auswertungen.

Patentstelle der Fraunhofer-Gesellschaft (D)

www.pst.fhg.de/

Aufgaben und Serviceleistungen der Patentstelle der Fraunhofer-Gesellschaft.

Forschungseinrichtungen

Nobel Stiftung (USA)

www.nobel.se/

Die Nobel Stiftung stellt sich mit einem virtuellen Museum (QuickTime VR) vor. Dazu eine ausführliche Beschreibung der aktuell vergebenen Preise.

Forschungsstationen

Aldebaran

www.aldebaran.org/

Das Forschungsschiff Aldebaran zeigt Bilder in Form eines Tagebuches seiner aktuellen Expedition.

Catharina, Anna (USA) (D)

www.annacatharina.com/

Das Segelschulschiff Anna Catharina dient auch als Forschungsschiff für alternative Gruppen. Viele interessante Angbote inklusive Preise.

Darwin Station (USA)

www.polaris.net/~jpinson/welcome.html

Die Charles Darwin Station auf Galapagos berichtet über den Galapagos Nationalpark, seine Tierwelt und vulkanische Aktivitäten.

Limnologische Station an den Osterseen (D)

www.limno.biologie.tu-muenchen.de/allgemeine_informationen/station.htm

Die limnologische Forschungsstation in Iffeldorf an den Osterseen (Bayern) stellt ihre Projekte vor, dazu Informationen über Geologie und Hydrologie.

Ocean Drilling (USA)

www-odp.tamu.edu/

Forschungsschiff für Tiefbohrungen im Ozean. Hier sollen neue Erkenntnisse über die Erdgeschichte gewonnen werden.

Schneefernerhaus (USA) (D)

www.schneefernerhaus.de/

Die Umweltforschungsstation Schneefernerhaus auf der Zugspitze berichtet über aktuelle Projekte, dazu Pläne des Gebäudes.

Antarktis

AASTO (USA)

bat.phys.unsw.edu.au/~aasto/

Aktuelle Bilder und Wettermeldungen mit Satellitenbild von der amerikanischen Station am Südpol.

Antarktis-Vertrag, der (D)

www.umweltbundesamt.de/antarktis/av.htm

Der komplette Text des Antarktis-Vertrages und eine Liste der Unterzeichnerstaaten.

Australian Science (USA)

www.antdiv.gov.au/science/

Wissenschaftliche Informationen über das australische Antarktisprogramm.

CARA (USA)

astro.uchicago.edu/cara/

Das Center for Astrophysical Research in Antarctica zeigt eine virtuelle Tour über die Antarktis mit Forschungsprojekten und Stationen.

Casey Station (USA)

www.antdiv.gov.au/stations/casey/

Berichte, Fotos und Webcam von der Casey Station in der Antarktis sowie aktuelle Wettermeldungen und ein virtueller Rundgang durch die Umgebung der Station.

Computerworld Antarctica (USA)

antarctica.computerworld.com/

Berichte von verschiedenen Antarktisstationen.

Georg von Neumayer Station (USA) (D)

www.awi-bremerhaven.de/polar/neumayer1-d.html

Fotos und Berichte von der deutschen Georg-von-Neumayer-Station in der Antarktis. Mittels einer interaktiven Karte können Sie sich parallel über weitere Forschungsstationen in der Antarktis informieren.

Glacier (USA)

www.glacier.rice.edu/

Die amerikanische Rice University bietet nicht nur Informationen über Ökologie und Geologie des siebten Kontinents, sondern klärt auch darüber auf, wie man dort hinkommt und was man auf eine Reise zum Südpol unbedingt mitnehmen sollte.

Greenpeace (D)

www.greenpeace.de/gp_dok_30/brennpun/f9704.htm

Die Greenpeace Antarktis Tour 1997.

ICAIR (USA)

www.icair.iac.org.nz/

Das International Centre for Antarctic Information and Research in Neuseeland bringt regelmäßig einen Bericht über die aktuelle Forschung heraus. Außerdem finden Sie hier das Antarctic Adress Book mit allen Forschern und an der Antarktisforschung beteiligten Projekten und Instituten.

Le Pourquoi Pas (USA) (D) (F)

perso.infonie.fr/mogui/

Überlieferter Erlebnisbericht von Olivier Pradier, der 1908-1910 an einer Polarexpedition der Pourquoi Pas teilgenommen hat. Sein Enkel veröffentlicht diesen Bericht in mehreren Sprachen im Internet.

Mawson Station (USA)

www.antdiv.gov.au/stations/mawson/mawson.html

Berichte über das Leben und das Wetter auf der australischen Mawson Station in der Antarktis mit vielen Fotos und einer Webcam.

New South Polar Times, the (USA)

205.174.118.254/nspt/home.htm

Online-Newsletter aus der Amundsen-Scott-Station am Südpol, auch als E-Mail.

Polarstern-Expedition (D)

www.sueddeutsche.de/wissenschaft/polarstern/welcome.html

Berichte von der Expedition des Forschungsschiffes „Polarstern" in der Antaktis. Hier können Sie auch direkt per E-Mail mit dem Forschungsteam Kontakt aufnehmen.

South Pole Observatory (USA)

www.cmdl.noaa.gov/spo/spo.html

Amerikanische meteorologische und Klimaforschungsstation in der Antarktis.

Southpole.com (USA)

www.southpole.com/

Wetterberichte und spielerische Informationen, nicht nur für Kinder, vom Südpol.

Wochenberichte aus der Antarktis (D)

benetton.dkrz.de:3688/homepages/wochen.html

Das Team der deutschen Georg-von-Neumayer-Station sendet jede Woche einen neuen Erlebnisbericht.

Institute/Labore

88" Cyclotron (USA)

user88.lbl.gov/

Forschungsprojekte und Veröffentlichungen des Teilchenbeschleunigerlabors der Berkeley University. Hier gibt es auch ein ABC der Kernphysik mit anschaulichen Erklärungen.

Alfred Wegener Institut (USA) (D)

www.awi-bremerhaven.de/

Das Alfred Wegener Institut für Polarforschung berichtet über seine aktuellen Forschungen, die Schiffe und Stationen. Hier können Sie online die aktuelle Position des Forschungsschiffes „Polarstern" mitverfolgen.

CERN (USA) (F)

www.cern.ch/public/
www.cern.ch/public/welcome_fr.html

Das europäische Labor für Teilchenphysik stellt seine Projekte vor, hier finden Sie auch den größten Teilchenbeschleuniger der Welt. Außerdem wurde am CERN das Internet erfunden.

DESY (USA) (D)

www.desy.de/

Deutsches Elektronen-Synchrotron in Hamburg zeigt seine Forschungsprojekte und sein Expo 2000 Projekt „Licht der Zukunft".

Deutsches Forschungsnetz (D)

www.dfn.de/

Das deutsche Forschungsnetz stellt seine Projekte und Publikationen zu neuen Kommunikationstechniken vor.

Forschungsinstitut für Kraftfahrzeugwesen (USA) (D) (F)

www.uni-stuttgart.de/fkfs

Forschungsinstitut für Kraftfahrwesen und Fahrzeugmotoren in Stuttgart.

Forschungszentrum Jülich (USA) (D)

www.kfa-juelich.de/

Aktuelle Forschungen und Publikationen aus einem der größten Forschungszentren in Europa.

Forschungszentrum Karlsruhe (USA) (D)

w3.fzk.de/

Eine der größten naturwissenschaftlichen Forschungseinrichtungen in Deutschland gibt hier einen ausführlichen Überblick über ihre Projekte, Institute und Veröffentlichungen.

Gesellschaft deutscher Naturforscher und Ärzte (D)

www.gdnae.de/

Die Gesellschaft deutscher Naturforscher und Ärzte berichtet über aktuelle Aktivitäten. Hier finden Sie auch Ausschreibungen zu Wissenschaftswettbewerben und die aktuellen Nobelpreise.

Institute for the future (USA)

www.iftf.org/

Amerikanisches Institut für Zukunftsforschung. Leider muß hier eine Mitgliedschaft beantragt werden.

Los Alamos Laboratory (USA)

www.lanl.gov/worldview/

Amerikanisches Forschungslabor, dessen Hauptaufgabe es ist, die globale Gefahr von Atomanlagen zu verringern.

Magnet Laboratory (USA)

www-hfml.sci.kun.nl/hfml/levitate.html

Das Nijmegen High Field Magnet Labor zeigt Fotos und Videoclips von verschiedenen Objekten, die in starken Magnetfeldern fliegen.

National High Magnetic Filed Laboratory (USA)

www.magnet.fsu.edu/science/magtech/

Magnetforschungslabor mit dem Welt-stärksten künstlichen Magneten.

National Ice Core Laboratory (USA)

www.nicl-smo.sr.unh.edu/nicl/nicl/niclhomet.html

Die University of New Hampshire erklärt im Internet, wie man in Theorie und Praxis aus Eisbohrkernen die Klimadaten der Erdgeschichte ablesen kann.

National Ignition Facility (USA)

lasers.llnl.gov/lasers/

Der größte Laser der Welt am Lawrence Livermore National Laboratory in Kalifornien.

Patuxent Wildlife Research Center (USA)

www.pwrc.nbs.gov/

Forschungszentrum über Wildtiere. Hier werden Forschungen über Vogelzug und andere Tierwanderungen angestellt.

Rent a Scientist (USA) (D)

www.rent-a-scientist.com/

Auftragsforschung und Produktentwicklung für die Industrie. Hier kann man externe Wissenschaftler für die interne Forschung mieten. Referenzseite aller Kunden.

Siemens Testhaus (USA) (D)

www.siemens.de/pr/inf/30/testhaus/
www.siemens.de/pr/inf/30/testhaus/d0000000.htm

Siemens Matsushita. Startet mit einer interaktiven Europakarte, wo man sein entsprechendes Land wählen kann. Forschungsergebnisse können als PDF-Datei downgeloadet werden. Test auf EMV-Verträglichkeit.

Stanford Linear Accelerator (USA)

www.slac.stanford.edu/

Wie funktioniert ein Teilchenbeschleuniger, und wozu verwendet man ihn. Diese Fragen beantwortet das virtuelle Besucherzentrum am Teilchenbeschleuniger der Stanford University.

Geisteswissenschaften

Anthropologie

Anthropologie Newsgroup (USA)

news://sci.anthropology

Newsgroup über Anthropologie.

In search of human origins (USA)

www.nationalgeographic.com/outpost/

Multimedia-Präsentation auf der Suche nach den Ursprüngen der Menschheit.

Indigenous People (USA)

www.ozkidz.gil.com.au/indigenous/

Die Ureinwohner Australiens haben eine lange Geschichte und eine faszinierende Kultur. Doch die Kolonisation durch Europäer brachte sie fast bis zum Untergang. Forscher und Ureinwohner selbst haben mittlerweile erkannt, daß dies eine fatale Entwicklung ist.

Umfangreiche Informationen zu ihrer Kultur und ihrer Sprache findet man auf diesen Seiten. Sogar ein Wörterbuch steht zum Download bereit.

Institut für Ur- und Frühgeschichte (D)

www.ufg.uni-freiburg.de/

Forschungsprojekt über ethnische Einheiten im frühgeschichtlichen Europa.

Lucy-Test (USA)

www.geocities.com/capecanaveral/lab/8853/

Ist der Australopithecus afarensis der Stammvater der Menschheit? Klarheit über diese Streitfrage schafft der „Lucy-Test" im Internet.

In einem Quiz muß man Fossilien mit Knochen von modernen Menschen und vom Schimpansen vergleichen. Die Auswertung liefert anschließend ein individuelles Fazit.

Neanderthal (USA) (D)

www.neanderthal.de/
www.neanderthal.de/e_thal/fs_1.htm

Forschungsberichte über den Neanderthaler und ein Rundgang durch das Neanderthal-Museum.

UCSB Anthropology (USA)

www.anth.ucsb.edu/

Aktuelle Forschungsprojekte der University of Santa Barbara, wissenschaftlich ausführlich und trotzdem verständlich beschrieben.

Virtual Autopsy (USA)

www.nationalgeographic.com/andes/

Virtuelle Autopsie einer im Eis der Anden gefundenen 500 Jahre alten Leiche.

Frauenforschung

Ariadne (USA)

www.onb.ac.at/ariadne/ariadne.htm

Ariadne ist eine Serviceeinrichtung der Österreichischen Nationalbibliothek mit dem Schwerpunkt auf Frauenforschung und Frauenliteratur.

Camera obscura (USA)

www.indiana.edu/~iupress/journals/cam.html

Zeitschrift zur Frauenforschung.

Institut für Frauenforschung (D)

www.frauenforschung.fh-kiel.de/

Wissenstransfer in die und die Kooperation mit der Praxis. Hier geht es z. B. um das „Empowerment für Frauen – auf dem Wege zur Geschlechterdemokratie“ und viele weitere interessante Projekte.

Friedens- und Konfliktforschung

Arbeitsgemeinschaft Friedens- und Konfliktforschung (USA) (D)

bicc.uni-bonn.de/coop/afk/

Aktuelle Nachrichten der Arbeitsgruppe für Friedens- und Konfliktforschung.

Friedensmuseum Nürnberg (D)

www.friedensmuseum.odn.de/

Das Friedensmuseum in Nürnberg stellt sich und seine Veranstaltungen vor.

World War II (USA)

library.advanced.org/15511/

Virtuelles Museum über das zivile Leben im Zweiten Weltkrieg mit einer Online-Simulation verschiedener Familien.

Geschichte

Britannia (USA)

library.advanced.org/11775/

Eine multimediale Zeitmaschine versetzt Sie in die englische Geschichte des Mittelalters zurück. Hier werden auch alle bedeutenden Herrscher dieser Zeit vorgestellt.

Deutsches historisches Museum (USA) (D) (F)

www.dhm.de/

Das deutsche historische Museum präsentiert seine aktuellen Ausstellungen und ein virtuelles Museum über die deutsche Geschichte.

Dschingis-Khan (USA)

www.nationalgeographic.com/genghis/

Multimedia-Präsentation der Mongolei zur Zeit von Dschingis-Khan.

Haus der Geschichte (USA) (D)

www.hdg.de/

Das Haus der Geschichte der Bundesrepublik Deutschland in Bonn stellt sich vor und zeigt auch virtuelle Ausstellungen im Internet.

Nachrichtendienst für Historiker (D)

www.crispinius.com/nfh/basis/

Hier haben Historiker ausführliche Recherchemöglichkeiten in Presse, Fernsehprogramm, Zeitschriften und im Internet.

Online Reference Book for Medieval Studies (USA)

orb.rhodes.edu/

Online-Lexikon mit wissenschaftlichen Texten über die mittelalterliche Geschichte.

This day in history (USA)

www.historychannel.com/

Geschichtliche Ereignisse, die genau heute vor ... Jahren passiert sind.

Riesige Datenbank mit geschichtlichen Ereignissen, virtuelle Ausstellungen und Quizspiele.

Timeline der Zeitgeschichte (USA)

www.nobel.se/cgi-bin/timeline

Wichtigste Ereignisse der Weltgeschichte auf einer Zeitskala von 1833 bis heute.

Virtual Renaissance (USA)

tqd.advanced.org/3588/renaissance/

Eine Zeitreise in die Renaissance. Alte Karten, bedeutende Bauwerke und bahnbrechende Erfindungen dieser bewegten und bewegenden Epoche kann man hier entdecken.

Wannsee-Protokoll (USA) (D)

library.byu.edu/~rdh/eurodocs/germ/wanngerm.html
library.byu.edu/~rdh/eurodocs/germ/wanneng.html

Das historische Protokoll der Wannseekonferenz über die „Endlösung der Judenfrage" am 20.1.1942 in Berlin.

Widerstand im Dritten Reich, der (D)

www.fortunecity.de/lindenpark/goldring/267/

Private Seite mit Texten und Dokumentationen des Widerstands im Dritten Reich.

Kulturwissenschaft

Deutsche Gesellschaft für Volkskunde (D)

gwdu19.gwdg.de/~uhvs/dgv.htm

Die Gesellschaft ist eine Vereinigung aller im Fach Volkskunde (Europäische Ethnologie, Empirische Kulturwissenschaft etc.) tätigen Wissenschaftler und der Dachverband entsprechender Institutionen.

Parapluie (D)

parapluie.de/

Der „Parapluie" ist ein Internetmagazin, das sein Augenmerk auf den Prozeß der Kultur im weitesten Sinne richtet.

Mythologie

Bulfinch's Mythology (USA)

www.webcom.com/shownet/medea/bulfinch/bulframe.html

Der komplette Text der „Bulfinch's Mythology" über die griechische und römische Mythologie.

Earthlore (USA)

elore.com/

Virtuelle Expeditionen zu verschiedenen alten Mythologien.

Encyclopedia Mythica (USA)

pantheon.org/mythica/

Ausführliches Lexikon zu verschiedenen Mythologien.

Freimaurer (USA) (D)

www.freimaurer.org

Links zu den vereinigten Großlogen von Deutschland, Bruderschaft der Freimaurer. Desweiteren erhalten Sie einen Überblick, was Freimaurerei ist und womit sie sich beschäftigt. Anschließend können Sie das Freimaurermuseum besuchen und sich bei Interesse in einer Mailingliste anmelden.

Griechische Mythologie im Vergleich zur nordischen, die (USA)

webhome.idirect.com/~donlong/

Vergleich zwischen der griechischen Mythologie und der nordischen Mythologie. Neben den spannenden Erläuterungen bietet Ihnen die Seite viele erstklassige Bilder und Grafiken..

Pomoerium (USA)

pomoerium.com/

Diese Zeitschrift für Mythologie und Altertumswissenschaft veröffentlicht auch zahlreiche Artikel online.

Organisationen

Freiwillige Selbstkontrolle Multimedia (D)

fsm.de/

Die Freiwillige Selbstkontrolle Multimedia Diensteanbieter e. V. ruft auf, sittenwidrige, jugendgefährdende und kriminelle Webseiten zu melden.

Stiftung für Romantikforschung (D)

www.romantikforschung.de

Zweck der Stiftung ist die Förderung der Erforschung der Epoche der Romantik in ihrer Gesamtheit von Literatur, Kunst, Philosophie, Geschichts- und Naturwissenschaft und in ihren geisteswissenschaftlichen Bezügen zur Gegenwart.

Orientalistik

Fakultät für Orientalistik (D)

www.uni-heidelberg.de/institute/fak8/

Fakultät für Orientalistik und Altertumswissenschaft. Hier erhalten Sie einen detaillierten Überblick über das Angebot der Fakultät.

Oriental Institute Museum, the (USA)

www-oi.uchicago.edu/oi/mus/qtvr96/qtvr96.html

Das orientalische virtuelle Museum in der University of Chicago's Oriental Institute. Nehmen Sie sich viel Zeit und schlendern Sie durch die virtuellen Galerien.

Pädagogik und Sozialwesen

Bevölkerungswissenschaft (USA) (D)

www.demographie.de/

Humboldt-Universität Berlin, Bevölkerungswissenschaft.

SPI im SOS-Kinderdorf e. V. (D)

spi.sos-kinderdorf.de/

Sozialpädagogisches Institut im SOS-Kinderdorf e. V.

Struktur und Funktion des Gedächtnisses (D)

paedpsych.jk.uni-linz.ac.at/internet/arbeitsblaetterord/lerntechnikord/gedaechtnis2.html

Hier wird die Struktur des Gedächtnisses nicht nur erklärt, Sie können es auch selbst an kurzen Tests ausprobieren.

Philosophie

Deutscher Philosophie-Knoten (D)

www.philo.de/knoten/

Verbund von im Internet aktiven Philosophen aus dem deutschen Sprachraum.

Hippias (USA)

hippias.evansville.edu/

Suchmaschine für Philosophie-Seiten im Internet.

Llull, Ramon (USA)

www.geocities.com/athens/forum/5284/estevalm.html

Leben und Werk des mallorquinischen Philosophen. Untersuchungen zu Llulls Art sowie ein Gesamtkatalog der pseudo-Llullschen alchemistischen Schriften.

Melanchton (D)

www.melanchthon.de/

Zum 500. Geburtstag von Philipp Melanchton informiert diese Seite über sein Leben und Werk.

Philosophie Seiten (D)

www.philo.de/philosophie-seiten/

Diese Seiten eignen sich sowohl für Einsteiger als auch für denkerprobte Recken der Philosophie. Mit ihren zahlreichen Links zu guten Seiten sind sie eine gute Startrampe für das Streben nach Erkenntnis.

Philosophy Archive (USA)

english-www.hss.cmu.edu/philosophy/

Archiv mit philosophischen Texten, teilweise in ihren Originalsprachen.

Principia Cybernetica (USA)

pespmc1.vub.ac.be/

Sehr viele theoretische philosophische Texte mit Querverweisen und Quellen.

Technische Philosophie Newsgroup (USA)

news://sci.philosophy.tech

Newsgroup über technische Philosophie, Mathematik und Logik, philosophisch gesehen.

Psychologie

American Psychological Society (USA)

psych.hanover.edu/aps/exponnet.html

Zahlreiche geordnete Links zu verschiedenen Psychologiethemen im Internet.

Deutsche Gesellschaft für Psychologie (USA) (D)

www.dgps.de/

Die deutsche Gesellschaft für Psychologie informiert über ihre Aktivitäten und Veranstaltungen, dazu Links auf Forschungsprojekte, Bibliotheken und Archive.

Ecopsychology Web (USA)

www.clan.com/environment/ecopsyweb/

Die interdisziplinäre Konferenz über Ökopsychologie im Juni 1999 in Schottland informiert hier ausführlich über das Thema Ökopsychologie.

Internet Psychology Lab (USA)

kahuna.psych.uiuc.edu/ipl/

Auf diesen interaktiven Seiten werden verschiedene psychologische Online-Experimente vorgestellt und durchgeführt.

Mit zwei Online-Experimenten: einem Reaktionstest und einem Test zum sogenannten „Stroop Effect".

Kognitive Wissenschaften Newsgroup (USA)

news://sci.cognitive

Newsgroup über die Wissenschaften vom Gedächtnis, der Auffassung, der Wahrnehmung, der Entscheidungs- und Urteilskraft.

Psychcrawler (USA)

www.psychcrawler.com/

Suchmaschine der Americal Psychological Association für psychologische Seiten im Internet.

Psychologie Newsgroup (USA)

news://sci.psychology.misc

Newsgroup über Psychologie.

Psychology.net (USA)

www.psychology.net/

Von hier aus haben Sie Zugriff auf umfassende Psychologieinformationen im Internet.

Serienmörder (D)

www.uni-sb.de/philfak/fb6/ezw/abteil/motiv/paper/murder.htm

Wissenschaftlich psychologische Abhandlung zum Thema Serienmörder: Ursachen und Entwicklung extremer Gewalt.

Web Labor für experimentelle Psychologie (USA)

www.psych.unizh.ch/genpsy/ulf/lab/webexppsylabd.html

Auf diesen Seiten werden verschiedene psychologische Online-Experimente vorgestellt und durchgeführt. Beispielsweise kann man sich in einer Art Intelligenztest selbst auf die Probe stellen und auch noch zum Fortschritt der Wissenschaft beitragen.

Glücksforschung

ARISE (USA)

www.arise.org/

Veröffentlichungen der Associates for Research into the Science of Enjoyment (Gesellschaft zur Erforschung der Wissenschaft vom Frohsein).

Dr. Diener (USA)

s.psych.uiuc.edu/~ediener/

Ein amerikanischer Psychologieprofessor veröffentlicht seine Thesen über persönliches Glück.

ISQOLS (USA)

www.cob.vt.edu/market/isqols/

Veröffentlichungen der International Society for Quality of life studies.

Sprach- und Literaturwissenschaft

100 Wörter (D)

www.zdf.msnbc.de/news/31397.asp

Eine siebenköpfige Jury hat 100 Wörter ausgewählt, die das Lebensgefühl unseres Jahrhunderts wiedergeben. Hier sind sie, die „100 Wörter des Jahrhunderts", alle kurz erklärt.

Anagram Generator (USA)

freespace.virgin.net/martin.mamo/fanagram.html

Java-Applet, das aus einem beliebigen Wort durch Umstellung von Buchstaben versucht, englische Satzbrocken zu generieren.

Bund für deutsche Schrift (D)

www.e-welt.net/bfdS

Bund für deutsche Schrift und Sprache. Pflege der deutschen Sprache und der deutschen Druck- und Schreibschriften.

Deutsches Slang-Lexikon (USA) (D)

www.notam.uio.no/~hcholm/altlang/ht/german.html

Slangwörter der deutschen Sprache auf englisch erklärt. Auch der sogenannte „Manta"-Dialect (used by car mechanics and hairdressers).

Electronic Labyrinth, the (USA)

web.uvic.ca/~ckeep/hfl0267.html

Eine Geschichte der Methoden zur Veröffentlichung von Texten, von den alten Episteln bis HTML.

Goethe-Institut (D)

www.goethe.de/

Das Goethe-Institut bietet in vielen Ländern der Welt die Möglichkeit, die deutsche Sprache zu erlernen. Im Internet gibt es einen Online-Anfängerkurs.

Mit ausführlichen Informationen über deutsche Filmpreise.

Institut Cervantes (USA)

www.cervantes.es/internet/indice.html

Institut Cervantes. Spanisches staatliches Spracheninstitut.

Linse – Linguistik Server Essen (D)

www.linse.uni-essen.de/

Der Linguistik-Server der Universität Essen bietet zahlreiche sprachwissenschaftliche Texte zu verschiedenen Themen.

Speechreading by Man and Machine (USA)

www.crc.ricoh.com/asi/

Forschungsprojekt zum „von den Lippen ablesen“ für Menschen und Computer.

Sprachwissenschaft Newsgroup (USA)

news://sci.lang

Newsgroup über Sprachwissenschaft, natürliche Sprache und Kommunikation.

Timeline of Hypertext History (USA)

www.mcs.net/~jorn/html/net/timeline.html

Eine Zeitleiste des Schreibens und Druckens von 3000 v. Chr. bis heute.

Useless Pages (USA)

www.go2net.com/internet/useless/useless/language.html

Links auf Seiten über die Merkwürdigkeit verschiedener Sprachen nach dem Motto „Language is a virus from outer space.“

Word for Word (USA)

www.peg.apc.org/~toconnor/

Hier werden viele der merkwürdigen englischen Redewendungen analysiert und ihre Ursprünge gezeigt.

Word Page (USA)

users.aol.com/jomnet/words.html

Jede Woche werden hier zehn neue Fremdwörter auf englisch erklärt.

Zeichensprache (USA)

www.bu.edu/asllrp/

Ein amerikanisches Forschungsprojekt zur linguistischen Erforschung der Zeichensprache.

Rechtschreibreform

Duden (D)

www.duden.de/

Der Duden veröffentlicht das amtliche Regelwerk der neuen Rechtschreibung und eine Wortliste mit zahlreichen Beispielen.

Institut für deutsche Sprache (D)

www.ids-mannheim.de/reform/

Das Institut für deutsche Sprache veröffentlicht die offiziellen neuen Rechtschreibregeln und zahlreiche Veröffentlichungen zum Thema.

Softwaretest – Rechtschreibkonverter (D)

uranus.ecce-terram.de/zeit-archiv/1997/26/konverte.txt.19970620.html

Die Zeitung „Die Zeit" testete verschiedene Programme, die Texte von der alten in die neue Rechtschreibung umsetzen sollen.

Redefreiheit und Zensur

American Civil Liberties Union (USA)

www.aclu.org/

Diese amerikanische Bürgerrechtsorganisation befaßt sich mit den Rechten von Kriminalitätsopfern, Einwanderern, Lesben, diskriminierten Rassen und religiösen Gruppen, aber auch mit dem Kampf gegen Zensur im Internet.

Ate my balls (USA)

www.mrev.net/mrzebra/ate-my-balls/

Eine satirische Seite, die wegen der Urheberrechte der Zensur zum Opfer gefallen ist. Hier finden Sie jetzt kritische Texte und Boykottaufrufe gegenüber den die Zensur verursachenden Firmen.

Australische 'Internet content regulation' (USA)

www.dcita.gov.au/nsapi-graphics/?Mival=dca_dispdoc&ID=3648

Das australische Ministerium für Kommunikation, Informationstechnologie und Kunst plant, das Internet zum „Schutz der Kinder" stark zu zensieren.

Electronic Frontier Foundation (USA)

www.eff.org/

Gesellschaft für Freiheit und offenen Informationsfluß im Internet. Hier finden Sie auch die berühmte Blue Ribbon Campaign.

Electronic Frontiers Australia (USA)

www.efa.org.au/

Initiative gegen die in Australien geplante Internetzensur.

Electronic Privacy Information Center (USA)

www.epic.org/

Aktuelle News und Veröffentlichungen einer Organisation zur Redefreiheit im Internet und gegen den amerikanischen Child Online Protection Act.

Freiheit für das Internet (D)

www.online-today.de/online/aktion/home.hbs

Aktion für Freiheit im Internet von „Online-Today" mit einem groß angelegten Webring.

Netz gegen Kinderpornographie (D)

www.heise.de/ct/netz_gegen_kinderporno/erklaerung.shtml

Eine unterstützenwerte „Zensur-Aktion" im Internet. Webmaster und HTML-Programmierer werden aufgefordert, ein Logo auf ihre Seiten zu übernehmen. Diese Initiative wird von den großen Online-Providern und zahlreichen Institutionen, Firmen und Privatpersonen unterstützt.

Zensur Newsgroup (USA)

news://alt.censorship

Newsgroup zu Zensur und Pressefreiheit.

Wirtschaftswissenschaften

Geschichte des Geldes, die (USA)

www.ex.ac.uk/~RDavies/arian/llyfr.html

Hier finden Sie ausführlich die Entwicklung des Geldes als Zahlungsmittel von der Frühzeit bis heute beschrieben.

Immopoint (D)

pictor.fh-nuertingen.de/~immo/

Datenbank und Netzwerk für Immobilienwirtschaft von einer Studenteninitiative der Fachhochschule Nürtingen/Geislingen an der Steige, Studiengang Immobilienwirtschaft.

ISW (USA) (D) (F)

www.isw-online.org/

isw – Institut für Strukturpolitik und Wirtschaftsförderung Halle-Leipzig e. V.: Raumordnung, Entwicklungsplanung, Standortentwicklung, Innovationsforschung.

Wirtschaftswissenschaften Newsgroup (USA)

news://sci.econ.research

Newsgroup über die Wirtschaftswissenschaften.

Geowissenschaften

Bernstein (USA)

www.emporia.edu/earthsci/amber/amber.htm

Alles über Bernstein. Geologische und geographische Häufigkeiten, Bestimmung, Museen, Bearbeitung und der Mythos darum herum.

Bundesanstalt für Geowissenschaften und Rohstoffe (D)

www.bgr.de/

Informationen über aktuelle geowissenschaftliche Themen, aber auch über Altlasten, Kernwaffentests und ähnliche Umweltprobleme.

Disasters (USA)

library.advanced.org/12151/

Hier finden Sie alles über Naturkatastrophen, Vulkanausbrüche, Erdbeben, Stürme und Überschwemmungen mit RealVideo und Fotos, Geschichten von Überlebenden, Vorhersagen und Schutzmöglichkeiten.

Earth Works (USA)

library.advanced.org/14001/

Hier geht es um spezielle Gebiete der Geowissenschaft: Mineralogie, Tektonik und Kontinentaldrift mit ausführlichem mineralogischen Glossar und einem Online-Spiel zum Bohren nach Erdöl. Landkarten zeigen verschiedene Stadien der Kontinentaldrift.

Geographische Superlative (USA)

www.nationalgeographic.com/resources/ngo/infocentral/geography/superlit.html

National Geographic veröffentlicht hier wichtige Daten über den höchsten Berg, den tiefsten Punkt, die größte Insel, den längsten Fluß und andere geographische Superlative.

Geomechanik Newsgroup (USA)

news://sci.engr.geomechanics

Newsgroup über Geomechanik.

Gletscherforschung (D)

www.npht.sbg.ac.at/n2efor.htm

Texte zur Gletscherforschung und Beschreibungen verschiedener Alpengletscher.

International Flat Earth Society (USA)

www.talkorigins.org/faqs/flatearth.html

Es gibt noch Leute, die ernsthaft glauben, die Erde sei eine Scheibe.

National Geographic (USA)

www.nationalgeographic.com/

Das amerikanische Magazin National Geographic zeigt Fotos, Videos, Expeditionsberichte und Multimediapräsentationen der ganzen Welt.

Schutz vor Naturkatastrophen (USA)

hoshi.cic.sfu.ca/idndr/

Die International Decade for Natural Disaster Reduction ist eine Aktion zur Vorbeugung und Schadenseindämmung bei Naturkatastrophen.

Singende Dünen (USA)

www.personal.engin.umich.edu/~nori/booming_sand.html

Wissenschaftliche Untersuchungen über Töne aus Wanderdünen in großen Wüsten.

Erdbeben

Dynamic earth, the (USA)

pubs.usgs.gov/publications/text/dynamic.html

Anschauliche Erklärung mit zahlreichen Grafiken, wie Erdbeben entstehen.

Earthquake Information (USA)

quake.wr.usgs.gov/quakes/current/current.html

Ständig aktualisierte Erdbebeninformationen aus allen Teilen der Welt.

Earthquake Research Institute (USA)

www.eri.u-tokyo.ac.jp/

Das Earthquake Research Institute berichtet über aktuelle Erdbeben und liefert ausführliche Analysen der großen Erdbeben der letzten Jahre.

Erdbeben Newsgroup (USA)

news://alt.disasters.earthquake

Newsgroup über Erdbeben.

Geohazards (USA)

geohazards.cr.usgs.gov/earthquake.html

Informationen zu den großen Erdbeben der letzten Jahre in Amerika.

IRIS Global Seismographic Network, the (USA)

www.iris.washington.edu/gsn/gsn.htm

Mit einem Netz aus 153 Stationen beobachtet das Global Seismographic Network die Bewegungen der Erde.

Naturkatastrophen (USA)

www.iwaynet.net/~kwroejr/violent.html

Zahlreiche Links auf Seiten zu Naturkatastrophen, Erdbeben, Vulkanausbrüche, Waldbrände usw.

Pacific Tsunami Museum (USA)

planet-hawaii.com/tsunami/

Das Pacific Tsunami Museum berichtet über die gefährlichen Seebeben vor Hawaii.

Seismic Data Analysis Center (USA) (D)

www-seismo.hannover.bgr.de/welcome.html
www-seismo.hannover.bgr.de/welcome_e.html

Wenn in Deutschland der Boden zittert, wacht die Bundesanstalt für Geowissenschaften und Rohstoffe (BGR) akribisch darüber. Auf Übersichtskarten kann man die Orte und die Stärke der letzten Beben anschauen, ihren „Fingerabdruck" in Form seismischer Kurven erkunden und in einem Archiv nach zurückliegenden Beben stöbern. Außerdem findet der Besucher eine Sammlung weltweiter Daten von natürlichen oder durch Atombombentests verursachten Erdbeben.

Taunus Observatorium Kleiner Feldberg (D)

www.geophysik.uni-frankfurt.de/tns/tns.html

Eine deutsche Erdbebenforschungsstation im Taunus liefert hier ständig aktuelle seismische Daten.

Virtual Earthquake (USA)

vquake.calstatela.edu/edesktop/virtapps/virtualearthquake/vquakeexecute.html

Hier können Sie online ein Erdbeben simulieren und dann die seismischen Daten analysieren.

World Data Center for Seismology (USA)

gldss7.cr.usgs.gov/neis/bulletin/bulletin.html

Aktuelle Erdbebeninformationen mit seismographischen Daten.

World Wide Earthquake Locator (USA)

www.geo.ed.ac.uk/quakexe/quakes

Mit dem World Wide Earthquake Locator der Universität Edinburgh erhält man schnell einen Überblick über die letzten Beben auf der Erde.

Gezeiten

Deutsche Nordseeküste (D)

www.bsh.de/dienste/wvd_hh/wahome_ex.htm

Wasserstandsvorhersage des Bundesamts für Seeschiffahrt und Hydrographie für die deutsche Nordseeküste, Elbe, Weser, Wilhelmshaven, Ems und Nordfriesland.

Deutsche Ostseeküste (D)

www.bsh.de/dienste/wvd_hh/tabost_ex.htm

Wasserstandsvorhersage des Bundesamts für Seeschiffahrt und Hydrographie für die deutsche Ostseeküste, Flensburg, Travemünde, Wismar, Zingst, Rügen.

Tidetabellen Deutschland (D)

www.bsh.de/dienste/gezeiten_www/wast1.htm

Vorausberechnungen der astronomischen Gezeiten für die deutsche Nordseeküste.

Tidetabellen England (USA)

www.ybw.co.uk/ybw/search/tides.htm

Gezeitenberechnungen für viele englische Häfen.

Tidetabellen Holland (USA)

www.waterland.net/cgi-bin/rikz/index.pl?Taal=EN

Aktuelle Gezeitenberechnungen für Holland und ein Programm zur Gezeitenberechnung zum Download.

Tidetabellen Oostende (USA)

www.oostende.net/oostende/getijden.html

Gezeitenberechnungen für Oostende für ein Jahr im voraus.

Hochwasser

Hochwasservorhersage Baden-Württemberg (D)

www.uis-extern.um.bwl.de/lfu/hvz/hvzpegel.html

Die Hochwasservorhersagezentrale Baden-Württemberg veröffentlicht hier die aktuellen Pegelstände Baden-Württembergischer Flüsse.

Hochwasserinformation der DLRG (D)

Hochwasser.dlrg.de/

Allgemeine Informationen zu Hochwasser und speziellen Flüssen. Links auf Hochwasserwarndienste und Pegel.

Pegelstände auf deutschen Flüssen (D)

www.bafg.de/html/projekte/pegel/pegindex.htm

Die Wasser- und Schiffahrtsverwaltung des Bundes liefert aktuelle Pegelstände verschiedener Meßstationen an Rhein, Mosel, Lahn, Main und Neckar.

Pegelstände der Donau (D)

www.bayern.de/lfw/hnd/pegeldonau.htm

Der Hochwassernachrichtendienst des Bayerischen Landesamts für Wasserwirtschaft zeigt die Pegelstände der Donau.

Water World (D)

www.g-o.de/kap8/ev07d.htm

Links auf verschiedene Hochwassermeldedienste und Pegelstandsanzeigen.

WWF Faktenblatt Hochwasser (D)

www.wwf.de/c_bibliothek/c_faktenblaetter/c_faktenblatt_wasser/c_faktenblaetter_wasser1.html

Der World Wildlife Fund informiert hier über Ursachen der zahlreichen Hochwasser in letzter Zeit sowie über Hochwasserschutz.

Höhlenforschung

Barbarossahöhle am Kyffhäuser (D)

www.hoehle.de/

Virtueller Rundgang mit vielen Bildern durch die Barbarossahöhle und ein Verzeichnis aller öffentlich zugänglichen Höhlen in Deutschland.

Eisriesenwelt Werfen (USA) (D)

www.eisriesenwelt.at/

Die größte Eishöhle der Welt in Österreich. Interaktiver Rundgang mit einer Höhlenkarte.

Grotte von Lombrives, die (F)

www.cathares.org/lombrives.html

Die Grotte von Lombrives in den Pyrenäen mit vielen Fotos und Informationen, aber nur in französischer Sprache.

Höhlen in Rumänien (D)

home.t-online.de/home/pfanne/speleo3.htm

Höhlengrundrisse und sonstige Informationen über Höhlen in Rumänien.

Höhlenrettung (D)

home.t-online.de/home/nils.braeunig/

Die Höhlenrettungsgruppe im Malteser-Hilfsdienst gibt hier Tips zum sicheren Begehen einer Höhle, um Unfälle zu vermeiden.

Längsten und tiefsten Höhlen Deutschlands, die (D)

arge.itvd.uni-stuttgart.de/hliste/hliste.htm

Eine aktuelle Liste der längsten und tiefsten Höhlen Deutschlands, die je nach Erforschung der Höhlen weiter aktualisiert wird.

Löcher in Deutschland (USA) (D)

www.bubis.com/showcaves/german/de/

Kurzbeschreibungen aller Schauhöhlen und der wichtigsten unausgebauten Höhlen in Deutschland.

Mensch und Höhle (USA) (D)

members.aol.com/lindenmayr/hoehle.htm

Ausführliche Informationen über verschiedene europäische Höhlen, den Höhlenschutz, zeitgenössische Kunst in Höhlen, religiös spiritistische Themen zu Höhlen und zahlreiche weitere Links.

National Speleological Society (USA)

www.caves.org/

Die amerikanische Gesellschaft für Höhlenforschung informiert über ihre Arbeit und bietet registrierten Mitgliedern Fotos und Filme an, allerdings findet man keine Informationen über Höhlen.

U.S. Showcaves Directory (USA)

www.goodearth.com/showcave.html

Verzeichnis der amerikanischen Schauhöhlen mit Tips zum Fotografieren in Höhlen.

Unterwasser-Höhlenexpedition (USA)

www.nationalgeographic.com/voices/ax/frame.html?assignment/story03/story03_intro.html

Hier können Sie eine Expedition in eine Unterwasserhöhle vor der Küste Floridas verfolgen, mit vielen Fotos und RealVideo.

Verband der Höhlen- & Karstforscher (USA) (D) (F)

insl1.etec.uni-karlsruhe.de/~dh1iar/vdhk/home.html

Dieser Verband berichtet über den Höhlenschutz in Deutschland und listet die Adressen der 50 deutschen Schauhöhlen auf. „Wenn Du in eine Höhle gehst ... nimm nichts mit, laß nichts zurück, zerstöre nichts und schlag nichts tot!"

Virtual cave (USA)

www.goodearth.com/virtcave.html

Auf einer Schnittzeichnung einer virtuellen Höhle werden alle wichtigen Fachbegriffe der Höhlenkunde erläutert.

Landkarten

Excite Maps (USA)

www.city.net/maps/

Landkarten von Amerika und auch großen Teilen der restlichen Welt.

Expedia Maps (USA)

www.expediamaps.com/

Hier können Sie beliebige Orte auf der Welt suchen und eine Landkarte der Umgebung anzeigen lassen oder diese automatisch auf Ihrer Homepage plazieren. Dies gilt nicht nur für Amerika, auch deutsche Kleinstädte sind zu finden.

Florida Geographic Alliance (USA)

multimedia2.freac.fsu.edu/fga/maps.html

Verschiedene Landkarten als PDF zum Download.

Landkarten im WWW (USA)

www.lib.utexas.edu/libs/pcl/map_collection/map_sites/map_sites.html

Zahlreiche Links auf Server mit Landkarten der ganzen Welt.

MapBlast! (USA)

www.mapblast.com/mapblast/start.hm

Sucht nach einer bestimmten Stadt auf der Welt. Automatisch wird ein Kartenausschnitt angezeigt. In den amerikanischen Großstädten kann auch nach Straßen gesucht werden.

Mathematik der Kartographie (USA)

math.rice.edu/~lanius/pres/map/

Die Mathematik, die hinter einer Landkarte steckt. Verschiedene Typen von Landkarten, Projektionsarten und Koordinatensystemen.

Oddens's Bookmarks (USA)

kartoserver.frw.ruu.nl/html/staff/oddens/oddens.htm

Wichtigste Linkseite zu Landkarten mit über 6.500 Webadressen.

Terraserver (USA)

terraserver.microsoft.com/

Satellitenbilder eines russischen Satelliten (Sovinformsputnik) von Nordamerika und Teilen Mitteleuropas mit einer Detaillierung bis zu 1,5 m. Die Detaillierung ist so genau, daß man mit einem Suchsystem einzelne Straßen suchen lassen kann. Bis 2001 soll zumindestens die USA komplett fotografiert sein, die anderen Teile der Welt folgen im Laufe der Zeit.

Xerox PARC (USA)

mapweb.parc.xerox.com/map

Programm, das online einen beliebigen Kartenausschnitt der Welt generiert.

Lawinen

Schnee- und Lawinenforschung (D) (F)

www.wsl.ch/slf/info/info.html

Das eidgenössische Institut für Schnee- und Lawinenforschung berichtet über verschiedene Lawinenformen, Lawinenunfälle und bringt einige Fotos. Lawinenkarten, aktuelle Warnungen und Schneemeldungen.

Snow World (D)

www.g-o.de/kap8/ev08d.htm

Links auf verschiedene Schnee- und Lawineninformationssysteme in Europa und der Arktis.

Ozeanographie

Baltex (USA)

w3.gkss.de/baltex/baltex_home.html

Baltex ist ein internationales Forschungsprojekt zur Ozeanographie, Klimatologie und Meteorologie der Ostsee.

ECOM-si (USA)

crusty.er.usgs.gov/ecomsi.html

Software zur 3-D-Simulation von Meeresströmungen.

Geomar (USA)

www.geomar.de/

Forschungsinstitut für Meeresgeologie, Geodynamik, Paläozeanologie und Meeresvulkanologie, mit einer Webcam in der Kieler Förde.

Institut für Meereskunde (USA) (D)

www.ifm.uni-kiel.de/

Das Institut für Meereskunde der Universität Kiel stellt aktuelle meereskundliche Forschungsprojekte auf der ganzen Welt vor.

Ozeanographie-Newsgroup (USA)

news://sci.geo.oceanography

Newsgroup über Ozeanographie.

Texas A&M University (USA)

stommel.tamu.edu/~baum/oceanography.html

Zahlreiche Seekarten und Links auf weitere ozeanographische Projekte, Software und Daten.

Radiästhesie

Argo (USA) (D)

argo2012.de/

Der Arbeitskreis Geobiologie Ostwestfalen informiert über Geomantie, Feng Shui und die Funktion der Lecherantenne als radiästhetisches Meßgerät und zahlreiche weitere Links zur Radiästhesie und Geomantie weltweit.

Geobiologie (D)

www.geobiologie.de

Informationen über Geobiologie, Geomanthie, Erdstrahlen und Radiästhesie.

Paranorm (D)

www.paranorm.ch/

Schweizerischer Verband für Radiästhesie. Internationale Adressen und ein Naturheiler-Verzeichnis.

Umweltmeßtechnik/Abschirmtechnik (D)

www.fauser-etech.com/

Hersteller hochempfindlicher Meßgeräte für Elektrosmog, Baubiologie und Gesundheit.

Vulkane

Electronic Vulcano, the (USA)

www.dartmouth.edu/~volcano/

Datenbank mit Informationen und Karten zu Vulkanen.

European Volcanological Society (USA)

ourworld.compuserve.com/homepages/hgaudrusve/homepage.htm

Die europäische vulkanologische Gesellschaft liefert aktuelle Informationen zu Vulkanaktivitäten weltweit.

Michigan Technology University (USA)

www.geo.mtu.edu/volcanoes/

Die aktuellen Berichte über Ausbrüche machen einen Besuch der Vulkan-Seiten der Michigan Technology University lohnend. Dazu gibt es ein paar Witze über Vulkanologen und ihre Untersuchungsobjekte.

Nordvulk Vulkanologisches Institut Island (USA)

www.norvol.hi.is/

Hier finden Sie wissenschaftliche Infos über und Bilder der isländischen Vulkane sowie eine Dokumantation des letzten Ausbruchs des Vätnajökull im Dezember 1998.

Stromboli (USA) (D)

stromboli.net/

Hier finden Sie alles über den italienischen Vulkan Stromboli mit Fotos, Videoclips, 3-D-Rot-Blau-Fotos, QTVR-Panoramen und zahlreichen Texten und Tabellen. Außerdem gibt es Bilder von Vulkanausbrüchen der letzten Jahre weltweit.

Mit einer Live-Cam vom Stromboli.

Vesuv (USA)

www.geo.mtu.edu/~boris/vesuvio.html

Ausführliche Informationen über den Vesuv, den Ausbruch im Jahr 1979 und eine komplette Geschichte aller Ausbrüche.

Volcanic Jump Station (USA)

www.aist.go.jp/gsj/~jdehn/vjump.htm

Die ausführlichste Linkseite zu Vulkanen mit mehreren hundert Adressen.

Volcano Watch (USA)

www.ssec.wisc.edu/data/volcano.html

Das amerikanische Space Science and Engineering Center liefert aktuelle Satellitenbilder der zehn aktivsten Vulkane auf der Welt, um schnell auf einen eventuellen Ausbruch reagieren zu können.

Volcano World (USA)

volcano.und.nodak.edu/

Was bisher über Vulkanismus auf der Erde bekannt ist, kann man bei der „Volcano World" nachlesen und in einem hervorragend bestückten Bildarchiv anschauen.

Volcanoes online (USA)

library.advanced.org/17457/

Hier erfahren Sie, wie Vulkane funktionieren und wie sich Ausbrüche vorhersagen lassen, erhalten ein ausführliches Glossar und einen Reisebericht zu drei Vulkanen.

Vulkan erwacht, ein (D)

www.quarks.de/vulkan/

Die Webseite der Fernsehsendung „Quarks & Co." über Vulkane berichtet über die größten Vulkanausbrüche der Weltgeschichte. Die Themen können auch als ZIP-Datei downgeloadet werden.

Vulkanismus-Lexikon (D)

members.xoom.com/vulkanismus/

Lexikon mit Fachbegriffen, zahlreiche Fotos von Vulkanausbrüchen und aktuelle Webcam-Bilder vom Stromboli, Mt. St. Helens, Ätna, Popocatepetl und Fuji.

Besichtigungen

Craters of the Moon National Monument (USA)

volcano.und.nodak.edu/vwdocs/parks/moon/moon.html

Fotos vom Craters of the Moon National Monument in Idaho, USA.

Hawai'i Volcanoes National Park (USA)

volcano.und.nodak.edu/vwdocs/parks/hawaii/natl_park.html

Touristische Infos zum Hawai'i Volcanoes National Park.

Newberry National Volcanic Monument (USA)

www.fs.fed.us/r6/deschutes/monument/monument.html

Fotos und touristische Informationen zum Newberry National Volcanic Monument in Oregon, USA.

Pompei (USA)

www.uniplan.it/pompei/azienda/az_06_01.html

Das Museum am Vesuv dokumentiert den berühmten Ausbruch aus dem Jahr 1979, dazu touristische Informationen aus der Gegend.

Webcam

Fujiyama (USA)

www3.shizuokanet.ne.jp/sinet/cam.acgi

Webcam am Fujiyama in Japan.

Instituto Internationale di Vulcanologia (USA)

www.iiv.ct.cnr.it/

Das italienische Vulkanologie Institut zeigt Webcams vom Ätna und Stromboli. Hier können Sie auf den nächsten Ausbruch warten.

Iwate (USA)

www-cg.cis.iwate-u.ac.jp/live_cam/

Webcam am Vulkan Iwate in Japan.

Mount Hood (USA)

www.kgw.com/hood.asp

Webcam am Mount Hood.

Mount Shasta (USA)

www.mtshasta.com/shastcam/cam.html

Webcam in der Skiregion des Vulkanes Mount Shasta.

Mit einer Live-Cam vom Mount Shasta.

Mount St. Helens (USA)

www.fs.fed.us/gpnf/mshnvm/volcanocam/

Das Johnston Ridge Observatorium hat eine Webcam am Mount St. Helens.

Popocatepetl (USA)

www.cenapred.unam.mx/popo/ultimaimagenvolcan2.html

Webcam am Popocatepetl.

Zeitzonen

Condor Weltzeituhr (D)

www.condor.de/frame/multimedia/jstimezones/timezone_js_de.html

Interaktive Landkarte mit relativer Zeitverschiebung gegenüber Deutschland.

Date and Time Gateway (USA)

www.bsdi.com:80/date

Aktuelle Zeit in allen wichtigen Großstädten der Welt. Hier sehen Sie außerdem die Zeitzonen und den aktuellen Tag-/Nachtverlauf auf der Erde.

Den Jetlag in den Griff bekommen (D)

www.sueddeutsche.de/wissenschaft/tip/jetlag.htm

Tips, um den Jetlag bei Weltreisen zu vermeiden oder zumindestens einzuschränken.

Earth View (USA)

www.fourmilab.ch/cgi-bin/uncgi/earth

Hier sehen Sie auf einer Luftauufnahme oder auf Satellitenbildern den aktuellen Tag-/Nachtverlauf auf der Erde.

Interaktiver Globus (USA)

www.worldtime.org/

Auf einem Globus wird die aktuelle Sonnenbeleuchtung der Erde angezeigt.

Standard Time Zones (USA)

www.lib.utexas.edu/libs/pcl/map_collection/world_maps/time_95.jpg

Detaillierte Landkarte mit den Zeitzonen auf der Erde.

Weltzeituhr (D)

www.weltzeituhr.com/

Geographische Informationen zu vielen Ländern der Erde mit aktueller Zeit und landeseigenen Feiertagen.

Zeitserver (USA)

www.hilink.com.au:80/times/

Auf dieser Seite können Sie Zeitserver auf der ganzen Welt nach der dort gerade gültigen Zeit abfragen.

Zeitverschiebung bei Reisen (D)

m2.aol.com/reisemed/zeitzone.htm

Medizinische Tips zur Zeitverschiebung bei Weltreisen, Jetlag-Krankheit.

Grenzwissenschaften

Darwins Irrtum (D)

www.zillmer.com/

Der Autor des Buches „Darwins Irrtum" will hier beweisen, daß Dinosaurier und Menschen gemeinsam lebten und sich nicht nacheinander entwickelt haben.

GWUP (D)

www.gwup.org/

Die Gesellschaft zur wissenschaftlichen Untersuchung von Parawissenschaften veröffentlicht hier aktuelle Meldungen. In der Online-Ausgabe der Zeitschrift „Skeptiker" können Sie einige Artikel darüber nachlesen, wie paranormale Phänomene aufgeklärt wurden.

Pyramiden-Newsgroup (USA)

news://alt.paranormal.pyramid

Newsgroup über die mythischen Aspekte von Pyramiden.

Skeptiker (USA)

skepdic.com/

Skeptische Texte über okkulte, paranormale und außerirdische Vorgänge.

Skeptiker-Newsgroup (USA)

news://alt.paranet.skeptic

Newsgroup der Skeptiker paranormaler Phänomene.

Virtual Theater (USA)

www.virtualtheater.com/

Interessante Phänomene und Anekdoten aus den Randgebieten der Physik, Ufologie und Raumfahrt.

Alchemie

Alchemie-Forum (D)

www.alchemie.de/

Gut frequentiertes Forum zur Diskussion neuzeitlicher Alchemie.

Alchemie/Metaphysik Newsgroup (USA)

news://alt.metaphysics.alchemy

Newsgroup zu den Bereichen Alchemie und Metaphysik.

Alchemy web site and virtual library, the (USA) (D) (F)

www.levity.com/alchemy/home.html

Hier finden Sie viele Informationen rund um Alchemie/Alchimie.

Alchemy web, the (USA)

www.levity.com/alchemy/

Sehr große Datenbank mit Bildern und Texten zur Alchemie im Laufe der Geschichte.

Parapsychologie

Deutsche Transpersonale Gesellschaft (D)

www.transpersonal.de/

Die transpersonale Sichtweise ist in der humanistischen Psychologie entstanden und hat mittlerweile in etlichen Disziplinen Einzug gehalten. Die Deutsche Transpersonale Gesellschaft verbindet diese Disziplinen und fördert den Austausch im Sinne eines synergetischen Netzwerks.

Lexikon zur Parapsychologie (USA)

skepdic.com/tipara.html

Lexikon zu Fachbegriffen der Parapsychologie, die hier sehr kritisch betrachtet wird.

Mediale Durchsagen (USA) (D)

members.aol.com/geistwesen/zukunft/

Mediale Durchsagen werden von Heiligen oder Außerirdischen durch einen Menschen ausgesprochen, wie z. B. die Geheimnisse von Fatima. Hier finden Sie mehrere solcher Texte und auch Bilder sowie die Weissagungen des Nostradamus.

Parapsychologie-FAQs (USA)

www.psiresearch.org/para1.html

FAQs zu Parapsychologie.

Psi Newsgroup (USA)

news://alt.paranet.psi

Newsgroup über Psi-Kräfte.

Ufologie

A.A.S. (USA) (D)

www.aas-fg.org/

Das Ziel der A.A.S. (= Forschungsgesellschaft für Archäologie, Astronautik und SETI; Suche nach ausserirdischen Intelligenzen) ist es, einen anerkannten Beweis für ehemalige Besuche von Außerirdischen auf der Erde zu erbringen. Die Forschung läuft nach den Ideen von Erich v. Däniken.

Alien Astronomer (USA)

www.geocities.com/area51/shadowlands/6583/

Ufologie und geheime Astronomie- und Weltraumprojekte.

Alien Research Newsgroup (USA)

news://alt.alien.research

Newsgroup zur Forschung über außerirdische Lebensformen.

Alien Wanderers Newsgroup (USA)

news://alt.alien.research

Newsgroup zur Forschung über außerirdische Wesen, die in menschlichen Körpern auf der Erde gegenwärtig sind.

Alien.de (D)

www.alien.de

Zahlreiche Texte und Bilder über UFOs und Science-fiction-Literatur. Weissagungen des Nostradamus und UFO-Clubs.

CSETI (USA)

www.cseti.org/

Center for the Study of Extraterrestrial Intelligence. Diese Organisation hat es sich zur Aufgabe gemacht, friedlich Kontakt mit außerirdischen intelligenten Zivilisationen aufzunehmen. Hier finden Sie verschiedene Presseberichte über UFO-Sichtungen und mögliche Abstürze. Hier finden Sie auch Bilder und Programme, die Sternen- und Satellitenpositionen anzeigen, um bei einer UFO-Beobachtung zu überprüfen, ob es sich nicht doch um einen bekannten Himmelskörper handelt.

Enterprise Mission (USA)

www.enterprisemission.com/

Texte und Diskussionen über außerirdisches Leben, das bei NASA-Missionen angeblich entdeckt und verheimlicht wurde.

FIGU (D)

www.figu.ch/

Die freie Interessengemeinschaft für Grenz- und Geisteswissenschaften und Ufologiestudien in der Schweiz berichtet über ihre Arbeit.

German UFO Research Club (D)

www.guforc.com/

Der German UFO Research Club informiert über UFO-Sichtungen, Forschungen und das SETI-Projekt, gibt außerdem eine ausführliche Dokumentation der Ereignisse von Roswell.

Mysteries of the World (USA) (D)

www.worldmysteries.ch/

Projekt für einen Erlebnis- und Bildungspark Mysteries of the World nach Erich von Däniken. Die Rätsel dieser Welt, welche etwa die Pyramiden von Gizeh oder jene von Chichen-Itza bergen, sollen dereinst in Interlaken, Schweiz, sichtbar und erlebbar gemacht werden.

MysteryX (D)

come.to/mysteryX

Berichte und Spekulationen über Besuche von Außerirdischen in der Vergangenheit, mysteriöse Ereignisse und die Suche nach Leben auf fremden Planeten.

Paranormal Research Primer (USA)

www.tje.net/para/ce/index.html

Zahlreiche Berichte von UFO-Sichtungen in diesem Jahrhundert.

Planetary Mysteries (USA)

www.planetarymysteries.com/

Mysterien um UFOs, Kometen und Planeten, künstlerische Bilder und Musik.

Rolle der CIA in der UFO-Forschung, die (USA)

www.odci.gov/csi/studies/97unclas/ufo.html

Text zur Rolle der CIA in der UFO-Forschung, sehr wissenschaftlich gehalten.

Truth, the (USA)

www.thewordistruth.org/

Wissenschaftliche Abhandlung über die Existenz von außerirdischem Leben und wie deren Entwicklungen das Leben auf der Erde beeinflußt haben. Text auch zum Download und Offline-Lesen.

UFO and mysteries (USA)

library.advanced.org/11272/ufo/ufoindex2.htm

Verschiedene Texte über ungelöste Mysterien, so auch Thesen und Hinweise, daß die Pyramiden von Außerirdischen gebaut wurden.

UFO-Interessengemeinschaft (D)

ourworld.compuserve.com/homepages/ufo_hamburg/gap_germ.htm

Die Hamburger UFO-Interessengemeinschaft berichtet von verschiedenen UFO-Sichtungen und Phänomenen.

UFO-Newsgroup (USA) (D)

news://de.alt.ufo

Deutschsprachige Newsgroup zu UFOs und UFO-Sichtungen.

news://alt.paranet.ufos

Newsgroup zu UFOs, Sichtungen und Theorien.

UFO-Kurier (D)

www.ufos.de/

Der UFO-Kurier ist ein Online-Magazin über Ufologie. Hier finden Sie ausführliche Berichte über das Roswell-Ereignis, wo 1947 ein UFO abgestürzt sein soll.

UFOs und der Mythos der fliegenden Untertassen (USA)

www.geocities.com/area51/corridor/8148/

Kritische Texte zur Ufologie und Versuche, hier Betrug aufzudecken.

Unerklärliche Phänomene (D)

www.lynet.de/~caktusde/alien.html

Berichte über Roswell, die Ancient Astronaut Theorie und das Gesicht auf dem Mars.

Webseite für UFO-Sichtungen, die (D)

www.proof.de/

Berichte und Fotos von UFO-Sichtungen, aktuelle Meldungen und Theorien.

Hochschulen

Forschungspreise

Deutsche Forschungsgemeinschaft (USA) (D)

www.dfg.de/
www.dfg.de/english/

Die Deutsche Forschungsgemeinschaft fördert die Forschung an Hochschulen und öffentlich finanzierten Forschungsinstituten in Deutschland. Neben allgemeinen Informationen erfährt man auch, wie sich die Organisation finanziert, welche Mittel Sie an die Forschung und die Forschenden vergibt und wie man an diese Mittel herankommt.

Deutscher Studienpreis (D)

www.studienpreis.de/

Der deutsche Studienpreis ist ein interdisziplinärer Forschungspreis. Hier finden Sie die Ausschreibung und Literaturtips sowie eine Kooperationsbörse zwischen Teilnehmern.

Ig Nobel Preis (USA)

www.eecs.harvard.edu/ig_nobel/

Die Harvard University vergibt jährlich den Ig Nobel Preis für das seltsamste Forschungsprojekt in verschiedenen Sparten.

Jugend forscht (D)

www.jugend-forscht.de/

Aktuelle Termine und Teilnahmebedingungen zum Wettbewerb Jugend forscht. Live-Übertragungen der Preisverleihung sowie eine Vorstellung der Teilnehmer und Projekte.

Thinkquest (USA)

www.thinkquest.org/

Schüler- und Studentenwettbewerb für Internetseiten mit wissenschaftlichen Informationen oder Zukunftsvisionen. Bei diesem Wettbewerb sind in den letzten Jahren hervorragende Beispiele für multimediale Präsentationen von wissenschaftlichen Themen herausgekommen, die deutlich besser anzusehen sind, als Internetseiten von Hochschulen oder öffentlichen Forschungseinrichtungen.

Stipendien

Alexander von Humboldt-Stiftung (D)

www.avh.de/

Ermöglicht hochqualifizierten promovierten ausländischen Wissenschaftlern die Durchführung eines langfristigen Forschungsvorhabens in Deutschland. Die Stipendien werden ohne Ansehen der Rasse, Religion, des Geschlechts oder der Weltanschauung gewährt.

Carl-Duisberg-Gesellschaft (USA) (D)

www.cdg.de

Gemeinnützige Organisation für internationale Weiterbildung, mit verschiedenen Fördermöglichkeiten.

Studienstiftung des deutschen Volkes (D)

www.studienstiftung.de/

Studienstiftung des deutschen Volkes mit Schirmherr Johannes Rau. Enthält Informationen darüber, wer und wie gefördert wird.

World University Service (D)

www.tu-darmstadt.de/wusgermany/

Die internationale Organisation berät ausländische Studierende und führt Stipendienprogramme durch. Außerdem werden Seminare zu den Themenbereichen Entwicklungspolitik, Menschenrechte und Internationalität durchgeführt.

Studentenvertretungen

Akademische Landsmannschaft (D)

www.stud.uni-hannover.de/user/71405/niedersachsen

Akademische Landsmannschaft Niedersachsen. Studentenverbindung von 1920.

Akademische Verbindung Leibniz (D)

www.uni-stuttgart.de/avl/index.htm

Akademische Verbindung Leibniz. Liberale, nicht schlagende und nicht farbentragende Studentenverbindung.

Akademischer Verein (D)

www.uni-karlsruhe.de/~avh

Akademischer Verein Hütte Aktivitas Karlsruhe. Liberale, nicht schlagende und nicht farbentragende Studentenverbindung.

Alte Breslauer Burschenschaft (D)

www.yi.com/home/raczeks

Alte Breslauer Burschenschaft der Raczeks (1817). Schlagende Studentenverbindung.

BDIC (D)

www.bdic.de

BDIC – Korporationsverband an Deutschen Hochschulen. Fakultativ schlagender Verband.

Burschenschaft (D)

www.burschenschaft.de

Die Deutsche Burschenschaft stellt sich und ihre Ideale vor.

Cartellverband (USA) (D)

www.cartellverband.de

Cartellverband der katholischen deutschen Studentenverbindungen. Zusammenschluß von 124 katholischen, farbentragenden und nicht schlagenden Studentenverbindungen (32.000 Mitglieder).

Couleurstudentinnen (USA) (D)

www.sbg.ac.at/juv/text/histindx.htm

Geschichte des weiblichen Couleurstudententums in Deutschland, Österreich, Schweiz, Skandinavien, Belgien, Holland, Chile und Amerika.

Landsmannschaft Teutonia (D)

www.wuerzburg.de/teutonia

Landsmannschaft Teutonia Würzburg. Schlagende und farbentragende Studentenverbindung.

Turnerschaft Cimbria (D)

www.greifswald-online.de/vv/cimbria/impressum1.html

Turnerschaft Cimbria Greifswald im Coburger Convent. Farbentragende und schlagende Studentenverbindung.

Mathematik

Abacus – The Art of Calculating (USA) (F)

www.ee.ryerson.ca:8080/~elf/abacus/

1946 gewann der Abakus noch einen Rechenwettbewerb gegen eine elektronische Rechenmaschine. Hier finden Sie beschrieben, wie man damit umgeht.

Abakus – Geschichte und Funktionsweise (D)

home.t-online.de/home/benjamin.wrightson/abakus.htm

Hier finden Sie ausführlich erklärt, wie man mit dem Abakus auch kompliziertere mathematische Berechnungen vornimmt.

Cut the Knot (USA)

www.cut-the-knot.com/

Viele unterhaltsame und interessante mathematische Probleme und Denkaufgaben.

Dave's Math Tables (USA)

www.sisweb.com/math/tables.htm

Verschiedene mathematische Tabellen und Formeln. Die Seite kann auch als Lexikon komplett heruntergeladen und offline verwendet werden.

Digits Project, the (USA)

www-personal.umich.edu/~brinck/digits/digits.html

Interessante Fakten rund um die zehn Ziffern, die Namen der Ziffern in verschiedenen Sprachen der Welt, auch Klingonisch und Morse-Zeichen.

EkvSol v0.1 (USA)

ypsid.rydnet.lysator.liu.se/(en)/

Hier können Sie online lineare Gleichungssysteme in Matrizendarstellung ausrechnen lassen sowie inverse Matrizen und Determinanten.

European Mathematical Information Service (USA)

www.emis.de/

Die European Mathematical Society veröffentlicht mathematische Neuigkeiten und wissenschaftliche Aufsätze.

Fibonacci Reihen und der Goldene Schnitt (USA)

www.mcs.surrey.ac.uk/personal/r.knott/fibonacci/

Fibonacci Reihen und der Goldene Schnitt kommen an verschiedenen Stellen in der Natur und auch in der Kulturgeschichte immer wieder vor. Hier finden Sie die mathematischen Grundlagen.

Fun with numbers (USA)

newdream.net/~sage/old/numbers/

Andere Webseiten überbieten sich in der Genauigkeit, mit der sie Pi darstellen können. Hier finden Sie die Wurzel aus 9 auf 250.000 Nachkommastellen, aber auch interessante Tabellen, wie Primzahlen und Fakultäten.

Function Institute (USA)

id.mind.net/~zona/mmts/functionInstitute/functionInstitute.html

Erklärung mathematischer Funktionen. Interaktiv können Sie hier Parameter wichtiger Standardfunktionen ändern und deren Auswirkung auf die Funktionskurve sehen.

Fundamentales Theorem der Algebra (USA)

www-groups.dcs.st-and.ac.uk/~history/histtopics/fund_theorem_of_algebra.html

Hier finden Sie eine ausführliche Erklärung des fundamentalen Theorems der Algebra und zahlreiche Links auf Mathematiker, die sich im Lauf der Geschichte damit befaßt haben.

Hilbert's mathematische Probleme (USA)

aleph0.clarku.edu/~djoyce/hilbert/toc.html

Der Mathematiker David Hilbert hat um die Jahrhundertwende einige mathematisch logische Problemstellungen veröffentlicht, die teilweise bis heute nicht eindeutig gelöst sind.

Interaktive Geometrie (USA)

www.geom.umn.edu/apps/gallery.html

Diese Galerie der interaktiven Geometrie enthält verschiedene Programme, mit denen man online auf Grndlage mathematischer Funktionen schöne Bilder erzeugen kann. Die verwendeten Algorithmen werden auch erklärt.

Kevin Brown's MathPages (USA)

www.seanet.com/~ksbrown/

Verschiedene Texte zu interessanten mathematischen und kombinatorischen Problemen.

Knot Square, the (USA)

www.cs.ubc.ca/nest/imager/contributions/scharein/knotsquare.html

Verschiedene Knoten mathematisch betrachtet, mit Animationen, Bildern und 3-D-Modellen (DXF) zum Download.

Kugelpackung (D)

www.geo.de/wissen/98/12/kepler.html

Eine für den Apfelsinenhandel von heute wichtige „Vermutung" des großen Astronomen Johannes Kepler aus dem Jahre 1611 erwies sich jetzt als richtig.

Mathematical Mistakes (USA)

www.mathmistakes.com/

Mathematische Fehler aus Werbung, Presse und Veröffentlichungen.

Mathematik Newsgroup (USA)

news://sci.math
news://de.sci.mathematik

Newsgroup über Mathematikwissenschaft.

Nicht euklidische Geometrie (USA)

www-groups.dcs.st-and.ac.uk/~history/histtopics/non-euclidean_geometry.html

Hier finden Sie die fünf Theoreme der euklidischen Geometrie und die Grundlagen der nicht euklidischen Geometrie.

Palindrome (USA)

www.ping.be/~ping6758/

Viele verschiedene Palindrome und Kuriositäten aus der Zahlentheorie.

Parabeln interaktiv (USA)

www-groups.dcs.st-and.ac.uk/~history/java/parabola.html

Auf dieser Seite können Sie die verschiedenen Parameter einer Parabel interaktiv ändern und so deren Auswirkungen auf die Kurvenform sehen.

Plouffe's Inverter (USA) (F)

www.lacim.uqam.ca/pi/

Hier finden Sie über 84 Millionen mathematischer Konstanten. Außerdem kann man aus einer beliebigen Zahl verschiedene Formeln anzeigen lassen, wie diese Zahl berechnet werden kann.

Primzahlen (USA)

www-groups.dcs.st-and.ac.uk/~history/histtopics/prime_numbers.html

Die Erforschung der Primzahlen geht weit in die Antike zurück, dennoch gibt es einige bis heute ungelöste Probleme.

Sacred Geometry (USA)

www.luckymojo.com/sacreddefined.html

Sacred Geometry sind geometrische Gesetze, die beim Bau antiker Tempel und Heiligtümer berücksichtigt wurden. Diesen Gesetzmäßigkeiten wird hier auf den Grund gegangen.

Spielerische Mathematik Newsgroup (USA)

news://alt.math.recreational

Newsgroup über mathematische Spielereien, Logik und Denksport.

Totally Tesselated USA

library.advanced.org/16661/

Tesselation ist die gleichmäßige Aufteilung einer Fläche in Muster aus Einzelteilen, wie sie zum Beispiel in Mosaiken oder den Werken von M. C. Escher verwendet wird. Hier finden Sie die mathematischen Grundlagen und viele Anwendungsbeispiele.

Trigonometrie USA

id.mind.net/~zona/mmts/trigonometryrealms/trigonometryrealms.html

Erklärung der trigonometrischen Funktionen und ihrer Bedeutung im rechtwinkligen Dreieck.

Fraktale

Amateur Chaologist, the USA

www.geocities.com/capecanaveral/9753/

Viele Bilder und Animationen fraktaler Grafik, Algorithmen für verschiedene Fraktale zum Selbstprogrammieren und Links auf fraktale Software.

Chaostheorie und Fraktale USA

library.advanced.org/3120/

Einführung in die Chaostheorie mit Beispielen, fraktalen Grafiken und Programmen zum Selbstberechnen von Fraktalen.

Fractal Image Encoding USA

inls.ucsd.edu/y/fractals/

Eine praktische Anwendung der Fraktale ist die Bildkomprimierung. Hier finden Sie viele Links auf größtenteils wissenschaftliche Seiten zu diesem Thema.

Fractory, the USA

library.advanced.org/3288/

Informationen über die mathematischen Hintergründe von Juila- und Mandelbrot-Mengen. Hier können Sie auch online Fraktale berechnen lassen. Außerdem eine Galerie mit schönen Fraktalbildern und weitere Links.

Fraktale Newsgroup USA

news://sci.fractals

Newsgroup über Fraktale, Objekte nicht integraler Dimension und die Chaos-Theorie.

Internet Fractal Database (USA)

www.ba.infn.it/~zito/project/eventi1.html

Zahlreiche fraktale Bilder aus verschiedenen Internetgalerien.

Julia and Mandelbrot Set Explorer (USA)

aleph0.clarku.edu/~djoyce/julia/explorer.html

Hier können Sie verschiedene Mandelbrot- und Julia-Mengen berechnen lassen und dabei unterschiedliche Parameter ändern. Da die Berechnung sehr lange dauern kann, können Sie die Bilder später vom Server abholen, sie werden dort gespeichert.

Nichtlineare Wissenschaft Newsgroup (USA)

news://sci.nonlinear

Newsgroup über nicht lineare Wissenschaften und chaotische Systeme.

Kybernetik

Conway's Game of Life (USA)

www.webcom.com/duane/java/life/life.html

Die Wachstumssimulation Conway's Game of Life als Java-Applet.

Komplexität (USA)

www.exploratorium.edu/complexity/

Komplexität ist ein faszinierendes Forschungsgebiet der Mathematik zwischen Chaos, Katastrophentheorie und Unendlichkeit. Hiermit versucht man zum Beispiel, Wirbelstürme zu erklären und zu berechnen.

Logik Newsgroup (USA)

news://sci.logic

Newsgroup über Logik aus mathematischen, kybernetischen und Philosophischen Gesichtspunkten.

Mathmania (USA)

csr.uvic.ca/~mmania/

Anschauliche Einführung mit spielerischen Beispielen in die Kybernetik und Topologie.

Optische Täuschungen

Grand Illusions (USA)

www.grand-illusions.com/

Eine Seite voller optischer Täuschungen, wissenschaftlicher Spiele und visueller Effekte.

Optical Illusions (USA)

www.geocities.com/soho/museum/3828/

Sehr schöne Seite mit optischen Täuschungen und Zeichnungen von M. C. Escher.

Optical Illusions Collection (USA)

members.aol.com/ryanbut/optical.html

Sammlung verschiedener optischer Täuschungen.

Pi

Berechnung von Pi (USA)

www.cs.unb.ca/~alopez-o/math-faq/mathtext/node12.html

Verschiedene wissenschaftliche Verfahren zur Berechnung von Pi auf viele Nachkommastellen genau.

Pi auf eine Milliarde Stellen genau (USA)

www.lacim.uqam.ca/pidata/pi000.txt

Auf dieser Seite finden Sie die ersten 1.000.000 Stellen von Pi. Es gibt hier 1.000 solcher Seiten mit insgesamt 1.000.000.000 Stellen von Pi.

Pi in der Geschichte (USA)

www-groups.dcs.st-and.ac.uk/~history/histtopics/pi_through_the_ages.html

Die Kreiszahl Pi war schon immer ein interessantes Thema für Mathematiker. Bereits in der Bibel (1. Könige 7,23) wird sie auf 3 festgelegt. Hier finden Sie wichtige Daten aus der Geschichte dieser Zahl.

Useless Pages (USA)

www.go2net.com/internet/useless/useless/pi.html

Interessantes und Heiteres rund um die Zahl Pi. Hier finden Sie nicht nur, was man unbedingt wissen muß, sondern auch das, was fast niemand weiß.

Verschlüsselung

Kryptologie (D)

www.htlwrn.ac.at/d94008/crypto.htm

Geschichte der Kryptologie vom alten Ägypten bis zu heutigen Verfahren in der Datenübertragung.

Netplanet (D)

www.netplanet.org/kryptografie/

Anwendung verschiedener mathematischer Verschlüsselungsverfahren im Internet.

Security Server (D)

www.uni-siegen.de/security/krypto/

Beschreibung verschiedener mathematischer Verschlüsselungsverfahren und ihrer Anwendung in der Datenkommunikation.

Verschlüsselungsalgorithmen, Top Secret (D)

people.frankfurt.netsurf.de/taiko/

Beschreibung verschiedener Verschlüsselungsalgorithmen und Download von Shareware Verschlüsselungs-Software.

Medizin

America's Health Network (USA)

www.ahn.com/

Ausführliches medizinisches Lexikon und aktuelle Schlagzeilen. Real-Video-Clips von Operationen und einer Geburt.

Anatomie Online (USA)

www.innerbody.com/indexbody.html

Interaktiver Online-Führer durch die menschliche Anatomie. Mit tollen Beschreibungen und sagenhaften Grafiken und Animationen.

Heart: An Online Exploration, the (USA)

www.fi.edu/biosci/

Virtuelle Tour durch das menschliche Herz mit Herzschlagsound, Gesundheitstips und Videos von Herzoperationen.

Informationszentrale gegen Vergiftungen (D)

www.meb.uni-bonn.de/giftzentrale/

Hier finden Sie Erste-Hilfe-Informationen bei Vergiftungen aller Art, ein Verzeichnis der Lebensmittelzusatzstoffe, Beschreibungen giftiger Tiere und Pflanzen sowie ein ausführliches Sicherheitslexikon.

Medizin-Forum (D)

foren.medizin-forum.de/

Foren zur Diskussion medizinischer Fachthemen; Zugangsberechtigung erforderlich.

Medizin Newsgroup (USA)

news://sci.med

Newsgroup über allgemeine Themen der medizinischen Wissenschaft.

Übersichtskarten zu Sterberaten in Europa (USA)

www.euromort.rivm.nl/

Wer stirbt wo in welchem Alter woran? Für die Epidemiologen ein wichtiger Ausgangspunkt für Studien zu den Ursachen des menschlichen Todes. Wer sich näher mit dem Thema beschäftigen will – zum Beispiel mit Übersichtskarten zu Sterberaten in Europa –, der sollte sich das niederländische „euromort" ansehen.

Virtual Autopsy (USA)

www.le.ac.uk/pathology/teach/va/titlpag1.html

Virtuelle Autopsie von aus verschiedenen Gründen verstorbenen Menschen mit zahlreichen Fotos. Auch die Geschichte der Personen, deren sterbliche Überreste man jetzt in allen Einzelheiten sieht, wird kurz erklärt. Absolut schwarzer englischer Humor.

AIDS

Aegis (USA)

www.aegis.com/

Das amerikanische AIDS Global Information System informiert über aktuelle Fortschritte der Wissenschaft, über Ansteckungsgefahren, soziale Folgen der Epidemie, Literatur zum Thema und wichtige Anlaufstationen im Internet.

AIDS (USA) (D)

www.rotary.org/programs/aids/index.htm

Rotarierhilfsprojekt gegen AIDS.

AIDS Newsgroup (USA)

news://sci.med.aids

Newsgroup über AIDS-Forschung, Vorsorge und Behandlung.

AIDS Prevention (USA)

library.advanced.org/10631/

Interaktive Seite mit Informationen zum Schutz vor AIDS für Jugendliche.

AIDSfinder (D)

www.aidsfinder.org/

Im AIDSfinder finden Sie alle wichtigen Informationsmöglichkeiten zu HIV und AIDS. Zu den Themenbereichen Epidemiologie, Medizin, Informationen für Menschen mit HIV und AIDS, Prävention, Psychosoziales, Soziale Sicherheit sowie Gesellschaft/Ethik/Kultur finden Sie Informationsquellen vom Fachbuch über Zeitschriften bis hin zu Gruppen und Internetangeboten, ergänzt durch eine Bibliographie sowie ein umfangreiches Verzeichnis von Organisationen und Adressen.

Deutsche AIDS-Hilfe (D)

www.aidshilfe.de/

Bei der deutschen AIDS-Hilfe finden Betroffene wertvolle Hinweise, z. B. wo es in ihrer Nähe Beratungsstellen gibt oder welche Fortschritte die Therapie macht. Außerdem aktuelle News und weitere Links.

HIV.NET (USA) (D) (F)

hiv.net/
hiv.net/english/index.htm

Ständig aktualisierte wissenschaftliche Ergebnisse, Medikamente, Therapien und aktuelle Kongresse.

Immunsystem Newsgroup (USA)

news://sci.med.immunology

Newsgroup über Krankheiten des Immunsystems.

UNAIDS (USA)

www.unaids.org/

Mit dem Programm UNAIDS wollen die Vereinten Nationen dazu beitragen, die Seuche zu besiegen. Auf den Internetseiten findet man vor allem Daten zur weltweiten Ausbreitung von HIV.

Aktuelle Forschung

ALS Newsgroup (USA)

news://sci.med.diseases.als

Newsgroup über die Krankheit Amyotrophic Lateral Sclerosis.

Byk (USA) (D)

www.byk-gulden.com

Byk-Gulden Konstanz. Forschende pharmazeutische Industrie mit speziellem Informationsdienst für Mediziner.

Fetal Treatment Center (USA)

www.fetus.ucsf.edu/rx-fetus.html

Aktuelle Forschung über die Frühdiagnose bei ungeborenen Babys.

Hoechst (D)

www.hmr.de/

Hoechst Marion Roussel berichtet über aktuelle pharmazeutische Forschungen.

Human Brain Project, the (USA)

www-hbp-np.scripps.edu/

Aktuelle Forschungen über das menschliche Gehirn.

Human Genome Project (USA)

www.nhgri.nih.gov/

Das Human Genome Project ist ein internationales Forschungsprojekt zur Charakterisierung menschlicher Gene durch detaillierte DANN-Analyse.

Humboldt-Universität Berlin (D)

www.psychologie.hu-berlin.de/kli/klifo.htm

Aktuelle Forschungsprojekte der Humboldt-Universität Berlin.

Huntington Krankheit (USA) (D) (F)

www.dhh-ev.de/

Die Huntington-Krankheit ist eine autosomal-dominant erbliche Erkrankung des zentralen Nervensystems, meist gekennzeichnet durch ungebremste unwillkürliche Bewegungen.

Identigene (USA)

www.identigene.com/

Der führende Hersteller von Gentests zur Vaterschaftsbestimmung beschreibt ein neues Verfahren ohne Blutentnahme.

Institut für Hirnforschung (USA)

www.unizh.ch/hifo/

Das Institut für Hirnforschung der Universität Zürich forscht zum Thema Querschnittslähmung.

Mayo Clinic (USA)

www.mayo.edu/

Die Mayo-Kliniken sind die führenden Forschungskliniken in den USA. Hier finden Sie aktuelle Forschungsberichte und allgemeine Informationen.

Medical Imaging (USA)

www.crs4.it/~france/vvis.html

Verschiedene Verfahren zur grafischen Darstellung von Computertomographiedaten. Hier können Sie sich verschiedene Animationen aus dem Inneren des menschlichen Körpers ansehen.

Medical Robotics (USA)

www.ius.cs.cmu.edu/mrcas/links_alpha.html

Zahlreiche Links zur Forschung mit Medizin-Robotern.

Medical Vision Group (USA)

www.ai.mit.edu/projects/medical-vision/

Wie dreidimensionale Projektionen – zum Beispiel im Bereich des Schädels – die Chirurgie revolutionieren können, zeigt das Massachusetts Institute of Technology. Am Beispiel einer Gehirnoperation wird die prinzipielle Vorgehensweise dargestellt.

Medizin-Nachrichten (D)

go.compuserve.de/medizin/

Nachrichten aus der aktuellen medizinischen Forschung.

National Sleep Foundation (USA)

www.websciences.org/nsf/

Die National Sleep Foundation führt Forschungen zum Thema Schlaf durch. Hier finden Sie Informationen über die aktuellen Projekte.

Operationssaal 2000 (USA) (D)

www.rrk-berlin.de/op2000/

Das Max-Delbrück-Centrum für molekulare Medizin an der Charité Berlin erforscht neue Technologien in der operativen Tumortherapie.

Roche Diagnostics (USA)

www.roche.com/diagnostics/

Automatische Test- und Diagnosegeräte für Diabetes und Vorsorgemaßnahmen.

Schlafforschung (USA) (D)

www.uni-marburg.de/sleep/dgsm/

Aktuelle Berichte aus der Schlafforschung (Somnologie) und eine Liste der deutschen Schlaflabors.

Spinal Cord Injury Resources Guide (USA)

www.atlantic.net/~titan/stroke/spinal.html

Informationen über Rückenmarksverletzungen, Schlaganfall und Lähmungen.

Visible human project, the (USA)

www.nlm.nih.gov/research/visible/visible_human.html

Der Mensch in ein Millimeter dünne Scheiben geschnitten und als dreidimensionale Darstellung auf dem Computerbildschirm – der Traum unzähliger Anatomen. Das Projekt der Universität Stanford hat sich zum Ziel gesetzt, diesen Traum in die Tat umzusetzen. Mit zahlreichen Bildern und Animationen.

Voxel Man (USA)

www.uke.uni-hamburg.de/institute/imdm/idv/forschung/vm/

Voxel Man ist eine Software zur Visualisierung von medizinischen Daten zu einem dreidimensionalen Computermodell des menschlichen Körpers.

Mukoviszidose

Christiane-Herzog-Stiftung (D)

www.christianeherzogstiftung.de/

Die Christiane-Herzog-Stiftung informiert über Mukoviszidose und die Therapiemöglichkeiten.

Mukoviszidose (D)

www.meb.uni-bonn.de/mukoviszidose/

Aktuelle Ergebnisse der Mukoviszidose-Forschung.

Alternative Behandlungsmethoden

Akupunktur (USA) (D) (F)

www.seirin.net/ge/info_aku.htm

Geschichte, Wirkungsweise und Werkzeuge dieser uralten Heilmethode.

Akupunktur und Homöopathie (USA) (D)

members.aol.com/memoriam/akupunktur/akupunktur.htm

Das erste Lehrbuch über Akupunktur, mit Abbildungen zur Lokalisation der Punkte und Erklärungen.

Akupunkturwelt (D)

www.akupunkturwelt.de

Forum der Akupunktur: Kompetente Mediziner und Forscher beantworten Ihre Fragen rund um die Akupunktur.

Akupunkturärzte in Deutschland (D)

www.akupunktur.de/

Hier finden Sie eine Liste aller Akupunkturärzte in Deutschland, nach Postleitzahlen sortiert.

Alchemy Institute of healing arts (USA)

www.alchemyinstitute.com/

Ein amerikanisches Institut, das Kurse zu alternativen Heilmethoden anbietet, veröffentlicht hier auch einige informative Texte zu weitgehend unbekannten Behandlungsmethoden.

Alternative Medicine online (USA)

library.advanced.org/24206/

Informationen zur aktuellen Forschung über alternative Behandlungsmethoden.

DÄGfA (USA) (D)

www.daegfa.de/html/forschung.htm

Informationen zur Forschung in der Akupunktur.

Kinesiologie (USA) (D)

www.ifs.univie.ac.at/~bk/kines.html

Aktuelle Darstellung der Kinesiologie.

Lexikon zu alternativer Medizin (USA)

skepdic.com/tialtmed.html

Lexikon zu Fachbegriffen der alternativen Medizin, die hier sehr kritisch betrachtet wird.

Mucos (USA) (D)

www.mucos.de/de/wiss/index.htm

Wirkmechanismen der Enzymtherapie.

Orgonomie (D)

www.orgon.de/

Orgonomie wird von ihren Anhängern als „die Wissenschaft vom Lebendigen" bezeichnet. Hier erfahren Sie, wie die Orgon-Technik zur Körpertherapie eingesetzt werden kann.

Heilkräuter

Bad Heilbrunner Datenbank (D)

www.tee.org/

Datenbank mit Informationen zu 204 Heilpflanzen, wichtigen Vitaminen, Mineralstoffen und Spurenelementen.

Kräuter und Heilpflanzen (D)

energy.pulse.de/life_energy/pflanzen.html

Wissenschaftliche Informationen zur Wirkung verschiedener bekannter Heilkräuter.

Phytochemische und ethnobotanische Datenbank (USA)

www.ars-grin.gov/duke/

Datenbank eines amerikanischen landwirtschaftlichen Forschungsinstituts mit Pflanzen, die eine heilende oder anderweitig nützliche Wirkung haben.

Anatomie

Anatomie-Atlas (D)

www.trautline.de/

Alles über: Herz, Niere, Lunge, Blut, Knochen, Skelett, Muskel, Darm, Leber, Pankreas, Gehirn.

Mit Newsletter und Gewinnspiel!

Rüdiger Anatomie Verlag GmbH (USA) (D)

members.aol.com/ruanatomie/

Anatomische Modelle und Lehrtafeln für Lehrzwecke.

Augenheilkunde

Augenheilkunde (D)

www.aerztekammer-berlin.de/rich05.htm

Weiterbildungsordnung/Richtlinien.

Augenheilkunde Internetaugenarzt (D)

www.augenheilkunde.com

Sie können Fragen an einen niedergelassenen Augenarzt stellen.

Bibliotheken

Deutsche Bibliotheken Online (USA) (D)

www.hbz-nrw.de/hbz/germlst/welcome.html

Eine Zusammenstellung aller deutschen Bibliotheken, die Dienste im Internet anbieten.

Deutsche Zentralbibliothek für Medizin (USA) (D)

www.uni-koeln.de/zentral/zbib-med

Verzeichnis der deutschsprachigen abfragbaren Kataloge und Institutionen im Bereich Medizin.

Biomedizin

BioCrawler (USA)

www.BioCrawler.com
www.chemie.biologie.de/home.html

Anthropologie, Evolution, Biochemie, Genetik, Bioinformatik, Geobiologie, Biomedizin, Mikrobiologie, Biotechnologie, molekulare Biologie, Botanik, Paläontologie, Ökologie und Zoologie.

Zentrum Technologietransfer Biomedizin (D)

www.ztb.de/

Das Zentrum Technologietransfer Biomedizin unterstützt neue Firmen, die im Bereich Biomedizin forschen.

Bücher und Software

Ärzte-Verlag (D)

www.aerzteverlag.de/

Online-Dienst des Deutschen Ärzte-Verlags mit dem deutschen Ärzteblatt, zahnärztlichen Mitteilungen und einem Stellen- und Anzeigenmarkt. Zudem bietet die Seite eine Kunst-Edition, Datenbanken und Links auf medizinische Seiten.

Georg Thieme Verlag (D)

www.thieme.de/

Gesamtkatalog, Buchhandel und elektronische Bibliothek.

Medizinsoftware im WWW (USA) (D)

www.medizinfo.com/quality/html/down.html

Download medizinischer Programme möglich. Titel zum Thema aussuchen. Hier einige Quellen für Software in der Medizin.

Chiropraktik

Adressen von Chiropraktiker/innen (USA)

www.chiropraktik.ch/deutsch/adressen.cfm

Hier können Sie Chiropraktiker/innen nach Name, Vorname und Ort suchen.

Bund Deutscher Chiropraktiker e. V. (D)

www.chiropraktik-bund.de/index.html

Professionelle risikoarme Chiropraktik, Chancen und Gefahren der Chiropraktik.

Verband Graduierter Chiropraktoren Deutschlands e. V. (D)

www.Chiropraktik.de/

Der Verband Graduierter Chiropraktoren Deutschlands e. V. berichtet über die Ausbildung zum Chiropraktior; dazu einige Links.

Chirurgie

Arbeitskreis Chirugie (D)

www.uni-essen.de/~tmi030/ak_chir.htm

Deutsche Gesellschaft für Medizinische Informatik, Biometrie und Epidemiologie. Arbeitskreis Chirurgie.

Chirurgie Info (D)

www.chirurgie-info.de/

Zeitschrift des Berufsverbands der niedergelassenen Chirurgen Deutschlands e. V.

Deutsche Gesellschaft für Gesichtschirugie (D)

www.mkg-chirurgie.de/mkg-chirurgie/default.asp

Deutsche Gesellschaft für Mund-, Kiefer- und Gesichtschirurgie.

Forum für Chirugie (D)

www.medizin-forum.de/frames/frchir.htm

Forum für Chirugie im deutschen Medizin-Forum.

Organspende (USA) (D)

www.akos.de

Arbeitskreis Organspende. Alle wichtigen Informationen zur Organspende und zu Transplantationen

Dermatologie

Dermatologen Journal Online (USA)

matrix.ucdavis.edu/dojdesk/desk.html

Dermatologisches Online-Journal mit vielen Infos.

Dermatologische Kliniken (D)

www.derma.de/ddg/kliniken/kliniken.html

Hier können Sie die dermatologische Klinik in Ihrer Nähe finden.

Deutsche Dermatologische Gesellschaft (D)

www.derma.de

Deutsche Dermatologische Gesellschaft (DDG) gewartet durch den Arbeitskreis Dermatologie im Internet.

Fachzeitschriften

Med Online (D)

www.med-online.de/

Online-Magazin für Ärzte, Apotheker und Patienten. Infos zu Arzneimittelherstellern, Software, Gesundheitstips, Selbsthilfegruppen und Abrechnungsverfahren.

Medical Journal Finder (USA) (D)

www.mjf.de/mjf/index.shtml

Liste wichtiger Links zu medizinischen Fachzeitschriften.

Medizinische Fachzeitschriften (USA) (D)

www.bgfa.ruhr-uni-bochum.de/extern/ws_journal.html

Linkliste deutschsprachiger medizinischer Fachzeitschriften.

Gerichtsmedizin

Gerichtsmedizin im Internet (D)

www.kfunigraz.ac.at/gmiwww/links.html

Eine Auflistung von Seiten mit gerichts- bzw. rechtsmedizinischer Thematik.

Souvenirs aus der Gerichtsmedizin (USA)

www.polizei-web.net/polizei_ger/polizei_ger_artikel/gerichtsmedizin/gerichtsmedizin.htm

Souvernirshop der gerichtsmedizinischen Abteilung in Los Angeles

Hals-Nasen-Ohrenheilkunde

Deutsche Gesellschaft für HNO-Heilkunde (D)

www.hno.org/index.html

Auch die deutsche Gesellschaft für Hals-Nasen-Ohrenheilkunde ist im Internet vertreten.

HNOnline (D)

www.med.uni-muenchen.de/~hno/hnonline/homepage.html

Informationen über aktuelle Themen und zu einem Forum für Publikationen im klassischen Stil.

Immunologie

Deutsche Gesellschaft für Immunologie (DGfI) (D)

www.immunology.de/

Die DGfI fördert die Forschung und die wissenschaftliche Zusammenarbeit auf dem Gebiet der Immunologie.

Institut für Immunologie (D)

www.med.uni-magdeburg.de/image/34.htm

Das Institut ist in die Arbeitsbereiche Immunhistologie, Immunphysiologie, Immunchemie/Immunserologie und Gentechnik aufgeteilt.

Innere

Deutsche Medizinische Wochenschrift (D)

www.thieme.de/dmw/

Organ der Deutschen Gesellschaft für Innere Medizin und Organ der Gesellschaft Deutscher Naturforscher und Ärzte.

Jend Homepage, Hans Holger (USA) (D)

www.mevis.uni-bremen.de/~jend

CT-Glossar der Lunge und mehr als 400 Bilder der Lunge.

Medikamentenlisten und Datenbanken (D)

www.akh-wien.ac.at/medtools/medlist/

Medikamentenlisten und Datenbanken sowie Lernprogramme.

Formelsammlung: Grundlagenwissenschaften, Theoretische Medizin, Klinische Medizin und Tabellen sowie Hilfsmittel.

Medizinische Klinik der CAU (D)

www.uni-kiel.de:8080/1med/index.html

Die Kliniken für Allgemeine Innere Medizin, für Kardiologie und für Nephrologie sowie Teile der Klinik für Radiologische Diagnostik.

National Jewish Center (USA) (D)

www.njc.org

Umfangreiche Informationen für Patienten mit Lungenkrankheiten (Asthma, Staublunge).

RC-Web (USA) (D)

www.hsc.missouri.edu/~shrp/rtwww/rcweb/docs/rcweb.html

Diashow über die Beatmung von ARDS-Patienten.

Schweizerische Medizinische Wochenschrift (USA) (D) (F)

www.smw.ch/

Diese Wochenschrift ist das offizielle Organ der beiden Schweizerischen Gesellschaften für Innere Medizin und für Pneumologie.

Kinderheilkunde

Akademie für Kinderheilkunde und Jugendmedizin (D)

www.kinderheilkunde.org/profil.html

In der Akademie für Kinderheilkunde und Jugendmedizin werden alle Aktivitäten gebündelt, die sich mit den gesundheitlichen Belangen der Kinder und Jugendlichen befassen.

Arztsucher – Kinderheilkunde (D)

arztsucher.de/frames/kinderarzt_fs.htm

Kinderheilkunde, Kinderarzt, Arzt, Arztsuchdienst, Arztsuche, Facharztsuche, ArztPartner, Arztgruppe, Fachärzte, Medizin, Service ...

Forum für Kinderheilkunde (D)

www.medizin-forum.de/frames/frkinder.htm

Forum für Kinderheilkunde im Deutschen Medizin-Forum: Diskussion, Links zu wichtigen Ressourcen und Fachzeitschriften, Kongresse ...

Krebs

Behandlungsinformationen für Patienten (D)

www.meb.uni-bonn.de/cancernet/deutsch/

Behandlungsinformationen für Patienten mit verschiedenen Krebsarten.

Deutsches Krebsforschungszentrum (D)

www.dkfz-heidelberg.de/

Deutsches Krebsforschungszentrum in Heidelberg mit dem telefonischen Krebsinformationsdienst für den Bürger. Desweiteren gibt es ein Rauchertelefon und viele weitere wichtige Patienteninformationen.

Krebsforschung Newsgroup (USA)

news://sci.med.diseases.cancer

Newsgroup über die aktuelle Forschung zur Krebsbehandlung und Diagnose.

Krebsinformationsdienst (D)

www.krebsinformation.de/

Informationen vom Deutschen Krebsforschungszentrum über Krebs für Patienten, Angehörige und Interessierte.

Schweizerische Krebsliga (USA) (D) (F)

www.swisscancer.ch

Die Liga informiert über Krebsrisiken, fördert die Krebsforschung und bietet Unterstützung und Hilfe für Patienten und Angehörige.

Neurologie

DGN – Deutsche Gesellschaft für Neurologie e. V. (D)

www.dgn.org/jtdgn99.htm

Homepage von der DGN.

Forum für Neurologie (D)

foren.medizin-forum.de/articles.public/?newsgroup=32&lid=31

Interaktives Forum, Links zum Thema.

Onkologie

Deutsche Gesellschaft für Onkologie (D)

www.dgo.de/

Die Deutsche Gesellschaft für Onkologie e. V. kann bei Fragen kontaktiert werden.

Onkologie (D)

www.medizin-forum.de/frames/krebs.htm

Deutsches Onkologie Medizin-Forum.

WWW-Server für die Onkologie Zielgruppe Arzt (D)

www.med.uni-giessen.de/isto/onkoserv/serverar.htm

WWW-Server für die Onkologie Zielgruppe Arzt. Experimentelle Seiten! Die hier aufgeführten Beschreibungen sind der Anfang des Versuchs einer Systematik.

Orthopädie

Deutsche Orthopädische Werke (D)

www.dow.de/

Reha-Technik, Orthopädietechnik, Sanitätshäuser, Rollstühle, Hilfsmittel, Prothesen, Orthesen.

Frankfurter Index – Orthopädie (D)

www.klinik.uni-frankfurt.de/findex_small/22.htm

Orthopädie-Fachgebiete, zahnmedizinische Fachgebiete sowie andere medizinische Bereiche.

Pharmazie

Arzneimittelkommission (D)

www.pharmazeutische-zeitung.de

Nachrichten der Arzneimittelkommission.

Mit dem Benutzernamen „apotheke", Kennwort „pz-amk" haben Sie Zugriff auf aktuelle Medikamentenrückrufaktionen.

Deutsche Pharmazeutische Gesellschaft (D)

www.uni-tuebingen.de/uni/cpi/dphg.html

Deutsche Pharmazeutische Gesellschaft e. V., die Wissenschaft vom Arzneimittel.

Hevert (D)

www.hevert.de

Hevert-Arzneimittel. Naturheilmittel, phytotherapeutische und homöopathische Arzneimittel.

Psychiatrie

Psychiatrie im Internet (D)

members.tripod.de/psychiatrie/

Linksammlung zu deutschen und internationalen Psychiatrie-Webseiten.

Raumfahrtmedizin

Aerospace Medical Association (USA)

www.asma.org/

Raumfahrtmedizinischer Verein mit Informationen.

Deutsche Gesellschaft für Luft-/Raumfahrtmedizin (USA) (D)

www.geocities.com/capecanaveral/lab/5030/

Die Deutsche Gesellschaft für Luft- und Raumfahrtmedizin bietet Kontaktadressen und weitere Homepages.

Schmerzmedizin

Painweb, the (D)

www.painweb.de/archiv/st220498b.htm

Painweb ist das Forum rund um den Schmerz und die Anästhesie für Ärzte und Patienten im Internet.

Schmerzforum Koblenz (USA) (D)

www.schmerzforum.de/sf_links.html

Hier gibt es eine vom Schmerzforum Koblenz kommentierte Linkliste.

Seuchen

Anatomy of an Epidemic (USA)

library.advanced.org/11170/

Alles über Seuchen und Epidemien und ihre Erreger. Animierte Weltkarten zeigen die Ausbreitung verschiedener Seuchen.

Mit einem Wissensquiz.

BSE (USA)

www.bse.org.uk/

Glossar, Forschung und Pressemeldungen zum Rinderwahnsinn BSE.

Bug Bytes (USA)

www.ccm.lsumc.edu/bugbytes/

Aktuelle Forschung zu verschiedenen Infektionskrankheiten.

Grippeausbreitung (USA)

oms.b3e.jussieu.fr/flunet/home.html

Die Grippe weltweit. Wo gerade eine Epidemie der Viren grassiert, welche Typen es gibt und wie man sich schützen kann, verrät das FluNet der Weltgesundheitsorganisation. Außerdem führt eine sehr gute Linkliste zu nationalen Informationsdiensten.

Hepatitis C (USA) (D)

hepatitis-c.de/hepac.htm

Das deutsche Hepatitis-Forum informiert über diese Krankheit, an der 800.000 Deutsche leiden, es gibt schätzungsweise 40.000 neue Fälle jedes Jahr. Die Zahl der Todesopfer durch Hepatitis C hat sich in den letzten zehn Jahren verzehnfacht; damit ist Hepatitis C eine der zehn häufigsten Todesursachen in Deutschland.

Outbreak (USA)

www.outbreak.org/

Informationssystem mit vielen Texten zu Seuchen und biologischen Waffen.

Robert-Koch-Institut (D)

www.rki.de/infekt/steckbrf/stbr.htm

Die hohe Zahl der Fernreisen bringt es mit sich, daß im Ausland Krankheiten erworben und mit nach Hause zurückgebracht werden, die in Deutschland nur selten oder überhaupt nicht vorkommen. Die neu zusammengestellten Informationen sollen den Ärzten, die mit diesen Krankheitsbildern nicht vertraut sind, als erste Hinweise dienen und den schnellen Kontakt zu fachkundigen Ansprechpartnern ermöglichen.

Schwedische Seuchenbibliothek (USA)

www.mic.ki.se/diseases/

Datenbank mit Informationen zu allen auf der Welt bekannten Seuchen.

Sentinel Network (USA) (F)

www.b3e.jussieu.fr:80/sentiweb/

Informationssystem der französischen Ärzte mit Landkarten und animierten Darstellungen von Grippewellen und Epidemien in Frankreich.

Software

Bibliomed – Medizinische Fachbücher (D)

www.bibliomed.de

Medizinische Verlagsgesellschaft. Zeitschrift „f&w führen und wirtschaften im Krankenhaus", Bücher und Stellenangebote.

Gesundheitsnachrichten (USA) (D)

www.g-n.ch

A. Vogels Gesundheits-Nachrichten. Die Online-Zeitschrift für Naturheilkunde.

Lisk Datenbank GmbH (USA) (D)

www.lisk.de/

Wegweiser zu den Fachartikeln aus den Bereichen Krankenhausmanagement, Heimleitung, Pflege in einer Online- oder Offline-Datenbank.

Network-Department Software für Krankenhäuser (D)

www.net-dept.com/

Softwarehersteller für Krankenhäuser – OP-Planer auf Java und Intranet-Technik im Medtranet.

Toxikologie

Fraunhofer-Institut für Toxikologie (USA) (D)

www.fhg.de/german/profile/ita.html

Schwerpunkte: Toxizität von Chemikalien, Pharmaka und Inhalationstoxikologie.

Lehrstuhl für Toxikologie der Universität Würzburg (D)

www.uni-wuerzburg.de/toxikologie/toxikologie.html

Institut für Pharmakologie und Toxikologie mit vielen Links zum Thema Toxikologie.

Urologie

Urologie im Internet (D)

www.uroteam.de

Urologische Informationen für Patienten und Kollegen. Wissenswertes rund um die Prostata, Impotenz, medizinische Links und ein Diskussionsforum für Urologen.

Uronet.de (D)

www.uronet.de

Diese Homepage ist von einem niedergelassenen Urologen für sich und andere niedergelassene Urologen gedacht.

Zahnmedizin

DGCZ (USA) (D)

www.dgcz.org/

Die Deutsche Gesellschaft für computergestützte Zahnheilkunde informiert über neue Zahnersatztechniken.

ORMOCER (USA) (D)

www.isc.fhg.de/ormocere/o5.html

Das Fraunhofer-Institut für Silicatforschung entwickelt einen neuen Kunststoff für Zahnfüllungen, ORMOCER.

Sirona (USA) (D)

www.sirona.de/

Der Hersteller Sirona bietet ein neues computergestütztes System CEREC zur keramischen Restauration von Zähnen an.

Zahnärzte (USA) (D)

www.sharelook.de/gesundheit/arzt/zahnmedizin.html

Linkliste zu Zahnärzten in Deutschland, der Schweiz und in Österreich.

Zahnärztliche Gesundheitsthemen (D)

www.zahngesund.de/

Aktuelle Meldungen zu neuen Methoden der Prophylaxe und neuen Zahnersatztechniken. Außerdem Meldungen zu Änderungen in den Leistungen der Krankenkassen.

Zahnmedizin Newsgroup (USA)

news://sci.med.dentistry

Newsgroup zur Forschung in der Zahnmedizin.

Physik

Energy Matters (USA)

library.advanced.org/20331/

Informationen über Energieversorgung und verschiedene Formen von Energie. Außerdem ein Online-Spiel zur Energieversorgung in einem fiktiven Land.

Explore Science (USA)

www.explorescience.com/

Interaktive physikalische Experimente mit Shockwave. Hier kann man spielerisch alles erfahren, was sonst theoretisch mühsam zu lernen wäre.

Fun Science Gallery (USA)

www.funsci.com/

Physikalische Experimente und Geräte zum Selbstbauen mit ausführlichen Anleitungen.

Learn Physics today (USA)

library.advanced.org/10796/

Online-Tutorial für Grundlagen in der Mechanik, der Akkustik, der Optik und der Elektrizität.

Magnetic Multilayers (USA)

www.almaden.ibm.com/journal/rd/421/parkin.html

Forschungsprojekt über magnetische Multilayer, vorgeschlagen für den Deutschen Zukunftspreis.

Neue Theorien Newsgroup (USA)

news://alt.sci.physics.new-theories

Newsgroup über neue unveröffentlichte Theorien in der Physik.

Perpetuum Mobile (USA)

manor.york.ac.uk/htdocs/perpetual/perpetual.html

Sammlung von Entwürfen für ein Perpetuum Mobile, eine Maschine, die sich selbständig ohne Energiezufuhr von außen bewegt.

PhysicsWeb (USA)

physicsweb.org/

Aktuelle News aus verschiedenen Forschungsgebieten der Physik.

Physik 2000 (USA)

www.colorado.edu/physics/2000/

Eine interaktive Reise durch die moderne Physik mit zahlreichen multimedial präsentierten Experimenten.

Physik im Vergnügungspark (USA)

www.learner.org/exhibits/parkphysics/

Grundlagen der Mechanik und Kinematik werden an Beispielen von Karusells und Achterbahnen aus Vergnügungsparks einleuchtend erklärt.

Physik Newsgroup (USA)

news://sci.physics
news://de.sci.physik

Newsgroup über allgemeine Themen der Physik.

Physikalische Demonstrationen und Experimente (USA)

www.eskimo.com/~billb/scied.html

Zahlreiche Physikexperimente werden hier beschrieben, dazu gibt es Links auf Ausstellungen und weitere Experimente.

Science Mis-statements (USA)

phys.udallas.edu/humor.html

Physikalische Mißverständnisse zur Erheiterung.

Science Myths (USA)

www.eskimo.com/~billb/miscon/miscon.html

Wissenschaftliche Fehler werden heute nicht mehr durch Dummheit, sondern durch Schulbücher verbreitet. Hier finden Sie lange Listen von Fehlern und den dazu gehörigen wissenschaftlich richtigen Erklärungen.

Tacoma Narrows Bridge (USA)

www.ferris.edu/htmls/academics/course.offerings/physbo/multim/bridge/bridge.htm

Die Brücke von Tacoma ist durch Eigenresonanz eingestürzt. Hier wird dem Fall physikalisch auf den Grund gegangen und das Phänomen der Resonanz erklärt.

Wizard's Lab, the (USA)

library.advanced.org/11924/

Mit dem Wizard's Lab gehen Sie auf eine interaktive Entdeckungsreise durch die Physik. Der Zauberer führt Interviews mit großen Forschern und zeigt nebenbei die Grundlagen der Elektrodynamik, Kinematik, Astrophysik und anderer Themen. Für multimediale Unterhaltung wird dabei mit RealAudio gesorgt.

Akustik

Akustische Täuschungen (USA) (D)

sss.home.pages.de/

Akustische Täuschungen gaukeln dem Zuhörer etwas anderes vor, als er wirklich hört. Hier finden Sie Erklärungen und Sound-Dateien.

Auditory Perception (USA)

www.music.mcgill.ca/auditory/auditory.html

Verschiedene akustische Wahrnehmungsaspekte werden hier mit Audio-Dateien vorgestellt und diskutiert.

Making Waves (USA)

www.li.net/~stmarya/stm/home.htm

Alles über elektromagnetische Wellen von hörbaren Frequenzen über Radio, Mikrowellen, Licht bis zu Gammastrahlen.

Ocean Acoustics (USA)

www.onr.navy.mil/sci_tech/ocean/onrpgaau.htm

Forschungsprojekt des amerikanischen Office of Naval Research zur Ausbreitung von Schallwellen im Ozean.

Atomphysik

Beschleuniger-Physik Newsgroup (USA)

news://sci.physics.accelerators

Newsgroup über Teilchenbeschleuniger und Strahlenphysik.

Entwicklung der Atombombe (USA)

www.glue.umd.edu/~enola/dvel/dvelbomb.html

Eines der dunkelsten Kapitel der Atomphysik ist sicher die Entwicklung der Atombombe. Hier finden Sie deren Geschichte.

Max-Planck-Institut für Plasmaphysik (USA) (D)

www.ipp.mpg.de/
www.ipp.mpg.de/ipp/ipp.eng.html

Die höchste Temperatur der Welt herrscht im Plasma für Fusionskraftwerke am Max-Planck-Institut für Plasmaphysik in Garching bei München. Hier finden Sie Forschungsberichte und Hinweise über Besuchsmöglichkeiten des Instituts.

Particle adventure, the (USA) (F)

pdg.lbl.gov/cpep/adventure.html
www.lal.in2p3.fr/cpep/adventure.html

Multimediale Erklärungen für die Grundlagen der Teilchenphysik.

Rydberg-Atome (USA)

www.optics.rochester.edu:8080/users/stroud/wavepacket/quantum.html

Die größten Atome der Welt sind die sogenannte Rydberg-Atome. Veröffentlichungen der Universität Rochester.

Teilchenphysik Newsgroup (USA)

news://sci.physics.particle

Newsgroup über Teilchenphysik.

Kernfusion

Europäische Kernfusionsforschung (USA)

europa.eu.int/comm/dg12/fusion1.html

Die offizielle Seite der Europäischen Kommission zeigt eine virtuelle Ausstellung zur Fusionsforschung sowie das aktuelle Forschungsprogramm.

Europäisches Großexperiment JET (USA)

www.jet.uk/

In Culham bei Oxford, England findet seit 25 Jahren ein groß angelegtes Forschungsexperiment zur Kernfusion statt, an dem verschiedene europäische Länder teilnehmen. Hier bekommen Sie ständig aktuelle Informationen.

Forschungszentrum Karlsruhe (USA) (D)

hbksun17.fzk.de:8080/pkf/

Das Forschungszentrum Karlsruhe beschreibt das Prinzip der Kernfusion und den aktuellen Stand der Forschung in Europa.

Fusionsexperiment Wendelstein 7-X (D)

www.ipp.mpg.de/ipp/w7x.html

Am Max-Planck-Institut für Plasmaphysik in Greifswald wird in den kommenden Jahren ein Experiment zur Kraftwerkstauglichkeit von Fusionsreaktorkonzepten stattfinden.

General Atomics Fusion Group (USA)

fusion.gat.com/

Der Tokamak Reaktor von General Atomics ist zur Zeit der führende Forschungsreaktor. Hier finden Sie auch allgemeine Informationen zur Kernfusion.

Institut für Plasmaphysik – Jülich (D)

www.kfa-juelich.de/ipp/

Das Institut für Plasmaphysik am Forschungszentrum Jülich forscht innerhalb des Trilateral Euregio Clusters am Großforschungsexperiment JET.

Konstanten und Einheiten

Bureau International des Poids et Mesures (BIPM) USA F

www.bipm.fr/
www.bipm.fr/enus/welcome.html

Diese internationale Organisation legt das metrische SI-Einheitensystem fest. Hier finden Sie genaue Definitionen der Maßeinheiten, abgeleitete Einheiten, Präfixe und Umrechnungsfaktoren.

ITU USA D F

www.itu.int

Neuste Standards und Vereinbarungen von Industrie und Regierungen. Veröffentlicht von der Internationalen Telecommunication Union (ITU).

Leitgedanken für die Arbeit der Eichbehörden D

www.lgabw.de/bwl/lga/hdw/abt4/edbw01.htm

Leitgedanken für die Arbeit der Eichbehörden. Meßmöglichkeiten, Eichämter und Eichdirektionen.

National Institute for Standards and Technology USA

physics.nist.gov/cuu/constants/index.html?/codata86.html

Das amerikanische Institute for Standards and Technology bietet eine Übersicht über alle physikalischen Konstanten, und es liefert auch Hintergründe zu ihrer Bedeutung und zu Meßschwankungen.

Physikalische Konstanten und astronomische Daten USA

www.astro.wisc.edu/~dolan/constants.html

Für den richtigen Durchblick in astronomischen Weiten sorgt die Seite der University of Wisconsin. Sie nennt wichtige Zahlen – von der Masse der Planeten bis zur Lichtgeschwindigkeit.

Physikalische Naturkonstanten USA D

www.chemie.fu-berlin.de/chemistry/general/constants.html
www.chemie.fu-berlin.de/chemistry/general/constants_en.html

Liste wichtiger physikalischer Konstanten.

Physikalisch-Technische Bundesanstalt USA D

www.ptb.de/

Die Physikalisch-Technische Bundesanstalt in Braunschweig wacht über das deutsche Meßwesen. Was und wie genau sich alles messen läßt, erfährt man auf ihren Seiten.

Umrechnung chemischer Einheiten USA D

www.chemie.fu-berlin.de/chemistry/general/units.html

Sehr übersichtliche und einfache Umrechnung von Maß- und Temperatureinheiten. Aus zwei Pull-Down-Listen wählt man die bekannte Einheit und die Umrechnungseinheit.

Umrechnungstabellen (USA)

www.tnt.uni-hannover.de/subj/other/cooking/umrechnungen.txt

Umrechnungstabellen zwischen verschiedenen Maßeinheiten, im wesentlichen Volumen- und Gewichtseinheiten, wie sie in ausländischen Kochrezepten vorkommen.

Unit Converter (USA)

library.advanced.org/11771/english/hi/chemistry/convert.shtml

Online-Umrechnungsprogramm zwischen verschiedenen Einheiten für Energie, Druck, Volumen, Temperatur und Masse.

Ursprung der Celsius-Temperaturskala, der

users.bart.nl/~sante/engtemp.html

Hier finden Sie die Ursprünge der bei uns gebräuchlichen Temperaturskala sowie den kompletten Originaltext des Physikers Anders Celsius, allerdings nur auf schwedisch.

Laser

Advanced Light Source (USA)

www-als.lbl.gov/

Advanced Light Source ist eine öffentliche amerikanische Einrichtung, die für Forschungszwecke Hochenergielicht, Lasertechnik, UV-Licht und Röntgenstrahlen zur Verfügung stellt.

Holoworld (USA)

www.holoworld.com/

Holographie selbstgemacht. Ein amerikanischer Hersteller bietet ein kleines tragbares Holographie-System für 30-50 US$ an.

Institut für Lasertechnik (USA) (D)

www.ilt.fhg.de/

Das Fraunhofer Institut für Lasertechnik zeigt Hochleistungslaser und Forschungsprojekte zur Materialhärtung mit Lasertechnik.

Microworlds (USA)

www.lbl.gov/microworlds/

Virtuelle Tour durch das Advanced Light Source Labor in Berkeley.

Relativitätstheorie

Einstein, Albert (USA)

www.nobel.se/laureates/physics-1921-1-bio.html

Kurzbiographie von Albert Einstein.

Relativitätstheorie Newsgroup (USA)

news://sci.physics.relativity

Newsgroup über die Relativitätstheorie.

Relativity FAQ (USA)

www.desy.de/user/projects/physics/relativity.html

FAQs zur Relativitätstheorie.

Relativity on the World Wide Web (USA)

math.washington.edu/~hillman/relativity.html

Zahlreiche nach Kategorien geordnete Links zur Relativitätstheorie.

Relativity Tutorial (USA)

www.astro.ucla.edu/~wright/relatvty.htm

Gut gemachtes Tutorial zur Relativitätstheorie mit vielen Grafiken.

Special Relativity (USA)

casa.colorado.edu/~ajsh/sr/sr.shtml

Tutorial zur speziellen Relativitätstheorie mit animierter Grafik von schwarzen Löchern und Hyperkuben.

Supraleiter

American Superconductors (USA)

www.amsuper.com/

Ein großer Hersteller von supraleitenden Materialien beschreibt ausführlich die Supraleittechnik mit einem Glossar, technischen Artikeln und aktuellen News.

Forschungszentrum Karlsruhe (USA)

w3.infp.fzk.de:8080/extern/hotline/

Aktuelle Veröffentlichungen der Gesellschaft für Angewandte Supraleitung.

Scenet (USA)

orchidea.maspec.bo.cnr.it/homepage.html

Das European Network for Superconductivity stellt seine aktuellen Forschungsaktivitäten vor.

US Department of Energy (USA)

www.eren.doe.gov/superconductivity/

Das Energy Efficiency and Renewable Energy Network (EREN) forscht zum Thema Supraleiter, um damit Energieeinsparungen zu erreichen. Der heißeste Supraleiter der Welt liegt hier bei minus 140 Grad Celsius.

Zeit

Atomuhr (D)

www.atomuhr.de/

Hier wird das Prinzip einer Atomuhr erläutert.

Atomuhr Großbritannien (USA)

www.npl.co.uk/npl/ctm/

Der britische Atomuhrsender MSF60 am National Physical Laboratory liefert sehr ausführliche physikalische Informationen über Zeitmessung, SI-Definition, Schaltsekunden, Sommerzeit.

Atomuhr Japan (D)

www.germany.net/teilnehmer/100/26108/funkuhr/japan.htm
jjy.crl.go.jp/

Der japanische Atomuhrsender JJF2. Originalseite nur auf japanisch.

Atomuhr USA (USA)

www.bldrdoc.gov/timefreq/

Amerikanischer Atomuhrsender WWV. Hier gibt es auch zahlreiche Fotos und QTVR-Präsentationen aus dem Zeitlabor und von der Atomuhr.

Die aktuelle Weltzeit (UTC) und die Differenz zur Systemuhr wird angezeigt. Zeitsynchronisationssoftware zum Download.

Atomzeit (D)

www.atomzeit.de/

Genauigkeit von Atomuhren, Schaltsekunden, Unregelmäßigkeiten der Erdrotation.

DCF77 (D)

www.dcf77.de/

Technische Informationen über das amtliche Zeitsignal des DCF77.

DCF77 – Funkuhr (D)

www.funkuhr.de/

Prinzip der Funkuhr DCF77 von der Physikalisch-Technischen Bundesanstalt und zahlreiche Links zum Empfang des Zeitsignals.

Funkuhr Homepage, die (D)

funkuhr.home.pages.de

Auf dieser privaten Seite finden Sie wesentlich mehr Informationen als auf den amtlichen Seiten. FAQs, Jahr-2000-Problem, Schaltjahre, Unterschied zwischen MEZ und lokaler Ortszeit.

Das Funkuhrsignal als WAV-Datei.

International Earth Rotation Service (USA) (F)

hpiers.obspm.fr/

Dieses Institut mißt die genaue Erddrehung und damit die Tageslänge für Zeitsignale und GPS.

Laser Uhr (D)

archiv.berliner-morgenpost.de/bin/bm/e?u=/bm/archiv1998/980427/uni/story00.html

Konzept einer neuen Uhr, die wesentlich genauer ist als Atomuhren.

Linum Software (D)

www.linum.com/download/

Software zum Abgleichen der PC-Systemuhr mit dem DCF77-Zeitsignal.

Physikalisch technische Bundesanstalt (USA) (D)

www.ptb.de/deutsch/org/4/43/432/hp.htm
www.ptb.de/english/org/4/43/432/hp.htm

Der Standort der amtlichen deutschen Atomuhr. Aktuelle News zur exakten Zeit und zum Jahr 2000. Übertragung des amtlichen Zeitsignals.

Swatch Internetzeit (USA)

www.swatch.com/

Die Swatch Internetzeit soll sich als weltweit eindeutige Zeit für Internetanwender durchsetzen. Dabei wird ein Tag in 1000 „Beats" geteilt. Bei Swatch können Sie sich Konverter für PCs und den PalmPilot sowie für Ihre Homepage herunterladen.

Zeitreisen Newsgroup (USA)

news://alt.sci.time-travel

Newsgroup über die Theorie von Zeitreisen.

Technik & Ingenieurwesen

100 Jahre Radio (USA)

monviso2.alpcom.it/hamradio/

Die Geschichte von Radio und Funk anschaulich erklärt mit vielen weiteren Links und Bildern von alten Radios.

Ingenieurwissenschaften Newsgroup (USA) (D)

news://sci.engr
news://de.sci.ing

Newsgroup über Ingenieurwissenschaften im allgemeinen.

SUCCEED Engineering Visual Database (USA)

cesun1.ce.vt.edu/evd/

Datenbank mit vielen Bildern zu technischen Themen.

Verlag Moderne Industrie (D)

www.mi-verlag.de/

Verlag Moderne Industrie. Zeitschriften über Konstruktion, ASB (Antreiben – Steuern – Bewegen) und eine CD-ROM über den Robotermarkt.

Atomtechnik

Greenpeace (USA)

www.greenpeace.org/~nuclear/

Die Greenpeace-Kampagne gegen die Atomindustrie.

Institute for Energy and Environmental Research (USA)

www.ieer.org/

Dieses amerikanische Institut befaßt sich mit der Auswirkung von Atomenergie und Atomwaffen auf die Umwelt.

N-Base (USA)

www.n-base.org.uk/

Diese englische Umweltorganistaion informiert kritisch über die Folgen der Atomindustrie in Dunreay und Sellafield.

Tschernobyl (USA)

www.belarusguide.com/chernobyl1/chernobyl.htm

Gesammelte Fakten zur Katastrophe von Tschernobyl. Verseuchung, aktuelle Messungen, Hilfsmaßnahmen und eine Liste von Wohlfahrtsverbänden, die den Opfern helfen.

US Nuclear Regulatory Commission (USA)

www.nrc.gov/

Die amerikanische Regierungsbehörde für Strahlenschutz informiert (sehr einseitig) über Schutzmöglichkeiten bei Strahlenunfällen und über Entsorgung von Atommüll.

Warum sich die Amerikaner vor Atomenergie fürchten (USA)

www.pbs.org/wgbh/pages/frontline/shows/reaction/

Texte, Interviews und Statistiken, die teilweise die Gefahren der Atomindustrie herabspielen sollen. Es gibt aber auch Fälle von wirklichen Gefahren, wie die auch verfilmte Geschichte von Karen Silkwood.

Bahnen

Docklands Light Rail (USA)

www.dlr.co.uk/

Automatisch arbeitende Bahn Docklands in London. Hier finden Sie ausführliche technische und touristische Informationen.

Eisenbahn-Page (D)

home.t-online.de/home/c.splittgerber/bahnpage.htm

Hunderte von Eisenbahnbildern (größtenteils aus Deutschland), ausführlich kommentiert.

European Railway Picture Gallery (USA)

mercurio.iet.unipi.it/pix/pix.html

Sehr großes Bildarchiv europäischer Eisenbahnen. Eigene Bilder können per FTP upgeloadet werden. Das Archiv ist ausführlich nach Ländern und Fahrzeugtypen gegliedert.

Geschwindigkeitsrekorde (USA)

mercurio.iet.unipi.it/tgv/rec-chrono.html

Chronologie der Geschwindigkeitsrekorde der Bahn. Ausführliche Dokumentation der verschiedenen TGV-Rekordfahrten.

H-Bahn Dortmund (D)

www.h-bahn.de/

Automatisch arbeitende Kabinenbahn an der Dortmunder Universität. Hier finden Sie zahlreiche Fotos und technische Informationen. Dieses Konzept wird gerade auch für das neue Fahrgastbeförderungssystem auf dem Düsseldorfer Flughafen eingesetzt.

Railway Technical Research Institute (USA)

www.rtri.or.jp/

Japanisches Forschungsinstitut für Hochgeschwindigkeitsbahnen und Magnetbahnen.

San Francisco Cable Car (USA)

www.sfcablecar.com/

Technische Informationen und Linienplan des berühmten Cable Cars in San Francisco.

Scientific American (USA)

www.sciam.com/1097issue/1097raoul.html

Technische Texte über europäische Hochgeschwindigkeitszüge aus dem Scientific American.

Thalys (USA) (D) (F)

www.thalys.com/

Europäische Hochgeschwindigkeitszüge Thalys zwischen Düsseldorf, Brüssel, Paris, Oostende und Amsterdam. News über zukünftige Projekte des Thalys.

Informationen zum Thalys-Bahnhof am Disneyland bei Paris.

Wuppertaler Schwebebahn (USA) (D) (F)

www.wsw-online.de/_frames/schwebebahn/aktuell_f.html

Technische Infos über die Wuppertaler Schwebebahn und die aktuellen Umbauarbeiten an der Strecke.

Magnetbahn

CHSST (USA)

www.meitetsu.co.jp/chsst/index-e.html

Japanisches Projekt für eine neue Hochgeschwindigkeitsbahn.

HSST (USA)

www.hsst.com/eng/

High Speed Surface Transport. Hersteller von Magnetbahnen. Fotos von Prototypen und Teststrecken.

Multimediale Erklärung des Magnetbahnprinzips.

Maglev R&D (USA)

www.rtri.or.jp/rd/maglev/html/english/maglev_frame_E.html

Japanisches Magnetbahnprojekt. Technologie, Teststrecken und Bilder.

Seraphim (USA)

www.sandia.gov/pulspowr/ppeng/seraphim.html

Amerikanisches Hochgeschwindigkeitsprojekt auf der Basis von linearen Induktionsmotoren.

Thyssen (USA) (D)

www.maglev.com/

Thyssen, der Hersteller der Transrapid-Fahrzeuge, beschreibt hier ausführlich die Magnetbahntechnik und die projektierte Strecke Hamburg-Berlin.

Transrapid (USA) (D)

www.mvp.de/

Die Webseite der Betreiberfirma der Magnetbahnversuchsanlage im Emsland. Hier finden Sie technische Informationen über den Transrapid aus erster Hand.

Bauingenieurwesen

Bau.net (D)

www.bau.net

Planen, Bauen, Wohnen, Modernisieren, Finanzieren und Energiesparen.

Bauinfo (D)

www.bauinfo.de/

Das interaktive Bau-Branchen-Verzeichnis mit aktuellen Meldungen, Suchwort-Übersicht, einem Anbieter-Info u. m.

Baunetz (D)

www.baunetz.de

Kostenloser Informationsdienst für das gesamte Bauwesen.

Deutsche Bauzeitung (D)

db.bauzeitung.de/

Online-Ausgabe für Architekten und Bauingenieure, mit Jobbörse, Informationen zum Studium, zu Wettbewerben und mehr.

Hochtief (D)

www.hochtief.de/index_explorer.htm

Hochtief stellt hier seine wichtigsten Projekte vor: Abu Simbel, Messeturm Frankfurt, Commerzbank, Öresund-Brücke und andere.

Materialprüfanstalt für das Bauwesen (D)

www.mpa.tu-bs.de/

Prüfung auf dem Gebiet des Bauingenieurwesens: chemische Analytik, Bauphysik, Mechanik, Brandschutz, Beton, Mörtel, Bindemittel, Zuschlagstoffe, Baukeramik, Holz und Kunststoffe.

Flugzeugbau

Aerospatiale (USA) (F)

www.aerospatiale.fr/

Das größte französische Unternehmen der Luft- und Raumfahrt stellt seine Produkte vor. Dazu gehören unter anderem die Airbus-Familie und ein Nachfolger der Concorde.

Airbus Industrie (USA)

www.airbus.com/

Technische Informationen sowie zahlreiche Fotos und QTVR-Präsentationen der verschiedenen Airbus-Flugzeuge. Hier gibt es auch Vektorzeichnungen im Adobe Illustrator-Format zum Download sowie ein Quizspiel.

Allstar Network (USA)

www.allstar.fiu.edu/

Materialien zu Luft und Raumfahrt, Fotos und ein Artikel zur Frage, warum Flugzeuge fliegen.

Boeing (USA)

www.boeing.com/

Nach der Übernahme der zivilen Produktion von McDonnel Douglas ist Boeing der größte Flugzeughersteller der Welt. Hier finden Sie ausführliche Informationen über Flugzeugtypen, Raumfahrzeuge und Raketen, auch über nicht mehr produzierte Modelle. Dazu eine Geschichte der Luft- und Raumfahrtgeschichte mit alten Fotos.

British Aerospace (USA)

www.bae.co.uk/

Aktuelle News und Firmeninformationen des größten britischen Flugzeugherstellers, Mitglied im Airbus-Konsortium, mit zahlreichen Fotos.

Casa (USA)

www.casa.es/

Produktinformationen und Fotos des spanischen Flugzeugherstellers Casa, Mitglied im Airbus-Konsortium.

Dasa (USA) (D)

www.dasa.de/

Daimler Chrysler Aerospace stellt sich als Unternehmen und seine Produkte sowie seine Rolle im Airbus-Konsortium vor.

Flugsimulation Newsgroup (USA)

news://sci.aeronautics.simulation

Newsgroup über Simulationstechnik in der Luftfahrt.

Luftfahrttechnik Newsgroup (USA)

news://sci.aeronautics

Wissenschaftliche Newsgroup über Luft- und Raumfahrttechnik.

Luftschiffe

CargoLifter (USA) (D)

www.cargolifter.de/

Projekt für Luftschiffe zum Transport von Schwerstlasten. Hier finden Sie technische Informationen zum Projekt und eine Webcam auf der Baustelle der Werft.

CargoLifter-Werfthalle (D)

www.siat.de/projekte/gf1/c/projekt2.htm

Konzept und Modellfoto der CargoLifter-Werfthalle in Brand bei Berlin.

Goodyear Blimp (D)

www.goodyear.de/gy/blimp00.htm

Geschichte und Fotos der Goodyear-Luftschiffe.

Luftschiff Datenbank (D)

www.luftschiff.de/

Datenbank mit technischen Daten und Fotos der Zeppelin-Luftschiffe und -Hangars, außerdem eine Kleinanzeigenbörse für Zeppelinfans.

Luftschiffentwicklungen (USA) (D)

www.isd.uni-stuttgart.de/core/arbeitsgruppen/airship/airship.html

Das Institut für Statik und Dynamik der Luft- und Raumfahrtkonstruktionen stellt ein Forschungsprojekt LOTTE für ein solarbetriebenes Luftschiff vor und erklärt außerdem das Flugprinzip von Luftschiffen.

Zeppelin Library, the (USA)

www.ciderpresspottery.com/zla.html

Private Seite mit vielen Fakten und Bildern zu alten Luftschiffen. Hier gibt es auch einen Größenvergleich zwischen dem Zeppelin Hindenburg, einer Boeing 747 und der Titanic.

Zeppelin-Links (USA)

www.kiosk-online.de/home/deacsc01/zeppelin.html

Hier hat jemand sich die Mühe gemacht, sehr viele Links auf Zeppelininformationen im Internet zu sammeln.

Zeppelin Luftschifftechnik (USA) (D)

www.zeppelin-nt.com/

Die Zeppelin Luftschifftechnik baut wieder neue Luftschiffe. Hier finden Sie aktuelle Meldungen und Fotos.

Zeppelin Museum (D)

www.zeppelinmuseum.de/

Das Zeppelin Museum in Friedrichshafen berichtet über die Geschichte der deutschen Luftschiffe.

Innovationen

Beakman's Electric Motor (USA)

fly.hiwaay.net/~palmer/motor.html

Ein kleiner Elektromotor mit wenig Aufwand selbstgebaut – hier erfahren Sie, wie und warum das funktioniert.

Deutscher Zukunftspreis (D)

www.deutscher-zukunftspreis.de/

Mit dem Zukunftspreis wirbt Bundespräsident Johannes Rau für eine technikoffene Gesellschaft. Nominierungen, Preisträger und Interviews.

DNA Computer Seiten (USA)

dna2z.com/dnacpu/

Computer auf der Basis der DNA sollen ähnliche Denkstrukturen wie Gehirne nachvollziehen können.

Fingertip-Sensor (USA) (D)

www.siemens.de/newsline.d/pressfor/c_9844_d.htm
www.siemens.de/newsline.d/pressfor/inhalt_e.htm

Ein Fingertip-Sensor erleichert die Benutzeridentifikation über den Fingerabdruck, kein Login und Paßwort sind mehr nötig. Dieses Projekt befindet sich in der Forschung und wurde für den Deutschen Zukunftspreis nominiert.

Handschuh mit Alarmsystem (D)

www.geo.de/wissen/98/08/handschuhalarmsystem.html

Ein neues, intelligentes Material soll Undichtigkeiten melden und so den Umgang mit gefährlichen Substanzen sicherer machen.

Hewlett Packard (D)

www.hp.com/go/tm_d_a_ch

Hewlett Packard. Transmitter-Tester und neue Entwicklungen in der elektronischen Meßtechnik.

HyWeb (USA) (D)

www.wasserstoff.de/

Informationssystem für Wasserstoff und Brennstoffzellen.

Interessensgruppe für innovative Technik (D)

www.spectraweb.ch/~pkambe/index.html

Hier finden Sie ausführliche Beschreibungen verschiedener innovativer Motorkonzepte, wie z. B. des Stirling-Motors.

Neuartiger kleinstmöglicher Transistor (D)

www.geo.de/wissen/97/12/weniger.html

Forscher basteln am kleinstmöglichen Transistor – und gelangen dabei zu einer neuen Definition der Stromstärke anhand ihrer kleinsten Ladungseinheit: des einzelnen Elektrons.

Science for the Millennium (USA)

www.ncsa.uiuc.edu/cyberia/expo/

Virtuelle Ausstellung mit der Wissenschaft des nächsten Jahrtausends.

Technik 2000 (D)

www.deutschland2000.de/millennium-park/technikindex.html

Pläne verschiedener Firmen und Organisationen für technische Innovationen für das nächste Jahrtausend.

Tesa-Film als Speichermedium (D)

www.spektrum.de/tesa.html

Bericht über ein Forschungsprojekt für holographische Speichermedien.

Nanotechnologie

Mikromechanik Newsgroup (USA)

news://sci.engr.micromachining

Newsgroup über mikromechanische Geräte.

Molecular Machines (USA)

www.sciam.com/exhibit/052796exhibit.html

Visionen vom Einsatz der Nanotechnik für Arbeiten auf molekularer Ebene, aus dem Scientific American.

Nanotechnik Newsgroup (USA)

news://sci.nanotech

Newsgroup über Technik im molekularen Maßstab.

Nanotechnik-Timeline (D)

www.nanocentral.com/nanoworld/introduction/focusgermany/nanotechnik_timeline.html

Prognosen über die Entwicklung der Nanotechnologie.

Nanotechnology Workshop (USA)

science.nas.nasa.gov/groups/nanotechnology/

NASA-Workshop zur Nanotechnologie mit simulierten Bildern und Animationen von Nanomaschinen sowie zahlreichen Veröffentlichungen.

Mikroelektronik

Chip Interconnection Technologies (USA)

www.izm.fhg.de/avt/index.htm

Das Fraunhofer-Institut bietet neue verbesserte Chiptechnologien an.

Elektroniknet Online-zeitung für Elektronik (D)

www.elektroniknet.de

Online-Angebot verschiedener Zeitschriften für Elektronik und Informationstechnik („Design & Elektronik", „Funkschau" ...).

Halbleiterelektronik Newsgroup (USA)

news://sci.engr.semiconductors

Newsgroup über Halbleitertechnik, Materialien, Physik.

Infineon (USA)

www.infineon.com/

Die Mikroelektronik-Abteilung von Siemens vermarktet jetzt unter dem Namen Infineon.

Roboter

Fraunhofer-Institut für Produktionstechnik (USA) (D)

www.ipa.fhg.de/

Das Fraunhofer-Institut für Produktionstechnik und Automatisierung forscht über Serviceroboter für verschiedene Tätigkeiten. Hier finden Sie jetzt schon eine Vorabversion einer zukünftigen Datenbank zu Servicerobotern.

Generation 5 (USA)

library.advanced.org/18242/

Texte und Denkansätze zur Entwicklung künstlicher Intelligenz.

Institut für Fabrikbetrieb und Automatisierung (USA) (D)

www.iff.fhg.de/iff/aut/start_rs.html

Das Fraunhofer-Institut für Fabrikbetrieb und Automatisierung stellt verschiedene Prototypen und Entwicklungen von Produktionsrobotern vor.

Institut für Handhabungsgeräte & Robotertechnik USA D

www.ihrt.tuwien.ac.at/

Hier finden Sie aktuelle Forschungen zu mobilen Robotern, Fuzzy-Technik und Kollisionsvermeidung.

Montereytools USA

www.montereytools.com

Monterytools USA. Siemens Laurino: gehender Roboter zum Selbstbauen.

RoboCup USA

www.robocup.org/

Weltmeisterschaft für Roboterfußball, 27.7. – 6.8.99 in Stockholm. Fotos von der Veranstaltung im vorigen Jahr.

Robotics Institute, the USA

www.ri.cmu.edu/

Das Robotics Institute der Carnegie Mellon University stellt aktuelle Forschungsprojekte vor.

Schiffbau

Bootbau, Bootswerften, Bernersee D

www.bootbau.ch/werften/thunersee.html

Alle Bernerseen-Werften.

Bremerhaven – Werften D

www.nord-com.net/peter.mueller/inhaltsverzeichnis.html

Dazu gehören Schichau Seebeckwerft, Tecklenborgwerft, Rickmerswerft u. a.

Cat No1 D

www.catno1.de/

Projekt eines Passagierhochgeschwindigkeitskatamarans für den Linienverkehr von Helgoland nach Cuxhaven, Sylt, Amrum, Norderney, Borkum und Langeoog.

Bilder vom aktuellen Baufortschritt.

Howaldtswerke-Deutsche Werft AG USA D

www.hdw.de/

Eine der modernsten deutschen Werften für Handels- und Marineschiffe, Reparaturen und Komponenten. Hier wird das neue Luxusschiff „Residensea“ mit Eigentumssuiten bis zu 300 m² gebaut.

Kvaerner (USA)

www.kvaerner.com/

Die norwegische Kvaerner-Werft baute das Schiff, das die Steuerzentrale des Sea Launch Projekts beherbergt. Hier finden Sie viele Bilder und technische Informationen zu Spezialschiffen aller Art.

Solarenergie

Institut für Solare Energiesysteme (USA) (D)

www.ise.fhg.de/

Die Forschung des Fraunhofer-Instituts für Solare Energiesysteme ISE schafft technische Voraussetzungen für eine effiziente und umweltfreundliche Energieversorgung sowohl in den Industrieländern als auch in den sogenannten Schwellen- und Entwicklungsländern.

Photovoltaik Newsgroup (USA)

news://alt.solar.photovoltaic

Newsgroup über die photovoltaische Nutzung der Sonnenenergie.

Shell (D)

www.lifestylemagazin.de/title/t_journal/journal4/default.html

Shell eröffnet Solar-Tankstellen in Deutschland und Holland.

Solar Newsgroup (USA)

news://alt.solar.thermal

Newsgroup über die thermische Nutzung der Sonnenenergie

Solardome (USA)

www.solardome.com/

Informationen über verschiedene Möglichkeiten zur Nutzung der Sonnenenergie.

Strom aus Plastik (D)

www.geo.de/wissen/98/01/stromplastik.html

Eine neue Solarzelle aus Kunststoff könnte die Nutzung von Sonnenenergie revolutionieren.

Verfahrenstechnik

Granular Physics Group (USA)

mrsec.uchicago.edu/~jaeger/granular2/contents.html

Granulatforschung mit ein paar mikroskopischen Aufnahmen.

Institut Angewandte Materialforschung, Fraunhofer (USA) (D)

www.ifam.fhg.de/

Das Fraunhofer Institut für Angewandte Materialforschung in Bremen zeigt Forschungsprojekte zu endformnahen Fertigungstechnologien, Klebtechnik und Polymeren.

Institut für zerstörungsfreie Prüfverfahren (USA) (D)

www.izfp.fhg.de/

Das Fraunhofer-Institut für zerstörungsfreie Prüfverfahren stellt verschiedene, bis zur Produktionsreife entwickelte Prüfgeräte vor.

Institut für Werkstoff- und Strahltechnik (USA) (D)

www.iws.fhg.de/ext/infonew/start.htm

Das Fraunhofer Institut für Werkstoff- und Strahltechnik zeigt Projekte über Laserhärten und Dünnschichttechnologie.

Powder Page (USA)

www.granular.com/

Neue Erkenntnisse in der Granulatforschung. Die merkwürdigen Eigenschaften der Granulate sorgen für Verwirrung.

Werkstoffe

Innovative Werkstoffe

Innovative Verbundwerkstoffe (D)

www.invent.openbox.de/

INVENT – Innovative Verbundwerkstoffe – Hier erhalten Sie interessante Informationen über Entwicklungen und Anwendungen.

Materialoberflächen

GMA – Werkstoffprüfung GmbH (D)

www.gma-gmbh.com/

Das Arbeitsspektrum umfaßt die Qualitätssicherung, Werkstoffprüfung und Abnahme.

Weltraumforschung

National Space Science Data Center (USA)

nssdc.gsfc.nasa.gov/

Alle veröffentlichten NASA-Texte zu Raumfahrtmissionen, zur Astrophysik, zu Planetendaten und zu Forschungsprojekten.

Planetary Society (USA)

www.planetary.org/

Aktuelle astronomische Ereignisse und Forschungen.

SETI@home (USA) (D) (F)

setiathome.ssl.berkeley.edu/
setiathome.ssl.berkeley.edu/home_german.html

SETI@home ist ein wissenschaftliches Experiment, das die Rechenleistung von hunderttausenden über das Internet verbundenen Computern nutzen wird, um nach außerirdischer Intelligenz zu suchen (SETI =

Search for Extraterrestrial Intelligence). Sie können daran teilhaben durch den Einsatz eines Screensaver-Programms, das Daten des Arecibo-Radioteleskops herunterlädt und analysiert. Jeder Teilnehmer hat dabei die winzig kleine, aber ungemein faszinierende Chance, daß gerade sein Computer das leise Grummeln einer Zivilisation jenseits der Erde aufspürt.

Astrobiologie

Astrobiologie (USA)

astrobiology.arc.nasa.gov/

NASA-Forschung über Leben auf anderen Planeten. Ziele der Forschung und aktuelle Projekte.

Declaration of Principles (USA)

www.seti-inst.edu/post-detection.html

Grundsatzerklärung über die Vorgehensweise nach einer Entdeckung außerirdischer Intelligenz.

Erdmikroben auf dem Mond (USA)

science.msfc.nasa.gov/newhome/headlines/ast01sep98_1.htm

NASA-Bericht über Mikroben auf dem Mond, die 30 Jahre nach Apollo 12 wiedergefunden wurden.

Ex astra ad astra (USA)

www.astrobiology.com/

Ausführliche Informationen über Astrobiologie, Forschungsziele, Lebensformen, Raumfahrt und ethische Thesen: „Brauchen wir eine oberste Direktive?"

Astronomie

Amateur Astronomie Newsgroup (USA)

news://sci.astro.amateur

Newsgroup für Amateurastronomen.

Amazing Space (USA)

amazing-space.stsci.edu/

Interaktive Seite zur Astronomie mit verschiedenen Online-Spielen und informativen Themen. Außerdem ein virtuelles Trading Card-Spiel über unser Sonnensystem.

Ask the Astronomer (USA)

image.gsfc.nasa.gov/poetry/astro/qanda.html

3.001 Fragen an einen und Antworten von einem Astronomen.

Astronomical Journal (USA)

www.journals.uchicago.edu/aj/journal/

Das amerikanische Astronomical Journal bietet einen Teil seiner Artikel auch online an. Die kompletten Texte sind nur für Abonnenten mit Paßwort zugänglich.

Astronomical Pictures & Animations (USA) (F)

graffiti.u-bordeaux.fr/mapbx/roussel/astro.english.html
graffiti.u-bordeaux.fr/mapbx/roussel/astro.french.html

Ausführliches Bildarchiv mit Fotos und Videos von Sternen, Planeten und Raumfahrzeugen.

Astronomical Society of the Pacific, the (USA)

www.aspsky.org/

Die größte astronomische Gesellschaft der Welt bietet zahlreiche Links, Veröffentlichungen und Veranstaltungen.

Astronomie Newsgroup (USA)

news://alt.sci.astro

Newsgroup für professionelle Astronomen und solche, die sich dafür halten.

Astronomie.de (D)

www.astronomie.de/

Viele astronomische Texte, Fotos, Chat und weitere Links. Dazu ausführliche Informationen über die totale Sonnenfinsternis am 11. August 1999.

Astronomy Cafe (USA)

www2.ari.net/home/odenwald/cafe.html

Verschiedene Texte über astronomische Themen.

Astronomy Magazine (USA)

www.kalmbach.com/astro/astronomy.html

Die Webseiten des amerikanischen Astronomy Magazines bieten ausführliche Informationen zu aktuellen astronomischen Ereignissen, Kometen und Planeten.

Bad Astronomy (USA)

www.badastronomy.com/

Astronomische Fehler in Filmen, im Fernsehen und in der sogenannten Allgemeinbildung.

Blauer Punkt im All (D)

home.nordwest.net/blauer.punkt/

Lexikon über Planeten, Raumfahrt und astronomische Fachbegriffe.

Bradford Robotic Telescope (USA)

www.telescope.org/

Dieses Teleskop in Bradford, England, kann über das Internet ferngesteuert werden. Hier können Sie in eine beliebige Richtung auf der nördlichen Hemisphäre blicken.

Current Sky Information (USA)

cfa-www.harvard.edu/cfa/ep/starreport.html

Aktuelle Informationen über den Sternenhimmel, die Planetenstände und die Mondphasen.

Cyber Space (USA)

library.advanced.org/12659/

Multimediale Präsentation unseres Sonnensystems mit interaktiven Elementen.

Deep Space Network (USA)

deepspace.jpl.nasa.gov/dsn/

Das NASA Deep Space Network ist ein internationales Antennennetz zur Übertragung der Bilder von Raumsonden.

Erforschung der Erdmagnetosphäre (USA)

www-spof.gsfc.nasa.gov/education/intro.html

NASA-Berichte zur Erforschung der Magnetosphäre um die Erde.

esa Astrophysics X-Ray Astronomy (USA)

astro.estec.esa.nl/xmm/xmm.html

Aktuelle Meldungen aus der Röntgenastronomie.

Extrasolar Planets Encyclopaedia (USA) (F)

wwwusr.obspm.fr/planets/

Immer mehr Planeten außerhalb unseres eigenen Sonnensystems werden entdeckt. Daran haben nicht nur Profis ihren Anteil, sondern auch Amateure; es ist gar nicht so aufwendig, die Sterntrabanten aufzuspüren. Wie man das macht, welche Planeten bisher bekannt sind und wie man Leben auf anderen Planeten sucht, erfahren Sie hier.

Faint Images of the Radio Sky (USA)

sundog.stsci.edu/

Faint Images of the Radio Sky at Twenty centimeters (FIRST) ist ein Projekt für ein großes Radio-Observatorium.

Französische Astronomie (F)

www.futura.qc.ca/1001/astronomie.html

Links auf französischsprachige Internetseiten über Astronomie.

Internetzentrum für Astronomie (D)

www.astronomie.de.cx/

Lexikon über Planeten, das Weltall und astronomische Fachbegriffe.

Magnetars (USA)

www.magnetars.com/

Aktuelle Forschungsergebnisse und Bilder über Magnetare.

Messier Katalog, der (USA) (D)

seds.lpl.arizona.edu/messier/messier.html
www.maa.mhn.de/messier/dt_messier.html

Eine der wichtigsten Fotosammlungen mit Himmelsobjekten, Nebeln, Sternhaufen und Galaxien mit astronomischen Daten.

NASA Magnetar Projekt (USA)

science.msfc.nasa.gov/newhome/headlines/ast20may98_1.htm

Forschung über Magnetare, Neutronensterne mit extremen Magnetfeldern.

NASA-Observatorium (USA)

observe.ivv.nasa.gov/

Fotos und Informationen über Planeten und Raumschiffe. Direkt von der NASA.

NC State Astrophysics (USA)

wonka.physics.ncsu.edu/www/astro/research/

Forschungen über Supernovas, kosmische Strahlen und planetare Nebel mit zahlreichen Grafiken und Animationen.

NSSDC Photo Gallery (USA)

nssdc.gsfc.nasa.gov/photo_gallery/

Das Bildarchiv des National Space Science Data Center enthält gut sortierte Fotos von Planeten, Sternensystemen und Raumsonden.

Planetary Photojournal (USA)

photojournal.wr.usgs.gov/

Fotos der Planeten von verschiedenen Raumsonden und dem Hubble-Teleskop aufgenommen.

Planetenkonjunktion (USA)

drumright.ossm.edu/astronomy/movie.html

QuickTime-Video der Planetenkonjunktion im Jahr 2000. Hier können Sie sehen, wie sich die fünf klassischen Planeten Merkur, Venus, Mars, Jupiter, Saturn und kurzzeitig auch der Mond am 5.5.2000 so nah aneinander annähern, wie dies bis zum Jahre 2675 nicht mehr passieren wird.

Planetenpositionen (USA) (D)

stud1.tuwien.ac.at/~e8926506/dsolsyst.htm
stud1.tuwien.ac.at/~e8926506/solsyst.htm

Grafische Darstellung der aktuellen Planetenpositionen, ständig aktualisiert.

Sofia (USA) (D)

sofia.arc.nasa.gov/
www.sofia.dlr.de/

Das geplante Stratospheric Observatory for Infrared Astronomy ist eine umgebaute Boeing 747 SP mit einem Stratosphärenteleskop. Hier finden Sie Informationen über dieses Projekt und ein (sehr großes) VRML-Modell.

Solar System Simulator (USA)

space.jpl.nasa.gov/

Der NASA Solar System Simulator zeigt Planeten und ihre Monde, wie sie zu einer bestimmten Zeit von einem anderen Planeten oder von der Erde aus zu sehen sind.

Space telescope Science Institute (USA)

oposite.stsci.edu/

Aktuelle News, Beobachtungen und viele Bilder vom Hubble-Teleskop.

StarChild (USA) (D)

starchild.gsfc.nasa.gov/docs/starchild/starchild.html
www.gwdg.de/~unolte/starchild/docs/starch00/starch00.htm

Eigentlich für die ganz kleinen Sternenfreunde gedacht, dürfte dieses Angebot der NASA aber auch einige der großen erfreuen. In übersichtlichen und verständlichen Lektionen lernt man hier das Entscheidende über die Entstehung des Universums und unseres Sonnensystems sowie über aktuelle Raumfahrtprojekte.

Sun Map/Sun Clock Applets (USA)

mgw.dinet.de/physik/divers/sunclocks/sunclocks.html

Sammlung verschiedener Java-Applets zur Berechnung des Sonnenstands, des Tag-/Nachtverlaufes oder der Mondphasen.

Sun, the (USA)

www.astro.uva.nl/~michielb/od95/

Multimedia-Präsentation der Sonne und der astronomischen und physikalischen Vorgänge.

University Space Research Association (USA)

www.usra.edu/

Hier finden Sie Forschungsprojekte und Institute, die in der University Space Research Association zusammengeschlossen sind.

Virtual Solar System (USA)

www.nationalgeographic.com/solarsystem/

Im virtuellen Solarsystem von National Geographic können Sie sich interaktiv zwischen den Planeten bewegen.

Virtual Trips to Black Holes and Neutron Stars (USA)

antwrp.gsfc.nasa.gov/htmltest/rjn_bht.html

Texte und MPEG-Videos über schwarze Löcher und Neutronensterne.

VizieR Service (USA)

vizier.u-strasbg.fr/viz-bin/vizier

Verschiedene astronomische Kataloge.

Web Nebulae (USA)

seds.lpl.arizona.edu/billa/twn/top.html

Fotos und astronomische Informationen über zahlreiche Nebel und Sterne.

Windows to the Universe (USA)

www.windows.umich.edu/

Multimediales Lexikon über unser Sonnensystem, Planeten, Kometen und Raumfahrt. Nicht besonders wissenschaftlich detailliert, aber sehr schön gemacht.

Wissenschaftliche Astronomie Newsgroup (USA)

news://sci.astro

Newsgroup über wissenschaftliche Astronomie.

X-Ray Astronomy (USA)

www.xray.mpe.mpg.de/

Röntgenastronomische Forschungen am Max-Planck-Institut für extraterrestrische Physik.

Hubble

Aktuelle Meldungen von Hubble (USA)

news://sci.astro.hubble

Moderierte NASA-Newsgroup mit aktuellen Tagesmeldungen vom Hubble-Teleskop.

Hellste Stern, der (USA)

oposite.stsci.edu/pubinfo/pr/97/33.html

Das Hubble-Teleskop hat den bisher hellsten bekannten Stern identifiziert. Hier finden Sie Fotos und den Pressebericht.

Hubble Space Telescope Image Gallery (USA)

quest.arc.nasa.gov/hst/photo.html

NASA-Bildergalerie vom Hubble-Teleskop.

Hubble-Teleskop-Bilder (USA)

oposite.stsci.edu/pubinfo/pictures.html

Das Bildarchiv des Hubble-Teleskops liefert zahlreiche Bilder, teilweise in hohen Auflösungen.

Kometen

Comet Hale-Bopp (USA)

www.cnn.com/tech/9703/hale.bopp/

Fotos und Hintergrundinformationen von CNN zum Kometen Hale-Bopp.

Comet Observation (USA)

encke.jpl.nasa.gov/

Fotos und Sichtbarkeitsdaten von Kometen.

Comet Watch (USA)

cometwatch.com/

Das Puckett Observatorium hat sich auf Kometenbeobachtung spezialisiert. Hier finden Sie zahlreiche Infos und Fotos.

Comets & Meteor Showers (USA)

medicine.wustl.edu/~kronkg/

Daten über aktuell sichtbare Kometen und Meteore und eine Anzeige der aktuellen Mondphase.

Hale-Bopp (USA)

www.halebopp.com/

Chronologie und viele Fotos vom Kometen Hale-Bopp.

Hale Bopp Newsgroup (USA)

news://sci.astro.hale.bopp

Newsgroup um astronomische Fragen über den Kometen Hale-Bopp.

Hubble-Teleskop (USA)

oposite.stsci.edu/pubinfo/pr/97/08.html

Aufnahmen des Kometen Hale-Bopp mit dem Hubble-Teleskop.

International Comet Quarterly (USA)

cfa-www.harvard.edu/icq/icq.html

Vierteljährliches, wissenschaftliches Online-Magazin über Kometen.

Meteoriten

Asteroid Fact Sheet (USA)

nssdc.gsfc.nasa.gov/planetary/factsheet/asteroidfact.html

Astronomische Informationen über wichtige Asteroiden.

Asteroid Impact Hazards (USA)

impact.arc.nasa.gov/

Bilder und Forschung über Meteoriteneinschläge.

Asteroids and Comet Impacts (USA)

www.reston.com/astro/impacts.html

Aktuelle Meldungen über Asteroideneinschläge und Forschung.

Australian Spaceguard Survey (USA)

www1.tpgi.com.au/users/tps-seti/spacegd.html

Aktuelle Meldungen über Asteroiden, Berechnung der Gefahren und Todeswahrscheinlichkeiten.

Closest Approaches to the Earth (USA)

cfawww.harvard.edu/iau/lists/closest.html

Tabelle mit Asteroidenannäherungen der letzten Jahre.

Katastrophen durch Meteore (USA)

www.pibburns.com/catastro.htm

Theorien und Fakten zu Meteoriteneinschlägen und Kometen.

Leoniden (USA)

science.nasa.gov/newhome/headlines/ast07oct98_1.htm

Ein Meteoritenschauer zieht alle 32 Jahre an der Erde vorbei und erleuchtet den Himmel, bedroht dabei aber die Satelliten und damit die Kommunikation auf der Erde.

Natural Resources (USA) (F)

gdcinfo.agg.emr.ca/toc.html?/crater/world_craters.html

Karte mit ausführlichen Daten aller bekannten Meteoriteneinschläge auf der Erde.

Potentially Hazardous Asteroids (USA)

cfawww.harvard.edu/iau/lists/phacloseapp.html

Tabelle mit vorausberechneten gefährlichen Asteroidenannäherungen von 1999 bis 2099.

Solar System Collisions (USA)

janus.astro.umd.edu/astro/impact.html

Hier können Sie online die Folgen eines Meteoriten beliebiger Größe und Geschwindigkeit simulieren.

Spaceguard Foundation e. V. (USA) (D)

spaceguard.dlr.de/sgf/
spaceguard.dlr.de/sgf/sgfhome_eng.html

Die Spaceguard Foundation e. V. ist ein gemeinnütziger Verein, der es sich zum Ziel gesetzt hat, die Erforschung des erdnahen Weltraums zur Entdeckung, Beobachtung und Vermessung von erdnahen Asteroiden und Kometen (Near-Earth Objects – NEOs) zu unterstützen.

Threat of Impact by Near-Earth Asteroids, the (USA)

www.boulder.swri.edu/clark/hr.html

Wissenschaftliche Abhandlung über die Gefahren eines Asteroideneinschlags. Hier werden auch Wahrscheinlichkeiten über den Tod durch Asteroideneinschlag angegeben.

Mond

Berühmte Mondkrater (USA)

www-groups.dcs.st-and.ac.uk/~history/societies/lunarfeatures0.html

Viele Mondkrater wurden nach berühmten Wissenschaftlern benannt. Hier finden Sie eine ausführliche Liste mit Biographien.

Bilder vom Mond (USA)

www.nrl.navy.mil/clementine/clib/

Der amerikanische Satellit Clementine hat den Mond rund herum fotografiert. Hier können Sie interaktiv bestimmte Koordinaten angeben und sich ein Foto der jeweiligen Gegend auf dem Mond ansehen.

Earth and Moon Viewer (USA)

www.sofia.dlr.de/

Hier können Sie den Mond und die Erde zu einer beliebigen Zeit betrachten.

Erde und Mond Newsgroup (USA)

news://alt.planets.earth.moon

Newsgroup um astronomische Fragen über Erde und Mond.

Lunar Almanac (USA)

www.reston.com/astro/lunar/almanac.html

Die einen schreiben ihm magische Kräfte zu, die anderen finden ihn ganz einfach nur schön: der Mond. Alles rund um den ungewöhnlichen Trabanten der Erde erfährt man im Lunar Almanac.

Mondkalender (USA) (D)

www.vrz.net/mond/

Ein Mondphasenkalender mit Anzeige der Sternbilder, in denen der Mond gerade steht.

Mondphasen (USA)

www.nrm.se/cosmonova/moonphases.html.en

Ausführliche Beschreibung der Mondphasen mit Mondkalender.

Nine Planets, the (USA)

seds.lpl.arizona.edu/billa/tnp/

Ausführliche Texte und Fotos über den Mond und alle Planeten unseres Sonnensystems.

Pluto

Astronomische Fakten (USA)

www.seds.org/billa/tnp/pluto.html

Astronomische Informationen und weitere Links zum Pluto und seinem Mond Charon.

Entdeckung des neunten Planeten (USA)

www.jpl.nasa.gov/ice_fire//9thplant.htm

Hier berichtet Clyde Tombaugh, der Entdecker des Plutos, über seine Anstrengungen, den neunten Planeten zu finden.

Pluto Homepage (USA)

dosxx.colorado.edu/plutohome.html

Informationen über den Pluto, Bilder vom Hubble-Teleskop, Planetensymbole und weitere Links.

Pluto-Links (USA)

www.lowell.edu/users/buie/pluto/sites.html

Zahlreiche Links auf interessante Seiten über den fernsten Planeten.

Pluto-Kuiper Express (USA)

www.jpl.nasa.gov/ice_fire//pkexprss.htm

NASA-Projekt einer Raumsonde zum Pluto im Jahre 2010.

Sonnenfinsternis

Bild der Wissenschaft (D)

www.wissenschaft.de/bdw/sofi99/

Astronomische Hinweise, Beobachtungstips, Countdown-Kalender und weitere Infos zur Sonnenfinsternis. Außerdem eine Leserreise nach Stuttgart, einen Ort auf der zentralen Linie der Totalitätszone.

Deutscher Wetterdienst (D)

www.dwd.de/general/eclipse/

Informationen des deutschen Wetterdienstes zur Sonnenfinsternis und Landkarten mit dem Verlauf der Totalitätszone und zeitlichem Ablauf an verschiedenen Orten.

Deutsches Museum (D)

www.deutsches-museum.de/info/veranst/sofi.htm

Programm des Deutschen Museums zur Sonnenfinsternis.

ESO (USA)

www.eso.org/outreach/info-events/eclipse99/

Zahlreiche Links mit Webseiten zur totalen Sonnenfinsternis über Europa.

Internet Planetarium, das (USA) (D)

www.astronomie.de/vorschau/java/sonnenfinsternis.htm

Java-/VRML-Simulation der Sonnenfinsternis (läuft nicht mit jedem Browser).

Münchner Volkssternwarte (USA) (D)

www.lrz-muenchen.de/~t7121bl/astro/sofi.html
www.lrz-muenchen.de/~t7121bl/astro/sofi_e.html

Programm der Münchner Volkssternwarte zur Sonnenfinsternis.

NASA (USA)

sunearth.gsfc.nasa.gov/eclipse/tse1999/tse1999.html

Ausführliche wissenschaftliche Informationen der NASA zur Sonnenfinsternis.

Solar Eclipse August 1999 Symposium (USA)

neptun.uni-sw.gwdg.de/sonne/eclipse99_conference.html

Symposium der Amateurastronomen zur Sonnenfinsternis.

Sonne (USA) (D)

iphcip1.physik.uni-mainz.de/~astro/eclipse99/

Zahlreiche Links zur Sonnenfinsternis in Europa, Beobachtungsorte und Webcams.

Sonnenfinsternis 1999 (D)

www.sonnenfinsternis1999.de/

Geschichtliche, kuriose und poetische Texte zu Sonnenfinsternissen, das Stuttgarter Sonnenfestival 99 und eine Webcam.

Studentenprojekte zur Sonnenfinsternis (USA)

www.eso.org/outreach/spec-prog/aol/market/collaboration/eclipse99/

Weltweite Projekte zur Sonnenfinsternis.

Sternwarten

Calar Alto (USA)

www.mpia-hd.mpg.de/caha/

Fotos und technische Informationen über die europäische Sternwarte auf dem Calar Alto, Spanien. Aktuelle News und technische Beschreibungen der Geräte.

CFHT (USA)

www.cfht.hawaii.edu/

Virtuelle Tour durch das Canadian France Hawaii Teleskop in Waimea, Hawaii. Aktuelle News, Fotos und eine Webcam.

European Southern Observatory (USA)

www.eso.org/

Aktuelle News und Bilder von der europäischen Südsternwarte in Chile. Außerdem zahlreiche weitere astronomische Infos.

Griffith Observatory (USA)

www.GriffithObs.org/

Das Griffith Observatorium in Los Angeles bietet hier einen virtuellen Rundgang und dazu astronomische Informationen über Planetenpositionen, Mondphasen, Sonnenauf- und Untergänge sowie Gezeitentabellen. Hier können Sie sehen, wie sich die fünf klassischen Planeten Merkur, Venus, Mars, Jupiter, Saturn am 5.5.2000 so nah aneinander annähern, wie dies bis zum Jahre 2675 nicht mehr passieren wird.

Kopernik Space Center (USA)

www.kopernik.org/

Die öffentlich zugängliche Sternwarte in Binghamton, NY, USA zeigt hier zahlreiche Fotos von Planeten und Sternen.

Mount Palomar (USA)

astro.caltech.edu/observatories/palomar/

Die größte Sternwarte der Welt auf dem Mount Palomar in Kalifornien zeigt zahlreiche Fotos der Anlage und solche von Sternen, Videoclips, wissenschaftliche Daten und Besucherinformationen.

Mount Wilson Observatory (USA)

www.mtwilson.edu/

Virtueller Rundgang durch die Sternwarte auf dem Mount Wilson mit zahlreichen Fotos.

National Radio Astronomy Observatory (USA)

www.nrao.edu/

Das nationale amerikanische Radioobservatorium beschreibt die Grundlagen der Radioastronomie sowie seine Forschungsprojekte und Antennen. Dazu einige Radioaufnahmen des Sonnensystems und anderer Galaxien.

Sternwarte Greenwich (USA)

www.rog.nmm.ac.uk/

Die Sternwarte von Greenwich auf dem Nullmeridian legt die Zeit für die ganze Welt fest. Hier finden Sie zahlreiche Informationen über Zeit, die Sonnenfinsternis 1999 und Fotos von Planeten und Sternen sowie astronomische Informationen.

Vatikan Observatorium (USA)

clavius.as.arizona.edu/vo/

Die Sternwarte im Vatikan dokumentiert ihre Geschichte und technische Informationen über die Geräte, dazu Veröffentlichungen über interdisziplinäre Forschung.

Volkssternwarte Hagen (D)

www.sternwarte.bnet.de/

Veranstaltungsprogramm der Volkssternwarte Hagen, Fotos von Sternen und Kometen, Texte über veränderliche Sterne und die Wetterstation.

Volkssternwarte Paderborn (USA) (D)

members.aol.com/astroobspb/
members.aol.com/astroobspb/contents.htm

Veranstaltungsprogramm der Volkssternwarte Paderborn und Vorstellung des Inter-SOL-Projekts.

Meteorologie

Bureau of Meteorology (USA)

www.bom.gov.au/

Das australische Bureau of Meteorology befaßt sich mit dem globalen Klimawandel, seinen Ursachen und Auswirkungen. Klimakarten und -graphen verdeutlichen klimatische Schwankungen und Tendenzen. Auch auf die Qualitätsfragen in Sachen Klimadaten wird eingegangen. Außerdem gibt es hier Wettervorhersagen für Australien und eine Langzeitvorhersage für die Olympischen Spiele 2000.

Deutscher Wetterdienst (USA) (D)

www.dwd.de/

Der deutsche Wetterdienst liefert Wettervorhersagen, aber auch Forschungsberichte und einen Zugang zu seiner Bibliothek.

Deutsches Klimarechenzentrum (USA) (D)

www.dkrz.de/
www.dkrz.de/index-eng.html

Klimadatenkataloge, Projekte im Bereich der Klimaforschung, Klimaschutzfond, aktuelle Meldungen und weitere Links.

Institut für Atmosphärische Umweltforschung (USA) (D)

www.ifu.fhg.de/

Das Fraunhofer-Institut für Atmosphärische Umweltforschung erforscht mit einem Ultraleichtflugzeug die untere Troposphäre.

Meteorologie Newsgroup (USA)

news://sci.geo.meteorology

Newsgroup über Meteorologie.

Meteosat (USA)

www.nottingham.ac.uk/meteosat/

Die aktuellen Meteosat-Bilder zum Download.

Ozonloch, das (D)

www.hagen.de/ozon/ozon_i.htm

Im letzten Jahr erreichte der Ozonabbau über der Antarktis eine neue Rekordmarke. Mittlerweile größer als die gesamten Vereinigten Staaten ist das Loch im schützenden Mantel der Erde. Wie es zu dieser verheerenden Entwicklung kommt, erfährt man auf diesen Seiten. Dazu ein Glossar zur Atmosphäre und Ozonzerstörung.

Temperaturkarte Europa (D)

www.met.fu-berlin.de/wetter/maps/tt_europa.html

Grafische Darstellung der Bodentemperaturen in Europa, täglich aktualisiert.

Top Karten (D)

www-imk.physik.uni-karlsruhe.de/~gmueller/topkarten/

Wissenschaftliche Radarkarten, Satellitenbilder, Tabellen vom Institut für Meteorologie und Klima der Uni Karlsruhe.

Treibhauseffekt, der (USA)

www.meto.umd.edu/~owen/chpi/logix/lxinx123.htm

Was man überhaupt unter Treibhauseffekt versteht, wie es dazu kommt und wie Prognosen der Klimaveränderung aussehen, erklärt Professor Owen Thompson von der amerikanischen University of Maryland.

Wetterbeobachter gesucht (D)

www.dwd.de/general/observer.html

Der Deutsche Wetterdienst sucht ehrenamtliche Beobachter für den Klimadienst. Informieren Sie sich hier.

Wetterextreme auf der Erde (D)

www.met.fu-berlin.de/~stefan/extrem.html

Wo wurde der größte Temperatursturz innerhalb von zwölf Stunden gemessen, oder wo hat es in einer Woche am meisten geregnet? Diese und andere meteorologische Rekorde finden Sie hier.

World Meteorological Organization (USA) (F)

www.wmo.ch/
www.wmo.ch/welcome-fr.html

Die World Meteorological Organisation berichtet über Art und Ergebnisse ihrer zahlreichen Projekte zur Erforschung des Klimas. Unter anderem zählt auch eine aktuelle Inforubrik zu El Niño dazu.

Funkwetter

Aurora Bake DKOWCY (D)

members.aol.com/dk0wcy/story.htm

Die Amateurfunkbake DK0WCY in Scheggerott bei Flensburg sendet ständig Funkwettermeldungen im Amateurfunkband.

Solar Radio Programme (USA)

www.drao.nrc.ca/icarus/www/sol_home.shtml

Die Solar Radio Noise Patrol in Kanada liefert hier ständig aktuelle Daten zur Sonnenfleckenaktivität.

Gewitter

Ball lightning (USA)

www.padrak.com/ine/elewis3.html

Wissenschaftliche Abhandlung über Kugelblitze.

Lightning Safety Institute (USA)

www.lightningsafety.com/

Das Amerikanische Institut für Gewitterschutz gibt hier katastrophenstabsmäßige Verhaltensregeln bei Gewittern, Tips zum Bau von Blitzableitern und Todesstatistiken durch Gewitter. Alles sehr amerikanisch!

Lightning – Space Photography (USA)

www.prazen.com/cori/

Viele Fotos von Gewittern und einige Fakten und Vorsichtsmaßnahmen.

Lightning Page, the (USA)

wvlightning.com/

Fotos und Sound-Dateien von Gewittern, Berichte von Leuten, die vom Blitz getroffen wurden, sowie ein Gewittersimulationsprogramm zum Download. Alles garniert mit Texten einer christlichen Organisation.

Lightning Photography (USA)

www.ozemail.com.au/~mbath/

Viele Fotos von Gewittern und Tips zur Gewitterfotografie.

Polarlichter

Aurora Page (USA)

www.geo.mtu.edu/weather/aurora/

Berichte, Bilder und Sichtbarkeiten von Polarlichtern, dazu viele weitere Links.

Geophysikalisches Institut Alaska (USA)

www.pfrr.alaska.edu/~pfrr/aurora/

Das geophysikalische Institut der Universität Alaska informiert über Nordlichter und gibt aktuelle Vorhersagen für die Nordlichtaktivität über Alaska und der nördlichen Hemisphäre heraus.

Kiruna All-Sky Camera (USA)

snake.irf.se/optlab/asc/

Eine Kamera in Kiruna, Schweden, liefert Rundumbilder vom Polarhimmel, außerdem weitere Informationen zur Polarlichtaktivität.

Moray Firth, Scotland (USA)

www.users.zetnet.co.uk/astro_pics/

Fotos und Beobachtungsdaten von Nordlichtern über Schottland.

Natural Radio (USA)

www.triax.com/vlfradio/natradio.htm

Im Zusammenhang mit Polarlichtern kommt es auch zu elektromagnetischen Wellen im hörbaren Bereich. Hier wird dieses Phänomen beschrieben und es gibt auch ein paar Audio-Dateien mit derartigen Aufnahmen.

Nordlysstasjonen (USA)

haldde.unis.no/

Eine Forschungsstation in Longyearbyen, Norwegen, sendet aktuelle Bilder und Daten der Polarlichtaktivität.

Vorhersagen (USA)

www.sel.noaa.gov/pmap/

Grafische Darstellung der beiden Pole mit Vorhersage der Polarlichtaktivität.

Stürme

El Niño (USA)

www.pmel.noaa.gov/toga-tao/el-nino/nino-home.html

Rund um die Erde sind die Auswirkungen des Christkindes, El Niño, zu spüren. Überschwemmungen infolge extremer Regenfälle, Dürrekatastrophen und Fischsterben sind nur einige der Folgen des Wetterphänomens im Pazifik. Was genau es damit auf sich hat, wie der aktuelle Stand der Entwicklung ist und an welchen Stellen die Forschung noch ratlos ist, erfährt man bei der amerikanischen National Oceanic and Atmospheric Administration.

Hurricane Watch (USA)

www.netcreations.com/hurricane/

Aktuelle Informationen zu Hurrikanen mit Satellitenbildern.

Meteorologische Grundlagen (USA)

www.usatoday.com/weather/wtwist7.htm

Meteorologische physikalische Grundlagen, wie und warum ein Tornado entsteht.

Tornado Project online (USA)

www.tornadoproject.com/

Berichte, Bilder und Daten der Tornados über Amerika in den letzten 50 Jahren.

Tornado Safety Tips (USA)

www.kwtv.com/wx/wxtips.htm

Sicherheitsratschläge bei Tornados von einem amerikanischen Fernsehsender.

Tornado-Warnung (USA)

www.itlnet.net/web/tornado/tornado.htm

Was macht man, wenn ein Tornado naht. Hier finden Sie Sicherheitsratschläge und Fotos.

TORRO – Tornado and Storm Research Organisation (USA)

www.torro.org.uk/

Die britische Tornado and Storm Research Organisation klärt über Wirbelstürme auf. Neben guten Informationen über die Stürme der letzten Jahre stehen auch zahlreiche Bilder zum Download zur Verfügung.

Turbulent Landscapes (USA)

www.exploratorium.edu/complexity/

Virtuelle Ausstellung über Wirbelstürme, deren Folgen und die Forschung darüber.

Wassertemperaturen

Europa (USA)

www.uni-koeln.de/math-nat-fak/geomet/meteo/winfos/snoweuropa.gif

Landkarte mit den Wassertemperaturen der europäischen Meere und Schneehöhen auf dem Land.

Klimaanomalien (USA)

www.fnoc.navy.mil/otis/otis_glbl_sstanomaly.gif

Eine Temperaturkarte zeigt aktuelle Klimaanomalien.

Mittelmeer (Ost) (USA)

www.nemoc.navy.mil/library/metoc/mediterranean/eastern%2bmed/satanal/ofa/color%2bcomposite/

Landkarte mit den Wassertemperaturen des östlichen Mittelmeeres und des Schwarzen Meeres.

Mittelmeer (West) (USA)

www.nemoc.navy.mil/library/metoc/mediterranean/western%2bmed/satanal/ofa/color%2bcomposite/

Landkarte mit den Wassertemperaturen des westlichen Mittelmeeres.

Weltweit (USA)

www.fnoc.navy.mil/otis/otis_glbl_sst.gif

Landkarte mit den Wassertemperaturen weltweit.

Wettervorhersagen

CNN (USA)

www.cnn.com/weather/

Wettervorhersage für die wichtigen Städte der ganzen Welt.

Deutscher Wetterdienst (D)

www.dwd.de/forecasts/deufrm.htm

Das aktuelle Deutschlandwetter mit Wetterkarte und Vorhersagen. Wetterflug-Animation und 3-D-Citywetter für Berlin und Frankfurt.

Donnerwetter (D)

www.donnerwetter.de/

Deutschland-, Regional- und Reisewetter, Pollenflug, Straßenzustand, Satellitenbilder, Wettergrußkarten, astronomische Daten und Links zu Live-Kameras in ganz Deutschland. Aktuelle Wetterberichte auch als E-Mail.

Focus – Traxxx Reisewetter (D)

focus.de/d/dr/drw/drw.htm

Wettervorhersagen weltweit, Tips gegen UV-Strahlung, Infos zu Lawinen, Wirbelstürmen, Erdbeben.

Meteomedia (D)

www.meteomedia.ch/

Wetterbericht für die Schweiz und die Bodenseeregion.

Netscape (USA)

weather.netscape.com/

Personalisierbarer Wetterbericht für die eigene Startseite. Satellitenbilder, Radarbilder, historisches Wetter.

Paperball (D)

www.paperball.de/wetter/wetter.html

Zweimal täglich aktualisierte Wettervorhersage für die deutschen Großstädte und Inseln.

Weather & Climate (USA)

grads.iges.org/pix/

Wettervorhersagen mit Temperaturkarten für die ganze Welt sowie El Nino-Vorhersagen.

Weather.com (USA)

www.weather.com/

Wettervorhersagen für Amerika und den Rest der Welt, Funk- und Biowetter sowie aktuelle Meldungen und Katastrophenberichte.

Einheitenumrechner von Celsius in Fahrenheit und zurück.

Weatherpost (USA)

weatherpost.com/

Wettervorhersagen für 3.600 Städte weltweit. Satellitenbilder, historisches und internationales Wetter.

Wetter.de (D)

www.wetter.de/

Wettervorhersage für Deutschland, Österreich und die Schweiz mit Lokalwetter nach Postleitzahlgebieten.

Wetterleuchten (D)

www.wetterleuchten.de

Aktuelle Wettervorhersagen, Wetterkarte, Reisewetter, Astro-Wetter, Pollenflug, Satellitenbilder und ein Meteorologieglossar.

Wetternews (D)

www.wetternews.de/

Aktuelles Deutschlandwetter, Wintersportwetter, Alpenstraßenbericht, Hochwasserinfos, Pollenflug, UV-Prognose und Satellitenbilder.

WetterOnline (D)

www.wetteronline.de/

Aktuelles Wetter, Vorhersagen, Rückblick, Klima, Niederschläge, Wind, Wassertemperaturen, Segelwetter und Satellitenbilder weltweit.

Planetarien

Adler Planetarium (USA)

www.adlerplanetarium.org/

Programmvorschau des Adler Planetariums und Astronomie-Museums in Chicago, Neuheiten, Ausstellung, Webcam.

Cosmonova (USA)

www.nrm.se/cosmonova/

Programm des Cosmonova Planetariums und Omnimax Kinos in Stockholm, Schweden, Sternenkarten, Sternbilder, Auf- und Untergangszeiten von Sonne, Mond und Planeten sowie weitere Links.

EuroPlaNet (USA)

www.artofsky.com/epn/

EuroPlaNet ist eine Organisation europäischer Planetarien. Hier finden Sie ausführliche Listen mit Planetarien sowie aktuelle News zu Planetariumstechnik und Astronomie.

Fehler beim Stern von Bethlehem (USA)

www.griffith0bs.org/ipschristmaserrors.html

Die bekannten weihnachtlichen Planetariumsvorstellungen „Stern von Bethlehem" enthalten meistens einen großen astronomischen Fehler, der hier beschrieben wird.

Forum der Technik (D)

www.fdt.de/

Programm des Planetariums und IMAX-Kinos im Forum der Technik, München.

Loch Ness Productions (USA)

www.lochness.com/

Hersteller von Planetariumsshows, Skripts und Musik. Hier finden Sie Bilder und Musikbeispiele aus aktuellen Produktionen.

Northern Lights Planetarium (USA)

www.uit.no/npt/homepage-npt.en.html

Programm des Northern Lights Planetariums in Tromsö, Norwegen, mit Texten und Videos über Nordlichter.

Planetarien in Frankreich (F)

astro.u-strasbg.fr/obs/planetarium/aplf.html

Liste und Landkarte mit Planetarien in Frankreich und ihren aktuellen Programmen.

Planetarium Bochum (D)

www.bochum.de/bochum/bosehe4.htm

Programm des Planetariums Bochum.

Planetarium Bremen (D)

www.rz.hs-bremen.de/planetarium/

Programm des Planetariums der Seefahrtschule Bremen mit Sonderveranstaltungen und zahlreichen interessanten astronomischen Informationen.

Planetarium de Saint-Etienne (F)

ourworld.compuserve.com/homepages/planetarium/

Programm und Sonderausstellungen des Planetariums. Countdown bis zur Sonnenfinsternis.

Planetarium Hamburg (D)

www.hamburg-cityguide.de/planeta.html

Programm des Planetariums Hamburg.

Planetarium Mannheim (D)

www.mannheim.de/planetarium/

Programm des Planetariums Mannheim.

Planetarium Moers (D)

www.physik.de/mao/

Programm des (sehr kleinen) Planetariums Moers. Programm und Ausschreibung des astronomischen Abenteuercamps.

Planetarium Münster (D)

www.lwl.org/naturkundemuseum/

Programm des Planetariums im Museum für Naturkunde. Überblick über die Ausstellungsbereiche des Museums.

Planetarium Stuttgart (USA) (D)

www.s.shuttle.de/hk1000/plan.html

Programm des Planetariums Stuttgart, aktuelle Sonderveranstaltungen und Vorschau auf die Sonnenfinsternis.

Planetarium Wolfsburg (D)

www.wolfsburg.de/wobline/kultur/planet/index.htm

Informationen des Planetariums Wolfsburg. Das Programm ist leider schwer zu finden.

Tycho Brahe Planetarium (USA)

www.tycho.dk/

Programm des Tycho Brahe Planetariums in Kopenhagen, Dänemark, mit Berichten von der Tycho Brahe Expedition nach Grönland.

Zeiss (USA) (D)

www.zeiss.de/zeiss/deutsch/home.nsf/frame/ast_75jahre.html
www.zeiss.de/zeiss/english/home.nsf/frame/ast_75jahre.html

75 Jahre Zeiss-Planetarien. Hier finden Sie alles über den wichtigsten Hersteller von Planetariumsprojektoren.

Raumfahrt

Afterlives of Astronauts, the (USA)

www.discovery.com/tlcpages/blastoff/blastoff.html

Texte und Bilder über das Leben von Astronauten.

Are we alone in the universe? (USA)

Library.advanced.org/11272/

Hier finden Sie verschiedenste Weltraumthemen, von astronomischen Informationen zu unserem Sonnensystem über NASA-Missionen und Astronautentests bis zu ungeklärten Mysterien und UFOs.

Astronaut resources, the (USA)

www.geocities.com/capecanaveral/6098/

Was braucht man, um Astronaut zu werden. Hier werden Auswahltests und Training beschrieben.

Astronauten (USA)

www.jsc.nasa.gov/bios/bigastrolist.html

Kurzbiographien und Fotos aller NASA-Astronauten und Kandidaten, die zur Zeit im Dienst sind. Dazu gehören auch russische Kosmonauten, die an gemeinsamen Projekten beteiligt sind.

Canadian Space Agency (USA) (F)

www.space.gc.ca/

Aktuelle Meldungen aus der kanadischen Weltraumbehörde.

Cassini (USA)

www.jpl.nasa.gov/cassini/

Offizielle Webseite der Cassini-Mission zum Saturn. Hier können Sie den aktuellen Verlauf der Mission nachlesen. Eine Computersimulation zeigt ständig die aktuelle Position der Sonde.

D-Astronauten (USA) (D)

astro.co.kp.dlr.de/
astro.co.kp.dlr.de/e_astro.htm

Vorstellung der deutschen Astronauten und Fotos der D1-Mission.

Deutsches Zentrum für Luft- und Raumfahrt (USA) (D)

www.dlr.de/

Informationen über Forschung und Entwicklung bei DLR, über die internationale Raumstation und eine interaktive Seite mit Kinderprogramm.

Dragon in Space (USA)

www.geocities.com/capecanaveral/launchpad/1921/

Private Seite mit vielen Informationen und Fotos zur chinesischen Raumfahrt, die sonst nirgends zu finden sind.

Institut für Kurzzeitdynamik, Fraunhofer (D)

www.emi.fhg.de

Das Fraunhofer Institut für Kurzzeitdynamik, Ernst-Mach-Institut Freiburg, macht Forschungen über die Kollision von Weltraummüll und Meteoriten mit Raumfahrzeugen.

German Space Net (D)

www.raumfahrt.de/

Aktuelle Raumfahrtbegriffe für den Anfänger verständlich gemacht.

India in Space (USA)

www.isro.org/

Die indische Weltraumorganisation stellt ihre Projekte vor.

Johnson Space Center Houston (USA)

www.jsc.nasa.gov/

Hier finden Sie Informationen über aktuelle Raumfahrtprojekte der NASA und ein aktuelles Online-Magazin. Presseinformationen, Kinderprogramm; Fotos und aktuelle Meldungen der Shuttle-Missionen.

Kennedy Space Center (USA)

www.ksc.nasa.gov/

Das Kennedy Space Center liefert Informationen über Shuttles und Möglichkeiten, um für zahlende Kunden Satelliten und andere Fracht in den Weltraum zu schaffen.

Liftoff to Space (USA)

liftoff.msfc.nasa.gov/

Das Marshall Space Flight Center zeigt hier ein interaktives 3-D-Modell des Sonnensystems, aktuelle Positionen der ISS, MIR und der Shuttles, Sichtbarkeit von Satelliten an jeder Stelle auf der Erde mit einem interessanten 3-D-Modell sowie News aus Raumfahrt und Wissenschaft.

My little Space Museum (USA)

www.interaxs.net/pub/spacey/

Sammlung zahlreicher Fotos aus der Pionierzeit der bemannten Raumfahrt und der Mondlandungen. Hier finden Sie auch ausführliche Informationen über das geplante und dann wieder abgesagte russische Projekt einer bemannten Mondlandung.

NASA (USA)

www.nasa.gov/

Die offizielle Webseite der NASA bietet viele Informationen, ist aber nicht sehr übersichtlich.

NASA Human Space Flight (USA)

spaceflight.nasa.gov/index-n.html

Ausführliche Infos über die bemannte Raumfahrt der NASA mit Bildern und Videos. Biographien und Speiseplan der aktuellen Space Shuttle Mission.

Nasa Watch (USA)

www.reston.com/nasa/watch.html

Kritische Betrachtung der NASA-Aktivitäten.

National Space Society (USA)

www.nss.org/

Im Astronautenarchiv der National Space Society können Sie Astronauten befragen. Dazu gibt es zahlreiche Veröffentlichungen.

Permanent (USA)

www.permanent.com/

Visionen über eine permanente Kolonie im All. Alle Fakten sind wissenschaftlich dargelegt, hier ist die Grenze zur Science-fiction fließend.

Raumfahrtgeschichte Newsgroup (USA)

news://sci.space.history

Newsgroup zur Geschichte der bemannten und unbemannten Raumfahrt.

Shuttle Start-Pläne (USA)

www-pao.ksc.nasa.gov/kscpao/schedule/schedule.htm

Ausführliche Dokumentation der kommenden Shuttle-Starts mit Aufgaben, Crew und Videos vergangener Starts.

Space & Flight Launchpad (USA)

www.spaceandflight.com/

Aktuelle Infos, Kalender, zahlreiche Links auf Weltrauminformationen.

Space Memorial, the (USA)

www.isid.es/nautas/index_e.html

Virtuelles Denkmal für vier russische Kosmonauten und zehn amerikanische Astronauten, die bei Raumflügen ums Leben gekommen sind.

Space Shuttle Newsgroup (USA)

news://sci.space.shuttle

Newsgroup über das Space Shuttle Programm der NASA.

Space Today (USA)

www.flatoday.com/space/today/

Täglich aktuelle Meldungen aus der Weltraumfahrt. Hier finden Sie auch die Termine der nächsten Starts weltweit.

Spacer.com (USA)

www.spacer.com/

Täglich aktuelle Meldungen aus der Raumfahrt. Zahlreiche weitere Links und technische Informationen.

Spaceviews (USA)

www.spaceviews.com/

Wöchentliches Online-Magazin zu aktuellen Raumfahrt-Themen.

To the stars (USA)

www.space.org/

Visionen zu einer zukünftigen Nutzung des Weltraums und eine Datenbank mit wichtigen NASA-Missionen.

Venturestar (USA)

www.venturestar.com/

Multimediale Präsentation des Venturestar-Projekts mit wiederverwendbaren Shuttles für kommerzielle Frachten. Fotos, Webcams, Screensaver.

Ariane

Ariane 5 (USA) (F)

www.esrin.esa.it/esa/ariane/launch.html
www.cnes.fr/acces_espace/campagne_ariane5.html

Der Start der Ariane 503 mit Fotos und Computeranimationen.

Arianespace (USA) (F)

www.arianespace.com/

Der Hersteller der Ariane-Raketen zeigt aktuelle News, Starttermine und Fotos.

CNES (USA) (F)

www.cnes.fr/

Die französische Weltraumorganisation stellt ihre Projekte vor und zeigt Fotos und Videos vom Ariane 503 Start.

ESA (USA)

www.esa.int/

Die europäische Weltraumbehörde (European Space Agency) veröffentlicht technische Informationen, Bilder und Videoclips über die europäischen Raumfahrtprojekte Ariane und andere.

Galileo

'BOTTLE BLONDE' Wasserstoffperoxid auf Europa (USA)

www.jpl.nasa.gov/releases/99/europaperoxide.html

NASA-Meldung, nach die Galileo-Sonde auf dem Jupitermond Europa das Bleichmittel Wasserstoffperoxid gefunden hat.

Galileo (USA)

www.jpl.nasa.gov/galileo/

Die offizielle Seite der NASA zum Flug der Galileo-Sonde zum Jupiter. Zahlreiche Fotos, technische Informationen und Computeranimationen von den Vorbeiflügen an Monden und Planeten. News und viele weitere Links.

Galileo-Mission (USA) (D) (F)

www.ba.dlr.de/ne/pe/galileo.html

Die Galileo-Mission zum Jupiter.

Nasa Ames Research Center (USA)

ccf.arc.nasa.gov/galileo_probe/

NASA-Seite mit der technischen Beschreibung der Galileo-Sonde und aktuellen Ergebnissen der Mission.

Vulkane auf Io (USA)

www.jpl.nasa.gov/releases/98/iohot.html

NASA-Meldung, nach der Galileo auf dem Jupitermond Io Vulkanausbrüche fotografiert hat.

Hipparcos

Hipparcos-Kataloge (USA)

cdsweb.u-strasbg.fr/hipparcos.html

Kataloge mit den Daten, die Hipparcos aufgenommen ha7t.

Hipparcos Space Astrometry Mission (USA)

astro.estec.esa.nl/hipparcos/

Ein Satellit hat den Himmel in unglaublicher Genauigkeit vermessen.

ISS

Boeing (USA)

www.boeing.com/defense-space/space/spacestation/

Der Hersteller von großen Teilen der ISS zeigt RealVideo-Animationen, Bilder und Berichte vom Bau der Teile.

International Space Station (D)

rp-online.de/iss/intro/intro.htm

Technische Informationen und viele Bilder zur Planung und zum Bau der International Space Station.

NASA – International Space Station (USA)

station.nasa.gov/

Die offizielle Seite der NASA zur internationalen Weltraumstation.

NASA Observatorium (USA)

observe.ivv.nasa.gov/nasa/spacefly/iss/iss_1.html

Bilder und Texte über die geplante International Space Station.

Raumstation Alpha (D)

clan.ch/laeubli/weltall/alpha.htm

Technische Informationen, Modellbilder und ein ausführlicher Flugplan für den Zusammenbau der ISS.

Start zur Internationalen Raumstation (D)

surf.web.de/specials/98_44_Raumstation/

Bericht vom Start des ISS-Programms Ende 1998, das noch einige Jahre andauern wird. Hier finden Sie Links auf alles Wissenswerte zur ISS.

Mars

CMEX – Center for Mars Exploration (USA)

cmex-www.arc.nasa.gov/

Hier informiert die NASA über aktuelle News der Marsexpeditionen, über die geplante nächste Marslandung 2001 und aktuelle Bilder vom Mars Global Surveyor.

Leben auf dem Mars (USA)

www.fas.org/mars/

Forschungsergebnisse über Leben auf dem Mars.

Malin Space Science Systems (USA)

www.msss.com/

Der Hersteller von Meßinstrumenten und Kameras auf den NASA-Mars-Sonden zeigt hier zahlreiche Bilder der Global Surveyor-Kamera.

Mars Exploration Program (USA)

mars.jpl.nasa.gov/

Die aktuellen Mars-Missionen der NASA.

Mars Microrover (USA)

mars.sgi.com/rovercom/rovcom.html

Die ausfürlichsten technischen Informationen über das Sojurner Fahrzeug der letzten Mars-Mission und telemetrische Daten.

Mars Newsgroup (USA)

news://alt.life-mars

Newsgroup über den Mars und eventuelles Leben dort.

Mars Orbiter Laser Altimeter (MOLA) (USA)

ltpwww.gsfc.nasa.gov/tharsis/mola.html

Ausführliche Dokumentation der Ergebnisse des MOLA-Projekts.

Marsokhod Simulation (USA)

web99.arc.nasa.gov/~mars/marsokhod/

Die NASA führt in der Wüste Tests für das neue amerikanisch-russische Marsfahrzeug Marsokhod durch. Hier sehen Sie Fotos und Testberichte.

Mission Mars (USA)

library.advanced.org/10274/

Visionen zu einer Kolonie auf dem Mars.

Sauerstoff aus „Marsluft" (D)

www.g-o.de/kap12/12dcb002.htm

Experiment der NASA als erster Schritt zur bemannten Marsmission?

Tägliche Wetterbericht vom Mars, der (USA)

nova.stanford.edu/projects/mgs/dmwr.html

Aktuelle Wetterberichte vom Global Surveyor Projekt aus einem Mars-Orbit.

Whole Mars Catalog, the (USA)

www.reston.com/astro/mars/

Alles über den Mars in Forschung und Fiktion. Pläne zu Marsmissionen und politische Aussagen über eine spätere Besiedelung.

Mond

Aldrin, Buzz (USA)

www.buzzaldrin.com/

Biographie von Buzz Aldrin, dem zweiten Menschen auf dem Mond.

Apollo (USA)

www.nasm.edu/apollo/

Das National Air and Space Museum dokumentiert das Apollo-Programm und die wichtigsten wissenschaftlichen Erkenntnisse, die daraus gewonnen wurden. Hier können Sie auch nachlesen, in welchen Museen sich die Apollo-Kapseln heute befinden (die Apollo 10 ist als einzige in Europa, im Science Museum in London).

LunaCorp (USA)

www.lunacorp.com/

LunaCorp entwickelt zusammen mit dem Robotics Institute of Carnegie Mellon University ein Projekt zur Erforschung des Mondes mit einem Roboterfahrzeug.

Lunar and planetary Institute (USA)

cass.jsc.nasa.gov/lpi.html

3-D-Modell des Sonnensystems, Fotos verschiedener Planeten und des Mondes. Ausführliche Dokumentation des Mondlandeprogramms der NASA mit allen Apollo-Missionen und früheren Projekten.

Rußland

Apollo-Soyuz-Mission (USA)

www.hq.nasa.gov/office/pao/history/sp-4209/toc.htm

Detaillierte NASA-Dokumentation der ersten gemeinsamen russisch-amerikanischen Raumfahrtmission.

MIR 97 (D)

www.kp.dlr.de/pressestelle/mir/mir97.htm

Tagebuch und Fotos der deutsch-russischen MIR-Mission.

Russian Aerospace Guide (USA)

www.mcs.net/~rusaerog/

Aktuelle Nachrichten, Fotarchive und ausführliche Beschreibungen der russischen Raumschiffe.

Russian Space Agency (USA)

www.rka.ru/

Die offizielle Webseite der russischen Weltraumbehörde beschreibt die Projekte, Aktivitäten und internationalen Kooperationen. Ein Teil der Meldungen nur in Russisch.

Russian Space Agency (NASA-Seite) (USA)

liftoff.msfc.nasa.gov/rsa/rsa.html

Die russische Weltraumbehörde stellt sich auch auf dem Webserver der NASA vor. Hier gibt es Informationen über die MIR, das Shuttle-Projekt Buran und die russischen Startplätze sowie zahlreiche Fotos. Die Position der MIR kann online verfolgt werden.

Russian Space Web (USA)

www.concentric.net/~agzak/homepage.html

Ausführliche Infos über die russische Weltraumfahrt, Startplätze, Raketen, Kosmonauten und Geschichte.

Russisches Weltraumforschungsinstitut (USA)

arc.iki.rssi.ru/

Das russische Weltraumforschungsinstitut berichtet über aktuelle russische Forschungen, die teilweise an Bord der MIR stattfinden.

Space Hobby

www.space.hobby.ru/

Ausführliche Informationen über russische Raumfahrtprojekte, Kosmonauten und Kosmodrome (Startplätze) mit vielen Fotos, aber alles nur auf russisch.

Virtuelles Museum der russischen Raumfahrt (USA)

www.ccas.ru/%7Echernov/vsm/main.htm

Auf dieser Seite finden Sie alles über die russische Raumfahrt, auch über zukünftig geplante oder wieder aufgegebene Projekte. Bilder und VRML-Modelle zum 25jährigen Jubiläum des russischen Mondfahrzeuges Lunochod 2.

Satelliten

Deutscher Wetterdienst (D)

www.dwd.de/forecasts/satfrm.htm

Aktuelle Satellitenbilder verschiedener Satelliten vom deutschen Wetterdienst.

EarthRISE (USA)

earthrise.sdsc.edu/

Riesiges Archiv von Bildern aus Satelliten und Raumschiffen von fast allen Teilen der Erde.

Giotto (USA)

nssdc.gsfc.nasa.gov/cgi-bin/database/www-nmc?85-056A

Die Raumsonde Giotto startete 1985 zum Kometen Halley. Hier finden Sie eine ausführliche Beschreibung der Mission und weitere Links.

Gravity Probe B (USA)

einstein.stanford.edu/

Gravity Probe B ist ein Satellit mit einem Kreisel zur Erforschung des Gravitätsfeldes. Dieser Kreisel enthält die absolut rundesten Kugeln der Welt. Hier finden Sie eine ausführliche Beschreibung des Projekts und zahlreiche Fotos.

Near Earth Asteroid Rendevous (USA)

near.jhuapl.edu/

Eine Sonde nimmt wissenschaftliche Daten von Asteroiden auf. Hier können Sie auch einen Videoclip vom Vorbeiflug der Sonde an einem Asteroiden sehen.

Satellitenbeobachtung (USA)

www2.satellite.eu.org/sat/vsohp/satintro.html

Tips zur Beobachtung von Satelliten; aktuelle Raumfahrtereignisse.

Sloan Digital Sky Survey (USA)

www.sdss.org/

Eines der größten aktuellen Astrometrie-Projekte. Hier gibt es Presseinformationen und Bilder von Quasaren und Galaxien.

Tromsö Satellite Station (USA)

www.tss.no/

Die norwegische Satellitenstation in Tromsö liefert zahlreiche Satellitenbilder von Ölplattformen und Vulkanausbrüchen in Europa.

Sea Launch

Countdown im Pazifik (D)

www.geo.de/wissen/97/07/countdownpazifik.html

Es gibt zahlreiche private Flugplätze auf der Erde, aber bislang keinen privaten Weltraumbahnhof – und schon gar keinen auf dem Meer. Das soll sich bald ändern: Ein amerikanisch-norwegisch-ukrainisch-russisches Firmenkonsortium entwickelt gegenwärtig eine seegestützte Startplattform.

Erster Start (USA)

www.flatoday.com/space/explore/intelv/sealaunch/inaugural/index.htm

Berichte vom ersten Sea Launch Start am 27.3.99 mit Fotos und technischen Hintergrundinformationen.

Sea Launch (USA)

www.boeing.com/defense-space/space/sealaunch/

Der Hersteller Boeing gibt hier ausführliche Informationen über das Sea Launch-Projekt für kommerzielle Satellitenstarts von See aus.

Mit RealVideo können Sie den ersten Start mitverfolgen.

Sonstige

Forschungsgruppe alternative Raumfahrtkonzepte (USA) (D)

www.optipoint.com/far/

Konzepte zur Kosteneinsparung in der Weltraumfahrt und Gedanken zum Weltraumtourismus.

Living Universe Foundation (USA)

www.luf.org/

Gesellschaft, die es sich zum Ziel gesetzt hat, innerhalb des nächsten Jahrtausends die Galaxie zu besiedeln.

Photojournal (USA) (D) (F)

photojournal.jpl.nasa.gov

Photojournal der NASA.

Space Future (USA)

www.spacefuture.com/

Gesellschaft, die sich mit der Konzeption neuer Technolgien für die Raumfahrt beschäftigt. Hier können Sie viele Entwürfe für zukünftige Raumschiffe vergleichen.

X Prize (USA)

www.xprize.org/

10.000.000 Dollar für den, der als erster in einer selbstgebauten Rakete 100 km hoch fliegt, und eine Umfrage über Weltraumtourismus.

X38 – Krankenwagen für den Weltraum (D)

www.deutschland2000.de/millennium-park/_dkmp0003.html

Planung für ein Rettungsschuttle, das erkrankte oder verunglückte Astronauten aus Raumstationen auf die Erde zurückbringen soll.

Zegrahm Space Voyages (USA)

www.spacevoyages.com/

Diese Firma plant für das Jahr 2002 die ersten touristischen Flüge in den Weltraum.

Voyager

Spacelink (USA)

spacelink.nasa.gov/nasa.projects/space.science/solar.system/voyager/

NASAs Magazin Spacelink stellt die interplanetare Voyager-Mission vor.

Voyager (USA)

vraptor.jpl.nasa.gov/voyager/voyager.html

Das fernste Objekt von Menschenhand ist die NASA-Sonde Voyager 1. 10,4 Milliarden km von der Erde entfernt, so weit war noch nie ein Objekt von der Erde weg. Hier finden Sie ständig aktuelle Berichte sowie genaue Missionsbeschreibungen und zahlreiche Fotos.

Wissenschaftsnachrichten

Bild der Wissenschaft (D)

www.wissenschaft.de/

Die führende deutschsprachige Wissenschaftszeitschrift bringt hier die wichtigsten Artikel des aktuellen Monats online. Dazu einen Newsticker, E-Mail-Newsletter und eine Umfrage zur wichtigsten Erfindung des Jahrtausends.

Dr. Matrix' Web World of Science (USA)

www.nr.infi.net/~drmatrix/top.htm

Verschiedene populärwissenschaftliche Meldungen aus zahlreichen Themengebieten und viele weitere Links.

Elektronik-Revue (D)

www.pepco.be/er.htm

Internetleserdienst der Elektronik-Revue.

Encyclopedia Britannica (USA)

www.britannica.com/

Die Herausgeber des englischsprachigen Lexikons Encyclopedia Britannica wählen hier zu verschiedenen Themen die interessantesten Webseiten. Hier zu erscheinen, ist für die Autoren wissenschaftlicher Internetseiten eine große Ehre, da diese Liste als weltweit führend gilt.

future & bytes (D)

www.wunder.de/

Aktuelle Wissenschaftsnachrichten von Pro 7. Mit Wissenschaftslexikon.

GEO (D)

www.geo.de/

Aktuelle Berichte und Reportagen aus der Zeitschrift GEO, Reisetips, Online-Magazin und aktuelle Forschungsprojekte.

Junk Science (USA)

www.junkscience.com/

Hier werden aktuelle Wissenschaftsmeldungen aufs Korn genommen, absurde Forschungen, Pressemeldungen und wunderliche Ergebnisse.

NewScientist (USA)

www.newscientist.com/

Das englische Wissenschaftsmagazin bringt einige Online-Artikel sowie das Inhaltsverzeichnis der gedruckten Ausgabe.

Popular Science (USA)

www.nas.edu/headlines/

Aktuelle Nachrichten aus der Technik, für jedermann interessant und technische Beschreibungen von alltäglichen Geräten.

SciCentral (USA)

www.scicentral.com/

Aktuelle Wissenschaftsnachrichten und die Einstiegsseite für alle, die nach wissenschaftlichen Informationen im Internet suchen.

Science Online (USA)

intl.sciencemag.org/

Das amerikanische Magazin „Science" bringt jede Woche aktuelle Meldungen zu verschiedenen Themen und viele Links.

Scienceweb (USA)

www.scienceweb.org/

Online-Magazin, das außer aktuellen Wissenschaftsnachrichten im wesentlichen über Expeditionen berichtet.

Scientific American (USA)

www.sciam.com/

Das führende amerikanische Wissenschaftsmagazin hat auch ein großes Online-Angebot mit aktuellen Artikeln.

Spektrum der Wissenschaft (D)

www.spektrum.de/

Aktuelle Meldungen und Artikelarchiv aus dem „Spektrum der Wissenschaft" und wissenschaftliche Rätsel.

Why Files (USA)

whyfiles.news.wisc.edu/

Wissenschaftsnachrichten mit Berichten zu Themen, die sich auch als heitere Lektüre verwenden lassen. Außerdem Fotos zum Erraten mit wissenschaftlicher Erklärung der Auflösung.